全国高校出版社优秀畅销书一等奖

21世纪普通高等教育
法 学 系 列 教 材

公司法学（第六版）

李建伟 著

中国人民大学出版社
·北京·

图书在版编目（CIP）数据

公司法学 / 李建伟著. -- 6 版. -- 北京：中国人民大学出版社，2024. 8. --（21 世纪普通高等教育法学系列教材）. -- ISBN 978-7-300-33119-5
Ⅰ. D922. 291. 911
中国国家版本馆 CIP 数据核字第 2024CZ0913 号

全国高校出版社优秀畅销书一等奖
21 世纪普通高等教育法学系列教材
公司法学（第六版）
李建伟　著
Gongsifaxue

出版发行	中国人民大学出版社		
社　　址	北京中关村大街 31 号	邮政编码	100080
电　　话	010－62511242（总编室）		010－62511770（质管部）
	010－82501766（邮购部）		010－62514148（门市部）
	010－62515195（发行公司）		010－62515275（盗版举报）
网　　址	http：//www. crup. com. cn		
经　　销	新华书店		
印　　刷	天津中印联印务有限公司	版　　次	2009 年 4 月第 1 版
开　　本	787 mm×1092 mm　1/16		2024 年 8 月第 6 版
印　　张	28. 75 插页 1	印　　次	2025 年 1 月第 3 次印刷
字　　数	740 000	定　　价	75. 00 元

作者简介

李建伟 法学博士，中国政法大学钱端升讲座教授、博士研究生导师，商法研究所所长；兼任中国法学会商法学研究会秘书长、中国行为法学会企业治理学会常务理事等。

代表作有《公司诉讼类型化专题 24 讲》（三卷本）、《公司资本制度的新发展》、《中国企业立法体系改革》、《公司诉讼专题研究》、《关联交易的法律规制》、《公司制度、公司治理与公司管理》、《独立董事制度研究》、《国有独资公司前沿问题研究》等，译著有《公司宪治论》等。在《中国法学》《法学研究》《新华文摘》等发表论文 200 多篇。荣获多项省部级以上科研成果奖。

在公司法教学领域，获中国政法大学优秀教师特别奖（2011 年）、优秀教师奖（2007 年、2009 年、2010 年、2016 年），第二、三、四届“最受本科生欢迎的十位教师”称号（2006 年、2008 年、2010 年）；多次获得“最受法律硕士欢迎的教师”称号。

主要研究领域：民商法学、公司治理、企业合规。

第六版修订说明

本书第六版在第五版基础上进行全方位的修订，重大背景是2023年12月29日第十四届全国人民代表大会常务委员会第七次会议对1993年《公司法》作了颁布以来的第六次修改，这是继2005年重大修订以来的第二次重大修订。立法者曾就此次重大修订的必要性作出以下说明：

公司是最重要的市场主体，公司法是社会主义市场经济制度的基础性法律。我国现行公司法于1993年制定，1999年、2004年对个别条款进行了修改，2005年进行了全面修订，2013年、2018年又对公司资本制度相关问题作了两次重要修改。公司法的制定和修改，与我国社会主义市场经济体制的建立和完善密切相关，颁布实施近30年来，对于建立健全现代企业制度，促进社会主义市场经济持续健康发展，发挥了重要作用。

党的十八大以来，以习近平同志为核心的党中央统筹推进“五位一体”总体布局，协调推进“四个全面”战略布局，在深化国有企业改革、优化营商环境、加强产权保护、促进资本市场健康发展等方面作出重大决策部署，推动公司制度和实践进一步完善发展，公司注册登记数量由2013年的1 033万家增加到3 800万家，同时对公司法修改提出一系列任务要求。

第一，修改公司法，是深化国有企业改革、完善中国特色现代企业制度的需要……

第二，修改公司法，是持续优化营商环境、激发市场创新活力的需要。法治是最好的营商环境……

第三，修改公司法，是完善产权保护制度、依法加强产权保护的需要……

第四，修改公司法，是健全资本市场基础性制度、促进资本市场健康发展的需要……

由以上摘录文字，足见此次修订的重大法治意义。从修订规模来看，此次修订规模可谓历史第一，公司法文本总条文从216条增至266条，其中删去16条、增设66条，修订涉及共162条，其中实质性修订112条、文字性修订50条。由此，公司法文本可谓焕然一新。

在新修订案于2024年7月1日施行之际，国务院颁布《关于实施〈中华人民共和国公司法〉注册资本登记管理制度的规定》，最高人民法院发布《关于适用〈中华人民共和国公司法〉时间效力的若干规定》（法释〔2024〕7号），作为公司法实施的配套法规。

此外，除了上述立法、司法解释的巨变，最近几年来我国公司法学理论，尤其是公司组织法理论有更大的学术进展，司法裁判经验日益丰富。而党的十八大以来，习近平法治思想中的营商环境法治观与中国特色现代企业制度理论，对于新时代公司法治发展日益产生深远影响。

以上几点，既是本书第六版修订的理由与背景，也构成主要的修订内容。

李建伟

2024年7月28日

前　言

一切为了更好地理解中国公司法——为法学本科生而写的公司法教科书

一部适合法学本科生的成熟的教科书至少应当满足三个标准：一是更新性、前沿性的学科知识，二是创新、合理的章节体系和内容编排，三是充分、精确的知识信息。结合本书的写作，这里不揣浅陋，谈谈自己的几点理解。

1. 章节体系和内容编排的创新

我收集到近三十本欧美公司法教材（法学院、商学院各占一半），给我留下深刻印象的是，每本教材的章节体系与内容编排都各具特色，大不相同。这与我收集到的我国三十余本公司法教材大同小异的章节体系与结构编排（其章节结构与我国公司法典的章节结构基本一致）对比鲜明。那么，公司法教科书的章节体系和内容编排应否提倡个性、鼓励创新？章节结构安排与课堂讲授之间又是什么关系？相信不只我一人有兴趣，在此叨唠几句。

我的理解是，恰如水无常形，教科书的体例结构亦无定式，即使内容相若，著作者循不同的叙述逻辑，当然就会有不同的体例结构，这不妨碍授课者根据自己的讲述逻辑选择性地使用而不必拘泥于教科书的体例结构安排。在近几年来的公司法讲授中，我有意识地打破传统教科书既定的章节顺序，按照法律制度本身的内在逻辑联系来安排讲授的内容顺序，并观察学生对此的反应，倾听他们对不同章节讲授顺序与知识接受逻辑之间关系的意见，颇有心得。在此基础上，结合自己对我国公司法组成部分的理解，参酌英美公司法教科书的体例安排，对章节结构安排进行了一些创新，形成了本书的体例结构。具体而言，以公司法律制度各组成部分的内在逻辑联系为中心，本书将我国公司法律制度分为五个重要部分，形成相应的五编：公司与公司法、公司的组织过程、公司金融、股东及股东权利、公司治理。与国内公司法教科书常见的体例安排相比，这一体例安排的最大特色在于，其中的第二编“公司的组织过程”、第三编“公司金融”和第五编“公司治理”最具体系性。第二编“公司的组织过程”将公司从生（成立）到死（终止）视为一个持续的组织过程，内容包括公司设立、公司登记、公司章程、公司组织变更与公司终止。第三编“公司金融”，包括公司资本、股东出资、公司债与公司财务会计等章节，在内容上有意识地突出公司金融的基础知识，以及公司资本、公司债、股东出资、公司财务会计等在公司金融这一平台下的内在联系。第五编“公司治理”体系纷繁、内容庞杂，在叙述上特别突出地将其内容体系有层次、有节奏地展开，分三个章节分别介绍公司治理原理、公司组织机构及其成员和公司利益冲突的治理，最大的“创意”在于最后一章“公司利益冲突的治理”：第一节介绍公司诸利益相关者及其利益冲突，尔后三节分述三个主题，将我国公司主要利益冲突的治理按照主次关系分为股东间的利益冲突治理、股东与管理层的利益冲突治理、股东与债权人的利益冲突治理。这样，每一节之下紧紧围绕一个主题展开讲述所有相关的内容，每一节内容有较强的系统性、完整性与体系性。以上诸章节结构安排，究竟是有“创新”之意还是属于为创新而创新之举，还是留给读者去评判，我本人准备随时接受各类批评意见。

2. 提供层次清晰、枝干分明的知识信息

法学本科生对部门法学习最大的需求，依我自己的体受，可以总结为四个方面：部门法的基本法理；我国现行法律规定的解读；我国司法、执法实践的状况；以上三者之间的关系。包括公司法在内的许多部门法是舶来品，并且我国立法规定相对陋简，理论体系尚不成熟，司法经验积累不足。这一现实背景对中国法学院的教师授课、教科书编写提出了额外的要求——在讲述我国法律制度的同时或之前，需要颇费时间、笔墨介绍域外法律规定、基本理论与经验规则——这是中国现阶段部门法学者不得不直面的一种尴尬和任务。这一状况要求编写公司法教科书时，一方面，需要将域外具有代表性的制度规则、基本理论及司法经验加以引进并在比较法意义上进行一般原理化；另一方面，需要紧紧围绕我国公司立法规定与司法实践将我国公司法律制度讲清楚。一般原理化工作具有相当的挑战性，虽然两大法系以及同一法系的各国、地区在相互学习、借鉴和移植，但在许多问题上的技术规定和法律理念都有不小的差异，一般原理化工作意味着对具体的法律制度规则、理论和政策进行选择，著作者进行取舍需要学识、胆识与勇气。

需要指出，公司法教科书介绍域外公司法律规则、基本理论以及司法经验，其出发点与目的都是便于读者更好地理解我国公司法律制度规则与司法经验，本末不能倒置，所以，在每一处制度上介绍域外法律规则、基本理论及司法经验后，都要落脚到我国公司法上。这一过程，某种意义上就是公司法一般原理与中国具体情况相结合即实现“本土化”的过程。为此，需要有意识地区分以上几个不同层次的信息范畴，让读者能够轻松了解著作者是在什么层次与背景下讲述某项制度规则，而不会迷失于各类层次下的信息海洋之中。为此，本书在每一个主要制度的内容叙述上都努力将其基本法理（或域外法规则）与中国公司法的规定、中国公司法的规定与司法实践现状、中国公司法的现行规定与将来修正趋势等诸不同层次的信息明确区分开来介绍。如此，读者不但获得了各个层次的准确、清晰的信息，且有效率地理解了中国公司法律制度的内容。而这正是读者尤其是法学本科生读者强烈需求的。

3. 提供有价值的知识信息

无论课堂教学还是教科书编写，授课者、著作者都重在对受众的启发。“启”或“发”来自孔子的教育思想，所谓“不愤不启，不悱不发”（《论语·述而》），意思是：教导学生，不到他想求明白而不得的时候，不去开导他；不到他想说出来却说不出的时候，不去启发他。要做到这一点，我理解，只有授课者、著作者通晓受众的需求之所在，始能为后者提供有价值的知识信息，做到授业解惑。在有限篇幅下要提供更多的有价值信息，必须处理好内容取舍以及详略得当的问题。我个人的体会是，内容取舍及详略安排要着重考虑两个因素：一是学科本身的知识体系与理论结构；二是读者的阅读需求，也即获取有效知识信息的需求。坦诚地说，多数教科书更多地考虑了第一个因素，对第二个因素多有忽略（有意或无意）。某种意义上，这是一种以著作者为主而非以读者为主的写作模式。可以说，在满足读者的阅读需求与教科书提供信息的价值性程度之间，存在直接的正相关关系。在满足学科本身的知识体系与理论结构的前提下，只有想读者之所想，才能真正提高教科书内容的价值性。了解法学本科生这一读者群体的阅读需求虽非易事，但恰是长期在一线授课的大学教师著述教科书的优势之所在。一部受到本科生读者欢迎的教科书的著作者，肯定是恰当地了解其阅读需求的人。

4. 承载最大量的知识信息

教科书提供的信息量受到有限篇幅的拘束，要在有限篇幅内实现为读者提供最大量信息的目标，重在提高信息的质量。对此，我个人的感受是，著作者需要做好以下三点：其一，去除无信息含量的叙述。部门法教科书的内容取舍是决定其信息价值量的一个基本因素，将不合适的对象纳入其中会降低信息价值量。在一些教科书的前几个章节不乏这样的现象：一些人尽皆知的知识性信息，一句话足矣，不提也罢，但偏要占用一个段落甚至一节的篇幅翻来覆去地“炒剩饭”，真是不厌其烦。诸如此类无信息含量的叙述，浪费纸墨不说，也将无端耗费读者的阅读时间与耐心。其二，减少低信息含量的叙述。如果著作者的主题感模糊，在一些章节、段落不能集中主题讲述相关信息，有价值的知识信息将被淹没在垃圾信息之中，叙述的有效性、针对性严重减弱，读者识别、捕捉有价值的知识信息的成本也大大增加。为此，著作者努力做到一段落一主题很有必要。其三，避免信息的重复叙述。雷同信息在一本教科书的不同章节、段落反复出现，在我国法学教科书中可谓司空见惯。如果对于一些章节体例缺乏统筹安排和有效整合，就难以避免前后章节重复叙述同一或类似内容的现象。在多人组编一本教科书的写作体制下尤为如此。

5. 坚持法学专业语言风格

就法学教科书的语言风格而言，我个人主张尽可能使用法学专业语言，也即常说的法言法语。按照现有的学制安排，学习公司法的法学本科生已经具有相当的（或一定的）法学修养、阅读能力与自学能力。法学教科书既不同于普法读物，也不同于法学入门读物，在传输法学专业知识之外，还承担着培养法学本科生娴熟运用法言法语的能力，以及于潜移默化中培养其法学思维方式和意识的重任。法言法语所独有的严谨、凝练的语言氛围的熏陶，非常有助于法科学生养成独特的法律思维方式与意识。但使用法学专业语言并不意味着法学教科书的晦涩难读，或者由于过于专业化而流于说明文的寡淡无味。法学教科书的语言之美，我理解，首在其严谨逻辑之美，次在其语义精确之美，后在其用语凝练之美。有此三美，法学者应该信心十足地使用法学专业语言著述教科书，不必刻意追求语言的通俗化。

先贤有“知难行易”或“知易行难”之争，对我而言，就公司法的教与学这一狭窄领域而言，深感知难，行亦难。由于学识浅陋，经验鲜薄，有时即便侥幸认识有所见地，但囿于学术修养有限而能力有所不逮，难免眼高手低；有时认识亦属浅薄，即便勤奋有加，所生议论亦难免贻笑大方。所以，就以上五点议论，实可理解为本人作为著述者为本书写作所设定的一个目标，本书之写作只是努力成就这一目标的初步尝试。奈何天分、学识与经验有限，努力尝试的所得正果与自我设定的目标之间终有不小的距离。但好在：如能获得读者的初步认可，本书就可能获得修订再版以不断走向完善的机会；如不能获得读者的认可，这种尝试也非全无意义，至少可为后来者鉴。因此，我诚挚恳请读者批判性阅读本书，并宽容对待书中的缺陷与谬误，如还能不吝赐教于我，实在感激之至。（作者的联系方式：clreview@sina. com；或者微博“民法李建伟”，http：//weibo. com/u/1924585171）

是为前言。

李建伟

2008 年 8 月 18 日

目　　录

第一编　公司与公司法

第二编　公司的组织过程

第三编　公司金融

第四编　股东及股东权利

第五编 公司治理

第一编

公司与公司法

［题述］本编属于本书的“导论”部分，目的在于为读者提供一个关于中外公司、公司法数百年发展的历史画面，使读者能够在一个比较广阔的知识背景下来理解公司、公司法的法律含义与价值。本编的内容涵盖中外公司的基本概念、基本特征、基本类型、发展历史，公司在整个企业组织体系中的地位，以及中外公司法的发展历史、立法体例等领域。整个内容体系纵横交错，充盈着挥之不去的历史感。

第一章 公　司

提　示

公司是市场经济中最重要的商事主体和现代企业组织形式。本章讲述了公司的概念、性质、特征以及与现代企业制度的关系，为以后各个章节的内容展开埋下了伏笔。在第二节，笔者把现代公司的特征概括为五个方面，即独立人格、有限责任、集中管理、股权的自由转让和股东控制。这五个方面可以说是贯穿本书的一个灵魂性线索。

第一节　公司的概念

一、公司的语义

西方所称“公司”一词，在语源上可以追溯到古罗马时期的拉丁语词汇“societas”，意为“人合组织”，但尚不包含今日“公司”概念的基本要素。在现代社会，公司作为最为重要的经济组织体之一，早已成为日常生活中的一个基本概念。在现代公司法律意义上，公司概念的界定由于法律体系与传统的差异略有分歧，但存在共通的内涵与外延。

在汉语中，“公”含有无私、共同的意思，“司”指主持、管理，至少在17世纪之前的汉语中罕见“公”与“司”连用，即便偶尔连用也无统一的含义，更别说存在“公司”这样一个合成词了。在公司法规范意义上使用“公司”一词，大致应为19世纪初或稍早一些时候，系对英文“company”、荷兰语“compagnie”一词翻译的结果。①

“公司”考。据学者考证，从17世纪开始，“公司”一词在我国南方地区（广东、福建及当时隶属福建的台湾地区）开始使用。其时，闽南、台湾等地区的民间出现了以公司命名的经济贸易组织和社会组织，如乾隆年间天地会首领罗芳伯在婆罗洲创建“兰芳公司”，新加坡的天地会组织创立“义兴公司”。显然，其时的“公司”不限于商事组织，而是各种社会、经济组织的通称，包括从商业合伙到家族和宗教会社，直到三合会这样的组织。19世纪上半叶，华夏门户洞开，国人在与西方个人、商事组织打交道的过程中渐次在商事组织意义上使用“公司”一词。其时，关于公司的译名还很乱，如将英国东印度公司的办事处以及荷兰东印度公司设于雅加达的办事处称为“公班衙”，是为英语“company”、荷兰语“compagnie”之音、义结

① 王效文．中国公司法论．袁兆春，勘校．北京：中国方正出版社，2004：1-6；方流芳．公司词义考：解读语词的制度信息．中外法学，2000（3）；黎志刚．超越家族的信任与合伙：十九世纪末期对“公司”一词的翻译．中外法学，2000（3）．

合的译名。此外，还有“公班牙”“公班卫”“公班壹”“甘巴尼”“康邦宜”等多种称谓。对外来事物的称谓最初通常都是混乱的，“公司”一词以其名实相符、意义贴切并颇具中国特色，在各种称谓中脱颖而出，沿用至今。但在商事组织意义上，公司在相当长的时期里都专指英国东印度公司，其他来华的外国公司则多以“洋行”命名。直至1903年清政府颁布《大清公司律》，“公司”正式成为法人企业的集合名称。

二、不同法域公司法上的公司概念

（一）大陆法系

理论上，大陆法系各国（地区）立法上的公司（德语 Handelsgeschäft，法语 Société，日语会社），乃指依法设立的以营利为目的的企业法人。大陆法系各国（地区）的公司种类繁多，特征各异，立法难以从中抽象出统一的定义，大略分为三种情况。①

1. 统一定义。如《法国民法典》第1832条规定，“公司由二人或数人依据合同约定将其财产或技艺用于共同事业，以期分享利润或者获取由此可得的经济利益而设立。”《韩国商法》第169条、第171条第1款，《日本商法典》第52条、第54条第1款。

2. 对各类公司分别定义。如《意大利民法典》在第2291、2313、2325、2452、2462条分别就无限公司、普通两合公司、股份公司（即股份有限公司）、股份两合公司、有限公司（即有限责任公司）作出定义。

3. 没有定义，仅规定各类公司设立的目的、性质，理论上可以概括出各类公司的定义。如德国《股份法》第1条规定：“（1）股份公司是具有独立法人资格的公司。对于公司的债务，仅以公司的财产向债权人负责。（2）股份公司具有划分成股份的基本资本。”德国《有限责任公司法》第1条规定：“有限责任公司可以由一人或数人依照本法的规定为任何法律许可的目的而设立。”与此相似的立法还有《葡萄牙商法典》《澳门商法典》等。

（二）英美法系

英国称公司为 company，其含义为：一定数量的自然人为了共同目的（往往以营利为目）进行经营，而结成的社团（association），是一种因规模太大以至无法以合伙运作的组织形式。英国法中 corporation 一词一般指法人，其含义为：由个人组成的一个团体，或一群担任某种职位的个人，他们在法律上被视为一个单一的法律实体。

美国称公司为 corporation，其含义是：依据法律授权而注册的具有法定组织结构和法人资格的法律实体。美国法也有 company 的概念，与 corporation 的含义不同，前者泛指一切商业企业，无论其是否经过注册，也无论其是否具有法定组织结构和法人资格。由于汉语中缺乏与 corporation 相对应的词汇，所以只能不很恰当地将 corporation、company 均译为公司。譬如，美国法上的“有限责任企业”（limited liability company，LLC）与大陆法系上的“有限责任公司”（limited company，LC）就完全不同。美国法上与我国公司法的公司概念相对应的是 business corporation，但由于 business corporation 在 corporation 中占绝大多数且最具代表性，故公司法文献提及 corporation 时一般均指 business corporation。

英国著名公司法学家高尔说：“尽管公司法在法律领域已是公认的法律部门，有关这方面的著述也是汗牛充栋，但却依然无法准确把握其范畴，因为公司一词并没有严格的法律含义。”传统英美法系中的 company 或 corporation 的实际含义均比现代公司法上的公司概念宽泛得多，

① 王效文．中国公司法论．北京：中国方正出版社，2004：17-19.

其中 company 的含义尤为宽泛。据《布莱克法律词典》(*Black's Law Dictionary*),company 一词泛指一切由个人组成的以从事工商事业或者其他事业为目的的社团或者联合体,无论享有法人资格与否,也无论具有营利目的与否;corporation 一词则专指法人团体,包括市政法人(municipal corporation)、独任法人(corporation sole)、非营利法人(nonprofit corporation)、商事法人(business corporation)。显然,现代公司法仅在商事法人团体概念上使用 company 或 corporation,既排除了非法人团体,也排除了非营利组织。

(三)我国

《公司法》[①] 第 2 条规定:"本法所称公司,是指依照本法在中华人民共和国境内设立的有限责任公司和股份有限公司。"第 3 条第 1 款规定:"公司是企业法人,有独立的法人财产,享有法人财产权。公司以其全部财产对公司的债务承担责任。"第 4 条第 1 款规定:"有限责任公司的股东以其认缴的出资额为限对公司承担责任;股份有限公司的股东以其认购的股份为限对公司承担责任。"

据此,公司是指依照公司法的规定设立,享有独立财产和承担独立责任的企业法人。

三、本书的定义

上述各国(地区)立法关于公司的定义,大致集中在以下四项内容:法定性、营利性、社团性和法人资格。公司的实质概念由这四个要素构成,即依法设立、以营利为目的、个人结合的社团、独立人格。这一定义基本上反映了传统公司法上各类公司共通的内涵,具有原则性和普遍性。但现代公司法的发展在许多方面已经突破、修正了传统概念,如一人公司对公司社团性的修正。有鉴于此,本书对公司的定义是:公司是指依法设立的以营利为目的的企业法人。关于这一定义,需从四个方面加以解释。

1. 法人性

与其他企业组织形式如合伙企业、独资企业相比较,公司最显著特征之一就是具有"法人性"(legal personality),享有与自然人一样的独立人格。这种独立人格使其能够区别于其成员而独立存在。《公司法》第 3 条明确规定公司是企业法人,也即营利法人。这意味着我国法律承认所有公司的法人人格。

公司的法人人格意味着公司的独立主体地位。但是,作为法人,公司是法律的产物(legal creature),公司人格的诞生以满足法律规定的实质和程序要件为前提,这与自然人基于出生而取得人格完全不同。正因为公司的法人人格是法律赋予的,所以可以适用公司法人人格否认规则,公司的法人人格具有可否认性,这一点也与自然人完全不同,自然人的人格不可否认。

2. 社团性

大陆法系将法人分为社团法人和财团法人:前者以社员的结合为成立基础。公司是社团法人,故其成立须由若干成员发起,并由多个成员组成。针对不同性质的公司,法律对公司成员的人数要求是不同的,有限公司的人数要少一些,股份公司的人数则多一些,因为这两类公司的公众性质有差异。作为一种例外,一人公司已经突破了公司的社团性特征。

3. 营利性

大陆法系的社团法人可进一步区分为营利社团法人和公益社团法人。前者的目的在于营

① 为行文简洁,本书中的"《公司法》"一概指我国现行《公司法》,也即《中华人民共和国公司法》。如果引用域外的公司法典,则写明国家、地区的名称,如"日本《公司法典》"。这一行文规则也适用于《民法典》《证券法》等的使用。

利，后者的目的在于公益。公司是一种营利社团法人，公司存在的目的就在于营利。此处的“以营利为目的”包括两层含义：一是公司可以进行营业（经营）活动以获取利润（也即盈利，至于利润实际获得与否，在所不论）；二是公司将通过营业所得的利润最终分配给成员。如果公司虽开展营业活动并获得了利润，但最终目的不是把利润分配给成员，而在于互助或者公益，那么应视为非营利法人（not for profit）。公司的营利属性表明公司存在的最高目标就是追求利润最大化（maximization of profits），以满足股东的投资回报要求。

《民法典》依据是否以营利为目的将法人区分为营利法人与非营利法人，公司属于其中的营利法人。《民法典》第76条明确规定：“以取得利润并分配给股东等出资人为目的成立的法人，为营利法人。营利法人包括有限责任公司、股份有限公司和其他企业法人等。”但是《公司法》第3条另辟蹊径，将公司定位为企业法人。

4. 法定性

公司的法定性，是传统商事交易行为之自由主义向现代商事活动之国家干预主义转变的结果，是现代公司法律规制制度的基础。公司的法定性实际上也是商法的基本原则之一——商主体严格法定原则在公司领域的反映。商主体严格法定原则的主要内容包括商主体类型法定、商主体内容法定和商主体公示法定三个方面。①

（1）公司类型法定。公司法明确规定公司的类型，公司的创设或变更必须符合法律预设的类型，不得在此之外任意创设非典型公司。例如，一些大陆法系公司法承认无限公司、两合公司与股份两合公司，但我国公司法不承认，因而不能在我国境内设立前述几种公司。

（2）公司内容法定。法律明确规定各类公司的财产关系与组织关系，同一类型的公司设立后，在财产归属、利润分配、财产责任、注册资本规模、商业税收标准以及内部组织关系等方面应具有同质性，以维护不同类型的公司在基本要素方面的特定性。公司内容法定必然导致两个结果：一是合法存在的公司必须在基本要素上符合法律的特定要求，二是不同类型的公司之间存在质的差异。公司内容法定与公司登记制度联系密切，因为成立特定类型的公司都必须履行符合法定设立条件的公司登记程序，否则，不得成立。

（3）公司公示法定。公司设立必须按照法定程序予以公示，以便交易第三人及时知晓；未经公示者，不得以其对抗善意第三人。公司公示法定原则是公司登记制度的基础。多数公司法都要求，公司依法登记注册的事项及其文件不仅应设置于登记机关，而且应设置于其注册营业场所，以备交易相对人查阅；还要求对公司登记事项予以公告，否则没有公示效力。

第二节　现代公司的特性

一、现代公司的基本特征

公司这种企业组织形式自产生以来，在全世界范围内取得了空前的成功，尤其成为大型企业的标准组织形式。许多学者认为，现代公司的成功源于其核心的法律特征，包括：独立人格、独立责任（有限责任）、集中管理、股权的自由转让和股东控制。②

（一）独立人格

公司具有独立人格，其法律意义有四：其一，这意味着公司在人格上独立于股东、董事、

---

① 赵旭东. 商法学. 北京：高等教育出版社，2007：16. 与此相适应，公司的法定性也包含三个方面的内容。

② PAUL L DAVIES. Introduction to company law. 3rd ed. New York：Oxford University Press Inc.，2002.

雇员，实际上独立于其他任何人。其二，这意味着在公司诸利害关系人之间一般不存在直接的法律关系，而要以公司作为他们之间法律关系的媒介。比如，董事对公司负有义务而一般不对股东负有义务，债权人对公司享有权利而不是对股东、董事享有权利。公司是诸利害关系人之间法律关系的媒介，是分析公司法律问题的一个基本方法。其三，这意味着理论上公司可以“永久存在”（perpetual existence）。公司的这种“永久存在”有利于公司的长期、持续发展。当然，公司也可以是有期限的，如公司章程规定了营业期限或者其他解散事由。其四，公司独立人格是一项基本规则，公司法人人格否认的适用是一种例外，且并不导致公司法人人格的彻底、永久丧失。在我国，公司都是法人，都具有独立人格。

（二）独立责任（有限责任）

股东有限责任（limited liability for its owners），指股东作为投资者只在其出资额度内对公司债务承担责任，公司以其全部资产对自身的债务承担责任。可见，有限责任的含义是公司债权人的权利仅限于公司资产且不能延及股东的其他个人资产。换言之，公司以其独立财产对自己的债务承担无限责任，也即独立责任；作为硬币的另一面，公司的股东仅以出资为限对公司债务承担责任，也即有限责任。在我国，两类公司的股东都承担有限责任。

有限责任的实现前提是在公司的财产与股东的财产之间划出一条明显的界限，股东只是单纯的出资者，无须对公司的债务承担出资之外的责任。有限责任的理论基础是公司的人格与股东的人格分离。公司的独立人格使得区分公司财产与股东个人财产更为容易，在这一点上它便利了有限责任的实现。可以说，独立人格、独立财产与独立责任是三位一体的公司制度安排。

真正显现股东有限责任的实质含义的场合，是公司的破产清算。在破产清算中，清算人不能从股东处索取财产来弥补公司资产面对债务的亏空，除非股东未履行对公司的出资义务（《企业破产法》第35条）。这意味着公司债权人要遭受公司资不抵债给自己带来的损失。所以说，有限责任规则的实质是：对于股东而言是一种利益，对债权人而言是一种风险。

在企业发展史上，有限责任的确立具有划时代的意义。美国著名学者巴特勒（Butler）有言：“有限责任是当代最伟大的发明，其意义甚至超过了蒸汽机和电的发明。”概而言之，与投资者的无限责任相比，有限责任有以下制度优势。

1. 激励公众投资。从近代资本主义发展历史来看，没有有限责任，公司就不可能从公众那里筹集到大型投资，比如修筑铁路所需的巨额资本。其间的机理在于，无限责任给投资者的风险是：一旦公司破产，他们个人财富将全部丧失。潜在的投资者会选择以下方式对此作出回应，而任何一种方式都会减少公司的筹资能力：其一，投资债券而非股票，远离无限责任的风险。其二，集中持股而非分散持股。在无限责任下，每多一项投资都会增加一成破产的风险，所以无限责任增加了多样化组合投资的成本，由此降低了投资者购买更多的公司股票的意愿。其三，投资封闭公司而非公众公司。有限责任可以降低股东（委托人）监控管理层（代理人）的成本，而无限责任创造了股东密切监督管理层的动机，因为其个人财富风险蕴藏在后者的行为之中；但对管理层的监督是要花成本的，由此会剥夺公司集中管理的好处，使得以集中管理见长的大型公众公司难以成为理想的投资对象。

2. 便利公开证券市场的建立。一个公开的证券市场给投资者提供了流动性，股东可随时以公开价格卖掉股票，同时又保证公司资产不受影响。但在无限责任体制下，股票的价值不仅依赖于有关公司表现的信息，更依赖于现有股东们的相对财富，因为如果股票移转到了穷股东手中，更大的风险会落在富股东头上，股票价值会由此下降，这将大大降低证券市场的流动性。

3. 降低债权人的监督成本。独立人格与有限责任庇护股东个人财产不受公司债权人的追索，同时也保护公司财产免受股东债权人的追索。如果股东破产，其债权人只能主张变卖该股东的股份而不能针对公司的财产。这样，股东个人财产是股东所负债务的责任财产，公司财产是公司所负债务的责任财产，公司债权人与股东债权人在公司财产上没有任何的竞争（这显然不同于合伙企业的情形）；同样地，不同股东的债权人在非公司财产上也没有任何的竞争。从效率角度看，公司债权人只需要监督公司如何处置其财产，股东债权人只需要监督股东如何处置其个人财产，这就降低了债权人的监督成本。

有限责任具有无限责任所无法比拟的优势，但任何事物都有两面性，有限责任也有其内在缺陷，其中最要紧的就是有限责任容易被股东滥用以侵害公司债权人的利益。关于这一点，详见本书第十八章第四节的分析。

（三）集中管理

现代公司法隐含的一项基本规则是，股东享有有限责任利益的对价就是放弃对公司的经营管理权。

1932 年伯利和米恩斯（A. Berle and G. Means）在名著《现代公司与私有财产》（*Modern Corporation and Private Property*）中提出“经理革命”（managerial revolution）命题：现代企业的发展使得公司从所有者控制转变为经营者控制，公司中的所有权与控制权发生了分离（separation of ownership and control），即“两权分离”。时至今日，集中管理（centralized management），或称专门化管理，被公认为现代公司的经典特征，并在现代公司法上得到了强化。当代各国公司立法明确将公司的经营管理权赋予董事会（其成员通常不具有股东身份）；在大型公众公司实践中，董事会又蜕变为一种复杂的官僚体系，公司经营管理权进一步下沉到职业经理人手中。

在技术层面上，集中管理出现的原因有三：一是速度与成本问题，庞大的股东组织只有靡费相当的时日与成本才能被适当召集；二是专门技能问题，大多数股东，即使身为擅长投资的职业基金经理，也未必擅长公司经营，至于众多的社会公众投资者，也许对投资与经营皆不精通；三是动机问题，股东深知自己是庞大的股东群的一员，在尝试花费大把时间与精力找出问题的正确答案和免费“搭乘”别人的努力之间，更多的股东“自然而然”地选择了后者。在深层次的原因上，可以说，集中管理是大型企业组织规模化经营的必然产物，规模化经营要求专业化、技术化和经验化的集中管理。随之而来的变化是，投资者对管理层的直接监控能力不断减弱，只能通过选择专业董事来履行监控职能，企业的经营管理权就逐渐下沉到职业经理人手中。

集中管理与股东的有限责任相克相生：将公司的经营管理权从所有者手中分离出来的一个重要对冲，就是投资者承担有限责任，反过来说也可以。既然股东不再直接参与管理企业，为什么还要让投资者对企业的债务像合伙人那样承担无限责任呢？反过来，享受了有限责任利益的股东如果还要直接参与企业管理，就容易滥用公司独立人格与股东有限责任，严重侵害公司债权人利益，这对债权人不公。

（四）股权的自由转让

公司的“两权”分离促进了股权的自由转让（free transferability），这与合伙企业的合伙人转让份额受到严格限制形成鲜明对比。关于股权的自由转让，人们关注的两个问题是：从股东角度，是否被合法授权或者实际上能够随时转让股权？从公司角度，股权转让是否对公司造成负面影响？事实证明，虽然公司法并没有保证股东的股权肯定能够转让出去，比如没有强制任何人负有义务购买股权，也没有向股东保证存在一个股票交易的市场，甚至在封闭公司还设有股权转让的限制措施，但对于公众公司而言，股票交易市场是客观存在的，且该市场的存在无疑会提高投资者购买公司发行的股票的积极性。同样重要的是，股票的转让不会影响到公司的资产，因为公司拥有的资产属于公司本身，不属于股东个人，也不属于股东的集合体。

股权的自由转让具有重要意义：一是为股东提供了便利的退出机制；二是股东"用脚投票"的机制客观上对管理层形成了公司并购的外部市场压力，有利于公司管理水平的提高；三是能够最大限度地反映财产的价值，对于任何财产来说，在使用价值相同的条件下，交换价值越高，财产的价值就越高，所以财产的转让便利程度对其价值有深刻的影响。

（五）股东控制

在现代公司法上，股东对公司的控制主要体现在三个领域。

1. 对公司章程的控制。各国的公司都首先受到制定法的规范，其次就是受到章程的规范。法律允许公司在制定法的强行法规范之内制定章程来展现其灵活性。公司章程安排了公司的基本制度，包括公司决议权的分配，控制了公司章程的制定就意味着控制了公司。各国公司法都规定由股东负责章程的制定与修改，我国《公司法》第59、66、104、116条也是这样规定的。

2. 对管理层的控制。在现代公司法上，股东控制公司的方式并不是直接经营、管理公司，而是借由任命、撤销董事的权力实现对公司的控制。尽管在各国公司实践中，董事的产生方式并不完全统一，但至少在各国公司立法上，股东都享有任命、撤销董事的权力。我国《公司法》在第59、112条中也是这样规定的。

3. 对公司盈余分配的控制。股东对公司所创造的盈余分配的控制包括两层含义：一是董事无权——也许公司本身也没有资格——将公司的资产与盈余分配给公司股东以外的任何人（公司破产时例外），二是对公司盈余的任何处置都由股东决定或者经过其同意。我国《公司法》第59、112、210条也确认了这两点。

尽管利益相关者理论强调公司是诸利益相关者的利益集合体，但这在很大程度上还限于一种理念，即在各国公司立法上，公司属于股东、股东控制公司的基石没有发生任何的动摇。

总之，上述五个核心特征在不同性质、规模的公司上有不同的体现。实际上，这些核心特征主要是就公众公司（股份公司）而言的，对于小型封闭公司（有限公司）来说，除独立人格外，其余四个特征都可以通过公司章程或者股东协议的相应条款加以限制或者排除，从而在不少方面表现出更类似于合伙企业的特征。

二、公司的性质

人们一直在努力揭示公司的性质（或者说本质），提出了多种理论学说，有代表性的学说有工具说、法人说和契约关系说。

（一）公司作为营业工具

在公司发展史上，公司是商人的创造物而非立法者的创造物，立法者曾经在相当长的时期里将公司视为一种可用的企业组织形式，公司被当作了一种营业的工具（vehicle）。[①] 一般认为，公司非常适合作为中等以上营业规模企业的组织形式，现实生活中也的确如此。[②] 对于小规模营业而言，可以选用的营业工具除公司之外，还包括合伙、独资企业。在营业工具市场的最底端，公司面临着合伙、独资企业形式的竞争，但这种竞争往往随着一家企业的营业规模的增长而减弱。

作为一种营业工具，公司尤其是公众公司（股份公司）可谓具有相当精巧的设计和诸多的优势，包括积聚资本、免除投资风险、实现所有投资者共享投资收益、利用他人（管理层）的

① 黄速建. 公司论. 北京：中国人民大学出版社，1989：239-241.

② PAUL L DAVIES. Introduction to company law. 3rd ed. New York：Oxford University Press Inc.，2002：30.

经营才能为自己（股东）带来收益等。更为神奇的是，无论投资者之间存在多少种观点的分歧，都不影响公司作为一个营利机器的整体存续。

公司作为营业工具的性质被我国《民法典》所确认。《民法典》第76条规定："以取得利润并分配给股东等出资人为目的成立的法人，为营利法人。营利法人包括有限责任公司、股份有限公司和其他企业法人等。"这一规定有三层意思：（1）客观上，营利法人必须以开展营业为目标，开展营业的目的在于取得利润；（2）主观上，营利法人所获利润最终用于分配给股东；（3）公司是营利法人。营利法人除有限公司、股份公司外，还有其他企业法人比如全民所有制工业企业等。在此意义上，有人认为公司宗旨即在于可持续发展并营利，并主张将之作为公司法的立法宗旨，不无道理。

（二）公司作为法律的产物

大陆法系传统上关于公司性质的解释最有力者是法人理论学说，该说的基本主张是：公司完全是法律的产物（legal creature），相应地，公司的设立和运作均需要依照法律的规定进行，所以公司法具有明显的强行法特征。这种强行法特征体现在公司设立和营运的实质性条件与程序性条件要求上。透过这些强制性规范的表征，可以看出其实质是允可政府对公司的干预。

（三）公司作为契约安排

公司的"契约理论"（contract theory）主张者是一批经济学家和法经济学者，这一学说引起了广泛的共鸣。契约理论将公司作为一种经济现象来分析，认为公司完全由当事人之间的一系列协议所构成，公司只不过是一系列契约安排的纽结（nexus），当事人有权对诸如公司治理等问题进行自主安排。[①]

契约理论提出，企业是各种要素（factors）的集合，要素的提供者包括股东、雇员、管理者、债权人等。雇员提供劳动资本，管理者提供人力资本，股东提供股权资本，债权人提供债权资本，他们自愿结合起来自行安排各种交易，共同受到一种复杂的契约关系链条的拘束。既然企业是在各种组成要素提供者之间确定了权利、义务的一系列合约安排，那么就不会是某种真实人格化的东西，所以契约理论反对公司法人理论。

公司契约理论。围绕"公司是谁的"之争，公司法学说上出现过四种理论：以佛兰克·H. 伊斯特布鲁克和丹尼尔·R. 费希尔为代表的"公司契约论"，以大卫·米伦为代表的"公司社区理论"，以玛格丽特·M. 布莱尔和林恩·A. 斯托特为代表的"团体生产理论"，以斯蒂芬·波特姆利为代表的"公司宪政论"等。[②] 其中，公司契约论占主流地位。

早在1819年 *Trustees of Dartmouth College v. Woodward* 一案中，美国法院即判决，公司特许令状（charter）被看作是政府与公司之间的契约。到20世纪中期，这种契约理论演变成一种三角分析法（triangular analysis）：特许令状不仅是公司与政府的契约，而且是公司与其股东的契约，以及股东相互之间的契约。但真正运用经济学分析方法提出公司契约理论，则滥觞于1937年科斯发表的《企业的性质》（*Nature of the Firm*）一文。至20世纪后期，阿尔钦（Alchian）、德姆塞茨（Demsetz）、詹森（Jensen）、麦克林（Meckling）、伊斯特布鲁克（Easterbrook）、费希尔（Fischel）等人发展、完善了公司契约理论。

需要向法学院学生指出：首先，契约理论中的"契约"（contract），包括了"合意理性关

---

① FRANK H EASTERBROOK and DANIEL R FISCHEL. The economic structure of corporate law. Cambridge, Mass.: Harvard University Press, 1998.

② 详细介绍参见：黄辉，编译. 公司法的逻辑. 北京：法律出版社，2016：1-25；斯蒂芬·波特姆利. 公司宪政论. 李建伟，译. 北京：法律出版社，2018.

系”（consensual rational relationship）与“非合意理性关系”（non-consensual rational relationship），前者称为“显性合同”（express contract）、“真实合同”（real contract），与民法上的“合同”一词含义相当；后者则称为“隐性合同”（implied contract）、“非真实合同”（unreal contract），指如果存在必要，有理由相信当事人之间在类似情况下会订立那样的合同。可见这一类合同是应然而非实然意义上的。其次，此处的“契约”概念外延远大于民法上的“合同”概念。经济学将“契约”的概念延伸到了法学家通常的理解之外，不仅包括程序协商（process bargaining），而且包括结果协商（outcome bargaining）。例如，公众公司的章程并未经过全体股东协商、达成一致的过程，甚至有的股东从来没有见过章程，但只要购买了公司股票就视为接受了其章程。也就是说，这里没有程序协商，但存在着一种结果协商。这与法学家特别关注缔约过程与形式要件的契约概念迥异。对于法学家来说，这种所谓的隐性合同是不存在的，只是由于某种正义原则其才具有法律上的执行力。而对于经济学家来说，隐性合同可依赖市场机制（如声誉）得到执行，不一定非得依赖法院的强制执行机制。这种市场执行机制不会给受害方带来法律救济，但是经过一段时间会给违约方带来市场惩罚。最后，在分析方法上，经济学家倾向于将“契约关系”视为一种范式，该种范式表达了应该是什么（应然状态）而不是实际是什么（实然状态）的理念（what ought to be，rather than what is）。只有理解了契约理论中“契约”的真正含义，尤其是与民法上的合同概念的区别，才能对契约理论有一个正确的认识。

契约理论并不否认公司法的存在，但反对公司法上强制性规范（mandatory rules）的存在。契约理论认为，公司是通过多个私人契约设立的，契约关系中的每一个契约都提供了受到法律保护的执行机制，所以，公司法基本上应由任意法规则（default rules）或者“赋权性规则”（enabling rules）构成，这些规则赋权公司可以自由决定自己的事务，政府不应该通过制定法形式将强制性规范强加于公司及其利害关系人，因为这种强制性规范与契约自由的要求背道而驰。

既然公司是契约，为什么还需要公司法呢？契约理论认为公司法的作用有三：一是免费为各个公司提供公共物品，即可供参考的示范规范（standardized principle），省去了每一家公司单独起草这些文件的麻烦，为公司节省了成本。因为公司法上的许多规则如表决权规则、出资规则等，几乎是任何人都乐于采用的通用规则，这样，每一个公司只需要制订自己独特的规则即可。二是填补合同空白。即使每一家公司在订立合同时极力穷尽可能出现的所有问题，契约的不完整性（incompleteness of contract）也决定了遗漏、空白在所难免，立法者和司法机关具有处理公司专业问题的经验积累，足以胜任解决种种复杂情况，所以公司法中大量的任意性规范起到了填补合同空白的作用。三是检验条款合法性的作用。立法规范的正当性为私人缔约条款提供了一个合法性检验标准，避免公司的契约条款出现违法无效的情形，提高缔约效率。

公司契约理论的反对者提出：公司并不完全是一种契约安排，比如在公司产品责任中，受到公司产品侵害的侵权之债的债权人与公司之间根本不存在契约关系。还有，契约理论的分析方法建立在一定的假设之上，如假设所有的人都充分了解交易，且能够理性地最大化其财富，但是，在真实的世界里，这一假设并不存在。在信息不对称、有限理性的限制下，关于条款的私下协商既不实际，也将因此产生更高的交易成本。

尽管契约理论的主张并不一定都正确，但其合理内核对于我国公司法律制度的发展具有现实意义。任意性规范应当成为公司法的主要规范。虽然公司法的强制性规范不能完全为任意性规范所取代，但公司契约理论让我们认识到，许多强制性规范在本质上并不像想象的那样必要，或者那么重要。我国现行公司法在一定程度上放松了政府管制，减少了公司法中的强制性条款，提升了公司法中任意性、赋权性规范的权重，强化了公司章程在公司治理中的作用。在某种意义上，这说明立法者更多地受到了公司契约理论的影响。

第三节 公司与现代企业制度

一、企业法律形态

企业法律形态，指法律所规定的企业组织形式，具有法定性、普遍性和稳定性的特点。[①] 历经长期的历史发展，形成了通行于各国的企业法律形态分类，即按照成员构成、责任形式与法律人格的不同，将企业分为独资企业、合伙企业和公司企业。这三种企业法律形态不仅涵盖了一切商业组织，而且十分鲜明地凸显了各类企业的法律个性、特色，以此为基础的企业立法体系也很成熟，成为实行市场经济体制的各国企业立法的共同选择。在我国，受社会主义公有制的基本经济制度和计划经济的管理体制的约束，长期实行按所有制性质进行企业分类的方法，将企业分为全民所有制企业、集体企业和私营企业，并进行分别立法。随着三十多年来社会主义市场经济体制的发展，我国企业立法逐步摆脱了所有制立法体系，逐步构建起了以独资企业、合伙企业和公司企业分类为基础的立法体系。

二、公司与个人独资企业

个人独资企业（sole proprietorship，individual enterprise），是由单个自然人出资设立、拥有和控制，并承担无限责任的企业。个人独资企业是最古老、最传统的企业形态。各国关于个人独资企业的立法模式有所不同：有的在民法典中加以规定，有的在商法典或商事登记法中加以规定，我国则制定了单行法。

个人独资企业与公司企业存在许多区别，择其要者如下。

1. 投资人身份及人数不同。个人独资企业的投资人限于自然人，法人与其他组织不能设立独资企业；公司的投资人无此限制。独资企业的成员限于一人，这是其区别于合伙、公司的基本属性之一。除一人公司外，公司成员具有复数性。

2. 法律地位不同。个人独资企业不具有法人资格，是典型的非法人企业，其实质是自然人从事营业的一种企业组织形式。公司具有独立的法律人格，是典型的法人组织。《民法典》规定，公司属于营利法人，个人独资企业属于非法人组织。

3. 财产结构与管理结构不同。个人独资企业的财产由企业主所有，其所有权与经营权合二为一，虽然企业主可以把经营权委托给经理、雇员行使，但其权利本源仍在企业主。这与公司独立法人财产权和"两权分离"的管理结构截然不同。

4. 责任能力不同。个人独资企业本身没有独立的责任能力，企业主对企业债务承担无限清偿责任。而公司承担独立责任，其股东承担有限责任。

综上，个人独资企业是比较适宜于自然人个人开展营业所选择的企业组织形式，规模上多为小微企业。

三、公司与合伙企业

合伙（partnership），指二人以上按合伙协议，共同出资、共同经营、共同承担责任的营

---

① 赵旭东．企业法律形态论．北京：中国方正出版社，1996：49.

利性组织。与独资企业一样，合伙企业通常也不具有法人地位，属于非法人企业。商事主体分为商个人、商法人和商合伙，合伙企业属于商合伙。

与个人独资企业相比，合伙企业与公司存在更多的共性，但区别仍然是主要的，择其要者如下。

1. 成立基础不同。公司以章程为基础而成立，合伙企业则以合伙协议为基础而成立。公司章程和合伙协议是性质截然不同的法律文件：合伙协议的订立、变更与修改须经全体合伙人一致同意，公司章程适用多数决规则；公司章程是公司的自治规则与宪章，公司、股东、管理层均受其约束，合伙协议仅是合伙人之间的协议，只对签约人产生约束力；合伙协议适用合同自由原则，法律罕有强行规制，而公司法对公司章程的规制较为严格。

2. 法律地位不同。英美法系国家与多数大陆法系国家立法规定合伙不享有法人资格，只有个别大陆法系国家立法承认其法人资格。我国立法不承认合伙企业的法人资格，《民法典》规定其为非法人组织，承认其民事主体与民事诉讼主体的地位。

3. 财产结构与管理结构不同。虽然公司与合伙企业都享有财产权，但存在质的差别：公司法人财产权是完全独立的财产权，股东在公司存续期间不得抽回出资；在不承认合伙企业法人资格的立法中，合伙企业财产是合伙人的共有财产，合伙人在一定条件下可以退伙而取回出资，所以合伙企业只享有相对独立的财产权。与财产结构相适应，二者的管理结构也不同：合伙企业由全体合伙人共同经营、管理，其议决方式由合伙协议规定；公司实行集中管理，管理权由法定的组织机构行使，股东个人不得以股东身份直接行使管理权。

4. 信用基础不同。合伙企业是典型的人合企业，信用基础主要在于合伙人的构成和各个合伙人的财产，而非合伙企业的财产；除无限公司外，公司多属资合企业，信用基础在于公司本身的财产状况，而不取决于股东的构成和股东个人财产。

5. 责任能力不同。在对外财产责任上，全体合伙人对合伙债务承担无限连带责任。无限责任，指合伙人对企业债务的清偿不以其出资为限，在企业资产不足以清偿合伙企业债务时，合伙人须以各自所有的财产对企业债务负责；连带责任，指每个合伙人对全部合伙企业债务负有清偿责任，债权人可以向任何一个合伙人请求清偿全部的债务，合伙人不得以内部约定的亏损或债务承担比例抗辩之。股东有限责任是股份公司、有限公司的基本特征。

综上，合伙企业是较适宜于中小企业采用的一种企业法律形态。

四、公司与现代企业制度

现代企业形式包括公司企业、合伙企业与独资企业等，以公司企业为核心。在某种意义上，现代企业制度就是指公司制度，此处的公司主要指有限公司与股份公司，尤其是后者。[①] 在当今社会，公司作为最典型与最具影响力的经济组织，尤其是股份公司（其中又以上市公司为典型），因其资本雄厚、经营规模庞大、业务范围广泛，在社会经济生活中的地位举足轻重。

在我国由计划经济向市场经济转轨的改革进程中，公司法负有不同于西方国家公司法的特殊使命，即建立现代企业制度。1993 年《公司法》第 1 条曾规定："为了适应建立现代企业制度的需要……促进社会主义市场经济的发展……制定本法。"此即其时确立的公司法的宗旨，推动我国现代企业制度的建设，乃当时公司法的重要使命。1993 年《公司法》有力地推进了我国现代企业制度的建设。我国长期实行计划经济体制，在企业领域曾长期以政企不分的全民所有制企业为主导形式，这些企业并未取得真正独立的法律人格。《公司法》以法律形式确认

① 邓荣霖. 论公司. 北京：中国人民大学出版社，2002：297.

20世纪80年代以来的企业组织形式的改革实践成果，为公司制度的全面建设提供了坚实的统一的法律保障，有力推进了以公司为核心的现代企业制度的发展，同时也促进了我国市场经济体制的建设。20世纪80年代以来，在我国先后出现了几次大办公司热潮，在此期间诞生了一大批不规范的公司，这些所谓的“公司”都需要由统一的公司法加以规范。在1993年《公司法》实施之后，通过一系列规范措施，终于使历史遗留下来的若干问题得以基本解决。如今，以公司制为核心的现代企业制度已基本建立，其标志有二：一是数量庞大的原国有企业绝大部分完成了公司制改造，主要采用了有限公司、股份公司的形式；二是1993年以后新设的大中型企业基本都采取公司制。在此意义上可以说，1993年《公司法》最大的历史贡献，就在于为我国确立和推进了现代企业制度的建设。但推进现代企业制度的建设，不仅构成1993年《公司法》的历史作用，而且仍将构成未来《公司法》的作用，2005年、2013年、2018年、2023年修订案必然又以其新的适应性促进我国特色现代企业制度的建设和社会主义市场经济体制的发展，强调弘扬企业家精神。以公司制度为核心的现代企业制度的建立，对于建立和完善中国特色社会主义市场经济体制具有基础性的作用。

重要概念提示

公司企业；合伙企业；个人独资企业；现代企业制度

理论思考

1. 总结公司企业、合伙企业、个人独资企业制度的重大区别点。
2. 公司契约理论的内容要点有哪些？

第二章

公司的类型

提　示

公司从无到有，直至发展到现代，其类型斑斓多彩。从不同的标准与角度可以对公司作不同的分类。了解公司的分类，有助于理解各个国家公司法的立法精神，明确各类公司的法律地位，掌握法律规范适用于这些公司的内在法理。本章介绍了两大法系、国内外有关公司的众多概念，这些都是进一步学习公司法的基础性概念。关于公司类型的知识性资料浩如烟海，但本章的内容选择经过了深思熟虑，且有一个严格标准，即紧紧围绕一个目的：让读者更好地理解我国的现行公司类型。

本章在体例上的特色在于：将国有独资公司等几种特殊公司的制度内容集中讲述，后文一般不再提及这些特殊公司的制度内容。

第一节　公司的学理分类

一、人合公司、资合公司与人合兼资合公司

依公司的信用基础在于公司财产信用还是其成员的财产信用，作此分类。这一分类主要存在于大陆法系公司法理论中。

人合公司，是以其成员即股东的信用作为信用基础的公司。第三人与人合公司进行交易不是基于对公司资产的信赖，而是基于对股东资产的信赖，因为股东对公司债务承担无限连带责任，即所谓信用在人。这种情况下，由于股东之间存在连带关系，彼此的财产多寡存在风险上的关联，所以相互间需要具有相当的了解，这就进一步衍生出股东间较为密切的人身信任关系、公司具有封闭性的特点。可以说，公司的人合性与公司封闭性、股东间的人身信任关系是高度关联的，但这三个概念并不是一回事。无限公司就是典型的人合公司。

资合公司，指以公司资产作为信用基础的公司。第三人与资合公司进行交易不是依赖股东的个人信用如何，而是基于对公司自身资产状况的信赖，即所谓信用在资。所以对于资合公司，公司法须严格规制其设立、股东出资、公司资本与资产制度，严防股东对公司资产的侵害，以保护公司债权人利益。由于股东对公司债务只在各自的出资范围内承担有限责任，相互之间不存在责任上的连带关系，所以股东之间只以出资相结合，无须相互了解，这就进一步衍生出股东间不需存在人身信任关系、公司客观上可以拥有众多股东而具有公众性的特点。但公司的资合性与公众性并非一回事。有限公司、股份公司都是典型的资合公司。①

① 林国全．台湾有限公司法制之探讨与应有之修正方向//王保树．全球竞争体制下的公司法改革．北京：社会科学文献出版社，2003：49.

人合兼资合公司，或称“中间公司”“折中公司”，指公司兼以股东的个人信用和公司资产信用为信用基础的公司。在这类公司中，有限责任股东的出资为公司提供资产信用基础，无限责任股东则以其个人信用为公司债务提供一般担保。两合公司、股份两合公司是典型的人合兼资合公司。

“人合”含义是如何被变异的？ 既然人合、资合公司的分类依据在于公司的信用基础，全体股东都承担有限责任的有限公司属于资合公司，应无歧义，但在不少公司法著述中，有限公司是“人资兼合公司”“人资兼合偏人合”“人资兼合偏资合”“资合公司但具有一定的人合因素（性质）”“人合公司但具有一定的资合因素（性质）”等类似提法时有出现，甚至干脆提出有限公司属于人合公司，类似的说法还有：“人合与资合的区分仅仅具有理论意义，具有一定的相对性。实务中，还要看企业的具体情况。譬如，股份有限公司应该是资合公司，但如其股东人数较少，股东兼任董事或者高级管理人员，其人合性就很强。而有限责任公司如果人数众多，所有权与经营管理权分离得比较彻底，则显现出完全的资合公司状态。”这些提法都有意无意背离了人合、资合公司的本来分类标准和含义。有感于不少公司法著述在此问题上的“集体无意识”错误带给人们的误解甚深，这里有必要费些笔墨，以求正本清源。

区分人合与资合的唯一标准就是公司的信用基础，此外别无任何标准。这是所有公司法著述的共识。就此标准而言，有限公司与股份公司不存在任何区别。但是，为何总有人提出有限公司具有“人合性”的一面呢？一言以蔽之，论者所犯错误恐在于：由不自觉地“望文生义”而自觉地“偷换概念”——将“股东之间的人身信任关系”附会为“人合性”，反之亦然。固然，由于有限公司具有封闭性，股东人数有限，加之股东通常亲自参与公司管理，在客观上形成了股东相互之间的较为密切的人身信任关系，也即“在有限责任公司的成员之间，存在着某种个人关系，这种关系很像合伙成员之间的那种相互关系”①。但正如前文指出的，这些特征与公司的人合性往往存在一定的关联关系，但并非等同的概念，更不是区分人合与资合的标准。质言之，这些“证据”更多地说明有限公司具有封闭性、股东之间存在人身信任关系等特征，并非“人合”之本义。最后的结论总结为一句话：有限公司是资合公司（与股份公司同），具有较明显的封闭性特征（区别于具有公众性的股份公司如上市公司）。

二、封闭公司与公众公司

以公司的股票是否公开发行及股票是否允许自由转让为标准，作此分类。

封闭公司（private company，closed corporation）的特点是：公司的股票只能向特定范围的股东发行，而不能在证券市场上公开向社会发行；股东的股票转让受到一定的限制，且不存在一个公开的交易市场。

公众公司（public company）的特点与封闭公司正相反：可以在证券市场上向社会公开发行股票，股东的股票可以在公开交易市场如证券交易所自由交易。

此种分类主要为英美公司法所采用。若与我国的公司概念相比，从外延上看，封闭公司大致相当于我国的有限公司、发起设立股份公司、定向募集设立股份公司，公众公司大致相当于公开募集设立股份公司（尤其是上市公司）。此处的“大致相当”，含义有二：一是在概念上不能精确到一一对号入座；二是两大法系关于公司分类的立法理念与具体规则都不完全相同，甚至可以说存在很大的差异。所以，有的公司法著述把英美法系的封闭公司和公众公司分别译为

① 霍恩，科茨，莱塞．德国民商法导论．楚建，译．北京：中国大百科全书出版社，1996：280.

有限公司和股份公司，有失妥当。实际上，在立法规范对不同公司的分类规制的意义上，英美法系关于封闭公司、公众公司的基本分类，比大陆法系关于有限公司、股份公司的基本分类，在科学理性与实务价值上都要高出一筹。关于此点，后文的诸章节都有相应的分析。

三、普通公司与特殊公司

依公司设立的部门法依据和营业业务的不同，作此分类。

普通公司，指依照普通公司法设立的从事普通商事营业的公司。这一定义包含两层意思：一是依据普通公司法如我国的《公司法》而设立；二是从事普通的商事营业，如商品的制造、批发、零售，或者普通的服务业。

特殊公司，指依据商事特别法而设立的从事特别业务的公司。这一定义也包含两层意思：一是依据商事特别法，如《商业银行法》《保险法》《证券法》《证券投资基金法》而设立的公司，包括商业银行、保险公司、证券公司、基金管理公司等；二是从事特别的营业，如金融业。从我国现存的特殊公司的营业来看，主要指金融业，因此，这里对特殊公司的讨论主要限于金融机构。

这一分类的意义在于：特殊公司除适用公司法之外，还要适用特别法，这通常意味着特殊公司要受到更为严格的法律规制。比如关于公司设立，各国法律对于普通商事公司设立的管制越来越宽松，而对于特殊公司，唯因其从事金融业务的特殊性，均对其适用严格的法律管制，如实行实缴资本制、较高数额要求的最低资本制等。在公司治理方面，特殊公司也受到特殊监管机构的监管，对其内部控制与风险防范均有较高要求。

四、公营公司与民营公司

以公司资本构成的所有制和适用法律为标准，作此分类。

公营公司，指政府独资经营，或者政府与私人合资经营而政府控股的公司。其中，政府独资经营的称为国营公司，政府与私人合资经营的称为公私合营公司。

民营公司，又称私营公司，指完全由私人资本构成或者私人与政府合资经营而私人控股的公司。

这一分类主要适用于以私有制为主体的市场经济体制国家。市场经济体制国家的绝大多数公司都属于民营公司、公私合营公司，这两类公司都属于公司法上的公司。国营公司虽然冠以“公司”之名，但通常不被视为公司法意义上的公司，不受公司法调整。① 在西方各国尤其是第二次世界大战后的法国、英国、意大利，都有部分国营公司存在，其特点是完全由国家投资，公司的经营、管理由国家代表、企业代表和工会代表组成的董事会负责，同时资本也不分为股份，因而被视为国家“独资”经营的公司。

公营公司与民营公司可以互相变更：公营公司可以通过向公众出售股份，减少政府资本而变成民营公司，称为公营公司私有化；反之亦然。如日本电话电报公司于 1985 年通过向公众抛售其半数股票而由公营公司变成了民营公司。又如从 20 世纪 80 年代初开始，英国保守党政府实行大规模的国有企业私有化政策，就是将大批公营公司的资产分为股份卖给私人，从而使之变成民营公司。

---

① 格罗塞尔，等. 德意志联邦共和国经济政策及实践. 晏小宝，等译. 上海：上海翻译出版公司，1992；钱津. 特殊企业法人公营企业研究. 北京：社会科学文献出版社，2000.

五、独资公司与合资公司

以公司股东的人数是否为复数或者资本构成为标准，作此分类。独资公司，亦称独股公司、一人公司，指股份属于单一股东的公司。合资公司，又称合股公司，指股份属于两个以上股东的公司。

这一分类的意义有二。

一是从公司形成和发展历史看，公司在本来意义上属于合资组织，独资公司是现代公司发展过程中产生的一种例外。在现实生活中，合资公司仍占绝对多数，各国公司法都是立足于合资公司形成公司法律的基本规则，独资公司亦适用这些规则，除非另有特别规则。

二是对于二者的立法立场不一样，各国公司法一般不限制合资公司的设立，但对于独资公司的设立与存续则多有限制，虽然现代公司法有所放开。在我国，一人公司与国有独资公司属于独资公司，股份公司与普通有限公司属于合资公司。

六、总公司与分公司

依公司内部组织关系的标准，作此分类。

总公司，也称本公司，是一个独立的公司法人，相对于分公司而言，其必须首先设立，是管辖全部公司组织的总管理机构，以此为中心来支配公司的营业活动。分公司，则指在总公司设立后或同时设立的并受总公司支配的分支机构。

总公司以自己的名义直接从事经营活动，对公司系统内的业务经营、资金调度、人事安排等具有统一的决定权。分公司是总公司在其住所以外设立的从事经营活动的机构，属于总公司的组成部分而非独立的公司法人。《民法典》第 74 条第 2 款规定："分支机构以自己的名义从事民事活动，产生的民事责任由法人承担；也可以先以该分支机构管理的财产承担，不足以承担的，由法人承担。"据此，分公司的法律地位可以从两个方面描述。

其一，在法律上不具有法人资格，没有独立的财产、组织、章程、法人机关，也不能独立承担法律责任，其民事责任由总公司承担。① 这一特征使其与子公司区别开来。

其二，过去通常认为分支机构属于一种"其他组织"，但《民法典》未将法人的分支机构列为"非法人组织"，司法实践中承认其具有相对独立的民事主体资格和诉讼主体资格，在办理营业登记并领取营业执照后，可以自己的名义对外营业并参与诉讼活动。这一特征使分支机构与公司的职能部门区别开来。

银行、保险公司等具有高度信用特征和经营风险的企业，通常采取设立分公司而非设立子公司的方式来拓展业务活动空间。《公司法》第 13 条第 1 款规定："公司可以设立子公司。子公司具有法人资格，依法独立承担民事责任。"第 38 条规定："公司设立分公司，应当向公司登记机关申请登记，领取营业执照。"

七、母公司与子公司

这一对概念是在公司集团框架下提出来的，所以先来看公司集团的概念。

公司集团，是由两个以上的法人企业联合组成的组织体。公司集团不是一个法律概念，其自身不是法人，而是一种多法人企业的联合体。其组织特征在于：（1）由两个以上法人企业组成；

① 江平. 新编公司法教程. 北京：法律出版社，1994：40.

(2) 这些法人企业之间具有多种联系纽带，如投资关系、协议以及其他安排等；(3) 包括多层次组织，如纵向上可分为母公司、子公司、孙公司等，横向上可分为姊妹公司、相互持股公司等。

在公司集团中居于核心企业地位的是集团公司。集团公司是一个独立的法人企业，是公司集团的投资、决策中心，相对于公司集团中的其他企业而言，处于控制者地位，故又称控制公司 (controlling company)。控制公司的控制机制（依据）包括股权控制，以及非股权控制如投资关系、协议、人事安排等，这些控制机制也可以结合使用，称为综合控制机制。

纯粹依赖股权控制的控制公司，称为控股公司 (holding company)，或称母公司 (parent corporation)，受其控制的公司称为子公司 (son corporation)。在母子公司关系中，既然股权控制是唯一的控制机制，那么持有多少股份才叫控股？在各国立法上对此并无统一的标准，不同公司、不同场合的控股比例是不同的，在股权分散的上市公司实践中，5%的持股也可以成为控股股东。《公司法》第 265 条第 2 项的规定就充满了灵活性，包括了两种情况：(1) 持股超过 50%的为当然的“控股股东”；(2) 虽持低于 50%的股份，但其表决权已足以对股东会决议产生重大影响的，亦为控股股东。“重大影响”的认定应以能主导公司董事会、股东会决议为准，这一认定标准是客观的。据此，理论上可以将子公司分为：(1) 全资子公司，即母公司持有子公司的 100%股份。全资子公司实为法人一人公司（包括一人有限公司、一人股份公司）。(2) 绝对控股子公司，指母公司持有子公司超过 50%但不足 100%的股份。(3) 相对控股子公司，指母公司持有子公司的股份虽低于 50%，但仅仅依赖该股份表决权足以控制子公司。从经验数据看，这一相对控股区间多为 50%～20%。如果某公司持有他公司的股份，但仅凭股权控制机制又不足以控制后者的话，理论上称后者为“参股公司”。

子公司的上述分类的意义有二：其一，母子公司关系的认定不同。对于全资子公司、绝对控股子公司而言，无须法院审查即可认定。但对于相对控股子公司，尚需法院针对个案进行审查认定。其二，利益冲突及其法律规范的侧重点不同。在全资子公司，母公司滥用控股权的，会损害子公司债权人的利益；在绝对、相对控股子公司，同样的行为还会损害到子公司少数股东的利益。

母公司属于控股股东的一种，《公司法》第 265 条第 2 项对控股股东的定义是：“是指其出资额占有限责任公司资本总额超过百分之五十或者其持有的股份占股份有限公司股本总额超过百分之五十的股东；出资额或者持有股份的比例虽然低于百分之五十，但依其出资额或者持有的股份所享有的表决权已足以对股东会的决议产生重大影响的股东”。这一定义牢牢地将控股股东的控制依据限定为股权控制，是非常严谨的。据此，母公司控制子公司的依据也仅仅限于股权控制，属于控制公司的下位概念。此处概念较多，需要进行比较分析以阐明。

(1) 控制人与控股人。控制人与控股人在外延上都包括自然人、法人、非法人组织。控制人（控股人）本身是公司法人的，称为控制公司（控股公司）；是自然人的，则称为控制自然人（控股自然人）。可见，控制人、控股人分别是控制公司、控股公司的上位概念。控制人与控股人的区别是：前者是后者的上位概念，因为后者对公司的控制机制仅限于单纯的股权控制；前者除股权控制外，还包括投资关系、协议、人事安排等非股权控制，以及综合控制（股权控制与非股权控制的结合）。由于控股人肯定具有股东身份，故控股人与控股股东是同一概念，但控制人不一定具有股东身份。

(2) 控制公司与母公司（控股公司）。相应地，控制公司也是母公司的上位概念。有些公司法著述将母公司与控制公司混为一谈，是不足取的。控制公司对应的概念是从属公司 (subsidiary company)，亦区别于子公司。母子公司的单纯股权控制机制意味着，控股仅仅指“直接控股”，而不包括所谓的“间接控股”。有的公司法著述提出，公司通过子公司的间接控股或通过与子公司一起的合并控股，也可以形成母子公司关系。这一提法之所以不妥，原因就在于混淆了母公司与控制公司、实际控制人之间的区别。依《公司法》第265条第3项的规定，实际控制人“是指通过投资关系、协议或者其他安排，能够实际支配公司行为的人”，此处的“通过投资关系”来控制公司的人即所谓的“间接控股人”，属于实际控制人的范畴。如果将间接控股的情形也列为母子公司，就混淆了控股股东与实际控制人之间的界限。搞清楚这一点，有利于廓清诸多相关概念的关系。详见图2-1。

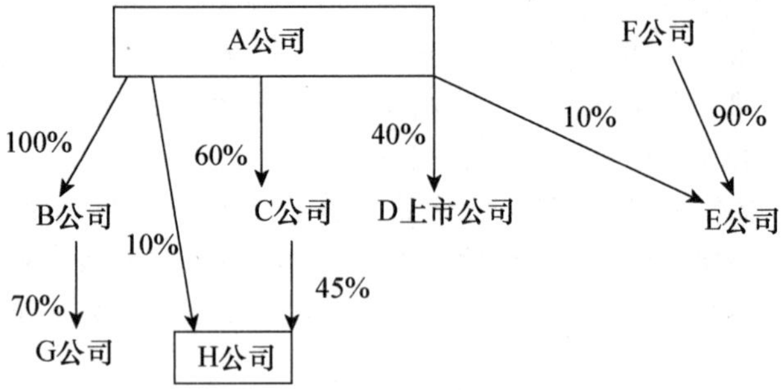

图2-1

说明：第一，相对于A公司而言，B公司为其全资子公司，C公司为其绝对控股公司，D公司为其相对控股公司（假设其余股份较分散），但E公司为F的子公司，为A公司之参股公司而非子公司。

第二，G公司为B公司之子公司，A公司通过B公司的投资关系成为G公司的间接控股人，成为G公司的控制公司而非母公司，其控制权依据属于非股权控制。同理，H公司因A公司与其子公司C公司合并控股而被A公司控制，但A公司并非H公司之母公司而是控制公司，其控制依据为综合控制机制。

（3）从属公司与子公司。如同母子公司的关系，控制公司与从属公司是一对概念：如果某公司依据股权控制、非股权控制或者综合控制机制控制了另一公司，则前者为控制公司，后者为从属公司。控制公司是母公司的上位概念，同理，从属公司也是子公司的上位概念。如图2-2所示。

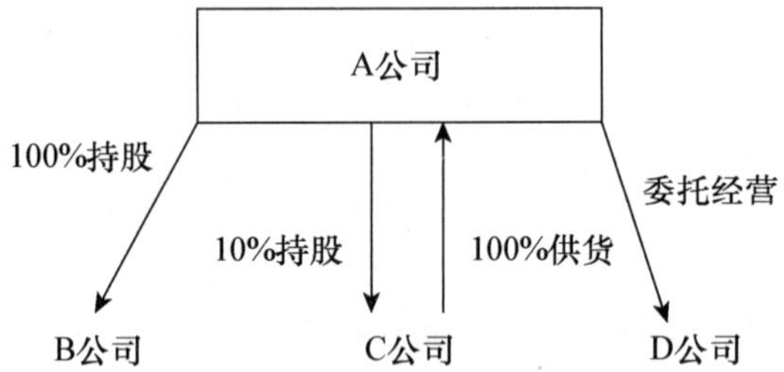

图2-2

说明：第一，A公司、B公司之间是母子公司，同时也属于控制/从属公司。

第二，A公司并非C公司的母公司，C公司仅为A公司的参股公司，但可能基于供应某种稀缺原材料的独家供货合同安排，A公司控制了C公司，故A公司、C公司之间是控制/从属公司。

第三，A公司、D公司无任何股权关系，但依据委托经营合同安排，A公司控制了D公司，故A公司、D公司之间也是控制/从属公司。

八、关联公司

关联公司，指两个以上彼此之间存在关联关系的公司。所谓“关联关系”，是指存在直接或间接控制关系，以及可能导致公司利益转移的其他关系。《公司法》第265条对“关联关系”的概念也进行了定义。关联公司概念的核心是控制人、控制关系，所以定义关联公司的关键是界定控制人、控制关系。

控制人，指基于股权控制、非股权控制或者综合控制机制而控制某一公司的任何自然人、法人或非法人组织。依《公司法》第 265 条，控制人的外延包括得以直接或间接控制公司的控股股东、实际控制人、董事、监事、高级管理人员等主体。该条将控股股东、实际控制人、董事、监事、高级管理人员这五个主体并列，证明有两个逻辑关系：实际控制人与其余四个主体相互之间不存在包含或者交叉关系；五个主体加起来就是“控制人”的全部外延。

但问题是，将该条所定义的控股股东加上实际控制人，并不能完全涵盖除董事、监事、高级管理人员（简称“董监高”）之外的“控制人”范围。这说明该条所定义的“控股股东”与“实际控制人”中的某个概念在逻辑上存在缺陷。前文肯定了“控股股东”定义的严谨，那么就只能是“实际控制人”的定义存在缺陷：不应该排除其“股东身份”。

实际控制人的定义由来。2005 年《公司法》第 217 条第 3 项曾经将实际控制人定义为“虽不是公司的股东，但通过投资关系、协议或者其他安排，能够实际支配公司行为的人”。依其定义，图 2-2 中的 A 公司不是 D 公司的股东，但依委托经营合同安排控制了 D 公司，故 A 公司为 D 公司的实际控制人；图 2-1 中的 A 公司也不是 G 公司的股东，但通过间接控股机制得以控制 G 公司，故 A 公司亦为 G 公司的实际控制人。但问题在于：图 2-2 中的 A 公司是否为 C 公司的实际控制人？图 2-1 中的 A 公司是否为 H 公司的实际控制人？从现实情况看，图 2-2 和图 2-1 中的 A 公司虽分别为 C 公司、H 公司的少数股东，但通过完全供货合同安排或表决协议（结成一致行动人）的安排（图 2-1 中，A 公司、C 公司在 H 公司股东会一致投票，故被称为一致行动人），A 公司确实分别控制了图 2-2 中的 C 公司与图 2-1 中的 H 公司。然而，由于 A 公司具有股东之身份，依照上引规定，A 公司又是被排除在实际控制人之外的。这一实证分析表明，将“不是公司的股东”限定为“实际控制人”的前提，外延上不周延。有鉴于此，2023 年修订《公司法》第 265 条第 3 项删去了“虽不是公司的股东”的字样，从而消除了这一立法错误。

关联公司的外延。由于关联公司是存在关联关系的公司之间的互称，所以在技术上，需要以公司集团中的某一个公司为本体，来确定其关联公司的外延。如果以公司集团中的某一子公司为本体，则其关联公司包括：(1) 控制公司；(2) 控制公司的其他从属企业；(3) 控制公司的管理层（包括董监高，下同）投资、任职管理职位的企业；(4) 其自身的管理层投资、任职管理职位的企业。结合图 2-1、图 2-2 举例说明：在图 2-1 中，以 H 公司为本体，其关联公司包括：A、B、C、D、G 公司；A 公司的管理层投资、任管理职位的企业；H 公司的管理层投资、任管理职位的企业。同理，在图 2-2 中，简言之，A 公司为 B、C、D 公司的关联公司，B、C、D 之间互为关联公司。

关联公司属于关联人的范畴，关联人就是与公司存在关联关系的任何自然人、法人与非法人组织（后文分析关联交易的概念时会解析关联人的外延）。严格地讲，关联公司还不是一个严谨的法律概念，更像是一个经济学概念。关联公司也不是一种独立的公司形态，除德国设专章集中规范“关系企业”外，大多数国家立法以单个公司为规范对象，对关联公司只进行个别行为规范，如对转投资的限制，不设专章对关联公司予以集中规范。但在现实经济生活中，关联公司无论是其数量还是其经济影响力量，都已经发展到一个非常发达的阶段。关联公司在市场效率方面的优势不可替代，但其消极作用也不容忽视：有关联公司就必然有关联交易，有关联交易就几乎必然出现非公允关联交易。在非公允关联交易中受害的是从属公司及其少数股东、债权人。所以，保护从属公司少数股东、债权人的利益，是关联公司法律制度的主要目标。

九、本国公司、外国公司与跨国公司

依公司的国籍不同，作此分类。

本国公司，指具有本国国籍的公司。关于公司国籍的确定标准，各国的立法和学说有所不同，大多数兼采设立准据法主义和设立行为地主义来确定之。我国亦然，《公司法》第 2 条规定，依照中国法律组成并在中国境内设立的公司属于中国公司，受中国公司法调整。这样，在我国境内设立的中外合资公司、中外合作公司、外资公司均属于中国公司。

立法例：（1）公司设立准据法主义。公司设立所依据的法律是本国法的，即为本国公司。（2）公司设立行为地主义。公司设立登记或注册所在地在本国境内的，即为本国公司。（3）股东国籍主义。大多数股东或多数股东属于本国人的，即为本国公司。（4）公司住所地主义。公司住所地在本国境内的，即为本国公司。公司住所的确定标准有二：公司管理中心所在地和公司营业中心所在地。

外国公司，指具有外国国籍的公司。《公司法》第 243 条规定，外国公司是指依照外国法律在中华人民共和国境外设立的公司。[①] 本国公司法实际上并不调整外国公司，只调整外国公司在本国境内设立的分支机构。由于外国公司属外国法律管辖，外国公司在本国设立的分支机构没有法人资格，所以，我国公司法直接称之为“外国公司的分支机构”。

跨国公司，在英文中有多个词汇，如 transnational corporation，multinational corporation/enterprises，international enterprises，world enterprises，global enterprises 等，前两个比较常用。一般认为，跨国公司是指以本国（母国）为中心，通过对外直接投资，在其他国家、地区（东道国）设立分支机构、子公司或其他外商投资企业，从事国际性的生产、经营或服务活动的大型公司集团。严格地说，跨国公司本身不是公司法人，而是指国际性的公司集团，体现为分布于两个以上国家、地区的多个公司组成的企业体系，包括母公司、子公司、总公司、分公司等。各国公司法没有专门调整跨国公司的规范，跨国公司的内部关系实际为母子公司、总/分公司等相互之间的法律关系，由各自相应的法律规范调整。

第二节　公司的法定类型

公司类型实行法定主义，投资人只能在法定的公司类型中选取某一种适合自己的公司形式。由于公司概念本身的不确定性，再加上立法理念与法律传统的差异，故各国立法上的公司类型并不相同。总的来说，可以从两大法系分别考察公司的法定类型。

一、大陆法系的公司法定类型

（一）无限公司

无限公司（unlimited company，unlimited liability company），系无限责任公司的简称，日本称“合名会社”，法国称“合股公司”，是指由两个以上的股东组成的，全体股东对公司的债务负无限连带责任的公司。无限公司的主要特征如下。

---

① 我国在“一国两制”体制下且为了规范的便利，在我国港澳台地区设立的公司，在法律上视同外国公司，享受外国公司的待遇。

1. 由两个以上的自然人股东组成。如果股东只剩一人，公司应当解散或变更为独资企业。法人不能成为无限公司的股东。

2. 股东对公司债务承担无限连带责任。无限责任（unlimited liability），指股东不仅要以其出资，而且要以其出资以外的其他个人财产清偿公司债务；连带责任（joint and several liabilities），指各股东必须对公司全部债务承担责任，若部分股东清偿了全部债务，则有权向其他股东追偿。在这一点上，无限公司与英美法系的普通合伙（general partnership，GP）没有区别。

3. 典型的人合公司。无限公司建立在股东个人信用之上，为典型的人合公司，所以，法律对无限公司的规制特别宽松，包括：设立、解散手续简单；无最低注册资本额限制；出资形式任意化；资本可以任意增加或减少；无须公开任何账目。这些特点使其与普通合伙很类似。

4. 经营管理合伙化。股东直接参与公司管理，公司所有权和管理权融为一体。不执行业务的股东享有监督权。在对外关系上，每个股东都可以代表公司。在经营管理上，无限公司与普通合伙没有区别。

5. 具有法人地位。除个别国家如德国、瑞士外，多数国家承认其法人地位。这是无限公司与普通合伙的重大区别。但在大陆法系的五种公司类型中，无限公司的法人性最淡薄。

无限公司利弊兼存。优点是：组织和设立程序简便，运营成本较低，没有注册资本的限制，出资方式灵活，股东间信任关系密切，获得债权人很高的信任。弊端是：股东投资风险过大，不利于吸引投资，使其规模难以发展，经营上也不够灵活、方便。正因为如此，无限公司的规模不大，经济实力相对弱小，社会影响力小，不是当代社会的主要公司形式，在有些国家事实上已经趋于消亡。我国不存在无限公司形式。

（二）两合公司与股份两合公司

两合公司（jointly owned company），又称简单两合公司，日本称“合资会社”，指由一人以上的无限责任股东与一人以上的有限责任股东组成的公司。两合公司属于人合兼资合公司，但就其本质而言偏向于人合。在英美法系国家，对应的企业形态是有限合伙（limited partnership，LP）。

股份两合公司，日本称“株式合资会社”，它由无限责任股东和有限责任股东组成，有限责任部分的资本分为等额股份，由有限责任股东认购，其股东仅就其认购的股份对公司债务负责。这是两合公司的一种特殊形式，两合公司兼有无限公司和有限公司的特点，而股份两合公司则兼有无限公司和股份公司的特点。

两合公司和股份两合公司共同的法律特征如下。

1. 由无限责任股东和有限责任股东组成。

2. 股东出资形式灵活。无限责任股东一般采用申报出资的方式，法律很少限制其出资形式，在公司的成立之初，可以采用较少的可实际计算的出资占有公司较高的出资比例，这有利于形成有效的利益激励机制和责任约束机制，约束无限责任股东的道德风险，保护不参与经营管理的有限责任股东的利益。但对于有限责任股东的出资有所限制，如法国《商事公司法》第23条规定，有限责任股东不得以技艺出资。

3. 管理模式独特。一般由无限责任股东管理公司事务，有限责任股东不得执行公司业务以及对外代表公司，无权参与公司管理或者以自己的名义接受委托，就公司的业务管理无权向无限责任股东提出异议或进行争议，但享有业务监督权，尤其在股份两合公司中，有限责任股东组成股东会选举监察人，对公司事务进行监察。如法国法规定，有限责任股东有权检查公司的营业情况，在每个财政年度终了时查阅当年的公司资产负债表和损益表。

股份两合公司区别于两合公司之处在于：有限责任股东的出资划分为等额股份，发行股票，从而使得其吸收社会公众投资比两合公司更容易。

理论上，两合公司、股份两合公司作为中小企业的组织形式，具有制度设计上的优势。作为无限公司和有限公司、股份公司之间的中间形式，其制度设计的机巧在于：既有负无限责任的股东以取得外界信任，又可吸收有限责任股东以扩大公司的资金来源，从而将无限公司与有限公司或股份公司的优势结合为一体。但是，时至今日，两合公司已经很少为投资者所采用，而股份两合公司基本上名存实亡。以德国为例，1895 年到 1910 年间，登记成立的股份两合公司数量为 100 家～150 家，第二次世界大战后又登记成立了约 200 家，但 1950 年以后，该数字则锐减到 20 家～30 家。一些大陆法系国家公司法已经已废止了股份两合公司，仅德国、法国等少数国家还有保留。依照企业类型法定原则的要求，这两类公司形式在我国都不存在。

（三）股份公司

股份公司（joint stock limited company），全称是股份有限公司，日本称“株式会社”，指由一定人数的股东组成，全部资本分为等额股份，股东以其所持股份为限对公司承担责任的公司。股份公司最显著的形式特征有二：一是股东都承担有限责任，二是公司资本一律分为等额股份。股份公司也是大陆法系公司法特有的概念，英美法系上大致对应的概念是公众公司（public corporation），二者之间共同的本质特征在于股份的公开发行和自由转让。详言之，股份公司有以下基本法律特征。

1. 全部资本分为等额股份。全部资本划分为等额股份，适应了大规模募集资本及股份自由转让的需要。股份既是公司资本的最小单位，也是计算股东权利、义务的基本单位，即每一股股票在注册资本中所代表的金额是相等的，股东依持有的股份数享有股东权益。

2. 股份的公开发行与自由转让。股份向社会不特定的多数人发行并自由转让，是股份公司与大陆法系上其他类型公司的本质区别，其极致形态就是上市公司（listing corporation），公开发行股票来筹集资本，其股票可依法在证券交易所自由流通。股份公开发行与自由转让的特征，使得其股东人数具有公众性的特征，各国公司法对股份公司股东人数没有最高限制。股份公司往往是公众公司的同义语。

3. 相对彻底的集中管理。由股份自由转让而形成的资本证券化的运行，给股份公司带来了比其他公司类型更彻底的“两权分离”，对公司的财产结构与治理结构产生了重要影响。

4. 巨大的经济规模。股份公司适应了大规模社会集资的时代发展需求，相比于其他类型公司，股份公司的股东人数众多，集资能力强，股本数额大、资金雄厚。虽然股份公司在各国的数量并不多，但以其巨大的经济规模而在各国社会经济生活中具有举足轻重的作用。

有限公司与股份公司作为现代企业制度的主要形式，在促进生产的社会化和社会经济的繁荣方面共同发挥着巨大的作用，但二者相比，股份公司的下列优势使其成为大企业更乐于选择的组织形式：（1）融资速度快、规模大。股份公司筹资渠道多、筹资能力强，可以在短时间内筹集到大量资金，使企业易于摆脱财务困境或进一步扩大经营规模。（2）投资风险分散。股份公司股东众多，股份分散，从而有效地分散了投资人的投资风险，每个投资者都只承担较小的投资风险；股份的自由转让也极大地方便了投资者的风险转移，同时，股份的分散化也大大降低了多数股东的控制成本，因为只需掌握一定比例的股权便可控制几倍于投资的资金和营业。（3）更专业化的管理。股份公司真正实现了“两权分离”，专业化管理层的出现，有效地提高了公司的经营管理水平，将公司的管理纳入科学的轨道，并带来巨大的管理效益。

当然，股份公司自其产生之日起就带有其自身难以克服的缺陷：设立、运营的条件与程序严格而复杂，公司设立与运营成本高；集中管理给股东带来较高的代理成本；股票的自由交易容易滋生过度投机行为等。①

（四）有限公司

有限公司（limited company，LC），全称“有限责任公司”，日本原称为“有限会社”（现将其并入“株式会社”），指由一定人数以上股东组成，股东以其出资为限对公司承担责任的公司。有限公司也是大陆法系公司法的特有概念，与英国的私人公司（private company）、美国的封闭公司（close corporation）在本质特征上相近。

与股份公司相比，有限公司有以下法律特征。

1. 公司资本不划分为等额的股份，每一个股东所持的出资证明书只证明其出资比例，这与股份公司资本划分为等额股份的做法不同。

经不住推敲的形式之别：按大陆法系公司法的传统以及我国公司法的规定，有限公司与股份公司的一大区别就是后者的资本划分为等额的股份，前者不作此划分。由此在我国，公司法人为地将有限公司的股权客体称为“出资”，将股份公司的股权客体称为“股份”，有限公司严禁使用“股份”（share）二字。由此有限公司的股东不能说自己持有多数股份（等额份额），而只能说自己的出资所占公司资本的比例。事实上这一区别因流于形式而缺乏实益，其自身也过于牵强。一则，股份公司也可以有股东所持股份占公司总股本的比例之说，比如A股份公司总共发行1亿股，甲股东持有1 000万股，也就可以表述为其占公司10%的出资；二则，对于有限公司在现实生活中人们也习惯性地使用股份的概念，比如乙持有B有限公司15%的股权，习惯上人们总是表述为在B公司的100股中，乙持有15股。

2. 禁止向公众募集股本。各国公司法普遍规定有限公司不得公开募集资本。股东所认购的出资比例通常由股东们相互协商而定，之后由公司出具出资证明书。出资证明书不是有价证券，不能流通，与股票截然不同。这是有限公司与股份公司在形式上的一大区别，其实质的区别则在于能否向社会公众募集股本，反映了二者募集资本的不同能力和公众性程度的差异。

3. 出资转让受到一定限制。各国公司法、公司章程规定有限公司股东转让出资受到一定的限制，包括实体限制与程序限制，且不存在公开的交易市场。这与股份公司的股份自由转让形成鲜明对比，构成一个实质性区别。

4. 经济规模有限。股东人数的法定上限限制了有限公司的募集资本的能力。各国公司法规定的上限在20～50人。立法之所以强行限制有限公司的股东人数，原因乃在于立法者创设有限公司的本意就是为中小企业提供一种适合的组织形式。有限公司的制度内容设计介于股份公司和无限公司之间，实质上是一种小型的股份公司。为了在形式上区别于股份公司，股东人数一旦突破上限就应考虑变更公司形态。如法国《商事公司法》第36条规定，有限公司的股东人数超过50人的，应在2年内转变为股份公司，否则，公司予以解散。股东人数受到人为限制，在很大程度上决定了有限公司的封闭性特征，人数不多的股东相互之间通常比较熟悉，具有良好的人身信任关系。

5. 集中管理的特征不明显。在有限公司，全体或者大多数股东往往身兼公司管理职位，亲自参与公司经营管理，“两权”分离不明显，不存在职业化、专业化的经理人阶层，集中管理的特征也就不明显。事实上，众多的小型有限公司管理合伙化是一个众所周知的事实，再加上股东的出资转让受到限制、股东人数较少而形成的封闭性特征，所谓股东间的人身信任关系很大程度上也是他们作为管理层同僚而形成的。在此意义上，股东间的人身信任关系对于有限公司经营、管理的正常运转至关重要。

---

① 赵旭东. 公司法学. 2版. 北京：高等教育出版社，2006：87－88.

在大陆法系的五种法定公司类型中，唯有限公司是立法者的“桌上创造物”，是立法者意图创造的一种“小型股份公司”——既保持股份公司的有限责任等核心制度优势，又克服其运营成本高之弊，迎合中小投资者的投资选择需求。因此从一开始，有限公司的制度内容就深深留下了立法者的主观烙印。有限公司的上述诸特征可以归结为一句话：有限公司是具有明显封闭性特征的资合公司，股东之间的人身信任关系非常重要，经济规模有限，是最适合中小企业的组织形式。有限公司作为中小企业组织形式的制度优势明显：（1）设立程序简便易行，设立门槛较低，使得财力并不雄厚的个人也有投资机会。（2）组织机构设置简单、灵活，法律干预较为宽松，如不需向社会公布经营和财务状况，治理成本较低。（3）运营成本较小。股东人数较少，彼此信任，容易协调一致地开展公司经营，降低了公司运营成本。

当然，有限公司的制度设计也有不足，最主要的就是股东亲自参与公司经营管理和股东有限责任相结合，极易产生股东滥用权利损害债权人利益的现象。这是公司立法必须警惕的。

二、英美法系的公司法定类型

（一）英国

1. 注册公司与非注册公司

以公司是否注册为标准，公司分为注册公司和非注册公司。除美国外，其他英美法系国家也深受这一分类影响。

注册公司（registered company），指依照公司法案经登记注册而成立的公司，具体是指依照《1948年公司法》（the Company Act of 1948）而注册成立的公司。注册公司是英国最普遍、最主要的公司形式。

非注册公司（unregistered company），指依照特许令或特别法而成立的公司，又分为“特许公司”（chartered company）和“法定公司”（statutory company），设立依据有三：皇家特许令状；国会特别法案；某些特别法令，如《1962年房屋互助协会法》。

注册公司的概念不限于商事公司，慈善性、非营利性组织也可成为注册公司，并受公司法调整。非注册公司是不依公司法案设立的非商事公司，但也未必不受公司法调整。但法律关注的重点是商事公司。在英国普通法上，注册公司分为三类：股份的有限公司（company limited by shares）、保证责任有限公司（company limited by guarantee）和无限公司（unlimited company），其中每一类又都有私人公司（private company）和公开公司（public company）之分。

股份的有限公司，是英国最常见的公司形式，股东以认缴的股份对公司承担责任，公司以其资产对外承担责任。任何两人以上即可注册成立股份的有限公司，故可以是小型家族式的企业，称为 private company limited by shares；也可以是大型公众企业，称为 public company limited by shares。如果论及与大陆法系上的概念的关系，大陆法系上存有明显区别的股份公司与有限公司，在英国普通法上均被视为股份的有限公司，大体上有限公司与 private company limited by shares 对应，股份公司与 public company limited by shares 对应。可见，英国法上的“company limited by shares”不宜译作大陆法系上的“股份公司”（英译应为“joint stock limited company”），以免发生同名概念混淆。

保证责任有限公司，是英国普通法上的特有概念，是一种非营利组织。在这种公司中，股东对公司债务承担有限责任，但这种责任不基于或者不仅仅基于股东认缴股份，而是基于其允诺（promise）或保证（guarantee）。保证责任有限公司章程设有保证条款，每个股东保证在公司破产清算的场合在其保证金额内对公司债务承担清偿责任。与其他公司不同的是，保证责任有限公司注册时可以有，也可以没有股本（share capital），实践中一般没有股本，而且不需要营业资本（trading capital），因为多为非营利性的团体或机构（charitable and quasi-charitable organizations），如医院、学校、宗教或慈善组织、相互保险公司、科研机构、文艺团体、体育组织等，其资金来源于成员的捐助或会费。在公司破产清算时，没有股本的，股东以其保证金额为限对公司债务承担责任；如有股本，股东对公司承担双重责任：除以其出资额承担责任外，如保证金额高于出资金额，股东需在保证的余额内承担清偿责任。可见，股东的保证金额带有储备债务的性质，在公司破产清算之外不得催缴。

保证责任有限公司也有私人（private company limited by guarantee）与公开（public company limited by guarantee）之分，前者更为常见。保证责任有限公司是英国普通法上特有的公司类型，大陆法系上没有对应的概念。

2. 私人公司与公开公司

以公司股东对象不同以及股票能否自由转让为标准，作此分类。这也是英国普通法关于公司的最基本分类。

私人公司（private company，privately held company），是由若干股东合资经营、股东转让出资须受到限制（如不能在证券市场上自由转让）、不公开招股、实行封闭经营的公司。英国《1908年公司法》［the Companies（Consolidation）Act 1908］对私人公司的界定是：成员不超过50人；对股份转让加以限制；禁止向公众发行股份。可见，其本质特征与大陆法系上的有限公司相同，但二者的区别在于，私人公司在外延上还包括了无限公司与保证责任有限公司。

私人公司的立法。英国有关私人公司的立法是在总结商业惯例、经验的基础上发展起来的。19世纪中叶前，英国形成了公开公司与合伙企业两元企业制度，但两元体制不能适应经济发展的需要。尤其是，随着企业规模和资本市场的发展，法律对public company limited by shares的管制趋向严格，将股东有限责任与灵活的管理结构相结合的要求就自然产生了，私人公司正是适应了这一要求。私人公司以其对外的法人地位、对内的封闭性（股东人数在50人以下）受到中小投资者欢迎。随着这种公司的增多，立法者顺势制定了相应的立法予以规范。

公开公司（public company），指可以依法定程序公开招股，股东人数无法定上限，股票可以在证券市场公开自由转让的公司。公开公司在外延上不仅包括股份的有限公司，也包括无限公司与保证责任有限公司，但主要是股份的有限公司。这样，公开公司的外延与大陆法系上的股份公司或上市公司均不等同，但其实质特征与公开募集设立股份公司相通。

（二）美国

在美国，所有的公司都具有法人人格，股东都承担有限责任，不存在大陆法系与英国法承认的无限公司形式。美国公司的最基本分类是封闭公司和公众公司，此外还存在所谓的“有限责任企业”。

英美的公司用语差异。英、美在公司的法人性上的差异可以从其用语上体现。英国称公司多用“company”，美国则多用“corporation”。在现代英语上，二者含义基本相同，但在普通法上二者的含义有差异：corporation是指具有独立“法人人格的一个实体”，可以中译为“法人社团”。而company一词并无确切的法律含义，人们为一定目标的实现而组成的社团（association）都可称为“company”，不论是否具有法人身份，故也可用来指称其他非法人联合组织如合伙。

封闭公司（close corporation，closely held corporation）的一般定义是，只有少数股东（如少于30人），且股票不得在正式认可的证券交易所或柜台市场进行交易的公司。一般特征包括：不存在出售股份的外部市场；全体或大多数股东参与公司管理；股份的转让受到严格限制。据此，封闭公司的特征可以归结为两个方面：股份转让受到限制，经营管理合伙化。实际上，封闭公司正是将合伙企业的业主经营与股东有限责任结合起来的产物。从经济规模看，大多数封闭公司都是小公司，绝大多数公众公司是大公司，但也并不绝对。

公众公司（public corporation，publicly held corporation，share corporation），就是指封闭公司以外的所有公司，凡股份在证券交易所交易，或者股票价格行情定期被公布的公司，都属于公众公司。据此，公众公司被定义为：曾经对其股票进行登记并公开发行的公司。其中，股份在证券交易所交易的公司为上市公司（listed corporation）。可见，上市公司是公众公司的下位概念，公众公司可能是上市公司，也可能是非上市公众公司（unlisted public corporation）。

几个概念的译法。美国法上的 close corporation 与英国法上的 private company，美国法上的 public corporation 与英国法上的 public company，实质特征都是相通的。这几个概念在我国语境下的翻译亦可推敲。

对于美国法上的 close corporation，中文文献中尽管存在非开放公司、不公开招股公司、不上市公司、少数人公司等不同译法，但一般直译为封闭公司，该译法不仅最简洁，而且最切合其实质特征，最为可取。但对于英国法上的 private company，中文文献的译法更多：私公司、私人公司、私营公司、封闭（性）公司、闭锁（性）公司等。由于我国通常在所有制的意义上理解“私”“私营”“私人”的概念，故而将 private company 译为私公司、私营公司或私人公司不妥（上文为了区别于美国法上的概念，即暂时将其直译为“私人公司”），容易引发歧义。至于非开放公司的译法，较符合 private company 的特征，但考虑到“开放”一词在中文语境中多在宏观意义上使用，亦不可取。考虑到与 public（公开、公众）的对应性要求，将其译为“封闭公司”比较妥帖、精准。这样，close company 与 private company 作为实质特征相通的概念，在中文中可以使用同一个词语“封闭公司”来指称，便利叙述。如无特别声明，下文将英国的 private company 与美国的 close corporation 通称为封闭公司。

关于英美法系上的 public company /corporation，中文文献也有很多译法：公公司、公营公司、公开招股公司、多数人公司、上市公司、公开公司、公众公司等。在中文中，“公”与“私”相对，故“公公司”及“公营公司”译法不可取。“多数人公司”的含义过于宽泛，缺乏精确。“上市公司”有以偏概全之嫌，亦不可取。唯“公开招股公司”“公开公司”“公众公司”的译法较为贴切。但基于用语简洁的考虑，“公开公司”“公众公司”的译法最为可取。下文将统一使用“公众公司”的概念来指称 public company/corporation。

三、若干比较与结论

两大法系及各国的法律传统和立法理念上的差异，形成了各自的实质精神相通，但形式有别的公司概念体系。公司概念并不统一，各种公司形式在具体内涵与外延上的差别不容忽视，切忌对不同法系、不同国家公司法上的一系列概念简单对号入座，否则，难免似是而非，甚至张冠李戴。

总结以上概念体系，本书有两点评论。

1. 在技术上，可以对以上概念的关系作一个基本的对比总结。需要说明的是，为了使对比更有针对性、有意义，下文主要讨论两大法系的主要公司类型，即大陆法系上的有限公司与股份公司、英美法系上的封闭公司与公众公司，两大法系非典型的公司类型不列入讨论范围。

（1）从概念的对应关系而言，英美法系的封闭公司大致相当于大陆法系的有限公司加上非公开发行股份的股份公司，公众公司大致相当于大陆法系的公开发行股份的股份公司。同时，英美法系的封闭公司与公众公司的区分具有相对性，二者之间的界限有模糊性，但大陆法系上的有限公司与股份公司存在明显的形式区别。

（2）大陆法系的股份公司（德文 Aktiongesellschaft，简写“AG”；法文 la société anonyme；英文 joint stock limited company；日文“株式会社”），与英国普通法上的股份的有限公司

（company limited by shares）不是一回事，其实质特征与英国法的 public company limited by shares 和美国法的 public corporation 相通。上市公司（listed company，listing corporation）是以上三个概念共同的下位概念。

（3）大陆法系的有限公司（德文 Gesellschaft mit beschränkter Haftung，简写“GmbH”；法文 la société a responsabilite limitee；英文 limited company；日文“有限会社”），在外延和实质特征上类似于英国法的 private company limited by shares 和美国法的 close corporation。英国法的 private company 与美国法的 close corporation 的实质特征相通，在外延上稍有差异：前者还包括无限公司，后者没有无限公司的概念。

2. 在理念上，英美法系关于封闭公司与公众公司的基本分类，比之大陆法系关于有限公司与股份公司的基本分类，具有特别的制度价值，其理念精神值得大陆法系及我国立法借鉴。这一判断的理由有二。

（1）封闭公司与公众公司在立法制度设计上的实质性差异，远大于大陆法系上的有限公司与股份公司之间的差异。不同类型公司的差异界定，对于立法的反馈意义在于，只有正确界定不同类型公司之间的实质性差异，才能更好地制定出不同的法律规范，进行有针对性的立法调整。据此，反观大陆法系上的有限公司与股份公司分类，虽然两类公司在形式上有诸多明显的差异，但实质性差异并不明显，所以大陆法系各国公司法关于有限公司、股份公司的立法规则的区别，始终不具有实质性价值。更大的弊端在于，以我国为例，在股份公司内部，不同的股份公司比如发起设立股份公司与上市公司在公众性程度上存在质的差异，却适用同样的法律规范；发起设立股份公司与有限公司之间具有更实质的相通性，却适用不同的法律规则，这肯定会产生严重的弊端，比如导致公司法制实现中的异化。这些弊端不独存在于我国，在其他大陆法系国家同样存在。有鉴于此，2005 年日本制定的《公司法典》干脆取消了有限公司，将其并入股份公司，而后按照公司规模大小与公开性程度的不同，对股份公司进行再分类，并适用不同的法律规则，比如公司组织机构的设置就有很大的区别。比较之下，应当肯定英美法系关于封闭公司与公众公司的基本分类更好地抓住了不同公司间的实质差异，在此基础上制定的法律规则在差异性立法方面也更加科学。

（2）封闭公司与公众公司的分类暗合了中小公司与大型公司的分类，满足了不同投资者选择企业组织形式的不同制度需求。封闭公司与公众公司在经济规模上的显著差异客观存在，这种差异虽然具有相对性，但在现代社会具有重要意义。在现代企业法上，对不同经济规模的企业设置不同的法律规则，已经成为企业立法的一个基本理念，而且近年来英美法系国家的企业立法突出了“think small first”（小公司立法第一位考虑）的理念，以促进中小企业的繁荣发展。英美法系关于封闭公司与公众公司的分类及立法，与这一理念不谋而合。但大陆法系关于有限公司与股份公司的分类，与这一理念的契合性还存在不小的偏差。

基于以上分析，尽管我国公司立法并不采用封闭公司与公众公司的概念，但为了叙述的便利和概念的精确考虑，下文将大量使用封闭公司与公众公司的概念，在使用这些概念时，如无特别声明，封闭公司与公众公司分别大致对应我国的有限公司与股份公司。

第三节　我国的公司法定类型

《公司法》第 2 条规定，“本法所称公司，是指依照本法在中华人民共和国境内设立的有限责任公司和股份有限公司”。可见，我国的公司法定类型就是有限公司与股份公司。依据相关法律、法规的规定，这两种公司还可以按照不同标准进行再分类。

一、有限公司与股份公司

依《公司法》第 3 条、第 4 条等的定义，有限公司是指由 1 个以上 50 个以下股东共同投资设立，每个股东以其所认缴的出资额为限对公司承担责任，公司以其全部资产对其债务承担责任的公司；股份公司是指全部资本分成等额股份，股东以其认购的股份为限对公司承担责任，公司以其全部资产对公司债务承担责任的公司。可以从三个方面来解读上述定义。

第一，我国公司法上的有限公司与股份公司的区别是形式上的。股份公司的注册资本必须由等额股份构成，而有限公司没有这样的要求。股份等额化的意义，在于可以使资本构成单位小额化、标准化，便利更多的公众购买，从而适应股份公司作为公众公司面向社会公众集资的需要。而有限公司作为封闭公司，没有面向社会公众集资的需要。股权的记载形式在股份公司是股票，在有限公司则为出资证明书，区别在于股票比出资证明书更易于发行和转让。

第二，立法者的定位——主要从企业规模上区分有限公司与股份公司。在立法者的预设中，有限公司较适合于中小企业，股东人数少，经济规模较小；股份公司适合于大型企业，股东人数多，经济规模较大。为此，公司法从股东人数、最低注册资本额、出资缴纳要求等方面有意区分两类公司的不同要求，以突出其企业规模上的差异。但是，公司立法与公司实践之间的突出矛盾是，有限公司在现实生活中出现了企业规模悬殊不均的局面：一方面，许多特大型、大型国有企业在公司整体改制时采用了有限公司（包括国有独资公司）形式，成为经济规模巨大的有限公司，而后划出部分资产募集设立股份公司，有的成为上市公司，形成了有限公司（预设中的小型企业）控制股份公司乃至上市公司（预设中的大型企业）的局面，是为中国特色之一；另一方面，绝大多数中小企业采用了有限公司形式，经济规模反差极大的企业都采用有限公司形式，是为中国特色之二。

由此给公司法制带来的难题是，原本为中小企业量身定做的有限公司法律制度适用于大型企业，可能会发生异化。这一矛盾的解决，主要依靠国有企业整体改制为股份公司和国有控股公司整体上市工作的完成，目前此项改革工作正在获得推进。

第三，有限公司与股份公司内在的实质性区别乃在于封闭性与公众性，但在我国公司法上没有得到充分体现。现行公司法关于有限公司与股份公司的法律规定，在封闭性与公众性的差异定位方面远远不足，相应的立法规范没有充分体现出两类公司在封闭性、公众性方面的差异性，以及不同规模的企业对公司组织法律制度的不同需求。在股份公司内部，各类股份公司之间在封闭性与公众性方面也存在质的差异，这进一步加大了公司法分类规制的难度。今后的公司法修订工作，还要有意识地突出有限公司与股份公司在封闭性与公众性方面的质的区别，明确各自的立法定位。

有限公司还可以进一步分为普通有限公司与特殊有限公司，后者包括三种情形：国有独资公司、一人公司、外商投资有限公司。有关这三类公司的内容，详见后文。

股份公司依其设立方式可以分为发起设立股份公司与募集设立股份公司，后者以募集设立是否公开发行股票为标准，又分为定向募集股份公司与公开募集股份公司。依《证券法》第 9 条，定向募集与公开募集的具体区分标准是：向特定对象发行股票且累计不足 200 人的为定向募集，向特定对象发行股票且累计在 200 人以上或者向不特定对象发行股票的为公开募集。其中，股票在证券交易所上市交易的公开募集股份公司，称为上市公司。上述区分的意义在于各类股份公司的公众性程度不同。如果加上有限公司，各类公司按照公众性由弱到强进行排列的顺序是：独资类也即特殊有限公司（一人公司、国有独资公司）→合资类也即普通有限公司→

发起设立股份公司→定向募集股份公司→公开募集股份公司（上市公司）。依据英美法系上的公众公司与封闭公司的定义，我国各类公司中，有限公司与发起设立股份公司属于封闭公司范畴，公开募集公司（上市公司）属于公众公司范畴，定向募集股份公司介于二者之间，但偏于封闭公司。

依据《公司法》第 108 条规定，有限公司与股份公司之间还可以进行公司形态的相互转化，即公司形式变更。

二、一人公司

（一）概念

一人公司，指出资（包括股份，下同）属于单一股东的公司，包括一人有限公司与一人股份公司。一人公司并不是一种新的公司形式，而是有限公司、股份公司的特殊形式。

一人公司作为公司的一种特殊类型，除具有公司的一般特征外，其鲜明的个性集中体现在股东的唯一性与资本的单一性上。一人公司的全部资本均由单一股东出资形成，投资主体具有排他性和唯一性。这是一人公司区别于其他公司的显著标志。同时，这一特点使得一人公司与独资企业十分相似，二者的区别如下。

1. 法律地位不同。一人公司具有法人资格，具有独立的财产与责任能力。作为业主制企业，独资企业不具有法人资格，企业没有独立财产与责任能力。实际上，与独资企业相比，一人公司最大的制度优势就是满足了个人投资者对有限责任的追求。

2. 治理模式不同。一人公司原则上遵循现代公司治理结构，独资企业不存在治理结构，实行业主制管理模式。[①]

3. 税负不同。税法对一人公司与其股东双重征税，即对公司征收企业所得税的同时对股东收益征收个人所得税；在独资企业只对业主征收个人所得税。

4. 投资人的身份限制不同。在我国，一人公司的股东包括“自然人或法人”，独资企业的投资人限定为“自然人”。

（二）对公司社团理论的挑战

一人公司的出现，对大陆法系传统的公司法人格理论尤其是公司社团理论提出了重大挑战，引发学者重新思考公司法人格的本质。依公司法人格理论，公司属于社团法人，由两个以上的成员组成。早期各国公司法无不强调公司的社团性，并将其作为公司区别于个人商业组织的基本特征。其后在各国立法渐次承认一人公司并赋予其法人格的背景下，学者重新检讨公司社团理论，提出了不少学说。

一人公司的四种学说。（1）法人拟制说。法人本是法律上拟制的产物，个人也可以享有法律拟制的这种人格来经营公司业务，资合公司的法人资格不应受其成员人数左右，一人公司可以具有法人资格。（2）股份社团说。股份公司的构造并非基于股东的复数，而是基于股份的复数，只要股份总数是复数的，一人公司就不失社团法人性质。（3）潜在社团说。认为股份暂时集中到一个股东手中，但通过转让随时可以再回复到复数股东，因此，一人公司存在着潜在的社团性。（4）特别财产说。法人格是使一定的法律关系单纯化、明确化的手段，公司由从股东个人财产分离出来的特定营业财产构成，在法律上是独立承担责任的单位，不受成员人数多少左右，所以，应该把一人公司的财产作为用于营业的特别财产给予法律上的认可，承认一人公

① 赵旭东. 公司法学. 2 版. 北京：高等教育出版社，2006：89.

司是一个能够在法律上独立承担责任的单位，即一人公司具有法人性。特别财产说是当前的主导学说。①

我国学者间也有争论。多数学者坚持社团性是公司的本质特性，一人公司仅为例外。但有学者主张否定公司的社团性，以为一人公司取得名正言顺的存在空间，理由是：用“例外现象”来解释一人公司正说明了以“社团性”为核心概念的公司法人格理论的脆弱；公司法人格要素首先包括公司的意思独立与财产独立，在公司仅有一名股东的情况下，要想说明完全由一名股东控制的公司能够形成独立于股东个人意志的公司意思，不免自欺欺人。② 后一种观点正确与否，在此不予评论，但它带给我们如下启示：立法在承认一人公司的独立法人格的同时，必须设置规则以尽力促进公司形成独立的意思，维护独立的财产。

（三）我国的规定与实践

在2005年公司法修订案允许设立一人公司之前，我国已经存在三类一人公司：根据《外资企业法》，单个外国法人、自然人可以设立外商独资有限公司；在国有控股公司集团中，国务院的有关文件特别允许设立全资子公司，实为法人一人公司；在公司存续期间，一个股东受让了其他股东的股权而成为唯一股东的，不构成公司解散的事由，这意味着立法对存续一人公司的默认态度。此外，现实经济生活中还存在着大量的实质一人公司。但有公司法著述提出，国有独资公司也是一种一人公司，这是对我国公司立法的一种误解（详见下文）。

1993年《公司法》颁行后，各界吁请承认一人公司的呼声在2005年修订案中得到回应：第二章“有限责任公司的设立和组织机构”之下专设第三节“一人有限责任公司的特别规定”，承认由一个自然人、法人设立的一人有限公司。这一规定使一人公司在原来的立法默认基础上得到了更明确、更大范围的承认。这一重大立法变化的根据主要有三：(1) 尊重一人公司客观存在的事实，鼓励投资创业，满足个人创业的需求；(2) 减少立法与现实生活的冲突和矛盾，有利于立法规制现实存在的一人公司；(3) 顺应全球立法趋势。2023年《公司法》修订再次承认可以设立一人股份公司。至此，一人公司制度在中国公司法上得以全面确立。

一人公司治理的主要挑战是公司债权人的保护。由于只有一个股东，加之股东通常兼任董事、经理，对于单一股东在公司内部的滥权行为，没有其他利益主体可以抗衡。所以，公司法针对股权多元的普通公司所设计的权力制衡机制适用于一人公司，难有实效。这样，一人公司治理的主要关注点就是股东与债权人之间的利益平衡，其中，单一股东处于公司内部人地位，债权人处于外部人地位。一人公司的单一股东不但享有有限责任的利益，而且拥有公司经营及财产支配的绝对权利，这就很容易产生滥用公司独立人格和股东有限责任的现象，严重损害公司债权人利益。因此，公司法关于一人公司的特别规范，主要围绕股东与债权人之间的利益平衡而展开，重心是加强一人公司的财务监督，强化股东的义务与责任，突出保护公司债权人利益。此外，公司法还规定了关于一人公司的组织规范及行政管理规范。在《公司法》上有以下这些特别规范。

1. 维护独立意思。由于没有其他股东在内部的牵制，一人股东之意思事实上就是公司之意思，股东借控制公司之便，可能混淆自己意思与公司意思。《公司法》第60条规定，只有一个股东的有限责任公司不设股东会，股东作出第59条第1款（股东会职权）所列事项的决定时，应当采用书面形式，并由股东签名或者盖章后置备于公司。这一规定的立法意旨在于，尽

① 赵德枢. 一人公司详论. 北京：中国人民大学出版社，2004：226-227.

② 王涌. 一人公司导论. 法律科学，1997 (4)；王天鸿. 一人公司制度比较研究. 北京：法律出版社，2003：152-153.

力区隔股东人格与公司人格，维护公司之独立意思。这一规定也适用于一人股份公司。

2. 简易的组织机构。依《公司法》第60条，一人公司不设股东会，由单个股东行使相当于其他有限公司股东会的职权，包括制定公司章程等。股东可以决定一人公司是否设经理，设经理的，由董事会或者一名董事聘任或者解聘，董事还可以兼任经理。

3. 公司法人格否认规则的特别适用。从美国公司法判例看，公司法人格否认规则主要适用于封闭公司尤其是一人公司。① 这一经验法则恰当地印证了人们关于一人公司合乎逻辑的分析，即较之于其他公司，一人公司的股东更易于滥用公司独立人格和股东有限责任，损害债权人利益，而公司法人格否认规则的适用是最有力的法律应对之策。《公司法》第23条第3款确立了一人公司适用公司法人格否认规则的一般规定，即："只有一个股东的公司，股东不能证明公司财产独立于股东自己的财产的，应当对公司债务承担连带责任。"关于这个条款的分析，详见本书第十八章第四节。

三、国家出资公司

（一）概念

1. 国家出资公司与国有企业

2023年《公司法》专设第七章规范国家出资公司的组织机构特则。所谓国家出资公司，包括国有独资公司与国有资本控股公司，在组织形式上包括有限公司与股份公司，但未进行公司化改制的全民所有制工业企业（国家出资企业）以及国有资本参股公司均不在此列。

国有企业的概念群。在我国，广义的国有企业包括国有出资企业、国家出资公司（国有独资公司、国有资本控股公司）与国有资本参股公司。其中，国家出资企业就是指依据1988年《全民所有制工业企业法》设立的全民所有制工业企业，这类企业并不采用有限公司、股份公司的组织形式，其名称常见的为某某总公司、某某集团公司等。这类企业曾经海量地存在，但是随着国企公司改制工作的推进，尤其是近年来国企建立现代企业制度工作力度的加大与国资改革的深化，这一巨大的传统国有企业存量得到极大消解。2017年7月国务院办公厅发布《中央企业公司制改制工作实施方案》（国办发〔2017〕69号），要求2017年年底前，按照《全民所有制工业企业法》登记、国务院国资委监管的中央企业（不含中央金融、文化企业），全部改制为按照《公司法》登记的有限责任公司或股份有限公司。与此同时，地方传统国有企业也按照类似的改制方案要求加快改制，至此，传统国有企业仅仅在金融与文化领域少量存在。所谓国有资本参股公司，就是股本结构里有国有资本参股但是并不控股的有限公司或者股份公司。

2. 国有独资公司

国有独资公司，是指国家单独出资，由国务院或者地方人民政府授权履行出资人职责的机构——包括本级人民政府国有资产监督管理委员会（以下简称"国资委"）、财政部门等——依法履行出资人职责，享有出资人权益的有限公司与股份公司。

国有独资公司是我国公司法上特有的概念，也是为适应国情而设定的一种特殊类型的公司。与其他公司相比，国有独资公司的最大法律特征在于其投资主体的单一性与特定性。单一性指投资主体只有一个，特定性指投资者只能是国家，具体由各级人民政府授权履行出资人职责的机构代行出资人职责、享有出资人权益。就此而言，国资委等并非国有独资公司的法律意义上的股东，仅仅是代行出资人职责的机构而已。

---

① 朱慈蕴. 公司法人格否认法理研究. 北京：法律出版社，1998：184及以下.

这样一来，不少人将国有独资公司误解为一人公司，这是错误的。实际上“国有独资公司”的“独资”二字，强调的并非股东（实际上其不存在法律意义上的股东）的单一性，而是其出资身份的单一性，也即国有独资公司的出资全部来自国家，而不是指代行出资人职责的机构仅有一个。比如，某省国资委、财政厅分别持有某A有限公司的90%、10%的出资额，或者京津冀三个省市的国资委分别出资10亿元设立某B股份公司，此处的A、B公司仍然均属于国有独资公司（有人又将其细分，称为国有全资公司，但仍然属于国有独资公司）。但是，如果该A、B公司再分别独自出资设立C有限公司、D股份公司，该C、D公司就是一人公司（法人独资公司），而不复是国有独资公司了。

所以，从1993年《公司法》以来，国有独资公司并不适用一人公司的规定。究其本质，还要从国有独资公司的产生背景来理解。当初设计国有独资公司的制度意旨，是为一些特殊的大型国有企业公司化改制提供一种合适的组织形式。20世纪90年代初开始的国企公司化改制的初衷是通过采用股份制实现投资主体的多元化，建立现代企业制度，但对于国家垄断经营的产品和行业仍然要在坚守国家一元投资的同时实现公司制，唯一的出路就是改制为国有独资公司。但在改制实践中，由于种种原因，一大批一时不能或者不愿实现股权多元化的国有企业也选择改制为国有独资公司。这一做法产生了很多流弊，许多国有企业改制的结果只是“改了一个名称”“换了一块牌子”，与建立多元股权的现代企业制度之初衷相去甚远。因此，1999年中共十五届四中全会通过的《中共中央关于国有企业改革和发展若干重大问题的决定》明确提出：“股权多元化有利于形成规范的公司法人治理结构，除极少数必须由国家垄断经营的企业外，要积极发展多元投资主体的公司。”这就要求国有独资公司应该限于极少数的必须由国家垄断经营的企业。可见，国有独资公司是专为国有企业公司改制而创制出来的公司类型，与一人有限公司仅仅是在投资者人数上巧合而已，与其制度设计的实质精神相去甚远，二者之间实质上没有可比性。①

从设立方式来观察，国有独资公司的设立分为两种情形：一是单独发起设立，比如由某国资委单独投资设立；二是由原国有企业改制设立。

从国家为唯一投资者的特征来看，国有独资公司与国家出资企业（全民所有制工业企业）是相同的，但二者之间又存在区别，国有独资公司采有限公司、股份公司的组织形式，故而在许多法律层面的制度设计上都相对优于国有独资企业。

国有独资公司的立法模式。自1993年《公司法》规定国有独资公司以来，关于应否将国有独资公司纳入《公司法》的调整范围一直存在争议。从国外的情况看，政府利用公权力组成经营组织如公营公司，适用于那些涉及国家安全和整个社会公共利益的事业，如公共交通、邮政、电力及军工等领域，由于不适合由政府以外的主体经营，才由政府独资经营。公营公司与普通商事公司在社会经济中的地位区别明显。在立法上，许多国家对公营公司进行特别立法，独立于普通公司法。有鉴于此，有人建议，如国有独资公司有必要继续存在，应该从《公司法》中分离出来进行单独立法，或者将其纳入后来出台的《企业国有资产法》。但我国公司法一直没有接受这一方案。

3. 国有资本控股公司

国有资本控股公司，简称为国有控股公司，又可以分为绝对控股与相对控股，共同点在于国有单位单纯依赖股权控制即可居于控制地位。《公司法》第265条第2项规定：“控股股东，是指其出资额占有限责任公司资本总额超过百分之五十或者其持有的股份占股份有限公司股本

① 李建伟. 国有独资公司前沿问题研究. 北京：法律出版社，2002：29.

总额超过百分之五十的股东；出资额或者持有股份的比例虽然低于百分之五十，但依其出资额或者持有的股份所享有的表决权已足以对股东会的决议产生重大影响的股东”，据此，国有股东单位持股超过 50% 的，即为国有绝对控股公司，其中持股达到 100%的，又称为国有资本独资公司；如果国有股东单位虽然持股低于 50%，但依其出资额或者持有的股份所享有的表决权已足以对股东会的决议产生重大影响，就属于国有相对控股公司，比如对于上市公司而言，相对控股股东的持股比例多在 20%～30%之间。

（二）国家出资公司的特殊规范

1. 党的领导

《民法典》第 257 条规定，国家出资的企业，由国务院、地方人民政府依照法律、行政法规规定分别代表国家履行出资人职责，享有出资人权益。依照《企业国有资产法》第 2、3 条的规定，国有出资公司中的国有资产，是指国家对企业各种形式的出资所形成的权益，属于国家所有即全民所有，由国务院代表国家行使国有资产所有权。国务院和地方人民政府依照法律、行政法规的规定，分别代表国家对国家出资公司履行出资人职责，享有出资人权益，其中，国务院确定的关系国民经济命脉和国家安全的大型国家出资公司，重要基础设施和重要自然资源等领域的国家出资公司，由国务院代表国家履行出资人职责，其他的国家出资公司，由地方人民政府代表国家履行出资人职责。国务院和地方人民政府应当按照政企分开、社会公共管理职能与国有资产出资人职能分开、不干预公司依法自主经营的原则，依法履行出资人职责。《民法典》第 259 条规定，行国有财产管理、监督职责的机构及其工作人员，应当依法加强对国有财产的管理、监督，促进国有财产保值增值，防止国有财产损失；滥用职权，玩忽职守，造成国有财产损失的，应当依法承担法律责任。违反国有财产管理规定，在企业改制、合并分立、关联交易等过程中，低价转让、合谋私分、擅自担保或者以其他方式造成国有财产损失的，应当依法承担法律责任。

《公司法》第 170 条规定，在国家出资公司（国有独资公司、国有资本控股公司）中设立的中国共产党的组织，按照党章的规定发挥领导作用，研究讨论和表决公司重大经营管理事项，支持公司组织机构依法行使职权。2015 年 6 月 5 日中共中央全面深化改革领导小组召开第十三次会议审议通过了《关于在深化国有企业改革中坚持党的领导加强党的建设的若干意见》（以下简称《若干意见》）。《若干意见》强调坚持党的领导是我国国有企业的独特优势，提出要坚持党的建设与国有企业改革同步谋划、党的组织及工作机构同步设置，实现体制对接、机制对接、制度对接、工作对接，要把加强党的领导和完善公司治理统一起来，明确国有企业党组织在公司法人治理结构中的法定地位，确保党的领导、党的建设在国有企业改革中得到体现和加强。2024 年 6 月 11 日，习近平总书记主持召开中央全面深化改革委员会第五次会议指出，完善中国特色现代企业制度，要尊重企业经营主体地位，坚持问题导向，根据企业规模、发展阶段、所有制性质等，分类施策、加强引导。要加强党对国有企业的全面领导，完善党领导国有企业的制度机制，推动国有企业严格落实责任，完善国有企业现代公司治理，加强对国有资本监督管理。

近年来，围绕着“坚持党对国有企业的领导不动摇”这一基本原则，国务院国资委等主管部门连续出台的若干文件都是在沿着这一方向而进行制度设计。按照目前的制度设计，坚持党对国有企业的领导是一项重大政治原则，国家全资公司、国家控股公司、国家资本控股公司治理的最大特色就在于将党的领导融入公司治理各环节，把企业党组织内嵌到公司治理结构之中。按照《若干意见》的安排，国有控股公司治理结构的核心是董事会，中心是党委会，如何处理董事会与党委会的关系是一个重大问题，目前最重要的制度安排是“三重一大”，也即

“重大事项决策、重要干部任免、重要项目安排、大额资金”的使用，必须经集体讨论作出决定。董事会、未设董事会的经理班子研究“三重一大”事项时，应事先与党委（党组）沟通，听取党委（党组）的意见；进入董事会、未设董事会的经理班子的党委（党组）成员，应当贯彻党组织的意见或决定。“三重一大”事项决策的基本程序则主要包括以下四个方面。

（1）“三重一大”事项提交会议集体决策前应当认真调查研究，经过必要的研究论证程序，充分吸收各方面意见。重大投资和工程建设项目，应当事先充分听取有关专家的意见。重要人事任免，应当事先征求履行国有资产出资人职责机构的纪检监察机构的意见。研究决定企业改制以及经营管理方面的重大问题、涉及职工切身利益的重大事项、制定重要的规章制度，应当听取企业工会的意见，并通过职工代表大会或者其他形式听取职工群众的意见和建议。决策事项应当提前告知所有参与决策人员，并为所有参与决策人员提供相关材料。必要时，可事先听取反馈意见。

（2）党委（党组）、董事会、未设董事会的经理班子应当以会议的形式，对职责权限内的“三重一大”事项作出集体决策。不得以个别征求意见等方式作出决策。紧急情况下由个人或少数人临时决定的，应在事后及时向党委（党组）、董事会或未设董事会的经理班子报告；临时决定人应当对决策情况负责，党委（党组）、董事会或未设董事会的经理班子应当在事后按程序予以追认。经董事会授权，经理班子也可以决策“三重一大”事项。

（3）决策会议符合规定人数方可召开。与会人员要充分讨论并分别发表意见，主要负责人应当最后发表结论性意见。会议决定多个事项时，应逐项研究决定。若存在严重分歧，一般应当推迟作决定。会议决定的事项、过程、参与人及其意见、结论等内容，应当完整、详细记录并存档备查。

（4）公司在决策作出后应当及时向履行国有资产出资人职责的机构报告有关决策情况，企业负责人按照分工组织实施，并明确落实部门和责任人。参与决策的个人对集体决策有不同意见，可以保留或者向上级反映，但在未作新的决策前不得擅自变更或者拒绝执行。如遇特殊情况需对决策内容作重大调整，应当重新按规定履行决策程序。

实行公有制经济是中国特色社会主义市场经济体制中的一个重要基础。国家出资公司虽然从数量上看并不多，但对整个市场经济有着巨大而深刻的影响，国家出资公司上的特殊产权结构与治理结构，以及奉行的中国共产党领导体制，都在公司法制上烙印深厚。

2. 强化内控与合规建设

《公司法》第 177 条规定，国家出资公司应当依法建立健全内部监督管理和风险控制制度，加强内部合规管理。这一规定系 2023 年修正案新增条文，强化企业内控与合规管理是近年来国务院国资委力推的一项制度改革，也是有中国特色的国企管理制度的创新发展成果。2023 年《公司法》的修订吸收了改革成果，强调在国家出资公司依法建立健全内部监督管理和风险控制制度，加强内部合规管理。此前的 2022 年 8 月 23 日，国务院国资委出台《中央企业合规管理办法》，对央企系列的国家出资公司的合规管理提出了具体要求。

（三）国有独资公司的产权结构与组织机构的特则

1. 特殊的产权结构

国家是国有独资公司唯一的出资人，但国家是一个抽象的概念，除特殊情况外，一般不以民事主体的身份出现，必须有机构代表国家行使股权。该代表机构为何，十几年来随着国有资产管理体制的改革进程而不断变换。依现行法，是以各级政府授权的国资委为代表机构。由此，形成了国家—政府—国资委（财政部门等）—公司的授权经营关系，这一法律关系由三个层次构成。

第一层次，国家和政府之间，是所有者与所有者代表之间的关系。按照国有资产由国家统一所有、中央和地方政府分级管理的国有资产管理体制，国家是公司国有资产的出资人，国家实行由国务院和地方人民政府分别代表国家履行出资人职责，即各级人民政府代表国家行使国有资产的所有权。

第二层次，政府与国资委、财政部门等履行出资人职责的机构之间，是行政上的委托授权关系。比如，国务院和地方政府分别设立的国资委是政府直属的特设机构，根据政府授权履行国有资产出资人职责，其他机构不再担负该职责，一举解决了国家所有权“多人代表”“无人代表”以及代表机构的职能多元化的痼疾。

第三层次，履行出资人职责的机构与国有独资公司之间，是出资者与被出资者即股东（代表）与公司之间的关系。国有独资公司对国家投资的财产享有法人财产权，国资委等机构对国有独资公司行使股权，包括资产收益、参与重大决策和选择管理者等权利。

国有独资公司的产权关系可以总结为：国家出资；政府代表国家依法授权国资委等享有股东权利，履行出资者职责；公司享有法人财产权。

2. 独特的组织机构（治理结构）

（1）股东会职权的“分权制”。由于不存在法律意义上的股东，国有独资公司不设股东会，根据《公司法》第 172 条规定，相当于普通有限公司的股东会的职权由两个机构分享：一般由履行出资人职责的机构行使；董事会基于履行出资人职责的机构的授权可以行使部分职权，但公司章程的制定和修改，公司的合并、分立、解散、申请破产，增加或者减少注册资本，分配利润，应当由履行出资人职责的机构决定。另依《公司法》第 171 条，国有独资公司章程由履行出资人职责的机构制定。

（2）董事会。在不设股东会的前提下，公司治理的中心是董事会。董事会为必设机构，在董事人数与任期等方面与普通公司相比并无不同，其特殊性如下。

一是委派董事与职工代表董事，外部董事占过半数席位。《公司法》第 173 条第 2、3、4 款规定：“国有独资公司的董事会成员中，应当过半数为外部董事，并应当有公司职工代表。”“董事会成员由履行出资人职责的机构委派；但是，董事会成员中的职工代表由公司职工代表大会选举产生。”“董事会设董事长一人，可以设副董事长。董事长、副董事长由履行出资人职责的机构从董事会成员中指定。”

二是更大的职权。国有独资公司董事会拥有比普通有限公司董事会更大的职权，除了可以行使后者的全部职权，还根据履行出资人职责的机构的授权“行使股东会的部分职权”。

三是严格限制兼职。《公司法》第 175 条规定，国有独资公司的董事、高级管理人员，未经履行出资人职责的机构同意，不得在其他有限公司、股份公司或者其他经济组织兼职。这一规定与管理层的竞业禁止义务并不相同，严格限制国有独资公司管理层兼职，是为了防止因管理层兼职而疏于对公司的管理，并因此造成国有资产流失。

（3）监事会。《公司法》第 176 条规定，国有独资公司在董事会中设置由董事组成的审计委员会行使本法规定的监事会职权的，不设监事会或者监事。由此可知，国有独资公司中监事会是非必设机构。此条有如下几点重要的特殊之处。

一是“三选一”的监督机制。根据《公司法》第 176 条的规定，国有独资公司的监督机构在审计委员会、监事会与一名监事这三种选项之间择一，即“三选一”模式。这有别于普通有限公司的监督机构在监事会、一名监事、审计委员会、不设监事会/监事/审计委员会之间择一的“四选一”模式（《公司法》第 69 条、第 76 条、第 83 条）。

二是“三选一”的决定权。“三选一”的选项决定权在谁手里？《公司法》第 176 条对此没有释明。在普通公司中，监事会、一名监事抑或审计委员会的设置与不设置都属于股东会职权，也是公司章程规定的事项，章程的制定、修订权也在股东会；相比之下，国有独资公司的章程制定权在履行出资人职责的机构，故解读为由履行出资人职责的机构决定审计委员会的设置较为合理。

三是国有独资公司监督机制柔性革新的背景与前途。2017 年国务院办公厅出台《关于进一步完善国有企业法人治理结构的指导意见》，指出：国企董事会应当设立审计委员会等专门委员会，其中审计委员会应由外部董事组成。经 2024 年 6 月查询现有的 131 家央企官方网站可以发现，多数企业在组织机构中设置了审计委员会（或称为审计与风险管理委员会），且不设监事会。在《公司法》本条规定的加持之下，国有独资公司未来或普遍不再设监事会、监事，而通过董事会审计委员会发挥监督职能。

长期以来，监事会制度饱受批评，人们普遍认为其难以有效发挥内部制衡功能，仿佛“橡皮图章”般的存在。监事会的弊病在实践中也暴露无遗，其没有发挥出有效监督国有企业经营、保障国有资产不受侵害、保值增值的作用，预设监督功能的失效已然是我国公司治理体系中的一桩顽疾。这是 2023 年《公司法》修订引入审计委员会的基本背景。

其实，监督机制的改革有多个制度方向，比如强化监事会职权、取消监事会，以及提供多种监督机构的备选机制等。最终，立法既没有强化监事会职权，也没有强制取消监事会，而是走了第三条路线，可谓柔性的改革方案。那么，审计委员会相较于监事会的优势在哪里？一般认为，其突出表现为独立性、专业性。当然，究竟其在未来的公司治理实践中效果如何，还需要时间检验/考验。

（4）经理。国有独资公司的经理的特殊性在于：一是必设机构。《公司法》第 174 条规定，国有独资公司设经理，系强制性规范；但依《公司法》第 74 条，普通有限公司“可以”设经理，为任意性规范。二是严格的限制兼职。董事会成员兼任经理的，须经履行出资人职责的机构同意；在普通有限公司，董事会可以决定董事兼任经理。另外，国有独资公司的法定代表人是由执行董事还是由经理担任，也由履行出资人职责的机构决定。

四、上市公司

（一）概念

《公司法》第 134 条规定，上市公司是指其股票在证券交易所上市交易的股份公司。根据本条规定，上市公司的定义要点为：

1. 上市公司的组织形式为股份公司，有限公司不发行等额股份，无法上市。

2. 股票在证券交易所上市交易。可见上市公司的概念取决于证券交易所的定义。证券交易所，是为证券集中交易提供场所和设施，组织和监督证券交易，实行自律管理的法人。

此处需要厘清“证券交易所”与“证券交易场所”的区别。“证券交易场所”是“证券交易所”的上位概念，本条定义的上市公司只能是在“证券交易所”上市交易的股份公司。按照最高人民法院《关于审理证券市场虚假陈述侵权民事赔偿案件的若干规定》（以下简称《虚假陈述若干规定》）的规定，判断某一金融产品是否适用虚假陈述民事赔偿责任，标准之一在于证券是否发行和交易在“证券交易场所”，即《虚假陈述若干规定》第 34 条第 1 款规定的“证券交易所、国务院批准的其他全国性证券交易场所”内。上海、深圳、北京三家“证券交易所”以及北京新三板系统（全称“全国中小企业股份转让系统”），都是全国性证券交易场所。其中北交所全名是北京证券交易所有限责任公司，是全国中小企业股份转让系统有限责任公司（简称“股转公司”，即新三板）的全资子公司。业内已经习惯将新三板的主管机构股转公司等同于新三板，因此，广义的新三板（大新三板）包括基础层、创新层、精选层。2021 年 9 月 3 日北交所完成工商注册。从隶属关系上，可以理解为之前的新三板中仅有精选层改名为北交所。北交所的设立，意味着中小企业尤其是善创新、搞研发的“专精特新”小巨人企业将迎来黄金时代。工业和信息化部公布的三批“专精特新”小巨人企业名单中，有 306 家 A 股上市公司，358 家新三板挂牌公司，数量超过 A 股主板＋科创板＋创业板上市企业数量的总和。

新三板系统，是“国务院批准的其他全国性证券交易场所”。“国务院批准的其他全国性证券交易场所”的提法，源于《证券法》第 37 条规定，全国人大法工委《证券法释义》仅提及全国中小企业股份转让系统市场（“新三板”市场）属于“国家批准设立的其他证券市场”。此外，《虚假陈述若干规定》还提及区域性股权市场中发生的虚假陈述侵权民事赔偿案件，可以“参照适用”虚假陈述民事赔偿责任。因此，学理上的最广义“证券交易场所”包括深沪京三家证券交易所、国务院批准的其他全国性证券交易场所（新三板）与区域性股权市场；立法上的证券交易场所仅包括深沪京三家证券交易所与新三板系统。

深沪京三家证券交易所中交易的证券包括股票、债券等证券。故反过来，仅有债券在证券交易所上市交易的股份公司，并非上市公司。

（二）特征

作为股份公司的一种，上市公司最典型地展现了股份公司的法律特征。与非上市公司相比，上市公司的特点如下。

1. 股票公开发行且在证券交易所集中交易。《证券法》第 9 条规定，公开发行股票须符合法律、行政法规规定的条件，并依法报经国务院证券监督管理机构或者国务院授权的部门注册。经注册公开发行股票是股份公司上市的前提。“上市”的含义就是公司股票进入证券交易所集中交易。

2. 公众性。在大陆法系的公司分类体系中，上市公司无疑最具公众性。由于股票的公开发行与集中交易，上市公司与证券市场联系最为紧密，上市公司主要功能的形成和发挥，都离不开证券市场。任何社会公众只要在证券市场购买了上市公司股票就成为其股东，并通过借助证券交易所自由交易。因此，上市公司的股东人数动辄数万、数十万乃至百万不足为奇，且一直处于频繁的变动之中。

3. 严格的法律规制。上市公司的公众性以及与证券市场的紧密联系，直接关系到众多投资者的利益和整个社会经济的稳定，影响大，涉及面广，各国立法都将上市公司作为规制的重中之重。各国公司法中的强制性规范多是针对上市公司而设的，如信息强制披露就主要适用于上市公司。

上市公司的特殊规制体系。就我国现行法而言，对上市公司的规制强度为所有企业之冠，体现在：(1) 上市公司不仅受公司法调整，也是证券法的主要调整对象。(2) 证券监管机构的主要监管对象是上市公司。近年来中国证券监督管理委员会（以下简称“中国证监会”）发布了大量有关规制上市公司行为的规章，在某些领域可谓密如凝脂。(3) 法律对上市公司的规定多为强制性规范，而且多属于仅适用于上市公司的特别规范，如关联股东表决权的排除、表决权代理行使的劝诱、上市公司收购、独立董事等。(4) 上市公司还受到证券交易所的严格监管。深、沪证券交易所都针对在其中挂牌交易的上市公司制定了大量“软法”（soft law）规范，这些规范虽然不是严格意义上的立法规范，但对上市公司事实上具有强行适用的效力，违反这些规范上市公司也会承担相应的法律责任。(5) 上市公司还受到各类证券中介机构与财经新闻媒体的严格监督。

4. 公司治理的规范性。在国家立法、“软法”规范以及证券市场的多重规范下，上市公司的治理水平整体上要好于其他公司。

（三）《公司法》的特别规范

仅就《公司法》的规定看，我国对上市公司规定有八项特别的法律规范。

1. 绝对多数决。《公司法》第 135 条规定，上市公司在 1 年内购买、出售重大资产或者担保金额超过公司资产总额 30%的，应当由股东会作出决议，且经出席会议的股东所持表决权的 2/3 以上通过。

2. 独立董事。《公司法》第 136 条第 1 款规定："上市公司设独立董事，具体管理办法由国务院证券监督管理机构规定。"可见上市公司必设独立董事，对其他公司没有此要求。关于独立董事制度的内容，详见本书第十七章。

3. 章程特殊记载事项。《公司法》第 136 条第 2 款规定："上市公司的公司章程除载明本法第九十五条规定的事项外，还应当依照法律、行政法规的规定载明董事会专门委员会的组成、职权以及董事、监事、高级管理人员薪酬考核机制等事项。"此为上市公司章程的特殊必备条款的规定，即董事会专门委员会以及董监高薪酬考核机制等事项。关于董事会专门委员会的相关规定，2023 年中国证监会发布的《上市公司独立董事管理办法》第三章"职责与履职方式"对"董事会专门委员会会议"以及"独立董事专门会议"作出了较为详细的规定，明确了独立董事在其中的相应职责以及履行方式，可资参考。

4. 审计委员会特别职权及其多数决。《公司法》第 137 条规定："上市公司在董事会中设置审计委员会的，董事会对下列事项作出决议前应当经审计委员会全体成员过半数通过：（一）聘用、解聘承办公司审计业务的会计师事务所；（二）聘任、解聘财务负责人；（三）披露财务会计报告；（四）国务院证券监督管理机构规定的其他事项。"此规定源自《上市公司独立董事管理办法》第 26 条，但在内容上有修改：第一，上市公司审计委员会的职权配置。《公司法》第 121 条规定，股份公司董事会下设的审计委员会行使监事会职权，即指向本法第 78 条、第 131 条规定的七项职权。根据《上市公司独立董事管理办法》第 26 条的规定，上市公司审计委员会除了行使监事会的上述职权，还享有本条规定的四项职权。这四项职权，是上市公司审计委员会的特别职权，不适用于有限公司以及非上市股份公司，但后者可以见贤思齐，由公司章程规定之。第二，决议。这四项事务的决议，属于普通决议，由全体审计委员会成员的过半数通过。第三，其他专门委员会。上市公司董事会必设的审计委员会、薪酬委员会、提名委员会，以及有些上市公司设置的战略委员会、执行委员会、ESG 委员会、诉讼委员会等，已经实践了很多年，其相应的职责在上市公司监管者（中国证监会、各证券交易所）的规范性文件中都有规定。

5. 董事会秘书。《公司法》第 138 条规定，董事会秘书在上市公司是一个必设职位。其他公司是否设置。由公司自主决定。《公司法》第 265 条规定董事会秘书属于高级管理人员。关于董事会秘书制度的内容，详见本书第十七章。

6. 关联董事表决权回避。《公司法》第 139 条规定："上市公司董事与董事会会议决议事项所涉及的企业或者个人有关联关系的，该董事应当及时向董事会书面报告。有关联关系的董事不得对该项决议行使表决权，也不得代理其他董事行使表决权。该董事会会议由过半数的无关联关系董事出席即可举行，董事会会议所作决议须经无关联关系董事过半数通过。出席董事会会议的无关联关系董事人数不足三人的，应当将该事项提交上市公司股东会审议。"此之谓"关联董事表决权回避制度"，不适用于其他公司。

7. 股权信息披露。《公司法》第 140 条规定："上市公司应当依法披露股东、实际控制人的信息，相关信息应当真实、准确、完整。禁止违反法律、行政法规的规定代持上市公司股票。"

本条旨在澄清上市公司的股权结构信息，确保上市公司的包括控股股东在内的所有股东以及实际控制人清晰可查，避免有人逃避资本市场监管，进而实施不当关联交易损害上市公司及其少数股东、债权人的利益，破坏证券市场秩序。

8. 交叉持股的限制。《公司法》第141条规定："上市公司控股子公司不得取得该上市公司的股份。上市公司控股子公司因公司合并、质权行使等原因持有上市公司股份的，不得行使所持股份对应的表决权，并应当及时处分相关上市公司股份。"交叉持股有多种类型，最常见的有两类：一是母子公司相互持股，如甲公司100%持有乙公司股权，乙公司持有甲公司的80%股权；二是循环持股，比如甲公司持有乙公司的100%股权，乙公司持有丙公司的80%股权，丙公司持有甲公司的70%股权。前一种情形下，母子不分，后一种情形下，"辈分"更乱。可以用两句话评价交叉持股现象：第一，有些时候属于正常的市场现象，也无法避免，如甲公司持有乙公司的100%股权，丙公司持有甲公司的8%股权，现在乙兼并丙公司，从而获得甲公司的8%股权。本例中，甲、乙母子公司的交叉持股是乙、丙公司间的兼并行为引发的法律后果，并非刻意追求的结果。第二，如果是子公司主动追求（或者在母公司的授意安排下）的投资结果，可能存在一系列的弊端，需要公司法的关注与规制，比如上述第二类关于甲、乙、丙公司循环交叉持股的举例，丙公司对于甲公司的控股，可能是乙公司管理层安排的结果，这将会最终导致乙公司管理层最终控制整个公司集团的结果，这就叫内部人控制（insider control）现象。

五、外商投资公司

（一）从主体到行为的规制

依据原由《中外合资经营企业法》《中外合作经营企业法》《外资企业法》（均已失效）及其实施条例、细则等组成的外商投资企业法规定，中外合资经营企业应当采用有限公司形式；中外合作经营企业与外资企业可以采用非法人组织形式，符合中国法人条件的，应当采用有限公司形式。1995年对外贸易与经济合作部颁布的《关于设立外商投资股份有限公司若干问题的暂行规定》（已失效）又确立了外商投资股份公司。这样，《公司法》规定的两类公司形式都可供外国投资者选择。依此，外商投资公司可被定义为：全部或部分由外国投资者投资，依照中国法律在中国境内经登记注册设立的公司。

除了资本来源的不同，外商投资公司与其他公司并无实质区别，因而应该适用相同的法律。但是，前述外商投资企业法关于外商投资公司的设立、资本、股东出资、治理结构等诸多方面的规定，都与《公司法》不同，于是就产生了外商投资企业法与公司法适用的法律冲突。如何协调解决这一问题，是我国公司立法的一个焦点问题。

（二）外商投资合同的规制

所谓外商投资合同，是指外国投资者即外国的自然人、企业或者其他组织因直接或者间接在中国境内进行投资而形成的相关协议，包括设立外商投资企业合同、股份转让合同、股权转让合同、财产份额或者其他类似权益转让合同、新建项目合同等协议。外国投资者因赠与、财产分割、企业合并、企业分立等方式取得相应权益所产生的合同纠纷，也适用外商投资合同规则。

根据《外商投资法》第4条规定，国家对外商（包括港澳台投资者、定居在国外的中国公民在国内投资者）投资实行准入前国民待遇加负面清单管理制度；国家对负面清单之外的外商投资给予国民待遇，由此确立了新时代外资管理新体制。为体现平等保护中外投资者合法权益的精神，最高人民法院《关于适用〈中华人民共和国外商投资法〉若干问题的解释》规定了以下两种投资合同无效的情形：（1）外国投资者投资外商投资准入负面清单规定禁止投资的领域，当事人主张投资合同无效的，人民法院应予支持；（2）外国投资者投资外商投资准入负面清单规定限制投资的领域，当事人以违反限制性准入特别管理措施为由主张投资合同无效的，人民法院应予支持。

除以上两种情形外，投资合同有效，特别是：（1）对外国投资者投资外商投资准入负面清单之外的领域形成的投资合同，当事人不得以合同未经有关行政主管部门批准、登记为由主张合同无效或者未生效；（2）即便是外国投资者投资外商投资准入负面清单规定限制投资的领域，凡在法院作出生效裁判前当事人采取了必要的补正措施的，该投资合同也仍有效；（3）即便在投资合同签订时不符合外商投资准入负面清单的要求，但在生效裁判作出前，外商投资准入负面清单调整放宽了禁止或限制性要求的，投资合同也可以有效。

六、外国公司的分支机构

（一）定义和法律特征

外国公司的分支机构，指外国公司依照我国法律在我国境内设立的不具有法人资格的营业场所或机构。可见，外国公司与外国公司的分支机构的关系，还原到民法上就是法人和分支机构的关系，具体到公司法上就是总公司与分公司之间的关系。

外国公司要对我国直接投资，既可以与我国的投资者共同建立合资企业，也可以设立独资企业。但这些投资形式都涉及我国的利益问题，因而我国政府一般都会规定相对严格的准入门槛。比较而言，设立分支机构的门槛很低，设立条件和程序也简便得多，再加上外国公司容易操作，方便实现自己的经营意图等优点，设立分支机构成为外国公司普遍采取的投资形式。

外国公司的分支机构的主要形式有：外国公司、银行设立的从事营业的分公司、分行；从事勘探、承包经营，承包建筑安装、包储、转运等作业场所或经营场所；直接从事业务活动的代表机构、代理机构或联络机构等。

外国公司的分支机构的主要法律特征如下。

1. 具有外国国籍。外国公司就是具有外国国籍的公司，该外国公司的分支机构虽然在中华人民共和国境内设立，但仍具有与其相同的国籍。所以《公司法》第 246 条规定，外国公司的分支机构应当在其名称中标明该外国公司的国籍，以示区别。

2. 依法在中国境内设立与经营。依照中国法律，经中国政府批准，在中国境内设立，受中国法律的保护和管辖，遵守中国的法律。

3. 不具有中国的法人资格。《公司法》第 247 条规定，“外国公司在中华人民共和国境内设立的分支机构不具有中国法人资格。外国公司对其分支机构在中华人民共和国境内进行经营活动承担民事责任”。外国公司的分支机构不具有法人地位，具体表现在：没有自己独立的公司名称和公司章程；机构非常简单，只是由外国公司指定代表人或代理人负责经营，没有独立的管理机构；没有独立的财产；经营活动产生的民事责任由外国公司承担。实际上，分支机构与外国公司之间的关系是分公司和总公司的关系，所以我国法律承认该分支机构具有民事主体资格与民事诉讼主体资格（《公司法》第 243 条、《民事诉讼法》第 51 条）。

至于外国公司是否具有法人资格，我国公司法未作要求。1993 年《公司法》第 203 条规定，“外国公司属于外国法人”，现行法删去了这一规定，说明现行法不要求该外国公司具有法人资格。在域外立法上并非所有公司均为法人，这一修订切合了域外的现实情况。

4. 在中国境内进行直接的经营活动。这是外国公司的分支机构与外国企业常驻代表机构的显著区别。外国企业常驻代表机构是指外国企业依照《外国企业常驻代表机构登记管理条例》规定，在中国境内设立的从事与该外国企业业务有关的非营利性活动的办事机构（常见的名称有“办事处”“代表处”等）。其活动内容限制为：与外国企业产品或者服务有关的市场调查、展示、宣传活动；与外国企业产品销售、服务提供、境内采购、境内投资有关的联络活动。因此，“办事处”“代表处”等不具有商业代理权，以其名义签署合同当属无效。[①]

（二）特别规制措施

1. 关于设立程序。《公司法》第 244 条规定实行核准主义。外国公司在中华人民共和国境内设立分支机构，应当向中国主管机关提出申请，并提交其公司章程、所属国的公司登记证书等有关文件，经批准后，向公司登记机关依法办理登记，领取营业执照。外国公司分支机构的审批办法由国务院另行规定。

2. 关于代表人、代理人。《公司法》第 245 条规定，外国公司必须在中华人民共和国境内指定负责该分支机构的代表人或者代理人。

3. 关于资金要求。《公司法》第 245 条规定，外国公司必须向该分支机构拨付与其所从事的经营活动相适应的资金。关于经营资金最低限额，由国务院另行规定。

4. 关于名称与章程置备。《公司法》第 246 条规定，外国公司的分支机构应当在其名称中标明该外国公司的国籍及责任形式，并应当置备该外国公司章程，以备相关利害关系人查阅。

5. 关于民事责任承担。《公司法》第 247 条规定，外国公司对其分支机构在中华人民共和国境内进行经营活动承担民事责任。

6. 关于守法义务。《公司法》第 248 条规定，外国公司分支机构在中华人民共和国境内从事业务活动，必须遵守中国的法律，不得损害中国的社会公共利益，其合法权益受中国法律保护。

7. 关于撤销与清算。《公司法》第 249 条规定，外国公司撤销其在中华人民共和国境内的分支机构时，必须依法清偿债务，按照本法有关公司清算程序的规定进行清算。未清偿债务之前，不得将其分支机构的财产转移至中华人民共和国境外。

七、公司分类的意义

公司的学理分类与法定分类之价值，在于其有助于提升对公司法的理论认识、立法解释与规范适用的能力。从我国情况看，厘清公司的法定分类体系，具有两方面的意义。

1. 有助于理解关于公司的阶梯式规制体系。如前所述，如将有限公司、股份公司的法定亚分类计算在内，按照公众性、资本性由弱到强，我国的法定公司类型可以排序为：独资类也即特殊有限公司（一人公司、国有独资公司）→合资类也即普通有限公司→发起设立股份公司→定向募集股份公司→公开募集股份公司（上市公司）。在这一排序中，公司法上存在一个阶梯式规制体系，即公司的公众性、资本性越强，所受到的法律规制就越强，体现为强制性规范越多，包括行政监管与司法干预在内的国家强制也越强。

规制阶梯。以公司资本制度为例，普通公司不再适用法定最低资本制，但对于公众性、资本性较强且涉及金融安全的金融行业，仍按照特别法的规定适用之（《公司法》第 47 条第 2 款、第 96 条第 2 款）。再如，由于公众性、资本性最强，上市公司不仅受公司法的特殊规制（《公司法》第五章第五节），还受证券法等资本市场法律的严格规制。

---

① 周友苏. 新公司法论. 北京：法律出版社，2006：720.

2. 有助于廓清有限公司规范与股份公司规范之间的通用规范与区分规范。有限公司与股份公司既是我国公司法最基本的分类，也是最重要的分类，两类公司适用的法律规范既有通用规范，又有区分规范。在同一部公司法典的立法结构下，如何准确找出两类公司各自适用的法律规范，关涉立法解释与规范适用，乃是公司法的基本问题。准确认识两类公司的实质性异同，显然是顺利解决这一问题的起点。关于两类公司规范的区分规则，详见本书第三章第三节。

重要概念提示

封闭公司；公开公司；私人公司；有限公司；股份有限公司；一人公司；国有独资公司；关联公司；母子公司

理论思考

1. 国有独资公司是一人公司吗？为什么？
2. 试列关联公司的主要类型，思考其分类逻辑与外延。

实例研习

关于有限责任公司和股份有限公司，下列哪些表述是正确的？（多选）[①]

A. 有限责任公司体现更多的人合性，股份有限公司体现更多的资合性

B. 有限责任公司具有更多的强制性规范，股份有限公司通过公司章程享有更多的意思自治

C. 有限责任公司和股份有限公司的注册资本都可以在公司成立后分期缴纳，但发起设立的股份有限公司除外

D. 有限责任公司和股份有限公司的股东在例外情况下都有可能对公司债务承担连带责任

① 本题系国家司法考试 2009 年卷三第 71 题，参考答案：AD。

第三章
公司法

提　示

本章的写作主旨是扩展读者的知识视野，除第一节关于公司法的特性与基本原则涉及公司法的基本理论外，其余的内容都是关于中外公司、公司法的发展历史知识的介绍，相信对历史感兴趣的读者可以从中获益良多。

在本书的18章中，唯独本章的内容可以单独抽出，而不影响本书知识体系的完整性。因此，无论是读者自己研习还是教师讲授，对本章的内容都可以作灵活的处理。

第一节　公司法概说

一、公司法的概念

各国公司立法都不会界定公司法的概念，但可以从有关规定中总结出来。如日本《公司法典》第1条规定，“公司的设立、组织、运营及管理，除其他法律另有规定外，适用本法”。据此，公司法可被定义为：“公司法是调整公司的设立、组织、运营及管理法律关系的商事法律。”公司法所调整的法律关系主要是公司内部法律关系，即公司、股东、管理层之间的权利义务关系，主要表现为组织法规范；也调整一定范围的公司对外法律关系，主要限于公司与特定交易相对人之间的关系，表现为行为法规范。

公司法有形式上的公司法与实质上的公司法之分。前者又称狭义公司法，指法典意义上的公司法，如中国《公司法》、日本《公司法典》等；后者又称广义公司法，指有关公司法律规范的总称，除形式上的公司法外，还包括证券法、证券交易法、商事登记法、破产法等中包含的公司法律规范。学理上所讲的公司法一般着眼于实质上的公司法，形式上的公司法仅在提及特定法律文件时使用。

二、公司法的特性

不少公司法著作分别研究公司法的性质与特征，但公司法的性质与特征的含义基本重合，难以区分，本书使用笼统的“公司法的特性”来指称，以避免重复描述。

1. 具有一定公法属性的私法

公、私法的划分是现代法治的基础。公司法属于私法，意思自治、权利本位等私法原则都适用于公司法。但在现代复杂的市场经济体制下，政府的行政监管频繁出现在社会经济活动的许多环节，出现了“私法公法化”的趋势。此趋势在公司法中表现得尤其突出，出现了大量属于公法性质的条款，形成“公司法之公法化”倾向。

从法律规范的属性角度，公司法的公法属性与强制性规范联系密切。现代私法部门多少都包含一些强制性规范，但公司法、证券法等商法部门的强制性规范占有相对较高的比重。当然，公司法中的强制性规范与公法化不是一回事，不能简单地一概将其视为公法化的表现。

从内容构成的角度，公司法的公法属性体现在公司设立、证券发行、财务会计等具有外部性的领域。此外，公司法还含有某些意在保护私权实现的程序性规定和关于罚则的规定，也具有公法属性。在我国，公司设立、证券发行、合并分立、解散和法律责任等规定，都有不少行政监管的内容。原因在于，从主体的角度，公司在社会生活中的地位举足轻重，对社会经济秩序可能形成现实的威胁，故成为最受监管关注的市场主体；从行为的角度，公司的上述活动具有外部性，涉及公司之外的不特定多数人的利益，有必要引入合理强度的行政监管，以公权力维护社会交易安全；此外，我国行政监管力量历来强大的传统，也是我国公司法的公法属性较强的原因之一。

公司法之公法属性体现了国家对公司的管制，这种国家管制是必要的，但一要解决适度管制的“度”的问题，二要解决国家管制之下的行政监管与司法干预之间的关系问题。长期以来，我国公司法上的行政监管力量过于强势，甚至侵占了司法权的应有领域，导致司法力量对于公司治理等领域的介入严重不足，这是不正常的。2005 年、2023 年两次《公司法》修订案持续增加了公司法的裁判性规范供给，强化对公司事务的司法介入，体现为公司法规范的可诉性和公司纠纷的司法救济功能大为增强，但总体来看司法干预的力量还需要更加强化。

2. 兼具商行为法内容的商主体法或商组织法

商事法中有的侧重调整商事主体这一组织体自身法律部门，如合伙企业法、独资企业法等；有的则侧重调整商事交易行为，如保险法、海商法、证券法、票据法等。公司法属于前者。但这一划分是仅就总体而言的，同一部立法文件的内容往往既包含商组织法规范，又包含商行为法规范，尚不存在纯粹的商组织法这一法律部门。如我国保险法、证券法也包含了关于保险公司、证券公司的规范，属于兼具商组织法内容的商行为法；公司法则属于兼具商行为法内容的商主体法。《公司法》第 1 条开宗明义地规定：“为了规范公司的组织和行为，保护公司、股东、职工和债权人的合法权益，完善中国特色现代企业制度，弘扬企业家精神，维护社会经济秩序，促进社会主义市场经济的发展，根据宪法，制定本法。”从公司法规范的性质角度，这一规定至少包含三层意思：（1）公司法是组织法与行为法的合体，因为其规范对象是“公司的组织和行为”，但首先是组织法，所以组织放在行为之前；（2）公司法担负保护“公司、股东、职工和债权人的合法权益”之责，与前文相对应，保护“公司、股东与职工利益”主要体现为组织法规范，保护“债权人利益”主要体现为行为法规范（详见本书第十六章到第十八章的内容）；（3）公司、股东、职工与债权人这四类主体的利益保护也存在利益差序格局，这一差序格局也体现出组织法与行为法的对应定位。

商主体法的突出特点是全面调整某类商事主体的人格、组织过程（设立、成立、分立、合并、解散与破产清算、终止等）、组织机构等。公司法在内容和形式上都具有商主体法的特性，因而首先是商主体法。公司作为商主体的存在价值就是要从事交易行为，但这些交易行为的多数并不交由公司法调整，如作为一家公司正常营业活动的买卖、运输、租赁、委托、行纪、信托、期货交易等纯粹商交易行为，自由合同法、信托法、期货法等商行为法调整。但是，公司法也确实调整唯公司才能实施的与公司组织体直接相关的部分商行为，如公司股票/债券的发行与交易，以及需要作出特别限制规定的商行为如对外投资、为他人提供担保、捐赠等。尽管各国立法对此类问题的规定详略不一，但毫无疑问，各国的公司法都包含了一定的商行为法规范。

何谓商组织法规范呢？虽然公司法被公认为由商组织法（主体法、团体法）规范与商行为法（交易法）规范两部分组成，但究竟两类规范各自的含义及外延如何，很少有文献研究，貌似不言自明，其实不然。以公司法为例，凡属于调整公司组织体本身也即法律人格及其构成（权利能力与行为能力、商号、组织章程）、营业财产（资本、增资、减资、财务会计）、组织过程（设立、成立、分立合并、解散、清算、终止等）、组织机构（股东会、董事会、监事会、经理等及其组成人员董监高）的法律规范，皆属于商组织法规范。就《公司法》文本来看，除第十五章“附则”不计入统计，第四章“有限责任公司的股权转让”、第六章“股份有限公司的股份发行和转让”、第九章“公司债券”基本上属于商行为法规范，其余十一章的条款基本上都属于商组织法规范。商组织法上的主要法律行为包括：出资、增减资、设立、分立、合并、解散、清算、决议、决定等，其中决议、决定行为居于核心地位。相较而言，公司法供给的涉及公司行为的法律规范是克制且比较有限的，因为这是《民法典》（尤其是其合同编与侵权责任编）的立法任务。综上，公司法供给的涉及公司组织过程的法律规范才是其主要规范群。

3. 兼具程序法内容的实体法

实体法和程序法的分类是相对的，实体法部门可能涉及一些程序规定，程序法部门也可能涉及权利与义务、职权与职责的内容。除了一些典型的实体法与程序法部门，许多法律都兼具实体法与程序法的内容。公司法作为私法，应纳入实体法范畴，但也包含了不少程序规范，如关于公司设立程序、公司组织机构行使职权的程序以及公司变更、清算与解散程序的规定。在公司法上，程序规范确立的程序正义不仅有助于实现实体正义，其本身也具有独立价值。

4. 具有较强国际趋同性的国内法

按照国际法与国内法的分类，公司法属于国内法，但具有较强的国际趋同性。公司法的国际趋同属性的一个重要基础是其强烈的技术性特征。从社会学角度观察，法律规范由伦理性规范与技术性规范组成。任何法律部门都是法技术的构造，因此，所有法律部门都具有技术性。由于商法以经济效用为主要目的，为维护交易的便捷、安全与公平，其规定尤其是关于商行为的规定更加明显地具有技术性，这与民法偏重于伦理性规范有着明显差异。在公司法中，关于公司设立条件与程序、股票与债券发行、治理结构、决议表决方式、公司财务会计等的规定，基本上都是技术性设计的结果。正因为公司法具有强烈的技术性，各国公司立法才存在技术上的共通性，可以相互借鉴，从而更多地表现出国际趋同性。

各国公司法原来各有特色，差异明显，但随着经济全球化的加强，公司法趋同化的趋势正在加快，各国公司立法在内容上相互吸收与渗透，从而趋于协调、接近甚至一致。在形式上，两大法系公司法都主要表现为成文法的形式。在内容上，各国关于公司的概念、类型、资本制度、治理机构、股票与债券的发行、解散与清算等内容都大同小异并有趋同之势。其中发展最快的领域就是公司治理结构，由某国立法创新的制度设计，往往迅速为各国所移植与借鉴。虽然公司法领域还没有像票据法那样出现国际统一立法，但已经出现了区域性的公司法统一运动，如欧共体（欧盟）采取制定国际公约（treaty）、发布规则（regulations）与指令（directives）以及制定统一的欧洲公司法等方式，来协调和统一成员国的公司立法。

作为后发展的市场经济国家，我国的公司立法既立足于国情，也大量移植与借鉴其他国家和地区的公司立法经验与成果，表现出相当的国际趋同性。

5. 活跃的发展性与变动性

与民法调整一般商品关系与人身关系不同，商法调整的是市场交易关系，市场交易关系会随着市场经济的发展而不断变化，而一般商品关系与人身关系往往保持较强的稳定性。因此，民法具有安定性，沿袭援用，较少修订；而商法随着市场交易方式与内容的发展变化，呈现出不断发展、进化的特点。与其发展性相适应，商法在立法上必然要求适时修订，因而表现出变动性。对商法来说，当市场交易实践发生变化时，法律的安定性应让位于法律的适应性，立法的适时修订必须跟上。[①] 公司法是最能体现商法的发展性与变动性的法律部门。在各国商法的修订中，无论是在量上还是在质上，公司法都是最具发展性、变动性的商法部门。

《公司法》自1993年颁布以来，于1999年、2004年、2018年作了个别条文修改，于2005年作根本性修订，于2013年对资本制度作专项修改，于2023年作重大修订，都是谋求公司法与我国市场经济发展要求之间的阶段性协调。

6. 主要表现为成文法

在立法形式上，两大法系多数国家、地区的公司法都表现为成文法。即使有判例法传统的英美的公司法也基本上采取成文法的形式。形成这一传统的原因在于，公司法对公司类型实行严格的法定主义，对公司的内、外部法律关系必须予以全面、系统的规范；同时，公司法作为主体法，应具有基本的明确性、系统性、统一性和稳定性，以成文法的形式可以避免判例法的分散和易变。当然，在英美法系国家，判例法仍是公司法的重要组成部分。

三、公司法的基本原则

部门法的基本原则，是指贯穿该部门法立法、司法、执法的基本理念和指导思想，展现了法律制度设计的目标和价值取向。我国公司法在吸收现代公司法原则的基础上，结合国情，形成了若干重要的基本原则。这些原则或者被直接规定为法律条款，或者体现在具体的制度和规则之中。概括起来，主要内容如下。

1. 鼓励投资原则

公司首先是股东投资的工具[②]，公司法的重要原则之一就是鼓励投资，便利投资，激励投资。在全球经济激烈竞争的背景下，各国经济的竞争不仅是产品、市场的竞争，更是制度的竞争。制度的竞争，无论是顶端竞争（race to the top）还是底端竞争（race to the bottom），其实质都是比试谁的规则最优，谁更能吸引投资者，谁更能为企业成长、发展提供最优越的制度环境。因此，现行公司法相当程度上改变了原来过分强调规范、限制和管理的立法价值取向，转向为投资者提供便利、服务与激励的立法价值取向，如大幅降低乃至取消最低资本额、放宽出资形式、允许分期缴纳出资、取消股份公司设立审批等，都是鼓励投资原则在立法上的体现。

2. 公司自治原则

公司法本质上既为私法，私法自治原则当然贯彻于全部，具体体现就是公司自治与股东自治。公司自治，是指公司事务由公司主体及其参与人自主决策，并独立享受决策带来的利益与承担决策的后果，不受国家的干预。这一定义包含三层意思：（1）与“公司他治”相对立，价值在于划清公司与国家之间的界限，公司事务不受国家强制力的干预；（2）公司自治的主体是公司自身及其参与人，自治的利益享有与责任承担主体也是他们；（3）公司自治的权利并非法律赋予，而是作为市场主体理应享有的自然权利，当然公司自治的边界需要法律的维护与保障。

在中国法语境下需要强调，公司自治、股东自治的另一面是责任自负。自由与责任，如一枚硬币的两面，自由选择就要责任自负。比如，对于适用注册资本认缴制的公司，行政监管放

---

① 范健，王建文. 公司法. 北京：法律出版社，2006：64.

② 叶林. 中国公司法. 北京：中国审计出版社，1997：前言.

松，登记机关仅登记股东认缴的资本额，无须登记实收资本，无须提交验资证明文件等，但同时也强化了公司、股东个人责任自负之间的平衡关系，按其规定，股东对注册资本缴付情况的真实性负责。

公司自治与股东自治的关系。股东自治，指股东之间的关系以及股东与公司之间的关系处理，依股东的私人意思决定之，其他组织、个人不得干预。股东自治属于公司法领域中最彻底的私法自治表现形式，因为股东间的关系完全适用“全体股东约定”的调整，也即遵循合同法的“合意契约”的原则立场来解释。[①] 比如《公司法》第227条规定，有限公司股东的优先认股权按实缴出资比例确定，但“全体股东约定”的除外。此处“全体股东约定”被解释为全体股东意思表示一致所达成的合意（契约），优先于公司法的任意性规定。二者的关系，一方面，股东自治可以被理解为广义的公司自治的一部分，属于包含关系，在针对内部事务的场合下，公司自治包含了股东自治。另一方面，二者存在区分，实现公司自治的主体除了股东，还有其他参与人，而在外部场合下，与国家强制中的“国家”相对应的主体是公司而非股东。另外，不同于股东自治的凭据——全体股东达成的契约合意，公司自治的外在保障是公司法，内在凭据一是公司章程、二是公司决议，由于章程、决议可能并非全体成员的合意而仅为多数决的意思，所以公司自治要面临比股东自治更多的挑战，诸相关规则需要从团体法的立场来获得解释。[②]

3. 股东平等原则

股东平等原则，指在各股东之间基于股东身份而发生的法律关系中，应该给予股东以平等待遇。[③] 股东平等的出发点是主体平等、实质平等，包括四重含义：（1）所有股东的法律人格一律平等。（2）基于同类股权，股东的权利、义务的性质与类型是相同的，禁止歧视待遇。股东平等原则不排斥股权在具体内容上的差异，如普通股与优先股的差异。（3）股东权利的享有和行使在现实状态下存在差异，如因为股份多寡而形成的分红差异，这一差异可以依据股东所持股份增减而发生转化。（4）股权行使应基于诚信原则，禁止股东权利滥用。

股东是公认的最主要的公司利益相关者，股东平等原则是民法的平等原则在公司法领域的具体体现，也是平等保护投资者利益、调动投资者积极性的客观要求。它一方面承认多数股东凭借资本多数决控制公司的合法性，另一方面也对多数股东滥用控制权欺压少数股东保持警惕之心，通过课以股东间的诚信义务、禁止股东权利滥用、抑制多数股东控制权的行使、保护少数股东的特别规则等手段，来努力实现股东间实质意义上的平等。

所以，股东平等区别于股份平等。股份平等是指同类股份享有同等权利，承担同等义务。股份平等的出发点是资本平等、形式平等，由此必然要求少数资本服从多数资本。资本多数决这一计量化的决议方式内在地蕴涵多数股东权力扩张的逻辑，所以导致股份平等原则内含的“资本多数决”与股东平等原则内含的“禁止权利滥用”之间存在着深层的抵触。可见，股东平等与股份平等之间存在实质平等与形式平等的差异，前者对后者有矫正作用，能够实现“矫正的正义”。现代公司法强调股东平等原则正体现了法治对于实质正义的追求。

股东平等原则在我国公司法上具有特别重要的意义。这是因为，我国绝大多数公司的股权结构相对而言绝对集中，多数股东与少数股东之间的矛盾比其他国家、地区的更为突出、更为

---

① 蒋大兴. 公司法的观念与解释Ⅱ. 北京：法律出版社，2009：14.

② 同①20.

③ 顾功耘，井涛. 论股东平等原则//滨田道代，吴志攀. 公司治理与资本市场监管. 北京：北京大学出版社，2003：171.

普遍。现行公司法有不少规定为实现股东平等原则而设，如少数股东的股东会召集权和主持权、累积投票等。

4. 保护利益相关者原则

现代公司不再仅仅被当作股东单一主体的利益工具，而被认为是股东、管理者、职工、债权人等诸利益相关者利益的集合体。在现代社会，一方面，公司的设立和运营离不开各个利益相关者的要素贡献；另一方面，随着公司的规模扩大和实力膨胀，公司对利益相关者的影响力越来越强大。因此，保护股东、管理者、债权人和职工等所有公司利益相关者的利益，而不是仅限于股东的利益，是现代公司法的一项基本理念。

四、公司法与民法典的适用关系

我国立法上奉行民商合一的二元私法体系，民法典与公司法的关系，是一般法与商事特别法的关系。依照最高人民法院《全国法院民商事审判工作会议纪要》（以下简称《九民纪要》）第3条规定，《民法典》“总则”第三章“法人”第一节“一般规定”和第二节“营利法人”基本上是根据公司法的有关规定提炼的，二者的精神大体一致，因此涉及“总则”这一部分的内容，规定凡一致的，适用民法典或者公司法皆可；规定不一致的，根据《民法典》第11条有关“其他法律对民事关系有特别规定的，依照其规定”的规定，原则上适用公司法的规定，但也有例外情况，主要表现在两个方面：一是就同一事项，民法典制定时有意修正公司法有关条款的，应适用前者的规定。二是民法典在公司法规定基础上增加新内容的。

第二节　公司立法

一、基本立法模式

作为商法的组成部分，基于各国立法传统和国情的差别，公司法的立法模式有所不同，大致分为四种。

1. 商法典模式。有关公司法规范全部编入商法典。采此模式的多是形式上“民商分立”的大陆法系国家（地区），如西班牙、葡萄牙与我国澳门地区等，日本、韩国也曾长期采此模式。

2. 商法典和单行法相结合的模式。普通公司法编入商法典，另行制定关于特种公司的单行法。采此模式的是形式上“民商分立”的部分大陆法系国家，如德国、1966年前的法国与2005年前的日本。在德国，《德国商法典》第二编规定无限公司、两合公司，另有《有限责任公司法》和《股份法》（规范股份公司、股份两合公司）。1966年之前，《法国商法典》第三章规定公司基本规范，另有《有限责任公司法》等单行法。2005年之前，《日本商法典》第二编规定公司基本规范，另有《有限责任公司法》等单行法。

3. 民法典模式。将公司法规范全部纳入民法典之中。采此模式的是形式上彻底实行“民商合一”的大陆法系国家，如意大利、荷兰，瑞士则将公司法规范编入民法典或者债务法典。

4. 公司法典模式。制定单独的公司法，调整所有类型的公司。采此立法模式的有三种情况：（1）英美法系国家，如英国《1948年公司法》、美国《示范公司法》以及各州的《商事公司法》；（2）形式上“民商合一”的部分大陆法系国家（地区），如瑞典、中国；（3）形式上“民商分立”的个别大陆法系国家，如法国于1966年制定《商事公司法》，日本、韩国在近年来先后制定《公司法典》，此前的模式被废弃。

目前，多数国家（地区）公司立法采公司法典模式。有的国家废止其他模式来改采这一模式，如法国、日本、韩国；这表明越来越多的公司法在形式上脱离了商法典、民法典而自成一体，也从一个侧面反映了公司法日益受到重视与独立化的发展趋势。

二、我国公司法典的制定

（一）从所有制企业立法到企业组织立法

从20世纪70年代末到90年代初，我国构造了一个所有制企业立法体系，由《全民所有制工业企业法》《全民所有制工业企业转换经营机制条例》《乡村集体所有制企业条例》《城镇集体所有制企业条例》《私营企业暂行条例》《城乡个体工商户管理暂行条例》以及《中外合资经营企业法》《外资企业法》《中外合作经营企业法》等多部法律法规组成。这一企业立法体系立足于企业的所有制归属与资本来源不同而进行企业分类与分别立法，推行各类所有制企业的不平等立法待遇，深刻展现了计划经济体制下国家公权力凭借所有权、行政管理权全面干预企业经营管理的立法思想，观其具体规范，私法规范、任意性规定、企业自治的元素很少，国家强制力量遍布企业经营的每一环节。这一企业立法体系，注定与发端于1992年的社会主义市场经济体制格格不入，企业立法的另起炉灶成为历史的必然选择。

市场经济体制下企业立法体系的必然选择是根据企业组织形式的不同，分为公司企业、合伙企业、个人独资企业等现代企业形式，并分别制定公司法、合伙企业法、个人独资企业法，组成企业组织立法体系也即现代企业立法体系，这一立法体系的核心是公司法。

（二）公司立法提上日程

在我国漫长的计划经济时代的后期，公司立法已经被提出，并与股份制的发展命运密切相连。长期以来，股份制被当作公司制的代名词，与股份制发展的曲折历程相适应，公司法典的制定过程亦复杂而曲折。究其原因，一是关于股份制的认识经历了不断思想解放的长期过程，二是我国公司立法经验的缺乏。①

公有制与股份制。数十年来，人们对公有制实现形式的认识有一个思想解放的过程。股份制自20世纪80年代在我国兴起之后，理论界就有“姓资姓社”之争。起初有人认为股份制与私有制相联系。随着社会主义初级阶段理论的确立，人们对股份制的必然性、必要性达成了一定程度的共识。1992年中共十四大后，社会逐渐认识到股份制作为现代企业的资本组织形式，不存在“姓资姓社”的立场问题。1994年中共十四届三中全会通过《关于建立社会主义市场经济体制若干问题的决定》，要求国有企业进行公司改制，建立现代企业制度。中共十五大报告进一步指出所有制和所有制实现形式是两个不同的概念，股份制作为所有制的实现形式，不姓“社”，也不姓“资”。中共十六大则确认股份制为公有制的主要实现形式。

1983年，国家经委、体改委开始着手起草公司法，但受限于外部环境，有关部门决定暂缓制定公司法典，先分别制定有限公司与股份公司两个单行条例。从1986年到1989年，《有限责任公司条例（草案）》和《股份有限公司条例（草案）》分别形成，报请国务院审议。国务院认为股份公司尚属试点性质，不宜制定行政法规，数量较多的有限公司亟须规范，可先行通过“有限责任公司条例”。后为适应清理整顿公司运动的需要，全国人大、国务院决定提高立法位阶，将“有限责任公司条例”改为“有限责任公司法”，并于1991年8月形成《有限责任公司法（草案）》，但关于与《全民所有制工业企业法》的关系、国有独资公司应否列入

① 吴敬琏. 现代公司与企业改革. 天津：天津人民出版社，1994：67-71；王保树，崔勤之. 中国公司法原理. 3版. 北京：社会科学文献出版社，2006：9-13.

“有限责任公司法”等问题存在争议，国务院常务会议审议暂未通过。

（三）公司法典

1992年邓小平南方谈话后，兴起了新一轮的股份制（公司制）高潮，公司立法又被提上日程。国家体改委先行制定了过渡性规范文件——《股份有限公司规范意见》和《有限责任公司规范意见》，以暂时调整国有企业股份制改制试点工作。同时，国务院抓紧起草公司法，于当年7月形成《有限责任公司法（草案）》后再次提交国务院常务会议审议并获原则通过。1992年8月全国人大常委会审议《有限责任公司法（草案）》认为，应制定一部覆盖面更宽一些、内容比较全面的公司法。于是全国人大法工委汇总起草了《公司法（草案）》，在当年12月提交全国人大常委会审议，最终于1993年12月29日三审通过，新中国第一部公司法典由此诞生，并于1994年7月1日实施。

这部立法标志着我国企业立法彻底打破了所有制企业立法传统模式，回归到企业组织立法体系。随着1997年《合伙企业法》、1999年《个人独资企业法》的出台，这一立法体系宣告完成，由此确立了现代企业法律制度的框架。当然，在企业组织立法体系形成之后，所有制企业立法体系并未完全退出历史舞台，一些传统的全民企业、集体企业还未完成公司制改制，继续存在并受这一立法体系的调整。这样，所有制企业立法体系与企业组织立法体系共生并存，形成了独具中国特色的“双轨企业立法体系”格局。① 当然，占据绝对优势的是企业组织立法体系，传统的全民企业、集体企业及所有制企业立法体系正在淡出历史舞台。

但是，囿于当时刚起步的市场经济实践，公司法理论积淀与公司法实践的不足，我国第一部公司法典在立法理念、体例构造与具体规则上都有明显的时代局限性。尤为突出的问题是，这部公司法的立法目标存在严重偏离，包含了过多的国有企业公司改制的内容，混同了公司立法与国有企业改制立法，使得公司法更像是一部“国有企业公司改制法”。这不仅造成不同所有制公司的歧视待遇，而且损害了公司法的普适性，减损了其作为公司基本法的价值。于是，《公司法》的修订在所难免。除了1999年、2004年、2013年、2018年的个别条款、单项制度的修正，分别在2005年、2023年完成了实质性的大规模修订，形成了现行公司法。后两次大规模的修订案的显著贡献之一就是构建了一个基本成型的公司诉讼制度框架，使得相关纠纷的可诉性大大增强，公司参与者间的很多纠纷都可以由法院进行裁判，比之旧法更大程度上体现了“司法作为纠纷最后解决途径”的法治理念。但是，现行公司法对一些诉讼制度仅进行了概括性、原则性甚至宣示性的规定，法院在审理公司诉讼案件时仍然面临法律规范供给不足的局面，导致各地各级法院在法律适用上的分歧较多。一些高级人民法院为克服这一问题，以指导意见、会议纪要等形式制定了一些规范性文件，用以指导当地公司诉讼案件的裁判，但存在权威性不足、各地规定不一等问题。

第三节　公司法律规范的分类

一、强制性规范与任意性规范

（一）分类标准及识别

与公、私法的分类相对应，私法上的法律规范的最重要分类是强制性规范与任意性规

① 李建伟. 中国企业立法体系改革. 北京：法律出版社，2012：29.

范。强制性规范，指私法主体不得以其意志排除适用的法律规范；反之，为任意性规范。强制性规范可以再分为两类，禁止私法主体为一定行为的规范，为禁止性规范；强制私法主体为一定行为的规范，为命令性规范。具体到公司法律规范，基本分类也是强制性规范与任意性规范。[①] 其中，任意性规范就语言表述看，常见的字眼是“可以”“有权”等；强制性规范就语言表述看，命令性规范的常见字眼是“必须”“应当”，禁止性规范的常见字眼是“不得”“禁止”。

他山之石。美国学者爱森伯格将公司法规范分为三类：赋权性规范（enabling rules），即公司参与人依照特定的方式采纳该类规则，即赋予其法律效力；任意性（补充性）规范（suppletory rules），即管制特定的问题，除非公司参与人明确不采用该规则；强制性规范（mandatory rules），即强行管制特定的问题，不容公司参与人不采纳或者变相不采纳。[②] 加拿大学者柴芬斯从规范适用条件的角度将公司法规范分为三类：许可适用规范，也称“可以”规范（opt out）；推定适用规范，也即“可以放弃”规范（opt in）；强制适用规范，也称“必须”或者“必须不”规范。[③] 这两种分类的思路，与关于任意性规范与强制性规范的外延界定大体一致，又有所分歧，关键在于赋权性规范的定位。按照爱氏的定义，一方面，赋权性规范并不自动适用，只是在公司选择适用（如通过章程条款）的时候才得以适用——在此意义上似有任意性规范的特征，但另一方面，一经选定即不得变更——这就是它归属于强制性规范的原因。[④] 在不得被排除适用方面，赋权性规范与命令性规范、禁止性规范是一样的，在语言表述上也类似，常带有“必须”“应当”“不得”等字眼，但在被违反后的民事效力上存在差异。比如，公司法关于股东会、董事会的会议规则，经常使用“必须”“应当”字眼，但这些规定的本意并非强制公司机关必须怎样做的意思，而是确立一个判断行为是否生效的裁断标准[⑤]，在此意义上，赋权性规范可能不存在真正“违反”的问题。

与公司自治、行政监管与司法干预相对应，依照法律规范实施主体的不同，强制性规范可以分为公司自治规范、行政强制规范与司法干预规范。在我国公司法上，这是一个有意义的分类。公司自治规范，指体现与维护公司自治、赋予公司参与人自主选择、自主决策的行为规则，多数表现为任意性规范，如《公司法》第 127 条规定，“公司董事会可以决定由董事会成员兼任经理”；但有时候也体现为强制性规范（主要是赋权性规范），如《公司法》第 113 条规定：“股东会应当每年召开一次年会。有下列情形之一的，应当在两个月内召开临时股东会会议……”此处使用了“应当”，在性质上归属为强制性规范，却无“国家强制”的含义，应理解为公司自治规范，如果股东大会没有照此规定召开，不会引起行政权的干预及行政处罚，也没有司法权的介入，只是引发下一步的公司自治行为——如有些股东提议召开临时股东会或者自行召集股东会（《公司法》第 114 条）。由于种种原因，《公司法》上的很多公司自治规范都

---

① 胡田野. 公司法任意性与强行性规范研究. 北京：法律出版社，2012：109.

② 爱森伯格. 公司法的结构. 张开平，译//王保树. 商事法论集：第 3 卷. 北京：法律出版社，1999：390 - 442.

③ 柴芬斯. 公司法：理论、结构和运作. 林华伟，等译. 北京：法律出版社，2001：233 - 234.

④ 另一种解释，将赋权性规范定义为“界定私法上形成及处分权利义务边界的规范”，即“权限规范”，权限规范的效力是私法主体不得排除的，所以列入强制性规范。苏永钦. 私法自治中的国家强制. 中外法学，2001（1）.

⑤ 比如，按照《公司法》第 26 条的规定，公司股东会、董事会的会议召集程序、表决方式违反法律、行政法规或者公司章程，或者决议内容违反公司章程的，股东自决议作出之日起 60 日内，可以请求人民法院撤销。但是，股东会、董事会的会议召集程序或者表决方式仅有轻微瑕疵，对决议未产生实质影响的除外。未被通知参加股东会会议的股东自知道或者应当知道股东会决议作出之日起 60 日内，可以请求人民法院撤销；自决议作出之日起 1 年内没有行使撤销权的，撤销权消灭。

使用了“应当”“必须”“不得”的字眼[①]，可以将带有这些字眼的规范理解为强制性规范，但不宜一概理解为含有国家强制。

任意性规范和强制性规范构成的规律性。公司法上两类规范的分布是具有规律性的。基本共识有：规范属性与其所调整的社会关系密切相关，交易行为关系仅涉及当事人的，适用私法自治，宜采任意性规范；公司组织、运营、治理关系不仅涉及当事人，还直接、间接涉及第三人甚至不特定社会公众，受团体法原理支配，适用强制性规范；对于封闭公司，应强调任意性规范的适用。以下一些提法被人主张，但不无争议：调整公司内部关系的主要是任意性规范，调整外部关系的主要是强制性规范；仅涉及股东和公司利益的主要是任意性规范，涉及第三人尤其是债权人利益的主要是强制性规范。[②]

行政强制规范与司法干预规范都包含了某种国家强制力，对它们的违反会引发公权力对公司事务的介入，区别在于，前者指法律规范中体现行政权力的意志、为维护公共利益等公法目标而强制公司参与人须遵守且不得以章程、协议等方式排除适用；后者指公司内部利益以及部分特定的外部利益冲突无法由参与人自行解决的，许可各方采取诉讼，引入司法权作为中立方介入公司纠纷的解决。

（二）国家强制与强制性规范的关系

现代私法部门多少都包含一些强制性规范，但公司法、证券法等商法部门的强制性规范的比重相对较高。公司法上的国家强制（也即公法性）与强制性规范之间的关系，具有双重性。一方面，国家强制与强制性规范具有某种天然的联系。国家强制在法律上的实现方式有二：一是界定公权力与私权利之间的边界，也即权限规范；二是强制人们为或不为一定行为的界限，也即行为规范。另一方面，与国家强制对立的公司自治，在法律规范上主要体现为任意性规范，但也包含部分的强制性规范（也即赋权性规范）。[③] 赋权性规范以形式上的强制性内容出现在公司法律文本上，意旨在于促进公司自治，与代表国家强制的行政监管、司法干预之间没有直接联系，只不过公司法出于节约交易成本的考虑，为各公司提供一套具有效率优势的通用自治模式与行为规则。所以，规范公司内部治理的赋权性规范虽然使用“不得”“必须”“应当”等字眼，但实质仍为公司自治规范。

结论是：国家强制主要但不是全部地体现为强制性规范，二者之间不可以画等号，就如同公司自治与任意性规范之间不可以画等号一样。

（三）国家强制的限度

任何时代、任何国家的公司法都有一定程度上的国家强制，区别仅在于强制的限度不同。

① 公司的内部治理被公认为公司自治的主要领域，但《公司法》关于股份有限公司的“组织机构”的四节（第五章第二节至第五节）的 31 个条文（第 111～141 条），有 19 个条文在至少一处或者多处使用“应当”“不得”，还有 3 个条文虽未使用以上字眼，但按照中文的表达当然理解为不得作其他选择的强制性规范（第 126 条第 1 款、第 131 条第 2 款、第 138 条），以上合计 22 个条文，占比超出 70%。《公司法》关于国有出资公司的组织机构的特别规定有 5 个条文（第 172、173、174、175、177 条），均使用了“不得”“应当”“经…… 同意”。有限公司的内部治理向被视为公司自治的天然领域，但《公司法》关于其“组织机构”的章节（第三章第二节）的 26 个条文（第 58～83 条），有 12 个条文在至少一处或者多处使用“应当”“不得”，另有 2 个条文虽未使用以上字眼，但按照中文的表达当然理解为不得作其他选择的强制性规范（第 61、82 条），合计占比达到 53.8%。

② 爱森伯格. 公司法的结构. 张开平，译//王保树. 商事法论集：第 3 卷. 北京：法律出版社，1999：390－442.

③ 苏永钦教授认为，私法中的大多数条文为赋权性规范，虽具有效力上的强制性，但其功能在于建立自治的基础结构，为裁判者提供裁断效力的依据，而不在于影响人民的生活，指示人们为此种行为不为彼种行为。或者说，赋权性规范的意义在于为人民提供一套私法自治的游戏规则，而并不“管制”人民的行为。据此来看，以管制人民行为为目的的强制性规范在私法上是极少数的。苏永钦. 私法自治中的国家强制. 中外法学，2001（1）.

国家强制作为一种公权力的强制手段，具有侵扰市场秩序、侵害私人自由之倾向，必须予以适当的限制，最好的限制方法就是法治。借鉴域外市场经济国家的法治经验，公司法上国家强制的限度，可从以下几点描述。

1. 适用范围的有限性。公司法本质上为私法，凡公司自治能够自行解决而不违反强制性规定的领域，任何形式的国家强制都不应该存在。国家强制对于公司行为的规制有事前、事中与事后之别，事前规制体现了最严厉的强制思想，如公司的主体资格、营业资格的行政许可；事中规制是施加于公司组织、营业过程中的控制，如非法经营查处、产品质量抽查等；事后规制体现为公司就已经发生的行为承担责任，如吊销营业执照、裁判公司解散等。一般而言，行政管制涵盖事前、事中与事后，司法干预仅限于事后。我国公司法上国家强制的改革思路，是大规模削减事前规制，落实事中、事后规制。

2. 强度的合目的性。一般而言，行政管制比司法干预体现出更强烈的国家意志力，威胁公司自治的倾向性更强烈，所以行政强制更需要被强调强制手段、程度与目的的成比例性。

适用范围的有限性与强度的合目的性，合称国家强制的必要性原则，乃国家强制的质与量的关系，不可偏废。必要性原则强调国家强制在满足目的所需的最小范围与强度内存在，避免国家强制的逾矩始终是现代法治的基本要求。

3. 强制的状态依存性。任何一部公司法上的国家强制都是具体的、随自身相关制度环境变化的，也即状态依存的，不存在统一的最佳模式。在我国，1993 年《公司法》中强制性规范过多、任意性规范严重缺失，导致公司自治的空间逼仄，为人诟病。其后的数次修正和修订重新配置了任意性规范与强制性规范的关系，在一增一减之间扩大了公司尤其是有限公司的自治空间。

二、行为规范与裁判规范

法律规范按照功能类型作区分，可以分为行为规范与裁判规范。① 法律规范规定的意旨，若在于要求受规范之人取向于它们而为行为，即为行为规范；相应地，如果法律规范之意旨在于要求裁判法律上争端之人或者机关以它们为裁判之标准进行裁判，则为裁判规范。简言之，行为规范可以介入个人行为过程，旨在为其受约束的一般民众提供规范导向；而裁判规范可以进入法院裁决过程之中，旨在为法院提供裁断基准。

关于二者之间的关系，一般认为，由于法院进行裁判时自然地需要以行为规范作为判断基准，否则行为规范所导向、预示的法律后果将不能在裁判中贯彻，从而失去导向功能，故行为规范在逻辑上应该同时为裁判规范；但反过来，裁判规范专为裁判者而设，并不必然是行为规范。纯粹的裁判规范有很多，如合同法上的多重买卖合同履行顺序、情势变更、过失相抵、损益相抵等规则，侵权法上的人身损害赔偿的误工收入计算规则、公司法上的董事赔偿责任的酌减规则等。关于是否存在纯粹的行为规范，尚存争议，主要争点在于对倡导性规范的性质认识。②

关于私法上规范主要（本质）是行为规范还是裁判规范，存在争论。有人认为主要是行为

① 也有人认为，二者的区别标准在于规范对象不同，意即“行为规范以行为人为拘束对象，裁判规范则拘束裁判者”。Bernd Rüthers. Rechtstheorie. 3. Aufl. 2007，Rn. 121. 转引自朱庆育. 民法总论. 北京：北京大学出版社，2013：59.

② 有人认为倡导性规范为任意性规范之一种，有人认为其乃一类独立的规范，还有人认为其不具有法律规范品格。王利明. 民法总则研究. 北京：中国人民大学出版社，2012：41；王轶. 论倡导性规范：以合同法为背景的分析. 清华法学，2007（1）；朱庆育. 民法总论. 北京：北京大学出版社，2013：52 及以下.

规范；有人则认为主要是裁判规范；有人认为私法首先是裁判规范，其次才是行为规范；还有人认为多数规范是相重合的，只是裁判规范要素强还是行为规范要素强的差异。[①]

行为规范与裁判规范的分类是一种工具性分类，法律上的实益主要在于认定某些规范属于纯粹的裁判规范，此类规范对于行为人没有拘束力，也没有规定行为人的行为模式以及法律后果，因而不宜理解为行为人负担必须为或者不为某种行为模式的义务。[②]

由于种种原因，我国公司法上的裁判规范曾经严重不足，公司纠纷的司法裁判不时面临无法可依的局面。目前，这一局面正通过公司法典修订、一系列司法解释的颁布等手段逐渐得到缓解。

三、有限公司规范与股份公司规范

顾名思义，有限公司规范就是适用于有限公司的公司法律规范的统称，股份公司规范就是适用于股份公司的公司法律规范的统称。无论对于公司法典的立法解释还是对于其规范适用，这一分类都具有现实意义。两类规范之间，既有通用规范，又有区分规范。

（一）域外公司法的一般做法

除了将股东出资划分为等额股份与否这一形式上的区别，有限公司与股份公司还有更重要的实质性区别。在大陆法系公司法的立法预设上，将有限公司定位于中小型、封闭性、强调股东人身信任关系的企业，与合伙企业更接近，关于有限公司的规范贯彻股东自治原则，法律规范的内容相对简单。与此相对，股份公司被定位于大中型、公众性、强调资本信用的企业，关于其规范的设计向来是公司立法的核心，法网密集，规范的内容要比有限公司的更繁复、更完备，也更体系化。

有限公司规范与股份公司规范之间的关系如何安排？尤其是在同一部法典（民法典、商法典、公司法典）中规范两类公司的，关涉立法结构的科学性与立法技术的合理性。在大陆法系，有在同一法典内规范两类公司的，如韩国的《公司法典》、法国的《商事公司法》以及韩国旧商法典，立法结构上有将股份公司置于前，明确有限公司参照适用股份公司的部分规范；也有将有限公司置于前，股份公司参照适用有限公司的部分规范；还有将两类公司分别单行立法的，其股份公司法的规范体系远比有限公司的丰富，如德国、俄罗斯以及 2005 年之前的日本。英美法系的情形与此类似，明确在同一部公司法典内部，多明确封闭公司（私人公司）参照适用公众公司的部分规定。

谁参照适用谁？股份公司，是现代公司的典型形态，有限公司仅是相互之间信任的人们为

① 梁慧星. 民法总论. 北京：法律出版社，2001：37；王利明. 裁判方法的基本问题. 中国法学教育研究：2013年夏季卷. 北京：中国政法大学出版社，2013；黄茂荣. 法学方法与现代民法. 北京：中国政法大学出版社，2001：110－111；苏永钦. 私法自治中的国家强制：从功能法的角度看民事规范的类型与立法解释方向. 中外法学，2001（1）；段匡. 日本的民法解释学. 上海：复旦大学出版社，2005：51；星野英一. 民法劝学. 张立艳，译. 北京：北京大学出版社，2006：14－15，19.

② 比如，最高人民法院《关于审理买卖合同纠纷案件适用法律问题的解释》第 9 条规定："出卖人就同一普通动产订立多重买卖合同，在买卖合同均有效的情况下，买受人均要求实际履行合同的，应当按照以下情形分别处理：（一）先行受领交付的买受人请求确认所有权已经转移的，人民法院应予支持；（二）均未受领交付，先行支付价款的买受人请求出卖人履行交付标的物等合同义务的，人民法院应予支持；（三）均未受领交付，也未支付价款，依法成立在先合同的买受人请求出卖人履行交付标的物等合同义务的，人民法院应予支持。"这一规定为纯粹的裁判规范，也即仅仅在法院裁判时，要求法院按照法定的此等模式进行裁决，而对于行为人并无拘束力——所以如果当事人在法院裁决之前将动产交付（履行）给任何一个合同相对人，都是可以的，完全不受该条款的限制。否则，如将该条规定理解为当事人的行为规范，则将明显违反债权平等性原理。

了免受无限连带责任的追诉、降低运营成本而模仿股份公司建立起来的“mini 股份公司”。二者的关系，不仅由历史上的渊源关系所决定，也由不同的体量规模所决定。无论是强制性规范出面规制的事项还是意在提供通用自治规则的任意性规范事项，股份公司都远比有限公司丰富，所以各国选择“做实股份公司规范、特别化有限公司规范”的立法模式，在法律文本的节约性、立法结构的科学性、规范体系的合理化等方面优势明显，可谓自然的理性选择。相比之下，我国公司法将有限公司放在首位、股份公司居其次且参照有限公司的做法，比较罕见，这是否会扭曲二者的相互关系、造成立法解释与规范适用上的诸多困难，值得检讨。

既然股份公司不宜参照有限公司的相关规定，那么，反过来如何呢？答案是肯定的，确切地说应该是部分规范的参照适用。有限公司适用的规范肯定具有区别于股份公司的特殊性，这些特殊性正是公司法典上“有限责任公司编（或章）”的存在价值。在一部公司法典里，有限公司适用的规范来自三个部分：各类公司的通用条款，参照适用股份公司规定的条款，有限公司特殊适用的条款。

（二）我国的规定与实践

我国公司法典在结构上有自己的特色——“有限公司置于前，且股份公司参照适用有限公司的规定”。关于有限公司和股份公司的规范关系，体现在两个方面。

1. 区分规范

从《公司法》的立法结构看，有限公司规范与股份公司规范被有意地明显区分：第三章“有限责任公司的设立和组织机构”、第四章“有限责任公司的股权转让”的规定专用于有限公司，第五章“股份有限公司的设立和组织机构”、第六章“股份有限公司的股份发行和转让”的规定专用于股份公司。但由于第五章存在大量引致第三章规定的条款，可以说第三章的部分规定也适用于股份公司。

2. 通用规范

两类公司共同适用的通用规范，在《公司法》上表现为四个方面。

一是被明确规定通用于两类公司的法律规范。如《公司法》第一章、第二章、第八章到第十二章以及第十四章的绝大多数条款。

二是引致规范。如第五章“股份有限公司的设立和组织机构”有多个引致第三章“有限责任公司的设立和组织机构”规定的条款。[①]

三是显性的重复性规范。第五章有多个条款，虽不是引致条款，但与第三章的某些条款的内容实质性雷同[②]，甚至文字表述完全一样。[③] 大量重复性规范的出现，是一种立法技术不成熟的表现，导致立法资源的浪费。

四是隐性的重复性规范。也即这么一种现象，虽然法律文本上关于有限公司或者股份公司的规定没有出现重复，但在立法解释上应该作出肯定解释。一方面，由于立法技术等原因，被置于后的股份公司对于前置的有限公司的条款的引致与重复都可能是不完全的，需要立法解释予以漏洞补充。另一方面，从《公司法》的规定看，两类公司的规定之间的参照适用是单向的，也即被置于后的股份公司引致、重复前置的有限公司的规定，但反过来有限公司没有引致、重复关于股份公司的规定。问题是：有限公司是否也需要引致、重复股份公司的规定？如

---

① 参见《公司法》第 98 条、第 107 条、第 112 条、第 120 条、第 130 条第 5 款、第 131 条。

② 比对：《公司法》第 49 条第 1 款与第 97 条；第 63 条与第 114 条；第 72 条与第 122 条第 2 款；等等。

③ 比对：《公司法》第 47 条第 2 款与第 96 条第 2 款；第 58 条与第 111 条；第 68 条第 2 款前半段与第 122 条第 1 款前半段；第 73 条第 2、3、4 款与第 124 条；第 74 条第 1 款后半句与第 126 条第 1 款后半句；第 76 条第 2、4 款与第 130 条第 2、4 款；第 81 条第 2、3、4、5 款与第 132 条第 2、3、4、5 款；等等。

有，这类规范可称为反向的隐性重复性规范。

反向的隐性重复性规范。此类规范还有许多，这里仅作提示性列举。如，《公司法》第五章第 125 条第 2 款关于董事委托其他董事出席董事会的规定，可否适用于有限公司？又如，第五章第 131 条第 2 款与第三章第 79 条第 2 款之间关于监事会行权费用的承担的规定几无差别；如有（可能前者规定的更宽泛一些），则应解释为适用于有限公司。再如，第三章第 73 条第 1 款规定，有限公司“董事会的议事方式和表决程序，除本法有规定的外，由公司章程规定”，由于“本法有规定的”几乎不存在，由此引发的问题：如章程提供较详细的规定，自然不成问题；否则（绝大多数有限公司的章程事实上如此），那么可否参照适用第五章第 124 条第 1 款、第 125 条第 1 款等规定？立法解释对此似乎是肯定的。

（三）我国公司法的改革课题

关于两类公司规范的关系，《公司法》表现为截然不同的两个方面：一方面强调二者的区别，将其分别规定在严格分开的章节里；另一方面却在规范设计上反向操作，在一些绝对性区分规则上未能区分，司法实践中对一些相对性区分规则的识别与适用也不尽一致，这使得二者之间的界限有些模糊。所有的问题，大致可以总结为以下两个方面。

一是形式上的问题，“有限公司置于前，且股份公司参照适用有限公司的规定”的立法结构，有立法技术上的不合理性，造成了立法资源浪费、规范体系不完整、引致条款不完全等问题。形式上的问题导致一个后果：立法解释与规范适用上的诸多困难。

二是实质性的问题，即两类公司制度设计上的区分度不足。股份公司与有限公司具有实质性的差异，在制度设计上要贯彻区分思维。以治理结构（组织机构）为例，有限公司更类似于合伙企业，如有的法域规定有限公司变更章程、合并、解散、清算、超过法定限额的转投资、选任经理等需要全体股东一致同意，原则上股东一人一票等，这些机制几与合伙企业无异。正是这些规定，将有限公司与股份公司之间充分拉开距离。相比之下，《公司法》在制度区分方面犹有不足，每类公司的特殊性彰显不够。兹举一例，作为公司治理的关键问题——公司的权力分配，股份公司的股东会、董事会、监事会与经理的职权规定，统统参照适用有限公司的规定①的做法，已从根本上抹杀了两类公司内部治理应有的差异。

公司法的未来修订，一方面在立法结构上，似可考虑以股份公司为典型公司，以有限公司为例外，重构法典的立法结构，以股份公司为中心完备其规范体系，明确有限公司规范的引致地位，重新定位两类公司规范的适用关系；另一方面在实质性的规则设计上，要凸显两类公司制度精神上的实质性差异，拉大制度距离，保障异质的制度供给，提高每类公司制度的适应性。

重要概念提示

公司自治；股东自治；行为规范；裁判规范；强制性规范；任意性规范

理论思考

1. 以《公司法》的某个章节的所有条文为例，总结如何识别公司法上的强制性规范与任意性规范。

2. 阅读有关英国东印度公司的历史资料，分析其在世界公司发展史上的地位。

① 参见《公司法》第 112 条、第 120 条第 2 款、第 131 条。

第二编

公司的组织过程

[题述] 民法上一个正常的自然人，要经历从孕育、出生、成人、结婚、生子直至死亡的法律过程，每一个人生阶段所发生的法律关系也都有不同的内涵。与此相类似，商法上的公司也有一个类似的法律过程，从设立、成立、存续期间的组织变更到解散、清算，直至注销终止。举例来说：甲、乙、丙三人于某年1月开始设立A有限公司的活动，3月A公司成立，4月执行董事由甲变更为乙，5月增资，6月公司住所变更，7月A公司合并了B公司，8月甲股东退出公司，9月A公司解散，10月开始清算，11月清算完结，12月A公司注销终止。这就是A公司短暂而充实的“一生”。

总体算起来，各国、地区的公司平均“寿命”恐怕还远不及本国、地区居民的人均寿命。虽然法律理论上公司可以“万寿无疆”，但现实中的“百年公司”总是极少数，大多数公司总是“短命”的。公司的存续期间长也罢，短也罢，一般总要经历上述各个阶段，在每一阶段所发生的法律关系也不相同。本书第二编“公司的组织过程”就是要将公司的各个组织阶段放在同一编讲述，通过一个完整的公司组织过程制度体系的体例编排，意图让读者获得一个完整的公司组织过程的知识体系。与别的公司法教材相比，本编的体例安排可能是最“另类”的，也被作者本人不惭愧地视为最具“创新”意义。

第四章
公司设立

提 示

本章的内容异常丰富。公司设立涉及公司法上一系列基本理论问题，与民法上的法人制度和商法上的商事主体制度联系紧密，诸如公司设立行为的性质、设立中公司、先公司合同、公司设立无效之诉、公司人格、公司能力等基本概念，是学习公司法的基础理论。同时，公司设立也具有很强的实务性特征，公司设立行为、设立程序、设立方式等都属于实务操作层面的问题。本章的内容取舍的原则是：对于理论层面的问题，在重点介绍国外公司法上的基本制度原理的基础上，解读我国公司法的规定；对于实务操作层面的问题，只介绍我国的法律规定与实践。

第一节　公司设立的概念与政策

一、公司设立的概念

公司设立（incorporation），指设立人为成立公司依法所进行的一系列法律行为（即民事行为，本书在同一意义上使用这两个概念）的总称。这一定义表明公司设立具有以下两个法律特点。

1. 既是一个程序问题，也是一个实体问题。就程序而言，各国公司立法都详细规定公司设立的程序及其法律效果，强调整个设立过程的法定性；就实体而言，公司设立的目的是成立公司，即以一定的信用为基础结合成公司组织。

2. 表现为一个连续的行为过程。公司设立行为的起始日是发起人签订设立协议之日，结束日为商事登记机关予以登记或者决定不予登记之日。公司设立过程包含一系列法律行为，如订立设立协议、缴纳出资、制定公司章程、组成公司机构等。由设立行为发生的法律关系包括设立人之间、设立人与将来成立的公司之间、设立人与第三人之间的关系。

公司设立与公司成立的关系。二者之间既有区别，又有密切联系。公司设立与公司成立的关系，犹如合同订立与合同成立的关系。公司成立指发起人完成公司设立行为，经登记机关登记发给营业执照，取得公司法人资格的法律事实、法律后果。二者的联系是：公司设立是公司成立的必经程序，而公司成立是公司设立的最终目的与法律结果，连接点在于公司设立登记。二者的区别在于：(1) 性质不同。公司设立表现为一系列法律行为，公司成立则是法律行为的私法效果。(2) 效力不同。公司设立是公司成立的前提条件，只有公司成立后，发起人在设立阶段的行为后果才归属于公司。(3) 法律效果不同。实施了一定的公司设立行为，必然产生一定的私法效果，但并不必然导致公司成立。公司设立行为失败的，公司不能成立。

公司设立、设立登记与公司成立，三者的关系可以简化为一个公式：公司设立＋设立登记＝公司成立。对这一公式的解读如下。

1. 公司设立与公司设立登记。有的公司法著述认为公司设立登记是公司设立行为，这是一个误解。公司设立行为纯属私法行为，主要发生于发起人之间；公司设立登记虽然本质上也属于私法行为，但在我国实定法上被认为含有公法行为的环节或者因素（行政确认行为）。公司设立行为与设立登记的连接点是发起人的申请设立登记行为。通说认为，申请设立登记本质属于私法行为。

2. 公司成立的法律属性。公司设立登记是公司设立这一法律行为与公司成立这一法律后果的连接点；公司设立加上设立登记核准，产生公司成立的法律后果。

3. 商事登记的完成与公司成立日的界定。在我国商事登记实务中，奉行商事登记效力的合一主义，也即实行商事登记与签发营业执照“合二为一”的做法，因此也就将公司营业执照签发日当作公司成立日（《公司法》第 33 条第 1 款）。这一做法，有很大的弊端，亟须改革（进一步介绍见本书第五章第三节）。

此外，营业执照的签发与领取是两回事。简言之，从发起人申请设立登记，到登记主管机关受理申请，再到审查登记材料，最后到准予登记并同时签发营业执照，公司设立登记才告完成，公司宣告成立，同时取得法人资格与营业资格。

二、公司设立行为的性质

1. 学说

公司设立行为是法律行为，对此不存争议，但就其进一步的分类归属，学理上存在争议，多数说曾认为公司设立行为是发起人为同一目的、意思表示方向一致的法律行为。① 但该说受到质疑。

公司设立行为的四种学说评价。（1）合伙契约说。发起人签订设立协议、制定公司章程等行为应视为发起人的合伙契约。该说与法理不合：在签订设立协议与制定章程过程中，发起人的意思表示平行一致，与意思表示交错一致的契约存在差异；设立行为不限于签订设立协议、制定公司章程等行为，不能以偏概全。（2）单独行为说。认为公司设立是发起人以组织公司为目的的个别单独行为。该说与事实不合：事实上发起人之间不但具有成立公司之共同目的，而且存在合意。（3）混合行为说。认为公司设立既有单独行为的属性，又有契约行为的属性，系单独行为与契约行为之混合行为。前两个学说如不成立，此说亦谬。（4）共同行为说。该说认为，民法上依据意思表示构成的数量及表示方向的不同将法律行为分为单方法律行为与多方法律行为，后者又进一步分为双方行为（契约行为）、共同行为与决议行为，其中的共同行为就是指二人以上的意思表示系为同一目的的行为，按照这一定义，公司设立行为即属于共同行为，因为无论是一人代表为之，还是多人共同为之，都是发起人为同一目的、意思表示一致的、取得同质的预期效果（公司成立后发起人均取得股权）的法律行为。契约说乃英美法系的通说，共同行为说为不少大陆法系学者所支持。

本书不支持共同行为说，盖共同行为这一概念本身缺乏实益，科学性与价值性都存疑。本书主张，按照意思表示参与方的数量及参与方式的不同，法律行为宜分为单方行为与多方行为，后者进一步区分为契约行为（指两方或者两方以上的当事人意思表示一致的行为）与决议行为，这一分类体系没有共同行为概念的存在必要。② 具体到公司设立行为的定性，共同行为

① 施启扬. 民法总则. 增订 7 版. 台北：三民书局，1996：200.

② 谢怀栻. 民法总则讲要. 北京：北京大学出版社，2007：129－131；寇志新. 民法总论. 北京：中国政法大学出版社，2000：193.

说的解释既不周延，更与各国实定法的规定不符。实际上，由于公司设立包含了一系列不同属性的行为，谋求统一界定公司设立行为的法律属性的做法，都将面临不周延的危险。实事求是的态度应该是，就单个的设立行为作具体的解释。比如，由于一人公司的股东只有一人，其设立行为确系单独行为、单方行为。再比如，募集设立股份公司的，认股人认购股份的行为属性，早期学说曾有争议①，现通说认为属于契约行为②，即向设立中公司入股的契约。

2. 我国公司法的规定

在我国，关于公司设立行为的性质，可以从《公司法》的规定中一窥其详，择其要者如下。

(1) 关于发起人协议之签署。有限公司、股份公司之设立，事实上均需要发起人之间订立发起人协议（设立协议），《公司法》第 43 条规定有限公司设立时的股东可以签订设立协议，第 93 条规定股份公司发起人应当签订发起人协议。发起人协议需要全体发起人达成意思表示一致后签署之，属于契约行为。当然，并无复数股东的一人公司与国有独资公司不需要发起人协议。

(2) 关于章程之制定。有限公司的章程由公司设立时的股东共同制定，属于契约行为（《公司法》第 45 条）。股份公司的章程，首先要由全体发起人制订（第 94 条），也即起草草案，后由成立大会之相对多数表决通过，不需要全体与会人（发起人、认股人）的意思一致，故属于决议行为（第 104 条）。国有独资公司章程由履行出资人职责的机构制定（第 171 条），属于单独行为、单方行为。

(3) 认股。有限公司、股份公司的发起人认股，属于发起人协议的内容之一，自然属于契约行为。募集设立股份公司的认股人认股的，需要签订认股书，亦属于契约行为（《公司法》第 100 条）。

正确界定公司设立行为的法律属性，对于公司设立失败、公司设立无效的法律后果与法律责任的立法规范具有基础性意义。比如，公司设立失败或者由于发起人的过错致使公司成立后受有损失的，全体发起人承担共同责任（《公司法》第 44 条、第 105 条），其法理基础恰在于公司设立行为的契约性。

三、公司设立的法律政策

（一）历史沿革

公司设立的法律政策，即公司设立的基本依据和方式。在世界范围内，随着公司的不断发展演变，公司设立的法律政策经历了一个从自由主义到特许主义，进而到核准主义，最后到准则主义的历史过程。

1. 自由主义，又称放任主义，指是否设立公司、设立何种公司、怎样设立公司等事宜完全由当事人自由为之，法律不予干涉。自由主义产生于近代公司萌芽时期，适用于合伙和无限公司。自由主义下的公司设立过程随便，与合伙企业的界限难以分辨，难免造成公司滥设的恶果。后来各国公司法很少采用之。

2. 特许主义，指公司的设立必须经过国家元首特别许可或者立法机关颁发特别法令许可，体现了国王的王权和议会的权威。这一政策盛行于 17 世纪至 19 世纪的英国，如英国东印度公司就是国王特许设立的“特许公司”（charted company）；早期经营运河、船坞、铁路、电力、

---

① 柯芳枝. 公司法论. 增订 5 版. 台北：三民书局，2002：167 - 168.

② 王文宇. 公司法论. 台北：元照出版公司，2006：212.

煤气和自来水等的公司，则是经过国会的特别法案特许成立的“法定公司”（statutory company）。特许主义旨在纠正自由主义带来的公司滥设，但矫枉过正，导致对公司设立过度管制，使设立公司成为一项特权。所以，近代公司法只对个别公司采特许主义。

3. 核准主义，又称许可设立主义，指公司的设立除具备法定条件外，还需经过政府主管部门的核准，否则不得成立。这种制度首创于1673年法国路易十四颁布的《陆上商事条例》，1807年《法国商法典》与1861年《德国商法典》都曾经采用，并扩展到其他国家。如果说特许主义赋予王室、权力机关在公司设立上的特权，核准主义则是赋予行政机关特权。由国家行政机关干预公司设立，也带来规制过于严厉、权力寻租之弊，与自由市场经济不合。所以，只有一些国家公司法保留适用于银行等金融行业。

4. 单纯准则主义，指法律预先设定公司设立的简单条件，公司的设立只要符合这些条件即可申请取得法人资格，无须事先核准。单纯准则主义是为纠正核准主义之弊而生，为英国《1862年公司法》首创，其适应了当时自由资本主义经济发展的需要，具有划时代的意义，迅即被许多国家采用。西方国家公司法普遍采取这一政策，尤以美国最为典型。在美国大多数州的公司法上，公司设立人向州务卿（secretary of state）递交经设立人签署的公司章程即获得州务卿的受理，即可设立公司，州务卿只从形式上审查所递交的公司章程是否按照要求进行了正确的填写，而所要求填写的内容也很简单。

5. 严格准则主义。单纯准则主义对公司设立的要求较为宽松，近几十年来不少国家为了防止公司设立过滥，加强对公司设立行为的监督，实行严格准则主义，以纠正单纯准则主义过于放任之弊。与单纯准则主义相比，严格准则主义的“严格性”体现在两个方面：严格公司设立的法定条件，加重设立人的法律责任；加强司法机关与行政机关对公司设立的监督。严格准则主义既无特许主义与核准主义之烦琐，又避免了自由主义与单纯准则主义疏于监管之弊，所以被越来越多的公司法采用。

（二）我国的规定与实践

我国长期对法人企业的设立实行宽泛的核准主义，体现为垄断性的企业设立前置审批制度与过多的特殊营业行政许可制度。这一制度设计与市场经济体制之间的冲突频生：行政干预过多，政企不分，地区、部门的行政垄断与不公平竞争严重；设立成本高昂与效率低下并存，立法改革势在必行。

2003年《行政许可法》的颁布，为解决这一问题奠定了公法基础。2005年、2013年、2018年公司法修正案，以及国务院自2003年启动的行政审批制度改革，深刻地改变了原有的立法格局。《公司法》第29条规定：“设立公司，应当依法向公司登记机关申请设立登记。法律、行政法规规定设立公司必须报经批准的，应当在公司登记前依法办理批准手续。”第31条规定：“申请设立公司，符合本法规定的设立条件的，由公司登记机关分别登记为有限责任公司或者股份有限公司；不符合本法规定的设立条件的，不得登记为有限责任公司或者股份有限公司。”《民法典》第58条规定：“法人应当依法成立。法人应当有自己的名称、组织机构、住所、财产或者经费。法人成立的具体条件和程序，依照法律、行政法规的规定。设立法人，法律、行政法规规定须经有关机关批准的，依照其规定。”我国现行的企业设立政策，可以定性为普通行业的严格准则主义与特殊行业的核准主义，具体包括三类情况。

1. 设立普通公司，适用严格准则主义，只要符合法定的条件与程序，就可直接向登记机关申请设立登记，无须事前审批程序。

2. 法律、行政法规与国务院决定的特殊行业，适用核准主义，也即行业准入的主体资格事前审批制度，申请人申请公司设立登记前需要取得主管机关的行政审批手续。目前，特殊行业基本集中在商业银行、信托、保险与证券等金融行业。

3. 普通公司成立后的经营涉足某项（些）特殊营业许可的，现行法实行的政策是要求公司设立前先取得行政许可，再申请公司设立或开展营业，也即通常所说的“先证后照”。这一做法与市场经济要求背道而驰。此类行政许可应该被设计为公司成立后的后置审批程序，也即应该推行“先照后证”，且此类许可应该大规模减少到最低限度。目前国务院正在进行的行政审批改革的着力点正在于此。

第二节　公司设立的具体制度

一、设立方式

（一）概念

大陆法系公司法的公司设立方式主要分为发起设立和募集设立。在英美法系公司法中，公司成立前不要求发起人认购股份，也不允许公开发行股份，只有在公司成立后，才允许以公司名义发行股票，筹集公司资本，公司设立仅需履行一般性注册手续，因此不存在发起设立和募集设立的概念。

1. 发起设立

发起设立又称共同设立、单纯设立，是由发起人认足全部注册资本额的设立方式。发起设立方式可以有效缩短公司设立周期，减少设立费用，降低设立成本，适合中小公司。如果所需资本额较大，发起人又难以认足，则无法采用这一方式。发起设立理论上可以适用于任何类型公司，但无限公司、两合公司、有限公司因具有封闭性，所以只能选择发起设立；股份公司、股份两合公司可以选择发起设立。但德国等个别国家的公司法未规定募集设立，仅允许发起设立股份公司。

2. 募集设立

募集设立也称渐次设立、复杂设立，指由发起人认购公司发行股份的一部分，其余股份向社会公开募集或者向特定对象募集而设立公司。募集设立公司自成立时起，其股东就由发起人与认股人（社会公众或者特定募集对象）组成。如前所述，理论上只有股份公司、股份两合公司可以采用募集设立方式。

募集设立可以向社会公众或者特定对象募集更多的资金，缓解发起人的出资压力，在广泛地募集社会资金方面，具有发起设立所不可比拟的优势。其弊端在于：设立程序复杂，成本较高，风险较大，受到更多的政府监管；发起人只认购少量股份，向社会公众溢价发行股票，易于形成设立公司的利润，容易滋生公司设立骗局或者投机，危害公众投资安全。

（二）我国的规定与实践

1. 关于发起设立

我国公司法没有明确规定有限公司的设立方式，但很显然，有限公司只能采取发起设立方式。《公司法》第 91 条规定，股份公司可以采取发起设立或者募集设立的方式。

对于发起设立的发起人所认购股份是否须在公司成立时足额缴纳出资额的问题，各国规定不尽一致，但多数国家区分认购与缴纳行为，要求全部认购，但允许分期缴纳出资额，甚至允许分次认购股份，如法国、日本。我国 1993 年《公司法》实行严格的法定资本制，严禁分期缴纳出资额，因而发起设立对股份公司难以适用。1998 年 8 月和 1999 年 2 月，中国证监会曾发文否定了“募集设立”方式，这使得发起设立一度成为股份公司的唯一设立方式。2005 年修订案曾允许有限公司、发起设立股份公司的股东分期缴纳认缴出资；2013 年修正案规定除法律特别规定的公司以外，绝大多数公司采注册资本认缴制，分期缴纳更不成问题；2023 年修订案则规定有限公司改采限期认缴制，对于股份公司则采实缴制。

2. 关于募集设立

（1）一般规定。针对募集设立的上述弊端，各国公司法多采取措施加以限制，常见措施是要求募集设立的发起人认购的股份额达到一定的比例。这样，一则一定程度上遏制发起人的投机与欺诈行为，二则保证股份公司的公众性。《公司法》第 97 条第 2 款规定，募集设立股份公司的，发起人认购的股份不得少于公司股份总数的 35%，除非法律、行政法规另有规定。这一规定的特点有二：只要全体发起人认购的股份达到法定最低比例即可，不对单个发起人的认购额度作要求；最低比例限制要求不失灵活性，允许法律、行政法规作出另外规定。另依《公司法》第 101 条的规定，发起人的出资需要经过验资程序。

（2）定向募集的实践。1993 年《公司法》第 74 条定义的股份公司募集设立仅指公开募集，现行法规定包括公开募集与定向募集。公开募集，指公司发行的股份除由发起人认购外，其余股份应向社会公开发行；定向募集，指公司发行的股份除由发起人认购外，其余股份向特定对象（社会个人、法人或者公司职工）发行。《证券法》第 9 条规定，向特定对象发行股票累计超过 200 人的，为公开发行。《公司法》第 92 条规定，股份公司的发起人不得超过 200 人。依此，定向募集的特定对象以累计 200 人为上限，累计超过 200 人的即为公开募集，受证券法调整。

二、设立条件

公司设立的条件，是公司法规制公司设立行为的主要体现。各国公司法对此都有详细规定。在我国依照现行《公司法》《市场主体登记管理条例》等规定，有限公司、股份公司的设立条件大同小异，主要包括以下几个方面。

1. 主体条件。就有限公司的人数要求而言，《公司法》第 42 条规定：“有限责任公司由一个以上五十个以下股东出资设立。”由该规定可以看出，我国对有限公司的股东人数的上限作了严格限定，即不超过 50 人。有限公司虽以资本联合为基础，但同时也具有封闭的性质。因此，股东数量也应有所限定，以便于公司在进行重大的经营决策时，能够协调一致。就股份公司的人数要求而言，《公司法》第 92 条规定，“设立股份有限公司，应当有一人以上二百人以下为发起人，其中应当有半数以上的发起人在中华人民共和国境内有住所”。此处规定上限是为了严格区分发起设立与募集设立。因为发起设立与募集设立适用的法律不同，发起人过多的，其设立已经具有公众性，不应再适用发起设立的规定；为规范发起设立行为，严格规定发起人的人数上限。此处的 200 人是一个经验性数据。

2. 资本条件。资本条件主要表现为对注册资本的要求。如有些公司法规定最低注册资本额，可借以提高公司设立门槛，防止滥设公司。当然，现在各国公司法基本上取消了资合公司的最低资本额的要求，我国自 2013 年修订《公司法》以来基本上取消这一要求，现仅对金融等个别行业提出最低资本额的要求。2023 年《公司法》修订后第 47 条规定：“有限责任公司的注册资本为在公司登记机关登记的全体股东认缴的出资额。全体股东认缴的出资额由股东按照公司章程的规定自公司成立之日起五年内缴足。法律、行政法规以及国务院决定对有限责任公司注册资本实缴、注册资本最低限额、股东出资期限另有规定的，从其规定。”本条的横空出世，意味着有限公司股东出资制度发生了重大变化，通过设立认缴出资额的全体股东从公司成立之日起的5年缴足期限，有限公司由2013年修法确立的股东认缴制改为限期认缴制。

3. 组织条件。组织条件实际上均为公司章程的绝对必要记载事项，对公司成立与营业活动有重要影响。包括以下几项。

(1) 公司名称。大多数公司法要求公司名称必须包含标明公司性质的文字，如corporation，incorporation，Inc.，Co. 或者类似文字。《公司法》第7条规定："依照本法设立的有限责任公司，应当在公司名称中标明有限责任公司或者有限公司字样。依照本法设立的股份有限公司，应当在公司名称中标明股份有限公司或者股份公司字样"。

(2) 住所。《公司法》第8条规定，"公司以其主要办事机构所在地为住所"，故公司只能有一个住所。

(3) 依法制定公司章程。有限公司章程由全体股东制定；发起设立股份公司章程由发起人共同制订；募集设立股份公司章程由发起人制订，经成立大会通过。

(4) 建立符合法定要求的组织机构。此处的组织机构是指公司的必设机构。

三、设立程序

除一人公司、国有独资公司外，有限公司、股份公司的设立程序按照公司分类以及每一个步骤的前后逻辑顺序，分别简述如下。

(一) 有限公司

1. 签订发起人协议。《公司法》第43条规定，复数股东可以签订发起人协议，明确各自在公司设立中的权利义务，包括每个股东的认缴出资额。需要指出，即便发起人之间未签署书面的发起人协议或者达成口头的发起人协议，但只要从事设立行为，事实上的发起人协议法律关系在各个股东之间总是存在的。

2. 制定公司章程、认购出资。由全体股东共同制定（不是制订）公司章程并签名、盖章。章程内容包括股东的出资额与组织机构（《公司法》第46条）。所以，认购出资在此时应该已经完成。首届组织机构的组建也可能在此时完成。

3. 申报名称核准。依《市场主体登记管理条例》第10条规定，公司名称由申请人依法自主申报。

4. 必要的行政核准。依《公司法》第29条第2款规定，对于法律、行政法规规定必须报经事先行政许可才能设立的某些特殊行业如金融行业公司，须在申请设立登记前依法办理批准手续。

5. 缴纳出资。在认缴制下，股东自然可以选择一次性缴纳也可以分期缴纳出资。依《公司法》第49条，股东应当按期足额缴纳章程规定的各自认缴的出资额，以货币出资的，应当将货币存入公司在银行开设的账户；以非货币财产出资的，应当办理有关出资财产权的转移手续。

6. 组建组织机构。首届公司组织机构的组建至迟在此时完成。

7. 申请设立登记。依《公司法》第30条规定，申请设立公司，应当提交设立登记申请书、公司章程等文件，提交的相关材料应当真实、合法和有效。申请材料不齐全或者不符合法定形式的，公司登记机关应当一次性告知需要补正的材料。

8. 予以登记。公司登记机关依法受理设立申请后，对申报材料依法进行形式审查，对于认为必要的材料可以进行实质审查。对于符合设立条件的，予以设立登记，签发公司营业执照，公司即告成立；对于不符合法定设立条件的，不予登记。申请人如对不予登记的决定不服，可以提起行政诉讼。营业执照的签发日为公司成立日。按照现行法的登记合一主义模式，公司自成立日起同时取得法人资格与营业资格，可以刻制印章，开立银行账户，申请纳税登记，以公司名义对外营业。

（二）股份公司

股份公司的发起设立和募集设立的程序基本相同，只是后者中的公开募集方式还有关于向社会公开募集股份的特别程序。

1. 签订发起人协议。股份公司的设立主要依赖于发起人的发起行为，故必须签订发起人协议。

2. 制订公司章程、发起人认购股份。先由全体发起人制订公司章程，而后将制订的章程草案提交成立大会审议，经出席会议的认股人所持表决权过半数通过。至于股份的认购程序，因设立方式的不同而有所不同。发起设立的，发起人书面认足公司章程规定的股份；募集设立的，发起人认购的股份不少于股份总数的35%，除非法律、行政法规另有规定。

3. 申请名称预先核准（与有限公司同）。

4. 可能的行政核准（指法律、行政法规规定设立公司须报经批准的情形，此点与有限公司同）。

5. 公开募集股份。这是公开募集设立的独特程序，发起设立与定向募集没有这一程序。因为公开募集股份涉及社会公众利益，法律规定了严格的程序要求。具体包括以下环节。

（1）公开发行股票的注册。设立股份公司公开发行股票，应当符合法定条件，向国务院证券监督管理机构报送募股申请和法定文件。公开发行证券，必须符合法定条件并依法报经国务院证券监督管理机构或者国务院授权的部门注册。国务院证券监督管理机构或者国务院授权的部门依照法定条件负责证券发行申请的注册，具体办法由国务院规定。按照国务院的规定，证券交易所等可以审核公开发行证券申请，判断发行人是否符合发行条件、信息披露要求，督促发行人完善信息披露内容（《证券法》第9、11、21条）。

（2）公告招股说明书、制作认股书。发起人公开募集股份，必须公告招股说明书并制作认股书（《公司法》第100条）。

（3）签订承销与代收股款协议。即与证券公司签订承销协议，由其承销股票（《公司法》第155条）；同银行签订代收股款协议，由银行代收和保存股款（《公司法》第156条）。

6. 首次缴纳出资及验资。发起设立的，发起人按照认购股份缴纳股款，可以一次性也可以分期缴纳，办理有关出资财产权转移手续，但无须验资程序（《公司法》第98条）。募集设立的，发起人按照章程认购的股份缴纳股款或者交付抵作股款的出资，后者还要办理有关出资财产权转移手续；认股人按照认股书认购的股份缴纳股款，且只能以货币形式出资。在发行股份的股款缴足后，必须经法定的验资机构验资并出具证明（《公司法》第101条）。

7. 召开公司成立大会。这是募集设立（包括公开募集与定向募集）方式的独特程序，发起设立没有这一程序。募集设立股份公司所发行股份的股款缴足之日起30日内，发起人应该主持召开公司成立大会，成立大会由发起人、认股人组成。发行的股份超过招股说明书规定的截止期限尚未募足的，或者发行股份的股款缴足后发起人在30日内未召开成立大会的，认股人可以按照所缴股款并加算银行同期存款利息，要求发起人返还。在此情形下，募集设立股份公司的设立失败，公司不得成立。

发起人应当在成立大会召开15日前将会议日期通知各认股人或者予以公告。成立大会应有代表股份总数过半数的发起人、认股人出席，方可举行。成立大会作出决议，必须经出席会议的认股人所持表决权的过半数通过。成立大会行使的职权包括：审议发起人关于公司筹办情况的报告；通过公司章程；选举董事、监事；对公司的设立费用进行审核；对发起人非货币资产出资的作价进行审核；发生不可抗力或者经营条件发生重大变化直接影响公司设立的，可以作出不设立公司的决议。

8. 组建组织机构。依《公司法》第104条规定，募集设立的，在完成股份的募集之后召开的成立大会选举公司的董事、监事。与有限公司一样，对于发起人按照什么程序、以什么方式选举发起设立股份公司的董事、监事，《公司法》未明确规定，学理上值得研究。

9. 申请设立登记。股份公司的设立登记申请由首届董事会负责，具体环节与有限公司的相同，但申报文件的内容不同（《公司法》第30、106条）。

10. 登记机关予以核准登记，签发营业执照，公司成立（与有限公司同）。

第三节 发起人与设立中公司

一、发起人

（一）定义

发起人身份的确定具有重要的意义，尤其是涉及发起人的责任承担时。在各国公司法上，发起人的含义不尽相同。根据我国此前的司法解释可知，发起人是指为设立公司而签署公司章程，向公司认购出资或者股份并履行公司设立职责的人。这一定义表明认定发起人的要件有三。

1. 须认购公司的出资或者股份。有限公司与发起设立股份公司由发起人认购全部出资或者股份，募集设立股份公司由发起人认购不低于法定比例的股份。

2. 参与公司设立行为、履行公司设立职责。对这一要件要作灵活理解。公司实务中认定的发起人有两种情形：形式上的发起人，是指在公司章程上签名的人，至于事实上是否曾参与公司之设立，在所不问；实质上的发起人，指实际从事公司设立行为的人。应该兼从形式和实质两方面来确定发起人的身份：凡在公司章程上签名的人即可被推定为发起人，因为发起人的姓名或者名称是公司章程的必要记载事项。依反对解释，未在公司章程署名者，一般不认定为发起人，但如有证据表明其确实以发起人身份实际参与公司设立的，也可以确认其发起人身份。

3. 承担公司设立的法律责任。发起人是承担公司设立法律责任的基本主体。

有限公司的发起人。我国《公司法》将从事股份公司设立活动的行为人称为“发起人”，却将从事有限公司设立活动的行为人称为“公司设立时的股东”。严格来说，这一立法用语是非常不妥当的。因为股东是与公司相对应的概念，不存在没有股东的公司，反之亦然。而且，一旦公司设立失败，发起人不能取得股东的身份。股东的概念只存在于公司成立之后，在公司设立阶段时就以“股东”来称呼其设立人，暴露出立法用语与概念指称的混乱。有鉴于此，最高人民法院的司法解释对发起人进行了必要的扩张解释，将“有限责任公司设立时的股东”囊括其中。借此，不仅实现了概念的统一与精确，更有直接的法律意义：在立法解释上，公司法关于股份公司发起人的权利、义务与责任等方面的规定，同样适用于有限公司“发起人”。本书使用的“发起人”概念，统一用于指称在有限公司、股份公司设立阶段从事设立活动的行为人。

（二）人数与资格

1. 人数限制。大陆法系国家多有发起人的人数限制，英美法系则相反。我国没有规定有限公司的发起人人数，原因是有限公司确定了股东人数，其发起人由将来的股东直接充任，由此可理解为不得超过50人。对于股份公司，《公司法》第92条规定应当是1人以上200人以下。

2. 资格要求。《公司法》对发起人的唯一资格要求，就是《公司法》第92条规定的股份公司的发起人中有一半以上“在中华人民共和国境内有住所”。这一限制在其他国家公司法上也常见，立法理由是：有利于管理机关对发起人设立行为的监督；一定程度上减少和防止设立欺诈的发生。关于发起人为自然人时是否必须具有完全行为能力，立法未予明文规定，通说持肯定立场。当然，无行为能力人、限制行为能力人不宜作为公司发起人，并不妨碍其成为公司股东。无行为能力人、限制行为能力人可以通过多种渠道成为公司股东，包括由其法定代理人代理认购公司股份。

（三）法律地位

公司设立活动会发生一系列法律关系，发起人在其中处于不同的法律地位，但主要的法律关系有二：一是发起人与设立中公司的关系，二是发起人彼此之间的关系。

1. 发起人与设立中公司的关系。对此，主要有无因管理说、为第三人利益合同说、设立中公司之机关说、当然承继说等学说，其中，设立中公司之机关说是大陆法系公司法的通说，对此可以从两个角度分别认识：发起人作为一个整体，是设立中公司的意思机关与执行机关；发起人作为个人，乃意思机关与执行机关之成员，称为公司设立行为人。但严格说来，发起人作为一个整体并非在整个设立阶段都是设立中公司之机关。以首届董事会成立为界，可以将设立过程分为两个阶段：在前一阶段，发起人作为一个整体是设立中公司之机关，作为个人是设立行为人；在后一阶段，公司设立事务由首届董事会负责组织实施，但发起人个人作为设立行为人的法律地位仍然存在，如果公司不能成立，由此发生的债务并不是由首届董事承担，而是由发起人承担。

我国学理通说认同发起人乃设立中公司之机关说，所以司法解释曾规定，有股东在公司设立阶段存在瑕疵出资行为的，公司、公司其他股东以及债权人得请求发起人与被告股东承担相应的连带责任，这一责任，与公司成立后公司的董事、高级管理人员承担的责任并无不同。这表明发起人作为设立中公司的机关对于设立中公司承担的诚信义务，与董事、高级管理人员（以下简称“高管”）作为公司的机关对于公司承担的诚信义务是同质的。

2. 发起人之间的关系。在英美公司法上，发起人之间存在信托关系（fiduciary relationship）①，在大陆法系公司法，发起人之间视同一种合伙关系，受发起人协议这一合伙契约的拘束，相互之间由于公司设立事务而发生的纠纷按照合同纠纷来解决。我国公司法也认为，发起人的外部法律责任比照合伙关系来处理。比如此前司法解释曾规定，确认全体、部分发起人对于设立行为所产生的责任承担连带清偿责任。一般认为，一旦公司成立，这种合伙关系即告终结。

发起人合伙关系说的局限。就解决发起人外部的法律责任而言，合伙关系说似乎提供了有力的解释，但是究竟发起人之间是否就是合伙关系则不无疑问。至少，用于发起人内部之间的关系解决，合伙关系说是缺乏解释力的。比如有一则实务案例是，甲、乙两家公司订立设立协议约定共同出资20亿元设立一家证券有限公司，分别出资10亿元，其中甲公司出资10亿元现金，乙公司则以一处国有土地使用权作价10亿元出资。在经过长达3年多的设立努力之后，证券公司的牌照未获有司批准，设立失败。甲、乙公司对于已经花费的设立费用均摊并无异议，但此时乙公司计划用于出资的土地使用权价值升为40亿元左右，甲公司提出，应该将自己出资的10亿元现金与乙公司的价值40亿元的土地使用权放在一起，两方均分；乙公司则认

① 苗壮. 美国公司法：制度与判例. 北京：法律出版社，2007：37.

为，应该谁家的孩子谁抱回。对此纠纷的解决，如循合伙关系说，能否得到合理的解决不无疑问。

（四）职权与权利

1. 职权。表现为发起人享有公司设立业务执行权。依《公司法》第93条等的规定，具体包括：(1) 制订公司章程；(2) 办理申请成立公司的有关前期手续；(3) 办理公开募集股份事务，包括制作招股说明书与认股书、签订承销协议与代收股款协议等；(4) 主持召开公司成立大会，包括发出会议通知或者予以公告。发起人行使公司设立业务执行权的方式，适用合伙规则，可以由发起人单独行使，也可以由发起人作为一个整体共同行使。

2. 权利。与职权相对应，发起人基于发起人身份享有一系列私法上的权利：(1) 费用返还请求权，即发起人从事设立公司行为而垫付的费用，可以要求公司成立后予以返还。(2) 劳务报酬支付请求权，即发起人就其从事设立行为要求公司成立后给予报酬。发起人是否享有报酬支付请求权，取决于发起人协议是否有约定，或者是否由成立大会决议通过。(3) 非货币出资的"特权"。发起人可以货币出资，也可以非货币出资，但募集设立股份公司的认股人只能以货币出资。(4) 公司成立大会的主持与出席权。

（五）诚信义务与设立法律责任

1. 英美法系上的诚信义务

在英美公司法上，发起人负有诚信义务（fiduciary duty)，义务对象包括其他发起人、设立中公司、将来公司、认股人等。具体而言。

(1) 发起人之间的诚信义务。发起人之间属于合伙关系，依合伙规则相互承担诚信义务，任何发起人违反了诚信义务，都应当对其他发起人承担赔偿责任。

举例：A是公司共同发起人之一，为设立公司之目的负责购置一处将来公司办公所需的房产。后公司不能成立，A将该房产私下转售给第三人，谋取差价若干。于此，A违反了对其他发起人的诚信义务，应向其他发起人承担违反诚信义务的责任，因为其他发起人也有权分享该"秘密利润"(secret profits)。

(2) 对设立中公司及将来公司（future corporation）的诚信义务，包括注意义务与忠实义务。具体表现为：发起人从事设立行为时不得利用职权谋取私利，不得有欺骗或玩忽职守的行为；不得篡夺将来公司的商业机会；不得利用自己的地位与设立中公司进行不公平交易；发起人在设立阶段以公司名义取得的权利或者利益，在公司成立后有义务将其转移给公司。发起人违反诚信义务的，应当承担违信责任。

(3) 对认股人的诚信义务。主要体现为发起人在设立公司尤其发行股份活动中，不得有欺诈，否则，认股人因此受到损失的，发起人应承担赔偿责任。

2. 大陆法系上的设立法律责任

大陆法系不使用发起人诚信义务这一术语，但其关于发起人的法律责任的规定和英美法系是基本一致的，即发起人的设立行为给设立中公司、成立后的公司、认股人造成损害的，应当承担相应的法律责任。关于公司设立法律责任的承担，如公司设立失败，发起人承担因公司设立行为所生的债务、费用等法律责任。如公司成功设立，因设立行为所生债务、费用等自然由成立后的公司承担。但在公司设立过程中，由于发起人的过错致使成立后的公司利益受到损害的，发起人应当对公司承担损害赔偿责任。

3. 我国的规定与实践

依据《民法典》第75条、《公司法》第44条、第105条、第107条等规定，发起人因从事公司设立行为而可能发生的法律责任有五个方面。

（1）公司因故不能成立时，第三人可以就设立行为所产生的债务和费用请求全体或者部分发起人承担连带责任。具言之，发起人为设立公司从事的民事活动的法律后果，在公司成立后原则上自然由公司承受，但对于发起人为设立公司以自己的名义从事民事活动产生的民事责任，第三人仍然有权选择请求由公司或者设立人承担；公司未成立的，其法律后果自然由发起人承受，发起人为二人以上的，享有连带债权，承担连带债务。

实际上，即使在公司如愿成立后，公司有合法理由对其被设立过程中设立行为所生债务、费用不予认可的，最终也要由发起人共同承担。此处的部分发起人承担责任后，请求其他发起人分担的，法院应当判令其他发起人按照约定的责任承担比例分担责任；没有约定责任承担比例的，按照约定的出资比例分担责任；没有约定出资比例的，按照均等份额分担责任。因部分发起人的过错导致公司未成立，其他发起人主张其承担设立行为所产生的费用和债务的，法院应当根据过错情况确定过错一方的责任范围。

（2）在募集设立股份公司不能成立时，对认股人已缴纳的股款，负返还股款并加算银行同期存款利息的连带责任。这一责任仅适用于募集设立场合，设置连带责任的目的在于建立威慑的株连机制，增大发起人合谋欺诈认股人的成本。

（3）在公司设立过程中，由于发起人的过失致使公司利益受到损害的，发起人应当对公司承担赔偿责任。

（4）发起人因履行公司设立职责造成他人损害的，公司成立后受害人可以请求公司承担侵权赔偿责任；公司未成立，受害人则可以请求全体发起人承担连带赔偿责任。公司或者无过错的发起人承担赔偿责任后，可以向有过错的发起人追偿。

（5）在公司设立阶段如有发起人股东对于公司设立时的实缴出资额构成瑕疵出资，表明其他发起人也有过错，即未尽对于设立中公司的信义义务，需要对该出资额承担连带责任，也即实缴部分瑕疵出资的担保责任；发起人承担责任后，可以向瑕疵出资的发起人股东追偿。

以上五项责任中，前两项责任以公司设立失败为前提，属于无过错责任，第三项责任以公司成立为前提，属于过错责任。第四项责任属于“职务侵权责任”，区分公司成立与否而决定责任主体有所不同。第五项责任则属于发起人这一特殊群体违反对设立中公司的信义义务时所承担的责任。

基于发起人的特殊地位，《公司法》还对其设定一些特别限制，如转让股份的限制（第160条），这些限制与发起人的身份直接相关，但与公司设立行为无关，此处不赘述。

二、发起人协议

发起人协议（pre-incorporating agreement，agreements to form corporations），又称设立协议、发起协议，是由发起人之间订立的有关公司设立的权利义务关系的协议。

在我国公司法上，发起人协议虽非法定的公司设立条件之一，但在公司设立阶段具有重要意义。关于发起人协议的对人效力，因其本质上是一种合伙性质的协议，由合同效力的相对性所决定，只能及于订立协议的当事人，不能也不应当涉及公司成立后的公司以及后来加入的其他股东。在时间效力上，发起人协议既然是为设立公司而订立，那么其效力只能限于公司设立阶段，公司成立即意味着协议因其目的获得实现而终止。那么，发起人协议是否对成立后的公司绝对没有效力？一般情形下，发起人协议的相关内容大多数为公司章程、细则所吸收，但也有个别条款没有写进这些公司文件，这就涉及发起人协议的后续效力（survivability of agreement），即没有写进公司文件的条款在公司成立后是否继续有效（survive the formation of the corporation）。一般认为，发起人协议对成立后的公司不再发生拘束力，除非有明确的条款规定，且得到公司明示承认或者与股东签订单独的协议才继续发生拘束力。

三、设立中公司

（一）概念

从发起人订立发起人协议开始，到准予登记成立公司，有一个或短或长的期间，对于募集设立股份公司而言，更是一个渐次生成的复杂过程。在此期间，公司虽未成立，但随着公司的逐渐“成型”，会出现一个有一定的财产基础、有一定的成员、有一定的意思能力的实体，该实体即为理论上所称的“设立中公司”（corporation to be formed）。

设立中公司的存在期间原则上自发起人订立发起人协议时起算，有限公司发起人未订立发起人协议的，自发起人从事类似订立发起人协议的行为之时起算。公司成立的，设立中公司的存在期间止于公司成立；设立失败的，虽然法律未要求设立中公司进行清算，但发起人要对设立债务、费用等承担责任，所以在发起人之间存在着类似清算的程序，设立中公司止于该类似清算的程序结束之时。

（二）法律地位

关于设立中公司与将来公司之关系，理论界提出了多种学说，如无因管理说、第三人利益说、代理说、继承说、归属说、必然延续说、同一体说等。同一体说为通说，认为二者实质属于同一体，犹如胎儿与自然人之关系，不应作截然不同之理解。据此，设立中公司犹如出生前的胎儿，又被形象化为“胎儿公司”。与胎儿相同的是，设立中公司没有独立人格，都有可能中途夭折；与胎儿不同的是，设立中公司已经具备某些主体性特征。

设立中公司没有法人资格，没有争议；但能否作为独立的法律主体，则存在争议。这一问题学界存在无权利能力社团说、合伙说、折中说、非法人团体说等多种学说，其中，无权利能力社团说、非法人团体说是有力说。纯粹从法理思辨和抽象逻辑的角度看，这两种学说各有道理，也各有缺陷；但从立法角度看，既有的法律主体概念都不能解释设立中公司的性质。无权利能力社团说能够解释设立中公司的非持续性、非终局性的性质，但问题在于我国法律没有无权利能力社团概念，只有与非法人团体类似的概念，即“其他组织”，所以非法人团体说在我国实务界更有市场。

非法人团体说。非法人团体的概念相当于我国立法上的非法人组织，学理上认为这三个概念是一回事。非法人团体在我国法律上的地位可用两句话总结：不是法人；是独立的民事主体、民事诉讼主体。其基本特征为：依照法定程序成立；有一定的财产或经费；有自己的名称、组织机构和场所；不具有独立承担民事责任的能力；具有一定稳定性的组织体。将设立中公司与非法人团体的特点对照，二者之间的确具有诸多相同之处，但重大区别在于：设立中公司在程序上未经合法登记成立，仅为一种过渡性的组织体。因此，也不能将二者简单等同。

明确设立中公司法律地位的意义在于：区分发起人与设立中公司是不同的法律主体，明确设立中公司的权利、义务的归属，明确设立中公司的能力范围，明确设立责任的承担者。

四、先公司合同

在我国，凡是在公司成立后以公司名义进行的交易均属于公司交易，由公司享有合同权利、承担合同义务。但在公司设立过程中，发起人可能需要发生一些交易行为，由于这些交易发生在公司成立之前，因而称为先公司交易（pre-incorporation transactions），表现为先公司合同。这些合同，有的以设立中公司之名义签订，有的以将来公司之名义签订，有的以发起人之名义签订；就合同内容而言，有的是设立公司的必要行为，有的是营业行为。因此，如何处理先公司合同，是研究设立中公司法律地位的核心问题。

首先，立法与司法实践都绝对禁止在公司设立阶段以“公司”名义为任何行为。《公司法》第259条规定：“未依法登记为有限责任公司或者股份有限公司，而冒用有限责任公司或者股份有限公司名义的，或者未依法登记为有限责任公司或者股份有限公司的分公司，而冒用有限责任公司或者股份有限公司的分公司名义的，由公司登记机关责令改正或者予以取缔，可以并处十万元以下的罚款。”这是关于此类行为的行政处罚的规定。在救济手段上，该规定首选“责令改正”，至于改正的方式，在私法上，可以解释为将“拟成立之公司名义”改正为设立中公司或者发起人自己的名义。改正后责任应该如何承担，则依改正的方式来确定。

其次，在设立阶段可以设立中公司名义为法律行为。如前所述，同一体说认为设立中公司与成立后公司实质上属于同一体，因而设立中公司之法律关系，为成立后公司当然承受，不需特殊之移转行为，即“公司如期成立，法律后果由公司承受”。现行《公司法》并没有直接体现同一体说主张的规定，但司法实务广泛接受同一体说的主张。此前的司法解释曾规定，发起人以设立中公司名义对外签订合同，公司成立后合同相对人请求公司承担合同责任的，人民法院应予支持。这就是对于同一体说的明确肯定。

再次，以设立中公司名义实施的法律行为应限于“必要设立行为”，之外的营业行为为法律明文禁止，如有所为，应归于无效，由行为人承担相应的责任。这是因为在公司成立之前其尚未取得民事权利能力与民事行为能力，如允其为营业行为，则公司设立制度的价值与必要性尽失。由于涉及行为的效力判断，在此有必要对“必要设立行为”作扩张解释。

必要设立行为。不能仅限于以公司设立为直接目的的行为，凡是为满足法定的公司设立条件而进行的法律上、经济上必要的行为，以及为实现公司如期营业而实施的开业准备行为都应包括在内，包括为公司设立需要的经营场所而签订建设工程合同、房屋租赁合同，为接受发起人出资而开立银行账户、募集设立股份公司委托验资等。每一个公司的具体情形不尽相同，对由公司设立行为而生的“设立费用”也应作广义解释，不限于记载于章程中的动态设立事项所产生的费用，还包括广告费、办公场所租赁费、劳务费用等与设立事务相关而支出的一切费用。举例来说，甲、乙、丙、丁正在设立一个在社区卖桶装饮用水的公司，在此期间，他们签订了四份合同：与物业公司签订的解决将来公司办公场所的物业租赁合同；与中介机构签订的委托代办公司注册登记合同，与一家饮用水生产商签订的饮用水供货合同，与小区居民签订的桶装水买卖合同。这四份合同中，前两份属于必要设立行为，后两份属于经营行为。

最后，对于公司设立阶段的必要设立行为的责任承担，分别不同情况处理。具言之，盖发起人作为设立中公司的机关担负从事公司设立事务的职责，在设立阶段其作为签约人对外订立的合同，有的是为了设立公司即为了公司利益，有的则可能是为了实现自身利益。就行为人的立场而言，前一类合同中的责任应当由公司承担，后一类合同中的责任应当由发起人自己承担。但问题在于，实践中上述合同的相对人往往并不能确切地知道该合同是为了实现谁的利益，也不知道合同最终的利益归属，如果按照利益归属标准来确定合同责任主体，将使合同相对人的利益面临较大风险。为了适当降低合同相对人的查证义务，加强对相对人利益的保护，有必要按照外观主义标准来确定上述合同责任的承担。《民法典》第75条有一般性规定，《公司法》第44条第1至3款具体规定为：“有限责任公司设立时的股东为设立公司从事的民事活动，其法律后果由公司承受。公司未成立的，其法律后果由公司设立时的股东承受；设立时的股东为二人以上的，享有连带债权，承担连带债务。设立时的股东为设立公司以自己的名义从事民事活动产生的民事责任，第三人有权选择请求公司或者公司设立时的股东承担。”解读如下：

1. 设立人以设立中公司名义订立的合同。由于合同中载明的主体是设立中的公司，故公司成立后自然承受合同权利义务。如公司设立失败，其法律后果由设立人承受，设立人为二人以上的，就设立事务而言属于合伙关系，故享有连带债权，承担连带债务。但是，如果公司成立后有证据证明设立人是为自己利益而签订该合同，且合同相对人对此是明知的，表明设立人实质上不是以公司作为合同主体，合同相对人也明知公司不是合同主体，不应由成立后的公司承担合同责任，此时合同责任仍由设立人承担。实则，此一情形下乃是设立人滥用代理权且相对人非善意，所以不可归责于公司。

2. 设立人为设立公司以自己名义订立的合同。对相对人而言，合同中载明的主体是设立人；对于设立人而言，实为设立公司而订立该合同，此时安排第三人有权选择请求法人或者该设立人承担，无疑最有利于第三人，也兼顾了商法外观主义与实质公平观。至于最终的合同责任，则要看公司成立与否：公司成立后，最终由公司承受；公司设立失败的由该设立人承受，设立人为二人以上的，仍然享有连带债权、承担连带债务。

第四节　公司设立瑕疵及其救济

一、公司设立的三种可能效果

公司设立的法律效果，在逻辑上有三种可能：一是公司设立成功，即设立行为不存在影响公司人格效力的瑕疵，公司依法成立；二是公司设立失败（狭义），又称设立不能，即法定的设立程序未能完成，公司不能成立；三是公司设立瑕疵，即设立程序已经完成且公司已经成立，但设立行为存在影响公司人格效力的瑕疵，后被责令采取补救措施，或者被宣告设立无效，或者设立被撤销。

公司设立瑕疵不同于公司设立失败。公司设立失败有广、狭义之分，广义的公司设立失败除狭义的情形外，还包括公司设立无效或被撤销。公司设立失败（指狭义上的，下同）的原因有多种，可以归结为两类。

1. 设立行为未完成。发起人因某种原因而主动或者被动放弃公司设立的情形有多种，典型的有：由于发生争议，发起人决议停止设立；募集设立股份公司所发行的股份超过招股说明书规定的截止期限未募足的，或者股款募足后发起人在30日内未召开成立大会（《公司法》第103条第1款）；由于发生不可抗力或者经营条件发生重大变化，直接影响公司成立的，成立大会决议不设立公司（《公司法》第104条）。

2. 不予登记。《市场主体登记管理条例》第20条规定，登记申请不符合法律、行政法规规定，或者可能危害国家安全、社会公共利益的，登记机关不予登记并说明理由。

设立瑕疵与公司设立失败最明显的区别是：前者以公司成立为前提；后者只能发生于公司设立过程之中，其时只存在设立中公司的概念。

公司设立成功与设立失败分别意味着公司确定地成立或者不成立，与之相关的发起人的设立法律责任问题，上节已经讲述，本节专门探讨公司设立瑕疵及其救济。

二、公司设立瑕疵及其救济

（一）概念

公司设立瑕疵（defective incorporation），指已经成立的公司，由于在设立过程中存在违反法律强制性规定的情形，而致公司人格存在效力瑕疵。这一定义强调公司设立瑕疵只存在于公司设立行为，如发起人向登记机关提交虚假登记申请材料所导致的设立瑕疵，故不同于因公司登记机关错误登记而产生的瑕疵，后者称为公司设立登记瑕疵，属于不当的具体行政行为。

导致公司设立瑕疵的事由有多种，学理上可依不同的标准分类。

1. 依产生的原因分为主观瑕疵和客观瑕疵。主观瑕疵指发起人存在行为能力和意思表示方面的缺陷，如发起人中有无行为能力人、限制行为能力人；某发起人所为的设立意思不是真实的意思表示，如受到欺诈、胁迫；发起人为侵害债权人利益而为设立意思表示。客观瑕疵主要指设立行为违反法律规定的条件、程序或者其他强制性规定，如公司不符合法定的设立条件，公司章程欠缺绝对必要记载事项，设立程序违法等。这一分类的意义是，主观设立瑕疵导致设立被撤销，而客观设立瑕疵导致设立被宣告无效。

2. 依严重程度分为可补救的瑕疵与不可补救的瑕疵。一般而言，只有构成了无法补救的瑕疵的，才适用公司设立无效、可撤销制度以永久否定公司的人格。

3. 依内容不同分为程序瑕疵和实体瑕疵。程序瑕疵指公司设立违反法定程序，如未经法定的主管机关审批、成立大会召集程序不合法等；实体瑕疵指公司设立违反法定的实质要件，如注册资本低于法定最低额等。

（二）救济模式

1. 基本原理

公司设立行为属于法律行为，其效力瑕疵的处理适用法律行为效力瑕疵的处理规定，分为无效、可撤销等不同情形，一经被宣告无效或者被撤销，即导致公司设立自始无效。但是，消灭已经存在一定期间的公司人格会造成资源浪费，威胁交易安全，破坏社会经济秩序，也与商法所追求的效率与公平原则相违背，因此，各国公司法都规定尽可能适用补救措施，以避免动辄否定设立瑕疵的公司人格。总结而言，各国（地区）对公司设立瑕疵的处理模式大致分为四种。

（1）瑕疵设立有效。英美法系采取瑕疵设立原则承认主义，即公司一旦获得注册机关所颁发的设立证书，则无论其在设立过程中是否存在瑕疵，原则上均被视为公司依法成立，不存在无效或者被撤销的问题。采用这一模式的背景是，英美法系上的公司设立条件要求很低，设立程序简单，资本自由化程度较高，导致设立无效、被撤销的因素被降低到最低限度，适用公司设立无效、可撤销制度的意义轻微。

（2）瑕疵设立无效。公司成立后如被发现公司设立条件、程序存在严重瑕疵，设立行为应属无效，股东、其他利害关系人可以提起无效之诉以否定公司人格。大陆法系公司法多有瑕疵设立无效的规定，如欧盟的多数国家、日本、韩国等。

（3）瑕疵设立无效或可撤销。日本、韩国、我国澳门地区除确立公司瑕疵设立无效制度之外，还规定设立瑕疵的人合公司可以被撤销。日本、韩国依公司类型及瑕疵类型之不同分别规定了设立无效与可撤销，我国澳门地区仅依瑕疵类型之不同分别规定设立无效与可撤销。公司设立被撤销的原因都属于主观瑕疵，只有人合公司才适用设立撤销制度，资合公司的成员对公司人格影响甚微，故一般不适用之。我国没有人合公司，故无须公司设立撤销制度。

(4) 瑕疵设立行政撤销。存在设立瑕疵的公司可由行政机关撤销，不适用民法上法律行为无效与可撤销制度，也不适用民事诉讼程序。

2. 我国的规定与实践

我国公司实践时间不长，社会信用不彰，执法效率不高，公司设立行为的规范性程度较低，导致实践中公司设立瑕疵的现象比较普遍。

《公司法》调整公司设立瑕疵的规定仅见于第250条："违反本法规定，虚报注册资本、提交虚假材料或者采取其他欺诈手段隐瞒重要事实取得公司登记的，由公司登记机关责令改正，对虚报注册资本的公司，处以虚报注册资本金额百分之五以上百分之十五以下的罚款；对提交虚假材料或者采取其他欺诈手段隐瞒重要事实的公司，处以五万元以上二百万元以下的罚款；情节严重的，吊销营业执照；对直接负责的主管人员和其他直接责任人员处以三万元以上三十万元以下的罚款。"这一规定确立了公司设立瑕疵行政撤销制度，公司被撤销登记或者吊销营业执照后，即进入解散清算程序，最终导致公司终止。这一规定的可取之处在于，对于设立瑕疵首先适用"责令改正"以尽力补正之，将行政解散的适用对象严格限定在严重设立瑕疵情形，体现了立法的慎重立场。但其缺陷也十分突出：

(1) 调整范围有限。对"严重瑕疵"列举的情形仅限于"虚报注册资本、提交虚假材料或者采取其他欺诈手段"，不包括其他设立瑕疵事由。

(2) 采取绝对化的行政职权主义，被称为"泛行政解散权制度"，司法裁判权无法介入公司瑕疵设立的救济。这固然有利于提高公司设立的行政监管效率，然而，利害关系人诉权与司法裁判权的缺失，是不符合权利救济原则的。在实务中，法院在审判过程中发现存在公司设立行政撤销的原因时，只能中止诉讼，以司法建议书的形式要求公司登记机关撤销登记，但司法建议书并不受重视。

(3) 法律责任规定不当。仅规定行政责任，缺乏民事责任的规定，忽视对善意第三人的保护。

三、公司设立无效之诉

(一) 概述

公司设立无效，是在公司设立行为存在不可补救的严重瑕疵时，法院应利害关系人诉请，宣告公司设立无效，使已经成立的公司进入解散清算程序并最终消灭其人格。

公司设立无效、可撤销作为公司设立瑕疵的处理方式，表层的制度效果是否定了瑕疵设立公司的人格，但深层的立法精神，乃在于通过一系列限制适用的措施来尽力维护瑕疵设立公司的人格。因此，各国公司法普遍规定，只有设立瑕疵严重到难以补正的，才宣告公司设立无效或被撤销。

公司设立无效是对公司人格全面、永久、不可逆转地否定，严格区别于公司法人格否认，后者是对公司法人格个别、暂时、可恢复性地否认。公司设立无效的适用以利害关系人向法院提起无效之诉为前提，故主要体现为一种诉讼制度（确认之诉）。诉讼要点如下。

1. 无效的原因。公司设立无效的原因，具体包括公司设立违反法定条件、法定程序以及违反其他强制性规定等，在性质上限于不可补救的严重客观瑕疵。在国外公司法上，同时规定公司设立撤销的，设立无效的原因不包括发起人的主观瑕疵；没有规定设立撤销的，设立无效的原因可能包括发起人的主观瑕疵，但不适用于股份公司。

2. 受理与审理。由被告公司所在地法院管辖；就同一公司提起数个设立无效之诉的，应合并审理。诉讼一经受理，公司即应公告使利害关系人周知；一旦判决设立无效，公司应在其总部、分部所在地公告判决内容，告知社会公众。

3. 诉讼当事人。被告是公司。原告通常包括公司股东、董事、监事与债权人，有的公司法规定只限于股东。原告为股东的，其他股东可以为共同原告（与原告股东持相同立场的）参加诉讼，或者由法院通知作为第三人（与原告股东持不同立场的）参加诉讼。就原告股东而言，其发现公司设立行为存在严重瑕疵，可能或已经导致公司经营不善而使个人利益遭受侵害的，诉请法院确认公司设立无效，从而及时清算公司，是避免遭受进一步损失的自我保护手段。在此意义上，公司设立无效之诉也是保护股东利益的制度安排。

4. 起诉期间。设立无效之诉应从公司成立之日起一定期限（如德国为 3 年，日本和韩国为 2 年，法国为 6 个月）内提起，以避免法律关系长期处于不稳定状态。该期间不是诉讼时效期间，不发生中止、中断或延长。

5. 瑕疵补正与法院自由裁量权。在设立无效诉讼过程中，如果作为被诉无效原因的瑕疵已被补正，且根据公司现状认定设立无效不妥，法院可以驳回原告诉讼请求。这一处理与民法上的法律行为无效制度具有重大不同。

补正优先。法国《商事公司法》第 363 条规定："受理无效之诉的商事法庭，可以依职权确定一个期限对无效的原因进行纠正，商事法庭不得在诉状送达之日后未满 2 个月宣布公司设立无效。"德国《股份法》第 275 条第 2 款规定，设立瑕疵可以得到补正的，只有在诉权人催告公司除去瑕疵，而公司未在 3 个月内履行此项催告之后，才可以提起诉讼；第 365 条规定，公司如因意思要件的欠缺或一个股东的无行为能力被提起无效之诉时，所有相关人员可进行纠正和调整。

6. 法律效果。原告胜诉的判决效果包括：（1）具有对世效力，及于原告、公司以及任何第三人，任何人不得再次提起无效之诉。（2）不具有溯及力。无效判决只对将来发生效力，判决之前的公司有效存在，成为一种"事实上的公司"（de facto corporation），已经发生的公司法律关系不受影响。（3）解散清算。公司一经被宣告无效，应当依法进行解散清算，清算终结后办理公司注销登记，公司消灭。

原告败诉的，公司存续，其他利害关系人可以再提起设立无效之诉，法院可以责令恶意起诉的败诉原告对公司承担赔偿责任，以抑制滥诉的发生。但因设立瑕疵在诉讼中得到补正，法院驳回诉讼的，不适用这一责任。

（二）我国的立法与解释

我国不存在人合公司，《公司法》没有规定公司设立可撤销制度，现实中也不存在这一必要。但是，关于公司法是否承认公司成立无效制度，则存在立法解释上的争议，司法实务的态度也不尽一致，有的地方法院存在此类判决，有的地方法院则拒绝受理此类案件。立法解释论上，有人认为，既然《公司法》没有直接规定该类诉讼，法院就不应创造出此种公司诉讼类型；有的则认为，虽然《公司法》没有明确规定，但既然公司设立属于法律行为，根据《民法典》关于无效法律行为的规定，法院自然可以受理且作出公司设立无效的判决。事实上，公司设立无效之诉的成立不存在法理上的障碍，是否承认此类诉讼更多的是一项立法与司法政策的取舍，我国的立法机关与司法机关对此类诉讼持慎重态度，是立法没有直接规定的真正原因。

引入公司设立无效之诉的必要性。支持我国承认公司设立无效之诉的理由主要有四：（1）英美公司法的瑕疵设立有效模式不适合我国国情。如果一方面法律严格规定公司设立规范，另一方面又缺失设立无效之诉，将损害法治的严肃性。（2）现行的泛行政解散权制度不足以维护公司设立的法治秩序，也有违行政权与司法权的分权原理，由法院来宣告公司设立无效而非行政机关直接强制解散公司，更符合企业维持原则的理念。（3）通过非法设立公司来逃避债务的"脱法”现象严重，需要通过设立无效之诉来实现对于受害人的私法救济。(4) 在立法承认该类诉讼之后，只要司法政策坚持谦抑的慎用原则，就不会对社会经济秩序造成冲击，反而有利于实现企业维持主义的理念。

第五节　公司人格与能力

一、公司人格

(一) 概念

人格者，民事权利主体资格之称谓也。私法意义上的人格与主体、权利主体、法律主体、民商事主体等概念等同。公司人格，就是指公司作为民事权利主体的资格。公司具有人格即意味着公司具有民事权利能力和民事行为能力，可以以自己的名义独立从事法律行为，独立享有民事权利与承担民事义务。

(二) 公司人格要素

公司人格要素，是公司得以取得人格的基本构成要素。这是一个纯学理概念，不同于公司法规定的公司设立条件，也不同于公司人格的具体表现形式如独立的名称、住所、机关等。通说认为，公司人格由三个要素组成。

1. 独立意思

与自然人相比，公司意思是一种团体意思。团体乃财产和人的有机集合体，此处的“人”是指构成团体的成员，在公司即指股东。公司作为团体，当然也包含人与财产的要素。关于法人的本质，历来有拟制说、否定说与实在说之争，但公司得以成为民商事主体，就社会经济原因而言，乃法律出于现实经济生活的需要而构造或拟制或确认；在法律技术上，乃在于公司能够形成自己独立的意思。公司的意思就是由全体股东形成的共同意思，区别于单个股东或经营者的个人意思。至于公司意思的执行，则由公司机关完成。

2. 独立财产

公司法人财产权是公司法人独立享有的综合性财产权利，包括物权、债权、股权、知识产权以及其他财产权利和利益。《民法典》第 269 条第 1 款规定，营利法人对其不动产和动产依照法律、行政法规以及章程享有占有、使用、收益和处分的权利。公司法人财产权具有独立性，意指公司的财产独立于其他任何人的财产，尤指独立于股东的财产。独立财产是公司独立承担责任的一般担保财产，债权人利益与此息息相关。公司独立财产与股东有限责任具有内在的统一性，互相依存，互为前提。没有公司的独立财产权，就没有股东的有限责任。二者的相互依存关系体现了法律上的权利、义务对等原则，正因为资合公司实现了财产独立，法律才赋予其股东以有限责任的利益；如果公司财产不能独立，股东享有的有限责任利益将被剥夺。

3. 独立责任

公司独立责任，是指公司以其全部法人财产独立承担责任。公司独立责任的要义有二：一是对公司自身而言是一种无限责任；二是对股东而言是一种有限责任，即以股份或出资为限对公司债务承担责任。所以说，公司独立责任与股东有限责任是一个问题的两个方面。《民法典》第 60 条规定，法人以其全部财产独立承担民事责任。独立财产与独立责任是资合公司的人格要素，不是所有公司的人格要素，人合公司即不具备这两个人格要素。

（三）公司的独立人格与公司法人格否认

公司法人格否认（disregard of corporate entity/personality），又称公司法人人格否认，美国称“揭开公司面纱”（lifting the corporations veil），英国称“刺破公司面纱”（piercing the Corporate Veil），德国称“直索责任”（Durchgriff），日本称“透视理论”，指当公司股东滥用公司法人独立地位和股东有限责任来逃避债务，严重损害债权人利益时，债权人可以请求法院否认公司法人资格，以追究滥用公司人格的股东对公司债务承担连带责任。

公司法人格否认规则源于公司法人格的异化和股东有限责任遭到滥用的现象，肇始于英美公司法判例，后为大陆法系公司法所吸收，成为各国公司法的一项普遍规则。不过迄今为止，除我国外，各国都没有实现成文法化，而主要以法理或判例的方式予以确认和适用。[①] 因此，大陆法系公司法称之为“公司法人格否认法理”。我国以成文法形式直接规定这一制度，故称之为“公司法人格否认规则”。

公司法人格否认规则的特征如下。

1. 以公司取得独立人格为前提。既然要否认“公司法人格”，逻辑上当然以其具有独立人格为前提。至于公司人格之取得是否具有合法性，则不是本规则适用考虑的因素。这一点使其与公司设立无效、撤销区别开来。若某公司未合法取得独立人格，也就无所谓独立人格的滥用问题。可见，公司法人格否认恰恰是以承认公司具有独立人格为前提的。在英美法系史上，公司法人格否认法理的出现，源于对绝对的公司独立人格与股东有限责任制度的个案衡平，这在有着深远影响的萨洛蒙案中可见端倪。

萨洛蒙诉萨洛蒙案。萨洛蒙（Solomon）是英国的一个皮靴商，1892 年他把自己拥有的靴店卖给由他本人组建的公司，转让的价格为 30 000 英镑。此后，公司发行了每股 1 英镑的股份 20 000 股，其中萨洛蒙本人认购了 19 994 股，其妻、女儿和 4 个儿子各认购 1 股（当时法律规定最低股东人数为 7 人），另外 10 000 英镑，公司以其资产作担保向萨洛蒙发行债券。公司成立后不久陷入困境，一年后清算时资产只剩下 6 000 英镑，但公司欠债除萨洛蒙本人的 10 000 英镑外，还另有 7 000 英镑的无担保债权，若公司清偿了萨洛蒙的有担保的债权，无担保的债权人将一无所获。无担保的债权人认为，萨洛蒙和公司实为一人，自己不能欠自己的债，所以公司的财产应该用来偿还其他债权人的债。初审法院、上诉法院都认为，萨洛蒙公司只不过是萨洛蒙的化身、代理人，公司的钱就是萨洛蒙的钱，萨洛蒙没有理由还钱给自己，从而判决萨洛蒙本人清偿无担保债权人的债务。但上议院推翻了初审法院、上诉法院的判决。上议院认为，萨洛蒙公司是合法有效成立的，是法律上区别于萨洛蒙的独立的人，即使萨洛蒙是公司几乎唯一的股东。同时，萨洛蒙还具有第二重身份：公司有担保债券的债权人。因此，他有权获得优先清偿。最后，法院判决萨洛蒙取得公司清算后的全部财产 6 000 英镑，其他债权人分文未得。萨洛蒙一案对于英国公司法乃至现代公司法的发展影响深远，其法制意义有二：（1）坚守公司独立人格原则。之前，英国虽已通过了《1862 年公司法》，但人们对于南海泡沫案还心存芥蒂，不敢相信法律真的会允许设立人格独立和责任独立的公司。萨洛蒙案基于形式主义的推理逻辑的裁判，最终消除了人们的疑虑。（2）法院的判决也透露出，公司的人格是否独立并不绝对，是可以进行个案讨论的。这为此后“刺破公司面纱”法理的确立留下了裁判空间。

2. 仅适用于个案。公司法人格否认是在具体个案中对公司的独立人格和股东有限责任的暂时否定，而非全盘、彻底、永久否定，既不涉及该公司的其他法律关系，也不影响该公司作

① 朱慈蕴. 公司法人格否认法理研究. 北京：法律出版社，1998：79 及以下.

为一个独立实体合法、继续存在。本质上，对滥用公司独立人格和股东有限责任行为的纠正，恰恰是为了更好地恪守公司独立人格与股东有限责任原则。在此意义上，英美法系将这一规则称为“揭破法人面纱”，就概念的形象化与精确而言，其比大陆法系“公司法人格否认”的提法更胜一筹。

3. 例外规则。公司独立人格和股东有限责任是现代公司的基本法律特征，也是现代公司制度的根基，公司法人格否认只是一种例外。只有在公司人格被滥用，从而丧失其应有的制度功能、债权人利益遭受严重损害的场合，法院才可以在个案中暂时否定公司人格，直索股东责任。因此，公司法人格否认不但不是对公司独立人格原则的否定，恰恰是对公司人格制度的维护和完善。

4. 利益衡平机制。通过追究滥用公司法人格者的连带责任，对在公司独立人格与股东有限责任的制度框架内受到损害的债权人给予救济，以实现利益衡平，或者说是“矫正的正义”。关于公司法人格否认规则对于保护债权人的制度价值，详见本书第十八章第四节。

二、公司的权利能力

（一）概念

公司的权利能力，指公司享有权利、承担义务的法律资格。公司的权利能力始于公司成立，终于公司终止，伴随公司存续的整个过程。公司在其清算阶段仍然享有权利能力，但仅限于清算范围内的活动。公司的权利能力及其范围在法律上的重要意义是：它是判断公司是否享有某种特定权利或承担某种特定义务的标准，是判断公司从事的法律行为效力的标准。从公司法的角度研究公司权利能力，主要意义在于准确界定公司权利能力的范围，因为这关系到公司行为的效力问题。

（二）范围

按照“法不禁止即自由”的私法理念与法律行为准则，只要法律不设限制，公司依其自然性质与自由意志可以为的行为均得为之。原则上，现代公司法倾向于概括性地赋予公司广泛的权利，承认公司“享有与自然人相同的从事一切必需或者必要的活动以执行其营业或者事务的权利，除非公司章程另有规定”，也即授权公司根据情况对某些权利进行自我限制。根据私法的基本理念以及各国公司法的一般做法，公司权利能力范围受到来自三个方面的限制。

1. 来自自然性质的限制

公司不具有自然人所特有的自然性质如身体、性别、种族等，故也不享有自然人基于自然性质而享有的权利，如生命权、身体权、健康权、肖像权、婚姻自由权等人身权。专属于自然人的义务，如私法上的扶养义务、公法上的服兵役义务，公司也当然不能负担。这一法理在各国都是获得尊重与承认的。

2. 来自自身意思的限制

公司可以依据自身的意思来限制自己的权利能力，符合私法自治原则的理念，只是两大法系采用了不同的路径设计。

（1）大陆法系的公司目的理论

公司目的（corporate purposes），指设立公司意欲从事的事业，因其需要记载于公司章程之内，故又称目的条款（purpose provisions/clauses，object clauses）。大陆法系公司法普遍将目的条款作为公司章程的绝对必要记载事项之一，英美法系很少这样做。在我国，与公司目的范围同等的概念是“公司的经营范围”①。

公司目的范围是公司权利能力的具体表现，但是，公司的权利能力是否受公司目的范围的限制，是各国公司法所面临的普遍问题。这涉及公司目的条款的性质判断。

大陆法系一度采用目的范围限制权利能力的原则，但演变至今最终被放弃，各国现行法普遍承认公司目的以外的行为有效。1968 年欧共体《第 1 号公司法指令》第二节“公司缔结债务的能力”第 9 条第 1 款明确规定，“公司机关实施的行为对公司具有拘束力，即使这些行为超越了目的范围；除非这些行为超越了法律赋予或者法律许可赋予这些机关的权力范围”。这一指令已为欧盟各国所采纳。

（2）英美法系的越权理论

英美法系通过越权理论（ultra vires）来解决这一问题。早期的英国法认为，公司的活动不能超越其目的范围，否则无效。这就是普通法上著名的越权理论。

越权理论严重损害交易安全，遭到现代英美公司法的遗弃。英国《1985 年公司法》规定，善意第三人可以主张公司能力外的行为有效；《1989 年公司法》第 108 条明确规定，“公司的能力不受公司章程的限制”，但“董事会仍有义务遵守公司章程规定的对其权力的任何限制”，由此正式废除了越权理论。美国作为英国法律传统的继受者，也曾长期采用越权理论，但美国 1984 年《示范公司法》第 3.02 条规定，公司可以像自然人那样去做对经营公司业务和处理公司事务有必要的或有利的事情；第 3.04 条规定，不得因为公司欠缺权利能力而对其行为提出无效之诉。英美法系其他国家、地区的立法也先后废止公司章程必须记载目的条款的要求。至此，越权理论最终遭抛弃。目前，越权理论仅在某些特定情形下适用，如法律可能要求特定行业（如金融业）的公司应当在章程中规定经营范围，且只能从事该行业的经营。

（3）我国的规定与实践

两大法系作出上述殊途同归的调整，其共同的法律背景是，将公司目的范围等同于公司权利能力范围，一方面无异于禁锢了管理层的手脚，违背了公司的营利原则；另一方面也严重损害了交易安全。这一经验对于我国的法律演变具有借鉴意义。

我国曾经长期将经商事登记的企业经营范围当作其权利能力的范围，要求企业应当在经营范围内从事经营，凡超越经营范围、方式所签订的合同一概无效。1986 年《民法通则》（已失效）第 42 条、1993 年《公司法》第 11 条都曾经强调企业应当在登记的经营范围内从事经营活动。这表明立法对公司经营范围采权利能力限制说。1987 年 7 月最高人民法院《关于在审理经济合同纠纷案件中具体适用〈经济合同法〉的若干问题的解答》（已失效）第 4 条明确规定，“超越经营范围或者违反经营方式签订的合同应认定为无效合同”。可见，司法实务也采权利能力限制说。

这些做法是计划经济体制的产物，与市场经济体制格格不入。1993 年 5 月，最高人民法院《全国经济审判工作座谈会会议纪要》提出，不应将法人超越经营范围签订的合同一律认定为无效，应区别对待。原《合同法》（已失效）第 50 条规定，法人或者其他组织的法定代表人、负责人超越权限订立的合同，除相对人知道或者应当知道其超越权限的以外，该代表行为有效。这表明立法转采越权代表说。此外，1999 年年底最高人民法院颁布的《关于适用〈中华人民共和国合同法〉若干问题的解释（一）》（已失效）第 10 条曾规定：“当事人超越经营范围订立合同，人民法院不因此认定合同无效。但违反国家限制经营、特许经营以及法律、行政法规禁止经营规定的除外。”《民法典》第 505 条重申，“当事人超越经营范围订立的合同的效

① 梁慧星. 民法总论. 北京：法律出版社，1996：127.

力，应当依照本法第一编第六章第三节和本编的有关规定确定，不得仅以超越经营范围确认合同无效”。

《公司法》第 9 条规定：“公司的经营范围由公司章程规定。公司可以修改公司章程，变更经营范围。公司的经营范围中属于法律、行政法规规定须经批准的项目，应当依法经过批准。”第 32 条第 1 款第 4 项明确规定，公司登记事项包括经营范围。第 34 条规定，公司登记事项发生变更的，应当依法办理变更登记。公司登记事项未经登记或者未经变更登记，不得对抗善意相对人。综合以上，上述规定包含了以下几层意思：一是公司的经营范围由章程确定，并随章程的登记而登记；二是公司的经营范围可以变更，如需变更，必须修改公司章程并进行变更登记；三是公司的经营范围中属于法律、行政法规规定须经批准的项目，应当依法经过批准。可以看出，在公法规范上，尚未放弃对公司经营范围的行政管制，经营范围乃公司章程的必要记载事项，公司章程变更经营范围条款的，也要执行公司登记变更手续，否则，适用行政处罚（《公司法》第 260 条第 2 款）。但在私法效力方面，这一规定保持了与上述合同法规范的一致，重申代表权限制说，且不再将公司的经营范围与权利能力范围混为一谈，不再仅仅因为公司超越经营范围而认定其签订的合同无效。

3. 来自公司法的特别限制

在大陆法系公司法，公司法人的权利能力还要受到公司组织法的特别限制，体现在对公司若干非典型经营行为的限制。这些限制，在英美法系上被称为对公司权力（powers）的限制。公司权力是英美公司法的一个重要概念，可视为公司权利能力的具体体现。早期英美公司法对公司权力予以列举（numbered powers），对普通公司进行某些非典型交易行为的权力予以特别限制，包括转投资、担保、贷款、捐赠等，现代公司法概括性地赋予公司广泛的权力，承认公司“享有与自然人相同的从事一切必需或者必要的活动以执行其营业或者事务的权力，除非公司章程另有规定”，同时也授权公司根据情况对某些权力进行自我限制。

鉴于公司法主要作为组织法规范来直接规范交易行为的例外性，下文专门讨论各个国家和地区公司法上相对常见的对于几种非典型交易行为的特别规制。

三、公司法对于几类非典型交易行为的限制

（一）转投资行为

1. 基本原理

转投资（reinvestment），指公司投资于他企业以取得股权的法律行为。在形式上包括单向转投资、双向转投资（相互投资、交叉持股，reciprocal investment or cross-holding），前者指由一公司向他公司投资的单向行为，后者指两个以上公司相互向对方投资的双向行为。

公司转投资行为利弊兼存。其利在于：扩大公司的利润来源；组建公司集团，形成规模效应和协同效应；促进资本的有效配置。其弊在于：对股东而言风险较高；减少公司直接支配的有形财产，增加变现偿债的难度，降低公司的实际偿债能力，增加债权人的风险；因母子公司资本重复计算导致资本虚增，造成社会投资虚假繁荣；相互投资带给公司治理诸多障碍。所以，对公司转投资行为进行必要的限制，可以扬利抑弊。总结各国（地区）公司法的限制措施，除个别国家（地区）公司法对转投资额、转投资对象有所限制外，各国公司法更多的是主要对公司相互投资进行规制，因为无节制的相互投资行为会滋生流弊，故多数公司法采取严格规制之态度，其中以德国的规定为典型，规制措施有二。

其一，投资状态的公开化，目的在于使利害关系人了解公司资本结构的真相。德国《股份法》第 19～21 条规定：一企业对他企业取得超过 25%的股权时，必须以书面通知该企业。持

有股权达50%时，必须立即再为通知。此后，如所持他企业的股权有所变动，或持有数额低于25%，必须再为通知。受通知的企业须将上述受通知的持股情形，依章程所定方法公告之。

其二，限制股权的行使，目的在于防止董事借相互投资来控制本公司的股东会。还有的国家的公司法干脆直接禁止或限制子公司持有母公司的股份，或者限制公司相互持股的数额。

2. 我国的规定与实践

1993年《公司法》曾经规定对公司转投资对象与数额的限制。依其第12条，公司只能向其他有限公司、股份公司投资；除国务院规定的投资公司和控股公司外，累计投资额不得超过本公司净资产的50%。这一规定被实践证明既不现实，也不具有可操作性，2005年修正案取消了这一规定。现行《公司法》第14条规定："公司可以向其他企业投资。法律规定公司不得成为对所投资企业的债务承担连带责任的出资人的，从其规定。"《合伙企业法》第2条第1款规定，"本法所称合伙企业，是指自然人、法人和其他组织依照本法在中国境内设立的普通合伙企业和有限合伙企业"；第3条规定，国有独资公司、国有企业、上市公司以及公益性事业单位、社会团体不得成为普通合伙人。此外，《公司法》第15条规定公司向其他企业投资的，依照公司章程的规定，由董事会、股东会决议；公司章程对投资的总额及单项投资的数额有限额规定的，不得超过之。这一条款意在规范公司转投资的决议程序，明确转投资的决议权只在董事会、股东会，排除了董事、高管个人的决定权，以示对这项风险较高的公司重大行为决策的慎重。事实上，公司转投资是涉及股东利益保护的重大事项，将立法规范的重心转移到对董事、高管个人决策行为的限制上，《公司法》可谓回归本位。

关于公司相互投资行为，《公司法》对于非上市公司尚无限制措施，但对于上市公司设置了特殊规范，于第141条规定："上市公司控股子公司不得取得该上市公司的股份。上市公司控股子公司因公司合并、质权行使等原因持有上市公司股份的，不得行使所持股份对应的表决权，并应当及时处分相关上市公司股份。"对这一规定的解读如下：

（1）上市公司的控股子公司被禁止通过买卖等方式主动取得上市公司股份。

（2）控股子公司如果因为合并、质权行使等方式被动取得上市公司股份，比如A上市公司的控股子公司B兼并C公司，由于后者拥有A公司1 000万股，那么通过兼并行为使得B公司被动持有A公司1 000万股。此时，《公司法》要求B公司做到两点：一是不享有该1 000万股的表决权；二是及时处分之，一般理解为6个月内应该通过转让、公司回购等方式消除继续持有的局面。

（二）对外担保行为

1. 基本原理

各国公司法都不限制公司为其自身债务的担保行为，对于公司为他人债务的担保（以下简称"对外担保"）行为，多数国家公司法亦持宽容态度。这是因为，允许公司对外担保（包括信用担保与物权担保），适应了社会经济的客观需要。公司是最重要的市场主体，在其所赖以存在的市场经济关系中难免会有为他人担保或者请求他人为自己担保的需要，这在公司筹集资金时尤其重要。反之，如果不承认公司的对外担保能力，则担保制度有名存实亡之虞，市场主体的融资活动将遭受严重打击。所以，承认公司的担保能力是各国公司法的通例。

但是，应否对公司的对外担保行为设定一些必要的限制，各国（地区）立法有所不同，大多数公司法不作任何限制，但个别公司法设有一定的限制，如法国《商事公司法》第106条规定，"除公司经营金融事业外，禁止公司为董事、总经理、法人董事的常任代理人及他们的亲属向第三人承担的义务提供物的担保和保证"。这些立法本意并非限制公司对外担保的能力，而是防止董事、经理利用职务之便以公司名义为自己及其关联人担保。

2.《公司法》第 15 条的立法意旨

关于公司对外担保行为的规制，我国立足于国情，形成了以保护公司及其少数股东、债权人利益为立法宗旨的特殊经验与实践。第 15 条规定，公司对外担保，依照公司章程的规定，由董事会、股东会决议；公司章程对担保的总额及单项担保的数额有限额规定的，不得超过之；公司为公司股东、实际控制人提供担保的，须经股东会决议，关联股东回避表决，该决议由出席会议的其他股东所持表决权的过半数通过。基于文义解释与立法目的解释，对此条款的解读如下。

（1）规范的对象是普通公司所从事在其正常营业行为之外的对外担保行为。这句话的含义有二：其一，如融资担保公司等专门从事担保营业业务的公司，不在此处的讨论之列。因为对于专业担保公司而言，对外担保正是它们的日常营业业务，自然不适用以上两个条款的规范。其二，对于专业担保公司以外的普通公司而言，以公司资产对外提供担保，即便不属于不当为之列，至少也属于非典型营业行为之列。

（2）按其立法意旨，并不限制公司对外担保的权利能力与行为能力，只是对公司对外担保这一事项的内部议决进行规范。无论如何，我们要承认每一家普通公司都享有对外担保的民事能力；否则，担保法就会死亡，即使将保护公司合法权益列为第一立法意旨的公司法[①]，也不会作如此狭隘的规定。

（3）防范董事、高管滥用权力，明确他们没有权力决定公司对外担保行为。普通公司法意义上，既然对外担保乃属非典型营业行为，作为公司经营的受托人，禁止或者严格限制董事、高管的对外担保行为决定权，对于保护受托人——股东的权益当然至关重要；对于将防控内部人控制列为首要任务的国有公司治理而言，更具有深远意义。

（4）防范控股股东滥用权利，杜绝不公平关联担保产生的可能性。防范的最佳立法举措就是引入关联股东的表决权回避制度，这也是整部公司法关于关联股东表决权回避的唯一条款。之所以作出如此严厉的规定，原因在于《公司法》第 15 条立法背景的特殊性。2000 年前后，我国近半数的上市公司作为担保人，对外担保了数额惊人的债务，这些基本上都是控股股东控制上市公司作出的不公平关联担保，变相掏空了上市公司的资产，甚至有触发系统性金融风险之虞。为此，中国证监会、国资委等主管部门曾连续发文，严禁上市公司为任何人提供担保。[②] 这属于“乱世用重典”的权宜之计，得不偿失，但严防控股股东滥权通过不公平担保的立法目的，成为其后 2005 年修订《公司法》第 16 条（现第 15 条）的立法精神。这是理解第 15 条的立法意旨所不能忽略的。总之，第 15 条的立法意旨在于通过对公司对外担保这一事项的内部议决进行规范，达到保护公司以及股东尤其是少数股东合法权益之目的。

（5）如公司股东会、董事会决议允可对外担保，尚要借由公司的法定代表人的代表行为、代理人的代理行为对外作出意思表示，也即签署担保合同。此时公司内部允可对外担保的某项决议构成了公司对外担保意思表示的唯一合法依据。

但问题在于：如果该代表（代理）行为与公司决议内容不一致，担保合同是否有效？如果

---

① 参见《公司法》第 1 条。

② 参见中国证监会《关于上市公司为他人提供担保有关问题的通知》（证监公司字〔2000〕61 号）、《关于规范上市公司与关联方资金往来及上市公司对外担保若干问题的通知》（证监发〔2003〕56 号），以及相关文献分析：曹士兵. 公司为其股东提供担保的法律效力分析：从法律适用到利益衡量//中国民商审判：2002 年第 1 卷. 北京：法律出版社，2002；高先民. 上市公司的秘密. 北京：世界图书出版公司，2001：292－295；周永亮. 中国企业前沿问题报告. 北京：中国社会科学出版社，2002：16.

股东会、董事会决议效力事后被否定（无效、不成立、被撤销），是否影响对外担保合同的效力？以上问题，正是各级法院面临的迄今为止最具争议、司法裁判最具乱象的公司法难题。为解决这一难题，《民法典》第85条与《公司法》第28条第2款都规定，决议自始无效的，公司“依据该决议与善意相对人形成的民事法律关系不受影响”。这一规定如何适用于公司对外担保合同效力及其责任承担，尚需要回答五个问题。

第一，《公司法》第15条关于公司对外担保的特别规定，是仅仅视为关于内部议决的程序性规定，不得约束第三人，还是推定为凡接受公司对外担保的任何债权人都应知晓、从而产生约束力？这是目前民商法学界的最大争议所在，也是分道扬镳的起点。如持前一种立场，则适用无权代理规则即可解决公司对外担保合同的效力，以下的问题戛然而止。但是，用无权代理规则解决这一问题是对第15条上述立法意旨的根本抹杀。如持后一种立场，则问题继续。

第二，债权人接受公司对外担保时，有审查公司决议的义务吗？如坚持第15条的立法意旨，则问题继续。

第三，如何审查，是形式审查还是实质审查，是否包含了对于公司章程规定的关联审查？学术界的一个基本共识是形式审查，但就形式审查的具体内容以及章程关联审查包括与否，仍有争议。

第四，如果债权人尽到形式审查义务后仍无从发现决议瑕疵的，则为善意，担保合同效力不受影响，公司自然承担相应的担保责任；如债权人未尽到形式审查义务，则为恶意，依照《民法典》第85条与《公司法》第28条第2款的反向解释，担保合同效力应受影响。问题是：债权人恶意的，担保合同效力受到怎样的影响？尚有无效说、相对无效说、可撤销说、无权代理说等多种观点对立。

第五，如果认定为担保合同无效，则依照最高人民法院《关于适用〈中华人民共和国民法典〉有关担保制度的解释》（以下简称《民法典担保解释》）第17条规定，究竟公司不承担责任、承担连带责任、承担不超过1/2的责任还是不超过1/3的责任，尚需要个案确定。

本书的一个基本立场是，在公司内部，控股股东、实际控制人、董事、高管利用控制权通过非公允关联担保方式侵害公司权益，进而侵害其他股东、债权人利益的问题由来已久，《公司法》第15条关于关联股东回避表决，董事、高管个人不得决定对外担保的规定可谓击中要害。这一规定实乃涉及我国公司治理中利益冲突治理的问题（关于此点，本书第十八章还将详述之），也是我国现行公司法的一大制度特色。因此，关于违反《公司法》第15条规定的公司对外担保合同的效力解释，不能脱离保护公司权益尤其少数股东权益的立法原意。

3. 违反《公司法》第15条的公司对外担保合同效力及其责任承担

关于此问题，基于既有的司法经验尤其吸收《九民纪要》的成就，《民法典担保解释》第7至12条确立的基本裁判规则如下。

（1）依照《公司法》第15条的强制性规定，公司对外担保合同，也即公司为第三人债务提供的担保合同（包括保证、物保以及其他具有担保功能的合约）的议决权在股东会或者董事会，两会之间的议决权分工由公司章程进一步确定，但公司为股东、实际控制人提供关联担保的议决权仅在股东会，不允许章程另外安排。

（2）如违反《公司法》第15条的规定，也即公司对外担保合同签署没有有效决议作为授权基础，即使是法定代表人出面代表公司签署的，该担保合同能否对公司发生效力，适用《民法典》第61条、第504条规定的越权代表规则，也即取决于相对人的主观状态而确定是否构成表见代表：第一，相对人善意的，构成表见代表，担保合同对公司发生效力，公司承担约定的担保责任；第二，相对人非善意的，构成无权代表，担保合同对公司不发生效力，公司不承担担保责任，如有过错，依照无效担保合同规则承担相应的赔偿责任。

(3) 相对人对自己的善意负有举证责任，如证明在订立担保合同时已对公司决议进行了合理审查，不知道且不应当知道法定代表人超越权限的，为善意；但公司可以反证相对人知道或者应当知道决议系伪造、变造，如是，则相对人为恶意。

(4) 法定代表人越权提供担保造成公司损失的，公司事后得请求法定代表人承担赔偿责任。

对越权代表规则的理论质疑。《民法典担保解释》承袭《九民纪要》的规定，将违反《公司法》第15条强制性规定的公司对外担保合同效力认定归属于越权担保制度，故适用《民法典》第61条、第504条等规定来裁处公司对外担保合同的效力。这一规则，更多是围绕该问题民商法学界多年争议之后达成的一种暂时性妥协，也为司法机关所接受，也即人们将《公司法》第15条理解为关于公司对外担保行为合同签署的代表权规则，此举固然解决了司法实践中最急需解决的问题——违反《公司法》第15条的公司对外担保合同的效力及其责任归属，但要指出的是，将违反《公司法》第15条的公司对外担保合同效力通过越权规则解决，存在逻辑的缺陷，也是对公司组织法规范的误读与无视。兹提出两个问题即可暴露缺陷之所在：其一，公司对外担保合同是否只能由法定代表人代表公司签订，其他工作人员可否代理公司签订？其二，假设公司有权机关就某项对外担保作出有效决议且授权一位职员签订合同，该职员可否持委托授权书与公司决议文件代理公司签订该合同，该合同是否对公司生效？以上两问的答案如是（也应该是）肯定的，就足以动摇越权代表规则。

实际上，《公司法》第15条的本旨应该理解为特殊的议决权规则，不应适用《民法典》第61条、第504条，而应适用《民法典》第85条及《公司法》第28条第2款的规定，也即公司决议效力被否定（不成立、无效、被撤销）后，公司据该决议与相对人形成的民事法律关系是否受影响的问题。[①] 对此，上引两条文都规定公司“依据该决议与善意相对人形成的民事法律关系不受影响”。尽管越权代表规则与决议被否定后影响外部行为效力机制都落脚于相对人的善意与否，在多数场合下得出的结论是一致的，但二者的基本法理尤其是关于公司组织法规范的处理机制，不可同日而语。质言之：(1)《公司法》第15条是关于公司对外担保这一特殊事项的公司内部议决权的规定，属组织法规范，而不是法定代表人对外代表权的规定，后者属于交易法规范。(2) 当然，议决权的内部规定也就顺带决定了法定代表人对外不享有代表权，因为这一规定完全排除了董监高群体中的任何个人（包括法定代表人）在此事项上的公司内部的决定权，对外自然也构成董监高（含法定代表人）的法定代表权、职务代理权的限制。(3) 对于法定代表人而言，这一规定属于职权的法定限制，故具有对世性，完全不同于来自公司的意定限制（公司章程、股东会的限制），故不适用《民法典》第61条第3款“法人章程或者法人权力机构对法定代表人代表权的限制，不得对抗善意相对人”的规定。

在基本规则之外，还有如下若干特殊规则。

(1) 豁免公司议决程序的特则。《民法典担保解释》第8条规定，下列情形下，公司对外提供担保不再以履行《公司法》第15条规定的公司机关决议授权程序为前提：情形一，金融机构开立保函或者担保公司提供担保，这是因为这些业务乃是这两类商事主体的本业；情形二，公司为其全资子公司开展经营活动提供担保，因为此时不存在伤害公司少数股东利益的问题；情形三，担保合同系由单独或者共同持有公司2/3以上对担保事项有表决权的股东签字同意。对于情形三存在争议，本书也持深刻的质疑立场，因为此举显然可能伤害公司少数股东、

① 李建伟. 公司决议的外部效力研究：《民法典》第85条法教义学分析. 法学评论，2020 (4).

债权人利益。基于对上市公司背后的资本市场秩序与公众投资者利益的照顾，上市公司对外担保不适用于上述第二、三种情形。

（2）上市公司对外担保的特则。其一，上市公司对外提供担保，严守《公司法》第 15 条规定的议决程序，并无例外。依照《民法典担保解释》第 8 条规定，即便为全资子公司开展经营活动提供担保，也得有公司机关的有效决议；即便担保合同系由单独或者共同持有公司 2/3 以上对担保事项有表决权的股东签字同意，也不得替代公司机关的有效决议。其二，相对人善意认定的特则。依照我国现有法律规定，上市公司及其控股子公司对外担保事项属于强制信息披露事项，所以上市公司及其控股子公司的有权公司机关一经议决对外提供担保，应该及时披露信息，相对人对该信息享有信赖利益，据此可以确定相对人善意认定的特殊规则。依照《民法典担保解释》第 9 条规定，相对人根据上市公司公开披露的关于担保事项已经董事会或者股东大会决议通过的信息而与上市公司订立担保合同的，相对人得主张担保合同对上市公司发生效力并由其承担担保责任；反之，相对人未根据上市公司公开披露的关于担保事项已经董事会或者股东大会决议通过的信息而与上市公司订立担保合同，上市公司可以主张担保合同对其不发生效力，且不承担担保责任或者赔偿责任；相对人与上市公司已公开披露的控股子公司订立的担保合同，或者相对人与股票在国务院批准的其他全国性证券交易场所交易的公司订立的担保合同，也适用前述规定。上市公司对外担保的相对人善意认定是司法实践中的难题。根据《民法典担保解释》第 9 条，对于上市公司对外担保的相对人善意认定可能面临四种情形：第一，上市公司有权机关已经有效决议并信息披露；第二，上市公司有权机关已经有效决议但未信息披露；第三，上市公司有权机关未有效决议但有信息披露；第四，上市公司有权机关未有效决议也未信息披露。相对人在上述第一、三种情形下可以认定为善意，在第四种情形下非为善意。唯在第二种情形下究竟为善意否，存在争议，本书持肯定说。

（3）一人公司为股东提供担保特则。一人公司可否为其唯一股东提供担保，以及如何适用回避表决的规定，一直是一个有争议的问题。《民法典担保解释》第 10 条明确了一人公司可以为其股东提供担保，公司不得以该担保未经股东会决议为由而主张不承担担保责任。这是因为一人公司无股东会，如由该一人股东做决定，则因为其要执行《公司法》第 15 条的回避规定，而事实上无法作出决定，这就陷入了一个死循环。当然，如因公司承担担保责任导致无法清偿其他债务，该一人股东不能证明提供担保时公司财产独立于自己的财产的，根据《公司法》第 23 条规定，其他债权人得主张公司人格否认而请求该股东承担连带责任。

（4）分支机构对外担保特则。《民法典担保解释》第 11 条规定，公司的分支机构以自己的名义对外提供担保，也适用公司对外担保的规定，也即分支机构如未经公司股会、董事会决议以自己的名义对外提供担保，相对人不得请求公司或者其分支机构承担担保责任，但相对人善意的（不知道且不应当知道分支机构对外提供担保未经公司决议程序的）除外。公司的分支机构对外提供担保，相对人非善意，担保合同无效，但请求公司承担赔偿责任的，参照《民法典担保解释》第 17 条关于担保合同无效的赔偿责任有关规定处理。

但是，金融机构的分支机构在其营业执照记载的经营范围内开立保函，或者经有权从事担保业务的上级机构授权开立保函，适用《民法典担保解释》第 8 条关于金融机构对外开立保函的规定，也即金融机构或者其分支机构不得以违反公司法关于公司对外担保决议程序的规定为由主张不承担担保责任。除此之外，如分支机构未经金融机构授权提供保函之外的担保，金融机构或者其分支机构可以主张不承担担保责任，但相对人善意的（不知道且不应当知道分支机构对外提供担保未经金融机构授权的）除外。

担保公司的分支机构未经担保公司授权对外提供担保，适用《民法典担保解释》第 8 条关于担保公司对外提供担保的规定，也即担保公司或者其分支机构不得主张不承担担保责任，但相对人善意的（不知道且不应当知道分支机构对外提供担保未经担保公司授权的）除外。

（5）债务加入准用公司对外担保规则。《民法典担保解释》第12条规定，法定代表人依照《民法典》第552条规定以公司名义加入债务的，该行为的效力认定参照《民法典担保解释》关于公司对外担保的有关规则处理。这是举轻以明重的规则[①]，立法意旨是防止公司多数股东、实际控制、管理层等通过让公司加入债务的方式来逃避公司对外担保规则的监管，达到侵害公司、公司少数股东及债权人之目的。

（三）借贷等对外财务资助行为

1. 基本原理

域外公司法一般不限制公司对外借贷。但为了防止管理层利用职权之便将公司资金借贷给自己及其关联人，有的公司法限制公司借贷给管理层的行为。如法国《商事公司法》第106条规定，“禁止法人以外的董事，以任何形式和公司签订借款契约，促使公司同意在往来账户上或以其他方式进行透支，以及让公司对他们向第三人承担的义务提供担保或保证”。这一规定同样适用于总经理、法人董事的代理人和上述人员的配偶、直系亲属以及一切中间人。

2. 我国的规定与实践

在我国，公司资金借贷给内部人及其关联人的现象比较普遍，不仅扰乱金融法律秩序，而且往往损害公司利益，所以受到了不同法律部门的联合规制。如金融法、合同法严格禁止非金融机构的资金拆借行为，公司法则从组织法的角度规范之。2018年《公司法》第115条曾规定：股份公司“不得直接或者通过子公司向董事、监事、高级管理人员提供借款”。此为股份公司董监高忠实义务的特别规定，即禁止股份公司的董监高向公司借款。股份公司一般处于所有权与经营权分离的状态，而董监高就像守着粮仓的一群“耗子”，如果允许“借粮”给他们，很容易引发利益冲突和权利滥用，进而违反忠实义务。2023年《公司法》修订将此条款整合进入第163条的禁止财务资助规范，即股份公司“不得为他人取得本公司或者其母公司的股份提供赠与、借款、担保以及其他财务资助，公司实施员工持股计划的除外。为公司利益，经股东会决议，或者董事会按照公司章程或者股东会的授权作出决议，公司可以为他人取得本公司或者其母公司的股份提供财务资助，但财务资助的累计总额不得超过已发行股本总额的百分之十。董事会作出决议应当经全体董事的三分之二以上通过。违反前两款规定，给公司造成损失的，负有责任的董事、监事、高级管理人员应当承担赔偿责任”。

根据此条可知，股份公司对外财务资助行为为公司法原则禁止、例外允许，原则禁止是指，股份公司不得为他人取得本公司、母公司的股份提供赠与、借款、担保以及其他形式的财务资助；例外允许是指：（1）公司实施员工持股计划的，公司可以为员工提供财务资助；（2）为公司利益，经股东会决议或者受权的董事会特别决议通过的，可以提供财务资助，但限额为“财务资助的累计总额不得超过已发行股本总额的10%”。违反上述规定的，将由负有责任的董监高对公司承担赔偿责任。

公司的对外财务资助行为，本质属于商业判断事项。实践中违法的对外财务资助行为往往表现为公司控制权人滥用权利，使用公司资产向未来股东或原股东取得本公司、母公司股份进

① 因为依照《民法典担保解释》第36条规定，第三人向债权人提供差额补足、流动性支持等类似承诺文件作为增信措施，具有提供担保的意思表示，依照保证规则处理；第三人向债权人提供的承诺文件，具有加入债务或者与债务人共同承担债务等意思表示的，认定为债务加入；但前种情形中第三人提供的承诺文件难以确定是保证还是债务加入的，认定为保证。由此可见，债务加入的责任重于保证（担保人承担无限责任），更无论物权担保（担保人承担有限责任）。

行不正当的利益输送，其中亦广泛存在公司相关经营管理人员违反信义义务的行为。具体而言：其一，公司对借贷等财务资助行为违反了《公司法》第 163 条第 1、第 2 款规定。其二，公司因此而遭受损失。比如违法借贷不仅可能给公司造成损失，亦可能实现“变相分配”，从而给其他股东、公司债权人造成损失。其三，董监高对前述违法行为及公司损失具有过错。其中，董事、高管负责公司经营管理，应了解对外借贷行为对公司账面净值、偿付能力、资金流动性等方面的影响，监事则负有对公司对外借贷行为的监督职能。此外，如公司的违法对外财务资助行为触发《公司法》第 191 条的规定，损害公司债权人利益，债权人亦可要求具有故意或重大过失的董事、高管承担赔偿责任。

（四）捐赠行为

1. 基本原理

早期公司法理论认为，公司作为营利性法人以增进股东利益为唯一宗旨，向他人捐赠超越了权利能力范围。随着公司社会责任理论的兴起，公司须兼顾其他利害关系人利益的理念被接受，各国公司法大都承认公司得在合理范围内为慈善捐赠活动，如美国《示范公司法》第 3.02 条规定，公司具有为公共利益、慈善事业、科学研究或教育事业之目的进行捐赠的权利。公司可以为捐赠的理论依据有二：捐赠有益于社会公益，公司正好是捐赠的财源之一。

需要讨论的相关问题如下：

（1）与公司利润无关的巨额公益捐赠。通常的标准是不能超过“合理的数额”（no more than a reasonable amount）。何为“合理的数额”？公司法本身没有答案，税法上的标准是：不能超过税法上的捐赠减免税的最高限额。

（2）捐赠的对象限于“公认的公益事业”（recognized charities），否则，可能构成越权。

（3）关于政治捐赠（献金）。不同国家对此的规定存在着较大差别，美国、日本早期法律规定直接的政治献金非法，但司法判例均认同公司政治献金之合法性，在公司法理论上则一直存在争议。[①]

2. 我国的规定与实践

《公司法》没有关于公司捐赠的规定，但结合第 20 条关于公司须承担社会责任的规定看，并不禁止公司捐赠行为。从公司实践看，公司捐赠在数量和目的上应该合理。目的合理主要指公司捐赠应该有利于社会公益，数量合理则根据具体情况来确定。目前实务中的突出问题有二：一是多数股东利用控股地位决定的公司捐赠，面临合理性审查问题。如完全为了达到其个人目的且直接影响公司的存续、发展的捐赠，通常会损害少数股东利益，其合理性应当受到审查。二是法定代表人代表公司的捐赠行为是否有效。法定代表人的职权除受到法律、公司章程、董事会或股东会决议的限制外，还应受公司法的基本原则——营利性原则的限制。营利性是公司的基本属性，捐赠不属于公司日常经营管理之范畴，违背公司营利性原则的行为应被认定为越权，受赠人应当知道法定代表人不享有决定捐赠的职权，所以不存在善意相对人的保护问题。

四、公司行为能力与法定代表人

（一）概念

公司是否具有行为能力？法人拟制说否认之。法人实在说则认为公司作为一种法人组织，

① 刘连煜．公司监控与公司社会责任．台北：三民书局，1995：106 及以下；末永敏和．现代日本公司法．金洪玉，译．北京：人民法院出版社，2000：11 及以下．

其行为能力通过由自然人担任的法人机关实现，即公司具有行为能力，其意思表示通过代表机关实施，代表机关以公司名义实施的行为就是公司的行为。在此意义上，公司行为能力是指公司通过自己的意思表示取得权利、承担义务的能力。这样，公司的行为能力与法人代表机关的行为效力就是一个问题的两个方面。需要指出的是，并不是任何公司机关都享有代表公司对外实施法律行为的权力。股东会是权力机关，负责公司重大事项的决策；监事（会）是监督机关，在一般情形下二者都不直接对外代表公司。董事（会）作为公司的业务执行机关，也不当然具有对外代表公司的资格。各国公司法一般都有关于公司代表人的特别规定。

《民法典》第57条规定，“法人是具有民事权利能力和民事行为能力，依法独立享有民事权利和承担民事义务的组织”；第59条规定，“法人的民事权利能力和民事行为能力，从法人成立时产生，到法人终止时消灭”。可见，我国法律采法人实在说，承认公司法人具有民事行为能力。我国民法理论认为，公司的行为能力与权利能力同时产生、同时消灭，且在范围上完全一致。

（二）公司代表人

1. 定义

公司代表人，即代表公司对外实施法律行为的公司代表机关，或者指该机关的担当人，视不同情形而定，但最后须由自然人担任。我国《民法典》第61条规定：“依照法律或者法人章程的规定，代表法人从事民事活动的负责人，为法人的法定代表人。”由于代表人通常由董事担任，所以习惯称之为“代表董事”。不过，我国公司法将代表人选扩张至公司经理，则以代表人称之。在我国公司法上，代表人不一定享有公司内部的业务执行权、决策权，但肯定对外享有公司代表权，具体表现为：代表人对外具有进行营业上和诉讼上一切行为的权力，如代表公司对外签约，或者代表公司参加诉讼、仲裁等。在此意义上，代表人的代表权几乎与公司行为能力无异。

《民法典》第61、62条与《公司法》第11条规定，法定代表人以法人名义从事的民事活动，其法律后果由法人承受，法人章程或者法人权力机构对法定代表人代表权的限制，不得对抗善意相对人；法定代表人因执行职务造成他人损害的，由法人承担民事责任，法人承担民事责任后，依照法律或者法人章程的规定，可以向有过错的法定代表人追偿。公司代表人以公司名义与第三人进行的行为，在法律上就是公司本身的行为，法律效果当然归属于公司，即适用“代表”而非“代理”规则。

法人组织的代表与代理之区分。这需要结合《民法典》第170条进行比较分析。《民法典》第170条规定：“执行法人或者非法人组织工作任务的人员，就其职权范围内的事项，以法人或者非法人组织的名义实施的民事法律行为，对法人或者非法人组织发生效力。法人或者非法人组织对执行其工作任务的人员职权范围的限制，不得对抗善意相对人。”这是关于职务代理（商事代理）的规定，对比上引《民法典》第61、62条与《公司法》第11条可知，假设某公司有董事长甲（登记为法定代表人）、总经理乙、业务员丙同样以公司法人名义对外为同样的职务行为，如签署一份业务合同，甲的行为属于代表行为，适用《民法典》第61、62条；乙、丙的行为属于代理行为，适用《民法典》第170条，后二人的代理权限因为职位不同而又有所区别。当然，单就公司的对外普通业务行为而言，法定代表人可以为代表行为，其他工作人员也可以为职务代理行为。

但是，在我国实践中，公司的法定代表人的代表行为与其他工作人员的职务代理行为还存在重大区别。有一些公司事务，只有法定代表人可为代表行为，其他工作人员的职务代理行为将不被认可，具体包括：(1) 代表公司向司法机构提起诉讼、仲裁申请的行为，只有法定代表人可为；(2) 代表公司向登记机关提起进行商事变更登记的申请，只有法定代表人可为；

（3）非日常的重大业务经营管理行为，司法实践中一般认为公司的对外投资、对外担保以及借款、捐赠等对外财务资助行为，法定代表人可为，其他工作人员究竟可否为之，不无疑问；（4）涉及公司组织的重大行为，比如公司分立、合并、资产重组以及公司内部在出资证明书、股票、债券上签字等，要么公司法直接规定了应由法定代表人签章，或者实务中一般都认为唯有法定代表人可为。

2. 担当模式

各国公司法上的公司代表人模式有：（1）共同代表制。德国《股份法》第 78 条规定，除非公司章程有相反规定，董事会成员应该共同对第三人进行意思表示。（2）法定代表制。法国《商事公司法》第 113 条规定，只有董事长可以对外代表公司。（3）单独代表制。日本《公司法典》第 349 条规定，董事为 2 人以上时，董事各自代表公司；也可以基于公司章程，基于公司章程规定的董事互选或者股东大会决议，从董事中决定代表董事，代表董事不限于一人。（4）任意代表制。美国、奥地利、意大利、瑞典、瑞士等国家对公司代表人的资格以及人数不作规定，完全由公司自己决定。

我国历来采取法定制、一元制法定代表人，所谓“法定代表人”一词，即为此意。至于哪些人可以担任法定代表人，依照《民法典》第 61 条规定，所谓“代表法人从事民事活动的负责人”就是一个自然人。1993 年《公司法》曾经规定仅限于一人，也即董事长或者一名执行董事（不设董事会的）担任；2005 年《公司法》修正案放宽到二人，也即董事长或者一名执行董事（不设董事会的）或者经理（也即总经理）担任；2023 年《公司法》修订后再次放宽候任人群，于第 10 条第 1 款规定：“公司的法定代表人按照公司章程的规定，由代表公司执行公司事务的董事或者经理担任。”这一规定允许公司章程在代表公司执行公司事务的董事（也即执行董事）或者经理之间决定法定代表人人选，这意味着某些公司具有担任法定代表人的资格的人可以有多个。但是，法定代表人的一元制始终未有松动。多年来的实践亦表明，法定代表人的很多问题都是代表人的一元制带来的，倘不允许复数法定代表人的出现，一些痼疾仍然无法得到根治。①

此外，《公司法》还规定了特定情况下的公司代表人。《公司法》第 78 条规定，董事、高级管理人员执行公司职务时违反法律、行政法规或者公司章程的规定，给公司造成损害的，由监事或监事会代表公司提起诉讼。《公司法》第 234 条规定，清算组在清算期间代表公司参与民事诉讼活动。可见，在特定情况下，监事（会）、清算组得对外代表公司。还有，发起人作为设立中公司的机关，得代表设立中公司从事公司设立行为。

（三）代表行为

公司代表人最终由自然人担任，但自然人在生活中具有多重身份，其所为的行为属于个人行为的，由个人承担责任；属于代表行为的，由公司承担责任。因此，需要甄别哪些行为属于代表行为。一般认为，代表行为的构成要件如下。

1. 具有代表人的身份。如果公司章程规定董事长、执行董事或经理担任公司代表人，某个自然人经过合法程序一经取得董事长、执行董事或者经理职位，即取得代表人身份。至于是否经过商事登记，在所不论，因为商事登记属于代表人身份的公示行为，并非生效要件。

表见代表人。公司实践中存在两类问题：某自然人非经合法程序取得董事长、执行董事或者总经理职位，但已经登记公示；或者，已经登记为公司代表人，其后依法失去董事长、执行董事或者总经理职位而未经变更登记。在上述两种情形下，该自然人都应被认定为不具有公司

① 上海市高级人民法院民二庭课题组. 公司意志代表权争议的现状与问题解决思路. 法律适用，2013（5）：14.

代表人的身份，但基于登记的公信效力，善意相对人可以合理信赖其为公司代表人，故可以主张其为公司表见代表人。

2. 以公司的名义。依反向解释，不以公司的名义而以个人的名义所为的行为必然为个人行为，不属于代表行为。所谓“以公司的名义”，包括明示的以公司的名义和公司意思表示的外在推定形式。以下情形，可以推定为公司的意思表示，除非有相反的证据推翻该推定。

(1) 公司代表人签章。以公司代表人名义签章构成公司意思表示的外在推定形式，但根据《民法典》第 504 条，有证据证明代表人签约行为越权，且相对人知道或应当知道的除外。

(2) 公司印章。《民法典》第 490 条中规定：“当事人采用合同书形式订立合同的，自当事人均签名、盖章或者按指印时合同成立。”这足以表明立法承认印章是公司的意思表示的外在推定形式。我国的商事交易习惯也广泛认可这一情形。

公司印章的使用及意义。在我国作为一种特殊意思表示形式的存在，在不同情况下具有不同的法律效果。《九民纪要》第 41 条规定，公司法实践中有些公司有意刻制两套甚至多套公章，有的法定代表人、代理人甚至私刻公章，订立合同时恶意加盖非备案的公章或者假公章，发生纠纷后法人以加盖的是假公章为由否定合同效力的情形并不鲜见。法院审理案件时应当主要审查签约人于盖章之时有无代表权、代理权，从而根据代表、代理的相关规则来确定合同的效力。法定代表人或者其授权之人在合同上加盖法人公章的行为，表明其是以法人名义签订合同，除《公司法》第 15 条等对其职权有特别规定的情形外，应当由法人承担相应的法律后果。法人事后不得以法定代表人已无代表权、加盖的是假章、所盖之章与备案公章不一致等为由否定合同效力。代理人以被代理人名义签订合同，要取得合法授权。代理人取得合法授权后，以被代理人名义签订的合同自然应由被代理人承担责任。被代理人事后不得以代理人已无代理权、加盖的是假章、所盖之章与备案公章不一致等为由否定合同效力。

3. 在代表权范围内。超越代表权的代表行为无效，除非构成表见代表。《民法典》第 61 条第 2、3 款规定：“法定代表人以法人名义从事的民事活动，其法律后果由法人承受。法人章程或者法人权力机构对法定代表人代表权的限制，不得对抗善意相对人。”《公司法》第 11 条第 1、2 款规定：“法定代表人以公司名义从事的民事活动，其法律后果由公司承受。公司章程或者股东会对法定代表人职权的限制，不得对抗善意相对人。”《民法典》第 504 条规定：“法人的法定代表人或者非法人组织的负责人超越权限订立的合同，除相对人知道或者应当知道其超越权限外，该代表行为有效，订立的合同对法人或者非法人组织发生效力。”

何谓“相对人知道或者应当知道”，涉及代表权限范围。公司代表人的代表权限制情形通常有三。

(1) 法律、行政法规的直接限制。《公司法》没有专门的条款直接限制公司代表人的代表权限，在立法解释上，立法对股东（会）、董事会的权力授予，以及对董事、经理的权力限制，可以视为对代表权的限制。如《公司法》第 15 条规定，公司为他人提供担保的，依照公司章程的规定，由股东会、董事会决议。这一规定即表明董事长、执行董事或者总经理未经股东会、董事会决议授权，无权签订对外担保合同。这一规定即表明董事长、执行董事或者总经理未经股东会、董事会同意，无权签订对外借贷合同。在这种情形下，公司代表人越权行为违背法律、行政法规的限制，任何相对人都被推定为知道或者应当知道代表人的行为越权，因此，该行为绝对无效，不成立表见代表。

(2) 公司章程的限制。公司章程限制代表权条款虽然随章程的登记公示而公示，但与法律、行政法规的直接限制不同的是，为了保护交易安全，这并不足以构成“相对人知道或者应当知道”的证据。如欧盟《第 1 号公司法指令》第 9 条第 2 款明确规定：“公司章程或者有决策权的公司机关对于公司机关权力的限制，不得被公司利用对抗第三人；即使这些限制已经公告也是如此。”据此，凡公司董事会所决定的交易，对于善意相对人而言均视为在公司能力范围内的交易。[①] 德国《股份法》第 82 条、《有限责任公司法》第 31 条规定，对于董事代表权所加章程限制，不得对抗第三人。我国司法实践的立场与此完全相同。

（3）股东会、董事会决议的限制。股东会、董事会限制代表人权力的决议一般不对外公示，所以，通常情形下相对人不知道或者不应当知道该决议的限制内容，除非公司举证某特定相对人经过某特定渠道知道或者应当知道该决议的限制。

代表行为有效与公司的意思表示有效之别。代表行为有效，仅仅表明代表人的意思表示构成公司的意思表示而已；公司的意思表示有效，不但以代表行为有效为前提，并且要符合意思表示（法律行为）的生效要件，如此才能产生法律效力。所以，代表行为有效并不表明代表人代表公司所为的意思表示如签订的合同一定有效，是否有效还要看其符合意思表示的生效要件与否。我国司法实践中突出的问题是：将董事长的代表行为无效和董事长代表公司签订的合同无效混为一谈，从而错误地适用行为效力规则与责任规则，将本应由董事长个人在公司内部承担的责任，错误认定为公司对外向相对人承担合同无效的缔约过失责任。再比如，如果公司代表人的行为得到了董事会、股东会的授权，则可以说代表行为不可能越权，所以代表行为有效；但就其代表公司所签订的合同效力而言，需要区分两种情形分析：如所授的权力本身合法，则其所签的合同当然有效；如所授的权力本身违法，如授权签订走私的合同，则授权本身违法无效，导致合同本身亦违法无效。

五、公司侵权行为能力

公司的侵权行为能力，是公司责任能力之一种，指公司承担侵权损害赔偿的责任能力。法人实在说承认公司具有侵权能力，有利于保护受害人利益。多数国家、地区的公司法接受法人实在说，我国亦然。但在韩国等地，公司侵权行为被限定于公司代表机关或公司负责人的职务行为[②]，范围很窄。

1. 间接责任体制

我国《民法典》第 62 条规定：“法定代表人因执行职务造成他人损害的，由法人承担民事责任。法人承担民事责任后，依照法律或者法人章程的规定，可以向有过错的法定代表人追偿。”第 1191 条第 1 款规定：“用人单位的工作人员因执行工作任务造成他人损害的，由用人单位承担侵权责任。用人单位承担侵权责任后，可以向有故意或者重大过失的工作人员追偿。”以上被认为是对公司侵权行为能力的一般规定，适用对象较宽泛。《公司法》第 11 条第 3 款规定：“法定代表人因执行职务造成他人损害的，由公司承担民事责任。公司承担民事责任后，依照法律或者公司章程的规定，可以向有过错的法定代表人追偿。”同时第 188 条规定，董监高执行职务时违反法律、行政法规或者章程的规定，给公司造成损失的，应当承担赔偿责任。公司向受害人承担的赔偿责任应当认定为公司受到的损害。所以，公司可以据第 188 条的规定要求行为人（如董监高）向公司承担赔偿责任。

综合以上，我国传统民商法对于包括董监高在内的所有公司员工构成职务侵权的，实行的是间接责任体制，也即：（1）对于公司之外的受害人（他人）的损失，由公司承担赔偿责任；

① JANET DINE. Company law. 2nd ed. Macmillan Press Ltd.，1994：35.

② 李哲松. 韩国公司法. 北京：中国政法大学出版社，2000：62；柯芳枝. 公司法论. 增订 5 版. 北京：中国政法大学出版社，2004：29，44.

(2) 公司对外承担责任后，再向有过错的员工（包括董监高、法定代表人）追偿。这样一来，由于公司的间隔，在作为受害人的他人与有过错的员工之间建立了一道“防火墙”，受害人无权直接向有过错的员工追偿。

2. 直接责任体制

域外一些国家、地区的公司法规定，公司负责人、代表董事等的职务行为致人损害的，与公司一道对受害人直接承担赔偿责任，以加强其执行职务的谨慎意识，防范公司侵权行为的发生；并且受害人可以获得更多的赔偿机会。长期以来，我国缺乏关于这一直接责任的系统规定，2023年《公司法》修订案引入了这一规定，于第191条规定：“董事、高级管理人员执行职务，给他人造成损害的，公司应当承担赔偿责任；董事、高级管理人员存在故意或者重大过失的，也应当承担赔偿责任。”对此的简单解读如下：

(1) 权利人。故意、重大过失的高管面对公司之外的“他人”，主要是指公司债权人，但不限于此，公司股东、员工等也在此列。

(2) 责任人。承担直接责任的仅限于执行公司职务存在故意、重大过失的董事（包括影子董事）、高管，不包括监事；且董事、高管主观上须出于故意、重大过失，不包括一般过失。考虑到法定代表人只能由执行董事、经理担任，所以这一责任也适用于法定代表人。

(3) 责任性质。“也应当承担赔偿责任”的含义，目前学理上有按份责任说、平行连带责任说、补充连带责任说、补充责任说、不真正连带责任说等多种学说，立法上也有上述多种立法模式。本书倾向于补充连带责任说。

除了《公司法》第191条的规定，涉及董事、高管的直接责任的规定，还散见于《证券法》第85条，第163条等，《公司法》第232条、第238条第2款规定清算义务人（董事）、清算组成员（多为董事）怠于履行清算职责的，要对公司债权人担责，也属于对于第191条的变相适用。

六、公司决议：组织法上的民事法律行为

（一）决议与公司能力的关系

一方面，作为与自然人相并列的民商事主体，法人具有民事权利能力与民事行为能力，公司作为营利法人具有典型的商事权利能力与商事行为能力；另一方面，作为抽象的法人组织体，公司自身并无意思表示的能力，必须依赖其法人机关及其成员形成意思并付诸实施。公司法人机关通过会议程序形成公司的团体意思，系组织法上的特有现象，这一团体意思是以决议表现出来的。公司股东会决议一经作出，在内部所体现的是作为团体成员的股东与作为团体整体的公司之间的关系，而不再是股东与股东之间的关系，在外部则作为公司的意思机关代表公司形成公司的意思。公司董事会、监事会决议一经作出，在内部是作为法人机关成员的董事、监事形成执行、监督公司意思的行为，所体现的并非董事、监事彼此之间的关系，在外部则体现为法人机关代表公司作出的意思表示。

既然公司的意思表示多以决议的方式作出，那么决议与公司的权利能力、行为能力息息相关。与此同时，决议作为组织法上特有的民事法律行为，是理解公司组织法上的相关法律关系的一把钥匙，可以说，对于决议的理解，很大程度上决定了人们关于公司组织法的理解。

（二）作为民事法律行为的决议

现代民商法上的决议有很多种，比如我国《民法典》上按份共有人决定共有物重大修缮与处分事项的决议、建筑物区分所有权制度上的业主大会决议与业主委员会决议，《农村土地承

包法》上农村集体经济组织决议，《农民专业合作社法》上合作社成员大会或者成员代表大会决议，《合伙企业法》上的合伙人决议，《企业破产法》上破产债权人会议决议，《公司法》上的公司决议，包括股东会决议、董事会决议、监事会决议、债券持有人会议决议等。境外公司法上存在人合公司（无限公司、两合公司）的，还有股东决议等。上述决议可以区分为两大类，组织法上的决议与非组织法上的决议，前者不仅更具有决议的典型性，数量上也居决议的主流地位。由于公司是当代社会最具有代表性的商业组织，公司决议尤其股东会决议、董事会决议法律制度最引人注目。

《民法典》中十几次出现“决议”的字眼，其中第134条规定：“民事法律行为可以基于双方或者多方的意思表示一致成立，也可以基于单方的意思表示成立。法人、非法人组织依照法律或者章程规定的议事方式和表决程序作出决议的，该决议行为成立。”这一规定的基本含义有二：一是确立了决议作为民事法律行为的基本定位；二是按照表意方的多寡以及意思表示的“合意”形成机制，区分为单方法律行为与多方法律行为，其中后者再分为契约行为与决议行为。这一分类遵循“两个层次、三种类型”的概念体系与位阶，不仅逻辑自洽，而且具有制度理性。单方法律行为，是指只要一方当事人的意思表示即可成立的民事法律行为，其核心特征是仅凭一方的意思表示而无须得到相对人的同意。按照有无相对人，又区分为没有相对人的单方法律行为，如遗嘱、抛弃行为，以及有相对人但无须得到其同意的单方法律行为，如追认或者撤销无权代理、单方解除契约等。契约行为，是指两方或者两方以上的当事人的意思表示一致的民事法律行为，其核心特征是不仅需要两方及其以上的意思表示；而且需要各方的意思表示达成一致才能成立，如买卖合同、合伙协议、发起人协议、订立有限公司的初始章程等。①决议行为，是指两方或者两方以上的当事人意思表示经过“多数决”形成一个意思表示的民事法律行为，其核心特征是需要两方及其以上的意思表示，但不要求各方的意思表示达成一致才能成立，仅仅达到多数决的要求即可。其与契约行为的相同之处在于，需要两方及其以上的意思表示；核心区别在于，契约行为要求各方的意思表示一致，而决议行为仅仅需要取得表意各方的多数意思表示即可。更实质的区别是，组织法上的决议一经形成，即成为组织体自身的意思表示（民事法律行为）。

虽然有人对决议的民事法律行为属性表示质疑，但大陆法系民商法学界的主流观点与立法均持肯定说。决议之所以属于民事法律行为，单从行为法/交易法的视角看，具因为其核心特征符合民事法律行为的本质——私法自治（意思自治）的载体。按照萨维尼的定义，法律行为就是私法主体意欲发生私法效果的意思表示。我国《民法典》第133条也规定：“民事法律行为是民事主体通过意思表示设立、变更、终止民事法律关系的行为。”具言之。

1. 决议的表意人是私法主体。以公司决议为例，股东会决议的表意人就是股东会这一组织机构（意思机关）的成员，同时也是公司成员——股东，董事会决议的表意人就是董事会这一组织机构（执行机关）的成员——董事。

2. 以表意人的意思表示为核心构成要素，表意人遵循表意自由原则，核心是私法自治。以公司决议为例，股东会决议的表意人——股东表意完全自由，董事会决议的表意人——董事在符合公司利益的原则范围内也享有表意自由。

---

① 有人将契约行为按照表意各方的意思表示的方向与内容是相对的还是一致的，再区分为合同行为（狭义契约）与共同法律行为，前者如买卖合同，买卖双方的意思表示相对；后者如发起人协议、合伙人协议，表意各方的意思表示方向一致。实际上，这一区分标准纯粹是技术性的，在法律上毫无实益，二者在“意思表示一致才能成立”这一核心特征上毫无区别。

3. 产生私法效果。以公司决议为例，有的仅产生组织法上的私法效果，如股东会修改公司章程的决议、董事会制定公司基本规章的决议等；有的仅在公司与内部人（insider）之间形成法律关系，如变更法定代表人的决议、载明分配方案的股利分配决议等。就后一决议而言，一经作出，即在公司与股东之间形成债的法律关系。有的决议则将在公司与外部第三人之间形成法律关系，但还需加上契约等法律行为，共同组成一个法律事实构成，如公司股东会作出了对外担保的决议，公司代表人、经办人还要凭此代表或代理公司与债权人之间签署担保合同，才能产生担保合同法律关系。有的决议则介于二者之间，比如董事会作出选聘高管的决议后，到底仅凭此决议直接在公司与高管之间形成委任（委托）合同关系，还是需要加上公司与高管之间签署的委任（委托）合同后方才形成合同关系，在我国司法实践中颇具争议，存在两种不同的见解。

从《公司法》第 59 条、第 67 条、第 112 条等规定的股东会、董事会的职权范围可以看出，公司决议基本上以内部事项为主，比如批准董事会、监事会报告、公司利润分配方案和弥补亏损方案、修改公司章程、制定公司基本管理制度等。但其也不限于内部事项，可能会涉及其他外部主体，比如发行公司债券的决议等。至于选任或者更换董事、监事及决定其报酬事项、决定聘任或者解聘公司经理及其报酬事项等，可以说是介于内、外部法律关系之间的事项。总之，那种认为决议不产生私法效果、仅仅是公司意思的形成机制的见解①，是对于决议的误解，至少是不全面的，其可能漠视了决议在组织法上产生的私法效果。实际上，由于公司组织法的理论建构远落后于传统民法的理论建构，用以个人法为原型的民法基本理论范式来解释涉及组织体内部的团体关系，尤其是涉及组织法与交易法之间关系的问题时，明显捉襟见肘，很多理论歧见与误解也由此而生。

（三）公司决议作为民事法律行为的特殊性：行为法的视角

虽然德国法上的法律行为是对所有的意思自治行为进行高度抽象化的产物，法律行为的成立、生效与效力规则是对所有意思自治行为规则提取公因式的总结，但无可否认，其主要的假设对象还是契约行为，所以公司决议作为民事法律行为具有的所谓特殊性，主要是与契约行为相比较而言的。就行为法的视角，决议相较于契约的特殊性体现如下。

1. 成立不要求各方表意人的意思表示一致，仅需要达到多数决的多数意思即可。就合意的达成而言，“多数决”是对契约行为奉行的“意思表示一致”的背反，这就可以合理地回答一个问题：为什么参与表意人一方的意思表示瑕疵不当然影响决议的效力。因为多数决暗含了表意吸收机制的正当性与合理性，其中的反对者、弃权者的意思表示凡达不到否定多数的，都不影响决议的成立与生效。当然与此同时，对于表意吸收机制也要予以限制与警惕，因为其面临着正义的挑战。现代公司法上，对于多数决下表意吸收机制的限制与警惕举措有很多，实体上的举措包括关联者回避投票制、累积投票制、限制投票权制、信托投票制等，但程序上的举措扮演了更重要的角色，因为决议的正当性不是来自表意的一致性，而是来自正当程序——经由会议的正当程序由个体意思生成公司组织体的团体意思。所以，程序之于决议而言具有独立价值，必须坚定维护程序的独立价值。

2. 意思表示的方式与程序受到法律的严格限定，采用书面形式，恪守严格的法定程序。虽然公司法没有明文规定，但依照立法体系解释，一般认为决议以形成书面决议为成立要件。由于决议的形成实行多数决，对于表意被吸收的少数派的保护主要依赖程序正义，所以正当程序具有极其重要的独立价值。一般而言，法律对于契约行为的方式不作干预，契约行为的成立

① 陈醇. 意思形成与意思表示的区别：决议的独立性初探. 比较法研究，2008（6）.

也没有程序性。

3. 民事法律行为的效力规则体系对决议的适用具有特殊性。此处的特殊性包含三个层次的含义。第一层次，在实定法上，二者的效力类型划分不一致，契约的效力类型可分为四类，有效的契约与效力有瑕疵的契约，后者再分为无效的契约、可撤销的契约与效力待定的契约；决议的效力类型也分为有效的决议与效力有瑕疵的决议，后者再分为无效的决议与可撤销的决议，并无效力待定的决议之说，但是不成立的决议具有独立的分类价值。第二层次，在实定法上，二者的效力瑕疵事由适用不完全一致。具体而言，首先，契约行为的多数无效事由，如行为人的行为能力欠缺、意思通谋、恶意串通等对决议而言并不存在，或者无从适用。至于内容的违法（狭义）这一无效事由，对于契约与决议倒是一体适用的。关于内容的违反公序良俗，理论上虽然适用于决议，但在决议之上极少发生。其次，契约行为的可撤销事由包括表意人的欺诈、胁迫、重大误解与显失公平等，对决议均不适用，但决议独有自身的可撤销事由，即决议内容的违法（狭义）、违反章程以及程序违反章程。再次，契约行为的效力待定事由，包括不具备相应的行为能力、无权代理、无权处分（有争议）等，对决议均不适用。最后，契约行为有效的三要件（行为人具有行为能力、意思表示真实、内容合法等）[①]，对于决议而言不完全适用，前两个要件对于决议要么无意义，要么不作要求。正面来讲，决议的有效要件有二：一曰内容合法，二曰程序合法，事实上我国公司立法文本也是循此二要件而规定决议的生效以及作相应的瑕疵分类的。[②] 第三层次，效力范围与溯及力上的区别。首先，不同于契约行为的效力相对性限制，决议的效力范围具有对世性。其次，契约行为被否定（被认定无效、不成立以及被撤销）后具有溯及力，溯及契约行为成立之初即是无效的，原则上发生返还原物的效果[③]，但决议被否定后，恢复原状具有极大的困难，比如公司解散、合并、分立的决议一经作出并被付诸实施的。事后决议效力被否定后客观上不能恢复原状，是由组织法的特性所决定的。

（四）公司决议作为民事法律行为的特殊性：组织法的视角

与按份共有人的决议等纯粹行为法上的决议相比，组织法上的决议还深具组织法的特性：决议不仅是组织体的法人机关成员的意思表示多数决的产物，同时也构成组织体的法律行为，一经作出首先对组织体直接生效。公司决议作为组织法上最典型的决议，其组织法的特性更应该引起重视。

1. 意思表示主体与行为主体的分离性。在单方法律行为、契约行为中，意思表示主体与行为主体是一致的，而决议行为是个体的意思表示经会议程序而转化为团体意思表示（组织法），如公司股东会决议的表意主体是股东，行为主体是公司。所有的决议都是公司自身的意思表示，决议的第一约束主体就是公司。离开公司这一组织体去谈论决议的任何特性，都是本末倒置的。

2. 效力范围不限于表意人。其效力范围，就表意人而言，不仅限于支持决议的表意人，还及于表意的反对者与弃权者，以及不参加表意者（缺席者）。除表意人之外，由于决议是形成公司的意思也即为公司表意，所以决议的效力首先及于公司组织体。此外，部分决议的效力事实上还及于不参与表意的其他利害相关者主体（多为内部人，insider），比如董事会决定聘任经理、决定经理薪酬的决议效力及于经理。这一效力范围的射程，适用契约法原理是无法解

① 参见《民法典》第143条。

② 参见《公司法》第25、26、27、28条。

③ 参见原《合同法》第58条，《民法典》第155条、第157条。

释的，只能在组织法的框架内获得理解。

3. 独特的法益结构。循组织法（团体法）的固有逻辑：组织法重视的是团体意思，必要时可以牺牲团体成员个人的利益，当然也重视与尊重个人利益，保护与追求个人利益是最终的目的，但不能将其置于团体利益之上。从某种意义上说，民法作为交易法是权利本位法，注重的是个人意思；组织法在组织体内部强调的是义务（职责）本位，注重的是团体意思的形成，这一形成机制重在程序，所以“义务＋程序”也就构成了组织法的关键词。相应地，公司决议瑕疵之诉救济，究竟是对股东等成员私权利的保护，还是对团体自治的司法审查呢？可能主要是后者的解释论更妥当些。尤其在董事、监事作为原告提起公司决议无效、不成立之诉的场合下，可能并无自身的利益，纯粹为（代表）公司利益而提诉。再具体分析，组织体成员组成的组织机构的决议（股东——股东会决议）与其他组织机构的决议（董事——董事会决议）的形成机理与利益关系结构也是不一样的。前者存在成员的个人利益与意思，其表意自由，且表意对错与否不受追究（除非构成权利滥用）；而后者并不存在个人利益与意思，只能为组织体的利益而表意，其表意存在对错标准之分，因为违反组织体利益的表意受到诚信义务的检验，违反者将被追究违信责任［比如美国公司法上的商业判断规则（BJR）］。

（五）决议效力之于外部交易行为效力的影响机制：组织法与行为法的桥梁

虽然公司决议的绝大多数是处理组织体内部的事项，但仍有不少决议势必涉及外部第三人的法律关系，有的直接涉及外部第三人，有的需要以公司决议为前提，再与外部第三人通过签订契约等发生交易法律关系。就后者而言，如契约已经成立甚至履行，公司决议的效力事后又被否定的，是否影响外部交易行为的效力，以及是一种怎样的影响机制，是决议法律制度最具实益也最具挑战性的研究课题。

对此，《民法典》第85条规定：“营利法人的权力机构、执行机构作出决议的会议召集程序、表决方式违反法律、行政法规、法人章程，或者决议内容违反法人章程的，营利法人的出资人可以请求人民法院撤销该决议，但是营利法人依据该决议与善意相对人形成的民事法律关系不受影响。”这一规定尝试确立公司决议影响外部法律关系效力的机制——先区分公司内外部法律关系，尔后再区分第三人的善恶意而设定不同的影响机制。《公司法》第28条则更加全面地规定：“公司股东会、董事会决议被人民法院宣告无效、撤销或者确认不成立的，公司应当向公司登记机关申请撤销根据该决议已办理的登记。股东会、董事会决议被人民法院宣告无效、撤销或者确认不成立的，公司根据该决议与善意相对人形成的民事法律关系不受影响。”关于这一机制具体内容的展开，安排在本书第十八章。

（六）结论

虽然民事法律行为的效力规则体系大多数并不适用于决议，但这并不否定决议的民事法律行为属性。这其实并非民法上的个案。假定对象主要是契约行为的民事法律行为效力规则体系，对于婚姻、遗嘱等民事法律行为也多不适用，比如受到一般意义上的欺诈（基于隐瞒重大疾病的欺诈除外）的婚姻并不是可撤销的，基于胁迫的遗嘱也不是可撤销的，重大误解导致行为可撤销的规则也不适用于商法上的票据行为，票据行为还具有无因性。决议于民事法律行为效力规则体系下存在特殊性乃不争事实；但究竟有多特殊，有无逸出民事法律行为的概念体系与制度框架呢？答案是否定的。

重要概念提示

发起设立；募集设立；发起人；设立中公司；公司目的范围；公司决议

理论思考

1. 公司设立行为属于共同法律行为吗？为什么？
2. 我国存在公司设立无效之诉吗？
3. 违反《公司法》第15条规定的公司对外担保行为的效力如何？请归类分析。
4. 公司越权行为理论，在我国立法上是如何获得表达的？
5. 公司决议是一种民事法律行为吗？

实例研习

1. 甲、乙、丙、丁拟设立一家商贸公司，就设立事宜分工负责，其中丙负责租赁公司运营所需仓库。因公司尚未成立，丙为方便签订合同，遂以自己名义与戊签订仓库租赁合同。关于该租金债务及其责任，下列哪些表述是正确的？（多选）①

A. 无论商贸公司是否成立，戊均可请求丙承担清偿责任

B. 商贸公司成立后，如其使用该仓库，戊可请求其承担清偿责任

C. 商贸公司成立后，戊即可请求商贸公司承担清偿责任

D. 商贸公司成立后，戊即可请求丙和商贸公司承担连带清偿责任

2. 违反公司对外担保规定的，不一定导致担保合同无效——中建材公司与银大公司关于合同担保纠纷案②

［案情与裁判］2006年10月10日，原告中建材公司与被告恒通公司、天元公司签订一份备忘录，确认恒通公司于2006年12月31日之前分期还清欠款约1 890万元，天元公司为恒通公司提供连带保证。其后，被告银大公司、天元公司、天宝公司与俄欧公司分别向中建材公司出具承诺书，承诺为恒通公司对中建材公司的上述债务提供连带保证，其中银大公司的法定代表人在承诺书上签字，但无公司公章。后恒通公司到期不能偿还，各保证人亦未能清偿，中建材公司诉至法院要求恒通公司履行债务，同时由天元公司、天宝公司、银大公司、俄欧公司等承担连带责任。但银大公司辩称，其不应承担连带保证责任，因为公司章程第34条规定，“董事、高级管理人员不得有下列行为……违反公司章程的约定，未经股东会、股东大会或者董事会同意，将公司资金借贷给他人或者以公司资产为他人提供担保”，原公司法定代表人何某无权代表银大公司对外签署担保合同，其未经董事会同意，擅自对外提供的担保无效；且中建材公司在签署承诺书过程中存在过失，没有审查涉案担保是否经银大公司董事会同意。

二审中，北京市高级人民法院认为：公司的行为能力及意思表示通过法定代表人以公司的名义所为的行为，是公司法人的法律行为，由此产生的权利、义务对公司法人具有约束力。对2005年《公司法》第16条③可从四个方面理解：第一，该条款并未明确规定公司违反上述规定对外提供担保导致担保合同无效；第二，公司内部决议程序，不得约束第三人；第三，该条款并非效力性强制性的规定；第四，依据该条款认定担保合同无效，不利于维护合同的稳定和交易的安全。此外根据当时适用的《合同法》第50条关于“法人或者其他组织的法定代表人、

① 本题系国家司法考试2011年卷三第68题，参考答案：AB。

② 案例来源：中建材集团进出口公司诉北京大地恒通经贸有限公司、北京天元盛唐投资有限公司、天宝盛世科技发展（北京）有限公司、江苏银大科技有限公司、四川宜宾俄欧工程发展有限公司进出口代理合同纠纷案．中华人民共和国最高人民法院公报，2011（2）（收录时有删减）．

③ 即现行《公司法》第15条。

负责人超越权限订立的合同，除相对人知道或者应当知道其超越权限的以外，该代表行为有效”以及最高人民法院《关于适用〈中华人民共和国担保法〉若干问题的解释》第11条关于“法人或者其他组织的法定代表人、负责人超越权限订立的担保合同，除相对人知道或者应当知道其超越权限的以外，该代表行为有效”的规定，公司的法定代表人违反公司章程的规定对外提供担保应认定为有效。强加给第三人对公司章程的审查义务不具有可操作性和合理性，第三人对公司章程不负有审查义务。第三人的善意是由法律所推定的，第三人无须举证自己善意；如果公司主张第三人恶意，应对此负举证责任。故本案银大公司的担保责任不能免除。

［简评］本案的焦点是对于《公司法》第15条的性质理解，违反其规定是否导致担保合同无效，各方意见不一，本案的二审体现了该法院的一种立场。

第五章
公司登记

提 示

公司登记是公司法上的一项基本制度，包括公司设立登记、存续期间的变更登记以及公司注销登记。本章介绍了公司登记立法的基本理念、公司登记的效力等基本理论问题，以及公司登记程序、监管等实务问题，可谓理论与实务兼顾。我国现行的公司登记法律制度还有很大的改革空间，这是读者研习本章的内容时应当注意的。

第一节　公司登记概述

一、公司登记的定性

（一）概念

公司登记，指公司在设立、变更、终止时，由申请人依法向登记机关提出法定事项登记申请，经审查合格并予以记载的行为。公司登记属于商事登记的一种，商事登记的立法与理论适用于公司登记。

公司登记制度始于公司设立准则主义。英国《1844 年公司法》采公司设立准则主义的同时，开始规定公司登记制度。1861 年《德国商法典》规定了统一的商事登记制度，其中包括公司登记。各国普遍实行公司登记管理制度始于 20 世纪初。在公司设立准则主义下，公司登记并公示的目的有二：使公司设立、变更、终止的事实及其他重要事项为社会公众所知悉，保护交易安全；便于国家对公司进行必要管理，维护社会经济秩序。

（二）法律性质

公司登记是要式法律行为，须按照法定的条件与程序进行。但关于公司登记本质上的公法属性抑或私法属性，存有争议，主要有三种观点：(1) 公法行为说。这是对于我国实定法的多数说，认为“从本质上说，商事登记是国家利用公权力干预商事活动的行为，是一种公法上的行为，是作为私法的商法的公法性最为集中的体现”[①]，也即商事登记被认为是依相对人申请的具体行政行为。至于属哪一类具体行政行为，又有行政许可行为说与行政确认行为说之纷争。(2) 私法行为说。该说认为公法行为说片面强调登记机关履行公权力的性质，忽略了登记申请人在商事登记过程中的自由意志。商事登记是单方的、程序性的商事法律行为，无须意思受领，商事主体为能动者，登记机关处于被动地位，商事登记是登记机关对商事主体固有商事

① 范健. 商法. 2 版. 北京：高等教育出版社，2000：8.

权利的确认。[①] (3) 双重性质说。是一种折中观点，认为商事登记是一种私法行为与公法行为统一的复合型行为。[②]

商事登记的本质，在应然意义上属于私法行为。理由：启动商事登记行为并承担法律责任的是私法主体，在登记过程中体现的是私人意思（如对营业种类、经营范畴、投资方式、营业期限等登记事项按自身意愿自由选择）；申请登记机关予以登记的权利源于商人固有的营业权，商事登记交由公权力机关负责的立法目的，意在借助国家公权力的公信力，为商事活动提供更具权威性的担保，从而方便交易相对人获取必要的商事信用信息；从我国实定法看，如将商事主体的商事登记与特殊营业项目的行政许可（这属于公法上的行政行为）清晰分开，商事登记的私法本性就更加明显；对于虚假公司登记行为，大多数公司法规定适用公司设立可撤销之诉（适用于人合公司）、公司设立无效之诉予以解决，也即适用私法上法律行为的效力瑕疵之诉，从救济手段上表明登记行为属于私法上的法律行为。

正因为包括公司登记在内的商事登记行为的私法本质属性，立法上应该明确区分作为私法规范的商事登记法与作为公法规范的商事登记管理法之大不同。

（三）基本功能

市场经济体制下，商事登记的基本功能是私法性质的，在于商事主体的资格确认与商事信用信息的公示，不担负市场主体的入市审查功能，这一功能在绝大多数行业是不必要的，对于金融等特殊行业而言，也是由市场主体设立的事前行政审批制度担当，至于商事主体入市后的营业行为的事中、事后监管，则由行政监管来担当。长期以来，我国混淆了商事主体登记与市场主体资格监管的区别，曾经设置宽泛的企业设立前置审批制且将其与企业设立登记混杂在一起。目前，从我国行政许可改革趋势来看，商事主体设立的前置审批正朝着最大限度消减的方向发展，这意味着商事主体的资格确认与设立事前审批许可将较为彻底地脱钩，准则主义成为普遍做法，事前审批制只适用在金融等极个别行业。这样，商事主体资格确认与商事主体信用信息的公示、服务将成为商事登记的主要功能。某些具有公法意义的功能虽不能被否认，但属于附带性的、辅助性的。这就是商事登记立法改革与制度重塑的基本价值取向。对于涉及金融、自然资源等特殊行业的公司设立，目前仍实行先行政审批、后商事登记的规制模式。《市场主体登记管理条例》第 21 条第 2 款规定，法律、行政法规或者国务院决定规定公司须经批准的，应当在批准文件有效期内向登记机关申请登记。

二、公司登记立法

我国没有商法典，关于公司登记的规定除《民法典》《公司法》等设有基本规范外，其主要的基本规范制度多规定于《市场主体登记管理条例》之中。此外，国务院市场监督管理部门还颁布了不少行政规章以规范公司登记的具体问题。《市场主体登记管理条例》是一部关于各类商事主体商事登记事项的统一立法，不仅适用于公司，还适用于合伙企业、个人独资企业、农民专业合作社、个体工商户、个体摊贩等几乎所有的商事主体，但主要规定的还是关于公司的商事登记规定等相关内容。

以公司登记行为的强制性程度不同，公司登记立法可以分为强制登记主义与任意登记主义。任意登记主义的主要特征是：奉行先设立后登记原则，即在履行公证和其他一些手续后，

① 蒋大兴，章琦. 从合一主义走向分离主义：企业登记效力立法改革研究//南京大学法律评论：2000 年秋季卷. 北京：法律出版社，2000：67 及以下.

② 寇志新. 商法学. 北京：法律出版社，1996：63－64.

公司被视为自动成立，其后再将公司设立文件提交登记机关注册登记。强制登记主义的主要特征是：只有依法履行了公司登记程序才能取得公司人格；未经登记不得从事经营活动，否则就要受到法律的制裁。随着国家对公司登记管理干预的加强，自20世纪中后期开始，各国（地区）公司登记立法都基本上采取了强制登记主义。欧盟《第1号公司法指令》第1条就要求各成员国的公司应当登记。瑞士曾对无限公司与两合公司采取任意登记主义，但现已改采强制登记主义。

我国采取的也是强制登记主义。《市场主体登记管理条例》第3条规定，所有的市场主体应当依照本条例办理登记。未经登记，不得以市场主体名义从事经营活动，法律、行政法规规定无须办理登记的除外。但依照《民法典》第77条规定，营利法人经依法登记成立。公司作为营利法人，自然适用强制登记主义的商事登记制度。2023年《公司法》修订案专设第二章“公司登记”规范公司登记行为，这些规定上承《民法典》关于营利法人登记的一般规定、下接《市场主体登记管理条例》《市场主体登记管理条例实施细则》，与这些规定一起组成了公司登记规范。

三、公司登记的一般程序

登记程序是公司登记法的中心内容，各国（地区）关于公司登记程序的规定大同小异。在我国，将公司登记分为申请、审查、决定及公示四个阶段，公司设立登记、变更登记、注销登记以及分公司登记都要遵循这些程序。

（一）登记申请

主要内容包括申请人、申请方式以及申请材料等。依我国法律规定，公司登记的申请人分别为：设立有限公司的，是全体股东指定的代表或者共同委托的代理人；设立国有独资公司的，是履行出资人职责的机构；设立股份公司的，是首届董事会；进行变更登记的，是公司代表机关如董事会；进行注销登记的，是清算组；进行分公司登记的，是本公司。在实务中，申请人往往委托专业中介机构代办有关申请事宜。

申请人提出申请时应提交符合法定要求形式、格式的各类文件。申请人要保证申请材料实质内容的真实性，否则将负法律责任（《公司法》第250条）。

（二）审查与受理

登记机关受理登记申请后，于法定期限内依法进行审查。关于审查模式，我国曾经长期采实质审查主义，但从长期的实践经验看，登记机关往往对审查流于形式，并不按实质审查的要求履行审查义务。登记机关一方面出于对于权力追求与寻租的考虑，主张实质审查主义；另一方面出于免责的便利，又倾向于标榜其只负有形式审查义务。加上公司登记程序的过于繁复，实际的登记事务效率低、成本高。目前的制度改革方向是采形式审查主义。国务院2014年发布的《注册资本登记制度改革方案》明确提出，“尊重市场主体民事权利，市场监管部门对商事登记环节中的申请材料实行形式审查”。一般认为，《市场主体登记管理条例》改采审慎的形式审查主义。《市场主体登记管理条例》第三章“登记规范”规定，公司实行实名登记，申请人应当配合登记机关核验身份信息。申请人办理公司登记应当提交下列材料：（1）申请书；（2）申请人资格文件、自然人身份证明；（3）住所相关文件；（4）公司章程；（5）法律、行政法规和国务院市场监督管理部门规定提交的其他材料。申请人应当对提交材料的真实性、合法性和有效性负责。登记机关应当对申请材料进行形式与实质审查。比如，关于自然人身份证明的审查，目前各级市场监管局都普遍采用窗口办理的人脸识别技术，以求最大限度地杜绝虚假登记、冒名登记现象，这实际上就是一种实质审查。

（三）决定

依照《市场主体登记管理条例》的规定，登记机关对申请材料齐全、符合法定形式的予以确认并当场登记。不能当场登记的，应当在3个工作日内予以登记；情形复杂的，经登记机关负责人批准，可以再延长3个工作日，申请材料不齐全或者不符合法定形式的，登记机关应当一次性告知申请人需要补正的材料。如登记申请不符合法律、行政法规规定，或者可能危害国家安全、社会公共利益的，登记机关不予登记并说明理由。申请人不服的，得依法申请行政复议或者提起行政诉讼。

（四）公示

多数国家规定公示的主要方法是登记公告，公告的意义是公示法定登记事项的内容，便于社会公众的查询与监督。在我国，公司登记公告由登记机关负责为之，但没有明确具体方式，在实践中，多通过登记机关指定的报纸、期刊以及其他方式进行公告。经公告后，公司登记程序才告全部完成。此时，登记事项取得公信力。《民法典》第66条规定，登记机关应当依法及时公示法人登记的有关信息。《市场主体登记管理条例》第35条规定，公司应当按照国家有关规定公示年度报告和登记相关信息。《公司法》第32条第2款还特别规定，公司登记机关应当将公司的名称、住所、注册资本、经营范围、法定代表人的姓名、有限责任公司股东、股份有限公司发起人的姓名或者名称等公司登记事项通过国家企业信用信息公示系统向社会公示。

四、公司登记的电子化

国务院2014年《注册资本登记制度改革方案》规定，要推行电子营业执照和全程电子化登记管理。具体内容为：建立适应互联网环境下的商事登记数字证书管理系统，积极推行全国统一标准规范的电子营业执照，为电子政务、电子商务提供身份认证和电子签名服务保障；电子营业执照载有商事登记信息，与纸质营业执照具有同等法律效力；大力推进以电子营业执照为支撑的网上申请、网上受理、网上审核、网上公示、网上发照等全程电子化登记管理方式，以提高市场主体登记管理的信息化、便利化、规范化水平。

《市场主体登记管理条例》第6条、第7条规定，国务院市场监督管理部门应当加强信息化建设，制定统一的市场主体登记数据和系统建设规范，县级以上地方政府的登记机关应当优化市场主体登记办理流程，提高市场主体登记效率，推行当场办结、一次办结、限时办结等制度，实现集中办理、就近办理、网上办理、异地可办，提升市场主体登记便利化程度。国务院市场监督管理部门和国务院有关部门应当推动市场主体登记信息与其他政府信息的共享和运用，提升政府服务效能。第22条规定，电子营业执照与纸质营业执照具有同等法律效力，电子营业执照标准由国务院市场监督管理部门统一制定。第36条、第48条规定，从事电子商务经营的市场主体应当在其首页显著位置持续公示营业执照信息或者相关链接标识，否则，由登记机关依照《电子商务法》处罚。

《公司法》第40条规定："公司应当按照规定通过国家企业信用信息公示系统公示下列事项：（一）有限责任公司股东认缴和实缴的出资额、出资方式和出资日期，股份有限公司发起人认购的股份数；（二）有限责任公司股东、股份有限公司发起人的股权、股份变更信息；（三）行政许可取得、变更、注销等信息；（四）法律、行政法规规定的其他信息。公司应当确保前款公示信息真实、准确、完整。"第41条第1款规定："公司登记机关应当优化公司登记办理流程，提高公司登记效率，加强信息化建设，推行网上办理等便捷方式，提升公司登记便利化水平。”

五、备案

依照《市场主体登记管理条例》第 9 条规定，公司的下列事项应当向登记机关办理备案：（1）章程；（2）经营期限；（3）有限公司股东或者股份公司发起人认缴的出资数额、缴付期限和出资方式；（4）公司董事、监事、高级管理人员；（5）登记联络员或者外商投资公司法律文件送达接受人；（6）公司受益所有人相关信息；（7）法律、行政法规规定的其他事项。

《市场主体登记管理条例》第 29 条规定，公司变更上引第 9 条规定的备案事项的，应当自作出变更决议、决定或者法定变更事项发生之日起 30 日内向登记机关办理备案。实务中，公司章程修改涉及非法定登记事项的，公司应当将修改后的公司章程或者公司章程修正案送原公司登记机关备案，如公司董事、监事、经理发生变动后的备案。可见，非法定登记事项的变更登记属于事后备案，目的仅在于让登记机关掌握必要的信息，以利于这些信息面向全社会的公示。

第二节　公司登记的监管

一、公司登记机关

公司登记由法定的公司登记机关管理。公司登记机关的设置有三种模式：其一，法院是公司登记的主管机关。在德国、波兰、韩国，公司登记由地方法院办理。其二，法院和行政机关均为商事登记机关。在法国，公司登记由法院及行政机关分别办理。其三，行政机关或专门设立的附属行政机构为公司登记机关。英美法系国家及日本、我国澳门地区采之。如在美国，商事登记机关是州务卿办公室（Secretary of States Office）。

在我国，公司登记机关是国务院市场监督管理部门和地方各级市场监管机关，其管理体制是：不同级别的市场监管部门独立行使职权，但上级登记机关有权纠正下级登记机关不符合国家法律、法规和政策的行为。

二、行政监管措施

（一）基本监管措施

公司登记过程中伴随有登记机关的行政监管行为，体现了政府对商事主体的管理与规制。即使在域外法上由法院或其他组织履行公司登记职能，也应视为经法律授权行使行政监管权。公司登记的行政监管就是行政主体基于登记行为而对公司实行的行政监督管理。我国公司登记监管的主要措施如下。

1. 公司年度报告

2014 年修订《公司登记管理条例》第九章废止实行了三十余年且流弊日显的年度检验制度，改为年度报告公示制度。后者的具体做法为：公司按年度在规定的期限内，通过市场主体信用信息公示系统向市场监管部门报送年度报告，且向社会公示，任何单位和个人均可查询。年度报告的主要内容包括公司股东（发起人）缴纳出资情况、资产状况等，公司对年度报告的真实性、合法性负责，市场监管部门可以抽查年度报告内容，一经发现隐瞒真实情况、弄虚作假的，依法予以处罚，并将企业法定代表人、负责人等信息通报公安、财政、海关、税务等相关部门。对未按规定期限公示年度报告、无法取得联系的公司，将被市场主体信用信息公示系统载入经营异常名录，提醒履行年度报告公示义务；企业在3年内履行年度报告公示义务的，可以向市场监管部门申请恢复正常记载状态；超过3年未履行的，将被永久载入经营异常名录而不得恢复正常记载状态，并列入严重违法企业名单（俗称“黑名单”），在市场主体信用信息公示系统上向社会公示。《市场主体登记管理条例》第35条规定，市场主体应当按照国家有关规定公示年度报告和登记相关信息。《公司法》第40条规定：“公司应当按照规定通过国家企业信用信息公示系统公示下列事项：（一）有限责任公司股东认缴和实缴的出资额、出资方式和出资日期，股份有限公司发起人认购的股份数；（二）有限责任公司股东、股份有限公司发起人的股权、股份变更信息；（三）行政许可取得、变更、注销等信息；（四）法律、行政法规规定的其他信息。公司应当确保前款公示信息真实、准确、完整。”

2. 信用信息公示系统

包括公司在内的所有市场主体信用信息公示系统，是支撑社会信用体系建设的极重要一环。在该系统上，市场监管部门公示各类市场主体的登记、备案、监管等信息，公示内容作为相关部门实施行政许可、监督管理的重要依据，也面向相关单位、社会公众为其提供方便快捷的信息服务。

3. 商事信用约束机制

除上述针对企业的异常名录与“黑名单”制度外，还有以企业的法定代表人、负责人任职限制为主要内容的失信惩戒机制，也即建立联动响应机制，对被载入经营异常名录、“黑名单”、有其他违法记录的市场主体及其相关责任人，各职能监管者采取有针对性的信用约束措施，形成“一处违法，处处受限”的局面。

4. 证照管理

《市场主体登记管理条例》第22条规定，营业执照分为正本和副本，具有同等法律效力。电子营业执照与纸质营业执照具有同等法律效力。营业执照样式、电子营业执照标准由国务院市场监督管理部门统一制定。

《市场主体登记管理条例》第36、37条规定，公司应当将营业执照置于住所或者主要经营场所的醒目位置，从事电子商务经营的公司应当在其首页显著位置持续公示营业执照信息或者相关链接标识。任何单位和个人不得伪造、涂改、出租、出借、转让营业执照；营业执照遗失或者毁坏的，公司应当通过国家企业信用信息公示系统声明作废，申请补领。登记机关依法作出变更登记、注销登记和撤销登记决定的，公司应当缴回营业执照。拒不缴回或者无法缴回营业执照的，由登记机关通过国家企业信用信息公示系统公告营业执照作废。

此外，《市场主体登记管理条例》第28条规定，公司变更登记涉及营业执照记载事项的，登记机关应当及时为公司换发营业执照。

5. 档案管理

公司登记档案是登记机关对公司登记注册、监督管理过程中形成的有关记录性文字、图表和音像等，既可以为市场监管部门提供可靠的数据和资料，又可以为不特定第三人提供有关公司信息和信用的查询服务。依规定，查阅、抄录、携带、复制公司登记档案资料的，应当按照规定的权限和程序办理；查阅、复制公司登记事项，应当按照规定交纳查阅、复制费；任何人不得修改、涂抹、标注、毁损公司登记档案材料，否则将承担法律责任。

6. 行政处罚

登记机关可以对违反公司登记规定的当事人处以包括罚款、吊销营业执照、撤销登记在内的行政处罚措施。

对于撤销登记制度，我国法律规定予以了完善，具体体现在《公司法》第37条与《市场主体登记管理条例》第40至42条，主要内容为：(1) 申请与撤销。提交虚假材料或者采取其他欺诈手段隐瞒重要事实取得公司登记的，受虚假市场主体登记影响的自然人、法人和其他组织可以向登记机关提出撤销公司登记的申请。登记机关受理申请后，应当及时开展调查，经调查认定属实的，撤销公司登记，如公司无法联系或者拒不配合的，登记机关可以将相关公司的登记时间、登记事项等通过国家企业信用信息公示系统向社会公示，公示期为45日。公司及其利害关系人在公示期内没有提出异议的，登记机关可以撤销公司登记。因虚假登记被撤销的，其直接责任人自公司登记被撤销之日起3年内不得再次申请市场主体登记。登记机关应当通过国家企业信用信息公示系统予以公示。(2) 豁免。有下列情形之一的，登记机关可以不予撤销公司登记：撤销公司登记可能对社会公共利益造成重大损害，撤销公司登记后无法恢复到登记前的状态，法律、行政法规规定的其他情形。(3) 撤销决定的撤销。登记机关或者其上级机关认定撤销公司登记决定错误的，可以撤销该决定，恢复原登记状态，并通过国家企业信用信息公示系统公示。

（二）配套的其他监督措施

1. 公司主体的自我约束。实行注册资本认缴登记制，涉及公司基础制度的调整，公司要做自我负责的商事主体，需要健全内控机制，完善内部治理，发挥独立董事、监事的监督作用，强化主体责任。尤其是公司股东（发起人）、执行董事等需要承担相应法律责任者，理性作出认缴承诺，严格按照章程、协议约定来履行实际出资责任。

2. 社会中介机构的监督自律。会计师事务所、律师事务所、公证机构等专业中介服务机构，对于公司登记材料的真实性负有法律责任，强化它们对公司行为的监督，有利于引导公司正确履行登记义务。同时，积极发挥行业协会的行业管理、监督、约束等作用，以及支持社会信用评价机构开展信用评级，提供客观、公正的企业资信信息。

3. 司法救济和刑事惩治。首先，明确政府对市场主体、市场活动监督管理的行政职责，区分民事争议与行政争议的界限，由于市场监管部门对登记申请材料一般只负形式审查义务，因此股东与公司、股东与股东之间因登记争议引发民事纠纷时，当事人依法向法院提起民事诉讼，寻求司法救济。相应地，利害关系人依照生效裁判文书、协助执行通知书要求办理商事登记的，登记机关应依法办理。其次，对于严重的虚假公司登记行为，《刑法》设有明文予以定罪量刑①，依法惩处破坏社会主义市场经济秩序的犯罪行为。

第三节　公司登记的效力

一、概说

公司登记的效力，涉及对公司本身的效力以及对第三人的效力。对公司的效力是指登记事项是否以登记为其生效要件。对第三人的效力又包括两种情形：其一，未登记事项对第三人具有何种效力；其二，已登记事项对第三人具有何种效力。从以上两方面综合分析，公司登记的效力如下。

① 参见《刑法》第158条。

1. 消极效力。在强制登记主义下，法定登记事项未经登记并公示的，不能发生公司设立、变更、终止的法律效果（登记要件主义），或者虽能发生公司设立、变更、终止的法律效果，但不能以之对抗第三人（登记对抗主义）。据此，登记的消极效力可以总结为：登记要件主义在立法上的表达就是“注册的权利存在，不注册的权利不存在”，登记对抗主义在立法上的表达就是“不允许援引未登记的法定事项对抗善意第三人”。

2. 积极效力。法定登记事项一经登记并公告后，对公司、第三人的效力从正面分析，在登记要件主义下，积极效力包含两层意思：一是对公司而言发生使公司设立、变更、终止的法律效果，二是对第三人而言发生对抗第三人的效力。在登记对抗主义下，积极效力虽然不包含公司设立、变更、终止的法律效果，但就对抗第三人的效力而言，第三人除基于正当理由而对此尚不知悉外，不论其出于善意还是恶意，均能对其产生对抗效力。一般来说，已经登记、公告的事项，法律就可以推定第三人知悉，尤其在对商事登记事项采强制主义、实质审查主义的法律框架下，凡已登记的事项具有对抗第三人的普遍效力。

《市场主体登记管理条例》第3条第2款规定，市场主体登记包括设立登记、变更登记和注销登记。

二、设立登记

（一）登记事项

依照《公司法》第32条规定，公司登记事项包括：（1）名称；（2）住所；（3）注册资本；（4）经营范围；（5）法定代表人的姓名；（6）有限责任公司股东、股份有限公司发起人的姓名或者名称。公司登记机关应当将前款规定的公司登记事项通过国家企业信用信息公示系统向社会公示。下面分述之。

1. 名称。依照《市场主体登记管理条例》第10条规定，公司只能登记一个名称，经登记的公司名称受法律保护，市场主体名称由申请人依法自主申报。

2. 住所。《市场主体登记管理条例》第11条第1款规定，公司只能登记一个住所。依照《民法典》第63条，法人以其主要办事机构所在地为住所。依法需要办理法人登记的，应当将主要办事机构所在地登记为住所。

3. 注册资本。《市场主体登记管理条例》第13条规定，除法律、行政法规或者国务院决定另有规定外，公司的注册资本实行认缴登记制，以人民币表示。出资方式应当符合法律、行政法规的规定。公司股东不得以劳务、信用、自然人姓名、商誉、特许经营权或者设定担保的财产等作价出资。

4. 经营范围。《市场主体登记管理条例》第14条规定，公司的经营范围包括一般经营项目和许可经营项目。经营范围中属于在登记前依法须经批准的许可经营项目，公司应当在申请登记时提交有关批准文件。公司应当按照登记机关公布的经营项目分类标准办理经营范围登记。

5. 法定代表人的姓名。《民法典》第61条规定，依照法律或者法人章程的规定，代表法人从事民事活动的负责人，为法人的法定代表人。《市场主体登记管理条例》第12条规定，有下列情形之一的，不得担任公司的法定代表人：（1）无民事行为能力或者限制民事行为能力；（2）因贪污、贿赂、侵占财产、挪用财产或者破坏社会主义市场经济秩序被判处刑罚，执行期满未逾5年，或者因犯罪被剥夺政治权利，执行期满未逾5年；（3）担任破产清算的公司、非公司企业法人的法定代表人、董事或者厂长、经理，对破产负有个人责任的，自破产清算完结之日起未逾3年；（4）担任因违法被吊销营业执照、责令关闭的公司、非公司企业法人的法定代表人，并负有个人责任的，自被吊销营业执照之日起未逾3年；（5）个人所负数额较大的债务到期未清偿；（6）法律、行政法规规定的其他情形。《市场主体登记管理条例》第25条规定，法定代表人在任职期间发生上引第12条所列情形之一的，应当向登记机关申请变更登记。

6. 有限公司股东的姓名或者名称、股份公司发起人的姓名或者名称。有争议的是，有限公司股东认缴和实缴的出资额，股份有限公司发起人认购的股份数是否需要登记，尚需进一步探讨。

（二）效力

1. 一般原理

关于设立登记的效力有两种立法例：一是生效要件主义，二是对抗要件主义。前者指依法必须登记的公司，非经登记不得成立，故设立登记是公司成立的生效要件。德国采此例。后者指公司一经成立，即使未经登记，也具有法人资格，登记只发生成员对于团体的债务承担有限责任，并借此对抗第三人的效力。法国、日本采此例。由于对抗要件主义容易引起法律关系的不稳定并导致法律关系的复杂化，所以多数国家采生效要件主义。

2. 我国的规定与实践

我国采生效要件主义。《公司法》第29条第1款规定，设立公司，应当依法向公司登记机关申请设立登记。第33条第1款规定，依法设立的公司，由公司登记机关发给公司营业执照，公司营业执照签发日期为公司成立日期。《民法典》第78条、《市场主体登记管理条例》第21条也规定，申请人申请公司设立登记，登记机关依法予以登记的，签发营业执照。营业执照签发日期为公司的成立日期。

如前所述，我国的公司设立登记与营业登记合并进行，并由同一机关主管，发给一个登记证书即企业法人营业执照，同时取得法人主体资格与营业资格，也即实行公司登记效力的合一主义模式。所以，我国的公司设立登记发生以下效力。

（1）取得公司法人资格。设立公司以取得法人资格为目的，公司经登记即取得法人资格。

（2）取得公司营业资格。公司经登记后即取得企业法人营业执照，公司凭此执照可以刻制印章、开立银行账户、申请纳税登记等，并可以从事任何合法生产经营活动。

（3）取得名称专用权。公司经登记后也意味着公司名称获得了登记注册，公司即可以使用名称并享有名称专用权。依照《民法典》第1013、1014条规定，公司法人享有名称权，有权依法决定、使用、变更、转让或者许可他人使用自己的名称，任何组织或者个人不得以干涉、盗用、假冒等方式侵害他人的姓名权或者名称权；第1016条规定，公司决定、变更、转让名称的，应当依法向有关机关办理登记手续，但是法律另有规定的除外。公司变更姓名、名称的，变更前实施的民事法律行为对其具有法律约束力。

按照现行法，设立登记既为公司成立的生效要件，凡已经登记的事项当然具有对抗第三人的效力；反之，未登记事项既然不生效，也就无谓对抗效力。

（三）进一步的改革课题：设立登记效力的合一主义到分离主义模式

依照商事登记法的基本理论，商事主体资格的设立登记与营业资格的取得（营业登记）是两个程序，在实务以及观念中予以分开。营业登记的作用是政府承认某项营业及其商号的合法性，准许其开始营业。这与旨在创设主体人格的设立登记不同。域外公司法有的将公司登记和营业登记合在一起（合一主义），也有将二者分开的，或在同一登记机关内分设不同的登记簿（分离主义）。比如在英国，由不同的机关分别登记，对于公众公司，除由注册署对其进行法人登记，发给注册证书（certificate of incorporation）外，还需由工业和贸易部发给营业执照（certificate of trading），方可开业。我国目前实行合一主义模式。以公司登记为例，公司设立登记完成标志着公司取得法人资格，以准予登记之日为公司成立日；签发公司营业执照标志着公司取得营业资格，理应发生在公司成立之后，但我国将其合二为一，签发营业执照标志着公司成立（《公司法》第 33 条第 1 款）。应该指出，法人资格与营业资格的性质不同，取得的标志与程序予以分开更为合理，这就是商事登记效力的分离主义模式。普通公司兼营有特许经营项目的时候，分离模式相对于合一模式的优势显现无遗：如果普通公司成立后的经营涉足某项（些）特殊营业许可，此类行政许可应该属于公司成立后的后置审批程序，取得许可的，则可以开展该项营业活动；未取得许可的，不得从事该项营业，但不影响该公司继续从事其他营业项目；曾经取得某项特殊营业许可，后来又被取消的，也不影响公司继续从事其他营业项目。[①]

三、变更登记

（一）概说

1. 变更登记事项

在登记强制主义要求下，凡法定的公司登记事项发生了变更，必须进行变更登记；未经变更登记的，公司不得擅自改变登记事项。《市场主体登记管理条例》第 24 条规定，公司变更登记事项，应当自作出变更决议、决定或者法定变更事项发生之日起 30 日内向登记机关申请变更登记；公司变更登记事项属于依法须经批准的，申请人应当在批准文件有效期内向登记机关申请变更登记。具体而言：(1)《市场主体登记管理条例》第 25 条规定，法定代表人在任职期间发生不适格情形的，应当向登记机关申请变更登记。(2)《市场主体登记管理条例》第 26 条规定，公司变更经营范围，属于依法须经批准的项目的，应当自批准之日起 30 日内申请变更登记。许可证或者批准文件被吊销、撤销或者有效期届满的，应当自许可证或者批准文件被吊销、撤销或者有效期届满之日起 30 日内向登记机关申请变更登记或者办理注销登记。(3)《市场主体登记管理条例》第 27 条规定，公司变更住所或者主要经营场所跨登记机关辖区的，应当在迁入新的住所或者主要经营场所前，向迁入地登记机关申请变更登记。迁出地登记机关无正当理由不得拒绝移交公司档案等相关材料。

此外，因合并、分立而存续的公司，其登记事项发生变化的，应当申请变更登记；因合并、分立而解散的公司，应当申请注销登记；因合并、分立而新设立的公司，应当申请设立登记。

2. 变更登记的效力

对于法定登记事项变更登记的效力，我国立法原则上采对抗要件主义，即法定登记事项发生变更的，非经变更登记不得对抗第三人；但变更登记与否，并不影响该事项的生效。对此，《公司法》第 34 条规定，公司登记事项发生变更的，应当依法办理变更登记。公司登记事项未经登记或者未经变更登记，不得对抗善意相对人。《公司法》第 35 条规定，公司申请变更登记，应当向公司登记机关提交公司法定代表人签署的变更登记申请书、依法作出的变更决议或者决定等文件。公司变更登记事项涉及修改公司章程的，应当提交修改后的公司章程。公司变更法定代表人的，变更登记申请书由变更后的法定代表人签署。《公司法》第 36 条规定，公司营业执照记载的事项发生变更的，公司办理变更登记后，由公司登记机关换发营业执照。《民

① 一家商事主体同时经营多项特许营业项目，在金融领域非常常见，所以在金融业监管法或者金融主体立法上，“暂停或者撤销相关业务许可”的表述非常集中。比如在我国的《证券法》上即是如此，全法文本中有十几处出现“暂停或者撤销相关业务许可”“撤销证券业务许可”的表述。参见《证券法》第 191～192 条、第 205 条、第 209 条、第 211～212 条、第 217 条、第 220～223 条、第 226 条等。

法典》第 64 条规定，法人存续期间登记事项发生变化的，应当依法向登记机关申请变更登记。第 65 条进一步规定，法人的实际情况与登记的事项不一致的，不得对抗善意相对人。这就确立了我国法人变更登记的对抗要件主义。依照《市场主体登记管理条例》第 8 条规定，公司的登记事项包括：(1) 名称；(2) 经营范围；(3) 住所；(4) 注册资本；(5) 法定代表人；(6) 有限公司股东、股份公司发起人；(7) 法律、行政法规规定的其他事项等。这些事项的变更登记，在效力上是否均采对抗要件主义？对此值得进一步研究。具体而言，上述前三个事项，未经登记或未经变更登记，不发生效力；其余事项，未经登记或未经变更登记，不得对抗善意相对人。

变更登记对抗效力适用二例。例 1：表见代表如何成为可能？假设 A 公司法定代表人张三，于 6 月 1 日被公司罢免，同时公司确定李四为新的法定代表人，但是迟至 7 月 1 日才完成变更登记，在 6 月中旬，张三仍然以 A 公司法定代表人身份与不知情的老客户 B 公司签订一份业务合同，问：该份合同的效力如何？答案：成立表见代表，该合同有效。

例 2：有限公司股权转让的善意取得如何可能？依照我国司法实践，有两种情形。

情形一：持有 A 有限公司 10%股权的股东张三将股权转让给李四，完成有关手续，但是没有进行商事变更登记，后张三再将该股权转让给王五，完成有关手续包括变更登记。问：对于此处的一股二卖，在两个买受人李四、王五之间，法律保护谁最终取得股权？答案是：保护王五，理由是对于李四而言，其固然取得了股权，但由于没有完成变更登记，所以不得对抗善意第三人；对于王五而言，其有权利相信登记簿上记载的股东张三有权处分登记在其名下的股权，可以主张股权的善意取得。

情形二：B 有限公司的 20%股权登记在甲名下，但是甲是为乙代持的，后甲背叛乙，以自己的名义将该股权转卖给丙，乙主张自己才是真正的股东。问：在乙、丙之间，法律保护谁？答案：保护丙，丙可以主张善意取得，因为其有权利相信乙有权处分登记在其名下的股权。

（二）歇业登记

歇业登记是《市场主体登记管理条例》新增的制度。依照其第 30 条规定，内容约略如下。

1. 原因。因自然灾害、事故灾难、公共卫生事件、社会安全事件等原因造成经营困难的，公司可以自主决定在一定时期内歇业。法律、行政法规另有规定的除外。

2. 歇业前的准备。其一，公司应当在歇业前与职工依法协商劳动关系处理等有关事项；其二，公司应当在歇业前向登记机关办理备案，登记机关通过国家企业信用信息公示系统向社会公示歇业期限、法律文书送达地址等信息。

3. 期限。公司歇业的期限最长不得超过 3 年。公司在歇业期间开展经营活动的，视为恢复营业，公司应当通过国家企业信用信息公示系统向社会公示。

4. 住所替代。公司歇业期间，可以以法律文书送达地址代替住所。

四、注销登记

公司注销登记分为依当事人申请和依职权注销两种模式，前者根据当事人申请为之，后者是登记机关发现法定事由而为之。在我国，公司解散、破产的，完成清算程序后必须进行注销登记，公司始告终止。唯一的例外是，因分立、合并导致公司解散的，不需要清算就直接注销登记。关于注销登记的效力，《民法典》第 68 条规定，法人依法完成清算并注销登记的，法人终止；《民法典》第 72 条第 3 款、第 73 条进一步规定，清算结束并完成法人注销登记时，法人终止；法人被宣告破产的，依法进行破产清算并完成法人注销登记时，法人终止。这就确立了法人注销登记的生效要件主义：唯有经过注销登记，法人始告终止。《公司法》第 37 条规定，公司因解散、被宣告破产或者其他法定事由需要终止的，应当依法向公司登记机关申请注销登记，由公司登记机关公告公司终止。具体到公司法人，《公司法》第 239 条也规定，“公司清算结束后，清算组应当……申请注销公司登记”。不经注销登记的，公司人格不消灭。可见，注销登记是公司终止的生效要件。但是，公司一旦发生解散、破产，在进入清算程序之前，营业资格即告消灭，故注销登记与公司营业资格的消灭之间已经没有联系。

《市场主体登记管理条例》系统构建了注销登记，主要内容约略如下。

1. 注销登记后公司终止。第 31 条规定，公司因解散、被宣告破产或者其他法定事由需要终止的，应当依法向登记机关申请注销登记，经登记机关注销登记，公司终止；公司注销依法须经批准的，应当经批准后向登记机关申请注销登记。

2. 清算组为注销登记的申请人。第 32 条规定，公司注销登记前依法应当清算的，清算组应当自成立之日起 10 日内将清算组成员、清算组负责人名单通过国家企业信用信息公示系统公告。清算组可以通过国家企业信用信息公示系统发布债权人公告，清算组应当自清算结束之日起 30 日内向登记机关申请注销登记，在申请公司注销登记前，应依法办理分支机构的注销登记。

3. 简易注销登记。第 33 条规定，公司未发生债权债务或者已将债权债务清偿完结，未发生或者已结清清偿费用、职工工资、社会保险费用、法定补偿金、应缴纳税款（滞纳金、罚款），并由全体投资人书面承诺对上述情况的真实性承担法律责任的，可以按照简易程序办理注销登记。公司应当将承诺书及注销登记申请通过国家企业信用信息公示系统公示，公示期为 20 日，在公示期内无相关部门、债权人及其他利害关系人提出异议的，可以于公示期届满之日起 20 日内向登记机关申请注销登记，但是，公司注销依法须经批准的，或者吊销营业执照、责令关闭、撤销，或者被列入经营异常名录的，不适用简易注销程序。

4. 强制清算、破产的注销登记。第 34 条规定，法院裁定强制清算或者裁定宣告破产的，有关清算组、破产管理人可以持法院终结强制清算程序的裁定或者终结破产程序的裁定，直接向登记机关申请办理注销登记。

五、分公司登记的效力

依我国法，设立分公司有两种情况：一是发起人在公司设立的同时设立分公司，二是公司成立以后决定设立分公司。在前者，由申请人一并提出设立登记申请，经核准后向分公司签发营业执照；在后者，由公司代表人提起设立登记申请，经核准后签发营业执照。设立登记是分公司成立的生效要件。《民法典》第 74 条规定，法人可以依法设立分支机构。法律、行政法规规定分支机构应当登记的，依照其规定。《市场主体登记管理条例》第 23 条规定，公司设立分支机构应当向分支机构所在地的登记机关申请登记。《公司法》第 38 条规定，公司设立分公司，应当向公司登记机关申请登记，领取营业执照。

分公司变更登记事项的，应当向登记机关申请变更登记。登记机关核准变更登记的，换发营业执照。变更登记是分公司变更登记事项的对抗要件。

分公司被公司撤销或者依法解散的，应当向登记机关申请注销登记。公司注销登记的，应该先行办理分公司的注销登记。注销登记是分公司主体资格消灭的生效要件。

六、关于涤除登记

所谓涤除登记，就是将作为公司登记事项的法定代表人、股东以及备案事项的董监高身份予以涤除。

以法定代表人为例，依照《公司法》第10条规定，如果新老法定代表人发生更替，公司自然可以申请变更登记，登记机关依照申请为变更登记即可；但是，如法定代表人被解职或者主动辞任后，公司内部已经没有了法定代表人；但在公司外部，该法定代表人身份仍然被登记在登记簿上，法定代表人的外部法律风险比如被列为失信被执行人名单的风险并未被解除，原法定代表人势必寻求其身份登记的涤除。问题是：此时如公司并未产生继任者，公司能否单纯申请涤除原法定代表人的身份登记，或者该原法定代表人等利害关系人能否申请涤除其法定代表人身份的登记，登记机关应否支持之？长期以来，我国各级各地市场监管局的执法实践对此做法不一，很多地方不予支持，但也有深圳、上海等地予以支持。

当然，身份的涤除登记并不限于法定代表人，还包括股东身份、董监高身份等。对此，正确的做法是，公司或者利害关系人不得直接申请市场监管局办理涤除登记，而应该向法院提起相应的法定代表人身份涤除之诉，而后公司应当执行生效法律文书，依法向公司登记机关办理变更登记或者备案。因公司逾期未依法履行生效法律文书明确的法定义务，法院向公司登记机关送达协助执行通知书，要求协助涤除股东、法定代表人、董监高等登记备案事项的，公司登记机关应当依法办理协助执行，并在国家企业信用信息公示系统公示涤除信息。

法定代表人身份涤除，将导致一段时期内在公司内外都不存在法定代表人的局面。

重要概念提示

公司强制登记主义；登记形式审查；公司年度报告；市场主体信用信息公示系统

理论思考

1. 公司设立、变更与注销登记的各自效力如何？
2. 试析公司登记行为的法律性质。

第六章
公司章程

提　示

公司章程是公司赖以实现公司自治的具有契约属性的基本规则，实现公司自治的基本手段就是通过章程自治。加强企业家的公司章程意识，通过公司章程提升公司自治的精神与空间，是我国当前公司法制的一项重要课题。公司法与公司章程的有机结合，构成了公司组织和行为的最基本规则；同时，公司法与公司章程的关系处理，始终是公司法律规范的头号问题。

第一节　公司章程概述

一、概念与特征

（一）概念

公司章程（charter），又称公司宪章（constitution），有形式意义和实质意义之分。实质意义的公司章程，指关于公司组织与行为的基本规则本身；形式意义的公司章程，指记载上述基本规则之书面文件。两大法系的形式意义的公司章程有很大差别。

英美公司法在形式上将公司章程分为两部分。在英国，分为组织大纲（memorandum of association）和组织章程（articles of association）。在美国，分为设立章程（articles of Incorporation/association）和章程细则（bylaws，bylaw，by-laws，by-law），前者是在公司设立时需要向州务卿报送注册的公司文件，后者是公司根据设立章程而制定的有关公司治理的内部规则。组织大纲（英）和设立章程（美）又称公司的外部宪章（external constitution），规定公司的外部事务（external affairs），诸如公司的名称、住所、目的、营业性质、成员的责任形式、注册资本等。狭义的公司章程就是指公司的外部宪章。组织章程（英）和章程细则（美）又称公司的内部宪章（internal constitution），负责调整公司和股东、股东间的内部权利义务关系，规定公司的内部事务（internal affairs），诸如股份的发行、转让、公司会议、表决权、董事及其职责、秘书、股利、账户、审计、解散及其他内部事务。

大陆法系公司法的公司章程在形式上一般没有内、外之分，只有一份被称为“公司章程”的文件，在内容上一般记载公司的名称、宗旨、资本总额、组织机构以及其他重要事项，涵盖英美法系的上述两个文件的内容。

英美公司法将公司章程一分为二，并由法律设定不同的订立与修改的主体、程序，以及不同的内容与效力，将公司最重要的涉外事项记载在设立章程（组织大纲）中，而将数量众多的内部事项规定于章程细则（组织章程）中，内外有别，疏朗有致。比较而言，这种做法更为科学。设立章程（组织大纲）是公司的基本章程，目的是使公司投资者以及与公司进行交易的第三人了解公司的基本情况，涉及对外部人（投资者、债权人和其他社会公众）利益的保护，因而，其内容是法定的，须由股东全体同意制定、修改且须注册登记，供公众查阅，故称为公司设立证书（certificate of incorporation）。英国公司法还附有公司组织大纲的标准格式。而章程细则（组织章程）的内容较为复杂，是对公司设立章程（组织大纲）原则性规定的细化，不得与后者相冲突，只作为公司的内部治理文件存在，通常被视为公司与股东以及股东间的契约；在技术层面上，由于不涉及外部人的利益保护，无须报送登记注册或者备案（一个例外是，英国、我国香港地区的保证有限公司的组织章程须与组织大纲一起注册）。

我国《公司法》采用单一形式的公司章程，没有章程和细则之分，当然也不承认章程细则的地位。但中国证监会《上市公司章程指引》等规范性文件直接使用了这一概念，规定董事会可依照章程的规定制定章程细则。

（二）特征

公司章程作为规范公司组织与行为的基本规则，与一般的公司规范文件相比，具有以下法律特征。

1. 法定性

公司章程的法律地位、制定与修改、内容与形式以及效力均由公司法明确规定。(1) 不可或缺的法定条件。在强制登记主义下，公司章程是公司成立的法定条件之一。《民法典》第 79 条、《公司法》第 5 条要求设立公司必须依法制定公司章程。(2) 内容法定。公司章程的内容多由公司法直接规定，其中绝对必要记载事项不得遗漏；公司章程的内容不得与法律的强制性规范相抵触。(3) 形式法定。公司章程必须采用书面形式并履行法定备案或登记手续。(4) 制定与修改法定。公司章程的制定必须遵照法定的权限与程序，且非因法定事由并经法定程序，不得修改。(5) 效力法定。公司法一般直接规定公司章程的效力范围（《公司法》第 5 条）。

公司章程的法定性直接影响公司章程的效力。公司章程的内容、制定、修改等违反法律的强制性要求，将导致公司章程无效。公司章程的法定性实质上反映了国家对公司的干预。

2. 真实性

公司章程内容的记载必须与事实相符。在现代公司“两权”分离的背景下，公司章程成为维持公司、股东及管理层利益平衡的基本工具，因此，公司章程的真实性事关股东权利、义务的维护。公司章程的真实性通过公司章程的法定性和公开性来体现，章程的法定性乃其真实性的前提和基础，而公开性则是真实性的保障和监督。从公司组织法的角度，公司章程的虚假记载可能发生的法律后果有：(1) 不予登记。登记机关审查公司章程时发现虚假记载的，将不予登记。(2) 承担民事责任。公司章程需要对外公示，第三人可以合理信赖，在公司成立后发现章程记载有虚假内容时，将构成对第三人的欺诈，制定人应对此承担连带责任。如德国《有限责任公司法》第 9a 条与《法国民法典》第 1840 条均有规定。(3) 遭受行政处罚。《公司法》第 250 条规定，提交虚假材料或者采取其他欺诈手段隐瞒重要事实取得公司登记的，可以处以罚款、责令改正或者吊销营业执照。

3. 公开性

公司章程虽然主要调整公司内部组织关系，但作为公司最基本的法律文件，其往往还涉及不特定第三人乃至社会公众的利益，因而法律要求以一定的方式公示其内容。公开公司章程的意义在于：有利于股东对公司知情，便利行使经营监督权；有利于维护交易相对人的利益，预期交易效果与风险；便于潜在投资者了解公司情况，评估投资风险。我国公司法关于公司章程公开的规定如下。

（1）对所有公司，都要求其章程应当向登记机关办理备案（《市场主体登记管理条例》第9条）。公司章程的登记注册本身就是一种公开，使得利害关系人在商事登记簿查阅相关内容成为可能。《公司法》第32条第2款规定，“公司登记机关应当将前款规定的公司登记事项通过国家企业信用信息公示系统向社会公示”。比如按照《公司法》第15条的要求，接受公司为第三人提供担保的债权人可以要求公司提供章程以供连同公司决议一并审查，也可以主动查询公司章程，以降低接受担保的风险。

（2）对有限公司，《公司法》第57条规定股东都可以查阅、复制公司章程。

（3）对股份公司，《公司法》第110条规定股东可以查阅、复制章程，第109条还要求股份公司将章程置备于公司。

（4）对上市公司，相关法规规定章程是上市公司信息披露的一个重要内容。

（5）对外国公司的分支机构，《公司法》第246条规定其必须置备该外国公司的章程。

（6）对于公司公开发行股票或者债券的，公司章程是必须报送主管机关审核与向社会公众披露的文件之一。

我国公司实务中存在的问题是，由于法律对于公众获悉公司章程的途径、方式缺乏可操作性规定，登记主管机关没有为公众查阅公司章程提供足够的便利。

章程的公示效力与交易相对人的审查义务。公司章程通过商事登记的公示，使得交易相对人在法律上有确定的途径获悉公司章程的内容，从而对即将进行的交易合理预期。但这并不意味着公司章程一经公示，交易相对人就负有查阅公司章程的义务，更不意味着公司章程一经公示，就推定第三人已经知悉或者应当知悉章程的内容。换言之，章程记载事项没有当然对抗第三人的效力即对世效力。所以，所谓“第三人负有查阅公司章程的抽象义务”（即“查阅义务理论”），“公司章程一经公布，与公司交易的第三人就被推定知道公司章程的内容并理解其适当的含义”（即“推定通知理论”）既缺乏实践理性，也缺乏可操作性。如果某交易相对人在事前已经通过一定渠道获知了公司章程的内容，则另当别论。但在公司章程的某一项内容为落实法律强行性规定的场合，该内容的记载因为法律的规定而被赋予了对抗第三人的效力。例如，公司章程落实《公司法》第15条的规定，就具有对抗第三人的效力。如果不作如此理解，第15条关于公司对外担保的特殊规定就失去了其立法价值。

4. 自治性

公司章程由发起人（股东）共同制定，是股东意思自治的产物。对章程的自治性可以从四个方面来理解。

（1）在订立主体上，公司章程作为一种行为规范，是由公司依法自行制定的。每个公司依公司法制定的公司章程，充分反映本公司的个性，为本公司提供具体的行为规范。

（2）在效力范围上，公司章程的效力仅及于法定的主体范围，不具有普遍的约束力。

（3）在执行机制上，公司章程是一种法律以外的行为规范，主要由公司自己来执行，国家仅像保障契约履行一样对公司章程的执行提供司法保障。

（4）在自治的程度上，公司章程自治以不违反法律的强行性规定为前提。公司章程的法定性和自治性的关系，是公司法上国家强制与公司自治关系的一个缩影。

二、公司章程与公司自治

（一）基本原理

1. 公司章程的性质

关于公司章程的性质，国内外主要有三种学说。

（1）自治法说，认为公司章程是公司根据国家赋予的“公司自治立法权”而制定的关于公司组织和行为的自治法规，不仅约束制定者，也约束公司机关及后加入的股东。因此，章程具有自治法规的性质，公司内部各主体必须遵守之。自治法说流行于德、日等大陆法系国家，甚至有日本学者视之为公司法的渊源之一。

（2）契约说，认为章程是发起人就设立公司的权利、义务而达成一致的意思表示，且章程制定后即对发起人产生约束力，因此本质上，公司章程就是发起人之间达成的契约。契约说主要流行于英美法系国家。德国传统上也认为公司章程乃股东之间的“合同”，即股东之间平行的意思表示，如德国《有限责任公司法》和《德国商法典》直接将有限公司、无限公司、两合公司的章程称为“公司合同”。

（3）宪章说，认为公司章程是带有宪章性质的法律文件，是股东和公司从事商事活动的行动纲领，规定了公司最为基本的规则，公司其他文件都不得与其发生矛盾。

以上三种学说各有一定道理，分别揭示了公司章程在某一方面的特征，但宪章说没有揭示章程的法律性质，自治法说与契约说在法律逻辑上也各有缺陷：自治法规在各国都不是正式的法律渊源，自治法说在立法上不被人接受；契约说强调了契约与章程在精神上的相通，但忽视了契约与章程的具体差异（订立与变更的形式要求不同，效力范围也不同），亦不能准确解释公司章程的性质。但三种学说有一点是共同的，即都承认公司章程具有自治性，是公司自治的重要载体。

公司章程与合同（契约）的区别。二者确有相同之处，但在大陆法系上存在具体规则的差异。(1) 订立、变更的要求不同。章程的订立与变更，并不完全要求全体当事人一致同意。在我国，有限公司、发起设立股份公司的章程虽由全体发起人一致同意才能制定，但修改只需要“三分之二”以上表决权多数同意。至于募集设立股份公司的章程，其制定与修改都不需要全体发起人（股东）的同意。这些突出表明章程是一种团体法律行为，与作为双方法律行为的合同存在差异，合同的订立与变更，均以当事人的意思表示一致为要。(2) 效力的范围不同。章程可以约束不赞成章程的股东、不参与订立的管理层、未参与订立的后加入股东，以及无法参与订立的公司本身四类主体；但合同基于相对性原理仅能约束订约当事人。

2. 公司自治的意思载体

公司自治，属于私法自治即私法主体意思自治的范畴，意指公司事务由公司作为独立主体依其意思自主决定，国家一般不加干预。由于公司法承认股东对于公司意思的控制权力，因而公司的意思实际上就是股东的意思，公司自治本质上表现为股东自治。关于公司章程与公司自治的关系，可以从以下几个方面加以认识。

（1）公司章程的内容、制定与修改体现了股东意思自治。公司章程的制定与修改体现了全体发起人（股东）的团体意思。公司章程的内容，除绝对必要记载事项之外，关于相对必要记载事项与任意记载事项的任意记载，都充分体现了股东自治的意思。

（2）公司章程的契约性与自治性是一个问题的两个方面。公司章程的制定者之间地位平等，公司章程可以视作他们之间的一种特殊契约。契约的本质特征在于契约自由，契约自由的本质是当事人意思自治，契约与自治是相通的。承认公司章程具有契约性，也就承认其具有自治性；反之亦然。某种意义上可以讲，公司章程关于股东之间、股东与公司之间的法律关系调整更多地突出了契约说的特征，关于公司管理的规则更多地突出了自治法说的特征。

（3）法律规制下的公司自治。公司自治与法律规制（国家干预）是一对对立的概念，呈现此消彼长的关系。不同类型公司自治空间的差异，就是由不同的法律规制政策造成的。

自治空间的差异。股份公司与有限公司基于公众性与封闭性的性质差别，其不同的自治空间必然通过公司章程体现出来：(1) 章程的公开程度上，股份公司远高于有限公司。(2) 章程的内容上，《公司法》规定的有限公司章程的绝对必要记载事项为 7 项，股份公司的为 12 项，上市公司的更多①；反之，有限公司章程的任意记载事项显然多于股份公司。(3) 相应地，公司法关于股份公司的规范多属强制性规范，关于有限公司的规范多属任意性规范。

(4) 公司章程具有相当于法律的约束力。公司章程不是法律，不构成公司法的渊源。此外，公司章程作为平等主体之间达成的关于公司组织与行为的协议，对于公司、股东、管理层具有契约的效力，也即具有相当于法律的约束力。有时候章程可以直接作为法律行为的效力与责任依据，比如《公司法》第 26 条第 1 款规定，公司会议召集程序、表决方式或者决议内容违反公司章程的，可以导致决议被撤销。

综上，公司章程可定义为：公司赖以实现自治的具有契约属性的基本规则。

(二) 我国的规定与实践

以 2005 年、2023 年修订案为代表，我国公司法非常注重弘扬企业家精神，注重发挥公司自治精神，在公司自治制度领域开启了根本性变革。构筑这一根本性变革的重要支柱，就是通过公司章程实现公司自治。通过公司章程实现公司自治的条款，可以分为三类。

1. 授权章程记载任意事项，优先于公司法的任意性规范而适用。公司章程一旦记载此类任意事项，即排除了公司法任意性规范的适用，故最直接地体现了公司自治。此类条款的经典表述就是"公司章程另有规定的除外"。例如，《公司法》第 65 条规定，有限公司股东会会议由股东按照出资比例行使表决权；但是，公司章程另有规定的除外。类似的条款还有《公司法》第 24 条、第 64 条第 1 款、第 90 条、第 210 条、第 219 条第 2 款、第 224 条第 2 款、第 227 条第 2 款、第 232 条第 2 款等。

2. 授权章程在法律授权性规范的框架下记载相对必要事项，以填补大量授权性空白规定。此类条款的经典表述就是"除本法有规定的外，由公司章程规定"。例如，《公司法》第 10 条规定公司法定代表人由公司执行董事或者经理担任，具体谁来担任，需要公司章程进一步规定。类似的规定条款还有：《公司法》第 15 条第 1 款、第 59 条第 1 款第 9 项、第 62 条第 2 款、第 66 条第 1 款、第 68 条第 2 款、第 70 条第 1 款、第 67 条第 2 款第 10 项、第 73 条第 1 款、第 76 条第 2 款、第 78 条第 7 项、第 81 条第 2 款、第 113 条第 6 项、第 117 条第 1 款、第 121 条第 5 款、第 130 条第 2 款、第 132 条第 2 款、第 160 条第 2 款、第 209 条第 1 款、第 215 条第 1 款等。公司章程的相对必要事项要么是对公司法规定的细化，如《公司法》第 68 条第 2 款规定，董事长、副董事长的产生办法由公司章程规定；要么是对公司法规定的补充，如《公司法》第 66 条第 1 款规定，股东会的议事方式和表决程序，除本法有规定的外，由公司章程规定。

3. 明确规定章程是判断当事人行为的效力与责任的依据。此类条款的经典表述就是"违反公司章程的规定，应当……"例如，《公司法》第 26 条规定，公司决议内容违反公司章程的，股东可以请求法院撤销。类似的条款还有《公司法》第 49 条第 1 款、第 50 条、第 125 条第 2 款、第 188 条等。

三、法律地位

公司章程在现代公司法上的地位，可以从六个方面描述。

1. 法定的公司设立条件之一。各国公司立法普遍规定，章程是公司设立的必备条件，无

① 参见中国证监会《上市公司章程指引》(2023 年修订)。

章程，公司不得设立。

2. 公司组织与行为的基本自治准则。公司的基本准则主要有两个：一是公司法，二是公司章程。国家有宪法，公司有章程，章程之于公司的作用犹如宪法之于国家的作用，因此，作为公司自治规则，公司章程获得了“公司宪章”之美誉，成为公司制定其他规章的重要依据。

3. 司法裁判的依据。依据《公司法》第26条，股东会、董事会决议内容违反公司章程的，可被撤销。此时公司章程为裁判决议效力的规范依据，具有法源地位。

4. 有法律约束力的文件。公司章程经商事登记，政府负有保证其执行的责任。这样，章程就成为一种具有法律约束力的文件。

5. 政府管理公司的基本依据。发起人以公司章程作为公司设立的文件之一向登记机关申请登记，就意味着公司向政府提交了一份书面保证，保证按照章程所定的准则从事组织和经营活动，并接受政府的监督。

6. 对外信誉证明。公司章程需要向登记机关备案，并借由对外公开，成为公司对外最重要的资信证明文件。

四、制定与修改

（一）制定准则

基于公司章程的性质与法律地位的理解，公司章程制定的一般准则如下。

1. 不重复

公司法已作明确规定的内容，公司章程无须再作记载。美国《示范公司法》第2.02条（c）款特别规定：“章程大纲不必记载由本法授予的任何公司权力。”在我国公司实务中，由登记机关“推荐”的公司章程范本往往大量简单照抄照搬公司法的规定，这些范本又被事实上强制性地采用，导致大多数公司章程与公司法规定之间的重复惊人。做到不重复，是正确处理公司章程与公司法之间的关系，实现二者有机耦合的第一步。

2. 个性化

突出每个公司章程的个性，是实现公司自治的基础。现实生活中的公司千姿百态，公司自治反映在公司章程的内容上，应该表现为每家公司尤其是每家封闭公司的章程都是不同甚至五彩缤纷的。因为每家公司的资本规模、股权结构、股东个体情况、管理者个体情况都不相同，公司章程的内容自然千差万别。章程如缺乏个性化设计，公司自治也就流于空话。在我国，由于章程大量、简单地重复公司法的规定，形成了千篇一律的局面。这说明公司章程的自治价值远未受到应有的重视。要解决这一问题，需要培养投资者、经营者的章程意识，使他们认识到通过章程来建立权利授予机制、运行机制、约束机制与救济机制的重要意义。

3. 不违法

公司章程记载的内容不得违反法律、行政法规效力性强制规范，否则无效。具言之，凡实质性剥夺股东法定知情权的决议或者股东间协议，即便全体股东一致通过或者同意，也是无效的。当然同时也需要指出，章程条款如果违反法律、行政法规的管理性强制规范，并不归于无效；如与法律、行政法规的任意性规范不一致，其还具有优先适用的效力。

4. 可操作

公司章程应注意填补公司法的授权性空白和立法漏洞，增强规则的可操作性。对于“除本法有规定的外，由公司章程规定”的立法条款，各国公司法都授权公司章程作出具体规定，对于人合公司或封闭公司更是如此。公司法的这类规定若属授权性空白，则公司章程的规定具有补充效力；若仅规定一定的幅度或范围，则在该幅度或范围内，章程可以自由选择；若由于立法缺陷而留下非授权性空白，则应根据公司法精神及公司法原理具体确定。

5. 有弹性

在章程内容的稳定和变动之间保持动态的平衡，维持可持续发展的机制。公司章程一经通过，不得随意变更，但并非一成不变，应依据实际需要按照法定程序适时修改，保持章程内容的弹性与可持续发展。

（二）制定程序

公司章程的制定是针对公司的初始章程而言的，章程是公司的设立要件之一，因此，章程的制定发生在公司设立环节。公司章程的制定主体和程序因公司的种类和设立方式不同而异，关于此点，本书第四章已经详细叙述，不再展开。

（三）修改

公司章程的修改，指在公司章程生效之后，增加、删减或变更公司章程的内容。公司根据客观需要适时修改章程存在必然性。基于公司章程的法律地位，各国公司法对公司章程的修改程序与内容加以严格限制。

1. 修改事由

参照《上市公司章程指引》（2023 年修订）第 189 条的规定，公司章程的修改事由如下。

（1）公司的情况发生变化，与章程记载的事项不一致的。此时的修改可能并不需要公司股东会的决议。比如《公司法》第 87 条规定，有股权转让导致有限公司股东发生变更的，对公司章程的该项修改不需再由股东会表决。

（2）法律、行政法规修订后，章程规定的事项与修法后的规定相抵触需要修改的。此时唯有修订章程，才能确保章程条款的合规性要求以应变外部法律的变化。至于如何变更相应的条款，需要股东会作出修改章程的决议。

（3）股东会决定修改章程的。这属于公司自发的“修宪行为”，属于公司自治事项，需要通过股东会决议的形式。

2. 修改程序

如果需要通过股东会决议的形式修改公司章程，则相应的程序如下。

（1）提案。股东会定期会议、临时会议均可修改章程，因此股东会的提案权人均可提出修改章程的提案。依我国公司法的规定，提案权人具体为：有限公司代表 1/10 以上表决权的股东、1/3 以上董事或者监事会；股份公司董事会、持有股份 1%以上的股东、监事会。在实践中，修改章程的提案大多由董事会提出，交股东会审议通过。

（2）议决。依《公司法》第 59 条、第 112 条第 1 款，股东会拥有修改公司章程的专属职权，不得转授其他机关或者个人行使。各国公司法均将修改公司章程视为特别决议事项，适用绝对多数决规则。《公司法》第 66 条第 3 款规定，有限公司修改公司章程的决议，必须经代表 2/3 以上表决权的股东通过；第 87 条规定，有限公司股东依法转让股权后，对公司章程的该项修改不需再表决；第 116 条第 3 款规定，股份公司修改公司章程须经出席股东会会议的股东所持表决权的 2/3 以上通过。

（3）变更登记。修改公司章程涉及登记事项的，应当变更登记。章程修改后的变更登记不是生效要件而是对抗要件，章程修改在修改决议通过后即生效力，除非修改内容涉及法定的批准事项（《公司法》第 9 条）。

3. 章程修改的内容合规要求

我国公司实务中遇到的一个突出问题，就是多数股东借公司章程修改之机利用表决权优势进行有利于自己、损害少数股东的内容修改。有鉴于此，法律必须对公司章程修改的内容有所限制。

（1）章程修改不得删除绝对必要记载事项。绝对必要记载事项属于公司法的强制性规定，当然不得删除。

（2）非经股东同意，章程修改不得变更该股东的既得权益。如股份公司初始章程载明了发起人在优先认购新股、剩余资产分配等方面享有确定的特别利益，则非经发起人签署书面同意书，不得以修改章程的方式侵害该权益。对此，各国公司法多有明确规定。比如，某有限公司初始章程经全体股东一致约定A股东持股20%享有40%的分红权，后公司经营大好，其他股东在多数股东的倡议下通过修订章程的决议，改为每一个股东的持股权与分红权完全同比例。如本例的修订章程决议通过，其他股东即涉嫌滥用股东权利，也侵害了A股东的既有合法权益。

（3）非经股东签署书面同意书，章程修改不得给股东设定新义务。个别国家、地区公司法对此有明确规定。没有明确规定的，基于前一规则也可以推出这一规则。如《日本商法典》第345条第1款规定，在公司发行数种股份的情形下，章程的修改可能对某种类股股东造成损害时，除股东大会的决议之外，还需有该种类股的股东大会的决议。这些规定构成了对股东大会修改公司章程议决程序的限制。我国公司法未就此作明确规定，但应可作同样解释。

（4）非经股东一致同意，章程修改不得给部分股东设定新权利。若给部分股东设定新权利，则与“同股同权”原则相悖。因此，除非股东一致签署书面同意书，不得以修改公司章程的方式给部分股东设定新权利。美国《示范公司法》第10.04条（a）款对本项及前两项规则均作了明确规定。比如，某有限公司规定注册资本2亿元，8位股东不同期限与比例的分期出资到位，其中占股70%的某大股东3年内出资到位。但是3年后，该大股东操纵股东会决议，通过了其本人出资义务再延期10年的修订章程决议。这属于大股东滥用股东权利侵害公司、其他股东与债权人权益的决议，理应无效。

第二节　公司章程的内容

一、记载事项的分类

在我国，公司章程记载事项分为绝对必要记载事项、相对必要记载事项、任意记载事项。

1. 绝对必要记载事项。公司章程必须记载的事项，一般都是与公司设立、组织有重大关系的基础性事项，如公司的名称、住所、经营范围、资本额、公司机关、法定代表人等。公司法关于绝对必要记载事项的规定属于强制性规范，体现了公司法中的国家干预理念。从法理角度讲，绝对必要记载事项之于公司章程，宛如必备条款之于合同，是不可缺少的，如有缺失，会导致公司章程不能成立，进而可能导致公司设立失败（广义）。

2. 相对必要记载事项，即公司法规定的可以记载，也可以不记载于公司章程的事项。公司法有关相对必要记载事项的规定属于授权性规范。这些事项一旦载入章程，就要产生约束力；没有载入，当然不生效。相对必要记载事项载入与否不影响章程的效力，但其缺失会影响公司正常的运作。

3. 任意记载事项，即公司法规定的必要记载事项之外的，在不违反法律、行政法规强行性规定和公序良俗的前提下，自愿记载于公司章程的事项。任意记载事项，可以记载，可以不记载。是否记载，取决于当事人的意愿；一经记载，即与必要记载事项具有同样的效力。任意记载事项体现了公司法中的意思自治理念，是公司个性与自治性的载体，是减少章程雷同的重要指标。

二、记载事项的具体内容

《公司法》对公司章程记载事项的规定采取了集中列举、概括规定与分散列举相结合的做法。具体而言，关于绝对必要记载事项，采用集中列举的方式将其规定于一个条文之中。关于任意记载事项，一方面，在列举绝对必要记载事项的条款的最后一项，概括授权股东会可以自由规定认为需要规定的事项；另一方面，在一些条款中分散授权股东会规定认为需要规定的事项。关于相对必要记载事项，则分散规定在不同的条款之中。

1. 关于绝对必要记载事项

《公司法》第 46 条、第 95 条分别集中规定了两类公司章程的绝对必要记载事项，其中第 46 条前 7 项、第 95 条前 12 项均属之。其中，两类公司章程绝对必要记载事项相同的有四：（1）名称住所；（2）经营范围；（3）注册资本；（4）法定代表人的产生、变更办法。基于两类公司性质上的差异，二者具有不同的绝对必要记载事项。其中，与有限公司的封闭性相适应，公司法赋予其更高程度的自治性，仅概略规定“公司的机构及其产生办法、职权、议事规则”属绝对必要记载事项，与要求股份公司章程明确规定“董事会、监事会的组成、职权、任期和议事规则”形成对比；根据股份公司的公众性等特点，包括设立方式、股份总数与每股金额、公司利润分配办法、公司的解散事由与清算办法、公司的通知和公告办法等在内的事项，都是股份公司特有的绝对必要记载事项；发行类别股的股份公司章程的特别绝对必要记载事项，具体见《公司法》第 145 条；上市公司还有特殊的绝对必要记载事项——董事会专门委员会的组成、职权以及董事、监事、高级管理人员薪酬考核机制等事项（《公司法》第 136 条第 2 款）。

2. 关于相对必要记载事项

《公司法》关于相对必要记载事项的规定分散在多个条文，按其适用对象可以分为三类。

（1）适用于两类公司的。包括：关于对外投资与担保事项，第 15 条第 1 款规定，对于公司对外投资与担保事项的议决，由股东会、董事会按照公司章程规定的权限和数额进行；第 70 条第 1 款与第 120 条第 2 款规定，董事任期由公司章程规定；关于经理的设置及其职权的，第 74 条规定，对于有限公司经理的设置及其职权由公司章程规定，以及第 126 条第 2 款规定，对于股份公司的经理职权由公司章程规定；关于监事会，第 76 条第 2 款与第 130 条第 2 款规定，监事会职工代表监事的具体比例由公司章程规定，第 81 条第 2 款与第 132 条第 2 款都规定，章程可以在公司法之外规定监事会议事方式与表决程序；关于监事会、一名监事、审计委员甚或不设监督机构的选择的规定，具体见第 69 条、第 83 条、第 121 条第 1 款及第 6 款、第 176 条的规定；关于董监高的三项具体忠实义务履行规则（信息披露、回避与决议机关选择），见第 182～184 条；关于会计师事务所的聘任机关，第 215 条第 1 款规定公司聘用、解聘承办公司审计业务的会计师事务所，按照公司章程的规定，由股东会、董事会或者监事会决定。

（2）仅适用于有限公司的，包括：第 62 条第 2 款规定，股东会的定期会议按照章程的规定召开；第 66 条第 1 款规定，章程补充性规定股东会的议事方式与表决程序；第 68 条第 2 款规定，董事长、副董事长的产生办法由章程规定；第 73 条第 1 款规定，章程补充性规定董事会的议事方式与表决程序；第 209 条第 1 款规定，公司将财务会计报告送交各股东的期限由章程规定。

（3）仅适用于股份公司的，包括：第 117 条第 1 款规定，章程可以规定采用累积投票制；第 121 条第 5 款规定，章程对审计委员会的议事方式与表决程序作补充性规定；第 142 条规定，章程选择对股份采用面额股或无面额股，以及确定二者的转换方式；第 144 条规定，章程规定类别股类型；第 152～153 条规定，实行授权资本制的股份公司，公司章程可以授权董事会决定发行股份。

3. 关于任意记载事项

《公司法》关于公司章程的任意记载事项，也分散规定于多个条文，可以分为三类。

(1) 概括授权条款之一。第 46 条第 1 款第 8 项所规定的“股东会认为需要规定的其他事项”与第 95 条第 13 项所规定的“股东会认为需要规定的其他事项”，是关于任意记载事项的集中的概括授权规定，即章程可以自由记载《公司法》没有列举的内容。

(2) 概括授权条款之二。包括：第 59 条第 1 款第 9 项规定的股东会职权之“公司章程规定的其他职权”，第 67 条第 1 款第 10 项规定的董事会职权之“公司章程规定或者股东会授予的其他职权”，都是关于任意记载事项的集中的概括授权规定，即章程可以自由记载股东会、董事会法定职权之外的其他职权；第 78 条第 7 项与第 131 条第 1 款规定，公司章程可以规定两类公司的监事会享有其他职权——“公司章程规定的其他职权”。

(3) 分散授权条款。下列条款都有明确或者暗含的“公司章程另有规定或者全体股东另有约定的除外”的字样，是对任意记载事项的分散规定。对此，如公司章程有特别规定，则排除该条款内容的适用；如没有特别规定，自然适用该条款的内容。这些条款具体可以分为三类。

第一类，适用于两类公司的。包括：第 11 条规定，章程可以限制法定代表人的职权，可以特别规定对于有过错的法定代表人的追偿权；第 24 条规定，章程可以规定电子会议的特则，包括排除适用；第 67 条第 3 款规定，章程可以限制董事会的职权；第 70 条第 2 款、第 77 条第 2 款及第 120 条规定，章程可以规定看守董监事的履职；第 84 条第 3 款、第 157 条规定，两类公司章程可以规定股权内外部转让的特殊规则；第 90 条、第 167 条规定，两类公司章程可以规定股权的特殊继承规则；第 210 条第 4 款规定，章程可以规定股东分红比例特则；第 219 条第 2 款规定，章程可以规定小额购并不经股东会议决而经董事会议决的特则；第 232 条第 2 款规定，章程可以规定清算组的组成人员特则；第 265 条第 1 项规定，章程可以规定其他高管范围。另外，还有《公司法》条文虽然没有明确指向，但是依循公司法原理仍然可以作出的特别规定，比如章程可以在《公司法》规定的股东会、董事会法定足数以及多数决的基础上作出更高比例的规定（比如全体一致通过的事项），以及对于少数股东的行权比例作出更低比例的规定（比如规定临时提案权的股东行权比例低于 1%），等等。

第二类，适用于有限公司的，包括：第 64 条第 1 款规定，有限公司章程可特别规定召开股东会会议的通知日期；第 65 条规定，有限公司章程可规定股东的表决权比例，如人头决。

第三类，仅适用于股份公司的，包括：第 113 条第 6 项规定，股份公司章程在公司法之外可以规定召开临时股东大会的情形；第 146 条第 2 款规定，发行类别股的股份公司章程可以规定需经类别股股东会议决议的其他事项；第 160 条第 2 款规定，章程可以补充性规定董监高的转让股份的特殊限制措施；第 162 条第 2 款规定，章程可以授权董事会行权回购；第 163 条第 2 款规定，章程可以授权董事会作出为公司利益的财务资助决议；第 224 条规定，股份公司章程可以规定非同比减资；第 227 条规定，股份公司章程可以规定股东享有或者不享有按照出资比例优先认缴出资权。

上述涉及近百个条款的罗列，是对于现行公司法文本从头至尾的梳理，但也仅限于一般情形而言的；对于上市公司章程的相对必要记载事项、任意记载事项，还存在特别的规范。具体是指，为维护证券市场的健康发展与规范上市公司的运作，中国证监会于 1997 年 12 月发布《上市公司章程指引》（2006 年、2014 年、2019 年、2022 年、2023 年修订），对上市公司章程的具体内容作出了更全面详尽、可操作性更强的规定。

第三节 公司章程的效力

一、时间效力

（一）生效时间

关于公司章程的生效时间，由于各国公司设立模式的差异，不存在统一的规定。就我国公司法的规定而言，公司章程的生效时间更加复杂，理论界存在很大争议。在此，有必要区分初始章程的成立与生效，以及对于不同对象的生效时间。

所谓初始章程，是在公司设立阶段，章程成立在先，公司成立在后，自然不具有规范公司的效力，主要是作为申请设立公司与募集股份的必要文件而存在，故有的国家的公司法将这种章程称为初始章程。

1. 初始章程的成立。有权制定人在公司设立阶段就公司章程的主要条款达成一致，形成书面文件，初始章程即告成立。具体而言，在我国，有限公司由设立时的股东通过合意机制来制定章程条款，股东签字、盖章，初始章程即告成立；在发起设立股份公司中，由全体发起人负责制订章程条款，而后交付成立大会以简单多数决表决通过，初始章程亦告成立。

2. 对发起人、首届董监事的生效时间。初始章程依法成立后何时生效，要视不同对象而定。对于发起人股东与首届董监事，初始章程成立时即对其生效，虽然此时公司尚未成立。所以，《公司法》才顺理成章地规定：在公司设立阶段，有限公司设立时的股东应当按期足额缴纳“公司章程”中规定的各自所认缴的出资额（第 49 条）；发起设立股份公司的发起人应当书面认足“公司章程”规定其认购的股份（第 97 条第 1 款）；募集设立股份公司的发起人也要认购符合法定要求的股份并缴纳出资（第 97 条第 2 款）。

3. 对公司的生效时间。初始章程连同设立登记申请等文件报登记机关审核，登记机关予以登记后签发企业法人营业执照，公司成立。此时，初始章程经登记后，成为对同时成立的公司具有约束力的法律文件，开始约束公司本身。至此，公司章程在公司成立后全面生效，包括公司成立后加入的股东和第二届董监事，以及公司高管，均自其取得股东身份或者任职后产生效力。

发起人协议与公司章程的关系。二者之间存在着密切联系：目标都是设立公司；基于同一目标，在内容上也有许多相同之处，注册资本、股东出资等事项构成二者的主要条款。在股份公司设立实务中，发起人协议的主要内容为章程所吸收。但二者的性质和功能毕竟不同，由此导致最大的差异是效力不同。其一，对人的效力范围不同。发起人协议仅在发起人之间具有约束力；公司章程对公司、股东、管理层均有效力，范围显然不限于参与章程制定的主体。其二，最关键的是时间效力不同：发起人协议调整公司设立法律关系，因而效力期间始于设立行为、终于公司成立。如前所述，如没有特别约定，发起人协议在公司成立后因其目标达成而失去效力。这一认识的司法意义是：当事人在公司成立后诉请确认发起人协议无效或解除发起人协议的，应予驳回。发起人协议在公司成立后已告终止，发起人协议解除之诉自然不能成立，发起人协议无效之诉也丧失了意义，此时判决协议无效不会对于改变当事人之间实体权利义务关系产生任何实际意义。公司章程的效力通常始于公司成立，但在公司成立前已经对发起人等主体产生效力。

（二）失效时间

公司章程的失效可分为两种情形。

其一，因公司设立失败而失效。公司章程为公司而制定，公司未成立，章程自然失去效力。

其二，因公司终止而失效。公司成立后，因为某种原因而终止的，其章程也自然失去效力。于此情形，公司章程于公司终止时失去效力。《公司法》第95条规定，“公司的解散事由与清算办法”属于股份公司章程的绝对必要记载事项。由此可见，章程在公司清算阶段还未失效。

二、对人效力

公司章程的对人效力，分为对内效力和对外效力。各国公司法对此规定不尽相同。《公司法》第5条规定：“设立公司应当依法制定公司章程。公司章程对公司、股东、董事、监事、高级管理人员具有约束力。”可见公司章程只对公司内部人发生效力，对于外部人如债权人不发生拘束力。

（一）对公司的效力

公司章程自公司成立即对其生效，在内容上包括对内效力和对外效力，前者集中表现为章程对公司内部的组织和活动的约束力，后者则表现为章程对公司目的事业的限制和对代表权的限制。

公司章程可以成为判断公司行为效力与责任的依据。《公司法》第26条第1款规定，公司股东会、董事会的会议召集程序、表决方式违反法律、行政法规或者公司章程，或者决议内容违反公司章程的，股东自决议作出之日起60日内，可以请求人民法院撤销。但是，股东会、董事会的会议召集程序或者表决方式仅有轻微瑕疵，对决议未产生实质影响的除外。可见，公司行为违反公司章程的，构成可撤销的行为。

（二）对股东的效力

公司章程对股东的效力，不仅及于发起人股东，还及于公司成立后的加入股东，无论参与公司章程制定与否、赞成与否。不同的是，公司章程对发起人股东的效力始于章程成立之时，对后加入股东的效力则始于其加入公司之时。

实际上，出资义务履行之后，股东对公司不再负有其他积极义务，因此，公司章程对于股东的效力，更多地表现为规定股东的权利及其行使与救济。

（三）对管理层的效力

管理层即董监高群体，他们负责公司经营决策、公司事务的执行和监督，处于公司治理的中心。《公司法》第5条、第179条都规定了公司章程对管理层的约束力。

同时，公司章程有关公司组织机构及其产生办法、职权、议事规则的规定，也是管理层行使职权的重要依据。其中，公司章程是董事会、监事会、审计委员会与经理的职权重要来源之一，例如，《公司法》第74条第2款、第126条第2款规定经理对董事会负责，根据章程规定或者董事会的授权行使职权。章程还可以决定监事会的具体构成，《公司法》第76条第2款、第130条第2款规定监事会的职工代表的具体比例由章程规定。

公司章程还可以在公司法之外进一步规定管理层个人的责、权、利，比如董事的报酬、责任保险、离职补偿、竞业禁止义务等。

公司章程还是追究管理层民事责任的依据之一。《公司法》第188条规定，董监高执行公司职务时违反公司章程的规定，给公司造成损失的，应当承担赔偿责任；第 125 条第 2 款规定，董事会的决议违反章程致使公司遭受严重损失的，参与决议但未表明异议并记载于会议记录的董事对公司负赔偿责任。

三、公司章程违法的救济

公司章程的内容违反了法律、行政法规的强制性规定，已经或可能造成有关当事人利益受损害的，受害人依法获得救济。我国公司实务中，公司章程内容违法的情况并不鲜见，尤其是多数股东在章程中规定损害少数股东利益的条款的情况更为常见。在现行法上，当事人可以获得的救济途径如下。

1. 提案要求修改章程。在有限公司，根据《公司法》第 66 条第 3 款，如股东提出的修改章程的提案获得股东会通过，章程的违法状况即得到纠正。在股份公司，根据《公司法》第 115 条第 2 款，单独或者合计持有公司 1%以上股份的股东可以提出修改公司章程的临时提案；如提案依法获得股东会的通过，章程的违法状况也将得到纠正。

2. 提起决议无效之诉。依《公司法》第 25 条，股东会决议内容违反法律、行政法规的无效。由于公司章程必须以股东会决议的方式获得通过或修改，如存在内容违法的情况，任何利害关系人都可以股东会决议违法为由，向法院提起诉讼，要求确认章程相应部分的内容无效。

3. 提请登记机关确认公司章程违法并责令纠正。公司登记机关负有对公司登记事项的监督、管理职责，其中包括对公司章程是否违法进行监督。有关当事人可以提请公司登记机关确认公司章程违法，并责令公司纠正。

4. 提请证券监督管理机构确认公司章程违法并责令纠正。根据有关规定，如果上市公司章程违法，有关当事人可以向证券监督管理机构提出确认违法并纠正的请求，证券监督管理机构可以发文要求上市公司修改章程。

重要概念提示

绝对必要记载事项；相对必要记载事项；任意记载事项

理论思考

1. 公司章程与发起人协议之间的效力联系与区别是什么？
2. 试述公司自治与公司章程的关系。
3. 公司章程上的相对必要记载事项与任意记载事项如何区分？

实例研习

公司章程可以成为法院判案的依据——方某诉江南银行股份转让纠纷案①

［案情与裁判］原溧阳市农村信用联社为组建成立合作银行（即后来的江南银行）自 2007 年 11 月始向社会募集股份。被告建年公司在信用联社下属的上黄信用社认购股份 50 万元。2008 年 1 月，建年公司要求将其认购的股份转让他人，经原上黄信用社负责人撮合，原告方某、被告建年公司达成股份转让合意，并于当日支付了股份转让款，建年公司向原告出具收

① 案例来源：由江苏省溧阳市人民法院（2011）溧商初字第 382 号民事判决书整理改编，北大法宝引证码：CLI. C. 807605。收录时有删减。

条，称待股金证下发后再办理相关转让手续。鉴于被告建年公司原认购的股份已出让给原告方某的事实，后成立的江南银行下属溧阳市上黄支行在发放权证时将建年公司名下的股权证直接发给了方某，在以后涉及股东相关事宜时也直接与方某联系。由于建年公司因未按约履行其他还款，江南银行于2010年11月向法院提起诉讼，称被告建年公司向原告转让股权的行为违法，应属无效，要求查封建年公司持有江南银行的股份，次月法院采取了查封措施。原告方某向法院提出异议，请求撤销该查封措施。

审理法院认为：股份公司股东持有的股份可以依法转让，所以公司成立后，除法律特别限制外，每位股东都可以按照法律、公司章程的规定转让股份。本案被告将其原认购的股份转让给原告方某，不违反法律、法规及江南银行章程之规定，虽然江南银行章程对法人股、自然人股所占股本总额比例有原则规定，但原告受让建年公司股份是通过原信用联社上黄信用社负责人撮合而实现，作为受让人的原告及出让人的被告建年公司主观上并无过错，且江南银行章程对法人股转让自然人也未作禁止性规定。被告江南银行称被告建年公司向原告转让股权的行为违法、应属无效的意见，没有相应的事实依据和法律依据，不予采信。

［简评］本案中，法院多次提及公司章程，记载于公司章程中的规定事项具有法律效力，可以成为法院判案的依据。

第七章
公司组织变更

提　示

公司组织变更，包括公司组织形态的变更、公司分立、公司合并、公司并购与控制权转让等活动，具有突出的实务性特点，也是发展最快的一个公司法制度领域。我国公司法关于公司组织变更的规定非常原则化，缺少细致的可操作性规则，还缺少一些必要的规则。因此，本章大量介绍国外公司法上的制度规则。公司分立、公司合并、公司并购与控制权转让及其所涉及的一系列概念之间的关系，是本章的一个难点。

第一节　公司组织形态变更

一、概念

公司组织形态变更，指在保持公司人格持续的前提下，将公司从一种组织形态转变为另一种组织形态的法律行为。公司组织形态变更的最大好处是不中断公司人格，避免经过解散清算程序，就可以实现组织形态的变更，继续维持营业。①

公司组织形态变更的动因有多种。各种公司形态各具优、缺点，各自的针对性与适应性也不尽相同。投资者自由选择最适合的公司组织形态，但这种初始选择既可能存在现实缺陷，在运营期间发现属于错误的选择；也可能在公司成立之后，因公司资本结构、规模及业务范围等发生变化，原来的组织形态不再符合实际需要。比如，经过数轮的股份转让，股份公司的股份集中于少数几个股东，为满足保守公司经营秘密的需要，有必要变更为不承担信息披露义务和运营成本更低的有限公司。再比如，某家族有限公司的经营规模不断扩大，亟须实现资本社会化，若进一步发展，无论为符合股东人数的法律要求计，还是为募集更多资本考虑，都有必要变更为股份公司。为此，各国公司法都规定了公司组织形态变更制度。

二、立法

域外公司法对于公司组织形态变更的立场，有限制主义与非限制主义之分。依限制主义立法，公司组织形态的变更限于性质类似的公司之间，即资合公司内部之间、人合公司内部之间才能变更，在资合公司与人合公司之间不能变更，如无限公司不得变更为有限公司、股份公司；反之亦然。作此限制的原因是，资合公司与人合公司之间存在法人格基础上的异质性，其

---

①　刘连煜．现代公司法．台北：新学林出版公司，2006：136.

相互之间的变更很难维持法人格的同一性。日本、韩国采此模式。依非限制主义立法，基于公司自由原则，公司有权自由决定其组织形式的变更，变更权限不局限于资合公司内部及人合公司内部。德国、法国、葡萄牙、西班牙及我国澳门地区采此模式。

我国只有资合公司，自然不存在限制的问题。但有限公司与股份公司之间能否相互变更，2005 年修法前后规定不同。1993 年《公司法》仅允许有限公司变更为股份公司，反之不被允可。实际上股份公司变更为有限公司也有现实需求。比如，近年来我国一些国有控股公司将其旗下的上市公司私有化（privatization，going private，资本市场上的“私有化”这一术语指的公众公司控股股东通过收购公众股东的股权，从而独家拥有全部股权的市场行为），重新变更为全资子公司（一人有限公司）。还有，很多投资人之所以当初选择设立股份公司，是因为股份公司可以公开发行股份，以实现日后上市融资的目的。如果成立后难以实现上市目标，则股份公司复杂的运营要求成为一种经营负担，将其变更为运营成本较低的有限公司成为必然选择。所以，《公司法》规定股份公司与有限公司的组织形式可以相互变更（第 12 条）。

三、条件、程序与效力

（一）条件

公司法就不同形态的公司规定不同的设立条件，因此，公司组织形态的变更，首先必须符合新的公司组织形态的法定条件。《公司法》第 12 条第 1 款规定：有限公司变更为股份公司，应当符合本法规定的股份公司的条件；股份公司变更为有限公司，应当符合本法规定的有限公司的条件。《公司法》第 108 条进一步规定，有限公司变更为股份公司时，折合的实收股本总额不得高于公司净资产额。这一规定的道理是，净资产额是公司资产总额减去负债总额的余额，代表了股东在公司中财产的价值即公司实际拥有的资产数额。有限公司变更为股份公司的，原有限公司净资产额没有任何增加，所以，原有限公司的资产所折合的股份总额应当与公司的净资产额相等，以确保公司资本真实，防止损害后加入股东、债权人利益。

（二）程序

各国公司法规定的公司组织形态变更程序差异较大。在此，仅就我国《公司法》的规定予以介绍。

1. 董事会制订公司变更的方案。《公司法》第 67 条第 2 款第 6 项、第 120 条规定，公司组织形式变更时，董事会负有制订变更方案的职责。

2. 股东会特别决议。《公司法》第 59 条第 1 款第 7 项及第 112 条第 1 款规定，变更公司形式的决议须由股东会作出；第 66 条第 3 款规定，有限公司的该项决议应当经代表 2/3 以上表决权的股东通过；第 116 条第 3 款规定，股份公司的该项决议应当经出席会议的股东所持表决权的 2/3 以上通过。

3. 变更登记。公司变更后，须在法定期限内到登记机关办理变更登记，同时还须公告。《市场主体登记管理条例》第 24 条、《市场主体登记管理条例实施细则》第 37 条第 1 款及《公司法》第 34 条第 1 款规定，公司登记事项发生变更的，应当依法办理变更登记。公司变更类型，应当按照拟变更公司类型的设立条件，并自作出变更决议之日起 30 日内向登记机关申请变更登记，按规定提交有关材料。

（三）效力

1. 债务承担。由于公司组织形式的变更并不导致公司法人资格的中断，所以，有效的公司变更发生后，原公司的债权、债务由变更后的公司概括承继（《公司法》第 12 条）。

2. 公司变更无效与可撤销。公司组织形态变更本身是法律行为，如果欠缺法定要件或者违反法定程序，会导致无效或被撤销。虽然各国公司法大多未予以明确规定，但理论及判例经验一般认为，与公司设立无效或被撤销不同，公司组织形态变更无效或被撤销，并不导致解散和清算，而是复归为公司变更前的公司形态。

3. 营业记录连续计算。在法理上，公司变更后，其营业记录应当连续计算。这一认识在我国的证券发行市场具有现实意义。

第二节　公司的合并

一、概述

（一）概念

公司合并（corporate merger and consolidation，corporate combination），指两个以上的公司订立合并契约，依照法定程序归并为一个公司的法律行为。

公司合并的法律特征如下。

1. 一种法律行为。公司合并的基础是合并协议，合并协议在性质上属于合同行为，交易的当事人是两个以上的公司，交易的后果是两个以上的公司归并为一个公司，属于公司组织的变更行为。因而，公司合并应当遵守合同法、公司法的规定。

2. 一种人格的合并。关于合并的性质，理论上有人格合一说和现物出资说。通说认为两个以上的公司合而为一是人格合并（合一）①，本质上属于人格的继承。

3. 严格遵守法定的条件和程序。公司合并必然涉及相关利害关系人的利益，法律为此规定了严格的条件和程序。

（二）立法

各国公司法对公司合并的限制有两种模式：一是种类不限制主义，即不论合并公司属于何种责任形式，都可以合并；二是种类限制主义，即只有同类责任形式的公司才可以合并。种类限制主义又分为两种情况：一是对合并前的公司种类加以限制，即要求合并前的公司都必须是股份公司；二是对合并后的公司种类加以限制，合并公司中只要有一方是股份公司，合并后存续或新设的公司就必须是股份公司。这两种立法各有利弊。由于无须经过清算程序，不同责任形式的公司相互合并所产生的法律关系错综复杂，难以理顺，对合并后存续或新设的公司种类加以必要的限制，是恰当的。

我国的公司合并都属于同类责任形式的公司合并。对于有限公司与股份公司合并后存续或新设的公司形态，公司法没有限制性规定，应当解释为可以为有限公司，也可以为股份公司，只要符合相应的公司设立条件。

（三）法定分类之一：吸收合并与新设合并

1. 定义

《公司法》第 218 条规定，公司合并的形式可分为吸收合并和新设合并。新设合并（consolidation），又称联合，指两个以上的公司合并为一个新设公司（new corporation），合并各方全部消灭，称为消亡公司（disappearing corporation），如 A 公司与 B 公司合并为 C 公司。新设

① 李哲松. 韩国公司法. 吴日焕，译. 北京：中国政法大学出版社，2000：89－92.

公司获得消亡公司的全部财产并承担全部债务。新设合并在法律性质上属于一种特殊的公司设立。所以，新设合并除适用公司法关于合并的规定外，还应当适用公司法关于公司设立的规定。

吸收合并（merger），也称兼并（狭义），指一个公司吸收其他公司，被吸收的公司解散。如，A公司兼并B公司，B公司消灭，A公司成为存续公司（surviving corporation）。吸收合并的主要特征在于参与合并的公司中有一个公司成为存续公司，其余消灭，存续公司获得消亡公司的全部财产并承担其全部债务。

根据被兼并公司的不同性质，吸收合并分为同类吸收合并与异类吸收合并：前者指发生在股份公司之间或者有限公司之间的吸收合并，存续公司的性质一般不变；后者指股份公司与有限公司之间的吸收合并，存续公司的性质可能是股份公司或者有限公司。

2. 吸收合并（兼并）的几种技术方式

在吸收合并中，被兼并的公司将消灭。在公司人格消灭前，被兼并公司的资产或者股权先转移给兼并公司，兼并公司支付的对价一般是现金或者股份。

（四）法定分类之二：简易合并与小额合并

1. 简易合并

依据《公司法》第219条第1款规定，公司与其持股百分之90%以上的公司合并，适用简易合并程序，也即被合并的公司不需经股东会决议，经过董事会决议即可简易合并的，公司应通知其他股东，其他股东有权请求公司按照合理的价格收购其股权或者股份。

2. 小额合并

依据《公司法》第219条第2款规定，公司合并支付的价款不超过本公司净资产10%的，也可以不经股东会决议，经过董事会决议即可，除非公司章程另有规定。

（五）与类似概念的区别

1. 与公司并购

公司并购（M&A，merger and acquisition），指一切涉及公司控制权转移与合并的行为，它包括资产收购（营业转让）、股权收购和公司合并等方式，其中所谓“并”（merger），即公司吸收合并（兼并）；所谓“购”（acquisition），即公司收购，包括资产收购与股权收购。可见，公司并购更像是一个集合概念，包含若干行为类型。

在英文中，还有take-over的概念，根据《布莱克法律词典》的解释，take-over是指公司所有权、控制权的转移和合并，也包括资产收购、股权收购和公司合并。可见，take-over与M&A在概念的内涵上并无差异。

《公司法》没有使用公司并购这一概念，一些行政规章上使用了这一概念，其含义也不统一。学界一般认为，公司并购相当于兼并（merger）和收购（acquisition）的合称。如此，公司合并与公司并购就是既有区别（公司合并不包括公司收购，公司并购不包括新设合并）又有交叉重合（兼并既属于公司合并，又属于公司并购）的概念。

2. 与公司收购

在我国，公司收购作为法律概念见于《证券法》第四章即“上市公司的收购”。此处的“公司收购”，指收购公司通过购买目标公司的资产或者股权来达到控股目标公司的行为，包括资产收购与股权收购。可见，公司合并与公司收购从概念上应该属于并列关系，同属于公司并购的下属概念，联系在于：收购达到一定程度的，收购公司与目标公司也可以合并，包括收购公司兼并目标公司，或者二者新设合并为新公司。如《证券法》第76条第1款规定：“收购行为完成后，收购人与被收购公司合并，并将该公司解散的，被解散公司的原有股票由收购人依法更换。”

公司合并和公司收购的二者区别在于：其一，公司收购在本质上是买卖行为，而公司合并的本质是公司人格的合并。其二，在后果上，公司收购完成后，收购方与目标公司仍然存续，比如，通过要约、协议收购取得目标公司的控股权的，收购公司与目标公司之间形成母子公司。其三，在身份上，公司收购人既可以是公司等企业法人组织，也可以是自然人（如MBO，即管理层收购)、非企业法人（如政府）或者非法人组织（如合伙企业）等；而公司合并的主体仅限于公司。

公司收购又分为资产收购与股权收购。公司合并与资产收购的差异在于：资产收购是一个公司购买并移转另一个公司的部分或全部资产，收购公司与被收购公司在事后仍然存续；而在公司合并中，概括转移被解散公司的全部财产而非部分资产，且必然导致至少一方解散。公司合并与股权收购的差异在于：股权收购是一个公司收买另一个公司的股权以取得控股权，收购公司和目标公司在事后仍然存续；而公司合并必然导致至少一方解散，不存在控股问题。

（六）公司合并的法律价值

总体上，公司合并具有促进生产要素合理流动，实现社会资源优化配置，促进产业结构、企业组织结构和产品结构调整等积极作用，是实现规模经济的可行性手段；但同时也可能产生垄断和妨碍竞争的负面效应。立法一方面允许、规范公司合并，另一方面也要解决反垄断问题。

公司合并是公司经营中经常发生的行为，合并各方常常主动或被动地作出合并的抉择。就合并后存续或新设的公司而言，合并的动因主要有：减少竞争对手，或者对抗竞争对手；产生互相协作、取长补短的效果；迅速发展公司业务，增强公司实力。就被合并方而言，动因主要有：公司营业不景气，濒临破产的自我救赎；股东的退出机制等。

二、合并的程序

为确保合并顺利进行以及保护各方当事人利益，公司合并必须按照法定的程序进行。各国公司法关于公司合并程序的规定大同小异。《公司法》规定的公司合并程序如下。

1. 订立合并协议。《公司法》第220条规定必须订立合并协议，但未规定其内容。参照《外商投资企业合并与分立规定》，合并协议主要条款包括：合并后公司的注册资本；合并形式；合并各方债权、债务的承继方案；职工安置办法等。该条规定的“合并各方”是指合并公司而非合并公司的股东。因此，无论采哪种合并方式，都由合并的公司而非其股东签订合并协议。

2. 通过合并决议。公司合并是公司的重大事项，决定权在股东会。如果公司合并影响到了种类股份的利益，种类股份有权作为单独表决权集团（separate voting group）对合并协议进行表决；未经其同意，不得进行合并。依《公司法》第59条、第66条、第67条、第112条第1款、第116条、第120条第2款，公司合并由董事会制订、提出方案，交股东会决议；参与合并的各公司须经各自的股东会以特别决议通过合并协议。另依《公司法》第172条，国有独资公司的合并应由履行出资人职责的机构决定。依据《公司法》第219条规定，简易合并与小额合并的，可以不经过股东会特别决议，经过董事会决议即可，除非公司章程另有规定。

实务操作程序。合并协议订立与股东会决议通过孰先孰后，理论上有所争议。在实践中，往往是管理层在得到公司董事会的授权后开始合并谈判，并代表各自公司拟订合并协议这种“联姻契约”（marriage contract），其中各方公司股东最关注的是他们将得到什么。拟订的合并协议草案需经合并的各公司董事会的同意，而后提交给各自的股东会决议。合并各方公司股东会通过合并决议的，合并协议才发生法律效力，始可付诸履行。为了保证协议签订的严肃性和防止可能出现的意外，合并协议中可附合同的生效条件，即加上“本协议经合并各方股东会通过后生效”的字样。

3. 编制资产负债表和财产清单。合并各方应编制资产负债表和财产清单，以供债权人查询。资产负债表应明确公司资产的借贷情况，财产清单应将公司所有的动产、不动产、债权、债务及其他资产分别注明。

4. 通知、公告债权人与债权人异议。《公司法》第220条规定，公司合并，应当自作出合并决议之日起10日内通知债权人，并于30日内在报纸上或者国家企业信用信息公示系统公告。债权人自接到通知之日起30日内，未接到通知的自公告之日起45日内，可以要求公司清偿债务或者提供相应的担保。债权人在此期间内未提出异议的，视为承认合并。

依据《公司法》第219条规定，简易合并的，应当通知其他股东，以保障其他股东行使股权回购请求权。

5. 进行资本合并和财产移转。债权人未提出异议或者债权人的上述要求得到满足后，合并各方即可进行资本合并及财产移转。

6. 办理公司登记。在完成上述程序后，合并公司应在法定期限内办理登记手续。因合并而存续的公司，须变更登记；因合并而消灭的公司，须注销登记；因合并而设立的公司，须设立登记。登记后，公司合并程序即告完成。

三、法律效果

1. 公司人格的消灭、变更或者设立。(1) 公司消灭。公司合并必然有一个以上的公司解散：在吸收合并中，被吸收的公司解散；在新设合并中，被合并的公司均解散。所以合并是公司解散的事由之一。(2) 公司变更。在吸收合并中，被吸收的公司继续存在但已经发生变更，如其资产或股权结构发生变动。(3) 公司设立。在新设合并时，新公司因之设立。

2. 股东身份发生变更。合并各方的股东要么丧失股东身份，要么取得另一公司的股东身份。

3. 债权、债务法定概括移转。依《公司法》第221条规定，公司合并时，合并各方的债权、债务，应当由合并后存续的公司或者新设的公司承继，不得附有任何先决条件。

四、对利害关系人的保护

公司合并作为重大的公司活动，涉及公司内、外部各利害关系人的利益，公司法有必要规定对利害关系人的保护措施。

（一）保护债权人

公司合并涉及公司资产的重新配置，直接关系到公司债权人利益。各国公司法保护债权人的主要措施如下。

1. 告知制度。在合并过程中合并各方有义务向各自的债权人告知合并事实，债权人享有合并的知情权。告知的效力在于，当债权人收到告知后，如果未能在规定的期限内对公司合并提出异议，则丧失异议权。《公司法》第220条规定了合并的公司应当向债权人履行告知的义务，并涉及告知时间和告知方式，但没有具体规定告知的内容、告知的效力以及违反告知义务的民事责任（其第255条规定了行政责任）。

2. 债务法定移转制度。合并的公司未清偿的合并前的债务，按照《民法典》第167条、《公司法》第221条等规定，由合并后存续的公司或者新设的公司自动承担。

3. 债权人异议制度。债权人依法要求公司在合并前清偿债务或提供债务担保，是公司合并中债权人保护的核心内容。背景是：在公司合并中，债权人不能参与合并表决，对于公司股东会决议的合并计划，债权人不能阻止。所以立法赋予债权人事后的异议权，提供底线式的保护。

（二）保护少数股东

少数股东虽然可以参与公司合并决议的表决，但难以阻止多数股东的合并意思，故公司合并同样涉及对少数股东的保护问题（minority shareholders protection）。关于对公司合并持异议的少数股东，公司法设有四项保护措施。

1. 阻止决议通过。第一，合并交易须得到合并各方股东会的特别决议通过，实际上赋予了单独或者联合持有股份超过 1/3 的股东对合并决议的否决权；第二，种类股份作为单独的表决权集团进行表决，那么该种类股份实际上也拥有对合并决议的否决权；第三，公司章程也可以约定保护少数股东的措施，如多数股东的表决权限制、关联股东的表决权排除制度等。

2. 异议股东股份回购请求权。其一，对股东会关于公司合并、分立的决议持有异议的股东，可以请求公司以公正价格收购自己所持股份。《公司法》第 89 条、第 162 条即规定了这一制度。其二，对于简易合并，被合并的公司的少数股东也可以请求被合并的公司回购，《公司法》第 219 条对此有规定。

3. 多数股东的诚信义务。《公司法》第 21 条规定的股东诚信义务适用于公司合并场合，典型地适用于排挤合并。由于某种原因，控制股东可能对与少数股东共存的局面不满意，因此，可能采取某种措施将后者排挤出去。这种策略被称为“排挤式”（freeze-out①）合并。这就引出一个问题：这些合并交易是只要遵守了法定的程序要件就可以成为有效的交易呢，还是在将这些交易强加给反对股东时还需要适用某种实质上的公平标准接受司法审查？早期法律的立场是，法律不应当评判合并的主观动机，如果合并遵守了适当程序且为少数股东提供了某种保护措施，如为异议股东提供了股份回购权，该交易就是有效的。但现代公司法认为，仅仅遵守法定程序还不够，还应该适用公平标准对该交易的公正性进行司法审查，以达到对受到排挤的少数股东进行救济的目的。

4. 对股东的信息披露。为了防止多数股东的“暗箱操作”，各国公司法对公司合并的信息披露作出要求。《公司法》对公司合并的相关信息披露没有作专门的规定。

（三）保护职工

职工也是公司合并中应当着重保护的弱势利益群体，公司合并、分立中，如忽视保护职工利益，往往容易引起社会局部甚至较大范围的动荡，所以许多立法重视对公司合并中的职工利益保护问题。我国现行法有关公司合并中的职工利益保护的内容包括。

1. 职工的建议权和监督权。《公司法》第 17 条第 3 款规定：“公司研究决定改制、解散、申请破产以及经营方面的重大问题、制定重要的规章制度时，应当听取公司工会的意见，并通过职工代表大会或者其他形式听取职工的意见和建议。”此处的“改制、解散、申请破产以及经营方面的重大问题”，应理解为包括公司合并、分立事项。

2. 职工安置。《劳动合同法》第 34 条规定：“用人单位发生合并或者分立等情况，原劳动合同继续有效，劳动合同由承继其权利和义务的用人单位继续履行。”据此有理由认为，公司合并时应当负有妥善安置职工的义务。

---

① 与此类似的一个术语是 squeeze out，主要表现为一种事实上的“排挤”，如封闭公司采取“无股利政策”（no dividend）将少数股东排挤出去。Freeze-out 指采取法定手段如并购方法来排挤少数股东。控制股东排挤少数股东的动因包括：在利润较好的公司为了独占将来的收益，在有股东矛盾的公司为了增强股东凝聚力，为了私有化战略需要等。

五、公司合并无效及其诉讼

（一）合并无效

公司合并是法律行为，应当依照法律规定的条件、程序进行，如果违反这些条件、程序，可能导致合并无效。各国公司法规定的公司合并无效的常见原因如下。

1. 合并协议无效。合并协议是合同，适用合同法关于合同无效、被撤销的规定。一旦合并协议无效或者被撤销，合并的基础动摇，合并本身可能因此无效。

2. 合并决议无效。如合并决议违反法律、行政法规的规定，属于有瑕疵的公司决议，适用公司决议无效、可撤销制度。

3. 违反债权人保护规定，如未满足债权人异议权的，债权人可以主张无效。

此外，公司合并涉及团体法律关系，如果动辄无效，必将影响众多利害关系人的利益，因此，各国公司法严格限制其适用，凡无效原因能够补正的，则允许补正。

（二）合并无效之诉概述

主张公司合并无效只能以诉讼的方式为之。合并无效之诉属于形成之诉。原告包括公司股东、债权人；个别国家的法律规定还包括公司董事、监事、清算人。被告是合并后存续或者新设的公司。原告应在合并完成之后一定期限（一般为6个月）内起诉。关于该诉讼的管辖、公告、诉的合并等，与设立无效之诉相同，不赘述。合并无效的判决确定后的效力可以从三方面描述。

1. 对世效力。合并无效判决对原告、被告、第三人均产生效力，任何人不可以再提起合并无效之诉。

2. 不具有溯及力。合并无效判决确定之前的存续公司或者新设公司视为事实公司，已经发生的法律关系不因此而受影响。

3. 对公司的效果。其一，恢复原状。公司还原到合并前的状态，具体而言，吸收合并的，被消灭的公司复活，并从存续公司中分立；新设合并的，被消灭的当事公司均复活，并从新设公司中分立。其二，因合并而继受的权利、义务原则上复归于复活的消灭公司，但没有溯及力。合并后的存续公司或者新设公司已经处分的权利或者已经履行的义务，应将其价额折算为现存价值进行清算。其三，合并后取得的财产及债务。因合并而取得的财产或者承担的债务由复活之消灭公司共有或者分担，有协议的从协议，无协议的根据公平原则分割财产或者承担连带责任。其四，回复登记。无效判决确定后应办理回复登记，即存续公司办理变更登记，新设公司办理注销登记，消灭公司办理恢复登记。

（三）我国有无公司合并无效之诉

域外公司法大多规定了合并无效之诉，我国《公司法》没有直接规定，但多数说认为，在立法解释上也可以成立公司合并无效之诉，司法实务中也有此类裁决。

第三节　公司的分立

一、概念与分类

（一）概念

公司分立（corporate division，corporate separation），指一个公司分成两个以上的公司，或者公司因分立而与一个以上的现存公司进行合并的法律行为。

公司分立具有以下法律特征。

1. 在原公司基础上的"一分为二""一分为多"，形成数个独立的企业法人，与公司合并恰好是反向操作，同时也区别于"转投资"、设立分公司等类似概念。

2. 公司组织变更的法定形式。如公司经过解散清算程序归于消灭后，原股东再设立两个以上的新公司的，实质上也能达到公司分立的效果。但这并非公司法意义上的分立，因为此处包含了两个独立的法律行为。而公司分立是一个连续的法律行为，也无须经过清算程序。可以说，公司分立是法律设计的一种简化程序，使公司在无须消灭的情况下成功实现"一分为二""一分为多"。

3. 严格的法定条件和程序。公司分立必然涉及相关利害关系人的利益，法律为此规定了严格的条件和程序。

（二）形态分类

1. 派生分立。也称存续分立，指原公司继续存在，并分立出一个以上的新公司。派生分立的实质，是公司分离出去部分营业作为出资，成立一个以上的新公司，而原公司以剩余营业存续。如A公司分离出B公司，但自身存续。

2. 新设分立。也称解散分立，指原公司解散，同时分立为两个以上公司。新设分立的实质，是公司将其全部营业分割为两个以上的部分作为出资，分别成立两个以上的新公司。如A公司分立为B公司、C公司，自身消灭。

3. 合并分立。有些国家的公司法还规定了一种较为复杂的分立形式——合并分立，指一个公司以其资产的一部分或分成若干份的全部资产，同另一个或几个公司的部分资产共同成立一个或几个公司。这是一种复杂分立，与此相对应，上述派生分立与新设分立可称为单纯分立。

我国公司法没有规定公司分立的方式，实务中公司单纯分立是主要形态。

二、程序

我国公司法上的公司分立程序如下。

1. 作出分立决议。公司分立属于公司重大变更事项，与公司合并一样，须由股东会以特别决议通过。《公司法》第59条、第66条、第67条、第112条第1款、第116条、第120条第2款对此有规定。《公司法》第172条规定，国有独资公司的分立由履行出资人职责的机构决定。

2. 订立分立协议。《公司法》没有明确规定分立协议，但其第223条关于分立前债务分担的规定明确使用了"协议"的字样。实务中公司分立确实需要订立"分立协议"。参照《外商投资企业合并与分立规定》，分立协议的主要条款包括：分立形式；各方对拟分立公司财产的分割方案；各方对拟分立公司债权、债务的承继方案；职工安置办法等。除法律、行政法规规定需要行政审批的外，公司分立协议自其成立时生效。

分立协议当事人。分立协议的当事人究竟为谁，并不是很清楚。一些公司法论著认为是分立后的公司法人。这显然存在逻辑悖论。因为分立后的公司是分立行为的结果，而分立协议是在分立行为刚开始时订立的。因此，"分立各方"应当是原公司的股东，也就是分立后的各公司的股东是协议当事人。如果分立成功，分立协议对当事人、分立后的公司产生约束力；如果分立不成功，分立行为产生的责任由协议当事人承担。

3. 编制资产负债表和财产清单。《公司法》第222条规定，分立公司的财产作相应的分割，故公司分立，应编制资产负债表和财产清单。

4. 通知、公告债权人。《公司法》第 222 条规定，公司应当自作出分立决议之日起 10 日内通知债权人，并于 30 日内在报纸上或者国家企业信用信息公示系统公告。

三、法律后果

1. 公司主体的变更。公司分立涉及公司的解散、变更和新设。在新设分立中，原公司解散，新公司设立；在派生分立中，原公司发生变更（股东、注册资本等），新的公司设立。

2. 股东和股权的变更。原公司一分为二（多），原公司的股东变成了新公司的股东。留在原公司的股东虽然身份没有变化，但持股额会发生变化。假定一个注册资本为 2 000 万元的股份公司，10 个股东均额持股，如该公司分立为两个注册资本各 1 000 万元的股份公司，10 个股东 5 人一组“分家”，则每个股东对新设公司的持股额将达到 20%。

3. 债权、债务的承受。原公司的债权、债务将由分立后的公司承继。

四、对利害关系人的保护

公司分立往往是原公司多数股东的意志所致，由于公司分立会减少公司财产，势必对股东、债权人等相关利益主体产生影响，所以法律有必要对少数股东、债权人、职工等外部人规定必要的保护措施。

（一）保护债权人

1. 通知债权人。《公司法》第 222 条第 2 款规定，公司应当自作出分立决议之日起 10 日内通知债权人，并于 30 日内在报纸上或者国家企业信用信息公示系统公告。这一规定的用意在于保障债权人对公司分立的知情权，使其及时主张权利以免遭受损害。但是，如果公司违反了通知义务，将如何处理？《公司法》对此没有任何规定，使得这一规定的实效性大打折扣。

2. 债务法定移转。公司分立中对债权人利益影响重大的一个问题，就是债务移转。《民法典》第 67 条第 2 款规定：“法人分立的，其权利和义务由分立后的法人享有连带债权，承担连带债务，但是债权人和债务人另有约定的除外”。《公司法》第 223 条规定：“公司分立前的债务由分立后的公司承担连带责任。但是，公司在分立前与债权人就债务清偿达成的书面协议另有约定的除外。”对于这两个规定的解读是：（1）原公司的债务可由公司在分立前与债权人订立债务清偿协议。该协议一经达成，即对分立后的公司和债权人具有拘束力。于此情形，债务的处理按照协议办理。（2）如果没有订立上述协议，则应当由分立后的公司承担连带责任。（3）分立后的公司之间订立清偿原公司债务协议的，该协议不得约束原公司债权人。

3. 其他。如因公司派生分立而需要减资，则债权人还受到《公司法》关于公司减资规定的保护（《公司法》第 224 条）。

（二）保护少数股东

公司分立过程中的少数股东保护措施，与公司合并过程中的少数股东保护制度原理并无不同，此不赘述。

（三）保护公司职工

公司分立过程中对职工的保护措施，与公司合并的情形相同，此不赘述。

五、公司分立无效及其诉讼

公司分立无效及其诉讼的基本原理，与上节所述的公司合并无效及其诉讼制度是一样的，可以参照研习，不再赘述。

第四节　公司并购与控制权转让

一、公司并购与收购

（一）并购

公司并购（merger and acquisition，M&A，take-over），如前所述，包括公司兼并（merger）与公司收购（acquisition），旨在兼并或者控制目标公司（object corporation）。

公司并购分为公司合并与公司收购。其中公司合并主要指吸收合并（兼并，merger），公司收购（acquisition）又分为资产收购和股权收购。公司合并与公司收购的根本区别在于目标公司是否消灭。

19 世纪末以来的现代资本市场上，公司并购活动异常活跃，其中以美国最盛，迄今已有五次大的并购浪潮（M&A waves），每次浪潮都或多或少地由某一特定并购类型占主导地位，对现代经济史产生了重大影响。公司并购形态多样，涉及不同公司间复杂的权利义务关系，受到多个部门法的调整，除公司法、证券法、竞争法、税法外，还有环境保护法、劳工法及投资保护法等。

（二）收购

收购人的身份理论上不限于公司，但现实中一般为公司。收购人为公司的，被称为收购公司（acquiring corporation）。收购人可以是单数或者复数，由此可将公司收购分为单独收购和共同收购。在实践中，共同收购人往往是关联人，如母子公司、公司董事、财务顾问、合伙人等，属于“一致行动人”（persons acting in concert）。

公司收购对于收购公司、目标公司、各方公司股东尤其是目标公司股东的利益影响巨大，对整个资本市场亦有重大影响。有鉴于此，公司收购成为各国公司法、证券法的重要规范对象。我国公司法没有规定公司收购，但《证券法》第四章专门规定“上市公司的收购”，其内容十分详尽。

（三）中国特色的重大资产出售

1. 定义

重大资产出售（sale of substantial assets），又称主要资产转让，指公司非依营业常规将其全部或者实质性全部资产出售的行为。这项制度在我国国企大规模重组改制实践中被频繁使用，其中创造出独具中国特色的若干实践规则。重大资产出售的法律特征如下。

（1）一种资产转让（收购）行为。公司将其资产出售给另一公司，相对于资产购买方而言，属于资产收购行为，资产出售与资产收购实际上是一体两面。

（2）标的是公司的全部或者实质性全部资产。“全部或者实质性全部”（all or substantially all）的范围尚存争议，基本标准是看该种出售是否导致公司营业的实质改变，重大资产出售的实质是营业转让。

（3）非依营业常规。依常规营业方式出售公司资产，即使出售的是公司的全部或者实质性全部资产（虽然不多见），也不隶属于这一概念。譬如，以公司全部资产对债务进行担保的质押、抵押或者信托契约（pledge，mortgage，or deed of trust）均属于常规营业方式。

2. 法律后果

公司将其重大资产出售之后，出售公司可能继续存在并可以将其出售所得（如现金或者其他财产）再行投资，也可能被解散，并将出售所得分配给股东。所以，重大资产出售与公司并购一样，都可能导致公司的消灭。资产出售作为一种买卖行为，原则上购买公司不承担出售公司的债务，除非资产出售协议中有特别约定。但是，如果资产出售交易构成了"事实合并"（de facto merger），则购买公司自动承担出售公司的债务，是为"债随财走"规则。判断是否构成事实合并的依据是：购买公司是否全盘接受了出售公司的组织、管理、人事，出售公司是否立即解散或者无所作为，购买公司支付的对价是否为股票而不是现金等因素。

3. 法律规制

（1）特别决议。《公司法》第135条规定，上市公司在1年内购买、出售重大资产超过公司资产总额30%的，应当由股东会作出决议，并经出席会议的股东所持表决权的2/3以上通过。

（2）异议股东股份回购请求权。重大资产出售对出售公司股东利益有重大影响，股东可能不参与表决，如果参与表决，少数股东也不能阻止决议的通过，故有必要赋予出售公司异议股东股份回购请求权。《公司法》第89条第1款第2项规定，有限公司转让主要财产（笔者以为此处使用"财产"这一术语不妥，应为"资产"）的，异议股东有权请求公司回购其股权。但这一规定并不适用于股份公司。

（四）公司收购防御

收购要约的受要约人是公司股东而非公司，因此，公司法并没有规定该种收购需要得到目标公司董事会的同意。然而，这并不意味着董事会只能消极作壁上观，相反，董事会享有很大的行动空间，可以采取一系列措施来阻止收购，以维护自身的管理利益。这些措施被称为"反收购措施"（anti-takeover measures）、"收购防御策略"（defensive tactics）。对于这些防御措施及其正当性如何，各国立法态度差异较大。《公司法》对此没有涉及，从《上市公司收购管理办法》第33条规定的立场来看，对收购防御基本上采取限制态度，公司董事会的行动空间极其有限。

防御措施。从西方国家尤其是美国的经验看，立法承认收购防御的合法性，是对20世纪80年代敌意收购（hostile take-over）流行的适应性制度产物。在立法政策的鼓励下，大量的防御策略被目标公司设计出来，以阻止不受欢迎的收购（unwanted take-over）企图。这些防御措施有的是预防性的，即通过公司章程预先设置措施（pre-offer techniques），如"驱鲨剂""毒药丸"等；有的是对抗性的，即在收购要约发出之后设置的防御性措施（post-offer techniques），如"白衣骑士""绿色邮件""价格操纵""小精灵"和设置法律障碍等。这些防御措施通常由董事会通过公司章程设置，但其有效性可能要接受司法审查。[①]

二、公司控制权转让

（一）概念

控制权转让（transfer of control），又称控制权出售（sale of control），指控制股东转让其控制股份的行为。控制权转让是伴随公司股权收购与资产收购的一种自然结果。与其他股份转让行为相比，控制权转让具有特殊性。

1. 转让主体是控制股东。控制股东拥有的股份足以控制公司，其股份的转让意味着公司控制权的转让。

---

① 罗伯特·C. 克拉克. 公司法则. 胡平，等译. 北京：工商出版社，2000：463及以下.

2. 转让客体是控制股份。能够控制公司的股份被称为控制股份（control shares)，该种股份代表了控制公司如任命管理者、决定公司重大决策的权力。

3. 控制权转让的价格。控制股东所拥有的股份具有一种溢价权益（premiums)，被称为“控制权溢价”(control premiums)，它表现为存在于股份价格上的差价或者向控制股东支付的额外数额。例如，收购人向少数股东报价每股20元，但向控制股东报价每股30元。这里所存在的差价就是控制权溢价。

4. 控制权转让的后果。控制权易手之后将会出现连锁反应，最直接的变化往往就是董事会“大换血”。

5. 控制权转让的动机。收购方意欲控制公司，并可能为彻底并购公司铺平道路。

（二）控制权转让中的诚信义务

在传统公司立法上，股东可以任何价格出售股份，只要购买人愿意支付。如果收购人愿意向控制股东支付溢价，出售股东没有义务就其所得的溢价与其他股东分享。

但现代公司法理论认为，股东尤其是控制股东应当对公司、其他股东承担诚信义务，在公司控制权移转的场合更是如此。股东出售股份并因此获得溢价本身并没有什么不对，但根据控制股东的诚信义务，在特定情况下又存在若干例外。原因是在公司控制权转让交易中，并不仅仅是出售人和买受人之间发生交易关系，同时也包含了营运中的企业（a going business）控制权的出售。在此情形下，其他利害关系人如少数股东、优先股股东以及无担保债权人等也享有重要利益。因此，控制股东在出售控制股份时对这些利害关系人承担诚信义务。

《公司法》第21条与第23条第1款概括规定了股东对于公司、其他股东与公司债权人的诚信义务规则，当然也适用于控制权转让场合，但对于控股股东在控制权转让场合下有无特殊规则，尚没有具体规范。

重要概念提示

公司分立；公司合并；公司收购；公司并购防御

理论思考

1. 试比较公司分立与合并过程中对债权人利益保护的异同。
2. 实证调查一下我国实践中的公司并购防御措施有哪些。

第八章 公司终止

提　示

市场主体的退出制度是完善的市场法律体系不可或缺的一环。公司终止即关于公司退出市场并消灭主体资格的法律制度，清算则是公司终止的必备程序。为方便论述，本章重点围绕公司终止、公司解散、解散清算与清算组这四个法律概念来展开，并以解散为中心廓清我国立法常用的十几个相关概念的逻辑关系，以正视听。本章的重点是公司终止、解散、清算的概念及程序，以及公司僵局及其救济规则。

第一节　公司终止与解散

一、基本概念

（一）公司终止

公司终止，指公司根据法定程序结束营业并消灭法人资格的事实状态和法律结果。公司终止是市场经济的一个正常法律现象，其效果就是消灭公司的营业资格与法人资格，与其相关的法律关系也随之消灭。公司作为多种法律关系的复杂综合体，其终止影响到股东、雇员、债权人等诸利益主体的利益，法律为此规定了以清算程序为中心的严格法律程序，公司终止必须遵循这些程序。

我国立法关于公司终止原因（事由）的规定一度非常混乱，现行《公司法》正本清源。按其规定，公司终止的原因有二。

1. 破产。破产（bankruptcy），是公司不能清偿到期债务，且资产不足以清偿全部债务或者明显缺乏清偿能力时，依其自身或者债权人的申请，法院依法宣告破产并对其财产进行清算的制度。破产清算完毕，管理人提请法院终结破产程序，并向登记机关办理注销登记，公司终止（《企业破产法》第120、121条）。公司破产主要由《企业破产法》调整，本书不予展开。

2. 解散。解散（dissolution），是破产之外的公司终止的另一原因。在此意义上，可将解散定义为破产以外的公司终止事由。解散也会导致公司停止营业并进入清算程序。

（二）公司解散

欲界定公司解散的概念，必须先搞清楚解散与清算的关系。关于解散与清算的关系，各国立法规定有两种模式：一为“先算后散”，即公司在清算后才能解散，如英国公司法[①]；二为

① 丹尼斯·吉南. 公司法. 朱羿锟，等译. 北京：法律出版社，2006：493.

“先散后算”，即公司先宣布解散，然后进行清算，大陆法系公司法多采之。在前者，宣告公司解散即消灭法人资格，解散直接导致公司的法人资格消灭；在后者，解散只是公司消灭的原因，清算终结后消灭公司的法人资格。

《公司法》第 232 条采“先散后算”模式。我国公司法上公司解散与清算的关系是：一般情形下，解散一经发生，必须经过清算才能导致公司终止，唯一的例外是由公司分立、合并导致的解散，无须清算，因为分立、合并后还有存续的公司承继权利、义务。

在“先散后算”模式下，公司解散具有如下特征。

1. 基于一定事由而发生。这些事由包括公司章程的规定、股东会决议、法律直接规定、行政机关命令或者法院裁判等。

2. 一种行为。解散首先是一种行为。作为一种行为，解散的性质很复杂：任意解散的，体现为法律行为；强制解散的，体现为立法行为、行政行为或司法裁判行为。

3. 一种程序与过程。解散也是一种程序，无论何种解散，均须遵守法定的程序，并体现为包含一系列法律行为的一种过程。

4. 公司终止的一个原因。解散本身的直接后果不是导致公司的终止，只是导致公司营业资格的丧失（另一种表述是“公司权利能力受到限制”），并进入清算程序。在清算期间，公司仍然作为法人存续，被称为“清算中公司”，唯在清算终结办理注销登记手续后，公司才终止。

二、公司解散的分类

公司解散的原因，按照是否出于公司股东的意愿，分为任意解散（自愿解散）与强制解散（非任意解散）两大类，任意解散与强制解散又各分为若干具体类型。

（一）任意解散

任意解散（voluntary dissolution），指基于公司自己的意思（也可理解为股东的意思）而解散公司。相对于强制解散，这种解散取决于公司的意志，与外在意志无关，是一种自愿行为。当然，任意解散的程序并不任意，仍需依法定程序进行。任意解散的具体情形有二。

1. 章程规定的事由发生

章程规定解散公司的事由是一种预先设定。《民法典》第 69 条第 1 项、《公司法》第 229 条第 1 款第 1 项均规定公司章程规定的营业期限届满或者公司章程规定的其他解散事由出现的，公司解散。

（1）营业期限届满。各国公司法大多放弃了公司存续期间的限制规定，目前只有个别国家的公司法或明确规定公司存续的最高期限，或要求公司章程规定，存续期限届满而又未申请延长的，公司即应解散。在我国，关于营业期限，《公司法》没有具体规定，公司章程关于公司营业期限的规定属于任意记载事项。因而在法理上，公司可以永远存在。但如果公司章程确定了营业期限，法律予以承认，营业期限届满，公司即解散。

（2）章程规定的其他解散事由出现。公司章程规定的营业期限以外的其他解散事由，常见的有目的事业已经完成或者无法实现、重要股东消亡、股东低于法定人数等，这些属于章程的相对必要记载事项。一旦章程规定的解散事由出现，公司即解散。

对于公司章程规定的解散事由发生的，基于企业维持原则，各国公司法均允许公司通过修改章程而继续公司，即适用公司解散的撤销制度。《公司法》第 230 条亦有规定，详见后文。

2. 股东会决议

《民法典》第 69 条第 2 项、《公司法》第 229 条第 1 款第 2 项规定股东会决议解散的，公司解散。公司是存续还是终止，可由自己决定。因为事关重大，所以由股东会决议，并适用特别决议的表决规则（《公司法》第 66 条、第 116 条）。一人公司的解散由单个股东决定（《公司法》第 60 条）。国有独资公司不设股东会，其解散由履行出资人职责的机构决定（《公司法》第 172 条）。

（二）强制解散

强制解散（compulsory dissolution），指非由于公司自己的意志，而是基于法律规定、行政机关命令或司法机关命令、裁判而解散公司的情形。强制解散又分为如下三种情形。

1. 法定解散

法定解散（statutory dissolution），指发生了法律规定的解散事由而解散公司，主要包括以下两种情形。

（1）股东不足法定人数。如果股东人数变动后不足法定人数，公司是否须解散？对此有不同的认识。在我国，由于承认了一人有限公司，有限公司不存在这一问题。对于股份公司，《公司法》既不承认一人股份公司，也没有将股份公司股东人数不足 2 人作为解散事由，可以理解为：股东人数不足法定人数的，不构成解散的法定事由；公司如存续，可以变更为一人有限公司。

（2）合并与分立。《民法典》第 69 条第 3 项、《公司法》第 229 条第 1 款第 3 项均规定，因公司合并或者分立需要解散的，公司解散。具体而言，公司合并肯定会涉及公司解散：在吸收合并中，被吸收的公司解散；在新设合并中，合并各方解散。而在公司分立中，只有解散分立才发生被分立的公司解散；存续分立的存续公司和分立公司均不解散。

2. 行政解散

行政解散（administrative dissolution），指因公司违反法律而由行政主管机关作出的行政处罚决定导致公司解散。《民法典》第 69 条第 4 项、《公司法》第 229 条第 1 款第 4 项均规定依法被吊销营业执照、责令关闭或者被撤销的，公司解散。此即为一种行政解散。行政解散的立法依据在于，为了维护社会经济秩序，公司经营严重违反工商、税收、市场、环境保护等法律的，行政主管机关可以作出终止其主体资格、永远禁入市场经营的行政处罚。公司对这些行政处罚不服的，可以寻求行政复议、行政诉讼等救济。这些行政处罚一经生效，公司即告解散。

在我国，关于公司被吊销营业执照、责令关闭与撤销的情形分散规定于商法、经济法、行政法等多个部门法之中，不可胜数。行政解散的具体手段包括吊销营业执照、撤销公司登记、责令关闭以及撤销公司等四种，适用情形包括虚假登记，逾期开业或者停业，违法经营危害国家安全、社会公共利益等情形（《公司法》第 250、260、262 条）。这一制度赋予行政机关强势的广泛的解散公司权力，可以称之为“泛行政解散权”。

3. 司法解散

司法解散，指法院依职权或者依检察官、利害关系人之请求，发布命令或者作出裁判解散公司。司法解散包括命令解散和裁判解散。

（1）司法命令解散（dissolution by order），也即公法意义上的司法解散。不少国家的公司法规定，公司违反法律损害社会公共利益的，法院依职权或应检察官、利害关系人之请求，以危害公共利益为由命令解散公司。命令解散的宗旨是纠正因公司设立准则主义而引起的公司滥设之弊端，维护社会公共利益。我国公司法没有规定这一制度。

（2）司法裁判解散（judicial dissolution），也即私法意义上的司法解散。公司经营管理发生严重困难，继续存续会使股东利益受到重大损失，通过其他途径不能解决时，法院根据股东等私法主体的请求而强制解散公司。裁判解散的宗旨主要是保护少数股东利益。1993 年《公司法》没有规定司法裁判解散，受到诟病，2005 年修订案规定了这一制度。

裁判解散公司主要解决两个问题：一是谁可以申请解散公司，二是在什么情况下申请解散公司。这两个问题互为一体。《公司法》第 229 条第 1 款第 5 项规定司法裁判解散是解散事由之一；第 231 条规定，"公司经营管理发生严重困难，继续存续会使股东利益受到重大损失，通过其他途径不能解决的，持有公司全部股东表决权百分之十以上的股东，可以请求人民法院解散公司"。股东申请解散公司的意旨，主要是解决公司僵局或者股东压制或者公司资产浪费等问题。允许股东主动申请解散公司的实质，是为少数股东提供一种退出公司（尤其在封闭公司）的机制和利益保护机制。鉴于司法裁判解散制度的重要性及内容的复杂性，下文单独展开讨论。

（三）我国现行法上的问题

现行法上存在两个突出问题，一是泛行政解散权导致的问题，二是司法命令解散缺失的问题。如前所述，根据所保护法益的不同，多数公司法将司法裁判解散程序区分为公法意义上的解散（司法命令解散）和私法意义上的解散（司法裁判解散），两种程序在请求主体、适用事由及程序上都存在较大区别。《公司法》第 231 条仅确立后者，前者尚付阙如，其功能由行政机关行使的行政解散权制度替代。源于计划经济时代、过于强势的行政解散权制度，不仅与市场经济的惯例不合，似乎也有违行政权与司法权的分权原理。是否通过引入公法意义上的裁判解散来重构司法解散与行政解散的关系，是需要思考的一个问题点。本书主张，理应实现行政权向司法权的部分回归。引入公法意义上的司法解散的基本内容如下。

1. 适用事由。行政机关在执法中发现逾期开业、停业等事实判断与法律适用不具自由裁量权的情形的，继续适用行政解散权；对于非法经营、虚假登记等事实判断与法律适用具有自由裁量权适用空间的情形，交由法院适用命令解散。

2. 请求主体。命令解散制度之意旨在于保护公共利益，所以请求主体宜于交付检察官等公权力机关，同时为了发动相关参与人与维护主体利益，各国也普遍将债权人等利害关系主体纳入请求权主体。在我国，除将公司债权人纳入请求主体外，公权力机关的选择至关重要。作为法律监督机关的检察院理论上适合担负此责，但欲使其担负此责，将涉及宪法体制的改变，笔者以为更合适的主体是专司市场监管职责的市场监管部门以及实行行业准入审批制的特殊行业的主管机关。

3. 解散程序。依照域外法的经验，司法命令解散之审理适用特殊程序或非诉程序。非诉程序是在各方不存在民事权益争议的情况下，请求法院确认某种事实是否存在，从而使一定的法律关系发生、变更或者消灭，以适应商事纠纷解决对司法效率的高要求[①]，亦不会因此大量增加法院的工作负担或降低纠纷解决的效率。

三、公司僵局、股东压制与司法裁判解散

（一）公司僵局与股东压制

1. 公司僵局

公司僵局（corporate deadlock），指在公司存续期间发生严重内部矛盾，导致公司无法正常运作甚至瘫痪，继续存续会使股东利益受到重大损失的事实状态。

实践中，公司僵局发生的主要情形包括股东会僵局和董事会僵局：前者指需要股东会决策

① 李建伟. 公司非诉程序之适用程序：公司纠纷解决的民事行政路径分析. 中国法学，2010（5）.

时，股东间的严重分歧、对立致使决议无法通过而形成的公司僵局，如不能选出继任董事会；后者指需要董事会决策时，董事间的严重分歧、对立致使决议无法通过而形成的公司僵局，如不能作出公司经营决策方案，不能选聘经理。当然，由于股东兼任董事，在很多情况下两种僵局相互交织在一起。之所以产生这些僵局，技术上的原因是表决权均等或者特定否决权的行使。“表决权均等”是分歧、对立的股东或董事双方拥有的表决权相等，按照“资本多数决”原则，双方如互不相让就会导致决议无法通过而陷入僵局；“特定否决权的行使”指反对一方持有行使否决权需要的票数，阻止决议的通过，从而使公司陷于僵局。比如，某股东持有33.4%的表决权，就能阻止关系公司重大事项的特别决议的通过。

公司僵局所产生的损害可以从三个层面分析。首先，对公司利益构成损害。无论发生何种僵局，都会损害公司利益。股东之间、管理层之间以及股东与管理层之间的内耗，不仅严重影响公司的正常经营管理秩序，而且必然导致公司财产的损失。公司利益受损，进而会影响雇员、债权人等利害主体的利益实现。其次，对全体股东利益构成损害。全体股东的整体利益是一致的，公司利益受损，首当其冲的当然是全体股东利益受损，分歧、对立的双方股东会出现“双输”的局面。最后，少数股东受害至深。由于股东各方之间起码的信任、合作基础完全破裂，控股方往往可能直接侵害另一方的利益，即多数派很可能利用各种手段来“折磨”少数派，比如罢免他们担任的带薪职务，停止支付股利而让他们坐等 1 年等，少数派处于一种弱势甚至无助的地位，当初加入公司时对公司的合理“期待利益落空”[①]，在多数股东与少数股东之间形成一种“零和”结局。

公司僵局多发生于封闭公司，公众公司中也偶有出现。从某种意义上说，公司僵局是现代公司制度安排下不可杜绝的现象。公司作为资本企业，其经营管理贯彻“资本多数决”原则，但其具体运作又需要股东、管理层相互之间的信任与合作。但股东、管理层相互之间的利益冲突客观存在，当矛盾不可调和时，公司僵局的发生不可避免。虽然法律以及公司章程可以设立一些“防患于未然”的措施来预防公司僵局的产生，但仍不足以杜绝其发生。因此，法院给予事后救济不仅必要，而且重要。

预防措施。一俟公司僵局发生，当事人再来考虑协商解决，是非常困难乃至不可能的，如能在公司设立阶段或者成立时就达成某种股东协议，记载于公司章程、细则或者订立专门的协议，如订立“公司僵局的处理方法”条款，规定一旦出现僵局时应当按照何种原则、方式处理有关事宜。这种“先小人，后君子”的事先设计（advance planning）被经验证明是成本最小的预防措施。最典型的事先设计就是买/卖协议（buy/sell agreement）或者买断协议（buyout agreement）。通过这种协议，股东间出现严重分歧时，公司、其他股东以公平价格购买另一股东的股份，分歧自然消弭。

2. 股东压制

作为英美公司法的一个常用概念，股东压制通常被用来统称多数股东对少数股东的压制、压迫、压榨、排挤出局、逼迫出局、挤出、榨出、挤压等诸类情形[②]，表达的是少数股东遭受多数股东的诸种不公平对待问题。究其形成机理，盖因封闭型公司的股权流动困难，股东缺乏“用脚投票”的空间，股东间的人身信任关系成为维系公司之基，但在资本多数决规则下，多

---

① 在英美公司法，司法介入解决公司僵局的法理依据是“期待利益落空理论”，即基于公司契约理论认为，股东加入公司时享有一种期待权，如后来因为公司投资政策、股东间信任关系等发生重大变更，而致股东当初对于公司人格、经营特征保持持续性的期待利益落空时，有必要赋予股东解散公司的权利。布莱恩·R. 柴芬斯. 公司法：理论、结构和运作. 林华伟，等译. 北京：法律出版社，2001：32.

② ROBERT W HAMILTON. The law of corporations. 5th ed. West Publishing Company，2000：365-366.

数股东利用优势地位欺诈、排挤、损害少数股东。股东压制作为宽泛、不确定、描述性的词汇，外延具有较大的开放性，成文法不作界定，判例法经验弥补了这一缺失，人们还尝试类型化总结之。在美国，常见的股东压制行为（策略）被类型化为四种：排斥少数股东参与公司管理，剥夺少数股东的知情权，长期不向少数股东分配股利，稀释少数股东的股权比例。[①] 英美法上股东压制的基本特性可以概括为四个层面：（1）描述的是股东之间的关系状态，而非股东与公司、其他利益主体之间的关系状态，但需要借助股东与公司之间的解散之诉对决最终获得解决。（2）主要存在于封闭型公司。（3）侵害的法益是多重的，既包括少数股东的法定权利，还有合理性利益，包括当初加入公司的合理期待。（4）主要指向多数股东、实际控制人的不当行为，包括违法违章的“不法行为”，也包括合法前提下的“不合理行为”，且后者是主流形态。申言之，股东压制的经典形态乃是多数股东利用控制权优势在“合法”外衣之下，通过一系列计划性的策略性安排及其有步骤的实施，步步逼迫少数股东承受不公平的后果，而非直接以明显违法手段侵害后者的具体股东权，这使得压制行为在外观上具有相当的隐蔽性、一系列链条环环相扣的连贯性与持续不断的过程性。

在英美公司法上，股东压制可以作为解散公司的事由之一，或者受到类似的救济。从我国司法实务经验来看，现行公司法将司法解散适用事由限于公司僵局之一种情形，显得过于狭窄。在我国的司法实践中，不少案例已经或多或少地出现“股东压制”的影子，需要立法予以回应。在封闭公司中，由于不能“用脚投票”，股权缺乏流动性，股东退出的途径非常有限。而在资本多数决原则之下，多数股东更容易利用优势地位欺诈、排挤、损害少数股东，从而导致多数股东对少数股东的压迫。域外司法实践中，少数股东对多数股东提出的指控最常见的就是来自多数股东的压迫。[②] 因此，公司立法多将股东压迫与公司僵局并列规定为司法解散的最重要事由。关于压迫构成的判断，法院着重审查以下内容：多数股东的行为在结果上是否构成了少数股东的利益损害；如构成，多数股东是否有足够理由说服法官这是正常的商业决策行为；如很难区分商业决策抑或压迫行为，则法院要作出利益衡量，衡量标准就是公平。

（二）公司僵局、股东压制的事后救济

公司的解散原本都应取决于股东的意志，按照资本多数决原则，当公司陷入僵局或多数股东操纵公司时，少数股东想通过股东会形成解散公司的决议是不可能的，这在封闭公司中尤为明显，少数股东在权益遭受侵害时往往处于“手脚被捆绑，无法抵御欺压”的可怜境况。可以说，公司僵局的发生，意味着公司无法作出任何决议，包括解散公司的决议。因此，只能由单个股东提出解散公司的诉讼请求。在此意义上，司法裁判解散对于解决公司僵局、保护少数股东利益具有特别的现实意义。

此外，裁判解散公司是对公司主体资格的彻底消灭，会终止公司内外一切相关的法律关系，深刻影响公司诸利益主体的利益。因此，司法政策的定位必须坚持的原则是：法院不得依职权主动解散公司，而只能依股东申请而行使自由裁量权；解散公司是解决僵局的最后选择，如果能够通过其他途径解决，就不适用裁判解散公司；通过其他途径不能解决该种僵局的，仍须慎用裁判解散公司，避免股东滥用司法解散请求权。为此，一方面，各国公司法通过采用谨慎的司法政策来严格限制司法裁判解散公司的适用；另一方面，通过适用替代措施来减少司法

---

① F HODGE O'NEAL，ROBERT B THOMPSON. O'Neal and Thompson's oppression of minority shareholders and LLC members：protecting minority rights in squeeze-outs and other intra-corporate conflicts. rev 2nd. Thompson / West，2004：3-181.

② SANDRA K MILLE. How should U. K. and U. S. minority shareholder remedy for unfairly prejudicial or oppressive conduct be reformed? . 36Am. Bus. L. J. 579，580（1999）.

裁判解散公司的适用。

就替代措施而言，发生公司僵局以及类似的情形如股东欺压、争执时，即使没有事先约定的预防措施可以适用，也存在若干个事后的救济机制，如由法院命令购买股份（judicially ordered buyout），而不是动辄裁判解散公司。这里所包含的价值判断是：通常保留一个运营的公司比解散一个公司要好，一个公司的经营资产（包括商誉）作为一个整体的价值通常要比分拆后高。公司发生纷争、欺压或者僵局并不一定表明该公司就没有继续存在的价值。《公司法》也规定了强制购买股份制度（第 89 条、第 162 条），可以用来解决公司僵局。当然，如果这些替代措施不能适用或者适用后仍不足以解决公司僵局、股东欺压与争执，还需适用司法裁判解散公司，以一劳永逸地解决问题。

关于我国司法裁判解散之诉的实证研究发现，被解散公司的"经营管理困难"实质指向"管理困难"，管理困难的根源在于封闭型中小公司的股东人合性障碍导致的治理失灵。公司治理失灵的具体表象无论在逻辑上还是在司法经验上都有二分法：一是对立股东的控制权势均力敌下的公司僵局，二是对立股东的控制权势力悬殊下的股东压制。与此相对应，裁判经验上解散公司的事由也存在公司僵局与股东压制的二元化格局，公司僵局并非司法裁判解散之诉的唯一事由，司法解散公司事由的"二元"格局，涵盖封闭型公司人合性障碍也即公司治理的所有情形，为陷入纷争困境难以自拔的股东们提供更具实效的救济。[①]

他山之石：英国公司法上的不公平损害赔偿。英国公司法对股东压制的救济传统由来已久，1947 年之前股东面对压制行为能够寻求的唯一保护是公正和公平的清算，《1947 年公司法》第 9 条也即《1948 年公司法》第 210 条引入"不公平损害诉讼"，规定股东如认为公司事务是以一种压制部分股东的方式作出的，得请求法院强制清算公司，法院如认为事实表明解散是公正的，即可作出解散命令。这一规则历经演变，最终形成《2006 年公司法》第 30 部分"保护股东免受不公平损害"（第 994～998 条），第 994 条给予少数股东更强有力的保护与更宽泛的救济途径[②]，利益受损的股东尤其是少数股东可以对相关人员提起直接诉讼，比如在股东之间建立起一种非信托的义务关系，如多数股东违反了这一义务，少数股东可以申请救济[③]，实践中少数股东对多数股东提出最多的指控就是后者的压制[④]，压制也得以成为法院强制公司清算的法定事由之一。[⑤] 股东提起不公平损害赔偿诉讼的两个关键性要件：一是股东利益受到侵害，二是存在不公平损害的行为。此处的股东利益含义宽泛，不限于法定的股东权利，合理期待（legitimate expectations）是判断的关键词，基本含义是股东对于公司以一种特定的方式管理具有合理期待，如不能以合理期待的方式运营公司，就对该股东的利益构成不公平损害。[⑥]

我国 2023 年《公司法》修订后的第 89 条第 3 款为有限公司引入了中国版的"不公平损害救济条款"，其规定："公司的控股股东滥用股东权利，严重损害公司或者其他股东利益的，其他股东有权请求公司按照合理的价格收购其股权"，同条第 4 款规定公司回购股权后，"应当在

① 李建伟．司法解散公司的事由类型化实证研究．法学研究，2017（4）．

② 第 994 条的主要内容是："基于下列理由，公司股东可以通过诉状向法院申请清算法令：（1）公司事务以不正当歧视所有股东或者一部分股东（至少包括他自己）之利益的方式正在或已经被处理；（2）实际或者被提议的公司作为或者不作为（包括代表其作为或者不作为）构成或者将构成这样的歧视。"

③ 英国 2006 年公司法．葛伟军，译．北京：法律出版社，2008：622，引注②．

④ SANDRA K MILLE. How should U. K. and U. S. minority shareholder remedy for unfairly prejudicial or oppressive conduct be reformed？．36Am. Bus. L. J. 579，580（1999）．

⑤ Insolvency Act，1986，s122（1）．

⑥ 葛伟军．英国公司法要义．北京：法律出版社，2014：319．

六个月内依法转让或者注销”。对比中英公司法，二者的区别在于，英国为受到股东压制的少数股东提供了更多可选择的救济措施，我国专项选择了股权回购请求权的救济渠道。《公司法》第 89 条第 3 款的救济功能到底如何，尚待司法实践的实效观察。

（三）司法裁判解散公司之诉

1. 适用要件

各国公司法详细规定司法裁判解散公司的适用要件，以期严格限制其适用。我国的立法亦然，司法实务中法院的审判尺度很严格。① 具体到《公司法》第 231 条，其实体的适用要件有三。

（1）公司经营管理发生严重困难。实证研究发现，被解散公司的“经营管理困难”实质指向“管理困难”而非“盈利困境”，管理困难的根源在于封闭型中小公司的股东人合性障碍导致的治理失灵。据此，将司法裁判解散之诉的本质定位于治理失灵后的司法权介入，给予部分（少数）股东退出公司的低成本路径，更具立法论上的解释力，也得到裁判实务的经验支持。何谓“严重”，由法官自由裁量。从抽象角度看，“严重困难”应指公司身处经营困境之中且已达到相当的程度，甚至“病入膏肓”。这一困境既可能因经营不善如重大战略决策失误引起，也可能因股东、管理层的经营意见分歧引起；既可能因股东、管理层之间的利益之争引起，也可能是多数股东的欺压引发了少数股东的极端对抗。可见，此处的“公司经营管理发生严重困难”在外延上包括但并不限于公司僵局，只是以公司僵局为最典型。这意味着第 231 条规定的司法裁判解散公司的适用对象也就不限于公司僵局。

我国司法实践认为以下四种情形属于公司僵局：1）公司持续两年以上无法召开股东会，公司经营管理发生严重困难的；2）股东表决时无法达到法定或者公司章程规定的比例，持续两年以上不能作出有效的股东会决议，公司经营管理发生严重困难的；3）公司董事长期冲突，且无法通过股东会解决，公司经营管理发生严重困难的；4）经营管理发生其他严重困难，公司继续存续会使股东利益受到重大损失的。同时根据我国司法实践经验，股东以知情权、利润分配请求权等权益受到损害，或者公司亏损、财产不足以偿还全部债务，以及公司被吊销企业法人营业执照未进行清算等为由，提起解散公司诉讼的，人民法院不予受理。

（2）公司继续存续会使股东利益受到重大损失。这主要指“扭亏无望”的情形，继续经营只会雪上加霜。此处的“股东”指全体股东，也可以指提起诉讼的少数股东，原告股东只要举证公司继续存续会导致公司的损失，并不需要举证会直接导致自己的利益遭受损失；“重大损失”包括已经发生的现实损失，更指将要发生的损失，但这些损失都是不可弥补的损失（irreparable injury）。

（3）通过其他途径不能解决。此处的“其他途径”，是指除裁判解散公司之外的其他方式，包括采取股份转让、和解等方式。这一要件是提起诉讼的前置程序，原告有义务举证其已经穷尽了其他救济途径，否则，法院可以不予受理或者驳回起诉。

符合上述要件的，持有 10%以上表决权的股东向法院起诉，法院应当予以受理，并通过普通民事诉讼程序进行审理。

2. 管辖

我国司法实践中，解散公司诉讼案件由公司住所地法院管辖，住所地指公司主要办事机构所在地；公司主要办事机构所在地不明确的，由其注册地法院管辖。基层人民法院管辖县、县级市或者区的公司登记机关登记公司的解散诉讼案件，中级人民法院管辖地区、地级市以上的公司登记机关登记公司的解散诉讼案件。

① 褚红军. 公司诉讼原理与实务. 北京：人民法院出版社，2007：491 及以下.

3. 当事人

（1）原告与第三人。单独或者合计持有10%以上的表决权的股东均可提起诉讼，没有持股时间的要求。原告一经起诉，应当告知其他股东，或由法院通知其参加诉讼。其他股东或者有关利害关系人申请以共同原告或者第三人身份参加诉讼的，应予准许。唯此处的“有关利害关系人”何所指，还有待于进一步研究。

（2）被告。原告应以公司为被告；原告以其他股东为被告一并提起诉讼的，法院应当告知原告将其他股东变更为第三人；原告坚持不予变更的，人民法院应驳回原告对其他股东的起诉。

4. 调解

法院审理解散公司诉讼案件，应当注重调解。当事人协商同意由公司或者股东收购股份，或者以减资等方式使公司存续，且不违反法律、行政法规强制性规定的，法院应予支持。当事人不能协商一致使公司存续的，法院应当及时判决。注重调解的目的仍在于严格限制司法裁判公司解散的适用。此外，经法院调解公司收购原告股份的，公司应当自调解书生效之日起6个月内将股份转让或者注销。股份转让或者注销之前，原告不得以公司收购其股份为由对抗公司债权人。

调解具有重要制度价值，尤其对于强调股东间人身信任关系的封闭公司的股东分歧解决而言。依照我国司法实践的操作，法院审理涉及有限公司股东重大分歧案件时，应当注重调解。当事人协商一致以下列方式解决分歧，且不违反法律、行政法规的强制性规定的，人民法院应予支持：（1）公司回购部分股东股份；（2）其他股东受让部分股东股份；（3）他人受让部分股东股份；（4）公司减资；（5）公司分立；（6）其他能够解决分歧，恢复公司正常经营，避免公司解散的方式。这是关于有限公司股东分歧解决机制的规定。基于公司永久存续性特征，在有限公司股东产生重大分歧致使公司无法正常运营，甚至出现公司僵局时，只要尚有其他途径解决矛盾，应尽可能采取其他方式解决，从而维持公司运营，避免解散。解决公司僵局一般采取股东离散方式来避免公司解散。但有限公司基于人合性特征，股权转让多受限制，不愿意继续经营公司的股东退出公司较为困难，司法经验表明通过调解方式在诉讼过程中实现类似的效果是一条可行途径，故公司纠纷案件的审理强调专业性调解，对于解决有限公司僵局有特殊的意义。通过调解，可由愿意继续经营公司的股东收购不愿意继续经营的股东的股份，类似于股份强制排除制度；也可以由公司回购股东股份，类似于股份回购制度；还可由公司以外的第三人收购股东股份。争议股东股份被收购后退出公司，公司僵局即可化解，从而维持公司正常经营。转让股份实在不能实现的，通过调解实现公司减资，使得争议股东“套现离场”，其余股东继续经营减资后的公司，也可以使得公司存续；公司分立则让无法继续合作的股东“分家”，各自经营公司，也使得公司以新的形式存续。上述各种解决机制都有各自的条件和程序性要求，法院在调解过程中要注意指导当事人守法遵章，故本条强调不得违反法律、法规的强制性规定。

5. 判决效力

（1）对世效力。法院关于解散公司诉讼作出的判决，对公司全体股东具有法律约束力；法院判决驳回解散公司诉讼请求后，提起该诉讼的股东或者其他股东又以同一事实和理由提起解散公司诉讼的，法院不予受理。

（2）与清算的关系。股东提起解散公司诉讼，同时又申请法院对公司进行清算的，法院对其提出的清算申请不予受理；法院可以告知原告，在法院判决解散公司后，依法进行清算。一般适用这一规定的理由有三：其一，股东请求解散公司与申请法院清算公司是两个独立的诉讼请求；其二，两个诉讼请求的程序截然不同，前者是变更之诉，后者是非讼案件，审判程序迥异，无法合并；其三，提起前一个诉讼时，公司解散的事实尚未发生，是否解散还需依据法院的判决而定，即使将来法院判决解散，仍应按照《公司法》第232条的规定，首先适用普通清算程序由公司自行组织清算，唯在公司逾期不成立清算组进行清算时，方可适用特别清算程序申请法院进行强制清算。

第二节　公司解散清算的方式与程序

一、解散清算的概念

公司清算（liquidation，winding up），指公司解散或被宣告破产后，依照一定程序了结公司事务，清理公司债权、债务，处分公司剩余财产，并最终使公司终止的法律行为和程序。

广义的公司清算分为解散清算与破产清算，二者发生的情形完全不同，在程序和内容上也有区别。本节只讲述解散清算。另外，公司因合并、分立发生的解散，不必经过清算程序。因此，下文讨论的清算，是指除破产、合并和分立之外的其他原因导致的公司终止所必须履行的法律行为和程序。

如前所述，我国采用“先散后算”的模式，解散发生后通过清算才能终止公司的法人资格。解散清算具有以下特征。

1. 包含一系列法律行为。这些行为主要是：了结未了结的公司事务，清理债权、债务，通知、公告债权人，清缴所欠税款，分配剩余财产，参加诉讼活动等。

2. 一套严格的法律程序。解散清算涉及公司诸利益主体的利益，需要了结的法律关系纵横交织，具有远比公司设立更为复杂、严格的法律程序。

3. 双重功能。解散清算的目的，从形式上看是消灭公司的法人资格，从实质上看则是保护相关利益者的利益。《民法典》第 72 条第 2 款规定：“法人清算后的剩余财产，按照法人章程的规定或者法人权力机构的决议处理。法律另有规定的，依照其规定。”如果仅仅为了形式上的目的，大可不必通过如此复杂的程序。严格的解散清算程序主要为了防止公司内部人在解散过程中隐匿财产、逃避债务，损害以下诸利益相关者的利益：（1）债权人。公司的责任财产是债权人利益的保障，如公司未经清算程序清偿债务而终止了法人资格，则债权将无法实现。（2）股东尤其是少数股东。实际控制公司财产的是内部人（多数股东、管理层），不经过清算，股东的剩余财产分配请求权难以实现。（3）雇员。雇员的利益包括未领取的薪酬以及社会保险费用和法定补偿金，必须通过清算程序得到保护。（4）国家。国家的税收利益也需要通过清算程序得到保护，公司在终止前应当缴纳所欠税款。以上诸利益相关者的利益通过解散清算程序得到了保护，正常的社会经济秩序也就得到了维护。

吊销营业执照以后。营业执照是市场监管部门签发的公司注册登记的法定证书，也是公司合法存在的法定身份证明，公司的成立即以取得营业执照为标志。公司的资格分为营业资格和法人资格，吊销营业执照的法律后果，究竟是取消公司的营业资格还是连同法人资格一并取消？就立法本意而言，吊销营业执照的目的仅在于取消公司的营业资格即停止公司的营业，并不涉及其法人资格。法人资格的取消必以公司清算终结并办理注销登记为条件。《公司法》第 229 条第 1 款第 4 项将公司被吊销营业执照规定为公司解散的原因，表明吊销营业执照与其他解散的原因一样，需要经过清算才能消灭公司人格。以往的一些规章性立法文件，规定公司被吊销营业执照后即被消灭了法人资格，是完全错误的，且助长了违法经营公司的股东逃避清算义务以逃避债务之风。这一原理应用于民事诉讼实践，意味着法院不得因公司被吊销营业执照而否定其诉讼主体资格。

二、解散清算的方式

从各国公司法的规定看，依据适用对象和性质的不同，公司解散清算分为任意清算与法定清算两种情形。

（一）任意清算

任意清算，指公司依照公司章程或者股东会决议进行的清算。换言之，任意清算可以不按照法律规定的方式和程序进行，所以具有“任意性”。任意清算只适用于无限公司、两合公司等人合公司，其间的法理依据在于，这些公司的全体或者部分股东承担无限连带责任，所以法律无须担心任意清算会损害债权人的利益。当然，如股东同意，人合公司亦可选择法定清算方式。我国不存在人合公司，自然不适用任意清算。

（二）法定清算

法定清算，指按照法律规定的方式和程序进行的清算。法定清算适用于任何公司，但资合公司只能实行法定清算。究其原因，乃在于股东承担有限责任，公司的责任财产是债权人债权清偿的唯一担保，如允许任意清算，将有损债权人的利益。我国只有有限公司和股份公司，故只实行法定清算制度。

在域外，按照清算组的组织方式的不同，适用于股份公司的法定清算又进一步分为普通清算和特别清算。

1. 普通清算

普通清算（general liquidation），是由公司自行组织清算组进行的法定清算。公司自行组织清算组依法清算，国家不直接干预其清算事务，仅实行一般监督。此种清算兼顾股东和公司债权人的利益。《公司法》第 232 条规定，公司基于公司章程规定的事由发生、股东会决议解散，依法被吊销营业执照、责令关闭或者被撤销而解散，以及司法裁判解散的，应当在解散事由出现 15 日内成立清算组，开始清算。公司清算组由董事组成，但公司章程另有规定或者股东会决议另选他人的除外。可见，我国公司法上的普通清算对于自愿解散和强制解散两种情况都可以适用。

2. 特别清算

特别清算（special liquidation），在国外公司法上，是指股份公司因某些特殊事由解散后，或者被宣告破产后，或者在普通清算发生显著障碍，无法继续时，由行政机关或者法院介入而进行的法定清算。在我国，特别清算既适用于股份公司，也适用于有限公司，但启动特别清算的原因只有一个——普通清算的进行遇到“显著障碍”，即公司逾期不成立清算组进行清算的，利害关系人可以申请法院指定有关人员组成清算组进行清算，法院应当受理该申请并及时组织清算组进行清算（《公司法》第 233 条）。

我国《公司法》第 233 条规定，公司解散的应当清算，如清算义务人逾期不成立清算组进行清算或者成立清算组后不清算的，利害关系人可以申请法院指定有关人员组成清算组进行清算，法院应当受理该申请，并及时组织清算组进行清算；或者发生行政解散的，由作出吊销营业执照、责令关闭或者撤销决定的部门或者公司登记机关申请法院指定有关人员组成清算组进行清算。可见，我国公司法上的特别清算与普通清算的区别在于，后者是公司自行组织的，前者是由法院出面组织。至于特别清算的启动者，要么由公司债权人、少数股东等利害关系人申请，要么由作为行政解散发动者的市场监管局等作为申请人。特别清算的主要目的在于保障债权人公平受偿。在性质上，特别清算是介于普通清算和破产清算之间的一种“中间制度”，是结合了普通清算与破产清算的若干特点的混合物。

三、解散清算的程序

（一）一般程序

根据《公司法》有关规定，解散清算程序大致如下。

1. 清算开始

在国外公司法上，公司解散后，除因合并、分立及破产解散法律另有规定外，应于法定期间到登记机关进行解散登记并公告，产生公示的效力。

清算组成立之日即为清算开始之日。在国外公司法上，清算组选任后应当进行登记，我国《市场主体登记管理条例》第32条第1款规定，市场主体注销登记前依法应当清算的，清算组应当自成立之日起10日内将清算组成员、清算组负责人名单通过国家企业信用信息公示系统公告。清算组可以通过国家企业信用信息公示系统发布债权公告。

清算开始后，公司便负有相应的义务，如不得开展与清算无关的经营活动。

2. 债权申报与登记

依《公司法》第235条规定，清算组应当自成立之日起10日内通知全体已知债权人，并于60日内根据公司规模和营业地域范围在报纸上或者国家企业信用信息公示系统公告。清算组未按照规定履行通知和公告义务，导致债权人未及时申报债权而未获清偿，债权人主张清算组成员对因此造成的损失承担赔偿责任的，法院应予以支持。

债权人应当自接到通知之日起30日内，未接到通知的自公告之日起45日内，向清算组申报其债权。债权人申报其债权，应当说明债权的有关事项，并提供证明材料。清算组应当对债权进行登记。在申报债权期间，清算组不得对债权人进行清偿。

依照我国司法经验，债权人对清算组核定的债权有异议的，可以要求清算组重新核定；清算组不予重新核定，或者债权人对重新核定的债权仍有异议，债权人以公司为被告向法院提起确认之诉的，法院应予受理。债权人在规定的期限内未申报债权，在公司清算程序终结之前补充申报的，清算组应予登记。对债权人补充申报的债权，可以在公司尚未分配财产中依法清偿。公司尚未分配财产不能全额清偿，债权人主张股东以其在剩余财产分配中已经取得的财产予以清偿的，法院应予支持；但债权人因重大过错未在规定期限内申报债权的除外。债权人或者清算组以公司尚未分配财产和股东在剩余财产分配中已经取得的财产不能全额清偿补充申报的债权为由，向法院提出破产清算申请的，法院不予受理。

3. 制订清算方案

清算组在清理公司财产、编制资产负债表和财产清单后，应当制订清算方案，报股东会（普通清算）或者法院（特别清算）确认。未经确认的清算方案，清算组不得执行，否则，由此给公司或者债权人造成损失的，公司、股东或者债权人可以主张清算组成员承担赔偿责任。

4. 分配剩余财产

清算方案的执行，就是分配公司剩余财产。法定分配顺序依次为：（1）支付清算费用；（2）支付职工的工资、社会保险费用和法定补偿金；（3）清缴所欠税款；（4）清偿公司债务；（5）清偿完毕前述四项款项后的公司剩余财产，有限公司按照股东的出资比例分配，股份公司按照股东持有的股份比例分配。此外，此前曾有司法解释规定，公司可以根据公司章程或者股东会决议对其剩余财产分配请求权作出相应的合理限制，相关股东请求认定该限制无效的，法院不予支持。分配财产必须严格依照法定顺序进行，如果在未进行其他清偿前向股东分配财产，属无效行为，不仅要追回所分配的财产，相关人员还会被依法追究法律责任。

5. 清算终结

《公司法》第239条规定，公司清算结束后，清算组应当制作清算报告，报股东会（普通清算）或者人民法院（特别清算）确认，至此清算程序终结。司法实践中，特别清算应当自清算组成立之日起6个月内清算完毕，因特殊情况无法在6个月内完结的，清算组应当向法院申请延长。

（二）特别清算与破产清算的关系

公司破产清算由企业破产法专门规定，公司法仅作衔接性规定。《公司法》第237条规定：清算组在清理公司财产、编制资产负债表和财产清单后，发现公司财产不足清偿债务的，应当依法向法院申请破产清算；法院受理破产申请后，清算组应当将清算事务移交给法院指定的破产管理人。第242条规定，公司被依法宣告破产的，依照有关企业破产的法律实施破产清算。此外还有两个方面的问题需要注意：

一是债权人或者清算组以公司尚未分配财产和股东在剩余财产分配中已经取得的财产不能全额清偿补充申报的债权为由，向法院提出破产清算申请的，法院不予受理。

二是在特别清算中，清算组在清理公司财产、编制资产负债表和财产清单时发现公司财产不足清偿债务的，可以与债权人协商制作有关债务清偿方案。该方案经全体债权人确认且不损害其他利害关系人利益的，法院可依清算组的申请裁定予以认可。清算组依据该清偿方案清偿债务后，应当向法院申请裁定终结清算程序；但债权人对债务清偿方案不予确认或者法院不予认可的，清算组应当依法向法院申请宣告破产。

（三）注销公司登记

1. 清算注销

依据《公司法》第239条规定，解散清算报告得到确认后，清算组将其报送公司登记机关，申请注销公司登记，公告公司终止。至此，清算组的职责也宣告完成。依照有关规定，清算终结后不申请注销公司登记的，将由公司登记机关吊销公司营业执照，并予以公告。

2. 简易注销

《公司法》第240条规定，公司在存续期间未产生债务，或者已清偿全部债务的，经全体股东承诺，可以按照规定通过简易程序注销公司登记。通过简易程序注销公司登记，应当通过国家企业信用信息公示系统予以公告，公告期限不少于20日。公告期限届满后，未有异议的，公司可以在20日内向公司登记机关申请注销公司登记。公司通过简易程序注销公司登记，股东如对公司未产生债务、债务已获清偿的承诺内容不实的，仍应对注销登记前的债务承担连带责任。

3. 强制注销

《公司法》第241条规定，公司被吊销营业执照、责令关闭或者被撤销，满3年未向公司登记机关申请注销公司登记的，公司登记机关可以通过国家企业信用信息公示系统予以公告，公告期限不少于60日。公告期限届满后，未有异议的，公司登记机关可以注销公司登记。强制注销的，由于此前并未进行解散清算，所以原公司股东、清算义务人的责任不受影响。

第三节　清算中公司、清算义务人、清算人

一、清算中公司

（一）清算中公司的法律地位

处于清算过程中的公司在学理上被称为“清算中公司”，涉及多项重大实务问题。我国学界关于清算中公司的法律地位存有分歧，主要学说有：(1) 清算法人说。此说认为法人因解散

事由出现而消灭主体资格，法律专为法人的清算目的而设立一种清算法人，这种法人是不依附于原法人而独立存在的另一个清算法人，故其权利能力也是特殊的。(2) 拟制法人说。此说认为法人因解散事由出现而丧失权利能力。仅为了清算之目的，法律拟制一个法人在清算目的范围内享有权利能力。(3) 同一法人说。此说认为公司的解散并不消灭其人格，清算中的公司与原公司为同一法人，只是在清算阶段其权利能力受到限制。我国立法上采同一法人说，《民法典》第 72 条第 1 款规定："清算期间法人存续，但是不得从事与清算无关的活动。"《公司法》第 236 条第 3 款中也规定："清算期间，公司存续，但不得开展与清算无关的经营活动。"从清算中公司的法律地位来看，公司解散事由出现后，其法人人格一直延续到清算终结。但是，这时公司存续仅仅是为了便于清算，相应地，其权利能力就限定于清算范围之内，不得从事清算目的范围外的其他活动，否则，不生法律效力。清算中公司与解散前的公司互为一体，在解散前所存在的法律关系不因解散的发生而有所变更。

但是，清算中公司的法律地位与设立中公司的并不完全相同：后者尚未取得法人资格，属于非法人社团；清算中公司已经具有法人资格，只是因其即将终止而在能力上受到限制，即"不得开展与清算无关的经营活动"。

（二）清算中公司与清算人的关系

我国立法并未明确规定清算中公司与清算人（清算组）的关系，但从我国《公司法》第 234 条规定的有关职权来看，清算组在公司清算过程中具有对内执行清算事务、对外代表清算中公司的职权，其地位类似于正常营业中公司的董事会、经理。在此意义上，清算人在性质上相当于清算中公司的法人机关，替代行使董事会、经理的职权。具体而言，包括以下要点。

其一，清算人不是一个独立的法律主体，而是清算中公司的法定代表机关和清算业务执行机关。在内，清算人与清算中公司之关系适用民法上关于委托（委任）之规定①；在外，清算人作为代表机关应以公司的名义进行活动。

其二，公司解散后、清算终结前，公司的法人资格仍存，其法人机关也在，只是董事会、经理停止履行职责，由清算人取而代之，比如公司的财产、印章、财务文件等均由清算人接管。但是，清算人的职权内容与正常营业中公司的董事会、经理有所区别：执行的都是以清算为目的的事务，而不是正常营业中公司的董事会、经理执行的经营性事务。

其三，清算人不能取代股东会、监事会的职权，股东会、监事会依然是公司的权力机构、监督机构，行使相应的职权。

二、清算义务人

（一）概念

公司清算义务人，是指基于其与公司之间存在的特定法律关系而在公司解散时，对公司负有依法组织清算义务，并在公司未及时清算给相关权利人造成损害时，依法承担相应责任的民事主体。其产生主要基于法律规定和公司章程规定两种形式。

我国公司法引入清算义务人的概念，意在解决实践中出现的有些公司投资人、管理者一旦经营不顺就来个人去楼空、跑路逃债的不良现象，这极大伤害了市场信用，损害了市场经济的基本秩序。对此，我国司法实践一度将有限公司全体股东、股份公司的全体股东与董事视为清算义务人，其逃避启动清算义务、损害公司以及公司债权人利益的，则承担相应的赔偿责任，

① 柯芳枝. 公司法论. 增订 5 版. 北京：中国政法大学出版社，2004：503.

其中最严厉的是对公司的全部债务承担连带责任。这一责任的原理在于，既然公司未经解散清算、又未申请破产清算，那么理应推定为公司当初关门歇业之时“资足以抵债”，故而为了保护债权人利益，责令清算义务人对公司的全部债务承担清偿责任。

但是这一规定实施多年后也显露了弊端——真正应承担责任的控股股东、实际控制人加速跑路，留下问心无愧的少数股东承担赔偿责任，这一结果至少是不公平的。所以2019年最高院《九民纪要》规定，少数股东举证自己并未参与公司经营管理、无法组织清算或者曾经付出积极努力组织清算的，可以免责。2017年《民法总则》第70条第2款则直接规定，营利法人的董事而不是投资人是清算义务人。秉承民法典的立法精神，2023年《公司法》第232条进一步规定，董事是公司的清算义务人，负有义务在解散事由出现之日起15日内组成清算组启动清算。

（二）清算义务人怠于清算的赔偿责任

如前所述，如公司违反法定程序，或者未经合法清算就被注销，从而损害债权人利益的情况屡有发生。对此，《民法典》第70条第1、3款规定，法人解散的，除合并或者分立的情形外，清算义务人应当及时组成清算组进行清算，清算义务人未及时履行清算义务，造成损害的，应当承担民事责任。《公司法》第232条第3款规定，清算义务人未及时履行清算义务，给公司或者债权人造成损失的，应当承担赔偿责任。

三、清算人

（一）概念

清算人（receiver），又称清算组、清盘官、清算组织、清算机构、清算机关、清算委员会，指清算事务的执行人，具体职责是对内执行清算事务，对外代表清算中公司。我国公司法的立法用语是清算组，清算组一般由多个成员组成，履行清算职责。

（二）组成

在各国公司法上，清算人的成员选任因解散原因、清算类型的不同而有所不同。一般而言，任意解散的情形下，清算人由股东选任；只有在股东不能选任时，法院才可以应利害关系人的申请组织清算人。在强制解散的情况下，清算人一般由法院组织。具体而言，可以分为如下几种情况。

1. 股东会选任。其方式有二：一是章程规定担任清算组成员的人选，二是股东会议决议选任。

2. 法院指定。股东不能选任或者在法院强制解散时，由法院指定清算人的成员。

3. 行政机关指定。在行政解散情形下，由行政主管机关指定清算人的成员。

4. 债权人选任。英国等少数国家规定债权人可以选任清算人，且大多发生在普通清算的情形。

相比较而言，我国法律规定的清算组成员的选任最体现公司（股东）自治的精神，依据《公司法》第232条，分为两种情况。

其一，无论解散的原因属于任意解散还是强制解散，只要适用普通清算程序，公权力机关不干预清算组的组成。清算组由董事组成，公司章程另有规定或者股东会决议另选他人的除外。

其二，唯在特别清算的情形下，应利害关系人申请才由法院出面组织清算组，成员由法院指定。特别清算适用非诉程序，以债权人、股东为申请人，或者以作出行政解散决定的行政主体为申请人，公司为被申请人，管辖法院的确立原则与前述司法裁判解散公司诉讼的管辖原则完全一样。

(三) 人数

清算事务的执行人本来既可由一人充任，也可以由多人担当；清算人既可以是自然人，也可以是法人。采用清算组概念的多数公司法都没有清算组人数的要求，这说明清算组可以是一人，也可以是数人，但实务中清算组往往由若干人构成。我国公司法使用“清算组”概念本身并不表明法律要求清算组必须由 2 人以上组成。因为对于一人公司而言，按照《公司法》第 232 条“清算组原则由董事组成”的字面解释，其清算组当然是由一人（单个董事）组成。事实上，对于那些小型公司来说，一定要求多个成员既增加公司的负担，也未必有必要。

(四) 法律地位及职权

清算人的法律地位，是指清算人与清算中公司的关系。从总体上说，清算人是清算中公司的法人机关，在清算期内对内执行清算事务、对外代表清算中公司，其法律地位相当于公司正常营业期间的董事会、经理。

大陆法系公司法一般规定，在清算人为数人的情况下，原则上清算人的各个成员均得代表清算中公司，即实行共同代表制。我国实行单一代表人制。公司成立清算组的，由清算组负责人代表公司参加诉讼；尚未成立清算组的，由原法定代表人代表公司参加诉讼。清算组负责人的产生，一般由清算组会议决定。

我国《民法典》第 71 条规定：“法人的清算程序和清算组职权，依照有关法律的规定；没有规定的，参照适用公司法律的有关规定。”依《公司法》第 234 条，清算组的具体职权为：(1) 清理公司财产，分别编制资产负债表和财产清单；(2) 通知、公告债权人；(3) 处理与清算有关的公司未了结的业务；(4) 清缴所欠税款以及清算过程中产生的税款；(5) 清理债权、债务；(6) 分配公司清偿债务后的剩余财产；(7) 代表公司参与民事诉讼活动。

(五) 清算人的成员的权、义、责

1. 权利

清算人的成员有权获得报酬。公司自行组织清算人的，成员的报酬由股东会在选任时确定；法院指定成立清算人的，成员的报酬由法院确定。

2. 信义义务

清算人的成员在执行清算业务的范围内，其权利、义务犹如公司董事，与公司之间的关系属委任契约关系，处于受托人的地位。作为公司的受托人，清算人的成员与公司董事一样对公司、股东负有诚信义务，而且对公司债权人负有信义义务，违反诚信义务的，承担违信责任。

3. 违信责任及其追究

清算人的成员的违信责任可以比照适用《企业破产法》关于破产管理人的规定。《公司法》第 238 条对此进行了概括规定：清算组成员履行清算职责，负有忠实义务和勤勉义务。清算组成员怠于履行清算职责，给公司造成损失的，应当承担赔偿责任；因故意或重大过失给债权人造成损失的，应当承担赔偿责任。

重要概念提示

公司终止；公司解散；公司清算；公司僵局；股东压制；清算中公司；清算义务人；清算人

理论思考

1. 辨析公司解散、破产、清算、终止、分立合并等诸概念之间的关系。

2. 讨论我国建立公法意义上的司法解散裁判的意义。

实例研习

不符合裁判解散的条件，司法解散公司请求权未获支持——谢某与杨某关于司法裁判解散公司案①

［案情与裁判］2007年3月7日，谢某出资10万元成立科缘公司，系一人有限公司。同年6月21日，谢某与杨某签订股权转让协议，谢某将科缘公司6万元股份转让给杨某，占注册资本的60%。随后公司变更登记，股东由谢某一人变更为杨某和谢某两人，杨某担任法定代表人。此后不久，二人在经营过程中产生矛盾。双方就公司事务进行协商，不能形成明确一致意见。2008年5月起，杨某和谢某开始各自经营，员工也一分为二。杨某遂以公司经营管理发生严重困难，公司继续存续会损害股东权益为由向原审法院提起诉讼，要求解散公司。

原审法院认为，科缘公司两名股东杨某和谢某在公司经营过程中，发生严重分歧，股东间矛盾无法调和，彼此已丧失基本的信任，导致公司事务无法正常进行，公司经营管理发生严重困难，股东之间就股份转让事宜也无法达成一致意见，继续存续会使股东的利益受到重大损失，杨某提出解散科缘公司的诉讼请求，符合法律规定，判决准许科缘公司解散。宣判后，谢某不服，提起上诉，二审法院审理后认为并不符合公司的司法解散条件，双方纠纷是可以通过内部途径解决的，判决撤销一审判决，不予解散。

［简评］一、二审的分歧焦点在于对2005年《公司法》第182条（现为第231条）关于“其他途径”的理解，本案中两股东的纠纷是可以通过内部协商或者股权转让予以解决的，二审判决似更妥当一些。

---

① 案例来源：由四川省成都市中级人民法院（2009）成民终字第133号民事判决书整理改编，北大法宝引证码：CLI. C. 156894。收录时有删减。

第三编

公司金融

［题述］众所周知，公司的运营与公司金融（corporate finance）息息相关。习公司法者，必须了解一定的公司运营常识，而欲了解公司运营，则不能欠缺以公司财务结构为核心的公司金融运作之基本知识，否则，势必无法知晓公司之全貌，遑论全盘理解公司之复杂运营。公司金融不是一个学术术语，它大致包括公司法上的公司融资、公司财务结构、公司资本、公司债、公司财务会计、股权衍生工具、公司税收等内容。

英美国家的经典公司法教科书早将公司金融纳入内容体系，且对公司金融实务作形象化描述。这对于大学法科的学生更好地理解公司及其运营而言不仅必要，而且重要。有鉴于此，本书尝试将公司资本、股东出资、公司债、公司财务会计等存在相通内容的章节放在一起，并命名为“公司金融”编，力图集中介绍公司金融的运营实务。如此在对公司法教科书的章节编写体例进行形式上的大胆“创新”之余，也便于读者更好地理解公司的财务运营。

第九章 公司资本

提 示

本章主要讨论的问题包括公司财务结构与融资工具，公司资本的概念与资本信用，公司“资本三原则”与资本形成制度，股份发行与资本募集，公司增资与减资等。其中，第一节“公司财务结构与融资”是最具创新的内容，从公司财务学的角度扼要、系统介绍了公司的各种资金来源和融资工具，以及不同的公司财务结构所蕴含的利益与风险结构、公司治理意义，在体系上统领第三编的内容。之所以称之为“创新”，是因为国内的公司法教材很少有类似本节的内容安排。此外，本章第二节关于公司资本概念的讨论虽然比较技术性，但对于读者而言，这是进一步学习公司资本制度所必须精确掌握的基本概念之一。

第一节 公司财务结构与融资

一、公司财务结构及其选择

（一）财务结构的含义

公司一刻也离不开资金。资金之于企业有如血液之于人体，人体缺乏血液，生命不能存在，企业没有资金，将无以运营。组建公司的首要任务就是筹集资金。公司成立后如因扩大经营规模等需要，也需要筹集资金。

公司资金的来源有二：一是发行股份（包括出资，下同），从股东那里获得资本（capital），形成所有者权益（equity）；二是发行债券或者借款，从债券购买人、贷款人那里获得借贷资金（loan），形成公司负债（debt）。公司财务结构，或称公司资本结构[①]（capital structure）、权益结构，是指公司资金来源中公司负债与所有者权益的比例关系。财务结构项下的负债结构，指公司中期、短期、长期债务等各类债务组成的比例关系。公司的财务结构对公司运营与治理都有深刻的影响。[②]

（二）财务结构的选择

从财务的角度，公司财务结构中的股权资本与负债具有不同的经济功能和法律意义。

1. 风险的差异。资金来源不同，公司承受的风险也不同：公司资本比例高，公司财务基

① “公司资本结构”这一概念中的“资本”，是指会计学意义上的资本，本书不采纳这一概念，本节使用的“资本”一词是法律意义上的。关于二者的区别，参见下节的介绍。

② 黄铭杰. 公司治理与企业金融法制之挑战与改革. 台北：元照出版公司，2006：141.

础比较稳固；负债率高，公司经营风险较大。这是因为，不管公司的经营有多坏，总要定期支付借款的本息，而股东只在公司有盈利且公司宣布分配的情形下才有权获得股利。特别是，在公司资金紧张的时候，如果借债的本息到期，公司还要支付本息，无疑会雪上加霜，进一步加剧公司资金的紧张。

2. 财务杠杆作用。公司因为资金来源中包含负债而使每股盈余（股东权益回报率）变动放大之效果，称为财务杠杆（leverage）。负债经营是实现公司价值最大化的一种有效财务手段。在西方国家公司财务会计上，借款与还贷的能力被视为公司经济实力的重要标志，公司负债经营成为一项公司经营战略选择，公司的负债率都较高。在日本，公司资本平均约占全部资金的27%；在美国，仅占20%，绝大部分资金来自公司发行债券、借款及商业信用。

财务杠杆的经济功能在于，在公司投资收益率高于负债利率的情况下采用负债经营，可提高股东权益回报率，使公司获得财务杠杆效益。而且，负债利息允许从公司税前成本扣除，和从税后利润中支付的股息相比，具有减轻公司税负的效益。

财务杠杆示例。设某公司股本100万元，发行股份1万股，每股100元，无债权资本，当年税前利润10万元，因无利息支出，利润全数归股东，每股盈余10元，股东权益回报率为10%。设公司于次年度举债400万元，年利率5%（负债率80%），且公司税前利润亦成长至50万元，则扣除利息支出后的净利润为30万元，每股盈余30元，股东权益回报率为30%。可见，在资本不变的前提下，公司负债经营的，只要税前利润保持同比例成长，股东之获利高于不负债经营。

但利益与风险并存，负债经营给公司带来利益的同时，也会产生相伴的财务风险，且这些风险与负债率正相关。当公司投资收益率小于负债利率时，负债经营将产生财务杠杆副作用，且负债率越高，财务杠杆副作用越大，增大了公司破产的风险。

财务杠杆也有法律风险。在实践中，股东为逃避风险，可能将一部分出资以债的形式注入公司，这样做要有一个合理的“度”，否则会得不偿失。关于此点，详见下文的讲述。总之，合理安排资本与负债的比例是一家公司进行融资管理的核心问题。

（三）财务结构与公司治理

影响公司财务结构的因素非常复杂，包括公司所在地区的金融制度、银行制度、资本市场的发展状况、少数股东与债权人的保护状况等。比如，美国实行金融业分业经营，严格限制商业银行的营业范围与区域，银行贷款占公司财务结构的比例很小；但是，证券市场很发达，公司主要通过发行股票、债券募集资金，长期公司债占公司财务结构的比重很高。德国实行全能制银行和银行代理股票制度，日本实行主银行制度和以银行财团为中心的法人交叉持股，银行贷款占公司财务结构的比例很高，但这两大国家证券市场相对不发达，公司通过发行股票、债券募集的资金规模远不及美国，长期公司债在公司财务结构中所占比重很小。不同的财务结构，深刻影响了各国公司的治理模式，详见本书第十六章的讲述。

二、公司融资工具

（一）概说

公司筹集资金的活动称为“公司融资”（corporate financing）。与上文的公司资金的来源相一致，公司融资的工具有二：一是股权融资（equity financing），又称直接融资，指公司通过发行股票向投资者募集股权资本；二是债权融资（debt financing），又称间接融资，指公司通过发行债券或者向特定第三人借款而筹集债权资金。债权融资是最传统的公司融资方式，又分为两种情形：一是向社会公众发行债券；二是向特定第三人借款，“第三人”包括银行等金融机构、股东和其他第三人。①

（二）主要融资工具

1. 股权

（1）普通股。通过发行普通股所获得的资金属于公司最稳定的金融性资产。相对于特别股、负债等其他金融性资产，普通股属于剩余性（residual）资产，“剩余性”体现在两方面：一是在利润分配上，除非其他金融性资产已依照法律、章程规定获得报酬，普通股股东不得分取股利；二是在公司清算财产的分配上，在优先受偿顺位之债权人、优先股股东等受到清偿后，普通股股东才能就剩余财产依比例分配。按照“谁享有剩余财产索取权谁享有剩余财产控制权”的经济学原理，以及“风险收益相一致”的法原则，普通股股东应该享有公司控制权，以作为处于利润受偿、财产分配之最后顺位的补偿。而且，在此权利架构下，普通股股东有最大化公司利润、最优化公司治理之动因。所以，在公司治理结构安排上，从经济学角度讲，普通股股东具有最大的激励和约束动因选出最适当的管理层；从法律的角度讲，普通股股东应该享有选择管理者的权利。

（2）特别股。从公司财务的角度看，特别股居于普通股与公司债之间。比如，在利润与清算财产分配顺位上，特别股股东处于普通股股东与公司债债权人之间。而且，特别股与公司债有类似之处，如其股利同样按照固定利率计算。在公司控制权配置上，特别股股东不如普通股股东享有广泛的表决权，除非涉及影响其自身利益的重大事项。

2. 股权之衍生工具

在现代资本市场上，新的金融工具不断衍生。认股权凭证、员工认股选择权及其他衍生商品（derivatives），就是股权所衍生出来的金融商品。在概念上，这些衍生商品并不等同于股票，公司多发行凭证以便于权利人向公司主张取得股票之权利。如美国《示范公司法》第6.24条规定：公司董事会得决定发行新股认购权（preemptive rights）、认股选择权（stock option）或股份认购权（warrants）。

3. 公司债

公司债券购买人向公司提供借贷资金，享受公司支付的定期定额之收益，在公司利润及清算财产分配上的顺位居于任何股东之先，故在公司控制权配置上居于末位。所有的债权人都无权参与公司的经营管理，仅在公司破产时可以接管公司（即相机治理机制）。当然，在现代公司治理实践与理论中，债权人尤其是公司债债权人和贷款银行对公司治理的参与开始受到重视。

4. 银行贷款

银行的贷款是许多国家、地区公司中短期贷款融资的主要来源，在实行全能制银行制度的国家（如德国）和实行主银行制度的国家（如日本）更是如此。银行贷款作为间接融资，其融资的成本较高，且期限较短，属于一种短期债务，不宜用于企业的长期投资。在我国，公司的融资普遍过于依赖银行贷款。

5. 股东贷款

现实生活中，大型公司集团中的子公司的贷款主要来自母公司，母公司作为控股股东向子公司贷款，实质上是股东有意识地选择以一部分债权充当原始资本，自己由此取得股东与债权人的双重身份。这样的安排具有一系列好处。

---

① 王文宇. 公司法论. 台北：元照出版公司，2006：40－43.

（1）税负优势。双重征税（double taxation）是公司税负的基本特征，一是针对公司的盈余，二是针对股东所得股利。而债权的利息收入可以免税，利用债权投资可以使股东从公司得到的投资回报免于双重课税。

（2）合理化股权结构。通过将部分股东的部分股权投资转化为债权投资，可以合理安排公司的股权结构。

资产结构示例。甲公司有A、B两个发起人，A计划投入100万元现金；B计划投入价值70万元的非现金财产，但希望拥有公司50%的股权，否则不出资，而A离不开B的出资，且投资目的主要是取得投资收益。为此，公司章程安排如下：A和B各自出资70万元，A另外借给公司30万元。这样安排的好处是：A、B两个股东各得其所，甲公司的设立成为可能。

（3）降低投资风险。如果公司经营失败，债权融资使股东可以与普通债权人一样回收其债权，股东有了不同风险的投资组合。

股东贷款的风险。公司财务结构中股东的债权比例有一个合适的“度”。对公司而言，如债权比例过高，将导致债股比例（debt/equity ratio）失衡，公司经营风险增大，法律要特别保护其他债权人的利益。在美国，公司资本严重不足、负债率过高的公司被称为“thin corporation”，破产清算时可能适用“债权居次”规则，即股东对公司的债权不得向公司主张或劣后于其他债权人、优先股股东主张；更严重的情形可能适用“揭开公司面纱”原则。在税法上，股东的这部分贷款可能被税务机关认定为公司资本，且公司支付给股东的相应利息可能被视为股利，不得从公司税前成本中扣除。如此下来，股东可谓得不偿失。比较而言，公司从第三人处获得的贷款不会发生此类风险。

在我国，非金融机构之间的借款受到严格限制，因此来自股东以及其他第三人的贷款受到很大的抑制。公司集团内部的关联公司之间往往实行变相的借贷方式，如应收账款、占用资金、提供关联担保、票据贴现等。

（三）我国的问题及改革

长期以来，由于股票市场与债券市场的融资规模有限等多种原因，我国绝大多数企业的财务结构不合理，表现为：在融资渠道上，间接融资所占比重过大，直接融资所占比重偏小；间接融资主要由银行的中、短期贷款构成，而这些中、短期贷款却被用在了长期的投资项目；在融资成本负担上，企业融资成本过高，因为作为间接融资的银行贷款的成本较高。

企业的这种财务结构对于债权银行而言，蕴涵了很高的金融风险，特别是在企业的盈利率低于银行贷款利率的情况下，企业的信用风险很容易转化为银行的金融风险，成为危及银行乃至整个金融体系稳定的一大隐患。对于公司而言，这种财务结构不仅意味着融资的高成本，而且内含高度的债权风险。① 在这种情况下，我国公司的财务结构确有调整的必要，调整的方向应该是：财务结构中直接融资与间接融资的比例更协调，各种期限和来源的债务结构趋于合理。目前，最主要的改革举措就是大力发展证券市场，努力扩大股票融资与债券融资的比例，尤其是重视发展公司债券市场，公司债对于健全我国公司的财务结构尤其是负债结构具有重要的现实意义。

---

① 冯鸿玑，梁伟坚．中国企业的股份化和金融市场自由化//梁能．公司治理结构：中国的实践与美国的经验．北京：中国人民大学出版社，2000：170及以下；宁向东．公司治理理论．北京：中国发展出版社，2005：231及以下．

第二节　公司资本

一、公司资本概述

（一）公司资本的含义

资本（capital）一词，源于拉丁语的“caput”，其本义为首（head）、首要（principal），在中世纪之前，指与利息相对应的本金，仅适用于金钱借贷关系。进入16世纪，随着工商企业的发展，资本的内涵不断丰富和发展，股本逐渐成为其核心内容。在现代社会，资本这一词语虽然在各种场合频繁使用，但在不同学科、不同领域有着不同的含义。

在公司法学上，人们在三种意义上使用公司资本（corporate capital）这一概念。

一是最狭义的概念，指公司的股权资本，即注册资本。股权资本是基于股权融资形成的资本。

二是中间的概念，认为资本包括股权资本和借贷资本，借贷资本是基于债权融资形成的资本。

三是最广义的概念，认为资本包括股权资本、借贷资本与公司自生资本，自生资本（internal generated funds）指公司的收益，即公司经营期间基于经营所得而积累的资本，如利润留成、提取的公积金和公益金、资产出售所得等。

公司立法上的公司资本，指第一种含义上的资本，又称公司股本（equity capital），指公司章程确定并载明的，由全体股东出资所构成的公司财产的总和。按照这一定义，公司资本是一个确定的数额，也是公司设立须具备的观念上的财产总额，在组成上包括货币出资与非货币出资，因其需要登记注册，故又称为注册资本（registered capital）。如无特别声明，本书在公司立法意义上使用“公司资本”一词。

（二）与公司资产的区别

公司资产（assets），是公司实际拥有的全部财产。我国公司法第3条提到“公司以其全部资产对公司的债务承担责任”。这里的公司资产即指公司用以清偿自身债务的全部财产，故又称责任财产。

在财产法律性质上，公司资产包括有形财产和无形财产。在财产内容上，公司资产既包括金钱、财物、民事权利等积极财产，又包括债务之类的消极财产。在资产负债表中，资产表现为负债与所有者权益之和，其中所有者权益包括股本、资本公积金、未分配利润等。在财产形态上，资产分为流动资产、长期投资、固定资产、无形资产和递延资产等，货币、债权和某些实物属于流动资产，土地、房屋属于固定资产，工业产权则属于无形资产。在财产来源上，资产主要来自三个方面：股东的出资即公司资本，公司对外负债，公司的资产收益和经营收益。资产与负债作为公司资产负债表中的两个栏目，存在互动的对应关系，由于负债是资产的来源，公司负债的增减必导致资产的相应增减。

公司资本与公司资产的联系在于，资本属于资产的组成部分；区别在于，公司资产的外延大于公司资本，因为资产除资本外，还包括负债、资产收益和经营收益。就实际情况而言，资本与资产的对应关系会因公司的经营状况不同而有很大差别。公司成立时，没有任何对外负债，其资本就是其全部资产；公司成立后，随着公司对外负债的发生，资产在数额上通常都会高于资本，但并不排除因公司的极度亏损或公司资产价值的剧烈变化而导致资产低于资本的情况发生。

二、公司资本的分类

在英美公司法上，公司资本之下还可以分出以下若干概念。由于资本制度的差异，这些概念有的存在于我国公司法中，有的并不存在，但后者仍有启发意义。

1. 注册资本（registered capital），又称面额资本或核定资本，是指公司成立时注册登记的资本总额。注册资本一语，在各国公司法中并不多见。我国是少有的对注册资本有严格界定的国家。在其他一些国家，公司法亦规定资本是登记注册的重要事项，但并未明确使用注册资本这一术语，从其实质而言，此种登记的资本额就是注册资本。但注册资本是否应为实缴资本，是否可以授权资本或发行资本登记注册，各国立法规定则有所不同。

2. 授权资本（authorized capital），又称名义资本（nominal capital），指公司根据公司章程授权可发行的全部资本。英美公司章程中必须注明公司的授权资本，否则不予登记。但公司设立时不需将授权资本全部发行，部分发行即可，剩余部分授权董事会根据需要分次发行。授权资本的概念仅用于授权资本制之下，在法定资本制之下，不允许有授权资本，故我国不存在这一概念。

3. 发行资本（issued capital），指公司实际上已向股东发行的股本总额，是每股发行价与发行股份总数之积。从公司的角度讲，称为已发行资本；从股东的角度讲，称为认购资本。发行资本由实缴资本与待缴资本构成。股东认购了股份后，可能是一次缴清全部股金，也可能是在法律规定的一定期限内缴清，因此，发行资本与实缴资本不同：实缴资本等于或者小于发行资本。同时，发行资本是授权资本的部分或全部，如果授权资本全部被发行，则称为授权并发行资本（authorized and issued capital）。如果公司资本已经全部发行，发行资本就等于注册资本，也可能因公司股份尚未全部发行而小于注册资本。

4. 实缴资本（paid-up capital），亦称已缴资本、实收资本，指股东实际已经向公司缴纳的资本。资本已经发行不等于股东已经实际缴纳。即使在法定资本制下，亦允许股东对认缴股份的分期缴纳股款，其实际缴纳的部分即构成实缴资本。如果发行的资本已全部缴足，实缴资本即等于发行资本。

5. 待缴资本（uncalled capital），又称催缴资本，指公司已发行、股东已认购但尚未缴纳的资本。对于待缴资本，公司有权随时向股东催缴，股东有义务按规定或者约定的期限缴纳。在公司债权人角度，公司的待缴资本实际上已成为公司应得到的财产，已构成股东对公司债务的担保。我国实行法定资本制，但允许股东选择分期缴纳股款，故也存在实缴资本与待缴资本之分。

上述概念，对于股份公司而言，在授权资本制下其区分的意义最大。对于有限公司，我国虽实行的是法定资本制，但同时实行了注册资本的限期认缴制，因此这种区分也有一定的价值。

三、公司资本信用

（一）公司资本的法律价值

在现代公司法上，公司资本具有的法律价值可以简要概括为以下几方面。

1. 公司筹资的基本手段。

2. 公司股权结构安排的基本依据。

3. 公司开展经营活动物质基础的主要来源之一。

4. 公司对外承担责任物质保障的主要来源之一。

5. 确定股东对公司承担责任的范围。

6. 在维护公司信用、保护公司债权人方面的意义：构成公司的静态信用、原始信用、抽象信用、价值信用，同时也构成了公司的部分信用（公司资产信用的一部分）。

但是，在我国公司法理论界与实务界，曾经一度认为资本是公司承担财产责任的基本保障，也即公司的信用基础在于公司资本的多少。在这一认识决定下，我国立法确立了最为严厉的公司资本制度，资本确定、维持与不变原则贯穿在公司资本的各个环节。随着公司实践的发展，人们普遍认识到，不应迷信公司资本的信用功能，公司的信用基础在公司资产而非资本。这一认识的转变带来了公司资本制度的一系列创新。

（二）从资本信用到资产信用

公司资本是公司资产的组成部分，由于公司的资产始终处于变化之中，公司资产可能多于、等于、少于公司资本。公司的独立责任是以其拥有的全部资产对其债务负责，公司对外承担责任的范围取决于其资产总额，即责任财产总额，而不取决于注册资本。一般而言，公司经营存续的时间越长，资产与资本之间的差额越大，甚至资产与资本完全脱节：从公司资本无以判断公司资产状况，从公司资产也无以判断公司资本多少。从实际的清偿能力而言，公司的信用取决于公司资产，更准确地说是净资产的多少，而非公司资本的多少。比如，在极端的情况下，一家注册资本 1 亿元的多年经营亏损公司，能够用于偿债的净资产可能不足 100 万元，但一家注册资本区区 100 万元的多年盈利公司，能够用于偿债的净资产可能达到 1 000 万元之高。所以加强公司财务会计制度的建设，比单纯致力于维护公司资本的确定、不变与维持原则，对公司债权人更为重要。

矫枉不能过正，公司资本的信用功能固然不能被夸大，但也不能被彻底否定①：第一，应该承认，公司资本具有一定的信用功能，不容抹杀。在多数的交易场合，交易相对人仍然重视公司的资本信用功能。抽象地讲，一家注册资本 3 亿元的公司比另一家注册资本 3 万元的公司，其履约与偿债能力通常更容易获得交易相对人的信任。第二，公司资本信用比资产信用更易于观察，具有更直接的公信力。如果说公司资本不可盲目信赖，公司资产更是难以监控，有关公司资产的信息也难以观察，而有关公司资本的信息很容易通过查阅公司登记簿获得。第三，确定和维持公司资本信用，是我国现行法律可选择的法律政策。在现阶段，我国社会信用体系仍有进一步完善的空间，对公司资产的监控机制一时难以完善。在此背景下立法实行法定资本制，重视发挥公司资本的信用功能，通过一系列规则确保公司资本的真实、可靠，仍不失为一种可选择的政策路径。

从资本信用到资产信用这一观念的转变，突出的法律意义是带来了公司资本制度的一系列变革，取消了建立在资本信用基础之上的一系列不合理、不必要的制度约束，发展和完善了公司财务会计制度，找到了保护债权人的真正根基。② 2005 年、2013 年、2018 年、2023 年连续四次公司法修订案关于公司资本制度的诸多重大变革，都与矫正资本信用的认识误区有关。

第三节　公司资本原则与资本形成制度

一、公司资本原则

公司资本原则是公司资本制度的基本准则。各国公司法的资本规则不尽相同，但在长期的

① 范健，王建文. 公司法. 北京：法律出版社，2006：256.

② 赵旭东. 公司资本制度改革研究. 北京：法律出版社，2004：43.

发展过程中形成了共同认可的若干规则，其中最主要的是“资本三原则”。

（一）资本确定原则

资本确定原则又称资本法定原则，指公司设立时，公司章程明确规定资本额，由股东认足，否则，公司不能成立；公司成立后若发行股份，必须履行增资程序，并修改公司章程。这一定义的要点如下。

（1）公司章程明确规定公司资本，其中暗含章程确定的公司资本不得低于法定最低资本额（如法律有要求）。

（2）章定资本必须由股东认足。至于股东就认购的股份缴纳出资，可以有两种做法：严格的，要求一次缴足；宽松的，允许选择分期缴纳。

（3）出资方式由法律确定。法律明确限定出资的财产形式，往往排除劳务、信用等不易确定价值的财产作为出资形式。

资本确定原则的核心是法定最低资本额和章程规定资本额制度，故属于公司资本形成的基本原则。按这一原则，公司资本既要确定又须认足，这正是资本形成制度中法定资本制的内容，因此，理论上又把资本确定原则等同于法定资本制。各国资本确定原则的实现程度有所不同，而法定资本制、授权资本制和折中资本制都在不同程度上体现了资本确定原则的要求。相比之下，法定资本制是最完整体现资本确定原则的资本形成制度。

（二）资本维持原则

资本维持原则又称资本充实原则，指公司在存续期间，应经常保持与其资本额相当的财产，以具体财产充实抽象资本。[①] 在公司存续过程中，公司的财产会因盈余、亏损、无形损耗等发生价值上的变动，从而使公司资产与资本、实缴资本脱节。资本维持原则的目的，就在于保证公司资本具有实际意义，努力使公司资本与资产基本相当，以保护公司债权人和维护交易安全，防止公司经营中的欺诈行为。

资本维持原则不仅是大陆法系公司法普遍适用的资本原则，在英美法系公司法也得到体现，贯穿整个公司资本制度，适用于公司全部存续期间。下列规则都直接或间接体现了资本维持原则。

1. 禁止股东退股。公司成立后，股东不得抽回出资。

2. 限制折价发行股份。股份可以平价发行或溢价发行，一般不允许折价发行。

3. 限定非货币出资的条件。由于非货币出资财产价值的特殊性，容易造成资本虚假，故非货币财产的出资形式通常受到限制。

4. 按规定提取和使用公积金。法定盈余公积金的首要作用是弥补公司亏损。如没有盈余公积金的准备，一旦出现亏损，就会导致资本与资产的差距，所以公司法关于强制提取法定盈余公积金和资本公积金的规定，是维护资本维持原则的积极手段。

5. 无盈利不分红。公司盈利首先应用于弥补亏损，“无盈不分”是公司股利分配的基本规则，否则，等于股东分配公司资本。

6. 限制回购股份。公司收购自己的股份，等于股东退股，收回的股份等于未能发行，从而导致资本虚假，因此受到严格限制。

7. 禁止公司接受以本公司股份提供的质押。

资本维持原则首先适用于股份公司，后来也基本适用于有限公司。英美公司法未抽象出大陆法系上传统的“资本三原则”，但却对公司资本维持给予充分肯定，在司法实践中形成了关

① 柯芳枝. 公司法论. 增订5版. 北京：中国政法大学出版社，2004：128.

于维护资本维持原则的完善的判例规范。在某种意义上，资本维持恰是英美公司资本制度的根本原则。

（三）资本不变原则

指公司资本一经确定，不得随意改变，如需增减，必须严格按法定程序进行。这里的不变，并非资本绝对地不可改变，其要义是指在公司债权人利益获得保障前，资本不得随意变动①，即其制度本旨在于规范公司减资行为，保持资本的真实，保护公司债权人和维护交易安全。

资本不变原则与资本维持原则的立法宗旨相同，即防止资本总额的减少，从而导致公司责任财产的减少，保护债权人利益。但二者的角度有所不同：资本维持原则从公司资产与资本额的吻合度方面来防止公司资本的实质减少，而资本不变原则仅从维持资本额不变的角度来防止公司资本的形式减少。二者相辅相成，相互配合，共同维持资本的真正充实。在此，资本不变原则可看作资本维持原则的进一步要求，如果没有资本不变原则的限制，公司资产一旦减少，公司即可相应减少资本额，那么资本维持原则也就难保。

（四）对“资本三原则”的评价

公司“资本三原则”形成于大陆法系公司法，同时也为英美公司法不同程度地吸收。“资本三原则”只适用于资合公司，被确立的直接原因是在承认资合公司的独立责任和股东的有限责任的背景下，为保护债权人和维护交易安全，必须努力维持公司清偿债务的财产能力。“资本三原则”的基本逻辑是：资本确定原则确定资本的基本水准；资本维持原则确保此水准能够真实反映公司财力；资本不变原则是在债权人利益获得确切保障前，禁止变动此水准。可见，“资本三原则”是资合公司债权人与股东之间的利益平衡措施。

当然，“资本三原则”对于保障股东、公司自身利益也具有积极意义。譬如，在资本确定原则之下，成立公司须有一定的初始资本以启动和维持公司的营业；在资本不变原则之下，公司资本增加须经股东会同意，以免因公司任意增资而稀释股东的资本收益。

但是，传统的“资本三原则”存在固有的缺陷，其所体现的理念也受到现代社会的挑战和冲击：(1) 有违公司自治原则。“资本三原则”体现了强烈的强行法色彩，留给公司的自治空间狭小。(2) 不符合营业平等原则。较高的资本门槛以及实缴要求，为投资者制造了投资障碍，尤其是限制了“穷人创业的机会”，形成市场歧视和偏见。(3) 不符合交易效率原则。商事交易首重效率，“资本三原则”难以满足这一要求。(4) 立法目标偏离。“资本三原则”僵化维护资本信用的功能，对债权人的保护流于表面且形式②，所以最终难以实现既定的立法目标。

（五）我国的规定与实践

“资本三原则”在我国曾被视为经典原则，对公司立法产生了巨大影响，《公司法》关于公司资本的规定较严整地体现了“资本三原则”。

1. 关于资本确定原则。现行《公司法》仍实行较严格的资本确定原则，体现在：特定行业的最低注册资本制，注册资本需由全体股东、发起人认足（《公司法》第 47 条、第 96 条）；章程需要明确记载资本且被登记与公示（《公司法》第 46 条、第 95 条）。

2. 关于资本维持原则。体现在：对非货币出资的限定性规定（《公司法》第 48 条、第 98 条）；初始股东对非货币形式的出资承担差额填补连带责任（《公司法》第 50 条）；禁止退股

① 方嘉麟. 论资本三原则体系之内在矛盾. 政大法学评论，第 59 期.

② 王文宇. 公司法论. 台北：元照出版公司，2006：227.

（《公司法》第53条、第105条）；严格限制公司回购股份（《公司法》第89条、第162条）；禁止接受本公司股份质押（《公司法》第162条）；公司在弥补亏损、提取法定公积金之前，不得向公司股东分配利润（《公司法》第210条）；公司的公积金用途限制（《公司法》第214条）；对“虚报注册资本”“虚假出资”“抽逃出资”等违法行为予以严惩（《公司法》第250条、第252条、第253条）。

3. 关于资本不变原则。体现在对于公司减资的严格规制（《公司法》第224条）之中。

二、公司资本形成制度

公司资本是通过股份（包括有限公司的资本，下同）的发行而形成的，它可以在公司设立时一次形成，也可以在公司成立后分次形成。各国公司法对资本的形成方式有不同的设计，由此产生了三种类型的资本形成制度。

（一）法定资本制

法定资本制（statutory capital system），又称确定资本制，指公司设立时，章程明确规定公司资本总额，并一次性发行、全部认足，否则，公司不得成立。其主要内容如下。

1. 公司设立时，公司章程明确规定资本总额。

2. 公司设立时，必须将股份一次性全部发行，由发起人、股东全部认足。

3. 资本、股份经认足后，各认股人应根据发行的规定缴纳股款。缴纳股款的方式可以是一次缴纳，也可以是分期缴纳，有的立法还限制认股人首次、每次缴纳股款和全部股款缴纳的时间。

4. 公司成立后非经履行变更章程、发行新股等程序，不得增资。

5. 对无形资产出资占全部出资额的比例有严格的限制。

法定资本制的核心是资本或股份的一次发行，因此才有发行资本与实缴资本的概念和区别。分期缴纳制度也属于法定资本制下股款缴纳的一种形式，而不是授权资本制、折中资本制的专利。采法定资本制的大多数公司法都允许分期缴纳，只是有的限制首次缴纳的比例与缴足的期限。如我国2013年公司法修改采用认缴制，允许选择分期缴纳，以增加规则的灵活性。有的国家则对其作了实质性修改，吸收了英美公司法的做法，转采折中资本制，如德国、法国、日本、韩国等。

（二）授权资本制

授权资本制（authorized capital system），指公司设立时，章程载明公司资本额，资本额不必全部发行，公司即可成立；法律也不严格限制首次发行比例与数额；其余部分，授权董事会认为必要时一次或分次发行。其主要内容如下。

1. 公司设立时，章程载明资本额，这与法定资本制相同。但同时章程亦应载明公司首次发行资本的数额。

2. 公司章程确定的资本额在公司设立时不必一次性发行完毕。公司仅发行资本额的一部分，并由股东认足，公司即可成立。

3. 股东认购股份后，需要实际缴纳股款的，可以一次缴纳，亦可分期缴纳。但美国《示范公司法》不允许分期缴纳。

4. 公司成立后如增资，仅需在授权资本数额内由董事会自行决议发行新股，无须经股东会决议并变更公司章程。

授权资本制的核心是资本、股份的分次发行，区别于法定资本制下的一次发行，所以才有了授权资本与发行资本的概念和区别，公司章程所定的只是授权资本，发行资本则取决于公司决定发行的数额。

授权资本制是英美公司法在高度发达、完善的资本市场体系下长期演化的产物。授权资本制的优势在于：公司不必一次发行全部资本、股份，减轻了公司设立的难度；授权董事会自行决定发行资本，不需经股东会决议并变更公司章程，简化了公司增资程序；董事会根据公司经营情况发行资本，既灵活适应了公司经营的需要，又避免了资金的冻结、闲置，提高了投资效率。其在理论上的主要弊端是：公司章程载明的资本仅是一种名义上的数额，同时不要求公司首次发行资本的最低限额及发行期限，因而极易造成实缴资本与名义资本、公司资产的严重脱节，滋生公司设立中的商业欺诈和投机行为，增大债权人的风险，危害交易安全。

即便是与最宽松的法定资本制相比，授权资本制仍有其制度优势，概括起来可以总结为三句话：(1) 对于公司成立后的经营发展而言，无疑具有更大的灵活性与机动性；(2) 是公司治理结构上"董事会中心主义"的一种反映，相应地，法定资本制则更像是"股东会中心主义"的配套措施；(3) 更好地适应了完善的市场经济与发达的资本市场的发展需求。

应该说，作为公司法的支柱性制度之一，公司资本制度主要是一项政策性选择的结果，而不是一个逻辑推理的结果。从数百年公司法治的演化历史来看，法定资本制与授权资本制不是生态多样化的现象，而是制度不断演化的产物①，授权资本制的优势显而易见。长期以来，关于我国股份公司采授权资本制的呼声不绝于耳，最终在《公司法》修订时获得落地。

（三）折中资本制

折中资本制，是部分大陆法系公司法在扬弃法定资本制和借鉴授权资本制的基础上设计的公司资本形成制度，又分为折中授权资本制和许可资本制。

1. 折中授权资本制

指公司设立时，章程载明资本额，首次发行、认足部分资本，公司即可成立，未发行部分授权董事会根据需要发行，但首次发行的资本不得低于资本额的法定比例。这一比例一般为1/4（《韩国商法典》第289条第2款、日本《公司法典》第37条第3款）。

折中授权资本制是在坚持授权资本制基本内容的基础上，增加了对董事会在公司成立之后发行股份的比例限制。这种限制适用于公司自设立时起到成立后的所有股份发行行为，故也一定程度上体现了法定资本制的要求，但其核心精神已经是授权资本制。日本、韩国、我国台湾地区等由原来的法定资本制转采折中授权资本制。

2. 许可资本制

许可资本制亦称认许资本制，指公司设立时，章程载明公司资本额，并一次发行、全部认足，公司方得成立；同时，公司章程可以授权董事会在公司成立后一定期限内，在授权的公司资本一定比例的范围内，发行新股，增加资本，无须股东会决议。原实行法定资本制的大陆法系国家如德国、法国、奥地利等基本上都实行了认可资本制。如德国《股份法》第202～206条规定，公司章程可以授权董事会在公司成立后5年内，在授权时公司资本的半数范围内，经监事会同意而发行新股，增加资本。

许可资本制是在法定资本制基础上，通过对董事会发行股份的授权、放宽限制、简化公司增资程序而形成的。这种授权和放宽适用于公司成立后的增资行为，而对公司设立时的资本发行仍适用法定资本制的要求。可见，认可资本制是在法定资本制的基础上，吸收了授权资本制的灵活性，但核心制度设计仍不脱离法定资本制。

---

① 邓峰. 资本约束制度的进化和机制设计：以中美公司法的比较为核心. 中国法学，2009 (1).

（四）评价

法定资本制和授权资本制被认为各有利弊。而折中资本制，被认为是对前二者的修正，扬其长，避其短，既有利于公司设立，又在一定程度上避免了设立欺诈，将法定资本制的严格性与授权资本制的灵活性有机结合，兼顾了多方利益平衡，是一种更具适应性的资本形成制度。理论界有人推崇折中资本制，同时严厉批判法定资本制。对于这种批判，需要明确四个问题。

1. 区分作为制度理念的法定资本制与实定法上的法定资本制。许多人将我国曾经采用的严厉的资本制度的缺陷归结为法定资本制的弊端，认为抛弃法定资本制，转而实行授权资本制或折中资本制，是立法的进步。需要指出的是，虽然 1993 年《公司法》采过于严苛的法定资本制，后历经 2005 年、2013 年重大修正，严苛性有所缓和，却仍属较严格的法定资本制，但是，终究不能将我国公司法上的法定资本制与本来意义上的法定资本制混为一谈。

2. 区分立法之弊与法的实现之弊。即使对于我国公司法上的法定资本制的缺陷，也要区分哪些是立法本身的问题、哪些是立法未获得良好实现的问题。法治需要良法与法的良好的实现，诸如信用机制缺失、中介操守不良、登记机关权力寻租等，都导致了立法实现过程中的异化。

3. 区分不同类型的公司。在部分国家的公司法上，有限公司实行法定资本制，股份公司实行授权资本制或折中资本制。这是因为两类公司在资本属性、公众性方面的差异，决定了资本形成制度的不同。有限公司具有封闭性，资本筹集需求不大，更适合实行法定资本制；股份公司对资本募集存在极大的需求，需要更灵活的资本形成制度。我国实务中，法定资本制的缺陷更多地体现在股份公司身上，深层原因就是法定资本制与股份公司的资本属性之间的内在冲突。

4. 准确定位资本形成制度的性质。资本形成制度的宽严主要是一项法政策的选择。2013 年公司法修正案放弃最低资本制以及采用认缴制，更多的是政府借此释放一种政策信号，彰显简政放权、弱化行政管理机制以及强化契约机制、最大限度激发民间投资热情的施政理念。此种政策选择很多时候是政治性、价值性、宣示性的。实际上，有限公司的最低资本额从 3 万元到 1 元，对于债权人保护的功能而言可谓无甚差异，立法者更多地是要借此宣示一种维护投资自由、营业自由、创业无障碍的价值理念。

大体上讲，对于投资者而言，授权资本制最为宽松，折中资本制次之，法定资本制束缚最多。但是，每一种资本制的宽严度仍然有较大的伸缩空间，对于法定资本制而言更是如此。法定资本制也不是单一的结构，而是一种多元的结构和复杂的规范系统，其间包含了诸如出资形式多寡、出资期限长短、法定最低额度高低、出资结构要求有无等多种子项目的选择及组合，不同的组合表明了在法定资本制框架下的宽严不一的政策选择。

（五）我国的规定与实践

依照 2023 年公司法修订案，有限公司继续实行法定资本制，股份公司则转采授权资本制。依照《公司法》第 152～153 条规定，我国股份公司引入了审慎的授权资本制，体现在关于董事会的授权上有以下要点：

1. 公司章程或者股东会授权董事会发行股份的期限为 3 年，从授权之日起算。

2. 董事会受权的发行股份的额度上限是已发行股份的 50%。

3. 董事会决议发行的股份，认股人的出资方式限为货币；否则，非货币作价出资的还要交由股东会议决。

4. 董事会发行股份的决议需要经过 2/3 以上的董事同意通过，也即采特别决议。

需要指出的是，授权资本制实际上扩张了董事会在发行股份这一重大财权上的话语权。如董事会受权决定发行股份导致公司注册资本、已发行股份数发生变化的，对公司章程该项记载事项的修改不需再由股东会表决。这一职权的授予，也可以视为公司治理的董事会中心主义模式的一处具体体现。

三、最低资本额

（一）基本原理

最低资本额的法律价值与公司资本本身是一致的，旨在提供公司经营活动的物质条件和承担责任的基本财产保证，但最低资本额是在资本“质”的基础上强调“量”的要求，不仅要求公司必须拥有资本，而且资本必须达到最低限的数额，否则，不能成立公司。

驳“0元公司”之概念。法定最低资本制取消后，理论与实务上都允准出现“1元公司”（乃至“1毛公司”），但在逻辑与哲学意义上讲，不应存在“0元公司”概念。这是因为，如允准“0元公司”，就等于默认股东不负有对于公司的出资义务（这是股东对于公司的“唯一义务”，也是取得股权的唯一对价），而这是违背公司法基本原理的。否则，股东凭何取得股权？进一步的问题是，各个股东之间又凭何划分股权结构？在此意义上，虽然“1元公司”与“0元公司”对于公司债权人保护这一点而言几无区别，但其蕴涵的逻辑合理性与哲学价值迥然有别。这恰如我们可以承认“一人公司”、但无法承认“零人公司”一样，其间的道理是一致的。事实上，在取消最低资本制的国家与地区，实务中从未有“0元公司”之存在事实。

在公司法理论上，关于最低资本额尤其是股份公司的最低资本额，历来有两种针锋相对的观点：肯定说与否定说。肯定说的主要理由在于：(1) 对于资合公司，为维护交易安全与债权人利益，有必要规定最低资本额；(2) 可以有效避免发起人任意凑集而导致的公司设立泛滥；(3) 有益于公司财务结构，并因应经济发展趋势及货币贬值问题。

否定说的主要理由在于：(1) 自有资金不是现代企业筹措资金的唯一途径，资本的多寡与财务的应用，应由公司自治；(2) 规定最低资本额作为公司设立的条件之一，反而诱发公司虚假设立，不仅不利于公司债权人，而且容易造成经济生活的混乱；(3) 最低资本额的存在根基在于公司资本信用理论，而资本信用已被证明缺乏实质意义。

（二）我国的规定与实践

我国的最低资本额制度发端于20世纪80年代。如1986年《民法通则》曾对企业法人作了“有符合国家规定的资金数额”的要求（第41条）。1993年《公司法》以及后来的《保险法》《商业银行法》《证券法》等立法共同确立了系统的最低资本额制度。在这些规定的实践中，人们发现存在以下弊端。

1. 抑制投资。一方面，联系到现阶段居民的可支配收入水平，最低资本额的要求显得过高，超越了许多人的投资能力；另一方面，诸多主管部门以此为依据与起点，在其主管范围内各自衍生出各项权力制造了无数的行业准入壁垒。[①]

2. 浪费资源。较高的最低资本额对资本需求不高的公司造成资本的闲置浪费，提高了设立成本，抑制了资本效率。

3. 诱发违法。过高的最低资本额成为投资人各种违法乃至犯罪行为的诱因。虚报注册资本、虚假出资、抽逃资本的行为达到了法不责众的局面，损害法律权威，引发社会诚信危机和道德风险。

① 更详细的讨论，参见傅穹. 路径依赖与最低资本安排. 法制与社会发展，2002 (6)。

4. 名存实亡。为了吸引投资，各地方政府通过改革试验区、经济开发区的特别规定竞相降低公司最低资本额，引发了一场“底端竞争”（race to bottom），法律的规定名存实亡。

5. 可被替代。资本信用对于保护债权人具有一定作用，但对债权人的保护不必完全依赖最低资本额的规定，公司法关于保护债权人的其他规则可以起到替代作用。

2005 年修订《公司法》对最低资本额制进行重大改革，大幅下调最低资本额，取消按照行业不同规定最低资本额的做法。2013 年修订《公司法》则基本上废止了法定最低资本制，但是法律、行政法规以及国务院决定对特定行业注册资本最低限额另有规定的，继续适用法定最低资本制。

第四节　股份发行与资本募集

在我国现行法上，股份发行的具体规范由《证券法》规定，《公司法》仅作原则性规定。本节概略介绍之。

一、股份发行与资本募集

有限公司的资本募集是通过股东认购出资而进行的，股份公司的资本募集通过发起人、认股人对股份的认购进行。在法律性质上，认购出资与认购股份没有根本的差异，只是由于股份公司股份发行条件的严格性和发行程序的复杂性，各国公司法通常选择详细规范股份发行，对有限公司只作简要的规定；同时，公司法关于股份发行的许多规则，在没有冲突的情形下，也直接或参照适用于有限公司。相应地，本节仅介绍股份公司的股份发行。

二、股份发行的原则

《公司法》第 143 条规定，股份的发行，实行公平、公正的原则；《证券法》第 3 条规定，证券的发行必须遵循公开、公平、公正的原则。前者是对股份公司发行股票的一般要求，后者是对所有公司公开发行证券（包括股票在内）的要求，其中的公开原则主要依靠强制信息披露制度获得实现。

公平、公正原则要求股份发行对所有投资者应给予平等的对待，不得歧视。《公司法》第 143 条的表述是：发行“同类别的每一股份应当具有同等权利。同次发行的同类别股份，每股的发行条件和价格应当相同；认购人所认购的股份，每股应当支付相同价额”。其要点包括：(1) 投资者有权获得平等的投资机会，不受歧视待遇；(2) 同次发行的同类股份，发行的条件和价格应当相同；(3) 同类股份应具有相同的权利或利益，即同股同权同利。

同股同权同利的适用前提是同类股份，即使国外公司法允许发行的复数表决权股和部分表决权股，也严格遵循同类股份所享有的权利必须相同的规则，不得差别对待。对于同类股份的一些股东实行一股一权，对另一些股东实行一股多权或者多股一权的，不被允许。同样，在公司发行类别股的情况下，不同类别的股份的经济利益可能不同，但同一类别股份的经济利益必须相同。

公平、公正原则是股份平等原则的具体体现，也是投资者利益保护和股东法律地位平等在股份发行中的具体体现。公平、公正原则的确立，使法律调整股份发行的手段更具有灵活性与适应性，也使执法、司法机关能够适当处理股份发行中的复杂纠纷。

三、股份发行的价格

（一）票面价值：面额股与无面额股

依照《公司法》第142条规定，公司的资本划分为股份，公司的全部股份根据公司章程的规定择一采用面额股或者无面额股，采用面额股的，每一股的金额相等。公司可以根据公司章程的规定将已发行的面额股全部转换为无面额股或者将无面额股全部转换为面额股。采用无面额股的，应当将发行股份所得股款的1/2以上计入注册资本。据此，我国允许股份公司发行面额股与无面额股，但只能择其一，而不能在一家公司的股本结构中搞混合制的面额股、无面额股制度。

如采面额股，则股票必须载明票面金额，且发行价格与票面价值关系密切。“票面价值”(par value)，是公司章程规定的股票面额（face value)。票面价值可以是与股份相关的任意价值，但为了计算方便，通常都是整数，如1分、1元、10元、100元等。票面价值记载于公司章程（《公司法》第154条)，非经修改公司章程不得变更。在采用票面价值的法律中，优先股也需要记载票面价值，在这一点上，其与普通股没有区别。

票面价值的法律意义有二：一是为同股同价发行提供了形式上的标准，二是为债权人评估贷款风险提供了形式上的帮助。但其缺陷有三：一是票面价值不能反映股票的真实价值，因为公司资本与公司资产往往并不一致；二是公司折价发行股票的，势必导致“掺水股”责任，而“掺水股”责任使得面值股票难以流通；三是增加公司税负，因为与股票发行相关的税收是以票面价值为依据计征的。因此，许多公司法废除了股票的票面价值，这样，股票的发行价格可以任意确定，也不存在最低的发行价格，只要遵循同股同价即可。

（二）面额股的发行价格模式

在采用票面价值的法律中，按照与股票票面价值的关系，股票发行价格有三种模式。

1. 平价发行，即股票的发行价格等于票面价值。例如，章程规定注册资本1 000万元，发行普通股份1 000万股，每股票面价值1元，发行价格为每股1元。平价发行多适用于私募发行。我国实践中，国家股、法人股的发行一般都是平价发行。平价发行的费用需要通过向投资者加收一定比例手续费的方式弥补，否则实质上有违资本维持原则。

2. 溢价发行，即股票的发行价格高于票面价值。例如，章程规定注册资本1 000万元，发行普通股份1 000万股，每股票面价值是1元，发行价格为每股1.7元。溢价发行所得的收益属于公司全体股东的共同权益，在公司财务处理上，首先用于填补公司公开发行股份的高额费用，余额列为公司的资本公积金（《公司法》第213条)，也可用于扩大生产经营或转增资本，但不得用于弥补公司亏损。

1993年《公司法》第131条第2款曾规定“以超过票面金额为股票发行价格的，须经国务院证券管理部门批准”。2004年修订案删除了这一条款，由此废除了发行价格的行政许可制，实行股份发行价格的市场形成机制。溢价发行在我国得到广泛应用，所有上市公司发行的社会公众股都是溢价发行。具体操作表现为中间价发行，即以股份票面价额与市场价格之间的某一中间价格发行股份。股份发行或上市后，其市场价格通常会高于发行价格，中间价发行实际上是对首次公开募股（IPO）的投资者让利。我国上市公司对现有股东的配股通常也采用中间价发行方式。

3. 折价发行，即股票发行价格低于票面价值。折价发行的后果必然导致出现“掺水股”(watered shares)，意味着公司实收资本低于其发行的资本额，有违资本确定和资本维持原则，因而规定票面价值的公司法都不约而同地选择禁止折价发行。

四、股份发行的类别

（一）设立发行与新股发行

股份公司在设立时可以发行股份，在存续期间也可以发行股份。公司立法以此为标准区分为设立发行和新股发行。股份公司分为发起设立与募集设立，以这两种方式发行股份的，都属于设立发行，又称初次发行、首次发行。设立发行的主体为设立中的公司，目的是募集公司设立所需的注册资本。新股发行（new issuance），发生在公司成立之后，主体是公司，目的是增加公司资本、改变公司股份结构或股东持股结构。以下着重分析新股发行。

1. 新股发行的条件

新股发行除具备设立发行的一般条件外，公司法通常会规定更严格的条件，尤其是经营业绩方面的要求。《证券法》第 12、14 条对此有明确规定。

2. 发行新股的程序

（1）决议。《公司法》第 151 条规定，公司发行新股，股东会应当决议下列事项：新股种类及数额；新股发行价格；新股发行的起止日期；向原有股东发行新股的种类及数额；发行无面额股的，新股发行所得股款计入注册资本的金额。

（2）注册。公司公开发行新股也需要注册，符合《证券法》第 13 条规定了所需报送核准的文件。

（3）签订承销协议。《公司法》第 155 条规定，公司向社会公开募集股份，应当由依法设立的证券公司承销，签订承销协议。

（4）代收股款。《公司法》第 156 条规定，公司向社会公开募集股份，应当同银行签订代收股款协议。代收股款的银行应当按照协议代收和保存股款，向缴纳股款的认股人出具收款单据，并负有向有关部门出具收款证明的义务。公司发行股份募足股款后，应予公告。

3. 新股发行中的优先认购权

优先认购权（preemptive rights）指原有股东（existing shareholders，holders of outstanding shares）享有的以确定的价格按其持股比例优先认购新股的权利。公司以这种方式发行股份在实务中被称为“配股”或者“新股配售”。优先认购权的背景是，公司发行新股将影响原有股东的利益，如“稀释”（dilution）其股东权益，对此最好的保护方法就是赋予其优先认购权，并借此保护原有股东的比例利益（proportionate interest），维持原有股东对公司的比例控制权（proportional control）。

优先认购权在性质上属于选择权、期待权，股东可以选择行使，也可以选择放弃。只有公司增加资本或者发行新股时，原有股东才有可能行使优先认购权。在内容上，优先认购权只限于认购顺序上的优先性，而不是在发行价格或者其他认购条件上得到优惠。

优先认购权主要适用于封闭公司，对公众公司意义不大，因为它将公众公司的资本募集人为复杂化；另外，公开证券市场使得优先认购权的价值不太重要，因为股东可以随时在公开市场上购买股份以增加其持股比例。《公司法》第 227 条规定：“有限责任公司增加注册资本时，股东在同等条件下有权优先按照实缴的出资比例认缴出资。但是，全体股东约定不按照出资比例优先认缴出资的除外。股份有限公司为增加注册资本发行新股时，股东不享有优先认购权，公司章程另有规定或者股东会决议决定股东享有优先认购权的除外。”由此可知，有限公司和股份公司的规则不一致，背后是价值选择的差异——有限公司采公平第一、效率次之的价值选择，股份公司采效率优先、公平其次的价值选择。在立法解释上，可以认为股份公司可以通过章程自由约定原股东的优先认购权。

4. 新股发行无效、可撤销之诉

有的公司法规定了新股发行无效、可撤销之诉，我国公司法没有明确规定这一制度。

（二）直接发行与间接发行

依照股份发行是否通过中介机构作此分类。

直接发行，指公司不经由中介机构而直接向投资者发行股份。直接发行的费用低，但时间长，风险大，实践中主要用于私募发行。

间接发行，指公司委托证券承销机构发行股份，并由其办理有关发行事宜、承担相应的发行风险。又分为股份代销和股份包销。间接发行可以充分利用证券中介机构在发行渠道、资金支持和发行经验方面的优势，确保股份发行的及时和成功，但发行成本较高。间接发行是公募发行中的普遍方式。《公司法》第 155 条规定，股份公司公开募集股份必须采用间接发行方式，即"应当由依法设立的证券公司承销，签订承销协议"。

（三）公开发行与不公开发行

按股份发行是否面向特定对象作此分类，亦称为公募发行与私募发行。

公开发行，是面向社会不特定的人发行股份。公开发行在资本募集规模方面优势明显，因此成为最普遍的发行方式，代价是条件严格、程序复杂和成本较高。公开发行由于涉及社会公众利益，各国立法对其严加规制。在我国，公开募集股份必须符合法律、行政法规规定的条件，并依法经国务院证券监督管理机构或者国务院授权的部门注册。

不公开发行，是向不超过一定数量的特定对象发行股份。此处的特定对象包括个人投资者和机构投资者，前者通常是公司股东、管理层与雇员等。不公开发行不允许采用广告或公开劝诱性的方式如公告、广播、电视、网络、信函、电话等进行宣传。不公开发行具有操作便捷、发行成本低等优点，缺点是募集资金的能力受限。

各国公司法、证券法对不公开发行通常制定特别的法律规范，如实行发行注册豁免制度。我国现行公司法、证券法也规定了不公开发行（《公司法》第 91 条、《证券法》第 9 条）。

（四）记名发行与不记名发行

股份公司面向特定人群或者社会公众发行股票，可以记名（记载认购人的姓名或者名称），也可以不记名，分别形成记名股与不记名股。此前我国公司实践允许市场主体作自由选择，但现行《公司法》第 147 条第 2 款规定，"公司发行的股票，应当为记名股票"。取消不记名发行，主要是出于当下反腐败、反洗钱的考虑。

（五）电子发行与纸质发行

股份公司发行的股票可以采用纸面形式，也可以采用中国证监会规定的其他形式（主要是指电子形式），据此股份发行可以分为纸质发行与电子发行。依据《公司法》第 149 条规定，股票采用纸面形式或者国务院证券监督管理机构规定的其他形式，其中股票采用纸面形式的，应当载明三类主要事项，包括：（1）公司名称；（2）公司成立日期或者股票发行的时间；（3）股票种类、票面金额及代表的股份数，发行无面额股的，股票代表的股份数。此外，纸质股票还应当载明股票的编号，由法定代表人签名、公司盖章；对于发起人股票采用纸面形式的，要标明发起人股票字样。

五、类别股

（一）制度价值

随着资本市场的不断发展，股东由同质化走向异质化，不同的股东之间具有投资目标和认知的差异，更有不同选择偏好。此时，如果公司发行股份能满足不同投资者的需求，将显著放大股份公司聚集资本的效应，股份公司的制度价值将得到最大限度的发挥。为此，为发展与繁荣资本市场，公司法必须克服单纯普通股制度下单一化股权结构的历史惯性，引入类别股制度。既往的公司立法在禁止权利分离原则的要求下，规定股东的具体权利不得与其成员资格相分离，股东的经济性权利与其参与性权利也不得分离。[①] 此时，公司股权比例配置即公司权力配置，[②] 股东按照其经济利益的比例行使表决权，进而实现对公司不同程度的控制。但融资工具的发展突破了禁止权利分离原则的桎梏，股权的经济效益与表决控制的等比例传统被打破，股份种类呈现出了多元化的发展状态，类别股由此出现。2023 年《公司法》修订引入类别股制度，为我国公司股权结构优化提供了重要的制度保障。类别股的本质功能在于为商业社会进行制度供给以降低交易成本，“通过一系列制度安排，降低公司融资成本，提高融资规模，维护交易安全”[③]。

（二）法定主义的立法模式

类别股与普通股相对，是在股东权利义务方面有特殊配置的股份类型，其与普通股并列而互不包含。《公司法》第 144 条将类别股的发行主体范围限定于股份公司，同时对类别股的具体类型进行列举式规定，采用类别股的法定主义模式，借助强制性规范，将类别股的种类、内容及设置方法限定在立法划定的范围内。[④] 这一立法模式强调公司章程的自治边界，但仍旧为契约安排预留了必要空间。类型法定下，其创设、细化与组合等方面仍存在较大的自治空间。

类别股的种类法定在于保障财产权的流通性，与物权法定的理由类似，种类与内容不受限的类别股可能影响市场秩序与交易安全。公司法在公开公司中进一步限制类别股的种类，目的在于使公众股东了解类别股在股权权益上的变化。由于公众股东存在普遍的“搭便车”心态，监督经营者的意愿和能力不足，若允许公司随意通过章程设计类别股，少数股东的利益极易受损。类别股种类法定的前端控制与保障公众投资者的政策取向密切相关。

类别股法定的立法模式沿袭德日等大陆法系的立法传统，对类别股的种类进行限制，以避免过度的自治导致相关主体利益受损。相较于英美等具有判例法传统的普通法，我国尚不具有成熟的投资者群体及完善的司法机制，采取类别股法定模式，清晰划定契约自治与法律规制的边界，是符合我国现有市场发展水平的立法选择。

（三）我国的规定

1. 具体种类

类别股的本质在于特殊类别股东相对于普通股东所具有的权利扩张或者限制，对实践中现有的类别股种类进行抽象，可以以不同种类的子权利组合为类型化标准。《公司法》第 144 条第 1 款前三项引入的具体类型包括三类：分红和剩余财产分配优先/劣后股，表决权膨胀/限缩股，转让受限股，分别对应财产权、表决权、处分权的差异化安排。此种划分与同样遵循法定主义的日本公司法具有一定的相似性，大致对应“从公司获取财产权利的类别股”“与公司控制权相关的类别股”“与股权转让限制相关的类别股”，另有“与股份存续期间相关的类别股”也已经在实践中存在。[⑤] 需要指出的是，“附带拒绝权的类别股”“与董事、监事选任相关的类

① 汪青松．论股份公司股东权利的分离：以“一股一票”原则的历史兴衰为背景．清华法学，2014（2）．

② 于莹，梁德东．我国双层股权结构的制度构造．吉林大学社会科学学报，2021（2）．

③ 刘俊海．现代公司法．北京：法律出版社，2008：9．

④ 李燕，郭青青．我国类别股立法的路径选择．现代法学，2016（2）．

⑤ 朱大明．公司法立法指导原则的研究：以日本公司法现代化改革为中心．清华法学，2022（2）．

别股”等“与公司控制权相关的类别股”，可以从表决权子权利差异化安排的类别股中解释出来。《公司法》第144条第1款在类别股问题上的简约表述，为未来公司实务的创新留下了充足的弹性空间。本款第4项作为兜底条款授权国务院继续规定其他种类的类别股，这是类型法定主义的集中体现，同时为可转换股、可回赎股、追踪股等财产类子权利有特殊安排的类别股，附董事选任权股、领售股等控制类子权利有特殊安排的类别股获得法律认可保留了可能性。

《公司法》第144条第2款为对类别股的发行限制规则。在类别股发行方面，公众公司仅允许发行财产权特别股，不得发行表决权子权利存在差异化安排的类别股以及转让自由受到限制的类别股，但在公开发行前已发行的股份可以维持。这为公司在公开募集之前引入以上两类类别股留下了空间。

《公司法》第144条第3款对表决权差异化安排下的类别股内容进行限制，系出于保障监督机构正常履行职责的考虑。监事会、审计委员会代表全体股东的利益对董事会、经理层进行监督，应当避免其被部分股东所控制，关键即在于保证其选任过程的独立性。在双重股权结构的安排下，以表决权为核心的控制权容易集中到每股表决权比例较高的股东手中，进而控制监督机构的选举而使后者产生依附性。通过对类别股内容的限制，各股份的监督机构成员选举权得以实现“一股一权”，尽量避免控制权集中导致的监督机构依附问题。

2. 发行类别股的公司章程记载事项

《公司法》第145条规定，发行类别股的公司，应当在公司章程中载明以下事项：（1）类别股分配利润或者剩余财产的顺序；（2）类别股的表决权数；（3）类别股的转让限制；（4）保护中小股东权益的措施；（5）股东会认为需要规定的其他事项。本条规定强调在公司章程的绝对必要记载事项之外，发行类别股的公司章程还有多个与类别股相关的绝对必要记载事项，其制度价值在于，在类别股法定主义模式下，公司在法定范围内有充分的自治权，异质化股东可以通过协商创建各类类别股以满足差异化的投融资需求。此种自治性安排通过公司章程予以固定，明确界定各种类类别股股东的权利义务，是定分止争的重要依据。由于类别股股东的特殊权利源于自治，其主要依据是公司章程中的相关条文，公司章程的妥善记载至关重要。与此同时，类别股虽基于投资者与公司间的合意创设，但因其具有对世性，存在影响第三人利益的可能。因此，类别股必须具有外部可识别的表征，即通过章程予以记载和公示。公司章程公示类别股的相关信息，一方面是为了对原有股东进行充分的信息披露，使其有机会了解公司股权结构的变化并重新评估投资风险；另一方面是使可能对公司具有投资意愿的投资人或者债权人在进行投资决策时享有充分的信息，进而决定其投资工具类别的选择。①

3. 类别股股东会决议

《公司法》第146条规定，发行类别股的公司，有本法第116条第3款规定的事项等可能影响类别股股东权利的，除应当依照该款的规定经股东会决议外，还应当经出席类别股股东会议的股东所持表决权的2/3以上通过；公司章程还可以对需经类别股股东会议决议的其他事项作出规定。循此，本条在传统的股东会决议、董事会决议、监事会决议之外增加一类公司决议——类别股股东会决议，其任务是对“可能影响类别股股东权利的”的法定事项以及章定事项，要求“两次开会、两次表决、两次计票、两个决议”。唯此，才能确保类别股股东会的独立性。②

① 朱慈蕴，沈朝晖．类别股与中国公司法的演进．中国社会科学，2013（9）．

② 刘俊海．建立社会公众股东单独表决机制的有关问题．中国金融，2003（23）．

关于类别股股东会决议的多数决，公司法未就此设计特别的程序规则，一般认为，类别股表决权的行使应以集体行使为基本方式，准用普通股东会的程序规则，但不适用普通股东会关于职权、召集和决议要件的规定。在通过规则上，《公司法》第 146 条第 1 款规定类别股股东会决议应当经出席类别股股东会议的股东所持表决权的 2/3 以上通过，即适用绝对多数决规则。一般认为，公司章程仍可以提升该绝对多数决比例，但不得降低之。

第五节　增加资本与减少资本

一、增加资本

（一）概念

增加资本，简称增资，指公司成立后依照法定条件、程序增加公司资本额的法律行为。增资与授权资本制下董事会在授权范围内发行股份产生的资本增加不同：前者是指注册资本的增加，后者是指在注册资本范围内发行资本的增加，增加空间是发行资本与注册资本之间的差额。可见，后者不是公司法意义上的增资行为，只能算作对公司资本的充实。

公司增资的常见目的如下。

1. 筹集经营资金，扩大现有经营规模。公司筹集经营资金的方法有多种，如发行公司债、借贷等，增资是其中之一。

2. 保持现有运营资金，减少股东收益分配。在公司有大量公积金、未分配利润的情况下，通过增资可以避免对股东的股利分配，而使公司继续占用现有资金。

3. 调整股东结构，改组公司董事会。吸收新的股东，可以改变股东成分和结构。在现有股东范围内的增资，通过认购新股比例的安排，可以调整现有股东的持股比例，形成新的股权结构。在股东结构和持股比例变更之后，随之而来的就是董事会的改组。

4. 配合公司购并。公司兼并其他公司时，被兼并公司的资产并入兼并公司，导致后者的资本增加。

5. 增强公司实力，提高公司信用。资本也具有一定的信用功能，增资可以提升公司信用，取得竞争优势。

（二）分类

有限公司与股份公司因资本和股东出资的构成不同，在增资途径与方式上亦有差别，但实质上基本一致。我国公司实务中，增资的途径和方式分类如下。

1. 同比增资与不同比增资。这是内部增资的再分类。同比增资，是各股东按原持股比例同步增加出资，增资后各股东的持股比例不变。不同比增资，是各股东改变原持股比例而增加出资，有的股东也可能不增加出资，增资后各股东的持股比例将发生变化。

《公司法》第 227 条规定，有限公司增加注册资本时，股东在同等条件下有权优先按照实缴的出资比例认缴出资。但是，全体股东约定不按照出资比例优先认缴出资的除外。股份公司为增加注册资本发行新股时，股东不享有优先认购权，公司章程另有规定或者股东会决议决定股东享有优先认购权的除外。这一规定背后的法价值选择在于，有限公司为维护人合性与防止少数股东因压制而被稀释股权，采法定的原股东认购新股优先权与例外的全体股东约定排除相结合的制度，体现了公平第一、兼顾效率的原则；与之相反，股份公司则采效率第一、兼顾公平的原则，采法定的原股东不享有认购新股优先权与例外的股东意定（公司章程规定、股东会决议决定）享有新股认购优先权相结合的制度。无论如何，两类公司都较好地处理了维护原股东股权比例与保障公司融资权利以求发展等两个法益之间的平衡。

2. 追加性增资与分配性增资。追加性增资，是通过现有股东、其他投资者对公司新的投资而增资，其结果既增加公司资本，又增加公司的资产与运营资金。分配性增资，属于内部增资的一种方式，是在现有股东不作新的投资的情况下，将未分配利润用于增资或者把公积金转为资本，其结果只是改变公司资产的性质和结构，只增加公司的资本额，而不增加公司资产与运营资金。

3. 配股增资与送股增资。这是我国上市公司广泛采用的内部增资方式。配股增资，又称增资配股，指上市公司根据现有股东持股数量按照一定的比例向其发售股份，配股对象仅限于现有股东，配股条件通常要优于公司对外发行的条件。送股增资，又称送红股，指上市公司根据现有股东持股数量按照一定的比例向其无偿分配股份，其实质是向股东进行股权收益的分配，只是分配的标的是股份而非现金。送股增资属于分配性增资。

4. 公司债转换增资与债转股增资。公司债转换增资，是上市公司特有的增资方式。依《公司法》第 202 条，股份有限公司经股东会决议，或者经公司章程、股东会授权由董事会决议，可以发行可转换为股票的公司债券。此种债券的发行和转换，将使公司负债减少、公司的股份增加，公司的资本也随之增加。债转股增资，是在我国国有企业改革与商业银行资产重组的过程中所实行的特殊增资方式，是将银行对公司所享有的借贷债权按约定的方法折抵为对公司的股权，银行由此从债权人变为公司的股东，由此实现公司增资。

（三）条件

增资能够增强公司实力，提高公司信用，有利于债权人利益和交易安全。因此，各国立法对有限公司增资的条件不作强制性要求，但股份公司因其公众性特点，法律对其增资予以必要的限制。如《公司法》第 154 条规定，公司向社会公开募集股份，应当经国务院证券监督管理机构注册，公告招股说明书。而且公司设立时发行股份的，还应当载明发起人认购的股份数。

（四）程序

增资是对注册资本的变更，必然涉及公司章程的变更，因此，增资必须严格按照法定程序进行。

公司增资的主要程序如下。

1. 公司决议。依《公司法》第 67 条、第 120 条以及第 66 条、第 116 条，公司增资方案由公司董事会制订，提交股东会决议。

2. 缴纳股款。《公司法》第 228 条规定，有限公司增加注册资本时，股东认缴新增资本的出资，依照本法设立有限公司缴纳出资的有关规定执行；股份公司为增加注册资本发行新股时，股东认购新股，依照本法设立股份有限公司缴纳股款的有关规定执行。需要说明的是，对于股东而言，公司新增资本时的出资缴纳与设立公司时的出资缴纳唯一区别在于：《公司法》第 50 条规定的发起人股东彼此之间承担的在公司设立时对其他发起人股东实际缴纳股款的瑕疵担保责任，在新增资本的场合下不予适用。

3. 变更登记。依法变更公司章程，并办理相应的变更登记手续（《公司法》第 35 条）。

4. 特别程序。依据《公司法》第 151 条和《证券法》第 12 条、第 13 条，股份公司增资的按照股份公司公开发行新股的程序，且须在证券交易所和证券监管机构完成注册程序。

违反上述增资条件和程序的，理论上可以导致增资行为的无效或被撤销。

（五）股东利益冲突与保护

公司增资，会导致现有股东股权稀释和股权结构的调整，是直接影响现有股东利益并可能引发股东之间严重利益冲突的公司重大事项。不同股东的处境和要求不同，其在增资中的立场也会不同。外部增资、不同比增资，还可能引起公司控制权的易手。对于同比增资、追加性增资，投资能力强的股东会支持，但投资能力弱的股东则可能反对。外部增资的，还涉及现有股东对公司资产权益的界定。实践中，各种股东纷争已不鲜见。为此，法律有必要协调股东利益冲突，尤其注意保护少数股东的利益。在我国，相应的法律原则与措施包括：

1. 绝对多数决。公司增资决议只能由股东会以特别决议通过（《公司法》第 66 条、第 116 条），其他任何公司机关、个人无权决定，以示慎重。

2. 增资是权利而非义务。增资是股东的权利而非义务。由于每个股东自身的财产能力和情况不同，不能强求股东向公司追加出资，股东原来对公司的出资是自愿的，后来增资时的出资也应是自愿的。不能以股东会通过的增资决议对全体股东具有约束力为由，认为股东负有按原有出资比例追加出资的义务。

3. 优先认股权与原股东之间的权益界定。前文指出，《公司法》第 227 条第 1 款规定，有限公司新增资本时，股东有权优先按照实缴的出资比例认缴出资，除非全体股东另有约定。这一规定旨在保持有限公司的封闭性和维系股东间的人身信任关系，维护股东之间的既有权益格局。这一规定虽属任意性规范，但只要有一个股东坚持，都会得到强制性适用。此前的司法经验是，针对瑕疵出资的股东，有限公司可以根据章程或者股东会决议对其优先认股权作出相应的合理限制。至于股份公司，股东会决议或者公司章程也可以规定原股东享有新股优先认购权。

二、减少资本

（一）概念

减少资本，简称减资，指公司在存续过程中依照法定条件、程序减少注册资本的行为。

（二）分类一：实质减资与形式减资

根据减资后是否退还股东相应的出资，公司减资可以分为实质减资与形式减资。

1. 实质减资。公司资本过剩时，维持过量的资本，会造成资本的闲置和浪费，此时宜减少过剩资本，提高资本效用，使股东受益。这种减资称为实质减资。实质减资后，公司将相应退还股东的出资，公司注册资本自然相应减少，对公司债权人构成不利益。

2. 形式减资。公司经营严重亏损时，公司资本额与实有资产严重不符，仍维持原注册资本有违资本维持原则，并有误导与欺诈债权人之嫌。为保持公司资本与资产相当，维护资本信用，需要减资。比如在公司派生分立情形下，原公司续存，但资产减少后一般也要求资本相应减少。这两种减资称为形式减资，或称简易减资。形式减资后，公司不需相应退还股东的出资，公司资本并未实质减少，不会对公司债权人构成不利益。

2023 年《公司法》修订案引入了形式减资。依照《公司法》第 225 条规定，公司依法弥补亏损后仍有亏损的，可以减少注册资本弥补亏损。减少注册资本弥补亏损的，公司不得向股东分配，也不得免除股东缴纳出资或者股款的义务。形式减资的一个后遗症是，公司在法定公积金和任意公积金累计额达到公司注册资本 50%前，不得分配利润。

关于实质减资的程序，基于资本确定、资本不变原则的要求，为确保交易安全，保护股东和债权人利益，法律对减资比增资规定了更严格的条件与程序。依据《公司法》第 224 条等规定，我国公司减资的程序如下。

1. 编制资产负债表及财产清单。

2. 公司决议。依《公司法》第 67 条、第 120 条以及第 66 条、第 116 条，减资方案由公司董事会制订，提交股东会以特别决议通过，以示慎重。同时，减资后的注册资本不得低于法定的最低限额。

3. 通知债权人和公告。公司应当自作出减资决议之日起 10 日内通知债权人，并于 30 日内在报纸上或者国家企业信用信息公示系统公告。

4. 债权人异议。债权人自接到通知书之日起 30 日内，未接到通知书的自公告之日起 45 日内，有权要求公司清偿债务或者提供相应的担保。但是，对于公司不理睬债权人异议时，如何救济债权人，公司法没有规定，这使得债权人异议流于形式。

5. 实施减资。公司严格依照股东会的决议办理减资事宜，退还各股东相应的出资。

6. 变更登记。公司须变更公司章程，并办理减资登记手续。

违反上述减资条件和程序的，理论上应该导致减资行为的无效。

关于形式减资的程序，依据《公司法》第 225 条规定，形式减资的，不适用第 224 条第 2 款关于保护债权人的规定，但应当自股东会作出减少注册资本决议之日起 30 日内在报纸上或者国家企业信用信息公示系统公告。也即，对于形式减资，由于不涉及对于公司债权人的不利益，所以其减资程序较为简洁，豁免适用上文实质减资的第 3、4、5 项程序。

（三）分类二：同比减资与不同比减资

如果原股东按照各自原有的持股比例减少出资，即为同比减资；反之，即为不同比减资，又称定向减资。不同比减资又分为两种情形：一是原股东都参与减资，但不按照原有的持股比例相应减少出资，有的减资比例大，有的减资比例小；二是有的股东参与减资，有的股东不参与减资。同比减资之后，原股东的持股比例保持不变，不同比减资则相反。由此可见，不同比减资不仅首先面临公司债权人的保护问题，还有防止股东压制的问题。

由于此前《公司法》没有明确规定不同比减资，在过往的司法实践中，有的法院确认不同比减资属于违法行为而归于无效；有的法院认为唯有经过全体股东一致同意的不同比减资才是有效的；有的法院认为只要经过 2/3 以上同意的股东会特别决议，无论同比减资还是不同比减资，都是有效的。2023 年《公司法》修订案正面回应了不同比减资制度，其第 224 条第 3 款规定，公司减资的，应当按照股东出资或者持有股份的比例相应减少出资额或者股份，法律另有规定、有限责任公司全体股东另有约定或者股份有限公司章程另有规定的除外。这就明确了两层意思：一是公司减资原则上应该同比减资，二是在以下三种情形下不同比减资也是有效的。

1. 法律另有规定的。目前来看，至少包括三种具体情形：一是指向《公司法》第 52 条针对瑕疵出资股东被除名、除权后公司可能实施的定向减资行为；二是指向《公司法》第 89 条、第 161 条针对少数股东回购请求权被支持后公司可能实施的定向减资行为；三是指向最高法《九民纪要》规定的目标公司与外部投资者对赌失败、回购后者的股权后可能实施的定向减资行为。

2. 有限公司全体股东另有约定的。这意味着有限公司实行不同比减资政策，需要建立在全体股东的合意基础之上，意在防止控股股东通过减资实施对于少数股东的股东压制行为。

3. 股份公司章程另有规定的。对比之下，股份公司实行不同比减资政策，比有限公司的股东意思自治要求相对宽松，这是由两类公司的封闭性不同而造成的。

公司法有条件地承认有限公司、股份公司的不同比减资的合法性，是一项重大制度创新，能够有效满足一些公司的特殊需要，比如面向未来，有些股东充满信心，有些股东则反之；基于风险选择偏好的不同，有的寻求退出，有的不愿退出，这些本都是商业的正常选择。实务中的真正挑战在于，在不同比减资的幕布之下，是否会有颇具出资实力的股东借此变相地抽逃出资？所以还要建立相应的规则强化对公司债权人的保护。

（四）非法减资无效

2023年《公司法》修订案明确了非法减资无效制度。《公司法》第226条规定，违法减少注册资本的，股东应当退还其收到的资金，减免股东出资的应当恢复原状；给公司造成损失的，股东及负有责任的董事、监事、高级管理人员应当承担赔偿责任。本条不仅明确了非法减资决议（行为）无效，且明确了两个法律后果：

1. 非法减资情形下的法律责任为恢复原状，借此明晰了非法减资行为的无效。具体而言：（1）已经实缴、但已获得出资返还的股东，“退还其收到的资金”，实为不当得利返还；（2）已经认缴但未实缴的股东，被减免的出资义务恢复原状。以上操作的立法目标是在减资决议无效后，使公司注册资本恢复到减资前的状态。

2. 明确股东、董监高在违法减资中的违信责任。过往司法实践中，法院尽管类推适用抽逃出资或瑕疵出资等规范判决股东承担赔偿责任，但从未类推适用上述规范判令董事等对于非法减资承担责任，造成了权责的不匹配。本条规定“股东及负有责任的董监高承担赔偿责任”，改变了这一局面。首先，在责任主体上，承担赔偿责任的“股东”宜限定为减资股东和起到协助作用的非减资股东，若以体系解释，在赔偿责任主体上，本条对董监高作“有责任”的限定而对股东未有类似限定，似应理解为包括减资股东和未减资股东在内的所有股东。但若剖析法理可知，未减资股东未必全部对减资决议持支持态度，强令所有股东，尤其是少数股东承担责任显然不符合权责一致原则。因此，应将“股东”解释为减资股东和负有责任的未减资股东，并结合未减资股东在决议中的表决情况、在减资程序中的实际作用等因素综合判断。

重要概念提示

公司资本；公司资产；注册资本；法定资本制；授权资本制；折中资本制

理论思考

1. 简述“资本三原则”的基本含义与具体体现。
2. 从公司资本信用到公司资产信用的理念转变，带给我国公司资本制度哪些转型？

实例研习

泰昌有限公司共有6个股东，公司成立两年后，决定增加注册资本500万元。下列哪一表述是正确的？（单选）①

A. 股东会关于新增注册资本的决议，须经2/3以上股东同意

B. 股东认缴的新增出资额可分期缴纳

C. 股东有权要求按照认缴出资比例来认缴新增注册资本的出资

D. 一股东未履行其新增注册资本出资义务时，公司董事长须承担连带责任

① 本题系国家司法考试2013年卷三第26题，参考答案：B。

第十章 股东出资

提 示

各国公司立法对于股东出资的规制涵盖出资形式、出资的比例结构、非货币出资的评估、出资的财产权移转、出资的验资、瑕疵出资责任等方面，其中重点在于出资形式和股东瑕疵出资责任，难点在于股东瑕疵出资责任。本章详略分明，重点探讨了我国公司法上的各类典型、非典型的出资形式和股东瑕疵出资责任。就股东瑕疵出资责任，我国立法有成就，也有缺陷。在对各国立法经验和我国立法规定的夹叙夹议中，本章也试图引导读者认清我国立法的成败得失。

第一节 股东出资的法律规制

一、股东出资的法律意义

股东出资，指出资人为取得股权，在公司设立或者增资时根据法律、章程、协议的规定，向公司履行给付义务的法律行为。股东出资的法律意义如下。

1. 股东对公司的义务。出资是股东对公司最重要的，也是几乎唯一的主义务。

2. 公司资本的来源。股东出资与公司资本紧密相连，公司资本来源于股东的出资，全体股东的出资总和就是公司的资本总额。与严格的公司资本制度相配套的，就是股东出资制度。在法定资本制之下，“资本三原则”的实现与股东出资义务的履行息息相关。

3. 取得股权的对价。出资既是股东的义务，也是其取得股权的对价。直接取得股东身份的，表现为直接对价；间接取得股东身份的，表现为间接对价。对初始股东而言，取得股东身份必以对公司的出资承诺为前提，要获得实际的股权收益，应以出资义务的实际履行为前提。同时，股东出资的比例或数额决定其股权的大小。

4. 股东对公司债务“有限责任”的法定范围。所谓股东的有限责任，也正是以“出资”为限的责任。换言之，此处股东责任的所谓“有限”就是体现在以出资额为限。

5. 股东对公司债务承担有限责任的前提。在资合公司，股东只要履行出资义务，就不再对公司承担任何财产责任。从正面来讲，股东出资是其享受有限责任利益的前提条件；从反面来讲，股东如未适当履行出资义务，则将在差额范围内对公司债务承担责任（《企业破产法》第 35 条）。在金融等个别行业，全体股东的出资总额达到法定最低资本额，是此类公司取得独立人格与股东承担有限责任的必要条件，否则，公司人格将可能被否定，股东可能承担无限责任。

二、股东的出资期限

（一）制度变迁

1.1993—2023年的四次制度变迁

自公司设立时起，认缴出资的发起人股东何时缴纳出资，以及公司增资时认缴新股的认股人何时缴纳出资，是公司资本制度的核心之一，过去三十多年来我国公司法上的这一制度一直处于演变之中。

1993年《公司法》实行严苛的实缴制。其中，有限公司的注册资本为登记的全体股东实缴的出资额，根据所处行业不同，普通有限公司的最低资本额分为50万元、30万元、10万元三档；对于公司的注册资本，股东需在公司设立时一次性缴纳完毕。股份公司的注册资本为登记的实收股本总额，普通股份公司的最低资本额1 000万元人民币，全体发起人需在公司设立时一次性缴纳完毕。

2005年《公司法》修订案放松管制，由实缴制改为较为严格的限期缴纳、实缴制并行制度。其中，普通有限公司的最低出资额降为3万元，注册资本为登记的全体股东认缴的出资额，全体股东的首次出资额不得低于注册资本的20%，也不得低于法定的注册资本最低限额，其余部分自公司成立之日起2年内缴足，投资公司5年内缴足。普通股份公司的最低资本额降为500万元人民币，其中采发起设立方式设立的，注册资本为登记的全体发起人认购的股本总额，全体发起人的首次出资额不得低于注册资本的20%，其余部分自公司成立之日起2年内缴足，投资公司5年内缴足，在缴足前不得向他人募集股份；采募集方式设立的，注册资本为登记的实收股本总额，也即采实缴制。

在万众创新、全民创业的政策激励下，2013年《公司法》修正案改革公司注册资本制度，降低公司设立的资本门槛，对于除采取募集方式设立的股份公司等27类特殊公司[①]之外的公司一概采认缴制，具体是指，普通公司的最低资本额均被取消，公司设立时发起人的出资比例、出资期限均由发起人意思自治，法律不做要求。这样一来，有限公司的注册资本为登记的全体股东认缴的出资额；发起设立方式设立的股份公司的注册资本为登记的全体发起人认购的股本总额，在发起人认购的股份缴足前，不得向他人募集；募集方式设立的股份公司的注册资本为登记的实收股本总额。

在2013年《公司法》实施的10年间（2014—2024年），新设公司爆发式增长，数千万家存量公司的平均出资期限18.0年、中位数17.9年，截至2024年7月1日，存量公司的剩余出资期限超出5年的在50%～60%之间，出资期限超过30年的有350万家左右，占同期新设公司的将近10%，注册资本10亿元的有2万多家。由此可见，尽管这一时期的公司法并不限制股东的出资期限、出资数额，但最大多数的公司章程规定的股东出资期限、出资额度仍在理性的范围之内。毋庸讳言，其间也出现了一些出资期限畸长（长达数千年）的公司，以及注册资本额明显异常（10多万亿元人民币）的公司。此类公司的出现，促使人们进一步反思认缴制

---

① 27类特殊类型公司是：（1）商业银行；（2）外资银行；（3）金融资产管理公司；（4）信托公司；（5）财务公司；（6）金融租赁公司；（7）汽车金融公司；（8）消费金融公司；（9）货币经纪公司；（10）村镇银行；（11）贷款公司；（12）农村信用合作联社；（13）农村资金互助社；（14）证券公司；（15）期货公司；（16）基金管理公司；（17）保险公司；（18）保险专业代理机构、保险经纪人；（19）外资保险公司；（20）直销企业；（21）对外劳务合作企业；（22）融资性担保公司；（23）劳务派遣企业；（24）典当行；（25）保险资产管理公司；（26）小额贷款公司；（27）采取募集方式设立的股份有限公司。

的一些弊端。

在此背景下，2023年《公司法》修订案改弦更张，对于有限公司改采限期认缴制，对于发起设立的股份公司改采实缴制，募集设立的股份公司继续采实缴制，具体体现为：《公司法》第47条规定，普通有限公司的注册资本为登记的全体股东认缴的出资额。全体股东认缴的出资额由股东按照公司章程的规定自公司成立之日起5年内缴足；第96条、第98条规定，股份公司的注册资本为登记的已发行股份的股本总额，在发起人认购的股份缴足前，不得向他人募集股份，股份公司的发起人应在公司成立前按照其认购的股份全额缴纳股款。

2. 从认缴制到限期认缴制、实缴制的过渡政策

问题是，依照法不溯及既往的基本原则，上述《公司法》第47条、第96条、第98条规定并不能适用于此前的存量公司，这样一来，会在很长时间内并存两类实行不同出资政策的公司，人为导致很多的法律问题。有鉴于此，《公司法》第266条规定，本法施行（2024年7月1日）前已登记设立的公司，“出资期限超过本法规定的期限的，除法律、行政法规或者国务院另有规定外，应当逐步调整至本法规定的期限以内；对于出资期限、出资额明显异常的，公司登记机关可以依法要求其及时调整。具体实施办法由国务院规定”。这一规定部分地打破了法不溯及既往原则，立法依据在于《立法法》第104条规定：“法律、行政法规、地方性法规、自治条例和单行条例、规章不溯及既往，但为了更好地保护公民、法人和其他组织的权利和利益而作的特别规定除外。”

根据全国人大常委会法工委的授权，2024年7月1日，国务院公布并施行《关于实施〈中华人民共和国公司法〉注册资本登记管理制度的规定》，凡13条，主要内容包括：

一是明确存量公司调整认缴出资期限的过渡期安排。2024年6月30日前登记设立的公司，有限公司剩余认缴出资期限自2027年7月1日起超过5年的，在2027年6月30日前将其剩余认缴出资期限调整至5年内并记载于公司章程，股东在调整后的认缴出资期限内足额缴纳认缴的出资额；股份公司的发起人在2027年6月30日前按照其认购的股份全额缴纳股款。公司生产经营涉及国家利益或者重大公共利益，国务院有关主管部门或者省级人民政府提出意见的，国务院市场监督管理部门可以同意其按原出资期限出资。

二是规定公司出资异常的处理。公司出资期限、注册资本明显异常的，公司登记机关可以结合公司的经营范围、经营状况以及股东的出资能力、主营项目、资产规模等进行研判，认定违背真实性、合理性原则的，可以依法要求其及时调整。

三是完善监管措施。公司调整股东认缴和实缴的出资额、出资方式、出资期限，或者调整发起人认购的股份数等，应当依法向社会公示。公司登记机关对公司公示认缴和实缴情况进行监督检查，根据公司的信用风险状况实施分类监管。公司未按照规定调整出资期限、注册资本的，由公司登记机关责令改正；逾期未改正的，由公司登记机关在国家企业信用信息公示系统作出特别标注并向社会公示。

（二）有限公司的股东限期认缴及其加速到期

现行《公司法》背景下，实行限期认缴制的有限公司股东仍然享有出资期限利益，但在公司出现不能清偿到期债务的情形下，能否被要求加速到期，就是涉及公司、其他股东及公司债权人利益的重大事情。对此，《公司法》第54条构建的股东出资加速到期制度的要点包括：

1. 加速到期的条件是“公司不能清偿到期债务”，也即只要权利人举证公司存在届期债务未履行的事实即可。

2. 有权主张加速到期的权利人包括公司与已到期债权的债权人。其中，对于公司主张的由谁来作出决定，不无争议，综合《公司法》关于股东出资制度中的董事会职权配置而言，董

事会负责较为妥当。如董事会作出决议，则有三个问题需要明确：(1) 董事会需要恪守面向全体股东的中立原则，公平对待每一个股东，比如全体未届期的股东出资义务为10亿元，公司到期债务仅有1亿元的，董事会是面向全体股东按比例要求加速到期出资，还是选定其中的某个股东要求加速到期？这是一个重要问题。(2) 董事会要求加速到期的出资额是全部未届期的股东出资总额，还是与已到期债务相当的数额？(3) 董事会作出决议时，存在利害关系的董事是否需要回避？以及如未作出要求股东加速到期的决议由此导致公司损失的，反对董事是否承担对公司的损害赔偿责任？等等。这些问题都亟待回答。

3. 如公司与已到期债权的多个债权人均主张且提起诉讼，如何安排多个诉讼之间的关系，包括相关主体的诉讼主体身份，也是一个重要的程序法问题。

4. 不同于公司提诉胜诉后实行当然的入库规则，已到期债权的债权人提诉的，债权人胜诉后是由作为被告的股东直接清偿给债权人（原告），还是将出资款交付给公司，涉及清偿规则与入库规则之分，从《公司法》第54条文义解释看，似乎应该是入库规则有利于债权平等的实现，但有力说认为采清偿规则才能激励债权人提起诉讼。

三、股东出资的其他法律规制

在最狭窄的意义上理解，股东出资属于公司设立制度的范畴，主要的规制环节包括出资形式、出资限额、出资比例、出资履行、验资等。广义的出资制度还包括在公司存续期间的资本变动、增资、新股发行等。这样，出资制度就还涉及股东资格的取得、变更、丧失等。所以，各国公司法对股东出资都设有不同程度的规制措施，以调整股东与公司、股东相互之间、股东与公司债权人之间的法律关系，平衡多方利益。一般认为，公司法作为组织法出面规制股东出资行为，主要是出于保护公司债权人利益的考虑。关于公司资本制度的设计中，需要对债权人保护作出准确定位。

公司法上的债权人保护。公司法尤其是资本制度设计与债权人保护之关系，可以描述如下。(1) 债权人保护是公司法的重要立法目的与价值目标之一（《公司法》第1条）。(2) 债权人保护是并非公司法的首要立法目的与价值目标（债权人保护主要是合同法、侵权法等债法的立法目标与任务）。(3) 债权人保护的规范结构是多元的，也是多层次的，该规范结构的基础性支撑主要是以合同法为核心的债法，而不是公司法尤其是公司法的资本制度部分。(4) 公司债权人具有多层次性，其中公司资产上附着了多类债权请求权，其基本排序是：1) 劳动债权，包括普通职工的薪酬（包括工资、社会保险费用、法定补偿金等）请求权以及董事、监事、高管的报酬请求权等；2) 公法上的债权，主要指税款；3) 有担保的债权；4) 无担保的债权；5) 股东的分红、剩余财产分配请求权（在此场合下，股东也是公司的债权人）。此外，一旦公司进入清算程序，清算费用成为所有债权请求权中的最优位债权。

我国公司法对股东出资的规制措施体现在以下几个方面。

（一）出资形式

我国公司法实行出资形式的法定主义，即股东以何种财产出资，不仅取决于股东自身拥有何种形式的财产，以及公司经营需要何种形式的财产，而且要符合法律关于股东出资形式的规定。出资形式的法定主义与法定资本制相辅相成，股东出资是公司资本的来源，因而必须对出资形式进行限制，否则，将影响法定资本制的实现。鉴于出资形式内容的复杂性，下节单独讨论。

（二）出资的比例结构

出资的比例结构也称出资的构成，指在股东出资总额中各种出资所占的比例。公司法限制出资的比例结构的意旨在于：保证公司资产结构的合理性，保证公司资产应有的流通性和变现性，保证公司对外负债的清偿能力。比如个别公司法通常对货币出资规定有最低的比例要求（在20%～50%之间），我国曾经也这样做，2013年公司法修正案之前，曾要求全体股东的货币出资金额不得低于注册资本的30%。这一规定已经被现行法废止。

（三）出资限额

就每个股东的出资数额而言，许多国家都规定了最低额限制，而且对有限公司的限制普遍比对股份公司的限制高。如德国规定有限公司每一股东出资不得少于500欧元，每股出资额可以不同，但均须为100欧元的整数倍，而股份公司有面额股的每股金额最低限仅为5欧元。我国公司法规定股份公司的股份等额，但对每股最低金额未设限制，也没有限制有限公司每个股东的出资数额。在有限公司，注册资本不划分为金额相等的股份，股东的出资被统称为“出资额”。据此，每个股东对有限公司的出资只有1份，每份的金额大小可以不同。

（四）非货币出资的价值评估

与货币出资不同，非货币出资的财产价值无法直接由其自身客观表现，且受外部因素影响明显而具有较强的变动性，因此需要在某一个基准日对非货币出资进行客观、真实、准确的价值评估。过高估价，将构成股东的出资不实和公司注册资本的虚假；过低估价，将损害该股东的利益，有违公平。在我国公司实务中，由于发起人、多数股东在公司设立、运营中的主导地位，过高估价更为常见；同时，由于国有资产经常被过低估价，国有资产流失现象较为突出。

评估权在谁？早期各国公司法大多将其赋予股东会，但现代公司法一般授权董事会，除非公司章程另有规定。将评估权授予董事会，可以避免复杂的评估程序带来的高成本，同时也能解决公司成立后增资时谁有权决定出资财产的价格的问题。董事在评估作价时存在欺诈的，须对公司承担违信责任。既然如此，对于出资财产是否还需要经过法定机构进行评估验资，可由董事会视情况而定。譬如，有的出资财产性质简单，其价值没有争议，一律要求经过法定机构的评估验资，徒增成本。2013年公司法修正之前，我国公司法要求所有的公司发起人、股东出资必须经过验资程序，现行公司法仅仅对募集设立股份公司保留这一要求（《公司法》第101条）。

在我国，《公司法》关于评估权主体的规定不明确，仅于第104条规定募集设立股份公司由成立大会对发起人非货币财产出资的作价进行审核。不过，从公司法关于评估作价规定的精神来看，在有限公司、发起设立股份公司，评估权应属于全体发起人。如果有股东以未经评估作价的非货币财产出资，由于其实际价值是否与章程所定价额相符并不明确，就会滋生纠纷。在有关权利人请求认定出资人未履行出资义务时，依照我国司法经验，由法院委托合法的评估机构进行评估，然后将评估所得的价额与章程所定价额相比较，以确定出资人是否完全履行了出资义务。此时由法院委托评估的方式既可以便捷地解决纠纷，也可以尽快落实公司资本是否充实。

关于评估者的责任，一般而言非货币出资由经中立的专业资产评估机构进行评估作价，评估机构因其过错评估不实，损害公司、其他股东、债权人利益的，应承担相应的民事责任（第257条第2款）。

非货币出资价值评估的基准时间点应该为交付或者办理其他移转产权手续时。在实践中，出资人以非货币财产出资后，因市场变化或者其他客观因素导致出资财产贬值的现象客观存在，对于这一风险的承担，应该按照转移标的物所有权合同的风险承担原则来解决，依据《民法典》第604条确立的交付主义，自然由交付后的公司承担。所以，非货币出资交付公司后因市场变化或者其他客观因素导致出资财产贬值，公司、其他股东或者公司债权人请求该出资人承担补足出资责任的，法院不予支持，除非当事人另有约定。

（五）出资的履行

出资的履行，就是股东将出资财产交付公司或向公司履行其他给付义务。不同形式的出资财产特点不同，其履行方式也不相同。关于各类出资的履行方式、手续及其要求，尤其是各类非货币出资需要办理相应的产权移转手续，留待下节分别讲述，这里只分析出资的履行时间问题。

关于货币出资的履行时间，国家工商管理总局《公司注册资本登记管理规定》（2006 年 1 月施行）第 12 条曾经规定，“以货币出资的，应当将货币出资足额存入公司在银行开设的账户”，但在 2014 年修订版本（现已失效）中取消了这一规定。对于非货币出资的履行时间，存在不同认识。《公司法》第 30 条规定：“申请设立公司，应当提交设立登记申请书、公司章程等文件，提交的相关材料应当真实、合法和有效。申请材料不齐全或者不符合法定形式的，公司登记机关应当一次性告知需要补正的材料。”第 49 条规定，股东“以非货币财产出资的，应当依法办理其财产权的转移手续”。结合上述规定，似乎应当认为，在现物出资办理了财产权转移手续后公司才能成立。但在实践中，办理现物出资的财产权转移需要通过比较复杂的程序，尤其是涉及诸如房产、车辆、土地使用权、专利、商标等时，往往都需履行诸如核准、登记、备案等手续，如果待一切手续办理完毕才能成立公司，势必影响公司设立的效率。所以，实践中先成立公司后办理财产转移过户手续的情况普遍存在。

（六）关于验资

验资，是法定机构依法对出资进行检验并出具相应证明的行为。验资制度是法定资本制的要求和保障。各国公司法关于出资的验资要求以及验资机构的法律责任的规定不尽相同，总体而言，大多规定公司登记机关有权选任检查人对出资予以检查。对于现金出资，由金融机构出具缴款证明；对于现物出资，验资机构是经选任或认可的专家及律师事务所、会计师事务所、审计事务所、税务事务所等。

《公司法》仅在第 101 条规定，募集设立股份公司的，发行股份的股款缴足后，必须经依法设立的验资机构验资并出具证明。验资证明必须客观真实，否则，验资机构因其过错验资不实，损害公司债权人利益的，应承担相应的法律责任（《公司法》第 257 条第 2 款）。

自愿（章定）验资制度的存在空间。除了法定的少数类型公司，股东出资的验资不再是法定的强行性要求，但这不妨碍股东之间约定进行自愿的验资，股东也可以将这一约定写入公司章程，成为章定验资制度。这种自愿（章定）验资制度的积极意义在于：确定股东已经实际出资的依据（证据），并显示股东出资的具体信息，包括出资形式、出资时间与出资额度等，同时公示出公司具有良好的资本信用。

第二节　出资形式

一、概说

（一）出资形式的法定要求

各国公司法对于有限责任股东的出资形式都有法定要求，我国亦然，《公司法》第 48 条第 1 款规定：“股东可以用货币出资，也可以用实物、知识产权、土地使用权、股权、债权等可以用货币估价并可以依法转让的非货币财产作价出资；但是，法律、行政法规规定不得作为出资的财产除外。"据此，除货币出资外，非货币出资必须具备以下两个条件：其一，可以用货币估价，即具有价值上的确定性。评估作价是保障公司资本确定、真实的要求，也是确定股东出资金额与比例的依据。其二，可以依法转让，即具有流通性，可以变现。

上述规定在立法技术上采例示主义的立法模式，依其规定，可用于出资的财产形式非常宽泛，不限于《公司法》第48条所例示的六种财产形式，凡具备上述条件的财产均可以作为股东的出资。但同时允许法律、行政法规在特定情况下采取特别限制的法律政策。

（二）基本分类

以货币为中心，股东出资可以分为货币出资与非货币出资。非货币出资在大陆法系公司法上又称现物出资。在大陆法系公司法，现物出资一般不包括劳务和信用出资，而且其出资主体仅限于发起人。

在学理上，可以将《公司法》第48条明示列举的货币出资五种现物出资形式称为典型出资形式，是股东出资的主要财产形式；其他出资形式称为非典型出资形式，非典型出资形式虽不常用，但亦具有重要意义。

二、典型的出资形式

（一）货币出资

货币出资也称现金出资。现代商业社会的支付很少直接以现金进行，多以支票等银行票据方式进行，因此，支票支付视为现金支付。在诸种出资形式中，唯有货币出资可以构成注册资本的全部；货币出资构成注册资本一部分的，有的国家公司法规定了其不得低于注册资本的法定比例。我国公司法曾有类似规定，但现行法取消了这一规定。在我国，股份公司认股人只能以货币出资。有限公司股东、股份公司发起人、认股人以货币出资的，应当将货币出资足额存入公司在银行开设的账户。货币出资到位的时间，以出资款汇入公司账户的时间为准。

（二）实物出资

《公司法》第49条规定，非货币财产出资应当依法办理其财产权的转移手续。由于现物出资的财产形式不同，其相应的财产权移转手续也有分别。

实物出资中的"实物"是指民法上的物，包括动产和不动产，为有形财产，如房屋、车辆、半成品等。实物出资的本意，是股东将动产、不动产的所有权移转给公司，故遵循物权变动的法律原则。依照《民法典》第224、225条，除法律另有规定外，动产物权的转移以交付为要件；对于船舶、航空器、机动车之类的特殊动产，物权的移转未经登记的，不得对抗第三人。《民法典》第209条规定，除法律另有规定外，不动产物权的转移以登记为要件。在我国，土地所有权不能用于公司出资，故此处的不动产主要指房屋所有权。据此，股东以动产出资的，须将动产交付给公司，特殊动产还需办理作为对抗要件的登记手续；以房屋出资的，须交付房屋并将房屋所有权过户登记到公司名下。

出资人应当对出资实物享有所有权或处分权，至于设有权利负担的实物可否用于出资，我国明确禁止已经设立担保的土地使用权出资，但没有禁止设有租赁权的实物出资。

（三）土地使用权出资

在我国现行法上，能够用于出资的不是土地所有权，而仅指土地使用权，具体包括土地承包经营权和建设用地使用权（《民法典》第339、342、353条），其中划拨的建设用地使用权用于出资受到严格限制。另外，宅基地使用权不可以用于出资（《土地管理法》第62条）。

股东以土地使用权出资，公司不仅要实现对土地有效的占有和控制，而且要完成用益物权的变动手续，以免存在权利瑕疵。依据《民法典》第 349、335 条，建设用地使用权的移转，以登记为其生效要件；土地承包经营权的移转，以登记为其对抗要件。据此，出资人不仅需将土地交付给公司，还需办理相应的登记手续，才算适当履行出资义务。已办理登记但未交付土地，或者已交付土地但未办理登记，或者既未交付土地，亦未办理登记的，都属于违反出资义务的行为。为此，此前曾有司法解释规定，出资人以划拨土地使用权出资，或者以设定权利负担的土地使用权出资，公司、其他股东或者公司债权人主张认定出资人未履行出资义务的，法院应当责令当事人在指定的合理期间内办理土地变更手续或者解除权利负担；逾期未办理或者未解除的，认定出资人未依法全面履行出资义务。

（四）知识产权出资

知识产权作为股东出资形式，对于促进一个国家高科技产业的发展与高科技公司的成长具有战略意义。

知识产权的含义。关于《公司法》第 48 条中“知识产权”的含义，在我国加入 WTO 后，应当放在 WTO 规则背景下解释。根据 WTO《与贸易有关的知识产权协定》（TRIPs）的规定，知识产权包括的内容有：版权及有关权利；商标；专利；地理标识；工业品外观设计；集成电路布图设计（拓扑图）；未披露信息；对许可合同中限制竞争行为的控制。按照我国的分类，知识产权是指工业产权和著作权（版权）。狭义的工业产权仅指商标权和专利权；广义的工业产权，按照我国 1984 年加入的《保护工业产权巴黎公约》（1967 年斯德哥尔摩文本）的规定，包括我国法律规定的专利权、商标权、非专利技术（或称技术秘密，know-how）[①] 和厂商（企业）名称权。按照国际法优于国内法的原则，此处的工业产权应作广义解释，其中可以用于公司出资的知识产权，包括专利权、商标权、非专利技术、企业名称权与著作权中的财产权，不包括著作权中的人身权。

知识产权的出资意味着知识产权的转让，其中，专利权和商标权是以权利证书彰表的特殊民事权利，仅从专利、商标的实际使用无从判断其权利的归属，因此，以其出资不仅要求专利技术、商标的实际转移，还需办理相应的申请核准、变更登记与公告手续。非专利技术，因不表现为特定的权利形式，只是当事人的一种特殊利益，其出资方式与一般动产出资类似，只需技术交付即可。著作权无固定的权利表现形式，没有特定的权利证书，因而其出资的履行应根据作品的具体情况确定出资的要求，包括书稿、影像资料的交付、作品利用的明确授权等。专利权和商标权都是有期限的专有权，用于出资的必须在其有效期内。

（五）股权出资

股权出资，即股东以其对另一公司享有的股权作为出资财产投入公司，并取得公司股权。股权出资本质上属于股权的转让，是将股东对另一公司拥有的股权转让给公司。

相比其他现物出资形式，股权出资的特殊性在于其价值的相对不稳定。股权的价值不能从票面值直观反映，需要参照公司净资产以及证券市场上的行情确定，因此，对股权价值量的评估难度很大、准确性较低，从而威胁公司资本的真实性。故对股权出资，通常需要对股权所属的公司进行资产评估和财务审计。股权出资的真实性应根据当时股权的实际价值认定，在股权出资后，因情况变化导致股权价值贬损时，不应因此认定出资瑕疵。

在我国公司实务中，股权出资不仅在国有企业改组为上市公司的过程中得到普遍的应用，也是公司集团进行资产、业务重组的重要手段。出资人以其他公司股权出资，符合下列条件的才属于适当履行出资义务：（1）出资的股权由出资人合法持有并依法可以转让；（2）出资的股

---

① 郑成思. 知识产权法教程. 北京：法律出版社，1994：2.

权无权利瑕疵或者权利负担；(3) 出资人已履行关于股权转让的法定手续；(4) 出资的股权已依法进行了价值评估。如果股权出资不符合上述前三个条件，公司、其他股东或者公司债权人可以请求认定出资人未履行出资义务，法院应当责令该出资人在指定的合理期间内采取补正措施以适格；逾期未补正的，法院应认定其未依法全面履行出资义务。如果股权出资不符合上述第四个条件，公司、其他股东或者公司债权人请求认定出资人未履行出资义务的，法院应当委托具有合法资格的评估机构对该财产评估作价，评估确定的价额显著低于公司章程所定价额的，认定出资人未依法全面履行出资义务。

股权出资与资产、业务重组。比如，A投资公司拥有B餐饮公司70%的股权，现A公司参与发起设立C文化公司，A公司以其对B公司的70%股权作价投入C公司，取得C公司51%的股权，相应地，C公司取得B公司70%的股权。这样，A公司成功从B公司战略退出，并实现对C公司的控股，最后形成A公司控股C公司、C公司控股B公司的局面。

（六）债权出资

债权出资，指投资人以其对公司或第三人的债权向公司出资，抵缴股款。债权出资按债权的类型不同可以作多种分类。首先，从形式上可以划分为一般债权出资和债券债权出资。就后者而言，债券是自由流通的有价证券，与股票同质，因此，多数国家允许其用于出资。就一般债权来看，由于其请求权属性，大陆法系公司法原来一般禁止其用于出资，但英美公司法不作限制，大陆法系公司法的近期发展趋势是放宽限制，尤其是公司重整时期的债转股，逐渐得到认可。①

按照债务人不同，一般债权出资可以分为对公司的债权出资和对第三人的债权出资。对公司的债权出资，又称以债作股、债转股，以债作股可减少公司的负债，增加净资产，不违反资本维持原则，且改善公司财务结构，便于公司融资，对于公司债权人并无不良影响，因而一般不受限制。债权出资在我国实务中已经长期存在，早在20世纪90年代已经推行大规模的政策性“债转股”。

三、非典型出资形式

用益物权以对物的占有为前提，以利用物的使用价值为目的，在性质上完全符合股东出资的法定条件。除了《民法典》规定的建设用地使用权、宅基地使用权、土地承包经营权和地役权，我国的用益物权还包括特别法规定的用益物权如采矿权、渔业权、狩猎权等。除前述土地使用权以外，其他用益物权也可以成为股东出资的标的。此外，如公路收费权（经营权）等不动产收益权也可用于出资。

四、公司对出资财产的善意取得

股东出资的本质，就是转移出资财产给公司，换取对价也即公司相应份额的股权，公司作为受让人取得出资财产的财产权。可见，出资行为在性质上属于股东对出资财产的处分行为。这样，如果出资人用自己并不享有处分权的财产进行出资，该出资行为从合同法的视角看构成无权处分行为，效力待定，公司能否取得该出资财产，应该依据合同法、物权法的规定讨论。

依照《民法典》第597条规定，对于法律、行政法规不禁止、不限制流转的标的物进行无权处分的，该买卖合同有效，该合同的最终处理分为两种情形分别讨论。相应地，出资人用自

① 冯果．股东现物出资若干问题研究．中国法学，1999 (6).

已并不享有处分权的财产对公司进行出资的，也应该如此分别处理。

1. 经权利人追认或者无处分权人订立合同后取得处分权的，股东出资的合同继续履行，经过交付或者办理权属变更手续后，无论公司善意与否，都不妨碍其继受取得出资财产。此时应当认定出资人全面履行了出资义务。

2. 权利人不追认，且无处分权人订立合同后也未取得处分权的，该出资合同不得履行。如出资人尚未将出资财产交付给公司或者尚未办理权属变更手续，自然停止履行，恢复原状，公司可以追究出资人的瑕疵责任，自不待言；如出资人已经将出资财产交付给公司或者办理权属变更手续的，原则上权利人有权追回之，但唯一的例外是，如符合《民法典》第 311 条规定的条件，公司作为出资财产的受让人可以主张善意取得，从而拒绝原权利人的返还原物请求权，该财产终局地为公司所取得。至于受到损害的原权利人如何追究构成无权处分的出资人的法律责任，与公司不相干。

依照《民法典》第 311 条，于此场合下公司主张善意取得出资标的物的，需证明自己满足以下要件：（1）公司受让出资人处分的出资是善意的，也就是对于出资人不享有处分权这一事实并不知情，且无重大过失；（2）以合理的价格转让，此处公司支付的对价就是相应份额的股权，是否合理要对照出资财产的价值与公司股权的价值来考察、认定；（3）出资财产依照法律规定已经完成交付（动产）或者产权登记手续（不动产等）。

按照《民法典》的规定，可以适用善意取得的财产包括动产所有权、不动产所有权以及其他物权如土地使用权等用益物权。公司善意取得的出资财产对象亦应作如是解释。明确在股东出资场合下公司可以主张适用善意取得制度，有利于维持公司资本，从而保障交易相对人的利益。但是，善意取得制度本身是一个利益衡平的法律工具与利器，如不加以必要限制，势必造成各方利益格局的失衡。根据我国的现行立法与司法实务做法，货币、拾得遗失物、盗赃物等不适用善意取得制度，但如此一来，实践中出资人用贪污、挪用等犯罪所获的货币用于出资的，有的司法机关就将该财产从公司直接抽出，这样做无疑不利于公司资本维持与维护公司债权人利益。此时法院应当采取拍卖或变卖的方式处置该股权，也就是采取将出资财产所形成的股权折价补偿受害人损失的方式，以保障公司资本之维持。这实际上意味着对于出资人用于出资的通过贪污、挪用等犯罪手段所获的货币，公司可以取得所有权。

第三节　股东的出资义务与瑕疵出资责任

虽然选择什么样的资本制度主要是一项法政策的考量，但公司资本制度又是一个建立在民事请求权体系基础上的体系化的法律规范结构，包含公司、股东、债权人等多个利益主体之间的权、义、责关系，尤其是保护公司债权人的功能以及由此而生的瑕疵出资股东对于公司债权人的责任体系，更是一个严密细致的私法制度设计。

一、股东的出资义务及其违反

（一）股东的出资义务

出资义务是一种契约义务，具体依据如下。

1. 发起人协议。在我国，股份公司发起人应当签订发起人协议，出资条款是发起人协议的主要条款之一。

2. 公司章程。在我国，设立有限公司无须订立发起人协议，股东的出资义务规定在章程中。在股份公司，章程也须记载发起人出资的条款，这些条款源于此前的发起人协议。无论将章程视为契约还是自治规则，都不影响其作为股东出资义务的依据。

3. 认股书。股份公司发行股份的，认股人的出资义务规定在认股书。

4. 公司法的规定。出资也是股东的法定义务之一，如《公司法》第 97 条关于股份公司发起人的出资义务的规定，是对发起人协议、公司章程约定的补充。

（二）股东出资义务之违反：瑕疵出资

我国公司法学界关于股东违反出资义务行为的定义与分类很不统一，许多概念的外延也不一致，影响了学术交流。

股东违反出资义务的，对公司、其他股东承担的责任在性质上主要是违约责任，所以借鉴合同法上违约行为的概念体系，可以将股东违反出资义务的行为统称为瑕疵出资（有的教科书称为“出资不实”）。这样，瑕疵出资作为一个上位概念，用以指称股东违反出资义务的所有行为类型，涵盖了《公司法》第 49、50、99、252、253 条等规定的所有出资违法行为。按行为方式不同，股东瑕疵出资行为分为两大基本类型：不履行和不全面履行。

不履行，指股东根本未出资，一般包括四种情形：(1) 拒绝出资。股东在公司章程、发起人协议或认股书生效后拒绝按约定出资。(2) 出资不能。股东因为个人财力原因或者非货币出资毁损、灭失，客观上履行不能。(3) 虚假出资。宣称已经出资，但事实上并未出资，在性质上构成欺诈。(4) 抽逃出资。所谓抽逃出资是指在公司成立或验资后，股东将其已经转移到公司名下的出资财产暗中抽回，且仍保留股东身份和原有出资数额的行为，在性质上亦属欺诈。有人认为，股东出资到公司之后即属于公司财产，再行抽逃无异于侵权，但我国公司法学理论与实务经验一般认为，抽逃出资的标的对象明确且特定，就是某股东出资到公司的财产，其后果基本等同于不履行出资义务，故将抽逃出资也列为不履行出资行为之一种。

不全面履行，或称不完全履行，是指出资数额、时间、形式或者程序不符合法律规定及当事人约定，主要包括三种情形：(1) 部分履行。股东未足额缴纳认股数额，如货币出资不足、现物出资实际价额低于章程确定的价额等。(2) 迟延履行。股东未按协议约定或者章程规定的期限办理出资财产权的移转手续。(3) 狭义的瑕疵出资。也即出资物存在质量瑕疵或者权利瑕疵，前者如出资到公司的崭新汽车质量不合格，后者如以存在抵押权负担的房产出资。

上述出资瑕疵的类型可能存在一些重合。在现实生活中，出资瑕疵之构成是极为复杂的，既可能包括标的物本身构成的瑕疵，也可能包括交付行为之瑕疵；既可能属于违法性瑕疵，也可能属于违约性瑕疵；既可能是某种单纯的瑕疵，也可能是各种瑕疵之组合——混合性瑕疵。这需要在实务中认真研判，准确界定瑕疵出资的形态，以正确判定其相应的法律后果。

（三）瑕疵出资的责任体系

瑕疵出资股东的法律责任主要有三：一是民事责任，二是行政责任，三是刑事责任，其中前者又有四：对其他发起人、股东的违约责任，对公司的资本充实责任，对公司的损害赔偿责任，对公司债权人的损害赔偿责任。

二、股东瑕疵出资的民事责任之一：对其他发起人、股东的违约责任

（一）违约责任的请求依据

1. 有限公司情形

对于有限公司，《公司法》第 46 条规定，由公司章程载明股东的出资额、出资方式和出资

日期；第 49 条要求股东应当按期足额缴纳公司章程规定的各自所认缴的出资额，否则，对公司承担违约责任。公司法没有要求有限公司的设立必须有发起人协议，章程在设立阶段起到了替代作用；章程在公司成立前已经对股东生效，所以在公司设立失败、设立过程中以及成立之后，公司章程都是追究瑕疵出资股东违约责任的依据。

2. 股份公司情形

对于股份公司，我国公司法严格区分发起人与股东的概念，并要求发起人在公司设立阶段订立发起人协议，明确各自在公司设立过程中的权利、义务（《公司法》第 93 条），其后的公司章程也明确记载发起人认购的股份数、出资方式（《公司法》第 95 条）。《公司法》第 97 条规定，发起设立股份公司的发起人应书面认足章程规定其认购的股份，并在公司成立前全额履行缴纳出资的义务，否则，应当按照发起人协议对其他发起人承担违约责任。如前所述，股份公司的发起人协议的对人效力范围仅及于发起人，不包括认股人以及后来的继受股东；在时间效力上，发起人协议的效力贯穿公司设立的全过程，在公司成立后一般终止，除非有特别约定。瑕疵出资行为可以发生在公司设立阶段，或者公司成立后的一定时期，比如在分期缴纳出资的情形下，即使公司已经成立，股东缴纳出资违反了发起人协议的，也仍应追究其违约责任，依据是公司章程或者发起人协议（有特别约定时）。

在 2023 年修订案之前，《公司法》第 28 条第 2 款明确规定，股东不依约缴纳出资的，除应当向公司足额缴纳外，"还应当向已按期足额缴纳出资的股东承担违约责任"。修订案取消了这一规定，但这并不意味着股东间的瑕疵出资违约责任不再成立，而是公司法文本没有必要出面规定，适用《民法典》合同编的相关规定即可。

（二）违约责任的内容

1. 发生场合与主体。该违约责任仅适用于公司设立场合下的发起人股东之间，具体包括有限公司的设立股东与股份公司的发起人股东之间，不适用于股份公司设立时的认股人，也不适用于公司成立后的增资场合如新股发行的认股人。责任主体是违约方（瑕疵出资的发起人、股东），请求权主体是守约方（依约履行出资义务的其他发起人、股东）。

2. 归责原则。适用《民法典》第 577 条规定的违约责任的一般归责原则，即无过错责任。

3. 违约责任形式。合同法上的违约责任形式包括继续履行、采取补救措施、损害赔偿、支付违约金与定金等。但瑕疵出资的违约责任适用有其特殊性。

（1）关于继续履行、采取补救措施与定金责任。瑕疵出资者继续履行出资义务或者采取补救措施，属于对公司的资本充实责任形式，不适用于瑕疵出资违约责任。定金责任也不适用，因为在各股东之间不存在对待给付。

（2）损害赔偿与违约金。瑕疵出资者给其他发起人、股东造成损失的，应当承担由此造成的损害赔偿责任，如支付已经支出的公司开办费用以及占用资金的利息损失等，但不得直接主张瑕疵出资给公司造成的损失。损害赔偿是此处最主要的违约责任形式。如果发起人协议中约定有违约金条款，依协议适用之。从既有的司法经验看，如果发起人（股东）之间没有约定此类违约责任的违约金等意定责任，守约股东举证证明违约股东的瑕疵出资行为导致己方的损失，将面临较为困难的举证负担，包括损失额、因果关系等。

三、股东瑕疵出资的民事责任之二：对公司的资本充实责任

（一）主要内容

《公司法》规定的股东对于公司的资本充实责任，包含缴纳担保责任和差额填补责任。

1. 缴纳担保责任

《公司法》第49条第3款规定，股东未按期足额缴纳出资的，应当向公司足额缴纳。这就是股东就其出资义务对于公司承担的缴纳担保责任。此处的缴纳担保责任要点有三：

(1) 属于违约责任的继续履行责任。股东与公司之间的认股协议签订后，无论发起人股东还是认股人，就其对于公司资本的认缴，其与公司之间属于双务、有偿合同关系，股东负有依约交付出资的义务，获得的是目标公司的相应股权。需要指出的是，股东取得公司的股权并不以实际缴纳出资为前提，而仅以认缴出资为前提，这就意味着如果股东不依约交付出资，就属于对于公司的违约行为。按照我国《民法典》合同编构造的违约责任体系，股东要对公司承担继续履行、采取补救措施、损害赔偿等违约责任，此处的“足额缴纳”也即缴纳担保责任，实际上就是违约责任体系中的继续履行责任。

(2) 该责任属于瑕疵出资股的个人责任，其他发起人（股东）并不负连带责任。

(3) 转让股权并不免除缴纳担保责任。《公司法》第88条规定，股东转让已认缴出资但未届出资期限的股权的，由受让人承担缴纳该出资的义务；受让人未按期足额缴纳出资的，转让人对受让人未按期缴纳的出资承担补充责任；未按照公司章程规定的出资日期缴纳出资或者作为出资的非货币财产的实际价额显著低于所认缴的出资额的股东转让股权的，转让人与受让人在出资不足的范围内承担连带责任；受让人不知道且不应当知道存在上述情形的，由转让人承担责任。可见，无论转让股权时其出资是否届期，如受让人后来并未完成出资义务，原股东的出资义务都不因转让而免除，其中未届期股权转让的，受让人承担出资责任，原股东承担补充性连带责任，原股东承担责任后，可以向受让人追偿；瑕疵股权转让的，原股东承担出资责任，受让人承担连带责任，除非受让人证明其受让股权时不知道且不应当知道瑕疵出资事实。

2. 差额填补责任

《公司法》第50条规定，有限公司设立时，股东未按照公司章程规定实际缴纳出资，或者实际出资的非货币财产的实际价额显著低于所认缴的出资额的，设立时的其他股东与该股东在出资不足的范围内承担连带责任；第99条规定，股份公司发起人不按照其认购的股份缴纳股款，或者作为出资的非货币财产的实际价额显著低于所认购的股份的，其他发起人与该发起人在出资不足的范围内承担连带责任。这是关于差额填补责任的两条规定。展开而论：

(1) 两类公司的发起人股东，无论出现出资不能还是出资不实，其他发起人股东对此差额填补责任承担连带责任。

(2) 该责任属于公司设立阶段身为发起人的股东的应负责任，不因其后转让股权的事实而免责。

(3) 该连带责任的范围不是某个发起人股东的认缴数额，而是其公司成立时依照公司章程规定实际缴纳出资。比如，某A公司注册资本2亿元，甲、乙、丙、丁各自认购5 000万元，约定5年内出资完毕，公司成立时各自缴纳1 000万元，后甲、乙、丙在公司成立时如期缴纳了1 000万元，但丁仅缴纳了200万元，或者丁以某技术成果出资评估1 000万元、但实际价值200万元，那么如果丁后来不能补缴800万元，则甲、乙、丙对该800万元承担连带责任。

(二) 法律性质

关于资本充实责任的法律性质，学界存在争议，一个共识是：资本充实责任属于债的关系。但关于债的请求权基础是什么，形成了违约之债、侵权之债与特殊民事责任的学说分歧。对此，需要分别瑕疵出资的具体类型进行讨论。

就出资而言，出资者与公司之间属于契约关系，出资者以向公司出资为对价，换取相应的股权。在发起人签署了发起人协议、公司章程，或者认股人签订了认股书以后，不按照约定履行出资义务的，自然构成违约责任。在股东未将出资财产权移转给公司之前，公司并不享有出资财产权，一旦出资财产权移转给公司，公司即享有这些出资财产权。依此，在股东拒绝出资、出资不能、虚假出资等不履行出资的形态，以及部分履行、迟延履行、出资物存在质量或者权利瑕疵等不全面履行出资的形态，出资行为的违法性发生在出资财产权移转给公司之前，不构成对公司财产权的侵害，就好比动产买卖合同的出卖人在交付之前，无法构成对买受人的财产权侵害一样，我国民法通说也不承认债权侵权制度。但在抽逃出资情形下，股东利用控制公司之便利，将已经移转到公司名下、公司享有财产权的资产非法移转到自己、第三人名下，显然构成对公司财产权的侵权行为，显然成立侵权责任。

其他发起人的连带责任属于法定责任。其他发起人承担连带责任的法理基础有三：

1. 实践证明，对于某一发起人的出资不能或者虚假出资行为，尤其是后者，其他发起人可能是明知的甚至构成共谋。既然存在过错，自应承担责任，被课以的连带责任属于发起人对公司的违信责任，意在防止发起人股东朋比为奸制造庞氏骗局，欺诈后来加入公司的其他股东以及公司债权人。

2. 设定连带责任，不仅可以有效保护公司债权人以及后加入公司的股东，也可以在公司发起人之间建立互相监督的机制，因为连带责任的“株连”机理对于发起人之间恶意串通行为的发生具有警示、防范与惩戒功能。

3. 在公司成立后发现瑕疵出资足够严重的，原本可以导致公司设立无效。但若按无效处理，不但辜负多数发起人对公司成立之期待，而且重新设立公司将徒增不必要的成本。在此背景下，课以其他发起人的连带责任，立法已有“两害相较取其轻”之意。

此外，对于非货币出资严重虚估价值的，依照《公司法》第 257 条第 2 款规定，承担资产评估、验资或者验证的机构因其出具的评估结果、验资或者验证证明不实，给公司债权人造成损失的，除能够证明自己没有过错的外，在其评估或者证明不实的金额范围内对公司、公司债权人承担赔偿责任。

（三）归责原则

资本充实责任是无过错责任，只要存在瑕疵出资的事实，瑕疵出资者就应当承担责任。理由是，资本充实责任在性质上基本上属于违约责任，《民法典》第 577 条规定违约责任的归责基本原则正是无过错责任；对于抽逃出资的欺诈行为所引发的侵权责任，适用无过错责任也是合适的。

（四）举证责任分配

有关当事人之间对是否已履行出资义务发生争议，原告提供对股东履行出资义务产生合理怀疑证据的，被告股东应当就其已履行出资义务承担举证责任。

（五）权利主张人

对于资本充实责任，公司可谓第一权利主张人，自然可以自己的名义对瑕疵出资者提起给付之诉，直接追究其责任。如公司怠于主张，其他股东也可以直接起诉，要求瑕疵出资者向公司承担责任，依据是《公司法》第 189 条第 3 款所规定的股东派生之诉。需特别指出的是，股东对公司的资本充实责任不能获得实现的，也会损害公司债权人的利益，所以我国司法实践也支持公司债权人要求瑕疵出资股东承担责任以获得救济。

（六）诉讼时效期间的适用

不少国家的公司法规定了公司追缴出资权行使的时效，如德国《有限责任公司法》规定，公司请求权的时效为 5 年。此为特殊的长期时效，自公司登记人为商业登记时起算。资本充实责任表现为债权请求权，在法理上凡债权请求权原则上都要受到诉讼时效的限制。适用诉讼时效，有利于维护公司法律关系与交易秩序的稳定，平衡各方利益关系。但诉讼时效期间的适用，又有可能损害公司债权人的利益。所以如上述德国就规定了一个特殊的长期诉讼时效期间予以折中、平衡。现行《公司法》未明确资本充实责任是否适用诉讼时效期间。《企业破产法》第35条规定，破产管理人要求瑕疵出资人缴纳所认缴的出资“不受出资期限的限制”。此处的“不受出资期限的限制”，与诉讼时效期间无关，不可混淆。但在我国司法实务一直持否定立场。最高人民法院《关于审理民事案件适用诉讼时效制度若干问题的规定》第1条明确规定，“基于投资关系产生的缴付出资请求权”不适用诉讼时效的抗辩。此外，此前的司法经验是，公司股东未尽出资义务或者抽逃出资，公司或者其他股东请求其向公司全面履行出资义务或者返还出资，或者公司债权人请求其承担相应赔偿责任的，被告股东均不得以其出资义务或者返还出资义务超过诉讼时效期间为由进行抗辩。

（七）资本充实责任不能实现时的组织法处理：股东除名、除权

1. 国外的一般做法

在公司内部，无论是公司还是其他股东出面追究资本充实责任的，现物出资出现履行不能时，如果没有排除性约定，应当允许以现金或者其他物替代出资，替代额相当于认购的股份额而非现物的现实价值，以维护认股人的权利。但当瑕疵出资者拒绝继续履行、采取补救措施时，除非在公司债权人直接要求其承担责任的场合，不宜适用强制执行，这是因为有更好的替代救济方式。在国外公司法上，公司及其他股东为维护自身的合法权益，可采取的替代救济方式如下。

（1）减少资本，取消股权。将该股东未出资的部分从公司资本中减除，取消其股东身份。这种救济方式会直接减少公司资本，所以必须严格依照减资程序办理。

（2）替代出资，追偿债务。由其他股东代为履行出资义务，该股东的资格继续存在，同时，替代股东取得向该股东追偿的权利。如果追偿不能，代为出资股东有权选择继续追偿或直接取得股权以抵偿替代履行的出资。此项选择权的法理是，根据公司经营状况与前景，代为出资股东主动作出于己有利的选择，瑕疵出资股东被动承担不利的后果。

（3）转让股权，变更股东。将瑕疵出资股东的相应股权直接转让给其他股东或第三人，由受让者履行相应的出资义务。与前一手段的区别在于，这里越过了替代履行、追偿出资款的中间程序，而直接进行股权转让。需强调的是，股权的转让属于权利处分，除诉讼程序中强制执行的情况外，股权是不可强制转让的，代为出资者如选择受让股权，须以瑕疵出资者的同意为前提。我国公司实践中出现的动辄勒令退股或开除股东的做法，与公司法理有悖。

（4）催缴失权。这是最核心的制度安排。对于瑕疵出资的认股人、发起人、股东，公司可以催告在一定期限内缴纳，逾期仍不缴纳即丧失股东身份（除名），所认股权份额可另行募集。

“催缴失权制度”是我国特色的法律制度，其是公司为消除股东瑕疵出资对公司、其他股东、公司债权人产生的不利益而享有的法定权能，其不以征求失权股东的意思为前提和基础，其结果也是强制将某一股东的股权剥夺乃至剥夺其股东资格。由此可见，催缴失权制度是维持公司股权结构与控制权稳定的利器。但因其涉及过多的程序细节，现行立法难免挂一漏万，以致实践中出现千奇百怪的纠纷样态，实务工作者应当审慎对待该种制度的运用。

2. 我国的规定

对于瑕疵出资（含抽逃出资）的股东最终不缴付出资的组织法处理，《公司法》第51～52条总结以往的司法经验，规定了系统的救济措施。

（1）董事会的核查、催缴出资义务

《公司法》第51条规定，有限公司成立后，董事会应当对股东的出资情况进行核查，发现

股东未按期足额缴纳公司章程规定的出资的，应当由公司向该股东发出书面催缴书，催缴出资；未及时履行该义务，给公司造成损失的，负有责任的董事应当承担赔偿责任。依照《公司法》第 107 条规定，这一规定也适用于股份公司，要点包括：

第一，董事会的核查与催缴义务，贯穿公司从成立到终止的全过程。

第二，核查义务的含义，就是要不断地清查股东出资情况，如未届期，则要研究决定是否需要加速到期；如已届期，则要决定及时催缴，决定催缴的，则要向相应的股东发出书面催缴书，及时催缴出资。

第三，董事会怠于履行上述义务，给公司造成损失的，则由负有责任的董事对公司承担赔偿责任。此处的给公司造成损失，包括股东未及时履行出资义务给公司造成的直接损失，机会利益的损失，以及追偿不能的损失。所谓负有责任的董事，主要指向两种情形：一是董事会会议表决对股东催缴事务时，反对通过决议的董事；二是董事会通过了催缴决议，负责执行催缴事务的董事怠于履职的。

举例说明。假设A公司的股东甲公司认缴出资 5 100 万元，占股 51%，后出资届期，具有出资实力的甲公司未缴，张三、李四、王五组成的公司董事会未予催缴，后拖延三年有余，其间A公司被多名债权人起诉催款，多项进入执行程序的生效文书判决A公司承担欠债利息、罚息共计 800 多万元，现甲公司破产，无力出资，公司起诉张三、李四、王五承担怠于履职的赔偿责任，赔偿范围包括：A公司多支出的被执行债务，甲公司拖延出资的相应利息，以及甲公司的出资款。问：应否支持。回答是肯定的。

一个需要讨论的问题是：董事会就催缴股东履行出资义务进行表决时，关联董事是否需要回避？

（2）催告除名、除权

关于依照《公司法》第 51 条、第 107 条规定的两类公司董事会催缴通知的效果，一个很自然的疑问是，如果催缴通知发出后，未获得瑕疵出资股东的回应，最终将如何处理？对此，《公司法》第 52 条作了组织法上的回应——催告除名与除权。

第一，如被催缴股东完全不出资，则被除名；如不完全出资，则被相应地除权。比如上例中，甲公司被催缴后，如未出资，则被除名，如出资 3 100 万元，则被除权 20%股权。不完全出资，包括部分出资、瑕疵出资、部分抽逃出资等。

第二，除名、除权的基本程序是：董事会催缴，被催缴股东在不低于 60 日的宽限期内仍然不出资、不完全出资的，董事会作出相应的除名、除权决议；决议自通知发出之日起，该股东丧失其未缴纳出资的相应股权；股东对失权有异议的，自接到失权通知之日起 30 日内向法院提诉，依裁判结果确定决议的效力，如决议效力被认定，则回溯到通知发出之日该股东失权，如决议效力被否定，则该股东的股权如旧，但出资义务继续履行；被除权后，该股权归属公司，形成库藏股，而后由公司依法转让，或者相应减少注册资本并注销该股权，如 6 个月内未转让或者注销的，由公司其他股东按照其出资比例足额缴纳相应出资。

第三，由上可见，被除名、除权的股东将被免除出资义务，如最终的处理结果被公司相应减少对应的注册资本并注销该股权，实际上就是定向减资。

第四，采除名、除权的通知发出主义，也就意味着无论该股东是否接收到失权通知，都不影响失权结果的产生。这一规则的出发点可能旨在解决“送达难”的问题。由于实践中失权通知是否到达、何时到达不易查证，易引发纠纷，而采用发出生效主义则能够提高通知效率，更好地维护公司利益。但这对于失权股东可能不公平，其救济措施是：失权股东如有异议，得提起决议瑕疵之诉，提诉期间起算点定位于“自接到失权通知之日起三十日内”。

关联董事是否回避。在此前司法实践中，由股东会作出除名决议的，适用被除名股东回避规则。在某案中，两个合计持股1%的自然人股东一致同意作出股东会决议将持股99%的机构股东除名，后者不服提起诉讼，两级法院裁判该股东会决议有效，因为被除名股东需回避表决，该决议获得有权表决股东100%的同意，符合多数决要求。[①] 现行公司法规定由董事会作出决议，一个需要讨论的问题就是：关联董事是否适用回避规则？假设上例中，张三、李四、王五组成的董事会讨论除名股东甲公司，其中张三乃甲公司提名选举（或委派）的董事，张三是否回避表决？依照《公司法》第139条规定，上市公司适用关联董事回避规定，但基于上市公司的实缴制考虑，上市公司几乎不可能发生除名、除权决议；对于非上市公司，按照第185条等规定，并不适用关联董事回避制度。但基于公平与合规考虑，关联董事回避表决更为合适，这要依赖公司章程的明确规定。

（3）限制权利的诸措施

公司能否提供自治措施限制瑕疵出资股东的股东权利？回答是肯定的。限制的手段就是对于某些股东权利的行使适用实缴比例而非认缴比例。我国司法实践的做法是，对于股东瑕疵出资的，公司根据公司章程或者股东会决议对其利润分配请求权、新股优先认购权、剩余财产分配请求权等股东权利作出相应合理限制的，该限制有效，具体包括：

一是《公司法》第210条和第227条规定，有限公司的股东按照实缴出资比例分配利润和享有公司新增资本时的优先认缴出资权，除非全体股东另有约定。

二是《公司法》第210条第4款规定，股份公司按照股东持有的股份比例分配利润，但允许公司章程另有规定。

三是《公司法》第236条第2款规定，公司剩余财产的分配，有限公司按照股东的出资比例分配，股份公司按照股东的所持股份比例分配。

四、股东瑕疵出资的民事责任之三：对公司的损害赔偿责任

（一）基本规定

瑕疵出资不仅使公司资本不实，而且会给公司的经营活动带来不利影响。因此，域外公司法多在资本充实责任之外，特别规定虚假出资股东的损害赔偿责任。

我国《公司法》第49条第3款规定，公司的股东未按期足额缴纳出资的，除应当向公司足额缴纳外，还应当对给公司造成的损失承担赔偿责任。这一规定也适用于股份公司。在我国的司法实践中，瑕疵出资股东对于公司的损害赔偿责任，也可以由公司债权人主张。至于股东因瑕疵出资行为给公司造成损失的范围，请参见上文的举例说明。

（二）抽逃出资的特殊规定

按照《公司法》第53条规定，公司成立后，股东不得抽逃出资；否则，股东应当返还抽逃的出资，给公司造成损失的，负有责任的董监高应当与该股东承担连带赔偿责任。

（三）中介机构参与造假的连带责任

实践证明，发起人差额填补责任的发生，往往有中介机构的参与。《公司法》第257条第2款规定，“承担资产评估、验资或者验证的机构因其出具的评估结果、验资或者验证证明不实，给公司债权人造成损失的，除能够证明自己没有过错的外，在其评估或者证明不实的金额范围内承担赔偿责任”。据此，中介机构对公司债权人的赔偿责任在法律性质上的界定有四。

① 上海市第二中级人民法院（2014）沪二中民四商终字第1261号民事判决书。

1. 侵权责任。中介机构与公司债权人之间无契约关系，但中介机构的过错侵害了后者的利益，因此，中介机构承担一般侵权责任，适用过错推定归责原则。对于中介机构的这一侵权赔偿责任，允许公司债权人直接以自己的名义主张。

2. 过错责任。对中介机构过错的认定涉及复杂的技术规则，所以在举证责任分配上对中介机构采取了过错推定，由中介机构对自己没有过错承担举证责任。最高人民法院《关于审理涉及会计师事务所在审计业务活动中民事侵权赔偿案件的若干规定》（法释〔2007〕12号）规定，法院应当根据其过失大小确定其赔偿责任；法院推定会计师事务所具有过错，但会计师事务所可以举证证明自己没有过错。

关于验资机构的过错认定。具体来说，验资机构的过错包括两种情形。其一，验资机构与委托人之间恶意串通，此即共同故意。其二，委托人单方欺诈而提供虚假材料，验资机构由于工作失误没有发现欺诈，而出具了虚假的验资报告。第二种情形下委托人一方为故意，验资机构一方为过失。如果委托人提供虚假材料，而验资机构严格按照验资规则认真审验，仍不能发现欺诈而出具验资报告，则不能认定为验资机构有过错。可见，验资机构未违反职业注意义务即无过错，不应承担任何责任。在判断验资机构有无过失时，应注意以当时的验资规范性文件为依据，否则，会不合理地加重验资机构的注意义务。在过错的认定上，由于验资行为的高技术性和验资机构对验资不实危险性的控制优势，应适用过错推定归责原则，倒置举证责任。

3. 有限责任。或称责任范围限定，即仅仅“在其评估或者证明不实的金额范围内承担赔偿责任”。

4. 补充责任。补充责任是指在多个责任主体的责任承担存在先后之分的情形下，先顺位的责任主体承担责任后仍不足以清偿债权的，由后顺位的责任主体承担补足责任。具体而言，对于公司债务，公司以其资产承担责任在先；不足以清偿的，承担资本充实责任的股东承担责任在后；还不足以清偿的，中介机构始承担赔偿责任。

何谓补充责任。最高人民法院《关于会计师事务所为企业出具虚假验资证明应如何承担责任问题的批复》（法释〔1998〕13号，已失效）规定：“会计师事务所与案件的合同当事人虽然没有直接的法律关系，但鉴于其出具虚假验资证明的行为，损害了当事人的合法权益，因此，在民事责任的承担上，应当先由债务人负责清偿，不足部分，再由会计师事务所在其证明金额的范围内承担赔偿责任。”在此处“债务人”的范围认定上，应认为包括公司本身及其发起人与股东。《公司法》第257条第2款并未明确规定补充责任，但也不能解释为直接适用连带责任。前述司法解释被废止后，司法实践中仍维持了其精神。

五、股东瑕疵出资的民事责任之四：对公司债权人的损害赔偿责任

前已指出，出资义务是股东对公司最基本的义务，股东未尽出资义务既损害公司及其他股东的利益，也损害公司债权人的利益：股东瑕疵出资行为导致公司实收资本减少，可能有害于债权人的债权实现。债权人追究瑕疵出资股东的损害赔偿责任，是以公司现有资产不足以清偿到期债务为前提的，这决定了实务中债权人如追究瑕疵出资股东的责任，多发生在公司清算的场合，但又不限于此，且往往会涉及多个责任主体。关于公司债权人能否以及如何追究瑕疵出资股东的损害赔偿责任，根据《公司法》《企业破产法》等相关法规与我国司法实践的做法，其责任主体及追究途径如下。

（一）一般规定

全体出资人实缴资本之和未达到公司章程规定的数额，但已达到法定最低限额的，不影响公司成立，但会影响到期债权的实现。关于此时公司债权人如何追究瑕疵出资股东的责任，可

分为三种情形讨论。

1. 公司破产清算的场合下，不仅可以追究所有瑕疵出资股东的责任，还可以实现股东出资责任的加速到期。《企业破产法》第35条规定，“人民法院受理破产申请后，债务人的出资人尚未完全履行出资义务的，管理人应当要求该出资人缴纳所认缴的出资，而不受出资期限的限制”。此处可以理解为，在破产清算场合下，股东认缴的出资责任无论是否已经到期，也即无论构成瑕疵出资与否，管理人都可以要求股东出资到位，以提升破产债权的受偿比例。换言之，瑕疵出资股东自然要对公司债权人承担损害赔偿责任，出资期限尚未到期的股东出资义务也要被加速到期。

2. 公司解散清算的场合下，如有股东瑕疵出资影响了公司债务清偿，债权人可否请求其对公司债务承担责任呢？公司解散清算时只要出现资产不足以清偿债务的，公司债权人就可以请求瑕疵出资股东承担损害赔偿责任，也可以请求出资期限尚未届期的股东出资义务加速到期，责任范围是公司解散清算时股东尚未缴纳出资的本息，此处的“尚未缴纳出资”包括到期应缴未缴的出资以及分期缴纳制下尚未届期的出资，均为清算财产。如有瑕疵出资股东已经承担上述责任，其他债权人提出相同请求的，法院不再支持。值得注意的是，公司债权人得直接请求瑕疵出资股东在未出资本息范围内对公司债务不能清偿的部分承担补充赔偿责任，而无须通过提起代位之诉的途径，这属于公司组织法上的请求权依据，突破了行为法的请求权限制，体现了公司组织法的独立性。

3. 其他场合。在公司破产清算与解散清算以外的场合下，也即公司正常运营期间，公司不能清偿到期债务，由于公司债权人不能决定公司的解散与否，其也不愿意申请公司破产的，可否直接请求瑕疵出资股东承担损害赔偿责任？我国司法实践中的做法是，公司债权人请求瑕疵出资股东在未出资本息范围内对公司债务不能清偿的部分承担补充赔偿责任的，应予支持，此时公司设立时的发起人承担连带责任（事后可以向瑕疵出资股东追偿），未尽到对瑕疵出资股东核查、催缴等勤勉义务的董事，也要承担相应的赔偿责任。如有瑕疵出资股东已经承担上述责任，其他债权人提出相同请求的，法院不再支持。

（二）严重出资瑕疵的连带责任

在实行法定最低资本制的特殊类型公司中，如果股东实缴资本之和未达到法定最低额，可能会引起公司法人资格的暂时、个案否认（“揭破法人面纱”），或者永久、整体否认（公司设立无效）。适用“揭破法人面纱”与公司设立无效之诉的，公司债权人通过提起诉讼，直接追究瑕疵出资股东对公司债务的连带责任。其中，在“揭破法人面纱”的场合，只能追究“滥用公司法人独立地位和股东有限责任”的股东而非所有股东的连带责任；在公司设立无效之诉的场合，全体股东按照合伙关系对共同债务承担连带责任，在内部，依约出资者对外承担责任后可以向瑕疵出资者追偿。

六、股东瑕疵出资的行政责任与刑事责任

《公司法》第250条规定，采取虚报注册资本等欺诈手段隐瞒重要事实取得公司登记的，由公司登记机关责令改正，对虚报注册资本的公司，处以虚报注册资本金额5%到15%的罚款；情节严重的，吊销营业执照。第252条规定，公司的发起人、股东虚假出资，未交付或者未按期交付作为出资的货币或者非货币财产的，由公司登记机关责令改正，可以处以5万元以上20万元以下的罚款；情节严重的，处以虚假出资或者未出资金额5%到15%的罚款；对直接负责的主管人员和其他直接责任人员处以1万元以上10万元以下的罚款。第253条规定，公司的发起人、股东在公司成立后，抽逃其出资的，由公司登记机关责令改正，处以所抽逃出

资金额5%到15%的罚款；对直接负责的主管人员和其他直接责任人员处以3万元以上30万元以下的罚款。

《刑法》第158条规定，申请公司登记使用虚假证明文件或者采取其他欺诈手段虚报注册资本，欺骗公司登记主管部门，取得公司登记，虚报注册资本数额巨大、后果严重或者有其他严重情节的，构成虚报注册资本罪。第159条规定，公司发起人、股东违反公司法的规定未交付货币、实物或者未转移财产权，虚假出资，或者在公司成立后又抽逃其出资，数额巨大、后果严重或者有其他严重情节的，构成虚假出资、抽逃出资罪。但是，根据2014年4月24日第十二届全国人民代表大会常务委员会第八次会议通过的《关于〈中华人民共和国刑法〉第一百五十八条、第一百五十九条的解释》规定，这两个条文的规定仅适用于依法实行注册资本实缴登记制的公司。这意味着对于广大的普通公司而言，虚报注册资本罪、虚假出资、抽逃出资罪等罪名不复适用。

重要概念提示

虚假出资；抽逃资本；资本充实责任

理论思考

1. 从债权请求权的视角，对于股东的虚假出资行为，哪些权利主体可以提出哪些请求权，依据是什么？

2. 瑕疵出资股东在公司中的法律地位应该如何界定？

3. 我国公司法明文禁止的股东出资形式有哪些，各自的主要理由是什么？

实例研习

1. 张三、李四、王五成立天问投资咨询有限公司，张三、李四各以现金50万元出资，王五以价值20万元的办公设备出资。张三任公司董事长，李四任公司总经理。公司成立后，股东的下列哪些行为可构成股东抽逃出资的行为？（多选）①

A. 张三与自己所代表的公司签订一份虚假购货合同，以支付货款的名义，由天问公司支付给自己50万元

B. 李四以公司总经理身份，与自己所控制的另一公司签订设备购置合同，将15万元的设备款虚报成65万元，并已由天问公司实际转账支付

C. 王五擅自将天问公司若干贵重设备拿回家

D. 三人决议制作虚假财务会计报表虚增利润，并进行分配

2. 甲公司签发金额为1 000万元、到期日为2006年5月30日、付款人为大满公司的汇票一张，向乙公司购买A楼房。甲乙双方同时约定：汇票承兑前，A楼房不过户。

其后，甲公司以A楼房作价1 000万元、丙公司以现金1 000万元出资共同设立丁有限公司。某会计师事务所将未过户的A楼房作为甲公司对丁公司的出资予以验资。丁公司成立后占有使用A楼房。

2005年9月，丙公司欲退出丁公司。经甲公司、丙公司协商达成协议：丙公司从丁公司取得退款1 000万元后退出丁公司；但顾及公司的稳定性，丙公司仍为丁公司名义上的股东，其

① 本题系国家司法考试2011年卷三第70题，参考答案：ABD。

原持有丁公司 50%的股份，名义上仍由丙公司持有 40%，其余 10%由丁公司总经理贾某持有，贾某暂付 200 万元给丙公司以获得上述 10%的股权。丙公司依此协议获款后退出，据此，丁公司变更登记为：甲公司、丙公司、贾某分别持有 50%、40%和 10%的股权；注册资本仍为 2 000万元。

丙公司退出后，甲公司要求丁公司为其贷款提供担保，在丙公司代表未到会、贾某反对的情况下，丁公司股东会通过了该担保议案。丁公司遂为甲公司从 B 银行借款 500 万元提供了连带责任保证担保，同时，乙公司亦将其持有的上述 1 000 万元汇票背书转让给陈某。陈某要求丁公司提供担保，丁公司在汇票上签注："同意担保，但 A 楼房应过户到本公司。"陈某向大满公司提示承兑该汇票时，大满公司在汇票上批注："承兑，到期丁公司不垮则付款。"

2006 年 6 月 5 日，丁公司向法院申请破产获受理并被宣告破产。债权申报期间，陈某以汇票未获兑付为由、贾某以替丁公司代垫了 200 万元退股款为由向清算组申报债权，B 银行也以丁公司应负担保责任为由申报债权并要求对 A 楼房行使优先受偿权。同时乙公司就 A 楼房向清算组申请行使取回权。

根据以上案情，回答以下问题：

(1) 丁公司的设立是否有效，为什么？

(2) 丙退出丁公司的做法是否合法，为什么？

(3) 丁公司股东会关于为甲公司提供担保的决议是否有效，为什么？

(4) 各债权人若在破产程序中得不到完全清偿，还可以向谁追索？他们各自应承担什么责任？①

① 本题系国家司法考试 2006 年卷四第 2 题，本书收录时有所删节，简要参考答案：(1) 有效；(2) 不合法，丙公司构成抽逃资本；(3) 无效，该事项不得由关联股东参与表决；(4) 债权人可以向甲公司、丙公司及某会计师事务所追索。

第十一章
公司债

提 示

发行公司债是现代公司的一种重要融资方式，是公司长期资金的主要来源。公司债的类型多样，公司法、证券法关于其发行与交易的规定，有强烈的政策性特征。公司债债权人尤其可转换公司债债权人的保护非常重要，其制度体系由债法、公司法等多个部门法构建，其中公司法提供的特殊组织法规则居于核心。我国现行公司法关于公司债债权人保护的规定不甚完善，所以本章第三节着重介绍了国外公司法的经验。

第一节　公司债基本原理

一、公司债与公司债务

（一）公司债与公司债券

公司债，指公司依照法定条件与程序，通过发行公司债券向社会公众募集资金并在约定期限内还本付息的货币之债。公司债券（debentures，bonds）是公司债的表现形式，二者的关系就如同股票与股份的关系。《公司法》第194条第1款规定，“本法所称公司债券，是指公司发行的约定按期还本付息的有价证券”。基于公司债券的发行，在债券持有人与发行公司之间形成了以还本付息为内容的债权债务关系。概括地讲，公司债的法律特征如下。

（1）证券化的债务。公司债的发生通过公司债券这一有价证券的发行而完成，债务证券化是公司债的标志性特征。

（2）公债。广义的公债除了公司债，还有其他企业、金融机构甚至政府或国家发行的债券，如企业债券、金融债券、政府债券等。公司债券的购买人一般没有身份、资格限制，加之其自由流通性，故公司债是公司对不特定社会公众的债务。

（3）货币之债。公司债的标的以货币为限，是一种货币之债（金钱之债）。①

（4）长期债务。公司生产经营需要大量资金，包括永久性资金、长期资金与中短期资金。股东出资提供永久性资金，公司债提供长期资金，一般用于长期投资，中短期资金一般通过借贷、票据拆借方式解决，三者科学搭配，方能合理化公司债务结构、财务结构。

作为公司债表现形式的公司债券，具有以下法律特征。

（1）有价证券。首先，公司债券是一种证券；其次，公司债券具有价值性，记载有票面金

① 时建中. 可转换公司债法论. 北京：法律出版社，2000：2.

额，属于有价证券。

（2）债权证券。在内容上，公司债券彰表的是一种债权债务关系，故属于债权证券，区别于股票这样的彰表股权关系的股权证券。

（3）证权证券。公司债不因为公司债券的发行而发生，公司债券只用于彰表已经发生的公司债。因而，公司债券是证权证券，区别于设权证券。相应地，公司债契约的成立不以交付债券为要件，在公司债契约成立且购买人缴足其所认购金额后发行公司债券。债券持有人得以所持债券向发行公司主张债权。

（4）要式证券。公司债券必须依法记载一定事项。如《公司法》第196条规定，公司以纸面形式发行公司债券的，应当在债券上载明公司名称、债券票面金额、利率、偿还期限等事项，并由法定代表人签名，公司盖章。

（5）可流通证券。公司债券可以自由转让。

（二）公司债与公司债务

公司债属于一种公司债务。以公司债为中心，公司债务可分为公司债与普通公司债务。普通公司债务，从民法角度按其发生原因包括合同之债、侵权之债、不当得利之债、无因管理之债、缔约过失之债、单方允诺之债等；从公司财务结构的角度，合同之债中的借贷之债、贸易之债（如公司与供应商、客户之间的应收账款）值得特别关注。

公司债和普通公司债务的债权人都享有民法上债权人的一般权利，在证券化与否、主体、标的等方面均有不同。其中，公司债与普通公司债务中的借贷之债更具可比性，因为在公司财务结构中，二者是最常见的，通常也是最主要的公司负债科目，都构成公司负债经营的资产。但二者之间除公司债和普通公司债务的一般区别外，最重要的区别在于，公司债是公司借助资本市场对社会公众的长期负债，而借贷之债是公司对特定的金融机构的中、短期负债。在公司资金计划中，二者之间涉及一个合理比例的搭配问题。

二、公司债的分类

公司债与公司债券的分类并不是一回事。按照不同的标准，公司债可以分为不同种类。

（一）公开发行公司债和不公开发行公司债

按照公司债券的发行方式不同作此分类。依照《证券法》第9条，公开发行的债券应当指“向不特定对象”或向累计超过200人的特定对象发行的债券；不公开发行的债券，是向200人以下的特定对象发行的债券。公开发行债券实行注册制，我国实践中的公司债券通常都是公开发行的。

（二）记名公司债和无记名公司债

按照公司债券是否记载持有人的姓名、名称作此分类，类似于记名股票和无记名股票的划分。这一分类的意义有三。

1. 转让规则不同。持有人将无记名公司债券交付给受让人后即发生转让的效力，无须背书；只要合法持有债券的人就是债权人，可以向公司主张债权。记名公司债券由持有人以背书方式转让或者以法律、行政法规规定的其他方式转让，始生转让的效力；而且，事后需将受让人的有关信息（姓名或名称及住所）记载于公司债券存根簿上，以供备案。

2. 灭失的补救方法不同。记名债券灭失的，可以通过公示催告程序向法院申请宣告债券无效，由公司补发债券；无记名债券不适用公示催告程序。

3. 领取本息的要求不同。领取本息时，记名债券持有人须出示身份证件，不记名债券持有人仅凭债券或息票即可。

公司债券记名与否，各国的法律一般并不限制，各国公开发行债券多为无记名债券，记名债券一般向特定人定向发行，记名公司债与无记名公司债可以相互转换。我国禁止发行无记名公司债券。《公司法》第197条规定“公司债券应当为记名债券”，第198条规定公司发行公司债券应当置备公司债券持有人名册。发行公司债券的，应当在公司债券持有人名册上载明下列事项：债券持有人的姓名或者名称及住所；债券持有人取得债券的日期及债券的编号；债券总额，债券的票面金额、利率、还本付息的期限和方式；债券的发行日期。

（三）可转换公司债和不可转换公司债

以公司债是否可以转换为发行公司的他种证券作此分类。可转换公司债（convertible bonds/debentures），有广、狭义之分。狭义的是指持有人有权依法将公司债券转换为发行公司的股票；广义的是指债券持有人有权将债券转换为发行公司的特种证券而不限于股票。如无特别声明，下文使用的可转换公司债是狭义上的。与此相对应，不可转换公司债（non-convertible bonds/debentures）不可转换为发行公司的股票。据此，可转换公司债和不可转换公司债的分类仅适用于股份公司。为了给予投资者更多的选择以吸引更多的资金，多数国家的公司法允许股份公司发行可转换公司债。

（四）有担保公司债和无担保公司债

按照公司债的清偿是否附有担保作此分类。有担保公司债（secured debentures）有广、狭义之分，广义的是指对债券的本息偿还提供物的担保或人的担保的公司债，担保方式包括抵押、质押与保证；狭义的是指附有物上担保的公司债。在英国法上，按照物的担保性质不同，狭义的有担保公司债券又分为固定抵押债券（fixed charge debentures）与浮动抵押债券（floating charge debentures）。在实务中，有担保公司债的担保行为通常发生在母子公司之间，由母公司对子公司所发行的公司债提供担保。

无担保公司债（unsecured debentures），又称信用公司债，是以公司自身的责任财产为信用基础而发行的公司债。唯因其无财产担保，债券持有人与普通公司债务的债权人处于同样的法律地位，故法律对其发行条件的要求比有担保公司债严格。但在实务中，债券持有人与普通公司债务的债权人之间还是存在差别的，体现在前者受到消极担保（negative securities/pledge）的保护：公司发行无担保公司债常有附带条款以约束自身行为，如发行债券的公司不得设定抵押权，或不得另举新债，或债券所得资金只能供指定用途而不能用作偿还旧债或分配股利等。学理上将这些约束措施称为“消极担保”。在实务中，无担保公司债主要适用于信用等级高的债券发行人。我国公司法没有关于发行有/无担保公司债券的规定。

第二节　公司债的发行与交易

一、公司债的发行

（一）发行人

关于股份公司发行债券的能力，各国的规定完全一致，但关于有限公司发行债券的能力，各国的规定并不一致，总体上可以分为禁止型、限制型、放开型三类，我国的规定属于后者。1993年《公司法》曾经限制多数有限公司发行公司债的能力（第159条），但现行公司法删除了这一规定，这意味着有限公司不再被抽象地限制发行公司债的权利能力，但在实务中，资产规模较小的有限公司事实上不可能发行公司债。

（二）发行条件

从保护投资者利益和维护证券市场有序运行的角度，法律有必要为公司债的发行设定一定的条件。各国（地区）规定的主要技术性措施如下。

1. 与公司的净资产相联系。有的国家和地区区分有无担保而设定公司债的不同限额：有担保公司债的发行总额不得超过公司现有全部资产减去全部负债及无形资产后的余额；发行无担保公司债的总额，不得超过上述余额的1/2。

2. 与公司的实收资本相联系。如丹麦公司法规定，股份公司发行可转换公司债数额不得超过实收资本的50％。

3. 兼顾公司的实收资本数额和净资产数额。如意大利公司法规定，公司债券的发行额不得超过公司实收资本以及根据股东会通过的最近一次财务报告确定的实际盈余的总和。

《公司法》第194条第3款规定，公司债券的发行和交易应当符合《证券法》等法律、行政法规的规定。《证券法》第15条、第17条分别规定了首次和再次发行公司债券的条件，其中首次发行的积极条件包括：(1) 具备健全且运行良好的组织机构；(2) 最近三年平均可分配利润足以支付公司债券一年的利息；(3) 国务院规定的其他条件。消极条件是指，有下列情形之一的，不得再次发行债券：(1) 对已公开发行的公司债券或者其他债务有违约或者延迟支付本息的事实，仍处于继续状态；(2) 违反本法规定，改变公开发行公司债券所募资金的用途。

除立法限制外，证券市场上还有市场限制措施。如在美国，几乎所有在公开市场发行的债券，都要经过标准普尔公司、穆迪公司等中介机构评定信用等级，评级较低的公司债券很难成功募集。

（三）发行程序

各国立法规定的公司债发行程序可以分为内部程序与外部程序。

1. 内部程序

关于公司债券发行决定权的归属，各国规定不一，有的赋予股东会，如德国；有的规定股东会可以授权董事会、经理决定，如法国；有的规定由董事会决定，如英国、美国、日本。在我国，《公司法》第67条、第120条第2款规定，董事会制订公司发行公司债券的方案，而后交由股东会作出决议，股东会也可以授权董事会对发行公司债券作出决议（第59条、第112条）。国有独资公司发行公司债券，必须由履行出资人职责的机构决定（第172条）。

2. 外部程序

英美公司法对公司债发行实行登记制，在发行债券前应先向公司管理机关登记备案。如美国《证券法》规定，发行总额在30万美元以上的债券，要向联邦证券交易委员会登记备案，同时须附有公开说明书、公司章程、经审计的财务报表等文件；证券交易委员会在20日内未作否定表示，即视为同意发行。

德国、法国、意大利等大陆法系国家实行核准制，公司发行的债券总额超过一定数额，或者发行有担保的债券、可转换债券、参与分配公司利润的债券等，须经政府的有关部门批准。但日本规定发行公司债不需要履行批准或备案手续。

《证券法》第9条规定了公司债券发行的注册制。在这一体制下，结合公司法的有关规定，我国公司债券发行程序如下。

(1) 申请注册。《证券法》第9条规定，申请公开发行公司债券，必须符合法律、行政法规规定的条件，并依法报经国务院证券监督管理机构或者国务院授权的部门注册。第21条规定，国务院证券监督管理机构或者国务院授权的部门依照法定条件负责证券发行申请的注册，具体办法由国务院规定。按照国务院的规定，证券交易所等可以审核公开发行证券申请，判断发行人是否符合发行条件、信息披露要求，督促发行人完善信息披露内容。第 22 条规定，国务院证券监督管理机构或者国务院授权的部门应当自受理证券发行申请文件之日起 3 个月内，依照法定条件和法定程序作出予以注册或者不予注册的决定，发行人根据要求补充、修改发行申请文件的时间不计算在内。不予注册的，应当说明理由。

（2）发行公告。《证券法》第 23 条规定，公司债券发行申请经注册后，发行人应当依照法律、行政法规的规定，在证券公开发行前公告公开发行募集文件，并将该文件置备于指定场所供公众查阅。这一措施属于证券发行的持续信息披露。从《公司法》第 195 条的规定看，需要公告的债券发行募集文件主要是债券募集办法。债券募集办法在法律性质上类似于公司发行股票时公告的"招股说明书"，依据《民法典》第 473 条的规定，属于要约邀请。

（3）公开发行。通过有承销资格的证券公司以代销或者包销的方式向社会公开发行。证券公司承销债券，应当对公开发行募集文件的真实性、准确性、完整性进行核查。发现有虚假记载、误导性陈述或者重大遗漏的，不得进行销售活动；已经销售的，必须立即停止销售活动，并采取纠正措施。

（4）登记结算。《公司法》第 199 条规定，公司债券的登记结算机构应当建立债券登记、存管、付息、兑付等相关制度。《证券法》第 15 条规定，公开发行公司债券筹集的资金，必须按照公司债券募集办法所列资金用途使用；改变资金用途，必须经债券持有人会议作出决议。公开发行公司债券筹集的资金，不得用于弥补亏损和非生产性支出。

二、公司债的交易

公司债券可以自由交易，除非法律对其转让有特别限制。《公司法》第 200 条明确规定，公司债券可以转让，转让价格由转让人与受让人约定。公司债券的交易受到公司法、证券法的共同调整。

（一）公司债券的转让

公司债券的转让，对于公司债券持有人而言是一种退出机制，对于潜在的投资者而言是一种进入机制，对于发行公司而言是参与债券交易市场的一种机制。我国公司法不禁止公司回购本公司发行的债券，回购债券是提前偿还公司债的方式。另外，发行公司参与债券交易，还可以通过维持公司债券价格间接地达到维持股票价格的目的。

公司债券的转让方式因债券形式的不同而异。《公司法》第 201 条规定，公司债券由债券持有人以背书方式或者法律、行政法规规定的其他方式转让；转让后由公司将受让人的姓名或者名称及住所记载于公司债券持有人名册。依此，公司债券的转让一般没有特定的场所，但公司债券在证券交易所上市交易的，按照证券交易所的交易规则转让。

公司债券转让的实质是其彰表的债权，出让人失去债权人身份，受让人成为新的债权人。依据债权让与的原理，公司债的债权转让行为本身是否生效，既不以债务人——发行公司的同意为要件，也不以通知发行公司为要件（《民法典》第 546 条）。

（二）公司债券的上市交易

根据我国公司法、证券法的规定，公司债券可以在证券交易所挂牌交易，采用公开的集中竞价交易方式。

1. 条件。公司债券与股票的一个不同是公司债券的期限性，而股票没有期限。公司债券到期之后，债券的风险和利益都已经确定，不得继续交易。同时，上市交易的证券是典型的公众投资品，需要有足够的数量来维持流动性，防止少数人对交易的操纵。《证券法》第47条规定，申请证券上市交易，应当符合证券交易所上市规则规定的上市条件。证券交易所上市规则规定的上市条件，应当对发行人的经营年限、财务状况、最低公开发行比例和公司治理、诚信记录等提出要求。

2. 程序。依《证券法》第46条规定，申请证券上市交易，公司应当向证券交易所提出申请，由证券交易所依法审核同意，双方签订上市协议，发行公司依法公告，证券交易所在确定的日期安排债券上市。

3. 持续信息公开。公开原则是证券发行与交易的核心原则，债券上市交易严格按照公开原则的要求遵循信息披露制度。

4. 暂停和终止。《证券法》第48、49条规定，上市交易的证券，有证券交易所规定的终止上市情形的，由证券交易所按照业务规则终止其上市交易；证券交易所决定终止证券上市交易的，应当及时公告，并报国务院证券监督管理机构备案；对证券交易所作出的不予上市交易、终止上市交易决定不服的，可以向证券交易所设立的复核机构申请复核。

第三节　公司债债权人保护

一、公司债债权人的权利

公司债债权人对债务人——发行公司的主权利，集中体现在利息支付请求权与本金偿还请求权两方面。关于利率、利息支付方法及期限，以及本金偿还的方法及期限，均依公司债发行合同确定。这是公司债债权人享有的主权利。此外，公司债债权人还享有一些特殊的权利，如可转换公司债债权人的转换选择权。

与公司债债权人的主权利相对应，债务人——发行公司的主给付义务就是偿还公司债。发行公司按照发行合同约定的时间、利率等条件，将公司债券的本息交付给公司债债权人，公司债债权人实现了投资收益，公司债归于消灭。公司债的偿还期限由发行合同确定。在正常情况下，公司债应当到期偿还，只在特殊情况下允许有条件地提前偿还。如法国《商事公司法》第323条规定，“发行合同没有特别规定的，公司不得强求公司债债权人接受提前偿还公司债”。因为提前偿还对于投资者并不一定有利，所以需要发行合同特别约定或者经过双方当事人协商一致，否则，发行公司提前偿还公司债构成违约，债券持有人可以拒绝其提前偿还。对此，我国《民法典》第530条规定，债权人可以拒绝债务人提前履行债务，但是提前履行不损害债权人利益的除外；债务人提前履行债务给债权人增加的费用，由债务人负担。

提前偿还公司债券的具体方式有三种。

1. 回购并注销。在公司债券的市场价位对发行公司有利时，发行公司可将公司债券买回并注销。此举，不仅达到提前偿还债券、注销债券之目的，还可以抬高债券市场价格，间接地达到支撑公司股票价格、维护公司形象之目的。

2. 行使赎回权。赎回权，指在债券发行合同中约定的在债券到期前发行公司购回所有或者部分债券的权利。赎回权属于期权，取决于发行合同的事先约定，否则，无权提前赎回。实务中，大部分的可转换公司债券都有提前赎回的约定。

3. 举新债偿旧债。发行公司发行新的公司债券，向旧的公司债券持有人换回旧的公司债券。

二、公司债债权人的保护概述

（一）公司债债权人的法律地位

公司债债权人的法律地位的特殊性，源于与公司股东的法律地位的比较。从公司财务的视角，股东和债券持有人都是公司经营资金的提供者，只不过前者是永久性资金提供者，后者是长期的资金提供者。在经济学上，股票购买者与债券购买者从事的是同一种活动，即投资活动，且为基本类似的目标所驱使，即都期望他们的投资能在有所回报的基础上回收，都带有投机性。债券投资与股票投资之间不存在明显的区别，且可以不断转换，今天的股票持有人可能就是明天的债券持有人，反之亦然。可转换公司债的发行，更使二者的界限趋于模糊。

然而，在公司法上，公司股东与公司债券持有人的法律地位泾渭分明。尽管股东承担公司经营风险，且在公司解散、破产场合的剩余财产分配顺序劣后于公司债债权人，但股东被定位为公司的所有者，享有资产受益、参与重大决策和选择管理者等权利。同样也承担一定的公司经营风险的公司债债权人，与公司之间仅限于债权债务关系，不享有参与公司重大决策和选择管理者等权利，这些权利由股东独占。反映在公司内部治理上，股东是公司内部人（insider），公司债债权人是公司外部人（outsider），在公司内部治理中公司债债权人没有一席之地，无法参与公司治理。[①] 公司债债权人与公司股东之间存在一定的利益冲突。公司法的这一制度安排，使公司债债权人客观上处于不利的法律地位。股东滥用公司控制权侵害公司债债权人利益的现象时有发生，正说明了这一点。

（二）公司债债权人整体利益保护制度

债法为公司债债权人提供了最基本的保护。如果发行公司到期不支付债券本息，属于债的不履行，公司债债权人依照债法的规定有权向发行公司请求损害赔偿。在有担保公司债中，债权人还可以受到担保物权或者保证债权的保护。

但仅依靠债法的一般规则，还不足以充分保护公司债债权人的利益，有必要从公司组织法的角度对公司债债权人提供特殊保护措施。此处的特殊保护措施，即体现为公司债债权人整体利益保护制度。同一次发行的公司债券的持有人是利益立场相同的群体，但由于分散，每一个公司债债权人都难以单独与发行公司相抗衡。同时，分散性特征决定了单个债权人监督发行公司履约的高成本、低收益，加之部分债权人存在投机心理，“搭便车”（free ride）成为个人的理性选择。这显然不利于公司债债权人的整体利益保护。对于发行公司而言，在公司债存续期间，可能客观上需要对发行合同的内容进行必要变更，但要实现与每一个债权人的谈判，几乎不可能。有鉴于此，有必要创设一种可以使同一次发行的公司债债权人采取集体行动（collective actions）的法律机制，以维护其整体利益，也降低发行公司的谈判成本。这一法律机制在各国公司法上的差异很大。在英美法系公司法上主要表现为公司债信托制度，在大陆法系公司法主要表现为公司债债权人会议制度，也有国家兼采上述两种制度于一体，还有国家采用公司债上债权人代表制度。

（三）公司债债权人会议

多数大陆法系公司法规定了公司债债权人会议制度。我国公司法、证券法也设立了这一制度。

---

① 比如，由于不是公司股东，所以美国法院拒绝承认公司债债权人可以享有代表发行公司提起派生诉讼的权利。ROBERT W HAMILTON. Corporation finance. 2nd ed. West Publishing Co.，1989：545.

1. 域外一般经验

（1）法律地位

公司债债权人会议，是为了公司债债权人的共同利益而设立，通过会议的形式集体行权的法律机制。公司债债权人会议不是常设机构，与公司股东会相似，但公司债债权人会议不是公司的组织机构，故又区别于股东会。此外，公司债债权人会议也区别于破产程序中的债权人会议，二者在适用情形、组成、具体功能等方面均不可同日而语。

只有个别公司法赋予公司债债权人会议以法人资格。如法国《商事公司法》第 293 条规定，“同一次发行的公司债券持有人，为维护其共同利益依法自动组成享有民事法律人格的集团”。大多数公司法承认公司债债权人会议的社团性。

（2）会议的组成

多数公司法规定，公司债债权人会议由同一次发行的债券持有人组成。如日本《公司法典》第 715 条规定，“公司债债权人，按每一种公司债种类，组织公司债债权人会议”。法国《商事公司法》第 293 条第 2 款、第 308 条第 1 款亦作同样的规定。这一规定的法理依据在于，不是同一次发行的公司债券持有人或者不是同一种类的公司债券持有人，不具有共同的利益，甚至存在冲突的利益，因此须将公司债债权人会议的成员限于同一次发行的同一种公司债券持有人。

一些国家如意大利规定，发行公司的董事、监事可以参加公司债债权人会议，但不享有表决权。日本《公司法典》第 729 条规定，公司债债权人会议或其召集人认为必要时，可以请求发行公司派代表出席会议，该代表不享有表决权。

（3）会议的规则

关于召集人，有的规定一定范围的公司债债权人拥有召集权，有的规定一定范围的公司债债权人只享有召集提议权。如日本《公司法典》第 717 条规定，会议的召集人限于公司债发行公司与公司债管理人。

关于公司债债权人会议的权限，有的公司法只有原则规定，如日本《公司法典》第 716 条规定，“公司债债权人会议，可以就本法规定的事项及有关公司债债权人利害的事项作出决议”；有的国家则作出了具体的规定，如意大利民法典。

关于会议规则，由于公司债债权人会议同股东会一样是以决议方式行权，因此许多公司法规定，公司债债权人会议准用股东会的规定。在表决规则上，为了确保其功能的真正实现，有两项特殊规则值得提及。

其一，发行公司的表决权排除。发行公司与公司债券的其他持有人的利益并不一致甚至对立，因此大多数公司法规定，发行公司就持有自己发行的债券在公司债债权人会议上不得行使表决权。

其二，限制股东的表决权。在许多事项上，公司股东与公司债债权人存在利益冲突，一些国家的公司法规定，发行公司的股东持有公司债券的，其在公司债债权人会议上的表决权受到限制。如法国《商事公司法》规定，拥有发行公司的 10%以上资本的股东拥有公司债的，不得参加公司债债权人会议的表决。

公司债债权人会议以多数决原则来决定全体债券持有人的意思，会议的决议对全体债券持有人均有约束力。

（4）费用负担

公司债债权人会议费用一般由发行公司负担。如日本《公司法典》第 742 条规定，公司债债权人会议的费用、为请求法院对会议决议认可而支付的费用，由发行公司负担。这被认为直接反映了保护公司债债权人的立法价值取向。

2. 我国的规定

依照《证券法》第 92 条第 1 款及《公司法》第 204 条规定，公开发行公司债券的，应当为同期债券持有人设立债券持有人会议，并在债券募集办法中对债券持有人会议的召集程序、会议规则和其他重要事项作出规定。债券持有人会议可以对与债券持有人有利害关系的事项作出决议。除公司债券募集办法另有约定外，债券持有人会议决议对同期全体债券持有人发生效力。

（四）受托管理人

依照《证券法》第 92 条第 2、3 款以及《公司法》第 205、206 条规定，公开发行公司债券的，发行人应当为债券持有人聘请债券受托管理人，由其为债券持有人办理受领清偿、债权保全、与债券相关的诉讼以及参与债务人破产程序等事项。债券受托管理人应当勤勉尽责，公正履行受托管理职责，不得损害债券持有人利益。受托管理人与债券持有人存在利益冲突可能损害债券持有人利益的，债券持有人会议可以决议变更债券受托管理人。如债券受托管理人违反法律、行政法规或者债券持有人会议决议，损害债券持有人利益的，应当承担赔偿责任。

第四节　可转换公司债

作为一种特殊的公司债，可转换公司债除了适用前述法律关于公司债的一般规定，还有自己的若干特殊规则。

一、可转换公司债的法律特征

可转换公司债具有公司债的基本特征，但自身的法律特性明显。

1. 主体的限定性。在国外公司法上，可转换公司债的发行主体一般限于股份公司，有的还有进一步的限定。在我国，依《公司法》第 59、112 条规定，普通公司债券的发行主体是所有符合条件的公司；但依第 202 条规定，可转换公司债的发行主体限于上市公司。

2. 利益结构的复合性。可转换公司债券具有债权性证券与权益性证券的双重性质。持有人享有将债券转换为发行公司股票的选择权，即股票的买入期权；可转换公司债券发行合同往往约定有关可转换公司债券的赎回、回售内容，这也属于期权性质的内容；一旦持有人行使转换权，其与发行公司的法律关系性质随之变化，持有人由债权人成为股东。要之，可转换公司债同时涉及了三种权利，即债权、股权和期权，涉及债券持有人、发行公司、股东等不同利益主体的利益平衡，是一种具有复杂利益结构的复合型证券（hybrid securities），或称为权益证券（equity securities）。[①]

3. 较强的投机性。可转换公司债的发行价格较高，但票面利率通常比普通公司债券低，也低于银行贷款利率，且持有人要在一定年限（少则三五年多则十几年）后才能实现转换。从投资者的角度分析，投资动因着眼于今后的转股套利而不是债券的票面利率。对发行公司而言，发展前景被预期越高，可转换债券的票面利率就可能越低，尤其对那些极具发展潜力、高成长的公司而言，发行可转换公司债券是一种低成本的融资方式。在发行公司有良好的经营业

① HARRY G HENN & JOHN R ALEXANDER. Laws of corporations. 3rd ed. West Publishing Co.，1983：383.

绩或者股票市场价格上涨时，投资者通过换股或者直接出售债券可以获得高额的资本利得；但在公司经营不善、股票的市场价格低落时，投资收益远不及普通公司债。可见，可转换公司债市场的投机性远高于普通公司债市场。

4. 较高的风险性。公司发行可转换公司债的最终目的是实现股权融资，增加股权资本，降低公司负债，从而使公司将来获得改善财务结构的机遇，降低财务风险。但是，发行可转换公司债也加大了发行公司的财务风险。衡量可转换公司债发行成功与否的标志之一，就是可转换公司债到期的转股比例，而转股比例的高低主要取决于发行公司经营业绩的成长性。发行公司经营业绩越好，转股比例就越高，还本付息的压力就越小，锦上添花；反之，在发行公司经营不良，急需周转资金的时候，转股比例更低，发行公司承担到期还本付息的压力愈大，无异于雪上加霜。对于发行公司而言，可转换公司债是一把“双刃剑”，高经济效益与高财务风险并存。

5. 法律规制的严格性。可转换公司债券的发行、交易与转换，关涉债券与股票两个证券市场，受到比普通公司债券更严格的法律规制。

二、可转换公司债的转换

（一）转换权

可转换公司债的转换，是将公司债务变为公司资本的途径，也是公司筹集资本的手段，同时还是公司债的消灭原因。

关于转换权的法律性质，理论上存在形成权与请求权之争。将转换权规定为形成权，有利于对可转换公司债券持有人的保护。发行公司在可转换公司债券发行合同中有关转换权的约定，可视为单方允诺。《公司法》第 203 条规定，“发行可转换为股票的公司债券的，公司应当按照其转换办法向债券持有人换发股票，但债券持有人对转换股票或者不转换股票有选择权。法律、行政法规另有规定的除外”。既然是选择权，持有人就可以行使也可以不行使。如果可转换公司债券的转换价格（conversion price）或者转换比率（conversion ratio）高于可转换公司债券的利息或者利率，持有人行使选择权较为有利；反之，对其不利。

根据形成权的法理，持有人将行使转换权的意思表示一经送达发行公司，发行公司即负有将可转换公司债券换发为股票的义务。发行公司应当及时向转换权人换发股票；如公司拒绝换发，持有人可以请求法院强制执行。

（二）转换期

持有人应当在转换期内主张转换权，转换期通常在债券发行时已经确定。可转换债券在转换为股票前，持有人具有债权人身份；如到期后尚未转换，转换权消灭，持有人保持债权人身份。持有人一旦选择行使转换权，则不可逆转，也即可转换公司债券一旦转换为股票，就不能再回转为债券。

（三）法律效果

转换是一种法律行为，其法律后果从主体身份看，债券持有人由发行公司债权人转换为股东，与其他同类股东平等，享有相应的股东权利、承担相应的股东义务。由此也带来相应的法律关系的变化：发行公司与持有人之间的债权债务关系消灭，随之发生股权法律关系。对发行公司而言，债务消灭，负债因此减少，发行的股份数量及实收资本相应增加，财务结构随之改变。

三、对发行公司股东的保护

可转换公司债券的发行直接增加公司负债，与股东的利益关系甚大。在可转换公司债券转换为股份后，会对原股东产生两个后果：一是发行公司的股份价值会被稀释，可能导致股价下跌，直接影响原股东的权益；二是原股东的股份比例会下降，导致其对公司的控制力削弱。因此，关于可转换公司债券的发行，法律必须重视对发行公司股东的利益保护，主要法律措施如下。

1. 股东会决议。在英美以及日本，公司董事会决定可转换债券的发行及条件。在法国、德国，可转换债券的发行须经股东会决议通过。在我国，也规定由上市公司股东会对可转换公司债券的发行作出决议，以示慎重。

2. 审核。一些公司法还规定，公司发行可转换债券须在公司管理机关登记备案。在我国，上市公司发行可转换公司债券，应当报请中国证监会核准，除应当具备公司债券的发行条件外，还应当符合股票发行的条件，缺一不可。

3. 赋予股东优先认购权。通常公司股东对公司发行的可转换债券有优先认购权，这种优先权在英、法、德等国由公司法授予，但可被公司章程排除；在美、日等国，这种优先权只能由公司章程特别授予。可见，各国公司法都不排斥公司章程规定股东对可转换公司债券的优先认购权。如果公司章程没有规定，股东会决议也可以赋予股东优先认购权。股东的优先认购权可以有效防止将来发生转换时原股东的股份被稀释。

四、可转换公司债债权人的特殊保护

除了适用前述公司债债权人保护制度，可转换公司债债权人还受到特殊的保护。为增强可转换公司债的吸引力，各国法律规定或发行公司自行设计了一些保护可转换公司债债券持有人的特别条款。

（一）反稀释措施

可转换公司债发行时初始转股价格已确定，如果后来因为发行公司股份分割、增发新股、配股等事项改变其股份的构成而使股价下降，可转换公司债债权人仍按原定股价转换的，将遭受损失。为防止这种情形的发生，一些公司法规定了反稀释措施。如法国《转换公司债令》对于发行人在转换前的法律地位严加约束，并限制各种金融操作。美国、日本法对此不加干涉，但在实践中，发行人与持有人往往会约定反稀释措施。

（二）发行担保

在各国公司实务中，可转换公司债发行时由发行公司或者第三人提供担保的比例，远高于普通公司债的担保比例，这使得可转换公司债的偿还获得更好的保障。

重要概念提示

公司债务；公司债；公司债券；可转换公司债

理论思考

公司法、证券法为公司债债权人提供了哪些保护措施？

第十二章 公司财务会计

提　示

本章的内容很专业化。研习公司法确实需要具备一定的财务会计学常识，这样来看就能在本章的学习中找到一些乐趣。不过，考虑到绝大多数法科学生不具有丰富的会计学知识背景，为方便理解，本章前两节的叙述尽可能地“去专业化”。但第三节“股利分配”属于不折不扣的法律问题。实际上，商法之外的很多学者很不理解这样一个问题：公司法为什么要规范公司的财务、会计？不是有专门的会计法吗？本章即向大家展示这一问题的答案。相信很多读者在阅读之后会感受到，公司财务、会计与公司资本、公司治理制度的联系紧密度，无论如何强调都是不过分的。事实上，只有在公司治理的背景下才能更好地理解本章提出的问题。本章与第十八章的内容具有内在精神联系，可以参照阅读。

第一节　财务会计报告

一、构成

公司财务会计的载体是公司的会计凭证、账簿、报表等数字、文字资料。在我国，公司对外公布的只有财务会计报告。公司财务会计报告，是指公司对外提供的反映公司某一特定日期财务状况和某一会计期间经营成果、现金流量的书面文件。公司财务会计报告主要由会计报表构成。会计报表，是以货币形式综合反映公司在一定会计期间内生产经营活动和财务状况的一种书面报告文件，目的在于系统地、有重点地、简明扼要地反映公司的财务状况和经营成果，向公司管理层、股东、债权人、潜在投资者与交易方以及政府部门等会计报表使用人，提供必要的财务资料和会计信息。

1993 年《公司法》第 175 条规定公司财务会计报告的构成包括：资产负债表，损益表，财务状况变动表，财务情况说明书，利润分配表。其中，损益表在实务中更多地被称为利润表。财政部 1998 年制定的《股份有限公司会计制度》（已失效）明确规定以“现金流量表”代替“财务状况变动表”。2001 年国务院《企业财务会计报告条例》规定，财务会计报告包括会计报表、会计报表附注、财务情况说明书。其中，会计报表包括资产负债表、利润表、现金流量表及相关附表。现行公司法取消了原第 175 条，在公司实务中资产负债表、利润表、现金流量表、财务情况说明书和利润分配表等构成公司财务会计报告。

（一）资产负债表

资产负债表（balance sheet），是根据“资产＝负债＋所有者权益”这一基本平衡公式，将公司在某一特定日期的资产、负债和所有者权益（又称股东权益）分类、分项列示编制而成的报表。资产负债表反映公司在某一特定日期的静态财务状况，学理上称为静态会计报表。

资产负债表的编制方式很多，表中所包含的科目繁简各不相同，但都遵循“资产＝负债＋所有者权益”的公式。由于资产负债表的左栏和右栏各自的金额总数始终是平衡的，所以其又被称为资金平衡表。

资产负债表的内容可以提供以下几个方面的信息。

1. 反映公司资产的规模和资产构成情况。公司资产的数量和质量展示了公司的经济实力和公司盈利能力。

2. 反映公司的权益结构。公司的权益结构又称为财务结构，指公司资金来源中借入资本（此处的“资本”是会计学意义上的）与自有资本的比例关系。不同的财务结构下，公司承担不同的破产风险。借入资本比例越高，公司负债经营程度越高，破产风险越大。

3. 通过资产构成与权益结构两方面信息的对比，反映公司的短期偿债能力和支付能力；通过前后期资产负债表的对比，揭示公司财务状况的变化。

上述信息，能够为公司管理层、股东、债权人、潜在投资者等利益主体进行相关决策提供财务信息。在历史上，资产负债表的最初产生是为了满足国家征税的需要，后来在股份公司兴起后逐步完善，服务对象扩展到上述利益主体。现在，资产负债表是国际上通行的最基本的公司财务报表。

（二）利润表

利润表（statement of profit），也称损益表，是反映公司在一定会计期间经营成果的报表。此处的利润，就是指企业在一定会计期间的经营成果。利润表根据“收入－费用＝利润”这一公式制作，按照各项收入、费用以及构成利润的各个项目分类分项列示。借此，利润表展示公司的盈亏账目，凸显了公司利润（或亏损）实现的过程，体现了公司在一定时期的动态的业务经营状况，因此又被称为动态的会计报表。利润表可以提供以下几个方面的信息。

1. 反映公司经营活动的成果。其中的“净利润”数据通常被认为是对公司经营成果最好的揭示。

2. 反映公司长期偿债的能力。盈利能力是体现公司偿付能力最有意义的标志。

3. 反映公司所得税的纳税基础。会计所得是计算应税所得的基础，纳税申报表中的许多项目如营业收入、营业费用等都在利润表中得到反映。

4. 评估公司管理水平。通过前后各期损益表的对比，可以预测公司未来一定时期的盈利趋势，判断公司的经营好坏。

利润表是重要的会计报表。国际会计准则委员会国际会计准则第5号《财务报表应提供的资料》要求利润表反映以下内容：营业收入、投资收益、利息收入、利息费用、所得税、非常支出、非常收益、公司间的重要交易、净收益等。会计实务中，利润表中还包含利润分配的内容。在国外，利润表通常将利润计算与利润分配合二为一，称为利润与利润分配表（statement of profit and profit appropriation）。

（三）现金流量表

现金流量表（statement of cash flow），财务状况变动表的取代者，是反映公司一定会计期间现金和现金等价物（以下合称现金）流入和流出的报表。它以现金为基础反映公司的经营活动、投资活动和融资活动，以及公司内部现金的周转情况，比以营运资金为基础的财务状况变动表更能直接、迅速地反映公司经营状况的好坏。这一变换也表明对公司“现金”的特别关注。

现金流量表中的现金流量分为三类，即经营活动产生的现金流量、投资活动产生的现金流量、筹资活动产生的现金流量。编制现金流量表的目的，是向会计报表使用者提供公司一定会计期间内现金流入和流出的信息，以便于报表使用者了解、评价公司获取现金的能力，据以预测企业未来现金流量及短期的偿债能力。公司即使经营效益尚可，如未能维持足够的现金储备，以至于不能清偿到期债务，也可能进入破产程序，威胁公司经营的稳定性。

（四）财务情况说明书

财务情况说明书，是对公司资产负债表、损益表、现金流量表和其他会计报表所列示的资料，以及未能列示的但对公司财务状况有重大影响的其他重要事项所作的文字说明。财务情况说明书是我国独有的会计报表内容，有助于报表的使用者进一步详细了解公司财务状况、经营成果及会计政策。与其他财务会计报告文件不同的是，财务情况说明书主要是文字说明，必要时才附以图表，也没有固定格式。按照《企业财务会计报告条例》第 15 条，其基本内容包括：企业生产经营的基本情况；利润实现和分配情况；资金增减和周转情况；对企业财务状况、经营成果和现金流量有重大影响的其他事项。

（五）利润分配表

利润分配表（statement of profit appropriation），是反映公司一定会计期间对净利润以及以前年度未分配利润的分配或者亏损弥补的报表，是利润表的附属明细表，在国外通常将二者合二为一。利润分配表所显示的利润总额分配走向分为四个层次：应交所得税；当年税后利润；可供股东分配的利润；公司累计尚未分配的利润。通过利润表、利润分配表，使用者可以分析出公司的盈利能力、股东投资的回报情况，从而为股东或潜在投资者提供投资决策依据。

二、制作

公司财务会计报告的制作，包括编制、审验与批准。

（一）编制

财务会计报告的编制应在以下三个环节符合要求。

1. 编制人。财务会计报告的编制属于业务执行，故各国公司法普遍规定董事会是编制人，唯法国《商事公司法》规定除董事会外还包括经理。《公司法》第 208 条仅规定财务会计报告由“公司”编制，未明确编制人。

2. 法定期间。各国公司法普遍规定应当在各个会计年度终了时完成编制，我国亦然（《公司法》第 208 条第 1 款）。《会计法》规定，会计年度为公历 1 月 1 日至 12 月 31 日。其中，有限公司的财务会计报告应当按照公司章程规定的期限编制，股份公司应当在召开股东会年会前编制完毕。

3. 内容合法。公司应当依法编制内容合法、真实和公允的财务会计报告。董事会对其真实性、准确性、完整性负责。

（二）审验

《公司法》第 208 条第 1 款规定，公司编制的财务会计报告，应当依法经会计师事务所审计。

外部审计的立法预设是：公司管理层与股东尤其是外部股东之间存在利益冲突，为了防止管理层腐败、侵蚀股东利益，股东需要支付包括外部审计费用在内的“代理成本”；外部审计具有独立性，审计者作为第三方，独立、客观和公正地提供审计服务。为了确保外部审计的公正与实效，《公司法》第 215 条规定，公司聘用、解聘承办公司审计业务的会计师事务所，按照公司章程的规定，由股东会、董事会或者监事会决定。公司股东会、董事会或者监事会就解聘会计师事务所进行表决时，应当允许会计师事务所陈述意见。第 216 条规定，公司应当向聘用的会计师事务所提供真实、完整的会计凭证、会计账簿、财务会计报告及其他会计资料，不得拒绝、隐匿、谎报。

此外，多数公司法还规定公司内部审计，如由监事会或审计员（auditor）进行审核并提出书面报告。[①] 我国公司法没有这样的规定，但赋权监事会"检查公司财务"（《公司法》第 78 条、第 131 条），据此，监事会认为有必要时，可以对公司财务会计报告进行必要的审查；且在必要时可聘请会计师事务所协助审查，所需费用由公司负担（《公司法》第 79 条、第 131 条）。

审计报告（auditor's report）。审计是指审计人独立检查被审计人会计账目，监督财务收支真实、合法的行为。在我国，按审计人不同，审计分为国家审计、社会审计和内部审计。国家审计由审计署及其下属部门进行，对象是国家控股企业和国家行政、事业单位。内部审计由单位内设的专职审计机构、人员进行，对象是本单位及下属单位。社会审计，即西方国家所称的由注册会计师依法接受委托，独立执业，对公司的财务会计信息提供有偿的审计活动。国外公司法一般要求，公司会计报表须经独立的社会审计方可对外公布。注册会计师审计后发表专家意见，出具审计报告。审计报告是注册会计师依法审计后发表审计意见的书面文件，具有法定的证明力，公司的所有利害关系人都可以通过此报告了解公司经营、财务状况。依据审计意见类型，审计报告分为：(1) 无保留意见的审计报告。注册会计师确认公司会计报表合法、公允、一贯。(2) 保留意见的审计报告。注册会计师对公司会计报表反映的个别信息持保留意见。(3) 否定意见的审计报告。注册会计师认为公司会计报表不能合法、公允、一贯地反映其财务状况、经营成果和现金流动情况。(4) 无法表示意见的审计报告。由于审计范围受到委托人、被审计单位或客观环境的严重限制，注册会计师不能获取必要的审计证据，以致无法对会计报表整体反映发表审计意见。

（三）批准

国外公司法普遍规定公司财务会计报告须提交股东会审议批准。我国公司法没有明确规定对财务会计报告的批准程序，但依据股东会有权"审议批准董事会的报告"的规定（《公司法》第 59 条、第 112 条），董事会编制的年度财务会计报告应当由股东会批准后发生效力。

三、公示

关于公司财务会计报告的公示范围与对象，法律对不同类型的公司设有不同要求。总体而言，包括置备、对外提供、公告以及查阅与复制等要求。

（一）置备

各国公司法都对财务会计报告的置备有要求，我国亦然。对于有限公司，《公司法》第 57 条规定，股东有权查阅、复制公司财务会计报告和查阅公司会计账簿。这意味着有限公司应将财务会计报告置备于本公司。对于股份公司，《公司法》第 109 条规定，财务会计报告应当置备于本公司；第 110 条规定，股份公司股东有权查阅、复制财务会计报告；第 209 条第 2 款进一步规定，股份公司财务会计报告应当在召开股东会年会的 20 日前置备于本公司，供股东查阅。

---

① 丹尼斯·吉南. 公司法. 朱羿锟，等译. 北京：法律出版社，2005：396 及以下.

（二）对外提供

根据有关法规，公司应当依法及时对外提供财务会计报告。就上市公司情况看，应当报送的机构包括当地财税部门、开户银行、证券监管机构。这些部门对于公司报送的财务报告，在公司财务报告未正式对外披露前，有义务对其内容保密。

（三）公告

依《公司法》第 209 条第 1 款，有限公司的财务会计报告公示的范围限于股东，方法是在公司章程规定的期限内将财务会计报告送交各股东。法律对股份公司财务会计报告的公示则有着更高要求。《公司法》第 209 条第 2 款规定，公开发行股份的股份公司必须公告其财务会计报告。

（四）查阅与复制

依照《公司法》第 57 条、第 110 条规定，有限公司与非上市股份公司的股东有权查阅、复制公司财务会计报告，上市公司股东查阅、复制相关材料的，应当遵守《证券法》等法律、行政法规的规定。

第二节　公积金

一、概念与意义

公积金（reserve），指公司根据法律、章程的规定，从公司盈余和其他收入中提取的，用于弥补公司亏损或扩大公司生产经营规模的储备资金。公积金具有如下特征。

1. 一种预备性的备用资金。公积金从公司的现有资金提留，以备将来之用，因而又被称作储备金或准备金。

2. 来源于公司税后利润和其他收入。公积金分为盈余公积金和资本公积金：前者提取于公司税后利润，如公司亏损，则成无源之水；后者提取于依法应当归入公积金的公司收入。

3. 属于公司股东权益的一部分。公积金作为储备资金，对公司的生存和发展意义重大。一方面，公积金具有弥补将来亏损的功能，起到维护公司信用和抵御经营风险的作用，也有助于公司在保持生产经营相对稳定的情况下调整经营政策，尽快扭亏为盈。另一方面，公司必须具备自我积累、自我发展的能力，否则，就会损害自身的竞争力。此外，由于公司与股东在近期与长远利益上可能出现冲突，法律有必要对公司的自我积累作出强制性规定，防止股东因追求股利分配最大化而损害公司的长远发展和公司债权人的利益。这种强制性规定就是公积金制度。公积金制度最早规定于 1807 年《法国商法典》，之后为多数公司法采用。

二、种类

以公积金的来源为标准，公积金可以分为盈余公积金和资本公积金。

（一）盈余公积金

盈余公积金，是从公司盈余中提取的累积资金。根据提取方式的不同，盈余公积金区又分为法定盈余公积金和任意盈余公积金。

1. 法定盈余公积金。基于法律规定而强行提取的公积金。《公司法》第 210 条第 1 款规定，公司分配当年税后利润时，应当提取利润的 10%列入法定公积金。法定公积金累计额为公司注册资本的 50%以上的，可以不再提取。

2. 任意盈余公积金。公司根据公司章程规定或者股东会决议而特别储备的公积金。《公司法》第 210 条第 3 款规定，公司从税后利润中提取法定公积金后，经股东会决议，还可以从税后利润中提取任意公积金。任意公积金提取与否，由公司自治，但一经确定，除非变更公司章程或股东会决议，不得随意改变。

（二）资本公积金

资本公积金，指依照法律规定将特定的公司收入项目列入资本公积金账户的积累资金。与盈余公积金的最大区别是，资本公积金的来源与公司盈余无关，只要公司收入中出现法定的项目，就应提取。在此意义上，资本公积金具有“法定性”。

《公司法》第 213 条规定，公司以超过股票票面金额的发行价格发行股份所得的溢价款、发行无面额股所得股款未计入注册资本的金额以及国务院财政部门规定列入资本公积金的其他项目，应当列为公司资本公积金。据此，资本公积金来源于两个方面：股份公司溢价发行股份所得的溢价款（premium）；国务院财政部门规定的其他收入。此处的“其他收入”，主要包括：有限公司股东的出资溢价；处置公司资产所得；资产重估增值；接受捐赠；股份公司发行新股时冻结申购资金期间的利息；投资准备等。

三、使用

公积金既然为特定目的而提留，自应遵循专款专用原则，否则，既有违初衷，还可能损害债权人的利益。另外，公积金作为股东权益的一部分，其使用应符合全体股东的利益。公司实务中，公司章程一般都要对公积金的使用范围有所限制。《公司法》第 214 条第 1 款规定，“公司的公积金用于弥补公司的亏损、扩大公司生产经营或者转为增加公司注册资本”。这一规定的要点是：

1. 弥补亏损。弥补亏损是盈余公积金使用的第一要务。公司出现亏损时，如果不首先弥补亏损，公积金就不能用作其他。在具体操作中，法定公积金和任意公积金有无使用顺序？《公司法》第 210 条第 2 款规定，公司的法定公积金不足以弥补以前年度亏损的，在提取之前，应当先用当年利润弥补亏损。据此理解为：首先用法定盈余公积金弥补；不足以弥补的，用公司当年利润弥补；仍不足以弥补的，用任意盈余公积金弥补。

2. 扩大公司生产经营。公司需要增加资金以扩大生产经营规模的，除通过借贷、发行新股与债券等途径募集资金外，用公积金追加投资也是重要途径。

3. 转增资本。公积金累积到一定程度，公司可以通过增资程序将其转化为资本，不仅公司股东乐于接受，而且程序简便、成本较低。各国公司法普遍规定公积金可转为公司资本，我国亦然，《公司法》第 214 条第 3 款规定，公司将法定公积金转为增加注册资本时，所留存的该项公积金不得少于转增前公司注册资本的 25%。

第三节　股利分配

一、概说

广义的公司分配包括盈余分配和其他分配。盈余分配的表现形式就是股利分配（distribution of dividend），即对未分配盈余的分配，俗称分红。其他分配（other distributions），指法律许可范围内的资本分配与剩余分配。资本分配（capital distributions），指对公司资本的分配，原则上公司资本不能被分配，除非法律特别许可；剩余分配（liquidation distribution），是对公司清算后剩余财产的分配。

股利分配是公司财务会计的重要内容，关系到公司、股东、管理层、债权人等利害关系人的切身利益，这些利害关系人之间的利益不一致，甚至存在冲突。股利分配是对股东投资的回报，主动权掌握在股东手中，从股东的利益出发，如任由股东确定股利分配方案，则可能出现有利于己的短期行为，不利于公司的长远发展，损害其他利害关系人的利益。这要求股利分配制度必须平衡这些利益冲突，保障各方利益。所以，股利分配不能任由股东自治，法律对其有所规制。

股利分配的对象是可分配利润。依据税法，公司以本年度利润总额为计税依据上缴企业所得税后，形成税后利润，即公司净利润。但税后利润并不等于可分配利润。《公司法》第210条规定，如果公司以前年度发生亏损，而法定公积金又不足以弥补的，税后利润首先应当弥补亏损；如果无须弥补亏损或者弥补亏损后还有剩余，则应当提取法定公积金，还可以提取任意公积金；提取公积金后的剩余部分才是可以用作分配的利润（股份公司设置优先股的，在提取任意公积金之前分配优先股股利）。可见，可分配利润属于税后利润的范畴，但不等同于税后利润。

在此，从公司的角度说，股利就是公司依照法律、章程的规定，以一定的数额和方式分配给股东的税后利润；从股东的角度说，股利就是股权投资收益。在国外，股利分为股息和红利，二者的区别在于：股息按招股说明书或公司章程预先确定的利率来分取，在分配顺序上先于红利；红利没有固定的利率和数额，依公司盈余情况确定。我国公司法没有这一划分，统称为股利或红利。

股息、红利、股利、利润等概念之辨析。“不明白某学术上之用语者，亦不明白该学术”[①]。在逻辑上，概念本身并不构成论证，但概念是表述命题的基本单元，概念统一是学术交流的前提。股利，是股息、红利的统称，指公司依据股份分配给股东的收入盈余。有人认为股利即是指股息和红利[②]，有学者从确定的比率、分配顺序等方面对相关概念进行了区分。[③]考诸实证法，1950年颁布的《私营企业暂行条例》（已失效）第25条区分“股息”与“红利”概念并作不同的安排，从中可以看出，“股息”指按照确定比例的分配的利润，“红利”是提存公积金、派发股息后再行分配的盈利余额。[④]自此，股息、红利在规范性文件大量并列使用。“股利”一词的出现则较晚，随着1985年财政部《中外合资经营工业企业会计科目和会计报表》（已失效）、1987年对外贸易与经济合作部、国家统计局《利用外资统计制度》（已失效）及1988年国家发展和改革委员会《国家基本建设基金管理办法》的颁布，“股利”逐渐脱离了以分配比率是否事先确定而进行区分其独立性的标准。在现行法上，《证券投资基金法》第24条、《证券法》第140条、《银行业监督管理法》第37条等均采“红利”表述，《个人所得税

① 郑玉波. 法谚（一）. 北京：法律出版社，2007：16.

② 武忆舟. 公司法论. 台北：三民书局，1980：396.

③ 江平. 新编公司法教程. 北京：法律出版社，2003：180；柯芳枝. 公司法论. 北京：中国政法大学出版社，2004：335-336.

④ 1950年《私营企业暂行条例》（已失效）第25条规定：“……公司组织的企业在年度决算后，如有盈余，除缴纳所得税人弥补亏损外，先提百分之十以上作为公积，以为扩充事业及保障亏损之用。提存公积后的余额，先分派股息，股息最高不得超过年息百分之八。公司无盈余或有亏损时，其应发的股息，得于有盈余的年度弥补亏损后酌情补发。经过提存公积、分派股息后的余额得依下列各款分配：（一）股东红利及董事（或执行业务的股东）监察人经理人厂长等酬劳金（一般应不少于百分之六十）……”

法》第 2 条第 1 款第 6 项、《企业所得税法》第 6 条第 4 项则继续使用“股息”“红利”，《公司法》第 159 条、《证券法》第 80、81、91 条则使用“股利”一词；司法实践中还称为“利润”。此外，其他相关法律法规及会计制度上也未对三者严格区分。可以认为，“股息”“红利”“股利”“利润”诸概念在立法用语上其实并无本质区别。

二、分配原则

我国公司法上规定的基本原则如下。

1. 同股同利、优股优先。同股同利，指同种类的每一股份所分得的股利数量和方式应该相同，不得歧视；优股优先，指不同种类的股份在分配顺序上有先后之分，具体指优先股先于普通股、普通股先于劣后股。

2. 无盈不分。公司没有盈利不得分红。只有公司有利润的，股东才能分取股利；当然，公司有利润的，也并不必然分红，这取决于股东会决定的公司经营目标。公司盈亏的状况，以经过会计师事务所审计的公司年度会计报告为准，这意味着盈亏的计算周期是法定的会计年度。

3. 自有股份不分。《公司法》第 210 条第 5 款规定，“公司持有的本公司股份不得分配利润”。理由是：如允许公司自有股份分红，等于使本应分配于其他股东的利润流入了公司，不仅会出现这部分利润归属不明的问题，且可能产生新老股东之间的不公平。

4. 按股分红。股东按照持有公司股份的多少分取股利。资合公司是“股份民主”企业，在股利分配标准上实行按股分红原则，既是股份民主原则的体现，也是股权平等原则的体现。《公司法》第 210 条第 4 款规定，有限公司按照股东“实缴的出资比例”分配利润，股份公司按照股东“持有的股份比例”分配利润。但考虑到充分尊重股东自治，上述条款但书规定，有限公司可以根据全体股东的约定不按出资比例分配利润，股份公司可以根据章程规定不按持股比例分配利润。另依据我国司法经验，针对瑕疵出资的股东，公司可以根据公司章程或者股东会决议对其利润分配请求权作出相应的合理限制，该股东请求认定该限制无效的，法院不予支持。这一经验体现了法律的公平、公正。

三、分配方式

股利的进一步分类有助于精准把握其概念。公司的利润分配方式有现金分配、股票分配、实物分配等多种，上市公司多采前两种，其他公司更随意。

1. 现金股利。又称派现，公司直接向股东支付货币作为股利。现金股利是最常用的，也遂投资者之所愿，但要求公司有足够的现金流，且会直接导致公司经营资金的减少。

2. 股票股利（share/stock dividend）。指公司向股东派发股票以实现分红，实为公司收益的资本化，仅影响财务账目，既不会直接给股东带来货币收入，也不会减少实际可用的资金或增加公司负债。股票股利包括派送股票与股份分割两种形式，在我国适用于股份公司。派送股票是公司以发行新股的方式分配股利，俗称“送股”“派股”，实质是以盈余转作资本。由于涉及发行新股，所以需要遵守新股发行的程序、条件。股份分割（share split），又称股份拆细，通过成比例地降低股票面值而增加股份的数量。采股票股利形式的，股票面值不发生变化；但在股份拆细中，股票的面值减少了，如在 2∶1 的股份拆细中，普通股的每股面值比原先降低一半。股票股利不消耗公司资产，可以解决公司现金分配的困难，但涉及公司章程的修改。

3. 实物股利。是公司用现金、股票以外的公司财产向股东支付的股利，包括向股东派发公司产品、公司负债、公司持有的其他公司的有价证券等，其中负债股利是“公司通过建立一定的负债来抵付的股利，一般以应付票据或公司债券的形式来抵付股利”[①]。股利分配的决议通过与股利的实际发放往往存在时间差，在此期间公司发生财务恶化、现金流紧张等突发情况，短期内难以支付股利时，其为顾全信誉，只能以增加负债的方式暂渡难关。

4. 股份回购（share repurchase）。公司通过向股东回购股份，也可以变相地达到分配股利之目的。因为股份回购的一项重要功能，就是在减少资本的同时实现向股东分配盈余，股东由此获得现金，公司支付回购款后相应减资，但股东持有的股份权益并不因此而减少。因此，股份回购在结果上等同于股利分配，属于广义上的股利分配。例如，A、B、C是甲公司的股东，每人拥有1万股。公司向每个股东以每股100元的价格收购1 000股。交易完成后，每位股东继续持有公司1/3发行在外的股份（每人9 000股），但公司资本减少30万元，每个股东获得现金10万元。股份回购需要支付大量现金，适合于有大量现金积累的公司。

《公司法》对股利分配的方式未作明确规定，《上市公司章程指引》（2023年）第155条也未强制规定统一的股利分配政策，实务中公司多采取现金或者股票方式分配利润。

四、分配程序

（一）股利分配的决议

多数公司法规定股利分配的决定权在股东会，也有的规定决定权在董事会，如美国。在我国，依据《公司法》第59、67、112、120条，公司股利分配方案由董事会制订，交股东会以普通决议通过后，交付董事会执行。

（二）股利分配的频率

一般而言，公司每一个会计年度向股东分配股利一次。英国、日本、韩国等国家的公司法规定了中间分配制度，即在营业年度的期中分配一次利润。中间分配可以缩短股东的投资回报期，同时也可通过每年两次分配的形式来减少企业的负担。中间分配可能影响到公司的资本充实，因此适用较严格的条件。我国公司法没有规定中间分配，但也没有强制要求公司每年只能分配一次股利。因此，是否采取中间分配由公司自治；但采取中间分配的，不得违反公司法关于股利分配的其他规定。

（三）股利分配的有关期日

股利分配的期日，主要针对股份公司尤其是上市公司而言。由于股份公司股东可能经常变换，为了保证准确分配股利，需要确定一些必要的日期。

1. 宣告日，即公司对外宣布的发放股利的日期。宣告日通常是在股东会作出分配股利的决议后，由董事会对外以公告形式宣布。在上市公司，该公告应在证券监管机构指定的报纸上刊登，刊登日即为宣告日。股利分配一经宣告，就成为公司对股东的债务，非经法律程序不得撤销。

2. 股权登记日，即股权登记的最后期限日。对于记名股东就是股东名册封闭日，截至此日在公司股东名册上有记载的股东才享有具体的股利支付请求权，此后上册的股东无此权利。对于无记名股股东，在我国，上市公司由证券登记结算公司将股权登记日的股东统计在册，届时将公司分配的股利划到这些股东的账上。宣告日与股权登记日一般间隔2周至1个月。

3. 除息除权日。或称基准日，就是除去具体的股利请求权的日期。与股权登记日相呼应，

---

① 蒋一苇. 股份经济辞典. 北京：中国发展出版社，1992：162.

在除息除权日当天或以后取得股票者将无权领取最近一次股利。此处的除息，针对分配现金股利而言，意指除去领取股息的权利；此处的除权，针对分配股票股利而言，意指除去领取股票的权利。依中国证监会的有关规定，我国上市公司的除息除权日为股权登记日的次一交易日。

4. 发放日。即公司将股利正式交付股东的日期。《公司法》第212条规定，股东会作出分配利润的决议的，董事会应当在股东会决议作出之日起6个月内进行分配。对于上市公司，公司在此日开始后的几天内要完成股利的派发工作。发放日与股权登记日一般间隔2周～4周。《上市公司章程指引》（2023年）第155条规定，股东会对利润分配方案作出决议后，或董事会根据年度股东会审议通过的下一年中期分红条件和上限制定具体方案后，须在2个月内完成股利（或股份）的派发事项。

（四）利润的派发及其救济：具体股利分配之诉

具体股利分配是指公司董事会执行股东会通过的股利分配方案。有限公司和非上市的股份公司应当按照董事会宣布的股利分配日期、地点、方式向股东派发股利。上市公司需要通过证券交易所、证券公司协助完成股利的派发。公司作出包含股利分配方案的股东会决议后，有股东未获股利分配的，可以提起诉讼要求公司依决议履行分配股利的义务。这属于给付之诉，起诉依据是公司通过的载明具体分配方案的股东会有效决议，在理论上被称为具体股利分配之诉（以有别于后文提到的没有股东会决议依据的抽象股利分配之诉）。可见，公司一经作出载明分配方案的分配股利决议，即在公司与股东之间形成了债权债务关系。实践中，股东提交载明具体分配方案的股东会有效决议请求公司分配利润，公司拒绝分配利润且其关于无法执行决议的抗辩理由不成立的，法院应当判决公司按照决议载明的具体分配方案向股东分配利润。具体股利分配之诉的原告是请求公司分配利润的股东，列公司为被告，在一审法庭辩论终结前，其他股东基于同一分配方案请求分配利润并申请参加诉讼的，应当列为共同原告。

五、不当股利分配政策及股东救济

（一）股利分配政策概说

股利分配政策是企业融资决策的重要内容，要点是决定企业利润在支付股利与增加留存收益之间的合理比例，由此决定了不同的股利分配政策（dividend policy）。此外，分取股利是股东的一个合理预期。股东投资公司的目的在于获取投资收益，投资收益包括但不限于分配股利，除此之外还有通过股权买卖价差获利等。由于封闭公司股权转让的客观困难性，股东通过分取股利来实现投资目的的合理预期更具有现实理性。所以在总体上，公众公司与封闭公司的股利分配政策差异明显；在公司的个体上，不同股权结构的公司的股利分配政策也有所不同。可以说，不同的股利分配政策，反映了不同利益主体之间的博弈格局。

1. 公众公司情形

公众公司往往采取“固定股利分配政策”（regular dividend policy），即采用稳定的股利分配政策进行正常的定期分配，尽管公司利润有起伏。一旦股利支付比率有变化，应当公开公布，且这种变化不能轻率作出，以尽力保持股利政策的稳定性。有时候，公众公司在固定股利之外还向股东支付“额外的”（extra）股利，比如对于公司先前的积累过剩，公司可能宣布额外的股利分配。额外股利分配是非常规的，不会代替固定分配政策，只在经营繁荣时期向股东支付附加股利，适于利润波动的企业向市场传递企业目前与未来经营业绩的积极信息。

从我国三十多年的上市公司实践来看，不分股利或者少分股利，或者尽量避免现金股利的派发是大多数上市公司的长期政策，甚至有些上市公司，如企业上市多年以来从未分红，无论盈利与否以及盈利多少。

2. 封闭公司情形

封闭公司往往明确采取“不分配股利政策”（no dividend policy）。这样做的原因有二。

（1）税法的影响。封闭公司的股利政策直接受到税法的影响。如果公司选择分配股利，不利之处是承受双重征税（double taxation）：公司应当就利润缴纳公司所得税，股东应当就所得股利缴纳个人所得税。为了合理规避双重征税，封闭公司的一般对策就是“无股利分配”，以最小化双重税负。最有效的最小化税负策略是使利润零化（zeroing out）。譬如，公司将大量利润以薪金（salaries）、奖金（bonus）和边际利益（fringe benefits），如免费使用高档汽车、俱乐部会员资格等方式（free use of automobiles，country club memberships and the like），转移到经营性股东名下，从而使公司利润降到最低。如果公司的全部利润可以税收扣除的方式向股东进行分配，公司的账面利润就被成功归零（zeroed-out）。于此情形，公司只需缴纳少量税收，甚至完全避免纳税，因为这些支付将摊入公司成本而得以扣减。虽然股东的这些收入也需要缴纳税收，但与同等数目的股利税负相比较，其税负要轻得多。如果不分配股利，必然导致股票价值增值，股票价值的增加当然要缴纳资本增值税（capital gains tax），但这比股利所得税低。

（2）排挤策略。封闭公司的多数股东掌握着公司决策权，也就决定着股利分配政策。于封闭公司所采用的上述利润零化政策，多数股东既是决策者，也是最大的受益者。由于多数股东及其家庭成员占据了封闭公司的高级管理人员职位，多数股东得以将大量公司利润以薪金、奖金和边际利益等方式转移到自己名下。同时，由于多数股东拒绝雇用少数股东参与公司管理，导致少数股东无法“利益均沾”，形成事实上的无股利可分配。在极端情况下，这样的政策还可能导致少数股东的投资及在公司中的利益根本无回报。最后，多数股东可以采取这种“无股利分配政策”来“软化”（soften up）少数股东，并迫使其以低廉价格将股份出售给公司或自己。这种手段被称为“排挤”（freeze out，squeeze out）策略。①

（二）对少数股东的救济：抽象股利分配之诉

1. 长期不分配股利政策的实质

实质意义上，封闭公司的不分配股利政策虽然不排除为公司长期发展所需要而作出的正当商业决策，但多数是伪装的，多数股东通过薪水、奖金等形式变相获得了投资回报，成为既得利益者。但被排除在管理层之外的少数股东无法获得这些回报，或者获得低于应该获得的回报。这一事实，形成了多数股东对于少数股东的掠夺，会酿成股东纷争，乃至成讼。少数股东可以私下或者通过诉讼请求公司支付股利或者获得其他救济，其中最主要的救济措施来自股东间的事先契约安排。② 强迫进行股利分配的诉讼也即抽象股利分配之诉是其中很少用、但极具制度价值的一条救济路径。

2. 对少数股东的救济

作为一项原则，分配股利与否属于公司自治，各国公司法一般不予干预。抽象股利分配之诉在各国法院很少获得支持。③ 原因有三：一是法院将这种纠纷视为公司内部事务而不愿意积极干预；二是在有些国家如美国，公司分配股利的决定权掌握在董事会手中，属于董事会的决策范围，通常不受司法审查，反而受到商业判断原则（BJR 规则）的保护；三是原告通常很难证明经营性股东获得的薪金、奖金、豪华在职消费具有非法性。

---

① 施天涛．公司法论．2 版．北京：法律出版社，2006：219.

② ZOHAR GOSHER. Share holder dividend options. 104 The Yale law journal，881（1995）.

③ 邱海洋．公司利润分配法律制度研究．北京：中国政法大学出版社，2004：143 及以下.

但在实践中，多数股东的意思经过“资本多数决”程序成为公司的意思，少数股东可能受到多数股东决定的长期不分配股利政策的侵害。在此情形下，公众公司的少数股东可以通过在证券市场转让股份选择退出，“用脚投票”；但封闭公司的股东缺乏此类退出机制，需要法律的特别保护。

我国公司法的应对措施主要有二：一是强制公司回购股权制度。《公司法》第89条规定，有限公司连续5年不向股东分配股利、该5年公司连续盈利且符合法定的分配股利条件的，公司应当按照合理的价格收购异议股东的股份。这一规定被称为“异议股东股权回购请求权”，在后文还要予以详细分析。二是抽象股利分配之诉。我国的司法经验是，股东未提交载明具体分配方案的股东会或者股东会决议，请求公司分配利润的，法院应当驳回其诉讼请求，但违反法律规定滥用股东权利导致公司不分配利润，给其他股东造成损失的除外。对于该诉讼类型的解读如下。

1. 与具体股利分配之诉的区分。具体股利分配之诉的起诉依据是公司通过了载明分配方案的股东会决议。依照反向解释可知，法院驳回诉请的三种情形为：(1) 原告股东未提交任何股东会决议；(2) 原告股东提交了仅决议分配利润但未制作具体分配方案的股东会决议；(3) 原告股东提交作出不分配利润的股东会决议。这三种情形下原告股东诉请分配股利的，即为抽象股利分配之诉。

2. 司法立场：原则与例外。法律与商业之间各有自己的逻辑与边界，司法尊重商业的交易结构与逻辑，具体到分配股利与否、分几何，都属于商业决策与判断的范畴。法官应尊重商人的思维与逻辑，不能自认自己在商业智慧上高于商人，代商人作出判断，或者充当“事后诸葛亮”，否则缺乏干预的合法性、正当性，也缺乏制定分红政策的商业智慧、经验与判断能力。但是，这并不意味着股利分配行为完全游离于司法审查范围之外，司法应该坚守正义，恪守法律的公平价值。法院不干预股利分配事项的前提是公司股东会的正常运转，一旦控股股东、实际控制人滥用权利，以“股东长远利益高于分红的近期利益”“公司利益高于股东利益”“控股股东利益高于中小股东利益”的陈腔滥调压制少数股东迫使其黯然离场，法院需要“有所担当、积极稳妥、审慎而为”。所以，我国当前司法实践的立场最典型地显示出司法干预公司治理的两个基本逻辑：原则上，司法干预保持谦抑性，贯彻公司、股东（商人）自治，尊重商业决策；作为例外，有必要司法干预。

3. 不分配股利政策之正当与否的实质性裁判标准：合理商业目的的判断。诉讼实务中，公司常以公司利润用于合理商业目的、不属于滥权相抗辩。在我国对是否具有合理的商业目的的判断，主要用在税收征管过程中对企业不具有合理商业目的的商业安排的税务处理。国家税务总局《关于关联企业间业务往来发生坏账损失税前扣除问题的通知》（国税函〔2000〕945号）规定，“企业实施其他不合理商业目的的安排而减少其应纳税收入或者所得额的，税务机关有权按照合理方法调整”，“关联企业之间的往来账款不得确认为坏账”，以及用于判断关联交易是否正当等。对此的举证责任在被告公司。司法政策的一般考量是：是否会促进公司整体利益，是否会对部分股东不公平等核心标准，以及兼顾可行性等实际情况。法院具体审查的事实可能集中在：公司提取巨额任意公积金的决策缺乏正当性、合理性与必要性，是否为回避分配股利恶意而设。

4. 法院例外支持抽象股利分配之诉请的要件。一般认为有三个要件。(1) 前提要件，公司具有可资分配的税后利润。(2) 行为要件，控股股东实施了滥权行为；且该行为与公司不分红的决策存在因果关系，行为体现就是股东滥权作出不分配利润的决议，或者不就分配利润作出决议，或者象征性分配利润，同时通过其他途径实质性获得利润分配（等同于利润分配），常见的情形是控股股东/实际控制人具有：担任或委派高管领取过高薪酬；通过汽车、房产租赁等高额在职消费；操纵公司隐瞒利润或通过非公允关联交易等通道利益输送，稀释可供分配利润等，与此同期配套的公司财务政策往往是过分提取任意公积金、大量留存税后利润等。(3) 结果要件，给其他股东造成损失。该要件的适用应该宽松把握，只要具备第一个要件，也即有股东滥权独自享受红利、其他股东利益不沾、违反诚信原则与股东实质平等原则，即可推定其他股东遭受损害。

5.“最后一厘米”的司法裁判难题：法院如何裁决？常见的有三种：(1) 径行判决公司分配一定数额的利润；(2) 判决公司限期召开会议就分配利润事项作出决议；(3) 判决公司限期召开会议作出分配利润的决议。理论上一般认为，第一种裁决有司法逾越权限之嫌，替商人直接作出商业决策很多时候是不恰当的，第二种裁决显示了弱度的司法干预立场，但也有可能不能为原告股东提供救济；第三种裁决相对更妥当。

他山之石。在美国，对于股东强迫公司分配股利的诉请，法院通常不予支持，但在股东能够证明以下条件时，法院有权命令公司分配股利：(1) 公司营业不需要那么多的现金积累；(2) 管理层具有恶意 (in bad faith)。有时候，管理层的超额报酬 (excessive compensation) 本身就能成立恶意。此外，基于避税而不分配股利的公司，可能遭受税务机关的查处。美国《国内税收法典》(The National Revenue Code) 第 153 条规定，对公司不合理的利润积累适用惩罚性征税。关于抽象股利分配之诉的早期著名案例是 *Dodge v. Ford*。自 1912 年起的几年里，福特汽车公司赢利丰厚，曾经多次分红，其后主要股东亨利·福特 (Henry Ford) 决定不断地扩大投资，用最先进的设备来装备他的现代化流水线，降低汽车生产成本与售价，实现每一个美国工人家庭都能拥有汽车的梦想。福特汽车公司的主力车型 T 型车在 1910 年销售价格为 780 美元，1914 年降到 360 美元。低廉价格赢得了大批的平民用户，小轿车开始成为大众的交通工具。福特说：“汽车的价格每下降一美元，就为我们多争取来一千名顾客。”福特的这一做法遭到已经另立门户成立道奇汽车公司、仍是福特公司主要投资者的道奇 (Dodge) 兄弟的强烈反对，最终起诉控告福特赢利不分红。1917 年 10 月 31 日巡回法院责成福特汽车公司停止其扩张计划，判定应付清股东 1 900 多万美元的特别红利（根据公司向法庭提供的 1916 年公司财产申报单上的数额）。亨利·福特不服，立即上诉，又经过一年半的漫长诉讼，密歇根州最高法院作出修改，推翻了禁止福特汽车公司扩大生产的指令，但维持另一条原判，福特汽车公司必须支付这笔特别红利，加上利息共 2 000 多万美元。

6. 公司完成利润分配的时限要求。按照我国以往的司法经验，公司利润分配完成时限的原则为：(1) 分配方案有规定的，以其为准；(2) 分配方案未规定的，以公司章程为准；(3) 分配方案、章程均无规定或者有规定但时限超过一年的，应在一年内分配完毕。鉴于公司一般计算年度利润，故作出利润分配决议后，要在一年内完成分配，这一时限符合实际做法。至于具体分配方案中载明的分配时间超过章程规定的，股东可能更希望按照章程规定的时间进行分配，此属于决议内容违反章程规定而符合决议可撤销的情形，股东有权依法起诉撤销该决议中关于分配时间的部分，分配时间被撤销后，依照章程规定的时间进行分配即可。

公司决议部分撤销制度。我国司法裁判支持决议部分撤销不影响其他部分的效力。问题在于：如该分配时间与决议其他部分密不可分，能否单独撤销分配时间？这需要法院根据案件审理情况具体确定。

（三）对公司债权人的救济：违法分红无效制度

资合公司的股利分配，都存在公司债权人的救济问题。在我国，有限公司、股份公司都存在违法分配股利的情形。

公司分配股利与公司债权人的利益密切关联。如果公司在出现严重亏损且无力弥补的情况下仍然决议分配利润，必然削弱公司的偿债能力，可能损害债权人的利益。债权人不参与公司内部治理，无法阻止此类公司决议的通过，只能被动地接受不利的后果。因此，站在债权人的立场，法律需要对公司股利分配进行必要的规制。《公司法》第 211 条规定，公司违反本法规定向股东分配利润的，股东应当将违反规定分配的利润退还公司；给公司造成损失的，股东及负有责任的董事、监事、高级管理人员应当承担赔偿责任。这一规定的内容要点如下。

1. 违法分红决议无效。"违反本法规定"意味着该分红决议具有违法性，按照《公司法》第 25 条规定，股东会决议内容违反法律、行政法规的，归于无效，具体到此处的违法分红决议，自然也属于无效。

2. 股东返还不当得利。公司分配具有涉他性，可能损害公司债权人等其他利益相关者的利益，故各国及各地区的公司法都相应规定公司分配的法律准则。我国采用收入盈余分配准则，强调"无盈不分"，即公司在未弥补亏损及未留存相应比例公积金的情形下，所获利润不得用于分配（《公司法》第 210 条）。法定分配准则旨在避免因无盈分配导致的公司利益、股东长远利益及债权人利益的损害，无盈分配的直接受益者为取得违法分红的股东。股东受领利润的法律依据是其固有的分红权，但该权利的行使应以合法可分的利润为限，超出部分即因缺乏法律依据而属于不当得利，自应予以返还。因此，无论采取什么形式的分红，只要属于违法分配，股东均应将受领的财产利益返还给公司。按不当得利返还的一般规则，违法分配期间股东获得资金利息的，应一并返还。①

3. 赔偿责任成立要件。

（1）给公司造成损失。这一类似要件亦出现在《公司法》第 53 条规定的抽逃出资、第 226 条规定的违法减资等类似情形，最直接的指向是：违法分红决议得到执行后，有股东就所获分红款无力返还给公司，由此造成公司损失；据此，如全体股东能将非法所得分红款及利息返还给公司，则不用承担赔偿责任。当然，"给公司造成损失"也可能是指非法分红致使公司财产减少而导致的公司机会利益损失、公司支付的逾期利息等损失。

（2）责任人：股东及负有责任的董监高。首先，此处"股东"不是指全体股东，而是指滥用控制权影响违法分红决议的通过及执行的股东，包括发挥协助作用的其他股东，当然还包括退还分红款不能的股东，具体视股东会决议的表决、执行及退还等情况而适用共同侵权理论。在公司治理实践中，公司控制权处于流动状态是例外而非常态，公司控制权往往长期归属单个股东、家族或组织，尤其是在有限公司中，控股股东的个人意志天然具有主导决议的条件和优势，在审议股东会决议过程中举足轻重。而少数股东既无全面掌握公司信息的能力，在决议表决时又享有与控股股东不对称的参与程度，对比股东返还责任更重的损害赔偿责任进行判定，更应审慎考量不同股东在公司决策中的权力和作用。② 因此，根据我国公司的权力结构与治理模式，本条的"股东"应理解为滥用控制权实施违法分红的股东。其次，此处的"负有责任的董事、监事、高级管理人员"中，"负有责任的"包含两层含义：一是指明承担赔偿责任的并非全体董监高而专指"负有责任的"，依反对解释，不"负有责任的"董监高自然不在赔偿主

① 王泽鉴. 不当得利. 2 版. 北京：北京大学出版社，2015：247；谢鸿飞，朱广新. 民法典评注：合同编　典型合同与准合同：第 4 册. 北京：中国法制出版社，2020：629.

② 于莹，司耕旭. 违法分配利润的责任研究. 社会科学战线，2023（7）：247.

体之列；二是指明承担赔偿责任的董监高具有过错，“负有责任的”宜理解为过错归责的表述，至于是否适用过错推定，可进一步讨论。那么，如何认定董监高是否“负有责任”？这要回溯到违法分红的流程来检测。按照股东会、董事会、经理的职权规定，违法分配决议的一般流程是：1）形成决议环节——先由经理为首的管理层提出分配方案，交付董事会讨论完善，而后董事会形成议案提交股东会议决（《公司法》第 59 条第 1 款第 4 项、第 67 条第 2 款第 4 项）；2）决议执行环节——股东会决议形成后，交付董事会执行，董事会安排管理层具体落实；3）决议形成与执行监督，在以上过程中，监事会（监事以及审计委员会）负有监督职责。不难看出，对于违法分红决议的形成及执行，定有部分董监高难逃干系，这属于董监高违反信义义务的典型情形，此即“负有责任的”精确含义——一方面，这意味着某些董监高对于信义义务的违反，另一方面可解读为负有侵权法意义上的过错。具言之，如该董监高身为股东，可能构成对忠实义务的违反；否则，多数为对勤勉义务的违反。无论违反哪一项信义义务，“负有责任的”董监高都应承担《公司法》第 221 条规定的赔偿责任，这一责任属于《公司法》第 188 条规定的董监高违反信义义务责任的具体化。

4. 赔偿责任减免。对于股东及负有责任的董监高承担的赔偿责任，前者是股东不当取得公司利润而给公司及其他股东造成损害时所应承担的侵权责任[①]，后者是因违反公司信义义务而对公司承担的违信责任。总之，这些都属于广义的侵权损害赔偿责任。所以，即便“负有责任的”董监高承担对公司的赔偿责任后，也不能事后向股东追偿。

股东无权减免董监高的上述赔偿责任。董监高对公司承担损害赔偿责任系对公司的一笔债务。基于所有权和代理法理，全体股东是公司剩余利益的所有者，自然有权决定是否减免董监高的赔偿责任，但该权利亦有限度，禁止违法分配规则旨在防止公司资产被抽空，损害公司债权人利益，违法分配下的董监高赔偿责任旨在弥补全体债权人所受损失，所得赔偿的实质受益人是全体债权人。因此，至少在公司缺乏偿债能力时，股东无权减免董监高的赔偿责任。

此外，债权人可以采取措施加强自我保护，如与公司通过合同约定特别限制公司的股利分配。在公司实务中，一些银行债权人通常在大额贷款协议中明确约定，在贷款本息得到清偿或者获得担保之前，债务人公司不得分配股利，或者股利分配方案需经债权人同意。类似的来自契约的特别约定，可以形成公司组织法上约束力，这也是现代合同法的组织法功能体现[②]，比法律规定的组织法原则性规范更具有直接意义。问题是：如果公司违反组织法上的“无盈不分”原则而作出了违法分配股利的决议，或者公司违反了与债权人之间具有组织法功能的契约法义务而作出了违反契约的分配股利的决议，公司债权人可否请求法院确认董事会、股东会决议无效？这涉及公司决议瑕疵之诉的原告范围问题，存在理论上的争议。

---

① 董事投票必须尽到信义义务，而股东投票原则上不负有信义义务：与董事必须尽到合理注意义务不同，股东投票前无义务提前了解相关事实；股东也不对公司负忠实义务，可以为自己利益而投票。因此，具体到公司分红决策中，股东投票同意与董事投票同意具有不同意义。董事投票应遵守信义义务要求，董事决策受商业判断规则保护，而董事一旦违反信义义务，则应对公司负赔偿责任，应在如有所注意便可避免分配的范围（违法分红数额及其贷款利息）内进行赔偿。而股东因不负有信义义务，所以不承担过失决策责任。但是，任何权利都不是没有法律边界的。控股股东对其他股东负有信义义务已被广泛接受。事实上，控股股东对于公司的控制权具有正当性，关键要区分其是否构成权利滥用。如果控股股东以投票之名而追求不法利益（如故意虚增分红），主观目的在于侵害他人利益，那么问题的性质就变了，可转化为侵权责任。徐方亮．公司违法分配责任机理与规则完善：基于公司法和民法双重视角的分析．当代法学，2023（5）：118.

② 王利明．论合同法组织经济的功能．中外法学，2017（1）.

重要概念提示

公司财务报表；公积金；股利分配

理论思考

在封闭公司中，多数股东为什么倾向于决策长期不分红政策？少数股东面对此政策有哪些救济手段？

实例研习

某公司注册资本为500万元，该公司年终召开董事会研究公司财务问题。在该董事会的决议内容中，下列哪一项是不合法的？(单选)①

A. 鉴于公司历年的法定公积金已达300万元，决定本年度不再提取法定公积金

B. 鉴于公司连年盈利，决定本年度税后利润依公司章程全部由股东按持股比例分配

C. 为扩大生产，将该公司历年的法定公积金全部用于转增股本

D. 公司合法转增部分的股本由各股东按原持股比例无偿取得

① 本题系国家司法考试2008年四川等地震灾区考卷卷三第27题，参考答案：C。

第四编

股东及股东权利

[题述] 从某种意义上说，近现代公司的历史就是一部为保护股东利益而奋斗的历史。即使在当代公司法理论学说中，也没有任何观点否认股东是公司的最主要利益相关者。保护股东的利益，就是保护全社会所有投资人的利益；股东的利益如不能得到法律的充分保护，会动摇公司制度、资本市场制度乃至整个市场经济制度的根基。实际上，对股东的保护不仅关系到股东个人的切身利益，也是法律保护公司管理者、债权人、雇员、消费者、客户、公司所在地政府等其他利益相关者利益的基础。由于种种原因，我国公司立法、司法关于股东权利的保护还不尽如人意，这正是我国公司法律制度建设最需要努力的地方。

股东、股权制度是公司法的重要组成部分，为了体系化、结构性地展现股东、股权制度体系的内容，凸显股东权利的重要性，特将股东及“股东权利”独立成编，涵盖内容联系紧密的三章，即股东、股权与股权转让。但本编基本上未涉及股权救济制度，因为股权救济，尤其是少数股东的股权救济，是公司治理主要解决的问题，留待下一编“公司治理”专门讲述。

第十三章
股　东

提　示

探讨股东的概念，以及股东身份的取得与丧失，都是为了解决一个极具中国特色的实务问题：股东身份认定纠纷。在我国司法实践中，存在形形色色的与股东身份认定有关的纠纷。本章的重心在于第三节展开讨论的“股东的身份特征及认定”。虽然这是一个实务问题，但由于立法规定的疏简，相关的讨论涉及一系列有关股权的基本法理，且很具思辨性。我国实践中大量存在的股东身份认定纠纷，在国外却很鲜见。这不能不促使读者思考：是什么原因导致了如此大的反差？

第一节　股东概述

一、股东与股东身份

股东（shareholder），英文的直译就是股份的持有者，中文的称呼暗含“股份的东家”的通俗含义。在法律上，股东包括三层含义。

1. 公司法人的成员。正是由于若干股东的资本联合，公司法人才得以成立。

2. 股权的主体。股东与股权之间不可分割，股权的主体只能是股东，股东必然享有股权。

3. 相对于公司的一种法律身份。作为法律上的一种身份，股东是相对于公司而言的。股权的权利义务关系只发生在公司与股东之间，无公司，无股东；反之，无股东，无公司。所以股东的身份存在于公司存续期间，即从公司成立到终止的期间。在公司设立阶段不存在股东，只存在发起人，发起人在公司成立后才可能获得股东身份。

二、股东的法律地位

股东的法律地位表现在股东与公司之间的法律关系，以及股东之间的法律关系中。通过对具体法律关系的分析，可以描述股东的法律地位。

（一）股东对公司的权利、义务

1. 股东的权利。股东对公司的权利，就是股权。股东正是通过股权的享有与行使，来体现其在公司中的法律地位。尽管在不同类型的公司中，股权的具体内容不尽一致，但作为股东向公司出资的“对价”，各类公司的股东所享有的股权具有共同的内涵。关于资合公司股东股权的具体内容，详见下一章。

2. 股东的义务。权利与义务总是对应的，股东对公司享有权利，同时对公司承担义务。

与股权的取得相对应，股东对公司的主义务，就是按照发起人协议、公司章程、认股书的约定和法律规定直接或者间接向公司缴纳出资。从出资义务与直接取得股东身份的关系看，出资义务的承诺是直接取得股东身份的前提条件；直接取得股东身份的人，其出资义务可能已经履行，也可能尚未履行，但都不改变该股东承担的出资义务，且该出资义务最终要付诸履行。

此外，依照《公司法》第 21 条，股东在组织法上还对公司负有诚信义务，具有附随义务的性质，具体内容是指公司股东应当遵守法律、行政法规和公司章程，依法行使股东权利，不得滥用股东权利损害公司利益，否则，给公司造成损失的，应当依法承担赔偿责任。

严格股东义务之内涵。一些公司法著述把遵守公司章程、对公司所负债务承担责任、不得抽回出资、出资差额填补等也列为股东义务，是不妥当的。具言之，将“遵守公司章程”作为一种独立的义务缺乏实益，循此逻辑会得出“遵守法律、行政法规”也是股东对公司的义务的结论。将“对公司所负债务承担责任”列为股东义务的错误有二：一是在资合公司，股东对公司没有此义务；二是即使在人合公司，这也属于股东对于公司债权人的义务（责任），而不是股东对公司的义务。至于将“不得抽回出资”“出资差额填补”列为股东义务，显然混淆了义务与责任的界限，比如，“出资差额填补”恰是股东违反对公司的出资义务所承担的法律责任。

（二）股东间的权利义务关系

维系各股东之间法律关系的准则是股东平等原则，其含义是指在各股东之间基于股东身份而发生的法律关系中，应该给予股东以平等待遇。股东平等原则是民法的平等原则在公司法领域的体现，也是平等保护投资者利益、调动投资者积极性的客观要求。它一方面承认多数股东凭借“资本多数决”控制公司的合法性，另一方面也对多数股东滥用控制权侵害少数股东保持警惕，通过课以股东之间的诚信义务、禁止股东权利滥用（《公司法》第 21 条）、抑制多数股东控制权行使、赋予少数股东救济权等手段，努力实现实质意义上的股东平等。

（三）股东与公司债权人之间的权利义务关系

股东与公司债权人之间以公司这一组织体为阻隔，一般并不直接发生法律上的权利义务关系，比如股东仅仅以出资为限对公司债务承担有限责任。但是借由公司这一组织体，也会发生组织法上的权利义务关系，或者以组织法为媒介的行为法上的权利义务关系。一方面，股东与债权人都是公司的重要利益相关者，依照《公司法》第 1 条规定，保护二者的合法权益都是公司法的立法宗旨，比如在控股股东、实际控制人通过非公允关联交易损害公司利益的场合下，少数股东与公司债权人在不少场合下往往同为受害者。另一方面，股东与公司债权人之间存在利益冲突，无论是公司治理的安排，还是清算财产的分配次序，以及次级债权理论规则下，法律必须平衡二者的利益。比如，依照《公司法》第 21 条第 1 款规定，股东对公司债权人也负有诚信义务，不得滥用股东权利损害公司债权人的利益，否则，依《公司法》第 23 条第 1 款规定，股东滥用公司法人独立地位和股东有限责任，逃避债务、严重损害公司债权人利益的，可能被适用法人人格否定规则，对公司债务承担连带责任。又比如，公司不能清偿到期债务的，瑕疵出资的股东可能直接被公司债权人请求承担损害赔偿责任。再如，股东会违反“无盈不分”原则作出的分配股利决议，可能被公司债权人诉请确认无效，从而发生股东对公司的不当得利返还。

第二节　股东身份的取得与丧失

一、股东身份的取得

股东身份的取得原因包括投资和其他合法原因。按照股东是否对公司直接投资入股，股东身份的取得可以分为直接取得与间接取得。

股东身份还是股东资格？股东身份一词，首先是指股权这一独立民事权利类型的权利主体，其次是指公司这一社团法人的成员身份，最后是面对公司这一商事主体的一种法律身份。但是我国公司立法、司法解释文本以及主流理论文献，多使用“股东资格”一词，似有约定俗成之势。本书以为不妥。查“资格”一词的含义，一是指为获得某一特殊权利而必须具备的先决条件，如取得竞选总统资格；二是指从事某种活动时间长短所形成的资历（身份），如摆老资格。查阅我国各类立法文件，发现“资格”一词多在上述第一种含义上使用，如《全国人民代表大会组织法》上的选民资格、《律师法》上的律师执业资格、《公司法》第八章标题就是“公司董事、监事、高级管理人员的资格和义务”，如第 178 条规定的即是选任董监高的资格。循此，股东资格本应该用来指称某人取得股权、获取股东身份而必须具备的先决条件，如是否需要具备行为能力、是否需要为本国公民等，但我国公司立法、司法解释文本以及主流理论文献使用的“股东资格”一词完全不是这等意思。直白地说，同一部公司法，如果股东资格与董事资格中的“资格”含义完全不同，肯定是错了的。故此，本书认为使用“股东身份”比“股东资格”更妥适。

（一）直接取得

股东基于其股权投资（equity investment）而取得股东身份。直接取得股东身份的人就是公司资本的提供者。直接取得又分为成立时取得和成立后取得两种情况。

1. 公司成立时取得。发起人和募集股份的认股人基于公司的设立而取得股东身份，在公司成立日取得股东身份，故称为初始股东，意为公司的第一批股东。

2. 公司成立后取得。公司成立后存续期间增资的，股东以外的人因认购增资而取得股东身份。此类股东的身份从何时算起？我国公司法没有直接规定。《日本商法典》第 280 条之九规定，新股认购人自缴款日期之次日起取得股东身份。这一规定可资借鉴。

（二）间接取得

没有直接向公司投入资本的人也有机会取得股东身份。所谓间接取得，也称传来取得、派生取得，是基于股权投资以外的其他原因而取得股东身份。此处的“其他原因”包括股权的转让、继承和公司合并等，其中转让又包括买卖、互易、赠与等方式：买卖、互易属于有偿转让，赠与属于无偿转让。

1. 转让。股东在公司成立后不得抽回出资，但可以通过转让股权而退出公司。股权一经转让，转让人丧失股东身份，受让人同时成为股东。

2. 继承。股权作为财产权利，当然可以被继承。此处的继承包括法定继承、遗嘱继承与遗赠。股份公司的股权继承一般不受限制，但有限公司的股权继承往往受到限制。《公司法》第 90 条规定，有限公司章程可以限制其股权继承。

3. 公司合并。在吸收合并中，兼并公司以自己的股份为对价置换被兼并公司的股份，被兼并公司的股东因而成为兼并公司的股东。在新设合并中，合并公司的股东依法取得合并后新设公司的股东身份。

原始取得与继受取得。我国不少公司法著述将股权的取得方式分为原始取得与继受取得，其含义大致和上述直接取得与间接取得分别对应。但本书反对在此场合使用原始取得与继受取得的概念。原因在于，这一对概念本来用于民法上物权取得方式的分类，如果公司法借用这一对概念，又不在其原来意义上使用，恐徒增概念分歧。在民法上，原始取得是指物权人所取得的物权原来不存在或者与原权利人没有继受关系，据此，善意取得属于原始取得。但在采用原始取得与继受取得概念的公司法著述上，又将股权的善意取得归为继受取得，或者与原始取得、继受取得并列，概念混乱可见一斑。而且，原始取得与继受取得的分类着眼于股权的原权利人与股东之间有无继受关系，直接取得与间接取得的分类着眼于股东对公司有无直接出资，而股权正是股东对公司的权利，站在公司组织法的立场以及方法论的角度，后者不仅更胜一筹，且更有实益。

二、股东身份的丧失

股东身份可以取得，也可以丧失。就资合公司的情形看，股东身份丧失的主要原因如下。

1. 公司终止。股东身份相对于公司法人而言，股权是股东对公司享有的权利，公司终止，股权与股东的概念亦不复存在。

2. 自然人股东死亡或法人股东终止。主体不复存在，身份自然丧失。

3. 失权。股东违反法律、公司章程的，经过催告失权程序而丧失股权，股东身份自然不保。

4. 公司注销股份。公司因减资等原因而注销股份的，被注销的股份消灭。标的不存，权利自然无以立身，该股份的持有人因此丧失股东身份。

5. 股票的丧失。《公司法》第164条规定，股票被盗、遗失或者灭失，股东可以依照《民事诉讼法》规定的公示催告程序，请求法院宣告该股票失效。法院宣告该股票失效后，股东可以向公司申请补发股票。这说明，记名股东的股票被盗、遗失或者灭失的，可以依赖特定的法律程序获得救济，该股东的身份得以保持。但无记名股票被盗、遗失或者灭失，则可导致股东身份的丧失。

6. 股份让与。股东转让股权的原因与方式有很多，包括买卖、赠与、被公司回购、被强制执行等。

7. 法律规定的其他原因，如股份的抛弃等。

第三节　有限公司股东身份的认定

一、股东身份认定纠纷的由来

股东身份认定纠纷是一个极具中国特色的公司实务问题。在国外公司实务中极少发生此类纠纷，我国司法实践中则存在大量的股东身份纠纷。① 这不仅包括许多单纯的股权确认之诉，在股权转让纠纷、股东权益纠纷以及追究股东瑕疵出资责任的诉讼中，通常也夹杂股东身份的认定问题，且后者是解决这些纠纷的前提条件。究其根源，我国现阶段投资人的财产状况不透明、公司设立与运作不规范等都是促成股东身份认定纠纷频发的原因。而关于股东身份认定标准的立法规范的缺失，加剧了司法裁判的困难。

我国的股东身份认定纠纷，主要发生在有限公司；再进一步分析，有限公司的股东身份认定纠纷主要发生在发起人股东身上，在认股人股东、间接取得股权的股东、后加入股东身上并不常见。故下文主要讨论有限公司发起人股东的身份认定。

凡当事人向法院起诉请求确认其股东身份的，应当以公司为被告，与案件争议股权有利害关系的人作为第三人参加诉讼。

---

① 周友苏．新公司法论．北京：法律出版社，2006：223．

二、股东身份认定的基本原则与依据

（一）认定原则

1. 平衡各方利益。股东身份的认定，涉及投资人、公司、公司债权人等多方主体的利益。其中，投资人与公司之间涉及投资安全，投资人与债权人之间涉及交易安全，投资人相互之间涉及人身信任关系。股东身份的认定，要注意对诸利益主体的平衡性保护。

2. 维护公司组织稳定。认定股东身份应尽可能地使公司成立有效，使公司已成立的行为有效，不轻易否定公司组织本身，不轻易否定公司已成立的行为，不轻易否定股东身份。

3. 区分内外纠纷，尊重真实意思。投资人与公司、投资人相互之间发生的股东身份认定纠纷，属于内部纠纷，应该着重考虑投资人有无成为股东的真实意思表示，尊重投资人的投资意愿。投资人与公司债权人之间、股权转让双方之间发生的股东身份认定纠纷，属于外部纠纷，涉及第三人保护问题。第三人通常是通过公司的外观特征来了解、判断公司的成员构成的，应本着商法的公示主义和外观主义精神来保护第三人。比如，公司债权人以登记于公司登记机关的股东未履行出资义务为由请求其就公司债务不能清偿的部分在未出资本息范围内承担补充赔偿责任，股东以其仅为名义股东而非实际出资人为由进行抗辩的，法院将不予支持。至于名义股东承担该赔偿责任后向实际出资人追偿的，属于二者之间的内部权利义务关系，法院应予支持。

4. 优先保护弱者。在投资人与公司之间，能够证明股东身份的许多证据掌握在公司手中，公司是优势方，投资人是劣势方，在举证责任的分配等环节应该注意对投资人的保护。类似地，在股东、公司与外部第三人如债权人、股权受让人之间，前二者是优势方，后者是劣势方，应当注意对第三人的保护，制裁恶意的规避法律行为。

（二）认定的依据：要件论还是特征论

不少公司法著述提出，一个人具有股东身份须具备一定的要件，包括实质要件和形式要件：前者指出资，后者包括公司章程记载、股东名册记载、商事登记、公司发给的出资证明书等。在此基础上，要讨论的一系列问题包括：实质要件与形式要件哪个更重要（结论一般是前者更重要）；出资是取得股东身份的必要条件与否、充分条件与否；每一要件的证明力大小；形式要件之间发生冲突应该怎样处理等。"要件论"存在认识的误区，不仅无助于问题的解决，反而产生了更多的逻辑困惑与混乱。比如，一些公司法著述将出资当作取得股东身份的必要条件，但同时又承认没有出资的发起人也可以成为股东。

如果把所谓的要件当作股东的法律特征来看，许多困惑可以迎刃而解。在我国的有限公司，可以证明股东身份的法律特征有认缴出资，出资事实，签署公司章程与章程记载的股东名单，持有出资证明书，股东名册记载，商事登记，实际行使股权。其中，认缴出资、出资事实、签署公司章程与实际行使股权属于行为要件，又称为实质特征；余者属于书面文件，又称为形式特征。概括地说，在设立、运行规范的公司中，每个股东的上述法律特征是齐备的，而且相互之间不存在冲突。这样，每个股东的身份就不会有疑问，所谓股东身份认定纠纷也就不存在。之所以发生股东身份认定纠纷，直接原因就是一些"股东"不完全具备上述法律特征，或者诸法律特征之间相互冲突。在此背景下，要确立认定股东身份的规则，须对这些特征与股东身份的关系逐一分析。

三、股东的身份特征及认定

（一）关于认缴出资与实际出资

一些公司法著述将股东定义为公司的出资人，进而演绎：一个人不对公司出资，便不具有股东身份。这种说法貌似公允，实则片面。因为：第一，对于间接取得股权的股东而言，其并未对公司直接出资。第二，对于公司设立时的发起人股东、认股人股东以及公司增资时加入的股东而言，严格地说，股东并非是已经向公司出资的人，而是承诺出资的人，也就是认购出资的人。我国的司法实践经验是，当事人之间对股权归属发生争议，一方请求法院确认其享有股权的，应当证明的事实之一就是“已经依法向公司出资或者认缴出资”。可见，认缴本身的证明力与实缴是一样的。具体而言。

1. 在认缴制下，这一道理更加浅显易懂，因为一定时期内部分股东不出资，既是正常的安排，也是合法的行为，当然不能由此被否定股东身份。我国现行法允许有限公司的发起人选择一次性或者分期缴纳出资，其中自然包含着各个股东并不总是同步、同期出资的意思。

举例：假定10个人发起设立注册资本1 000万元的有限公司，设立协议及公司章程都约定首次出资300万元全由其中一人缴纳，余额由其余9人在5年内逐次缴清。那么，该公司成立时，其余9人均未实际出资，岂能由此而被否定股东身份！

2. 瑕疵出资者须承担相应的法律责任，并不当然被否定股东身份。即使只有部分股东出资，只要符合法定资本最低额的要求，就不影响公司的成立，这是往下讨论的基础。出资认购人违反出资义务的，构成瑕疵出资，瑕疵出资者要承担相应的法律责任，包括对其他股东的违约责任、对公司的资本充实责任、损害赔偿责任等，但不能动辄被否定股东身份。只有最终适用催告失权程序的，其股东身份才被剥夺。从《公司法》第49条和第50条的立法用语来看，其所规定的瑕疵出资责任都是指向“股东”这一主体的；之所以被追究瑕疵出资责任，正是以承认其股东身份为前提的，否则，就会存在逻辑悖论。当然，瑕疵出资者虽然通常不被否定股东身份，但根据权利、义务相统一原则，其股权的行使要受到限制。如《公司法》第210条和227条规定，有限公司股东按照“实缴的出资比例”分取红利和优先认缴新增资本，即体现了这一原则。

总之，（实际）出资，是股东对公司的义务而不是取得股东身份的条件。逻辑上，先有股东身份，才有出资义务，而非相反。这一认识带来如下启示。

（1）没有出资事实，不一定就不具有股东身份。特别是对于发起人而言，不能动辄以某发起人未履行出资义务即所谓不具备股东身份的实质要件为由，否认其股东身份。

（2）反过来，有出资事实，不一定就具有股东身份。这是因为出资并非股东身份认定的唯一要件。这一规则在隐名出资背景下的名义股东与实际出资人的股东身份认定上得以充分体现。详见下文关于隐名出资的内容。

（二）关于公司章程的签署与记载

签署章程，说明行为人有成为公司股东的真实意思，所以经列名股东签署的公司章程对内是确定股东身份的最主要依据；同时，因公司章程须经商事登记，故也具有对外公示效力，是外部第三人据以判断公司股东的主要依据之一。此外，公司章程的绝对必要记载事项包括股东（股份公司的发起人）的记载，章程关于股东权利、义务的规定具有对抗其他股东会决议的效力。可见，公司章程的签署与记载（二者之间一般没有冲突）是股东身份的认定依据，对内、对外均有适用。

《公司法》第87条规定，有限公司股权转让后，公司应当相应修改公司章程有关股东及其出资额的记载，对于公司章程的此项修改不需要再由股东会表决。所以，将股权变更事项记载于章程，既是股东的权利，也是公司的义务。在股权转让场合，出让人、受让人依法向公司提出变更公司章程记载的请求，公司拒绝的，权利人得提出给付之诉，请求法院判令公司变更公司章程的记载。这一规则，也应当适用于股份公司发起人股东转让股票的情形。

但是，依据章程认定股东身份，只限于有限公司的股东和股份公司的发起人股东。[①] 因为我国公司法仅要求股份公司章程记载发起人的姓名或名称，对于股份公司的非发起人股东而言，章程对其股东身份的认定没有价值。

（三）关于出资证明书

有限公司的出资证明书与股份公司的股票都属于股权凭证。有限公司成立后，应当向出资股东签发法定代表人签名、加盖公司印章的出资证明书（《公司法》第 55 条）。股权转让的，公司注销原股东的出资证明书，向新股东签发出资证明书（《公司法》第 87 条）。

出资证明书属于证权证书，作用是证明出资事实的发生。作为一种证明手段，出资证明书之存否不能直接决定实体法律关系之存否。作为证权文书，出资证明书并无设权效力。在无相反证明的情形下，只要持有出资证明书，首先就应当认定向公司出资之事实；至于是否能够证明股东身份，存在争议，通说肯定之，本书采之。在隐名出资的情况下，公司签发出资证明书给隐名出资人的，证明公司对隐名出资的事实知情；签发给显名股东的，证明公司对隐名出资的事实可能不知情。

以上是出资证明书的正面效力。不过，反过来说，不能出示出资证明书者，并不能当然被认定不具有股东身份。特别就公司而言，更不能仅以对方不能出示出资证明书为由否认其股东身份。这是因为，向股东签发出资证明书是公司的义务，公司接受股东出资后如未签发出资证明书，不可以反过来凭此否定对方的股东身份。所以，出资人依法向公司提出签发出资证明书的请求，公司拒绝的，出资人得提出给付之诉，请求法院判令公司签发出资证明书。

（四）关于股东名册

股东名册（records of shareholders/owners，list of shareholders/stockholders），指公司依法设置的记载股东及其所持股权的簿册。《公司法》第 56 条、第 102 条规定，两类公司都应当置备股东名册，股东名册记载的事项包括：股东姓名或名称及住所；股东的出资额或者所持股份数；出资证明书或者股票编号；各股东取得其股份的日期。第 87 条规定，股权转让后，公司应当修改股东名册中有关股东及其股权的记载股权。第 159 条第 1 款规定，股票转让后，公司将受让人的姓名或者名称及其住所记载于股东名册。

在无相反证明的情形下，公司股东名册的效力主要表现为以下三个方面。

1. 推定效力。《公司法》第 56 条第 2 款规定，“记载于股东名册的股东，可以依股东名册主张行使股东权利”；第 86 条第 2 款进一步规定，“股权转让的，受让人自记载于股东名册时起可以向公司主张行使股东权利”。这些规定针对有限公司，在法理上也适用于股份公司。据此，在股东与公司之间的关系而言，在册股东（即股东名册记载的股东，record owners）仅凭股东名册的记载即可向公司主张股东身份，行使股权，公司不得否认之，除非公司能够证明记载错误。在册股东被推定为股东，如若有人对此有异议，异议者负证明责任。[②]

2. 对抗效力。股东名册推定效力的一个推论是，公司可以拒绝承认未在册股东。但另一方面，不得得出反向解释的结论——公司可以单凭未在册的事实而否认其股东身份。这是因为，将股东记载入股东名册，乃是公司对股东的法定义务。在股权转让的场合下，出让人、受让人依法书面通知了公司股权变动的事实且向公司提出变更股东名册记载的请求，公司拒绝或者未在合理期限内答复的，依《公司法》第 86 条第 1 款规定，权利人得提出给付之诉，请求法院判令公司在一定期限内变更公司股东名册记载。所以，在股东与公司之间，单凭股东未在

---

① 施天涛. 公司法论. 2 版. 北京：法律出版社，2006：228.

② 李哲松. 韩国公司法. 吴日焕，译. 北京：中国政法大学出版社，2000：242.

册的事实，并不当然推论其不具有股东身份，尤其在公司无正当理由拒绝变更记载、错误记载或者合理期限内拒不答复的情形下。

3. 免责效力。股东名册推定效力的另一个推论是，公司依法对在册股东履行了通知、送达、公告、支付股利等义务后，即可免除相应的责任。

举例：A公司股东名册记载甲股东的住所，后甲住所变更，但未提示A公司变更股东名册的记载，则A公司对甲股东的股东会议通知因为邮寄地址错误，甲没有收到，则A公司不承担相应的责任。当然，公司明知股东名册上记载错误的，自然不能免责。

股份公司的非发起人记名股东，由于没有签署公司章程，也没有在公司章程记载，其在公司内部的身份认定更依赖股东名册。但对于股份公司的无记名股东而言，股东名册对其身份认定没有价值。

（五）关于股东的商事登记

公司股东登记大致分为三种情况：第一，有限公司股东或者股份公司发起人由公司登记机关登记，又称股权商事登记；第二，根据《证券法》第145条，上市公司股票交易由证券登记结算机构登记；第三，持有未上市的股份公司股票的股东由根据地方政府有关规定设立的股权托管机构登记。这里只讲述前者。

股东登记属于证权性登记，本身并无创设股东身份的效力，只具有对外宣示股东身份的证权功能。《公司法》第34条规定，“公司登记事项发生变更的，应当依法办理变更登记。公司登记事项未经登记或者未经变更登记，不得对抗善意相对人”。如前所述，包括股权变更登记在内的法人变更事项登记的对抗要件主义立法，为《民法典》第65条所统一确立。可见，股东登记并非股东身份享有以及变动的生效要件，而仅是对抗要件。对第三人而言，股权登记具有公信力，其有理由信赖公司股东登记的真实性，即使登记有瑕疵，按照商法外观主义，第三人仍有权利相信商事登记是真实的，并要求所登记的股东按登记的内容对外承担责任。因此，对于第三人而言，公司股东登记在股东身份认定时具有优先的效力，但以其善意信赖登记为前提。

正因为承认善意第三人对于股东登记的信赖利益，所以在由于某种原因（如隐名出资、一股再卖等情形）出现股东登记名实分离的情形下，得适用股权善意取得制度来保护善意受让人的合法权益。

股权是股东对公司享有的权利，公司也就相应地对股东承担义务，包括应当向股东签发出资证明书、将股东的名称在相关文件上登记/记载等。实践中很多公司并未依法履行这些义务，这既侵害了股东的权益，也会影响股权的稳定性。故当事人依法履行出资义务或者依法继受取得股权后，公司未尽上述义务时，股东有权提起诉讼要求公司履行该义务。在股权转让场合，受让人依法受让股权后，有权请求公司办理股东登记变更手续，转让人负有协助义务，公司、转让人不得拒绝，否则，受让人得向法院提起给付之诉，请求判令公司变更登记，或向转让人提起违约损害赔偿之诉。

（六）关于实际行使股权

实际行使股权，包括出席股东会会议、提出临时提案、参与股东会表决、参与公司股利分配等。在逻辑上，行使股权是取得股东身份的结果，而不是取得股东身份的要件或原因。由此观之，仅以实际行使了股权为由主张股东身份不能获得支持。但这并不妨碍“实际行使股权”这一事实特征作为认定股东身份的依据。

在纠纷发生之前，实际行使股权的人绝不会与公司毫无干系，往往具有股东的其他形式特征。就公司、其他股东的内心而言，如不是出于误会，既然允许某人实际行使股权，肯定是以承认其股东身份为前提的。而且，尽量认可实际行使股权者的股东身份，有利于维护公司稳定和交易安全。当然，如果确有其他证据证明实际行使股权者不具有股东身份，应该实事求是。但反过来，没有实际行使股权的也可能是股东。实践中，正是因为某些股东被公司、其他股东不当剥夺或限制股权行使，才酿成了股东身份认定纠纷。

总结：(1) 形式特征对于股东身份的证明功能主要是对外的，在股东与公司外部第三人的纠纷中，比实质特征更有证明力。这源于双方之间的信息不对称，后者处于劣势，所以重在考察当事人意思表示的外在形式，借助商法的公示主义、外观主义以维护交易安全。其中，商事登记的公信力最强，在同等条件下优先于其他形式特征。(2) 实质特征的证明功能主要是对内的，在解决股东与公司之间、股东相互间的内部纠纷时证明力优于形式特征。这是因为当事人之间的信息比较对称，知己知彼，所以重在考察当事人的内心真实意思。其中，签署公司章程反映行为人作为股东的真实意思，优先于其他实质特征。

四、隐名出资下的股东身份认定

(一) 隐名出资的概念

在我国商事实践中，由于各种原因公司相关文件中被记名的股东（名义股东）与实际出资人（隐名出资人、真正出资人）相分离的情形并不鲜见。此处的实际与名义相对、记名与隐名相对，在记名股东的背后还有一个不具备股东形式特征的实际出资人。隐名出资现象多出现在我国的有限公司中。隐名出资人有向公司实际出资的事实，但章程、出资证明书、股东名册和商事登记等书面文件记载的股东是他人，即名义（记名）股东（nominee，record owners/shareholders）。

在法律允许的隐名出资关系中，隐名出资人与名义股东之间通常存在一份书面或口头的委托合同，或者出于一种默契的默示合同，这属于契约关系，但是会与公司组织法发生联系，进而可能发生组织法的效力。委托合同关系的存在使得名义股东区别于冒名股东。如果冒用他人名义出资并将该他人作为股东在公司登记机关登记的，属于侵犯他人姓名权的侵权行为，冒名登记行为人应当承担相应的法律责任；公司、其他股东或者公司债权人以未履行出资义务为由，请求被冒名登记为股东的人承担所有基于股东身份而发生的法律责任的，法院一概不予支持。

隐名出资现象之所以在我国公司实践中流行，具有复杂的时代性背景与社会原因，诸如国民财富的不透明，财产安全感的不足与产权保护法治不彰，某些地区与行业的贪腐、投资潜规则等，甚至不露富的传统文化与社会心理都促成了这一现象的发生。

(二) 隐名出资协议：契约法立场

隐名出资协议，就是实际出资人与受托的名义股东之间订立的合同，主要内容是由实际出资人出资并实际享有投资权益，以受托人记载或登记为公司股东，为实现前者之投资利益而受托出任公司股东。双方对该合同效力发生争议的，如无《民法典》第一编第六章规定的无效情形，法院应当认定该合同有效。但实践中确有隐名出资涉嫌规避法律、行政法规的效力性强制规定的，如部分党政干部利用公职之便牟取暴利，以所谓“隐名出资人”的身份参股矿产资源开采、娱乐服务行业等，对此应当认定无效。

(三) 孰为股东：纯粹的组织法规则

隐名投资引发的纠纷主要有二：一是名义股东与实际出资人之间的股东身份之争，具体而言，投资权益利好的时候，会衍生争当“股东”之纠纷；在投资权益利空的时候，会出现推诿

“股东”之纠纷。二是名义股东、实际出资人与第三人之间的权利责任之争，比如究竟谁来对公司、其他股东、公司债权人承担瑕疵出资行为生成的诸项法律责任，以及谁的债权人可以强制执行该股权以实现债权等。解决这些纠纷的核心，是认定孰是股东。

对此，除非实际出资人完成了“现身”机制——名义股东认可，且经过其他股东过半数同意而转化为股东，否则名义股东就是股东，实际出资人不是股东。之所以称隐名出资人为“实际出资人”而不称为“实际股东”，就是因为其在通常意义上并不被当作公司股东；之所以称受托人为“名义股东”，是因为其具备股东的形式特征，也在通常意义上被法律承认为公司股东。这一立场，当然符合公司组织法的要义，是商法外观主义的典型体现。

隐名出资下的股东身份认定：彻底的名义原则（外观主义）建构设想。隐名出资情形下的股东身份认定，应该采用彻底的名义原则——隐名出资协议的受托人即股东，委托人（实际出资者）并非股东；作为例外，如出资者愿意“现身”且为公司认可（也即经其他股东的过半数同意），则出资者为股东，受托人不复被承认为股东。名义原则意味着在同一时间点上就一份出资而言，仅有一人具有股东身份。在此意义上，所谓“名义（显名）股东”“隐名股东”以及“形式股东”“实质股东”之类的名词，徒增概念叠乱，不仅对于公司法的概念体系建构毫无助益，对于股权归属认定与纠纷解决亦无帮助。盖股东之身份，仅为针对公司而言之称谓，股东行使股权之主张，亦只能针对公司而主张。对于公司而言，仅承认站在前台的“隐名出资协议的受托人”为股东，至于隐在其身后之人是谁，一般情形下并不过问——隐在其身后的出资人仅为“出资人”而非“股东”，其本人也不得向公司主张股权。

（四）隐名出资协议及涉他纠纷的解决

处理隐名出资引发的法律问题，涉及多个主体以及多层面的利益关系的平衡，但核心是确定谁是公司的股东。对隐名出资人、受托人（股东）与公司、其他股东、公司债权人之间的关系处理，具体规则如下。

1. 隐名出资关系的双方，归由契约法解决

（1）双方就股权投资收益的归属发生争议的，如果名义股东与实际出资人约定由名义股东出面行使股权，但由实际出资人享受投资权益，这属于双方间的意思自治，根据缔约自由的精神，如无其他违法情形，该约定应有效，实际出资人可依照合同约定向名义股东主张相关权益。

（2）《公司法》第 56 条第 2 款规定股东名册中的记名，是名义股东（即记名人）用来向公司主张权利或向公司提出抗辩的身份依据，而不是名义股东对抗实际出资人的依据，所以名义股东不能据其抗辩实际出资人。同样，第 34 条虽然规定未在公司登记机关登记的，不得对抗第三人，但在名义股东与实际出资人就股东身份发生争议时，名义股东并不属于此处的“第三人”，名义股东不得以该登记否认实际出资人的合同权利。

2. 与公司、其他股东的关系，由组织法解决

在实际出资人与名义股东之间，实际出资人的投资权益应当依双方的委托合同确定并依法保护。但如果实际出资人对公司请求变更股东、签发出资证明书、记载于股东名册、记载于公司章程并办理公司登记机关登记等，此时实际出资人的要求就已经突破了前述双方合同的范围，实际出资人将从幕后走向前台、从公司外部进入公司内部而“现身”为公司的成员，对于其他股东而言意味着要接受一位新的成员成为他们股东群体的一分子，这就属于公司组织的问题了。在强调成员的封闭性、相互间人身信任关系的有限公司中，尤其需要充分尊重其他股东的意愿，故可以参照适用《公司法》第 84 条第 2 款规定的股东向股东以外的人转让股权的规则。

隐名出资下的实际出资人“现身”机制亟待重塑。在我国公司法实践中，按照公司、其他股东是否知情为标准，隐名出资可以分为不完全隐名出资与完全隐名出资。前者是指虽然实际出资人与名义股东分离，但实际上公司（以董监高等管理层为代表）知情，其他股东也知情，唯有公司外部人不知情而已，甚至实际出资人仅借用名义股东的身份证件完成股权的商事登记与股东名册记载而已，其余的行为要件如出席股东会等都由实际出资人亲为，公司、其他股东也乐于接受，包括分红款都是直接交付给实际出资人的。后者是指实际出资人与名义股东的隐名出资协议除二人之外，别无所知。对于后者，实际出资人的现身机制必须受到严格的限制。所以，名义股东处分其名下的股权给受让人的，实际出资人以自己为实际投资权益享有者为由主张处分合同无效或者股权移转无效的，不予支持，受让人理应不需援用善意取得以求自保，因为名义股东属于有权处分而非无权处分（详见本书下一章），这一契约法（交易法）的重要前提是由组织法解决的，与隐名购房等纯粹交易法上的问题并不相同。《九民纪要》第 28 条确立不完全隐名出资下其他股东的“默示同意规则”，也即实际出资人能够提供证据证明有限公司过半数的其他股东知道其实际出资的事实，且对其实际行使股东权利未曾提出异议的，对实际出资人提出的登记为公司股东的请求，法院依法予以支持。但是，由于 2023 年《公司法》修订案取消了此前《公司法》第 71 条第 2 款关于有限公司股权对外转让需经其他股东过半数同意的规则，后者为《九民纪要》第 28 条确立的“默示同意规则”的根基，今后司法裁判规则如何重新建构，尚需下一步的探索。

3. 与公司债权人的关系，受组织法与契约法的双重约束

公司债权人以登记于公司登记机关的股东未履行出资义务为由，请求其就公司债务不能清偿的部分在未出资本息范围内承担补充赔偿责任，股东以其仅为名义股东而非实际出资人为由进行抗辩的，法院不予支持。名义股东承担该赔偿责任后，可以向实际出资人追偿。依照反向解释，可以得出公司债权人以实际出资人实际享有投资权益为由主张其承担上述出资责任的，不受支持的推论。

类似地，名义股东的债权人请求强制执行其名下的股权以实现债权的，应予支持，实际出资人以自己为实际投资权益享有者为抗辩的，也不予支持。依照反向解释，实际出资人的债权人请求强制执行其实际享有投资权益的“股权”以实现债权的，不予支持，但请求执行实际出资人实际享有的投资权益的除外。

重要概念提示

隐名出资协议；隐名出资人

理论思考

1. 简述我国股东权利义务的体系。
2. 检索我国相关法律规定，总结公职人员成为公司股东受到哪些限制。
3. 出资是取得股东身份的必要条件吗？

第十四章
股　权

提　示

本章的内容涉及股权的概念、法律性质、分类、客体与具体内容。学习重点在于股权的具体内容，学习难点在于具体股权的界定。关于股权的概念界定与具体股权的内容界定，可能留给读者最突出的印象是，本章对一些概念的展开讨论澄清了一些沿袭已久的似是而非的说法。

第一节　股权概述

一、概念

股权，股东权利的简称，指股东基于股东身份在法律上对公司享有的权利总称。股权的法律特征可以从以下几个方面分析。

1. 股权的主体。股权主体是股东，义务主体是公司。凡具有股东身份者，皆对公司享有股权。股东出资构成公司的资本，换取对公司的股权。股权体现了股东与公司之间的权利义务关系，从股东的角度看是股东对公司享有的权利，从公司的角度看是公司对股东负有的义务。作为权利主体的股东可为单数，也可为复数，后者如股份共有的情形。

2. 股权的内容。股权是投资性权利，也是当然的商事权利类型。《民法典》第125条规定，民事主体依法享有股权和其他投资性权利。第268条规定，国家、集体和私人依法可以出资设立有限公司、股份公司或者其他企业。国家、集体和私人所有的不动产或者动产投到企业的，由出资人按照约定或者出资比例享有资产收益、重大决策以及选择经营管理者等权利并履行义务。《公司法》第4条第2款规定，公司股东对公司依法享有资产收益、参与重大决策和选择管理者等权利。据此，股权的内容是法定的，不允许股东自我设定权利。从股权的内容看，股权主要包括资产收益权与参与公司经营管理权：前者直接体现为财产利益，包括股利分配请求权、剩余财产分配请求权等；后者不直接体现为财产利益，包括表决权、股东会召集和主持权等。这说明股权的内容具有综合性，并非一种单一性民事权利。

3. 股权的客体。股权的客体是指股权的作用对象，在有限公司是出资，在股份公司是股份。

4. 反映出股东之间的法律关系。除一人公司、国有独资公司外，公司的股东均为复数。股东按投入公司的资本额享有股权。这就是股份平等或者资本平等原则，由此决定了各个股东享有股权的多少存在差异。股东彼此在利益上尽管总体上是一致的，但也存在着冲突，股权虽为股东对公司的权利，但实质上反映出股东之间的法律关系。

二、学理分类

（一）自益权与共益权

依照股东行使股权是单纯为自己还是兼为公司、其他股东作此分类。自益权，指专为股东自己利益而行使的权利；共益权，指股东为自己的利益并兼为公司的利益而行使的权利。[①] 这是学理上对股权的最基本的分类，也是最有实益的分类。

就自益权与共益权的性质而论，前者主要是财产权，是股东投资的本来目的所在；后者主要是非财产权，实际上是为了更好地实现投资收益权而必不可少的管理性权利。在内容上，自益权主要体现为股东获取投资收益权，以及有关的附属性权利，具体包括股利分配请求权、剩余财产分配请求权、新股认购请求权，以及股权凭证交付请求权、股东名册变更记载请求权等；共益权主要体现为股东参与公司经营管理权，包括股东会议召集请求权、提案权、出席会议权、表决权、查阅账簿权、公司决议撤销权等。二者相辅相成，共同构成完整的股权体系。当然，自益权与共益权的划分不是绝对的，因为股东的个人利益集中体现为经济利益，而股东参与公司管理集中体现为股东个人利益与公司利益的有机结合，某些共益权如查阅账簿权可以作为自益权行使，从而兼具两类权利的属性。

冻结的股权。股权因股东涉及的民事纠纷而被法院冻结时，到底哪些股权因此受到影响？冻结股权的目的是财产保全，其后果体现在对于股东处分股权本身以及处分所分得的股利、剩余财产予以限制，如不得将分得的股利转移，不得将股权转让或设定质押等，以防止股权以及资产收益的流失，但既不剥夺、限制股权中的共益权如临时股东会召集权、表决权、知情权、股东诉权等的享有与行使，也不剥夺、限制股权中的自益权如股利分配权、剩余财产分配权等的享有与行使。所以，股权冻结既没有否认股东身份，也不限制股权的行使。

（二）固有权与非固有权

依据股权可否受到法律之外的剥夺或者限制为标准作此分类。固有权，指股东依法得享有而不得以公司章程或公司决议予以剥夺的权利。反之，得以公司章程或公司决议加以限制、剥夺的股东权利即为非固有权。但如何界定二者的具体范围，学界大抵认为依公司之本质及法律规定而定。[②] 一般而言，共益权多属固有权，自益权多属非固有权。

这一分类的意义，在于明确哪些权利是可依章程或公司决议予以剥夺、限制，哪些权利不得以此方法予以剥夺、限制，以增强有关当事人的权利意识和守法意识。凡对固有权加以剥夺或者不当限制者，均为违法行为，受到侵害的股东可依法主张权利救济，如请求法院宣告股东会决议无效或者撤销。如在我国上市公司实践中，有些公司股东会或者董事会作出决议，规定只有持股达到一定数量的股东才有权出席会议。这一决议剥夺了部分股东的出席会议权这一固有权，应被认定为无效。

（三）单独股东权与少数股东权

依据股权行使是否须具备一定的股权比例为标准作此分类。单独股东权，指可由股东一人单独行使的权利，不问其持股数额多寡。少数股东权，指持有一定比例股权的股东才能行使的权利，具体比例由法律或者公司章程规定。少数股东权的核心要求是"股权达到一定比例"，故行使少数股东权的股东既可为持股之和达到该比例的数个股东，也可为持股达到该比例的单

① 廖大颖. 公司法原论. 台北：三民书局，2002：118.

② 柯芳枝. 公司法论. 增订5版. 台北：三民书局，2002：185.

个股东。

在性质上，股东的自益权均属单独股东权，共益权中既有单独股东权（如表决权），也有少数股东权（如股东会议召集请求权）。从保护股东的视角，共益权原则上应为单独股东权，但不少公司法对部分共益权的股东持股比例予以限制，且要求一定的持股期间。立法之所以将部分共益权规定为少数股东权，主要出于平衡的考虑：一方面，将少数股东权作为一种对抗多数股东的措施，并借此保护少数股东；另一方面，预防个别股东滥用股权，维护公司的整体利益，因为对于一些股权的行使，如不加以适当限制，将极大增加公司的运营成本。

至于哪些共益权被规定为少数股东权，以及持股比例与期间的要求如何，并不是一个公司法理问题，而很大程度上属于立法的政策选择问题，各国的公司法律环境不同，公司立法的规定也就不一致。我国《公司法》关于少数股东权的规定大致如下。

1. 请求召开临时股东会会议。代表 1/10 以上表决权的股东可以提议召开临时股东会会议（第 62 条）；单独或者合计持有公司 10%以上股份的股东可以请求召开临时股东会会议（第 113 条）。

2. 召集和主持股东会会议。在一定条件下，代表 1/10 以上表决权的股东可以自行召集和主持股东会会议（第 63 条）；连续 90 日以上单独或者合计持有 10%以上股份的股东可以自行召集和主持股东会会议（第 114 条）。

3. 临时提案。单独或者合计持有 1%以上股份的股东可以在股东会召开 10 日前提出临时提案（第 115 条）。

4. 提议召开董事会临时会议。代表 1/10 以上表决权的股东可以提议召开股份公司临时董事会会议（第 123 条）。

5. 提起股东代表诉讼。在股份公司，连续 180 日以上单独或者合计持有 1%以上股份的股东可以提起代表诉讼（第 189 条）。

6. 请求解散公司。在一定条件下，持有公司 10%以上表决权的股东，可以请求法院解散公司（第 231 条）。

此外，域外公司法还通常规定，请求解任董事、清算人与申请公司整顿等权利也属于少数股东权。

单独股东权与少数股东权区分的一个学理标准。公司法学理论通说认为，如法律规定不明的，可以借助以下两个规则来认定某项股东权单独股东权或少数股东权的属性：(1) 该权利能否被股东滥用，如是，则归属于少数股东权；同理，如某项股东权存在持股期间的限制，则属于少数股东权，以防止股东权滥用。(2) 区分封闭公司与公众公司，前者存疑的，归属于少数股东权，后者存疑的，归属于单独股东权。

对于法定的少数股东权行权比例，一般认为公司章程只能降低而不得提高，唯此才能实现公司法关于保护少数股东的立法目的，比如《公司法》第 110 条第 2 款规定，连续 180 日以上单独或者合计持有公司 3%以上股份的股东有权要求查阅股份公司的会计账簿、会计凭证，但公司章程对持股比例有较低规定的，从其规定；第 115 条第 2 款规定，单独或者合计持有 1%以上股份的股东，可以在股份公司股东会会议召开 10 日前提出临时提案并书面提交董事会，公司不得提高提出临时提案股东的持股比例。

（四）比例股权与非比例股权

根据股东权利的内容可否依据股东的持股比例进行确定，可以将股权分为比例股权与非比例股权。比例股权，是指股权的内容必须以股东的持股比例为基础进行确定的权利，典型者如股利分配请求权、剩余财产分配请求权、新股优先认购权以及表决权等。非比例股权，是指股权的内容不以股东持股比例为基础即可确定的权利，如知情权、股东提起各种诉讼的权利均为非比例股权。①

这一分类的最直接意义是用来界定瑕疵出资股东的股权限制范围。前文已述，对于瑕疵出资股东的某些股东权利有必要进行适当的限制。但股东权利的内容繁杂，究竟哪些权利应该受到限制以及如何进行限制，是一个技术难题。相对合理的做法就是根据某项股东权利是否属于比例股权而定。比例股权本身即是股东按照实际的持股比例确定的权利，对于股东而言，其全面履行出资义务是享有相应股东权利的正当性依据，故瑕疵出资的股东的比例股权理应受到相应限制，也就是应按照其实缴的出资比例行使，《公司法》第 210 条和第 227 条的规定即体现了这一原理。一般来讲，比例股权与股东自身利益的关系较非比例股权而言要更密切，在股东瑕疵出资的情况下，对其比例股权进行限制，将更有效地督促瑕疵出资股东全面履行出资义务，消除出资瑕疵。另外，比例股权具有可分割计算的特性，客观上也使得对瑕疵出资股东的比例股权进行限制成为可能，而非比例股权则不应受到此种限制。

（五）普通股权与特别股权

依据股权的客体即股份的性质不同作此分类，在我国公司法引入类别股之后，这一分类更为重要。普通股股东享有的权利为普通股权，特别股股东享有的权利为特别股权，如优先股、后配股股东所享有的权利即为特别股权。这一区分多适用于股份公司，但实际上在有限公司也有适用的空间。特别股权并不违反股权平等原则。这是因为：其一，特别股股东的权利与义务是对等的，在某些方面的利益优于普通股股东，但在其他方面的利益逊于普通股股东，反之亦然，如无表决权的优先股股东；其二，特别种类的股份的设定源于公司章程，合乎股东自治原则；其三，同一类别的特别股权的内容是相同的。

第二节　出资与股份的相关概念

一、出资与股份

（一）概念

广义的股份，是公司资本的最小构成单位，包括股份公司发行的股份和有限公司股东的出资。在大陆法系公司法，股份是狭义的，只指前者，股份与股票（股份的表现形式）这一对概念只适用于股份公司。在有限公司使用“出资”的概念，表现形式是出资证明书。英美法系公司法不存在股份公司与有限公司之形式区分，所以也就没有股份与出资、股票与出资证明书之区分，而一律称为股份（股票）。大陆法系公司法这样做，主要是出于从形式上区别两类公司的考虑。但在公司实务与普通民众的生活语言中，人们更倾向于接受广义的股份概念，因为从股份作为公司的资本构成和股东对公司投资的基本属性来看，两类公司的股东出资没有差别。

我国公司法沿袭大陆法系公司法的做法，在有限公司使用“出资”与“出资证明书”这一对概念，在股份公司使用股份与股票这一对概念，出资与股份分别成为有限公司、股份公司的特有概念。股份与出资的区别是：股份是一种被区分为等额的资本单位，股东以此“单位”为基础享有权利，每一单位的权利是平等的。而出资没有被区分为等额的资本单位，股东只是按照出资比例享有权利。有鉴于此，本书所谓股份也专指股份公司的股份。

① 施天涛. 公司法论. 北京：法律出版社，2006：241.

《公司法》第142条第1款规定，“公司的资本划分为股份。公司的全部股份，根据公司章程的规定择一采用面额股或者无面额股。采用面额股的，每一股的金额相等”。据此可将股份定义为：股份是构成股份公司资本的最小的均等计量单位。把股份公司资本分割成为股份，所发行的股份总和就是股本总额。发起人、认股人依照认购的股份额缴纳股款，股东依照股份享有相应的权利。因此，股份不仅是公司资本的基本构成单位，也是表示股东权利、义务的基本单位。

（二）区别

先来看股份的内在法律特征。

(1) 不可分。股份是股份公司资本的最小计算单位，自然不能再分割。股东认购股份至少1股以上且为整数，也可以数人共有1股。共有人可以推选一人行使股东权，但既不能分别行使整个股权，也不能将股份再次分割成若干份，由各共有人分别行使。

(2) 等额。股份是对公司资本的等额划分，在金额上具有等额性。每一股份所代表的资本额均等，整齐划一。在面额股份中，表现为股份金额相等；在无面额股份中，表现为在资本总额中所占比例相等。

(3) 平等。股份所代表的资本额相等，同次发行的同种类股份，其发行条件、价格相同。而且，同一种类的每股股份所包含的股东权利平等，即同股同权。股份平等是股权平等原则的基石。

(4) 自由转让。股份可以自由转让，除非法律有特别限制，公司章程或决议不得予以限制。股份的自由转让保证股东退出股份公司的渠道畅通。

出资并不划分为等额的股份，所以不直接具有股份的不可分、等额、平等等特征。当然，有限公司股东同一次取得相同比例的出资额，其出资金额也应该相同，所享有的权利也是相同的，除非股东之间另有约定。此外，出资转让要受到更多限制，不如股份转让自由（《公司法》第84条）。此外，二者的表现形式也有重大区别：股份以股票为表现形式，出资的表现形式为出资证明书，而且，股份必须表现为股票，但出资证明书在多数国家并不是出资的必要凭证。

二、出资证明书与股票

（一）出资证明书

出资证明书，是有限公司成立后向股东签发的书面出资凭证。其法律特征如下。

1. 一种证书。出资证明书不代表一定的民事权利，也不记载票面金额，属于一种证书。出资证明书本身无法转让，有限公司股东转让出资的，并不伴随出资证明书的交付，而是将出资证明书交回公司注销，再由公司签发新的出资证明书给受让人（《公司法》第87条）。

证书与证券。现代社会生活中广泛使用的各种具有法律效力的书面凭证，据其效力分为证书与证券两类。证书，是记载一定法律事实的文书，其作用仅仅是证明此种法律事实曾经发生，如结婚证书、借据等。作为一种证明手段，证书之存否并不直接决定实体的法律关系之存否。证券，是记载并代表一定的民事权利的书面凭证，不仅证明权利的存在，且权利与证券结合在一起，证券本身即代表权利。依据证券与其所表示的权利之间的联系密切程度，证券又分为：(1) 金券。权利与证券密不可分的证券，如邮票。(2) 资格证券。证券义务人对持有人履行义务后即免责，又称免责证券，如车船票。(3) 有价证券。券面上记载一定的金额或者财产数量，表示一定财产权利，因而“有价”，权利人原则上不得离开证券行使权利。常见的有票据（本票、支票、汇票）、债券、国库券、提单、股票等。[①]

① 梁慧星，陈华彬. 物权法. 3版. 北京：法律出版社，2005：35-36.

2. 证明出资事实的证书。出资证明书证明的事实是股东已经向公司履行出资义务。

3. 公司签发的证书。出资证明书必须在公司成立以后才能向股东签发，出资证明书本身并不创设股权。

4. 要式证书。出资证明书必须依法定条件制作，记载法定事项，并加盖公司印章。《公司法》第 55 条规定，出资证明书必须载明下列事项：公司名称；公司成立日期；公司注册资本；股东的姓名或者名称、认缴和实缴的出资额、出资方式和出资日期；出资证明书的编号和核发日期。

（二）股票

股票（stock），是股份公司发行的，表示股东按股份享有股权的有价证券。《公司法》第 147 条第 1 款规定："公司的股份采取股票的形式。股票是公司签发的证明股东所持股份的凭证。"股票是股份法定的外在表现形式和载体，是股权凭证。股票与股份形同表里，在很多情况下被视为同一个概念。二者的关系，从股份的角度看，股份是股票依附的物质内容，如股份不存，股票也就毫无价值；从股票的角度看，股票的存在价值在于使股份财产实现了证券化，从而使股份公司资本的实物形态与价值形态分离，提高了股份公司财产的运行效率。股票的法律特征如下。

1. 一种证券。股票完全符合前述证券的定义。

2. 证权证券。证权证券和设权证券相对应，区别在于：前者以证明权利的存在为功能，后者以设定权利为功能。股权因股份的认缴而产生，并不因股票的发行而创设，所以股票不是设权证券，仅证明已经产生的股权。

3. 有价证券。股票的价值在于股份的价值，也即在于该股份所代表的资本金额及股权的大小。有价证券代表的权利与证券本身不可分离，证券转移则权利随之转移。股票也是如此。

4. 要式证券。《公司法》第 149 条规定，股票采用纸面形式或者中国证监会规定的其他形式，纸面形式的股票应当载明如下事项：公司名称；公司成立日期或者股票发行的时间；股票种类、票面金额及代表的股份数，发行无面额股的，股票代表的股份数。股票采用纸面形式的，还应当载明股票的编号，由法定代表人签名，公司盖章。发起人股票采用纸面形式的，应当标明发起人股票字样。

5. 流通证券。股份的自由转让也就意味着股票的自由转让。

6. 永久证券。股票将一直存在，没有固定期限，除非公司终止，故有别于公司债券。股票的失效原因有二：公司注销股份的，相应的股票自然无效；记名股票丧失的，经过公示催告程序，法院作出除权判决，股票因而失效。

三、股份的类型

按照不同的标准，可将股份区分为不同的类型。各国公司法上有多种类型的股份。《公司法》第 144 条规定："公司可以按照公司章程的规定发行下列与普通股权利不同的类别股：（一）优先或者劣后分配利润或者剩余财产的股份；（二）每一股的表决权数多于或者少于普通股的股份；（三）转让须经公司同意等转让受限的股份；（四）国务院规定的其他类别股。公开发行股份的公司不得发行前款第二项、第三项规定的类别股；公开发行前已发行的除外。公司发行本条第一款第二项规定的类别股的，对于监事或者审计委员会成员的选举和更换，类别股与普通股每一股的表决权数相同。"不同种类股份所代表的权利各不相同，因此，公司发行的股份类型须在公司章程、招股说明书中载明，股票票面上也须载明该股份的种类，以明确各种股份持有人的权利义务关系。

1. 记名股与无记名股

依照股票票面和股东名册上记载股东姓名与否为标准作此分类。记名股（registered stock）是将股东姓名记载于股票和股东名册的股份，反之，就是无记名股（stock to bearer）。

记名股与无记名股也可以相互转换。随着计算机应用的普及，上市公司的股票发行和交易都实现了无纸化，股票的买卖过程完全通过计算机网络来完成。股票的无纸化发行、交易使上市公司股票都是记名股的形式，但同时具有无记名股票转让简便的优点。

记名股、无记名股的转让方式和权利行使方式均有不同。在我国，记名股的转让须以背书方式或者法律、行政法规规定的其他方式，转让后将受让人的姓名或名称及住所记载于股东名册。记名股的权利只能由记名股股东本人行使，其他人不能凭此向公司主张股权。无记名股转让时，交付股票于受让人即可发生转让的效力，无须背书或履行过户手续，凡持有人即为股东。可见，记名股的优点是有利于公司掌握股东状况，了解股份流通动态；无记名股的优点是股份流通便利。记名股票被盗、遗失或者灭失的，股东可以依照《民事诉讼法》的公示催告程序，请求法院宣告该股票失效，尔后向公司申请补发股票。

《公司法》第147条规定股份公司发行的股票应当为记名股票，禁止发行无记名股票。另据有关法规，股份公司发行的境内上市外资股、境外上市外资股都应当采用记名股票。

2. 面额股与无面额股

依照股票有无表示金额为标准作此分类。面额股（par value stock），是股票票面表示一定金额的股份。面额股的每股金额相同，每股金额与股份总数的乘积即为公司的资本总额。许多国家的公司法规定了面额股的面值即最低限额，如德国、法国。我国公司法没有规定最低限额，实践中一般以人民币1元为限。

无面额股（non-par value stock），亦称比例股，股票票面不表示一定金额，只表示占公司股本总额的比例。无面额股的好处是公司增资无须再发行或增加新的股份，只要实际上增加每股所代表的资本额即可；弊端在于股份所代表的金额经常处于不确定状态，增加了转让的难度。目前允许发行无面额股的只有美国、加拿大、卢森堡等少数国家。

我国也允许发行无面额股份，《公司法》第142条规定，公司的资本划分为股份，公司的全部股份根据公司章程的规定择一采用面额股或者无面额股，采用面额股的，每一股的金额相等。公司可以根据公司章程的规定将已发行的面额股全部转换为无面额股或者将无面额股全部转换为面额股。采用无面额股的，应当将发行股份所得股款的1/2以上计入注册资本。

3. 表决权股与无表决权股

依照股东有无表决权为标准作此分类。表决权股（voting stock），是享有表决权利的股份，普通股都有表决权。反之则为无表决权股（non-voting stock）。无表决权股属于特别股。无表决权股份的产生主要有两种情形：

（1）法律的规定。依法被剥夺表决权的股份主要是公司的自有股份，意在防止公司管理层借机控制公司，损害公司、其他股东利益。《公司法》第116条第1款规定，“股东出席股东会会议，所持每一股份有一表决权，类别股股东除外。公司持有的本公司股份没有表决权”。

（2）公司章程的规定。依章程被剥夺表决权的股份主要是优先股，以优先分配股利或剩余财产为内容。投资者的目的就是获取股利，对公司管理不感兴趣，所以愿放弃表决权以换取特别利益。根据权利、义务相一致原则，这样的设计是合乎法理的。在股东表决权回避制度中，利害关系股东在某一具体事项上没有表决权，如《公司法》第15条第3款规定，公司为股东、实际控制人提供担保的，关联股东不得参加股东会的表决。但是，在个别事项上的表决权回避与此处的无表决权股是两个概念，被排除表决权的前提是该股东享有表决权，仅仅在某一特定事项的表决上被排除，不影响其在其他场合享有和行使表决权。

表决权股还可以进一步分为三种。

(1) 普通表决权股。每股享有一票表决权的股份。

(2) 多数表决权股。给予特定股东以超过其股份数的表决权，又称复数表决权（multiple voting)、"一股多权"（multiple votes)，如1股2权、1股20权。此处的特定股东多指公司内部人股东如董事股东、创始人股东。设置多数表决权股的目的是保留上述人员对家族公司、私人公司的控制权。德国较早实行多数表决权股，将此种股份售给公司董事、监事。英国也有所谓管理股，英国的规定类似于德国的做法。

(3) 限制表决权股。表决权受到公司章程限制的股份，如某一股东持有的股份数额超过公司资本一定比例时，对其表决权加以限制，又称部分表决权（fractional voting)、"多股一权"(fractional voting)，如2股1权、20股1权等。此处的特定股东指公众股东。美国于20世纪初曾发行这种股份，迎合了公众投资者只追求优厚的股利而无意参与公司管理的心理，结果把大量股东排斥在公司治理之外，造成个别股东操纵公司的局面。

在我国，2023年《公司法》修订后第116条第1款规定，"股东出席股东会会议，所持每一股份有一表决权，类别股股东除外。公司持有的本公司股份没有表决权"。依字面解释，"类别股股东除外"承认了股东平等原则下的例外，是在引入类别股之后对一股一权原则的突破。第144条第1款第2项规定，公司可以按照章程规定发行与普通股权利不同的类别股，其中包括"每一股的表决权数多于或者少于普通股的股份"。类别股相对于普通股，后者是指传统的、完整具有股权各项权能的股份，前者是指股东权利在某些方面有所扩张或限制的股份类型，其理论基础是股权的各项子权利可相互分离，重新组合。① 此种权利构造更加全面地阐释了股东平等原则。股东平等原则是指股东之间基于股东地位享有权利或者承担义务时，应当享有平等待遇，具体包括形式平等与实质平等。形式平等即一股一权，意味着凡是持有相同类型股份的股东，依据其持有股份的数量，依法享有同等的权利、承担同等的义务，并承担同等的责任；实质平等强调股东依照其所持有的股份类型以及股份数量获得平等待遇，即拥有同一种类型股份的股东依据其持股数量享有股东权利。实质平等意味着"同等状况同等对待，不同状况不同对待"，也即同股同权。差异化平等只能建立在股份的不同类别之上，而不得建立在其他因素之上。② 在此意义上，股东平等原则相较于股权平等原则，是更为深刻的具有实质意义的法律原则。

《公司法》第146条引入类别股股东会决议规则，规定："发行类别股的公司，有本法第一百一十六条第三款规定的事项等可能影响类别股股东权利的，除应当依照第一百一十六条第三款的规定经股东会决议外，还应当经出席类别股股东会议的股东所持表决权的三分之二以上通过。公司章程可以对需经类别股股东会议决议的其他事项作出规定。"这一规定对于分类表决事项的规定呈现出"列举加概括"的立法模式：首先，涉及修改公司章程、增加或者减少注册资本的决议，以及公司合并、分立、解散或者变更公司形式的决议，除股东会特别决议之外，还需经可能受损害的类别股股东会议的特别决议；其次，由于法律列举明显不能囊括实践中出现的各种情形，故而通过对"可能影响类别股股东权利"此实质要件的概括式规定来进行兜底，此处"等"字为等外等，其余存在"影响类别股股东权利"的可能的事项亦应当由类别股股东分类表决。

---

① 朱慈蕴，沈朝晖. 类别股与中国公司法的演进. 中国社会科学，2013 (9)：149.

② 赵玲. 我国类别股创设的法律路径. 法学杂志，2021 (3)：79.

但是，假如股份公司章程明确规定了少数股东的多数表决权股或者多数股东的限制表决权股，这样的规定有利于少数股东，应该得到法律承认。当然，类似的规定如出现在有限公司章程中，也没有效力的障碍（《公司法》第65条）。

4. 普通股与特别股

依照股份所代表的权益及承担的风险大小为标准作此分类。

普通股（common share），即无特别权利的股份，是股份公司发行的最重要、最基本的股份。普通股的典型特征如下。

（1）全风险型股份。普通股承担全面的投资风险。首先，普通股股利的分配顺序排在公司债权和优先股之后。其次，普通股的股利多少也不固定，视公司的盈利情况而定。盈利多，股利“水涨船高”，反之则低，甚至无利可分。最后，在公司清算财产分配顺序上，普通股也排在公司债权和优先股之后。可见，普通股股东的利益与公司的利益联系最为密切，公司经营业绩好的，普通股股东是主要的受益者；反之，他们就是主要的受损者。

（2）完全股权的股份。正因为普通股的全面风险性，尤其是与公司经营业绩密切相关，各国公司法都赋予普通股股东以全面的股权，经济学上谓之享有“剩余财产索取权”（residual claims）和“剩余财产控制权”（residual control），在法律上包括自益权和共益权的全部内容。

特别股，或称类别股，是有某种特别权利的股份，特别权利的具体内容由法律、公司章程规定，通常体现在股利分配、剩余财产分配、表决权等方面。特别股依其内容可以分为优先股与后配股（或称劣后股）。所谓优先或者劣后，都是与普通股相比较而言的。公司实务中，特别股主要表现为优先股、劣后股等，其中优先股（preferred shares），是某些权利优先于普通股的股份。优先股的股息一般是固定的，不受公司经营状况的影响，具有某些债权的性质。按照权利、义务一致原则，优先股在某些方面的权利受到限制。一般来说，若优先股股东在股利分配、剩余财产分配方面享有优先权，则表决权会受到限制或不享有表决权；反之亦然。特别股的典型特征如下。

（1）少数股份。与普通股相比，特别股在公司股份总额中占少数且只能占少数，否则就会失去意义。特别股的股东一般为：对创建公司有贡献的发起人，公司为了尽快募足资金以优先股吸引入股的股东，公司职工，放弃表决权的股东。

（2）半风险型股份。特别股本质上体现为一种优先购买权、劣后权，比如此处的“优先性”（preference）是权利顺位上的优先。尽管如此，优先股的分配也要受公司经营状况的影响，如果公司连年亏损，优先股也可能分配不到股利或者剩余财产。

依照《公司法》第144条规定，我国公司法上的股份类型包括特别股实行法定主义，根据优先购买权、劣后权的内容不同，特别分为以下主要类型。

第一种类型，优先或者劣后分配利润或者剩余财产的股份。此属于财产权益特别股，具体又分为股利分配优先股、股利分配劣后股、剩余财产分配优先股、剩余财产分配劣后股，比如股利分配优先股，就是指公司有可分配的盈余时应先分配给优先股；如有剩余，再分配给普通股；再有剩余，才分配给股利分配劣后股。又比如剩余财产分配优先股，就是指公司破产重整、解散清算时的剩余财产分配，优先股股东优先于普通股股东和劣后股股东。

第二种类型，每一股的表决权数多于或者少于普通股的股份。如果表决权数多于普通股，俗称表决黄金股，比如普通股一股一个投票权，但黄金股一股20个投票权，或者黄金股股东拥有对于章程规定的某些特别事项的否决权、决定权。当然，公司章程也可以设计某些股份的表决权数低于普通股。公开发行股份的公司不得发行此类类别股，但公开发行前已发行的除外。公司发行此类类别股的，对于监事、审计委员会成员的选举和更换，类别股与普通股每一股的表决权数应当相同。

第三种类型，转让须经公司同意等转让受限的股份。此类股权转让受限，不是指《公司法》第 160 条对于发起人股东、实控人、董监高转让股权的法定限制，而是指公司章程规定的其他转让受限股。此类类别股的设置，通常有利于公司市场价值的维护与增长。公开发行股份的公司不得发行此类类别股，但公开发行前已发行的除外。

第四种类型，国务院规定的其他类别股。这是立法机关对于国务院引入新类型的特别股的授权，更彰显了我国公司法上股份类型法定的理念。

第三节　股权的内容

一、股权内容的界定

股权是股东基于股东地位在法律上对公司享有的一系列权利的总称。股权在内容上是多种民事权利的集合，包含多项具体权利。股权究竟包含哪些独立的具体权利，值得探讨。在我国公司法著述上，有的仅仅罗列了数种具体权利，有的则罗列了达二十种之多，可见差异之大，需要认真审视具体股权的界定标准。具体股权的界定，需要回到股权的定义来把握。前文关于股权的定义，包含以下关键信息。

1. 股权是股东基于股东地位对公司享有的权利①，所以区别于股东作为一个普通民事主体所享有的其他民事权利。

股东的多种身份。比如，甲是乙公司的股东，同时购买了乙公司发行的债券，那么，甲对乙公司享有的公司债权属于甲享有的民事权利之一，但不属于甲基于股东地位对乙公司享有的股权。再比如，在上例中，甲自有一栋房屋，那么甲对该房屋享有的所有权包括转让权，当然与乙公司无关，当然不属于甲股东对乙公司享有的股权。认识到这一点，有的公司法著述将股东“依法转让出资或股份的权利”列为股权内容，显然不妥。股权，与房屋所有权一样，属于股东享有的财产权，就其转让，与前述房屋的转让一样，对于股东与公司的关系而言并无区别，与股权的内容没有干系。

2. 股权的义务主体仅限于公司。股权的义务主体一定是公司，在极个别场合延伸至公司法人机关及其成员如其他股东、管理层等，如股东行使的质询权指向公司管理层。所以，股东享有的不以公司为义务主体的权利，如对于其他民事主体享有的权利，不属于股权的范畴。在此意义上，股权类似于债权，具有对人权、相对权与请求权的某些特征。

3. 股权的内容法定，不得自设。1993 年《公司法》曾规定公司章程应当记载“股东的权利和义务”事项，这意味着公司章程可以自行设定股东的权利。其不妥之处有二：第一，如果自设的权利具有物权（对世权）属性，无疑属于“自我赋权”，可能与物权法定原则直接冲突；如果自设的权利具有债权属性，由于不能约束相对人，毫无意义。第二，公司章程依照“资本多数决”原则制定、修改，如允许章程自行设定股权，恐有多数股东为自己设定权利损害其他股东之忧。因此，股东的权利、义务应当由法律作出统一的强行性规定。所以，2005 年修订案删除了这一规定。

被选举权是不是股权？有的公司法著述将股东的“被选举权”列为股权内容之一，有失妥

---

① 柯芳枝. 公司法论. 增订5版. 北京：中国政法大学出版社，2004：162，548.

当。如其所言，所谓的股东“被选举权”，是指“公司的股东只要符合公司法规定的公司的董事和监事的任职资格，就可依法定的议事规则被选举为公司的董事或者监事”。显然，从义务主体的角度看，公司对股东不负有这一义务；从立法来看，《公司法》并没有规定股东享有“被选举权”，如果以公司章程规定了在某种条件下某股东有被选举为公司董事、监事的资格为由而主张“被选举权”成立，则不足为信。

4. 具体的股权类型应当具有独立的内容，并具有一定的涵摄性。

选举权、投票权是不是股权？有的公司法著述将股东“选举权”列为股权内容之一，似有不妥。如其所言，所谓的股东“选举权”，是指“股东通过股东会选举公司的董事或者监事的权利”。股东确有此权利，且是股东参与公司经营管理的一项重要权利。但是，这一权利是股东通过股东会会议对关于董事、监事选举的相关提案进行投票表决而行使的，除此之外，股东还可以通过股东会会议对其他所有的提案进行投票表决。在此意义上，如果将选举权单列为一类股权，岂不会涌现出太多的股权类型——只要在股东会的职权范围之内，一类提案就会有相应的一个股权类型，如决定股利分配权、决定公司分立/合并权等，难以穷尽。实际上，股东表决权是所有此类权利的上位概念，既具有内容上的独立性，又具有一定的涵摄性。至于有的公司法著述将“累积投票权”也单列为一类股权，更失妥当，因为累积投票仅仅是股东在个别场合（仅适用于选举董事、监事）行使表决权的一种投票规则而已。

5. 区分原权利与救济性权利。不少公司法著述都将股东诉权列为股权内容之一，但关于股东诉权的界定和包含的具体诉权类型，彼此间存在很大的差异。如有的将股东诉权定义为股东“向人民法院起诉和应诉，请求人民法院行使审判权以保护其权益的权利”，显然失之过宽。因为，任何民事主体的民事权利受到侵害都可以寻求诉讼救济，不为股东所专享，此处的诉权表现为一种救济性权利，与每一项民事权利相对应。这里有必要区分原权利与救济性权利。股权属于原权利而非救济性权利，列入股权内容的股东诉权也应该是原权利，具有独立的实体内容，严格区别于股东作为一个民事主体在股权受到侵害时所享有的作为救济性权利的诉权。

6. 不包括股东义务的内容。股权是权利，故其内容限于权利，不包括义务在内。有的公司法著述将股东义务罗列在股权内容之中，于逻辑上不通。

二、我国公司法上的具体股权

（一）概说

股权的具体内容因公司的类型及股权的性质不同而不尽一致，各国公司法一般不具体列举股权的内容，但都明确规定最为核心的具体股权，如表决权、分配股利请求权等。我国公司法采用概括规定与分散规定相结合的方式规定了主要的具体股权。除《公司法》第 4 条第 2 款的概括性规定外，具体的股权类型散见于各章节的多个条文。

《公司法》第 4 条第 2 款规定，“公司股东对公司依法享有资产收益、参与重大决策和选择管理者等权利”。据此，股权在内容上主要分为两类权利，即股东的资产收益权和参与公司经营管理权，既有财产权的一面，又有非财产权的一面。[①] 资产收益权直接体现为公司营运中的股利分配请求权和公司清算时的剩余财产分配请求权，间接地体现为新股认购优先购买权、异议股东股份回购请求权，以及有限公司股东的优先购买权等派生性权利。

股东参与公司经营管理权，是对参加公司重大决策的权利和选择管理者的权利的概括。现

① 赵旭东. 公司法学. 2 版. 北京：高等教育出版社，2006：320.

代公司实行“两权”分离，公司经营管理由管理层负责，股东作为所有者并不直接参与公司的经营管理，其享有的经营管理权是间接的，即必须依照法律、公司章程规定的程序，通过参加股东会会议对提案进行表决的形式集体行使权利，任何股东单凭股东身份都无权直接参与公司经营管理。所以，股东参与经营管理权集中体现为对公司重大决策和选择管理者事项的表决权，并借此实现对公司的控制。为保障表决权的实现，股东还享有必要的派生性权利，包括：出席股东会会议权；提议召开临时股东会会议、董事会会议权；股东会会议的召集和主持权；临时提案权与监督权等。

此外，股东还享有一些工具性权利，以保障股东资产收益权和参与公司经营管理权的实现，这些工具性权利主要包括知情权、股东诉权、强制解散公司请求权等。

（二）主要的具体股权

依上述分析，我国公司法上具体的股权类型主要包括但不限于以下权利。

1. 股利分配请求权

股利分配请求权（dividend claims），指股东基于公司股东身份请求公司分配股利的权利。股利分配请求权属于期待权，能否转为既得权取决于两个条件：公司具备分配股利的条件，即在一个财务会计年度公司有利润，且在弥补亏损、依法提取公积金之后尚有剩余；公司依法作出了分配股利的决议。这两个条件具备与否，实质上取决于其背后的两个因素：客观因素，即公司的盈利能力；主观因素，即公司的股利分配政策。如前所述，股份公司通常奉行“固定股利分配政策”，所以股利分配请求权能否转为既得权，一般仅取决于公司具备分配股利条件与否。但在多数股东控制下，有限公司通常实行“不分配股利政策”“长期不分配股利政策”，所以股利分配请求权能否转为既得权，不仅取决于客观因素，更取决于公司是否作出分配股利的决议。如股东认为有限公司的“长期不分配股利政策”侵害了自己的股利分配请求权，可以寻求包括诉讼在内的救济。相关内容在本书第十二、十八章展开，此不赘述。

股利分配请求权的精确定义。这一定义表明股利分配请求权不同于请求公司交付股利请求权（有的公司法著述称为“具体股利请求权”）。如果股东会已经作出了载明股利分配方案的股利分配决议并交付董事会执行，公司与股东之间形成债的关系，公司不履行交付股利给股东之义务的，股东可以请求公司承担债务不履行的责任。

2. 剩余财产分配请求权

剩余财产分配请求权（residual claims），指股东对公司清算时的剩余财产所享有的请求分配的权利。剩余财产分配请求权是股东向公司得以主张的最后的权利，以公司清偿全部债务后尚有剩余财产为前提（《公司法》第236条）。

3. 与资产收益权相关的派生性权利

（1）新股认购优先购买权（preemptive rights）。准确地讲，是股东对公司新增资本的优先认购权。《公司法》第227条对此有规定，详见本书第九章的介绍。

（2）异议股东股份回购请求权。公司作出的决议对股东利益产生实质影响，对该决议持有异议的股东认为违反了自己的合理期待的，有权要求公司以公平价格回购自己持有的股份，从而退出公司，变相实现投资回报。《公司法》第89条、第161～162条对此有规定，详见本书第十五章、第十八章。

（3）有限公司股东的优先购买权。有限公司股东转让股权给股东以外的第三人时，其他股东在同等条件下享有优先购买权。这一权利既有利于维护有限公司封闭性与维持股东彼此间人身信任关系，也有助于股东资产收益权的实现。《公司法》第84条对此有规定，详见本书第十五章。

4. 表决权

表决权（voting rights），是股东就股东会议的议案进行投票表决的权利，属于固有权（无表决权股除外）。股东出席或委托代理人出席股东会会议并投票，对由股东会会议议决的事项表示赞成、弃权或者反对的意见。股东参与公司经营管理的法定模式就是通过表决权来表示意思，所以，表决权是股东参与公司经营管理的核心权利。如议决事项是关于选举公司董事、监事的，表决权就表现为所谓的“选举权”，可见“选举权”包含在表决权之中。关于表决权及其行使，详见本书第十七、十八章。

5. 与表决权相关的程序性权利

（1）出席权，即股东出席股东会议的权利（《公司法》第 58 条、第 64 条、第 98 条、第 102 条）。

（2）提议召开权，即少数股东在一定条件下提议召开临时股东会、董事会临时会议的权利（《公司法》第 62 条、第 113 条、第 123 条）。

（3）自行召集与主持权，即少数股股东在一定条件下自行召集和主持股东会的权利（《公司法》第 63 条、第 114 条）。

（4）临时提案权，即持有一定股权比例的股东向股东会提出提案、临时提案的权利（《公司法》第 115 条）。

以上诸种权利，既与表决权并列，同时也是股东行使表决权的坚实保障。以表决权为中心，这些权利也可以看作是表决权的派生性权利。关于其详细内容，见本书第十七、十八章。

6. 知情权

知情权，就是股东获取公司信息、了解公司情况的权利。知情权是股东行使资产收益权和参与公司经营管理权的基本前提。《公司法》第 57 条、第 109 条、第 110 条、第 187 条等规定了股东知情权，包括查阅权、复制权、质询权与通过公司信息披露获得信息权等，详见本书第十八章。与知情权密切相关的还有建议权，即股东对公司的经营提出建议的权利（《公司法》第 110 条）。

7. 股东诉权

《公司法》关于股东起诉依据的实体性规范有很多，但多属于股东实体权利受到侵害后的救济性规定，其所规定的“诉权”属于救济性权利，不是独立的实体性权利，不应位列于股权之列。比如，股东的股利分配请求权遭受损害的，可以提起股利分配之诉，此处的股利分配诉权，就是对于股利分配请求权这一实体性权利的救济性权利。具有独立的实体性权利地位而属于股权体系的股东诉权主要包括三个。

（1）公司决议瑕疵诉权。对于内容或者程序违反法律、行政法规与公司章程的股东会、董事会决议，股东可以诉诸法院，要求确认无效、不成立或者撤销。《公司法》第 25～28 条对此有规定，详细内容见本书第十八章。

（2）股东代表诉权。公司管理层、他人侵害公司利益的，公司自身可以提起诉讼寻求救济，但也可能因为被前者控制而丧失起诉的能力，这将间接侵害股东利益，在公司不能或者怠于起诉的，股东可以提起（双重）代表诉讼，此为股东代表诉权。《公司法》第 189 条对此有规定，详细内容见本书第十八章。

（3）司法解散公司诉权。在法定的特殊情形下，股东可以申请法院强制解散公司。这一权利的实质，是股东在极端情形下凭借单方意思借助司法权来消灭公司，可以视作股东参与公司经营管理权的非常规表现与威慑手段。在此意义上，强制解散请求权属于一种工具性权利。《公司法》第 231 条对此有规定，详见本书第九、十八章。

三、股权被侵害的救济

作为私法意义上的一种民商事权利，股权可能遭到来自公司内外有关主体的不法侵害。股权遭受不法侵害的，法律应当予以救济，救济方式包括股东的私力救济与公力救济。其中，私力救济主要是对股东权益损害的事前预防，公力救济则是公权力对股东权益受到侵害后给予的救济，主要是指受侵害股东提起诉讼后引发的司法救济。我国公司法自2005年修订后大为强化了对于股东尤其少数股东的司法救济力度，确立了股权保护的司法救济基本体系，意义重大。鉴于一般的民商事权利受到侵害后都有相应的司法救济措施，股权的司法救济也适用民事权利救济的一般原理，所以无须展开，如果涉及公司组织法的特性，相关的详细内容安排在本书第十八章讲述。

重要概念提示

自益权；共益权；少数股东权；单独股东权；普通股；特别股

理论思考

1. 详述我国的股东权利体系。
2. 固有权与非固有权的区分标准是什么，如何识别？

第十五章

股权转让

提　示

本章的内容结构编排是：先讲述股权转让（包括有限公司出资转让与股份公司股份转让）的一般原理，再分别讲述出资转让与股份转让各自的规则，最后讲述出资转让与股份转让共同适用的两个具体规则，即股权回购与股权设质。本章的重点与难点内容主要有二：有限公司股东的优先购买权，股权回购。

第一节　股权转让概述

一、概念

股权转让（transfer of share），指公司股东将股权移转给受让人，由受让人取得股权、成为股东的法律行为。其法律特征可以从以下几方面观察。

1. 转让的含义。在民法上，“民事权利转让”中的“转让”的本义，概指一切引起民事权利移转的法律行为，包括有偿行为与无偿行为，前者指买卖与互易，后者指赠与。公司实务中，股权转让也存在股权买卖、股权互易和股权赠与三种类型。从《公司法》第四章“有限责任公司的股权转让”与第六章第二节“股份转让”的立法用语看，“股权转让”基本上是在“股权买卖”的狭窄含义上使用。但有时又是混乱的，如《公司法》第 90 条关于有限公司股权继承的规定也赫然列于第四章“有限责任公司的股权转让”之下，显然，股权继承是与股权转让相并列的概念，同属于股权变动的情形。为了将就公司立法用语，本章的“股权转让”也在“股权买卖”的含义上使用，如包括股权互易与赠与行为，则会特别指明。

2. 间接取得股权的方式之一。股权的间接取得包括转让、继承与公司合并。可见，转让与继承是并列关系，股权转让不是股权继承的上位概念。

3. 一种合同行为。转让，包括买卖、互易和赠与等，均属法律行为，适用民法关于法律行为的规定。股权转让当事人之间属于合同关系，需要签订书面的或者达成口头的股权转让合同。股权转让合同以双方当事人达成合意即告成立，其生效首先要符合法律行为的一般有效要件即主体适格、内容合法、意思表示真实，如果法律、行政法规对其生效规定有特别要件的，从之。

4. 当事人为股权转让人与受让人。股权转让法律关系当事人分别称为转让人与受让人，公司不是当事人。转让人肯定是公司股东，受让人可以是转让人以外的任何相对人，包括公司、其他股东与第三人。

5. 不影响公司的法人资格。股权转让完成后，公司股东发生变更，甚至伴随控制权的转移。但公司法人资格一般不受影响，唯在导致全部股权归于一人时，有限公司成为存续的一人公司，在一定期限内应符合一人公司的资本条件；股份公司在一定期限内应当变更为一人有限公司，否则，应当解散。

6. 只能发生在公司存续期间。公司成立前或者终止后，无所谓股权，也就无所谓股权转让。实务中所谓的公司设立阶段的"股权转让"，准确地说应该属于发起人资格转让或者认股权转让。

二、股权转让合同

（一）股权转让合同的内容

1. 受让人的义务。除非是股权互易或者赠与，在股权买卖合同中受让人负有依约支付价金的义务，否则，承担债不履行的责任。

2. 转让人的义务。在有限公司，转让人负有移转股权，协助办理变更有关记载、登记的义务。由于股权转让合同应当书面通知公司，故一般由转让方或者双方当事人向公司申请变更有关记载、登记。因转让方过错致未能办理这些变更手续的，转让方承担违约责任。但在有限公司，转让人并不负有交付出资证明书给受让人的义务，转让人应将出资证明书交付给公司，由公司予以注销，而后公司签发新出资证明书给受让人（《公司法》第 87 条）。在股份公司，对于记名股票，转让人负有以背书方式或者其他法定方式转让给受让人的义务；对于无记名股票，负有交付股票给受让人的义务。

（二）股权转让合同的生效

股权转让合同的生效遵循《民法典》规定的合同生效的一般规则，即合同依法成立时生效（《民法典》第 502 条），除非法律另有规定或者当事人另有约定，如合同附有生效的条件、期限，或者法律、行政法规规定需要办理批准手续。

股权转让合同作为一种双务合同，其生效意味着产生双重的债权效力，也即双方当事人可以相互主张对方履行所负的对待义务。按照"股权、债权区分"原则，此种合同债权的生效，并不当然引致股权的变动；股权之变动，除需以股权转让合同生效为前提外，尚需导致股权变动的准物权行为[①]之完成。究其具体内容为何，要看采用何种基于法律行为的股权变动模式。

三、基于法律行为的股权变动之一：有限公司的债权意思主义

股权转让合同生效后，产生债的效力，受让人依约履行交付转让款的义务，出让人依约履行通知公司、交回出资证明书、协助办理股权变更登记等义务，最终的法律效果体现为股权变动，即转让人丧失股权（股东身份），受让人取得相应的股权（股东身份）。在我国公司法上，基于法律行为（如股权转让合同）的有限公司股权变动模式，由于公司法的语焉不详，所以长期以来不仅理论上争论不止，司法实践中的裁判立场也从未统一。

（一）三种理论模式

1. 债权形式主义模式

此论主张，股权转让合同生效后，转让人与受让人之间产生债的关系；再加上公司完成某

---

① 在大陆法系上，导致物权变动的行为为物权行为，以区别于设立权利负担的行为也即债权行为，导致债权、股权等其他财产权变动的行为称为准物权行为，如债权转让、债权承担等即为准物权行为，导致股权变动的行为也为准物权行为。

个行为作为股权变动的生效要件，受让人方取得股东身份，向公司主张股权。此论的优势是明确区分了债权生效与股权变动这两个法律效果，与瑞士、韩国、中国等国民法将不动产登记、动产的交付作为物权变动的生效要件异曲同工，故得此名。根据该行为究竟为何的不同，又分为两种主张。

主张一，是将公司内部的股东名册变更记载作为生效要件，股东名册记载变更后，受让人方取得股东身份，向公司主张股权。此立论的依据是《公司法》第56条第2款的规定："记载于股东名册的股东，可以依股东名册主张行使股东权利。"有人根据对这一规定的文义解释认为，股东名册变更记载作为股权变动的生效要件具有立法论基础。问题是，第2款规定究竟是说股东名册仅仅是向公司主张行权的依据，还是股权变动的生效要件，仍是存疑的。如果将其作为生效要件，就与《公司法》第87条的文义直接冲突。第87条规定："依照本法转让股权后，公司应当及时注销原股东的出资证明书，向新股东签发出资证明书，并相应修改公司章程和股东名册中有关股东及其出资额的记载。对公司章程的该项修改不需再由股东会表决。"这表明，早在股东名册变更记载之前，法律已经承认受让人的"新股东"身份。关键是，股东名册变更生效说的根本缺陷还在于，其完全将股权变动的生效要件局限在股东名册变动，不免过于僵化机械；如考虑到实务中绝大多数有限公司由于治理规范水平有限而并不置备股东名册，则变得有些荒唐；如再考虑到变更股东名册乃是公司的管理层或者实际控制人所为，则恐将受让人置于极其不利的法律境地。

主张二，是将公司外部变更登记作为生效要件，商事登记变更后，受让人方取得股东身份，向公司主张股权。此主张与主张一的缺陷如出一辙，同样存在与《公司法》的其他规定直接冲突的问题。《公司法》第34条规定，"……未经登记或者变更登记，不得对抗善意相对人"，这就确立了有限公司股权变更登记的对抗要件而非生效要件。所以，至少从我国现行公司法的实然立场出发，该主张不可取，至于从理论上的应然立场来看，有学者认为借助于具有外观效力、公信力的登记变更这一生效要件，有利于消弭纠纷，反而具有效率与公平的优势，对此可以继续讨论。但有一点是可以肯定的：将股权变更登记确立为设权登记，为各级市场监管局的执法实践不相容，与《九民纪要》总结的司法裁判经验也是直接冲突的。

2. 债权意思主义模式

此论主张，只要转让人与受让人之间的股权转让合同生效，即在二者之间发生股权变动的效果，受让人即为股东，取得股东权利，且可以向公司主张股东权利，出让人不再享有股东权利。此论对受让人最有利，但完全忽视股权转让中的公司意思参与，与公司组织法的法理不合。

有限公司股权转让中的公司意思参与。一方面，从组织法的立场，公司作为一个社团法人，在其成员的身份发生变动及其背后的权利发生变动此等重大事件上，其意思是不能被忽略的。另一方面，从交易法的视角，公司作为股权的义务主体，股权发生变动的，其被通知的程序必不可少。具言之，有限公司在股权转让中的意思参与，体现为两处。其一，股权乃是股东对公司享有的权利，股东是权利主体，公司是义务主体，在此意义上，股权乃是对人权、相对权、请求权，更类似债权而不是物权，所以股权转让规则应该更多借鉴债权转让中的权利变动规则，而非物权转让中的物权变动规则，依据《民法典》第546条第1款规定，债权转让虽然无须债务人同意，但需要通知债务人才对债务人生效。循此，股权转让的，转让人也负有通知公司的义务，《公司法》第86条第1款开宗明义地明确了这一点，需要进一步引申的是：通知公司的效力何在？应该是：唯有通知公司后，受让人才能对公司主张股东权利。其二，公司受通知后，有权对股权转让提出抗辩。仍然借鉴债权转让的规定，依据《民法典》第545条规定，债权人可以将债权的全部或者部分转让给第三人，但根据债权性质、按照当事人约定以及依照法律规定不得转让的除外；当事人约定非金钱债权不得转让的，不得对抗善意第三人，当事人约定金钱债权不得转让的，不得对抗第三人。循此同理，如果某有限公司章程规定了限制股权转让的条款，出让人违反这一限制约定而转让股权，受通知的公司有无守护章程约款从而不承认该宗股权转让交易、对受让人提出抗辩的权责？回答当然是肯定的。当然，另一方面，如果受通知的公司对于某宗股权交易不持异议，自然受让人可以向公司主张股东权利。一般认为，只要受通知公司保持沉默的，即视为无异议，也即采“不异议默示说、异议明示说”，以节约交易成本。①

3. 修正的意思主义模式

此论主张，有限公司的股权转让合同生效即在转让人与受让人之间产生股权变动的效果，但唯有通知公司的，受让人才得对公司主张股权，受通知的公司有权提出异议或者抗辩。

比照民法典上的物权变动的意思主义与债权转让的意思主义，后者更具有启发意义，这是因为如前文所指出的，股权在法律性质上更接近于债权而非物权。但是有限公司的股权变动区别于债权转让之处，就在于债权转让终究只是一场单纯的交易行为，仅需事后通知债务人即可，但是股权变动涉及公司组织上的成员变动以及各成员的份额变化，从组织法的特定立场观察，股权变动不仅需要事后通知公司，而且需要尊重公司的认可意思。吸取并比照债权转让的意思主义，可以称之为修正的意思主义模式。

最后要指出的是，以上三类理论主张的四种股权变动模式，除债权形式主义模式的主张二之外，其余三种模式都主张将外部的商事变更登记作为股权变动的对抗要件，这与现行法规定相合。《公司法》第 34 条第 2 款规定，“公司登记事项未经登记或者未经变更登记，不得对抗善意相对人”，可见，股权变动的登记变更确实属于对抗要件。

（二）现行公司法的解释

比之旧法，现行《公司法》第 86～87 条以及第 34 条关于有限公司股权变动的规定有所完善，可以概括要点如下：

1. 股权转让合同生效，不仅产生债的效力，同时也在出让人与受让人之间发生移转股权的效果，也即发生股权变动的效果，包括出席股东会、提案权、表决权、股利分配等权利均发生移转。

2. 出让人通知公司后，受让人可以对公司主张股东权利，公司有以下四类义务：及时注销原股东的出资证明书，向新股东签发出资证明书；相应修改公司章程关于股东姓名、名称的记载（对公司章程的该项修改不需再由股东会表决）；相应修改股东名册中有关股东及其出资额等的记载；向公司登记机关申请办理变更登记。否则，转让人、受让人可以依法向人民法院提起诉讼。此外，如公司召开股东会，召集人应该通知新股东参会。

公司受通知后无非两种态度：如无异议也即表示认可，受让人即可对公司主张股权，股权变动的全部程序结束；如不认可，则得提出异议，也即否认受让人的股东身份，抗辩受让人行使股权。此处的认可，并不以公司变更股东名册为限，诸如签发新的出资证明书、变更公司章程记载、变更股权登记、通知受让人参加股东会会议、分配股利给受让人等，均可视为公司对于股权变动的认可，也即对于受让人股东身份的接纳。在此意义上，修正的意思主义模式比以股东名册记载变更为生效要件的债权形式主义模式，更具实践理性。

变更股东名册记载为何不能作为股权变动的生效要件？有限公司股权变动后，公司作为义

---

① 李建伟. 公司认可生效主义股权变动模式：以股权变动中的公司意思为中心. 法律科学，2021（3）.

务主体还要履行一系列的相关手续，包括换发出资证明书、变更股东名册记载、变更公司章程记载、变更商事登记，以及通知新股东参加股东会等。有学者将这些手续中的某一个当作股权变动的生效要件而论，实际是一种僵化，更容易陷受让人于不利的法律境地。尤其是对于《公司法》第86条第2款“股权转让的，受让人自记载于股东名册时起可以向公司主张行使股东权利”的表述，其直接将变更股东名册记载视为股权变动的生效要件，这实为误解。一方面，因为这些手续都是公司为之，一旦公司在管理层、实控人的控制下不履行这些手续，就会得出受让人不得成为股东的结论，这不仅与现实生活的逻辑不合，也违背了公司组织法的基本逻辑。另一方面，上述诸多手续的履行，实际上都是公司认可新股东身份的体现，其法效价值都是一样的，更不能突兀地将其中的某一手续的履行当作生效要件。应当说，这些手续既不是股权转让合同的生效条件，也不是股权变动的生效要件。股权变动后，受让人正是基于股东身份来请求公司为以上手续的，如有必要，转让人、其他股东也负有协助公司办理上述手续之义务。反之，如公司履行了其中的任何一个手续，即可视为公司认可股权变动的意思表示，则一切法律困境均可迎刃而解。在此意义上，如前文所述，对于《公司法》第86条第2款的正确解读唯有两点：一则受让人当然可以单凭公司制作及置备的股东名册记载有自己的姓名、名称，来向公司主张股东权利；二则绝对不能作反向解释，也即不被记载于股东名册，受让人就不是公司的股东。

3. 对于股权转让，受通知的公司如认为违反了公司章程的限制股转规定或者法律的禁止性规定，有权提出抗辩，拒绝承认新股东，从而有权拒绝履行上述对于新股东的诸义务。

4. 唯有经过股权的变更登记，才能对抗善意第三人。也即股权变动的商事登记变更，不是生效要件而是对抗要件。

进一步引申：股权转让合同生效的双重效力。股权变动的意思主义模式，蕴含了股权转让合同的双重效力：一是债的效力，股权转让合同本身属于负担行为，产生债的效力：受让人依据合同负有支付股款的义务（赠与合同除外）；转让人负有转让股权以及协助办理股权变动手续的义务，任何一方不履行合同义务，将承担违约责任。二是股权变动的效力。在转让人与受让人之间，股权转让合同生效之后，即产生股权变动的效果。

四、基于法律行为的股权变动之二：股份公司的债权形式主义模式

理解两类公司股权变动采不同模式的背后原因有二：一是技术上的差异。有限公司的出资证明书并非民法上的有价证券而属于证书，股份公司的股票则属于有价证券。后者的股权变动有了明确的权属依托，且有价证券具有可交易性与流动性；但证书不能流动，且只能由公司签发与换发。二是实质上的差异，有限公司的封闭性与股东间的人身信任关系，以及常见的公司章程等文件对于股权变动的限制，使得股权变动不得忽视公司的独立意思，但股份公司的股权变动不存在这一问题。

物权变动的债权形式主义借鉴。大陆法系的物权法上基于法律行为的物权变动，以奥地利、瑞士、韩国等国的民法典为代表采债权形式主义，又称意思主义与登记或交付的结合。其核心要点为：物权变动，只需在债权的意思表示之外加上登记或者交付即可，不需要另有物权的合意，故无物权行为的独立性；既然无独立的物权行为，则物权变动的效力自然受其原因行为——债权行为如买卖合同的影响，故也不存在物权行为无因性。简言之，债权形式主义的物权变动的要点有二：一是物权变动以债权行为有效为前提，二是登记或者交付分别是不动产与动产物权变动的生效要件。此处的不动产的登记或者动产的交付的构成，一是要求在主观上有变动物权的意思，二是在客观上完成了产权登记或者动产占有转移的行为，因而登记或者交付

是一种法律行为。

比照物权变动的债权形式主义，股份公司的股权变动采债权形式主义，其含义是：股权变动的发生，一则以股权转让协议（负担行为）生效为前提，二则以股票交付或类似行为为股权变动的生效要件，具体是：《公司法》第159条规定，股票由股东以背书方式或者法律、行政法规规定的其他方式转让，转让后由公司将受让人的姓名或者名称及住所记载于股东名册，股东会会议召开前20日内或者公司决定分配股利的基准日前5日内，不得变更股东名册。这一规定的含义如下。

第一，由股票持有人以背书或者其他法定方式转让。实物券式的记名股票的主要转让方式是背书。至于背书的具体方式，《公司法》没有规定，可以参照《票据法》上关于票据背书的规定为之，即由转让人在股票背面的受让人处记载受让人的姓名，并在转让人处签名或者盖章。背书一经完成，股权即发生变动。簿记式记名股票的转让无法背书，通常先由证券登记结算公司托管，再由证券登记结算公司将股票交证券交易所二次托管。每一股东的持股数表现为证券交易所中央电脑的电子信息，股东本人的股东账户簿或账户卡记载持有股份的数量及增减情况。

第二，由公司将受让人的姓名或名称及住所记载于股东名册，即办理过户手续。未完成记载变更的，不影响转让的效力，只是不能对抗公司，即受让人不得依股东身份向公司主张股权如请求参加股东会。当然，受让人有权请求公司办理过户手续，转让人也负有协助义务。即使未办理过户手续，因为股权转让已经生效，受让人在此期间也可以再背书将股票转让给第三人。

第三，股东名册封闭的，不得进行变更登记。这一规定并非不允许在此期间转让股份，只是该转让不得进行股东名册的变更登记：受让人申请变更登记，公司有权拒绝；公司接受其申请并办理过户手续，应属无效。这样便于公司确认行权的股东身份；只有在册股东才有权利参加股东会会议，参加股利分配。[①]

五、有限公司股权转让的善意取得

（一）司法实践

按照我国司法实践的经验，有限公司股权的善意取得主要适用于两种场合。

1. 场合之一：名义股东处分登记于名下的股权

在隐名出资背景下存在实际出资人和名义股东，如后者将登记于其名下的股权转让、质押或者以其他方式处分，对其效力如何认定以及如何保障善意受让人的利益？按照我国的司法实践做法，法院可以参照《民法典》第311条的规定处理，也即准用物权的善意取得制度。这一规定的法理源于《公司法》第34条第2款规定："公司登记事项未经登记或者未经变更登记，不得对抗善意相对人。"所以第三人凭借对登记内容的信赖，一般可以合理地相信登记的股东（即名义股东）就是真实的股东，可以接受该名义股东对股权的处分，此时实际出资人不能主张该处分行为无效。

循物权善意取得的一般原理，在第三人善意取得该股权后，实际出资人基于股权形成的利益不复存在，其可以要求作出处分行为的名义股东承担赔偿责任。

按善意取得制度的本意，受让人受让权利的当时须为善意，也即对名义股东的无处分权的事实不知情，对于知情的受让人自然不适用善意取得。如有的情况下名义股东虽然是登记记载的股东，但第三人知情（明知该名义股东与实际出资人的委托代持协议关系）的，则不适用善

---

① 施天涛. 公司法论. 2版. 北京：法律出版社，2006：259.

意取得，否则，让该第三人取得股权，实则助长第三人及名义股东的不诚信行为。

上述司法解释的立意基础是，股东登记的内容构成第三人的一般信赖，第三人可以以登记的内容来主张其不知道股权归属于实际出资人并进而终局地取得该股权；但实际出资人可以举证证明第三人知道或应当知道该股权归属于实际出资人，一旦证明，该第三人就不构成善意取得，处分股权行为的效力就应当被否定，其也就不能终局地取得该股权。

同理，名义股东将登记于其名下的股权转让、质押或者以其他方式处分设定担保物权的，实际出资人以其对股权享有实际权利为由，请求认定处分行为无效的，法院可以参照《民法典》第 311 条第 3 款的规定处理。

最后，名义股东处分股权造成实际出资人损失，实际出资人请求名义股东承担赔偿责任的，法院应予支持。

2. 场合之二：“一股再卖”

公司实务中，原股东转让股权后，由于种种原因未及时办理股权变更登记而形成名实分离的情形，此时原股东将仍登记于其名下的股权转让、质押或者以其他方式处分的（俗称“一股再卖”），如何平衡各方利益？对此，我国的司法实践做法是，法院可以参照《民法典》第 311 条的规定处理，也即准用物权的善意取得制度。此种处置方式的法理逻辑在于：这种情况下第三人凭借对既有登记内容的信赖，一般来说可以合理地相信登记的股东（即原股东）就是真实的股权人，可以接受该股东对股权的处分，未登记记名的受让股东不能主张处分行为无效；但是，当确有证据证明第三人在受让股权时知情（明知原股东已不是真实的股权人、股权权属已归于受让股东）时，则不适用善意取得制度，否则，让该第三人取得股权，实则助长第三人及名义股东的不诚信行为。[①]

循上引物权善意取得的一般原理，一旦第三人善意取得该股权，受让股东的股权利益不复存在，其可以要求原股东承担赔偿责任。又由于实践中受让股东受让股权后之所以未及时在公司登记机关办理变更登记，通常由公司的管理层（如董事、高级管理人员）或实际控制人等未及时代表公司向公司登记机关申请且提供相应材料而造成，此时该类人员对受让股东的损失具有过错，应当对受让股东承担相应的赔偿责任。受让股东有过失的，可以适当减轻上述人员的责任。

（二）对司法经验的理论质疑

名义股东处分股权与“一股再卖”两种情形下适用股权的善意取得，在民商法理、制度逻辑与现实可行性等方面都存在可商榷之处。

1. “名义股东”处分股权适用善意取得的逻辑悖论

善意取得的发生前提乃是无权处分（《民法典》第 311 条第 1 款），不发生无权处分，也就无从发生善意取得。在隐名出资的情形下，委托代持股权协议的受托人，也即“名义股东”转让股权给第三人的行为究竟属于无权处分抑或有权处分？答案不言自明，隐名出资框架下“名义股东”与实际出资人关于由前者出面行使股权、由实际出资人享受投资权益的约定属于内部的契约关系，在二者之间，实际出资人的投资权益仅仅受到合同的确定与保护，无法超出合同的相对性的关系；承认名义股东为股东。既然如此，名义股东处分名下的股权自然属于有权处分。因此，受让人自然可以依据该有权处分合同而继受取得股权，应与善意取得无涉。

2. “一股再卖”场合下，受让人“善意且无过失”与生活逻辑的不合之处

善意取得的构成需要受让人主观上具备“善意且无过失”，此处的“善意”，乃指受让人订

---

① 规范审理公司设立、出资、股权确认等案件：最高人民法院民二庭负责人答本报记者问．人民法院报，2011－02－16（3）.

立转让股权合同的当时不知道转让人无处分权之事实；此处的“无过失”，乃指受让人尽到合理注意义务后仍然无从发现转让人无处分权之事实。在商事登记改革之前，基于股权登记的公信力，抽象逻辑上可以推导出受让人受让有限公司股权的当时尚有可能构成善意。但问题在于，尽管存在逻辑上的抽象可能性，但其在现实经济生活中难以具有可行性。

举例。甲持有A有限公司10%的股权，某月1日甲、丙签订转让股权合同，且其后丙完成了包括外部的商事变更登记在内的涉及股权变动的公司内外所有的法律手续，其后甲很难实施无权处分，退一步，即便能够发生无权处分，基于《公司法》第34条第2款规定的股权变更登记可以对抗善意第三人的规定，第三人也难以主张善意取得，自不待言。

可以讨论的是：假设丙已经完成了包括股东名册记载变更等在内的公司内部手续，但尚未完成外部的商事登记变更。如此一来，为前文所述，有限公司的股权变动已经完成，如甲再将该股权出售给乙，则可以发生无权处分，同时也为乙作为再买人（第三人）的所谓善意留下了空间，乙可以主张其出于对股权商事登记的信赖而具备“善意”要件，因为在甲再出售给乙的时刻，客观上形成了丙为公司股东、甲为登记股东的局面。那么，接下来的故事版本应该是：10天后，甲将该股权卖与乙并在数日后很快完成了公司内部的股东名册记载变更等手续，还完成了外部的商事登记变更这一对抗要件手续，此时丙才发现甲、乙的行为，遂起纠纷，丙诉请要争回股权，乙则以自己构成善意取得相抗辩，于是法院裁决支持乙。这就是所谓的有限公司“一股再卖”场合下适用股权善意取得的“经典”案例。

此案中适用善意取得制度的逻辑是：虽然丙已取得股权，但未经登记，不得对抗善意第三人；乙为相信股权登记的善意第三人；甲虽已不是股东，甲、乙的股权转让构成无权处分且已经完成股权变动的要件，乙因此根据善意取得而取得股权；丙就其损失只能请求甲承担损害赔偿责任。

上述逻辑推理似乎无懈可击，但很可能缺乏真实生活的逻辑：(1) 由于有限公司其他股东对股权转让享有优先购买权，故甲与丙之间、甲与乙之间的股权转让事实，甲都需要提前通知其他股东且留足至少30天的犹豫期；(2) 无论甲、丙之间，还是甲、乙之间完成股权变动都要通知乙公司以及取得乙公司的认可（如变更股东名册记载等）；(3) 按照物权善意取得的一般要求，甲、乙之间的无权处分合同除了甲没有处分权这一瑕疵，再也没有其他效力上的瑕疵[①]；(4) 乙的善意，不仅发生在股权转让合同签订的当时，而且一直保持到股权变动完成之时[②]；(5) 按照后来者权利居上的一般法理，乙还需完成股权变更的登记手续（比丙胜出一筹）。如此一来，自乙与甲签订合同直到完成股权变动之全过程，如要论证自己不知道此前甲、丙的转让股权之事实，且尽到一定程度的注意义务仍然无从发现该事实（主观上无过失），岂非掩耳盗铃乎！难道全天下的人们（其他股东、公司管理层等）都不约而同地选择了对乙隐瞒事实真相吗？

所以结论是：除非一人公司发生一人股东的一股再卖，以及家族性有限公司发生的一股再卖（其他家族成员股东参与对于再买人的隐瞒真相），其他有限公司场合下似乎不应发生股权的善意取得。

究其逻辑悖论的产生根源，乃是民法思维的不当入侵。有限公司股权变动参照适用物权法上的善意取得规则，之所以不符合法律逻辑以及生活理性，原因不仅在于股权与动产/不动产物权在法律性质上的根本差异，更重要的是其忽略了股权变动过程中公司的意思参与（决定股

---

① 参见最高人民法院《关于适用〈中华人民共和国民法典〉物权编的解释（一）》第20条。

② 参见最高人民法院《关于适用〈中华人民共和国民法典〉物权编的解释（一）》第17条。

权变动的效果）与其他股东的意思参与（决定股权转让合同的效力），这正是公司组织法的特性所在。此例说明，简单运用民法（行为法）思维来解决商事组织法（团体法）上的更为复杂的交易（涉及公司社团的成员身份变动），是不恰当的，因而也是失败的。

3. 股份公司的股份转让能否适用善意取得

我国的股份公司只能发行记名股票，其转让须经背书或者其他法定的书面方式，且记名股东经过商事登记，所以在现实生活中受让人同样难以具备“善意且无过失”的要件。

六、股权变动的效力

无论基于何种事由，股权变动一经发生，效力体现在组织法与交易法双重层面的三个领域。

1. 对合同当事人的效力

因股权转让，受让人取得股权的全部权能，不管是自益权还是共益权。所以，股权转让具有整体性、不可分割性，不得仅仅转移一部分权能。可见，股权转让与股权的表决权信托迥异。

股利之归属。如股权转让发生在股利分配期间，会涉及股利归谁所有的问题。对此，股权转让合同有约定的，从其约定；如果没有约定或者约定不明确，则以股利的宣告日为准——在宣告日之前转让股权的，股利归受让人；在宣告日之后转让股权的，股利归转让人。这是因为公司一旦宣告股利的发放，即在公司与股东之间成立债的关系，股东对公司享有债权请求权。但在变更股东名册的记载之前，转让人还是在册股东，公司只对转让人负有交付股利的义务。因此，在前一种情况下，公司将股利交付给转让人后，转让人有义务将其返还给受让人。

2. 对公司的效力

其一，受通知公司的作为义务。在有限公司，股权转让人通知公司股权转让的事实后，公司负有四项作为义务：(1) 注销原股东的出资证明书，向新股东签发出资证明书；(2) 无须交付股东会议决（《公司法》第 87 条），相应修改公司章程关于股东姓名、名称的记载条款；(3) 变更股东名册中有关股东及其出资额的记载；(4) 申请办理股权变更的商事登记。公司无正当理由拒绝履行或者在合理期限内拒不答复的，转让人、受让人得起诉公司要求强制履行，并可以请求承担损害赔偿责任。在股份公司，记名股票依法转让的，公司也负有变更股东名册记载、申请商事登记变更等义务。

其二，公司的异议权。如股权转让不符合法律、行政法规以及公司章程的特别规定，公司可以对股权转让合同的效力提出异议，并拒绝履行上述义务。比如，公司章程规定有限公司股东股权的特别限制（《公司法》第 84 条第 3 款），或者《公司法》对股份公司发起人、管理层股权转让的限制（《公司法》第 160 条）没有得到遵守的。如法院最终认定公司的异议不成立，公司应恢复履行上述义务。

其三，受让人对公司主张行使股权。在有限公司，当事人将股权转让之事实通知公司，如公司没有异议，受让人即可对公司主张行使股权。在股份公司，记名股票转让的当事人完成股票转让背书行为后，如公司无异议，受让人即可向公司主张行使股权。如果公司已经将受让人记载于有限公司的股东名册，股东凭此即可向公司主张行使股权。

3. 对第三人的效力

依照《公司法》第 34 条第 2 款规定，有限公司登记事项未经登记或者未经变更登记，不得对抗善意相对人。据此，股权变更登记是股权转让对抗第三人的要件，唯在变更登记后，始得对抗善意第三人。在股份公司，记名股票在完成股东名册记载后，才得对抗善意第三人。

第二节　有限公司股权转让的特殊规定

一、转让方式及限制

（一）基本原理

股权（出资）转让涉及三种形式，即股东间转让（以下简称内部转让）、向公司外第三人转让（以下简称外部转让）和公司回购。本节讲述前两种形式，后者留待第四节讲述。

1. 关于内部转让

大陆法系公司法一般不限制有限公司股权的内部转让，理由是内部转让不影响有限公司的封闭性和股东的稳定性。但内部转让会引起股东持股比例与股权结构的改变，甚至导致控制权的移转，因而可能导致股东间利益格局的动荡和人身信任基础的动摇。为保持有限公司的稳定，尊重公司自治，各国公司法多允许公司章程对内部转让作出特别规定。

内部转让与控制权争夺。例如，A公司原有甲、乙、丙、丁四个股东，分别持有股权比例为45%、29%、20%、6%。现丙转让股权，乙表示有意购买，丁表示不购买，甲犹豫不决。甲的犹豫，即可能源于对公司控制权的取舍：一旦乙购买，则乙为多数股东，自己的多数股东地位不保；如果自己购买，将成为毫无争议的控股股东，但丙的要价又太高，或者自己的财务能力有限。当然，对甲而言最佳的方案或许是只购买其中6%的股权。

2. 关于外部转让

外部转让不仅同样会引起股东持股比例与股权结构的改变，以及控制权的移转，更关键者，因吸收新股东加入公司而打破了公司的封闭性，可能会影响甚至破坏股东间的信任基础。为此，与股份转让相比，大陆法系公司法对有限公司股权的外部转让设置较严格的规制。但是，立法规制不能过分影响有限公司股东对股权的处分权，从而构成对股权转让的实质性阻碍，否则，这将使得本来就存在转让困难的有限公司股权转让难上加上，将实质性侵害股东对于股权的处分自由权。所以，立法需要在保障出资转让自由与维护有限公司的封闭性、股东间的信任关系之间寻求一种平衡。

我国公司法为实现这种平衡而曾经设置的法律机制有二：一是外部转让须经其他股东的过半数同意，二是赋予其他股东优先购买权。2023年修订案废止了前者，这是因为双重限制已经打破了这种平衡，构成了对于有限公司股权转让的实质性障碍，在维护有限公司的股权转让自由与维护所谓的有限公司“人合性”这两种法益之间，前者是更大的法益。所以，现行公司法上对于外部转让的实质性限制措施就是赋予其他股东优先购买权。

（二）我国的规定与实践

1. 关于内部转让

《公司法》第84条第1款规定，有限公司的股东之间可以相互转让全部、部分股权；同条第3款允许公司章程进行另外规定。对这两个条款的解读如下。

（1）自由转让原则。第84条第1款对内部转让不作实体上的限制，也不作程序上的限制，如不要求股东会表决通过。这意味着只要当事人达成股权转让协议，即发生股权转让的效力。但在公司实务中，内部转让在转让人、受让人与其他股东之间会发生诸多争议。《公司法》第84条第1款的规定失之简单，需要公司章程补充完善。

（2）公司章程的特别限制。《公司法》第84条第3款授权公司章程对内部转让进行限制。

只要不违背法律的强制性规范，公司章程可以规定必要的限制。比如，规定董事股东的股权在一定期限内不得转让。再比如，两个以上的其他股东竞相购买股权的，可以选择以下解决方案：由转让人决定；由竞争者平均购买；按照转让时竞争者的各自股权比例购买；抓阄决定等。但是，公司章程的限制规定不能违背《公司法》关于内部自由转让的原则，如果限制条件高于外部转让，就违背了公司法理。如法国《商事公司法》第 47 条第 2 款规定，公司章程可对内部转让加以限制，但应低于对外部转让的限制。

2. 关于外部转让

《公司法》第 84 条第 2 款对应旧法第 71 条第 2 款、第 3 款，最显著的变化是取消了其他股东过半数的同意权规则，仅保留其他股东的优先购买权，这使得我国过去司法实践确立的建立在同意权、优先购买权“两次通知主义”之上的一系列规定轰然倒塌。还有一处技术性变化是明确转让股东的一次通知义务，且详列通知的具体内容：股权转让的数量、价格、支付方式和期限等事项，这实际上是旧法中关于二次通知的内容，也是转让人与外部第三人的股权转让合同的主要条款。

（1）取消其他股东过半数的同意限制。取消股权对外转让需经其他股东过半数同意的规则，益处有二：其一，维护股东转让股权自由，这是有限公司股权转让制度的第一法益。优先购买权规则已经设立了一道外部第三人加入公司的屏障，但凡有其他股东行使优先购买权，即可阻挡外部人进入，有限公司的封闭性已得到足够保障，无须再叠床架屋，否则将极大增加有限公司股权转让的难度。有限公司股东退出难本来就是一个突出的矛盾，也是有限公司制度的一个短板，所以公司法应该尽力降低有限公司的股权转让成本。其二，减少公司实践中因“同意权”引发的纠纷。在以往的司法实践中，由于同意权规则的存在，当事人为规避同意权规则可谓各显神通，引发了更多的纠纷，徒增讼累。

（2）股东优先购买权规则。《公司法》第 84 条第 2 款以及第 85 条均有关于股东优先购买权的规定，此内容将于下文详细展开。

（3）公司章程的限制。《公司法》第 84 条第 3 款的规定也适用于外部转让，即允许公司章程对外部转让规定特别限制。这意味着公司章程可以在《公司法》规定的基础上提高限制条件，但这种限制也是有底线的，如违反了法律、行政法规的强行性规定或者公共政策，比如章程规定绝对禁止或者实质性禁止股权的外部转让，应该被认定为无效。在经济学上，股权转让的价值不仅在于保障股权的可变现，还体现在其流通性越强，市场价值体现就越高，如果章程取消其流动性，会严重压抑其价值。在实务中，对有限公司股权转让的限制往往成为多数股东欺压少数股东的一种工具，使得遭受欺压的少数股东维权不能、欲退不能，被动挨打。于此情形，法律有必要对章程的限制性规定进行合法性审查。这种合法性审查，不能拘泥于条款的自身逻辑来寻求答案，而应该从更高的公共政策角度进行解释。凡具备可转让性的财产权的转让都不应受到禁止。如果公司章程的规定实质上构成了股权转让的禁止，其因违反公共政策而应作无效处理。

二、股东的优先购买权

（一）公司法的基本规定及争论

《公司法》第 84 条第 2、3 款规定：“股东向股东以外的人转让股权的，应当将股权转让的数量、价格、支付方式和期限等事项书面通知其他股东，其他股东在同等条件下有优先购买权。股东自接到书面通知之日起三十日内未答复的，视为放弃优先购买权。两个以上股东行使优先购买权的，协商确定各自的购买比例；协商不成的，按照转让时各自的出资比例行使优先购买权。”“公司章程对股权转让另有规定的，从其规定。”第85条规定：“人民法院依照法律规定的强制执行程序转让股东的股权时，应当通知公司及全体股东，其他股东在同等条件下有优先购买权。其他股东自人民法院通知之日起满二十日不行使优先购买权的，视为放弃优先购买权。”上述规定，确立了有限公司股东优先购买权的基本制度框架，相关的基本理论要点包括：有限公司的股权对外转让，其他股东享有优先购买权的制度意旨，一方面在于维护有限公司股东对外转让股权的自由，维护其退出公司的自主权；另一方面又通过赋予其他股东优先购买权，构筑阻止外人进入公司的一道屏障，从而维护有限公司的封闭性与股东间的人身信任关系利益（俗称“人合性”），因为优先购买权的行使将使得股权转让由外部转让转为内部转让。

长期以来，围绕股东优先购买权是否为期待权，是否为选择权，是否为形成权，是否为请求权，以及是物权性请求权抑或债权性请求权，一直存在极大的理论争议。比如有人认为，只有在股权的外部转让场合，才有股东优先购买权；如果没有股权对外转让事实的发生，则不发生优先购买权，故优先购买权为期待权。但也有不同的声音，甚至认为期待权本身就是一个伪概念。关于优先购买权是否为形成权的争议，更是鼎沸不止。

（二）法律适用的若干细节

司法实践中的股东优先购买权纠纷甚多，我国司法实践长期以来总结了该权利实现的诸多具体条件，择其要者介绍如下。

1. 转让的含义

根据司法实践经验，有限公司的自然人股东因继承发生变化时，其他股东不得主张优先购买权，但公司章程另有规定的除外。这一规则表明，股权通过买卖、出资、互易等方式转让的，适用优先购买权规则；通过遗产继承方式发生变动的，原则上不适用优先购买权，但股东有约在先（意思自治）的除外；基于同理，在赠与、受遗赠等场合下，可以准用上述遗产继承的规则。

2. 同等条件

约束其他股东行使优先购买权的主要限制措施是转让合约的同等条件。所谓“同等条件”，应当综合包括但不限于数量、价格、支付方式、期限等因素，需要进行综合考量。一般而言，关于数量，购买出让人的全部股权优于购买部分股权；关于价格，主张优先购买权不应低于出让股东报价；关于支付方式，一次性付款方式优于分期付款，若多个受让人之间都采用分期付款的方式，则应进一步考量分期付款期限；关于支付期限，短的支付期限优于长的支付期限。总之，只要为出让股东所合理看重、足以对交易产生实质影响的各类因素均应在“同等条件”的考量范围内。当然，不应包括其他股东无论怎样努力也不可能具备的纯粹随意条件，比如感恩或情感偏好。

3. 出让股东的通知义务

在股东优先购买权实现的整个程序中，出让股东是启动者。《公司法》第84条规定，出让股东仅需履行一次通知义务，通知采用书面形式，方式包括但不限于个别征求单个股东的意见，或者采用股东会会议的形式集体通知征求全体股东的意见，内容上包括股权转让的数量、价格、支付方式和期限等主要约款事项。受通知的其他股东享有30天犹豫期的期限利益，即其他股东应在收到通知之后30日内答复；否则，视为放弃优先购买权。

出让股东通知如存在虚假内容，或欺诈、与外部第三人恶意串通，使其他股东作出了放弃优先购买权的非真实意思表示的，后者可获优先购买权的侵害救济，详见后文。

4. 犹豫期

其他股东在收到书面转让通知后，享有的30日犹豫期，在此法定期间内可以充分斟酌考量是否主张优先购买权。该30日是转让股东的最低容忍期限，如公司章程规定有更长的期间或者出让股东的书面通知中规定有更长的期间，从之。

5. 优先购买权竞争时的处理

《公司法》84条第2款末句规定，如有两个以上股东行使优先购买权，处理这一竞争的机制是：各方协商确定各自的购买比例；协商不成的，按照转让时各自的出资比例行使优先购买权。需要明确，此处的“出资比例”，如公司章程没有另外规定或者全体股东没有另外约定，自然是指认缴比例而非实缴比例。

6. 出让股东的反悔权

依照司法经验，其他股东受通知后，如无人主张优先购买权，则自然发生股权的对外转让；反之，如有任何其他股东出面主张优先购买权，也不当然在其与转让股东之间强制缔约，更不能当然产生股权变动的效力；反而，出让股东可以再次不同意转让股权。这就是立法赋予出让股东的反悔权，除非公司章程或者全体股东约定不得反悔。这一制度设计是为保障出让股东的利益最大化，维护出让股东的股权转让自由，同时也宣告了有限公司股东优先购买权的形成权、期待权、请求权等理论的破产。

股东优先购买权的性质。民事交易法上还有很多优先购买权，如房屋承租人的优先购买权、按份共有人的优先购买权、合伙人的优先购买权等。与这些优先购买权相比，有限公司股东的优先购买权既有共性，也有特性，需要重视的是后者。事实上，股东的优先购买权是公司组织法上的一种特殊权利，其具备较强的程序性权利的特征，因而很难与交易法上的请求权或者形成权等民事权利类型的某一类完全对应，不论是关于交易法上的优先购买权的传统请求权说还是形成权说，都认为应当赋予其他股东要求出让股东强制缔约甚至交付的权利，系以损害出让股东对股权享有的经济价值为代价，而维护其他股东的人合性利益。如此，不仅会在股权利益与人合性利益之间失去平衡，也不符合公司正义原则。从外部性来看，此举很可能使出让股东轻易不敢让其他股东知悉其与外部第三人达成的合同条件，无疑剧增交易成本与道德风险。①

7. 股权强制执行程序中的优先购买权

在强制执行程序中转让有限责任公司股权应当遵守法定程序，以便于债权的执行，同时又尽可能维护公司人合性。为了便于法院强制执行股权，应当及时通知公司股东行使优先购买权。应注意的是，与正常股权转让时股东承担通知义务不同，强制执行程序中优先购买权的通知义务主体是法院，目的是确保股东更有效地行使优先购买权。若不将股权转让的事项告知公司及全体的股东，公司的股东就难以获悉股权被强制转让，由此可能导致外部第三人在未与公司股东协商、未就优先购买权达成合意的情况下进入公司，进而导致有限公司的封闭性受到损害。法院在通知公司股东之后，如有股东愿意以同等条件购买转让的股权，则股权交易的机会属于该股东。但强制执行程序中的优先购买权需要受到时限的限制，即公司的股东需要在接到人民法院通知之日起的20日内行使优先购买权，否则视为对优先购买权的放弃；此处较对外转让股权情形下股东30日的优先购买权犹豫期更短，这体现了强制执行中对程序效率的追求。

8. 适用于拍卖等特殊场合

通过拍卖向股东以外者转让有限公司股权的，也适用股东优先购买权的规定；在依法设立的产权交易所转让有限公司国有股权的，也适用股东优先购买权的规定，同时也可以参照产权交易场所的交易限制。

---

① 曾宏伟.《公司法司法解释（四）》若干难点问题的理解与适用. 中国审判，2017（26）.

（三）优先购买权受侵害时的救济

依照司法经验，有限公司的其他股东的优先购买权被侵害主要有两种形态：一是其他股东未获通知“股权转让事项”，也即未被提前通知转让股权的事项，从而错过了行权机会，此可谓程序权利受到侵害；二是其他股东获得虚假的股权转让事项信息，比如由于出让股东的欺诈、出让股东与外部第三人的恶意串通等，搞阴阳合同，虚构高对价的股权转让条款，致使不明真相的其他股东作出了放弃优先购买权的非真实意思表示，此可谓实质权利受到侵害。与上述被侵害的两种形态相对应的救济措施为：

1. 其他股东的程序权利受侵害的，也即其他股东未获出让股东的股权转让通知的。如出让股东与外部第三人已经签署股权转让合同，则应为附解除条件的合同，一经其他股东主张优先购买权，理应受到支持；一旦受到支持，出让股东与外部第三人的转让合同就失效。其他股东主张优先购买权的，适用短期时效期间，自接到书面通知之日起30日内主张，或者自股权变更登记之日起1年内，以实现出让股东的转让利益与其他股东的优先购买权之间的平衡。

2. 其他股东的优先购买权受实质侵害的。如出让股东通过欺诈、阴阳合同、与第三人恶意串通等方式实质性侵害其他股东的优先购买权，其他股东事后主张优先购买权的，也应当获得司法支持，该权利主张也适用上述短期时效，以实现出让股东的转让利益与其他股东的优先购买权之间的平衡。

侵害其他股东优先购买权的股权转让合同的效力

如果侵害了其他股东的优先购买权，此时出让股东与外部第三人的转让合同的效力如何认定？对此长期以来存在争议，理论上有无效说、附法定生效条件说、效力待定说、相对无效说与有效说等多种观点，其中有效说是有力说。司法实践近年来即采有效说。

有效说的逻辑。《九民纪要》第9条规定，要准确理解有限公司股东的优先购买权的侵害救济规则：(1) 其他股东依法主张同等条件下的优先购买权的，应予支持；(2) 但是，法院不得以侵害有限公司其他股东的优先购买权为由来认定股东与股东以外受让人之间的股权转让合同无效；该股权转让合同如无其他影响合同效力的事由，应为有效；(3) 其他股东行使优先购买权的，该受让人继续履行股权转让合同的请求不受支持，但可以依约请求转让股东承担相应的违约责任。

有效说的法理核心，是区分合同效力（债权）与股权变动（类似于物权变动）效果，包含四层意思：

其一，一旦其他股东主张优先购买权，外部第三人即确定不能取得股权。

其二，出让股东与外部第三人的转让合同是有效的，这样可保障第三人追究出让股东的违约责任，以保证最充分的救济，也即“股东以外的股权受让人，因股东行使优先购买权而不能实现合同目的的，可以依法请求转让股东承担相应民事责任”。

其三，其他股东仅提出确认股权转让合同及股权变动效力等请求，未同时主张按照同等条件购买转让股权的，不应受支持，这与最高法《关于适用〈中华人民共和国民法典〉物权编的解释（一）》第12条关于按份共有人优先购买权的救济规定是一致的，也即杜绝其他股东“损人不利己”的干扰，此时出让股东与外部第三人的转让合同不仅有效，而且第三人可以取得股权，这样就确保出让股东的转让股权利益得到最终实现。

其四，作为尾声，其他股东非因自身原因导致无法行使优先购买权，可以请求出让股东承担损害赔偿的责任。

恶意串通侵害其他股东优先购买权的案例。甲、乙持有A公司股权，甲有60股，想出让给外部人戊，又想规避乙的优先购买权，于是合谋之下制定出一个方案：先出让1股给戊，价格畸高，乙弃权；戊顺利进入公司，不久之后，甲再转让其余的59股给戊，单价不到前次的十分之一，但由于属于股东内部的转让，乙无法主张优先购买权。后乙发现两次股转价格悬殊，于是以优先购买权遭侵害为由，诉请法院宣告甲、戊之间的两次股转协议无效，理由是涉嫌恶意串通损害第三人利益。审理法院认为，民事活动应遵循诚实信用的原则，民事主体依法行使权利，不得恶意规避法律，侵犯第三人利益，案涉两份股权转让协议的目的在于规避公司法关于股东优先购买权制度的规定，剥夺乙在同等条件下的优先购买权，当属无效。[①] 需要指出的是，本案中甲、戊的股权转让合同之所以被判定无效，是因为其符合恶意串通的要件（依照此前《合同法》、现行《民法典》的规定，恶意串通的合同都是无效的），并非仅因为其侵害了乙的优先购买权。

三、股权的继承与共有分割

（一）股权的继承

有限公司股权作为财产权，当然可以继承。《公司法》第90条明确规定，“自然人股东死亡后，其合法继承人可以继承股东资格；但是，公司章程另有规定的除外”。对此规定，需要讨论两个问题。

1. 公司章程无特别限制的，股权继承无公司法障碍

公司章程无继承限制条款的，继承人是否当然取得股东身份？如公司章程无特别限制，继承人本来就是公司股东的，则股权的继承在效果上相当于内部转让，继承人当然取得股东身份，无须其他特别的程序；继承人原来不是股东（以下简称“非股东继承人”）的，则股权的继承在效果上相当于外部转让，继承人是当然取得股东身份还是适用《公司法》第84条第2款的规定存在争议。从保障有限公司封闭性与维系股东间人身信任关系的立法意旨看，非股东继承人进入公司，也就是外部人进入了公司，所以非股东继承人继承股权应该适用《公司法》第84条第2款的规定，其他股东可以主张优先购买权以阻止非股东继承人的进入。这样理解，会产生与继承法的冲突，但并不奇怪。因为股权继承受公司法、继承法的共同调整，在继承的特殊问题上，公司法的规定属于特别法，优于作为一般法的继承法。而且，如果其他股东行使优先购买权，那就意味着继承人可以相应地继承该股权转让款，所以并不损害继承人的继承权。可见，享有股权继承权与取得股东身份并非一回事。

股权继承场合下其他股东如何主张优先购买权？有人认为，由于继承不存在对价，所以其他股东的优先购买权不适用于此场合，这一认识失于偏颇。实际上，自然人的继承人继承股权不存在对价，与被继承的股权存在相应的市场价值（该价值可以被评估）是两回事，如果其他股东主张优先购买权，可以支付该市价作为获得股权的对价，而由继承人来继承该对价即可。更何况有限公司的自然人股东因继承发生变化时，其他股东不得主张优先购买权，但公司章程另有规定或者全体股东另有约定的除外。可见如有公司章程的另外规定或者全体股东的另有约定，继承场合下也有其他股东行使优先购买权的空间。

2. 公司章程有特别限制的，股权继承从之

有限公司章程如何限制股权的继承？公司章程对股权继承的限制包括对继承权的内容的限制和对继承权的行使的限制。内容的限制实质上反映了自然人股东生前对遗产的自由处分，如同以遗嘱方式指定只能由某人继承。这一处分得到其他股东的认可并记载于章程的，就是对其

---

① 参见江苏省高级人民法院（2015）苏商再提字第00068号民事判决书。

他继承人继承权的剥夺。行使的限制通常是指股权的继承须经其他股东更高比例的同意，否则，只能转让给其他股东，继承人只能继承股权转让所得。但公司章程对继承权的限制规定不是无底线的，而要受到合法性审查。一般而言，公司章程对非股东继承人继承股权的限制条件不得高于公司章程规定的外部转让的条件，否则，该规定无效。如法国《商事公司法》第44条第2款规定，公司章程对股权继承或在夫妻之间清算共同财产时转移股权规定的条件，不得高于向公司外第三人转让股份的条件，否则，该条款无效。这一规定值得借鉴。

举例：A有限公司章程规定，股东向股东之外的第三人转让股权的，须经其他股东2/3以上同意；自然人股东死亡后，其继承人要继承股权的，须经其他股东一致同意。这一规定显示出公司对自然人股东的继承人进入公司的防范甚于其他人，至少其合理性应受到质疑。

（二）共有股权的分割

共有股权的分割也可导致股权变动。如果分割共同财产的共有人有一方不是股东的，则其取得股权的规则同样适用《公司法》关于有限公司股权外部转让的规定（第84条第2、3款）。

仅以夫妻共有的有限公司股权在离婚时的分割为例，《公司法》对此未有明确规定，最高人民法院《关于适用〈中华人民共和国民法典〉婚姻家庭编的解释（一）》（以下简称《婚姻家庭编解释一》）第73条第1款规定："人民法院审理离婚案件，涉及分割夫妻共同财产中以一方名义在有限责任公司的出资额，另一方不是该公司股东的，按以下情形分别处理：（一）夫妻双方协商一致将出资额部分或者全部转让给该股东的配偶，其他股东半数同意，并且其他股东均明确表示放弃优先购买权的，该股东的配偶可以成为该公司股东；（二）夫妻双方就出资额转让份额和转让价格等事项协商一致后，其他股东半数以上不同意转让，但愿意以同等条件购买该出资额的，人民法院可以对转让出资所得财产进行分割。其他股东半数以上不同意转让，也不愿意以同等条件购买该出资额的，视为其同意转让，该股东的配偶可以成为该公司股东。"这一规定的要害在于，离婚股东的配偶要想分割股权的，也要符合"其他股东过半数同意"、其他股东放弃优先购买权两道程序要件，前者显然源于旧《公司法》第72条第2款的"其他股东过半数同意"规则，但2023年修订案取消了这一程序规则，基于公司法乃是特别法的考量，《婚姻家庭编解释一》的这一规定已经不敷使用。① 所以，立足于现行公司法，应该重新理解共有股权的分割规则：夫妻共有股权分割的，不具有股东身份的股东配偶欲取得股权，须尊重其他股东的优先购买权；其他股东的优先购买权之所以适用于夫妻分割共有股权的场合，是因为共有股权的分割不是无偿的，存在对价。

第三节　股份公司股份转让的特殊规定

一、股份转让的方式

在我国，股份公司股份转让的方式包括非上市公司的记名股票转让与股票的上市交易。对于这两种情形的股票转让，第一节已有详述，此处不赘。

关于股份转让的场所，《公司法》第158条规定，"股东转让其股份，应当在依法设立的证

① 类似的还有我国司法实践关于股权代持场合下实际出资人显名诉求的做法："实际出资人未经公司其他股东半数以上同意，请求公司变更股东、签发出资证明书、记载于股东名册、记载于公司章程并办理公司登记机关登记的，人民法院不予支持。"这一做法如今也丧失了公司法法典上的基础依据。

券交易场所进行或者按照国务院规定的其他方式进行”。此处的“证券交易场所”，包括全国性证券集中交易系统、地方性证券交易中心和从事证券柜台交易的机构等，上海证券交易所、深圳证券交易所、北京证券交易所是有代表性的证券交易场所。此外，股份转让也可以按照国务院规定的其他方式进行，目前非上市股份公司的股份都是通过私下协议的方式进行转让的。

二、股份转让自由原则

（一）基本原理

股份自由转让是股份公司固有的特点和优点，有“一石三鸟”之功能：其一，股东借此便利地实现投资收益；其二，股东通过“用脚投票”的方式对公司管理层形成资本市场的外部压力，促使公司经营管理水平的提高；其三，在全社会范围内促进了资金在各公司、各行业、各地区的流动，实现了资金这一最稀缺资源的市场配置。① 没有股份转让自由，股份公司的功能发挥将受到极大限制。股票是股份公司与证券市场的联结点，股份的转让是二者联结起来的运行机制。

为了贯彻股份自由转让原则，有的国家和地区规定，不得以章程禁止和限制股份之转让，有此规定的则属无效。其他公司法虽无如此明确规定，但都不对股份转让作任何限制。如日本《公司法典》第 127 条规定，“股东，可以转让其持有的股份”。一个例外是 1995 年修正的《韩国商法典》第 335 条第 1 款的规定：“股份，可以转让给他人。但是，关于股份的转让，可以以章程规定经董事会同意来进行。”

（二）我国的规定与实践

《公司法》第 157 条规定，股份公司的“股东持有的股份可以向其他股东转让，也可以向股东以外的人转让；公司章程对股份转让有限制的，其转让按照公司章程的规定进行”。对此可以解读为：

1. 股份公司的股份无论内部转让还是外部转让，原则上都是自由的，这与有限公司的股权外部转让要受到其他股东的优先购买权的限制，形成鲜明对比。

2. 作为转让自由原则的必要补充，法律可以对股份转让作出限制规定，公司章程也可以作出限制规定。关于前者，比如《公司法》第 160 条第 1、2 款关于股份公司发起人、实控人、董监高所持股份转让的限制性规定；关于后者，比如第 160 条第 2 款规定，“……公司章程可以对公司董事、监事、高级管理人员转让其所持有的本公司股份作出其他限制性规定”；以及第 144 条第 1 款第 3 项规定，股份公司可以发行“转让须经公司同意等转让受限的股份”。

3. 此外，按照《公司法》第 161、162 条规定，非上市股份公司的少数股东受到股东压制的，也可以请求股份公司回购其股份；第 219 条规定，在控股 90%以上的股东适用简易并购程序收购子公司时，子公司少数股东也可以请求公司回购其股份，以作为股权转让自由原则的必要补充。

三、对特定股东的股份转让的法定限制

《公司法》对于股份转让的限制，在内容上包括对转让场所、转让方式以及特定主体的限制。对于转让场所、转让方式的限制，前文多有讲述，这里集中分析对特定主体转让股份的限制。

法律对特定主体转让股份设置限制的原理在于，股份转让可能影响到公司经营的稳定，某

① PAUL L DAVIES. Introduction to company law. New York: Oxford University Press Inc., 2002: 21, 24.

些特定主体在某些特定时期转让股份也可能损害公司、其他股东的利益，还可能带来投机行为，引发违法的股票交易。因此，为了保护公司和股东的利益，各国公司法、证券法都对某些特定主体的股份转让作出必要限制，以防微杜渐。我国立法也有限制性规定，这些规定属于强制性规范，违反这些规定的股份转让行为应该归于无效，除非法律有例外规定。

1. 关于发起人

发起人对股份公司设立以及公司成立初期的财产组成和组织管理具有重要影响。为了保护公众投资者的利益，防止发起人利用设立公司进行投机、欺诈活动，各国公司法一般都对发起人转让股份规定限制措施。《公司法》第 160 条第 1 款规定："公司公开发行股份前已发行的股份，自公司股票在证券交易所上市交易之日起一年内不得转让。法律、行政法规或者国务院证券监督管理机构对上市公司的股东、实际控制人转让其所持有的本公司股份另有规定的，从其规定。"该款第二句的规定意在授权中国证监会进行政策性规定。早在 2023 年 8 月 27 日，中国证监会就发布了进一步规范股份减持行为的相关规定，意在规制恶意减持行为：上市公司存在破发、破净情形，或者最近 3 年未进行现金分红，累计现金分红金额低于最近 3 年年均净利润 30%的，控股股东和实际控制人（以下简称双控人）不得通过二级市场减持本公司股份。这一减持规定的鲜明特点在于，将控股股东和实际控制人减持条件和上市公司分红及股价挂钩。《公司法》第 160 条的变化与之是联动修订，这样的规定方式考虑到了上市公司的内部治理问题多与双控人相关，为防止双控人通过对股东会、董事会、监事会的不当控制牟取私利，损害公司及其少数股东、其他利益相关方的合法权益，增设赋权规定。而对于赋权的具体内容，本句并未直接规定。

2. 关于公司管理层

公司管理层的行为对公司经营管理影响极大，限制其股份转让，从积极方面看，有助于将公司经营状况同管理层的利益更大程度地联系起来，以促其忠实、勤勉地工作；从消极方面看，能防止管理层利用职务之便搞内幕交易，非法牟利。《公司法》第 160 条第 2 款规定，公司管理层应当向公司申报所持有的本公司的股份及其变动情况，在任职期间每年转让的股份不得超过其所持有本公司股份总数的 25%；所持本公司股份自公司股票上市交易之日起 1 年内不得转让；离职后半年内，不得转让其所持有的本公司股份。公司章程可以对管理层转让其所持有的本公司股份作出其他限制性规定。对这一规定的解读如下。

（1）管理层所持本公司股份自公司股票上市交易之日起 1 年内禁止转让。这一待遇与发起人一样。

（2）在任职期间，转让股票的数额受到一定程度的限制，而不是受到绝对禁止。允许管理层转让一定比例的股份，使其有机会分享公司经营带来的股份增值收益，比绝对禁止转让更理性，也更公平。

（3）股份转让限制延续到管理层离职后半年期间。这是非常必要的隔离期。

（4）授权公司章程可以对管理层的股份转让作出更严厉的限制性规定。

（5）管理层应当主动向公司申报所持有的本公司的股份及其变动情况，以供监督。在上市公司中，管理层所持本公司的股份及其变动情况，是公司持续信息披露的对象之一。

3. 关于证券法上的特殊主体

证券法上的特殊主体主要包括两类。

（1）上市公司的特殊主体。《证券法》第 44 条第 1 款规定："上市公司、股票在国务院批准的其他全国性证券交易场所交易的公司持有百分之五以上股份的股东、董事、监事、高级管理人员，将其持有的该公司的股票或者其他具有股权性质的证券在买入后六个月内卖出，或者在卖出后六个月内又买入，由此所得收益归该公司所有，公司董事会应当收回其所得收益。但是，证券公司因购入包销售后剩余股票而持有百分之五以上股份，以及有国务院证券监督管理机构规定的其他情形的除外。”第 2 款规定：“前款所称董事、监事、高级管理人员、自然人股东持有的股票或者其他具有股权性质的证券，包括其配偶、父母、子女持有的及利用他人账户持有的股票或者其他具有股权性质的证券。”这一规定明确禁止所列主体在所列期间进行股票买卖行为，但并不宣告这些违法的股票交易行为无效，而由公司行使归入权规则。第 3、4 款规定归入权的落地规则：在程序上，公司董事会负责收回违法买卖股票的所得收益，董事会不依法执行的，股东有权要求董事会在 30 日内执行，董事会逾期不执行的，股东有权提起股东代表诉讼；在实体上，董事会不依法执行的，负有责任的董事依法承担连带责任。

（2）中介机构及其人员。《证券法》第 42 条规定：为股票发行出具审计报告或者法律意见书等文件的证券服务机构和人员，在该股票承销期内和期满后 6 个月内，不得买卖该股票；为发行人及其控股股东、实际控制人，或者收购人、重大资产交易方出具审计报告或者法律意见书等文件的证券服务机构和人员，自接受委托之日起至上述文件公开后 5 日内，不得买卖该股票，实际开展上述有关工作之日早于接受委托之日的，自实际开展上述有关工作之日起至上述文件公开后 5 日内，不得买卖该股票。

4. 关于公司自身

《公司法》第 162 条规定了公司回购股份的限制措施，具体内容见下节。

第四节　股权回购

一、股权回购概述

（一）概念

股权回购（share repurchase），或称股权回赎（share redemption），指公司依法从公司股东手中买回自己股权的行为。股权回购的法律特征如下。

1. 一种特殊的股权转让行为。股权回购当事人一方是公司，另一方是股东，客体是公司自己的股权，是公司从股东手中买回自己的股权。

2. 严格的法定程序与条件。各国公司法都对股权回购有所限制，包括回购对象、回购事由、回购程序、回购价格确定等，公司回购股权必须遵守法定的条件和程序。日本《公司法典》关于这方面的规定最为系统、完善。

（二）法律政策

基于公司资本制度理念的巨大差异，两大法系关于股权回购的法律政策总体上相去甚远。英美法系尤其是美国公司法采取公司回购股权的自由政策。美国公司法采用授权资本制，配合库存股（treasure shares），形成了灵活的股权回购制度。库存股好似一个具有调节功能的蓄水池，公司借助其“吞吐”功能，调整公司资本额的增减，使之能与市场变化及公司目标保持一致。

大陆法系公司法多采取“原则禁止，例外许可”的政策，背景是大陆法系公司法采用的法定资本制。具体而言，其禁止公司取得自己股权的主要理由如下。

1. 逻辑上的矛盾。公司因回购而持有自己股权，权利、义务主体合一，公司同时具有双重身份，这一现象在法理逻辑上自我矛盾。

2. 违反资本维持原则。公司回购股权花费自有资金，结果可能造成变相偿还股东出资，有违“公司资本不得抽回”原则，事实上减少公司资本，有损债权人利益。

3. 诱发不公平交易的担忧。其一，公司掌握自己的财务信息，借助股权回购操纵股价或者进行内幕交易；其二，区别对待不同股东，如选择性回购或者对不同股东实行不同的回购条件和价格；其三，公司董事通过回购股权操纵公司，巩固自己的地位。

早期大陆法系公司法几乎都绝对禁止股权回购，但现今多允许一些例外，并有放宽之势。如荷兰规定，在不违反公司章程的条件下，公司可以用其利润购买股款已全额缴足的自身股权，购买额可占授权资本的1/2。实践证明，股权回购在企业经营中也具有积极的作用。[①]

我国亦采“原则禁止，例外许可”的政策，《公司法》第89条、第162条规定了公司可以回购股权的特定情形。

（三）股权回购的原因

按照各国公司立法与公司实务经验，股权回购主要基于如下七种原因而发生：(1) 并购持有本公司股权的其他公司；(2) 减少资本；(3) 建立员工持股计划（ESOP）或者股票期权计划（stock option plan）；(4) 在封闭公司中，自然人股东死亡时，依照公司章程或者达成的买卖协议的事先规定，由公司受让该股权而临时持有；(5) 异议股东行使评估权；(6) 作为一种股利分配方式；(7) 其他原因。

（四）已回购股权的处理

公司通过回购而取得股权的，大致有三种处理模式。

1. 纳入库存股。这种做法以美国多数州公司法为代表。回购股份被纳入库存股，库存股的法律地位是：在资本总额意义上被视为“已发行股份”(shares issued)，但却不具有表决权，不能参与分配。不论库存股曾经的发行价格如何，如由公司再次发行，无须考虑其发行价格与票面价值之间的关系，其对价可以是在新股发行时不能成为合格对价的将来的服务、期票或者其他财产。

举例： A公司希望向一名在市场营销中贡献卓著的雇员B赠送10股作为奖励，如果采用发行新股的方式，则B只能以现金、实物或者已实际履行的服务作为对价而取得股份，然而，如A公司有库存股，只要合法捐出10股库存股即可达到这一目的。

2. 作为已授权但尚未发行的股份。美国《示范公司法》规定，公司取得的自己股份自动地转换成已经授权但尚未发行的股份（authorized but unissued shares)。这一处理模式的背景是：在已经废除了股份发行限制的条件下，没有必要再保留库存股这一概念。也就是说，所回购的股份可以像未发行的授权股份一样再次发行；如果公司章程禁止这样做，则回购股份不应计算在授权资本之内。

3. 限期转让或者注销。大陆法系公司法多采取这一做法。《公司法》第162条的规定亦然。

二、有限公司的少数股东回购请求权

（一）异议股东评估权

1. 一般原理

由于不存在一个公开的股权交易市场，故希望出售有限公司（封闭公司）股权的股东的选择余地很小。尤其对于少数股东而言，转让股权面临重重困境：第一，潜在的买主有限。通常情况下，唯一有兴趣的买主是其他股东或者公司。如果事前公司章程或者股东间的协议有关于股权买/卖协议（buy/sell agreement）的约定，那么，按照约定转让人只能将股权出售给其他

---

① 沈四宝. 西方国家公司法原理. 北京：法律出版社，2006：187-188.

股东或者公司。某些情况下第三人可能成为买主，但第三人通常感兴趣的是控制股权，通常与控制股东签订股权转让协议以取得公司控制权，对于少数股权不感兴趣。第二，定价困难。由于不存在一个公开的市场来判断股权转让价格，少数股权的转让很难寻求到公平的价格。第三，与退出公司相关联。如果遭受多数股东的压制（oppression），少数股东很希望通过转让股权而退出公司，如果此时多数股东、公司不出面购买，少数股东很难实现退出公司之目的。在此背景下，法律提供的救济措施就是异议股东评估权，以帮助有限公司遭受股东压制的少数股东在特殊情形下借助司法救济强行退出公司。

"异议股东评估权"（appraisal rights for dissent shareholders），或称异议股东股权回购请求权（repurchase rights for dissent shareholders），是指在特定的公司交易中，法律赋予对该交易有异议的股东请求公司以公平价格回购其股权的权利。评估权制度源于美国，并为大陆法系公司法所普遍借鉴，我国在2005年公司法修订案中正式引进该制度。

2. 我国的规定与实践

（1）异议股东评估权发生的法定事由之一：股东压制的三类具体事由

有限公司具有较强的人合性，在设立阶段，股东间存在基于章程的合约义务与基于个人信用的信赖关系，股东间需要就商事风险尽到必要的容忍义务，所以回购事由的法定化应以对公司组织结构、经营情况具有重大影响为标准。然因"重大影响"难以界定，为维护公司法的法秩序根基，《公司法》第89条第1款列举了股东压制的三种法定事由：

第一，公司连续5年不向股东分配利润，而公司该5年连续盈利，并且符合本法规定的分配利润条件。该事由直接侵害股东的主要预期利益——分红，常由控股股东压制行为或公司僵局导致，严重损害股东投资于公司的本来预期。

第二，公司合并、分立、转让主要财产。前两种情形直接影响公司的存亡，关涉股东身份存续；后一种情形严重影响公司的经营能力，公司将获得大量转让价款，回购股权亦不影响债务清偿能力。

第三，公司章程规定的营业期限届满或者章程规定的其他解散事由出现，股东会通过决议修改章程使公司存续。此情形的本质可以理解为是在公司人格消灭后设立新的公司，根据人合性要求，应最大限度地尊重前公司股东是否愿意继续担任股东的意愿。

何为反对股东？以上三种法定事由规定的适用难点在于，要件之一是要求少数股东"对股东会该项决议投反对票"，也即自证构成"反对股东"，这一构成要件在司法裁判运行过程中已产生了不合理的裁判结论，有可能将形成股东会决议、不能参与股东会会议的风险转嫁给无辜的少数股东，较严重的股东压制行为通常表现为不遵守公司程序，例如，不遵守法律、章程规定的会议召集程序，直接导致股东没有参与股东会会议的机会或者不举行股东会会议，进而使"对股东会该项决议投反对票"这一要件不可能被满足。可能的解决办法是，对"异议股东"作合目的性的扩张解释，也就是将不被通知参会、不知道股东会决议作出的、未作出股东会决议等场合下的少数股东，视为异议股东，以填补法律漏洞。①

但是，即便对"异议股东"作合目的性的扩张解释，对其如何适用《公司法》第89条第2款规定的除斥期间也是一道司法适用难题，详见下文关于该第2款的分析。

（2）异议股东评估权发生的法定事由之二：股东压制的抽象规定

有限公司的人合性决定了公司利益是股东个体利益与公司整体利益的复合体。基于商事理

① 李建伟. 再论股东压制救济的公司立法完善：以《公司法》修订为契机. 北京理工大学学报（社会科学版），2022（5）.

性人原理，个体利益具有天然的扩张性，股东会自发产生机会主义行为。资本多数决制度与股权高度集中现实扩大了机会主义行为的影响，为控股股东压制其他股东提供了“温床”，其可轻易对其他股东造成“长期的复合性股东权益侵害”，如通过董事会与股东会，通过有利自身的利润分配方案，压制其他股东分红权、控制公司经营收支。压制行为虽合法但通常存在主观恶意。对此，2023年修订案增列了救济少数股东的一般性规定，也即第89条第3款规定：“公司的控股股东滥用股东权利，严重损害公司或者其他股东利益的，其他股东有权请求公司按照合理的价格收购其股权。”本款规定的重大意义在于，控股股东滥用股权严重损害公司、其他股东利益的，其他股东即取得评估权，且由于控股股东滥权行为处于持续状态，因此少数股东主张评估权的，并不适用本条第2款规定的除斥期间。这对于少数股东保护既是一个重大的创新性制度安排，类似于英国公司法上的少数股东不公平损害救济规则，同时也是对控股股东滥权的重要规制举措。

本款核心问题是对“滥用股东权利”的认定，可结合《公司法》第21条禁止滥用股东权利条款加以判断。《公司法》第21条规定的禁止侵害对象为公司和其他股东的利益而非“权利”，可理解为其不仅保护股权，还保护其他股东的经营管理期待利益与分红期待利益，以及公司的资本维持利益；侵害形态不止于侵害其他股东的单项权利，还可能侵害决策权、经营权、监督权等多项权利复合的利益。引人担忧的是，本款并未将实际控制人纳入规制范围，疑为立法漏洞，可由后续的司法解释、指导案例等加以弥补。

从整体来看，《公司法》第89条第3款与第21条第2款、第22条、第180条第3款等已然构成了中国法上的不公平损害救济规则体系。

（3）异议股东评估权实现的其他环节

其一，关于少数股东的异议方式。依《公司法》第89条，股东的异议方式仅限于对决议投反对票的情形，不包括投弃权票的情形。《公司法》第162条没有明确规定异议方式，在立法解释上应该适用第89条的规定。在公司实务中，“反对票”应当采取书面记载的形式。

其二，关于回购协议的达成。异议股东主张评估权的，公司如无异议，双方签订股权收购协议，具体内容由双方协商确定。收购协议的核心条款就是股权收购价格，《公司法》第89条原则规定公司以“合理的价格”收购，但具体的价格不是由法律规定的，而是需要双方协商确定。此外，收购协议还包括回购时间、回购方式、股价支付等条款。

其三，关于行权期间。针对《公司法》第89条第1款规定的三类具体事由下的异议股东评估权行权期间，第89条第2款规定，“自股东会会议决议作出之日起六十日内，股东与公司不能达成股权收购协议的，股东可以自股东会会议决议作出之日起九十日内向人民法院提起诉讼”。此处的“股东与公司不能达成股权收购协议”，既可能是双方不能就收购协议的内容尤其是股价协商一致，也可能是公司方不愿或拒绝与异议股东协商。无论出现哪种情况，只要收购协议在法定期间内未能达成，异议股东都有权向法院寻求救济，要求公司与自己签订股权收购协议。可见，于此情形，公司负有强制缔约的法定义务。在公司实务中，双方的争议往往集中在股价的确定上。

其四，关于如何确定股价。各国的做法有所不同。法国、日本、韩国等国的公司法规定通过非诉程序解决，具体操作就是由异议股东提出申请，法院或者通过裁定指定股价的评估人，或者通过裁定直接决定价格。我国《公司法》没有非诉程序的规定。依第89条，异议股东向法院提起诉讼，但对于诉讼请求为何、法院如何判决以及判决如何执行，皆语焉不详，可操作性很差，亟须司法解释予以进一步明确。这涉及一个重大的理论争议：异议股东评估权抑或回购请求权究竟属于请求权还是形成权？对此众说纷纭，司法裁判的立场也很不一致，这导致了很多的认识混乱。在法理上，在此类诉讼中法院判决如支持原告请求，则必然判令公司与原告签订股权收购协议，这就必须同时解决股价的确定问题。所以，此类争议无论是通过诉讼程序还是通过非诉程序解决，都需要借助法院的裁判权来完成对“合理的价格”的确定。

其五，公司回购股权后的处置。依照《公司法》第 89 条第 4 款规定，无论何种原因的股权回购，有限公司都应该在回购股权后 6 个月内转让或者注销，转让包括转让给非股东或者其他股东，注销要依法走减资程序。毕竟公司自持股权不是常态，也有很多的流弊，需要尽快结束这一状态。在新法修订前，鉴于公司法的立法漏洞，国家工商行政管理总局在 2014 年修正《公司注册资本登记管理规定》（已失效）时尝试对之加以填补，于第 12 条规定有限公司“依据《公司法》第七十四条的规定收购其股东的股权的，应当依法申请减少注册资本的变更登记”。部分法院在裁判中也循此路径，要求公司回购股权或股份必须完成减资程序，或者认为公司在完成股权回购之后应进行减资。

（二）有限公司被简易合并的，少数股东的回购请求权

依照《公司法》第 219 条第 1 款规定，公司与其持股 90%以上的有限公司合并，被合并的有限公司仅需经董事会决议，但应当通知其他股东，其他股东有权请求公司按照合理的价格收购其股权。

关于本款规定的少数股东权利性质，有人定性为回购请求权，也有人将其解释为实质意义上的异议股东评估权，理由在于：由于此处豁免股东会决议，作为子公司的少数股东也就丧失了构成形式上异议股东的机会，但其依然有权请求子公司按照合理的价格收购其股权，行权规则参照适用本条。可将此理解为公司简易合并的特殊事由下，突破股东会决议限制的异议表达形态。

如依照《公司法》第 219 条规定的简易并购发生了股权回购，回购的股权最后的处理方式适用《公司法》第 89 条第 4 款的规定。

三、股份公司的少数股东回购请求权

（一）非上市股份公司的异议股东评估权

此前，异议股东评估权仅适用于有限公司，并不适用于股份公司，2003 年修订案将其引入非上市股份公司。依据《公司法》第 161 条第 1 款连同第 162 条第 1 款第 4 项的规定，发生了上引第 89 条第 1 款规定的三种具体事由的，异议股东也可以请求股份公司以合理价格回购其股份，如在股东会决议作出之日起 60 日内股东与股份公司未达成收购协议的，股东也可以自股东会决议作出之日起 90 日内提诉，公司回购后应在 6 个月内依法转让或者注销该股份。如果注销该股份，那就是进行公司减资，属于针对异议股东的定向减资。

由此可见，《公司法》第 89 条 1 款关于有限公司的异议股东评估权的规定，与第 161 条第 1 款连同第 162 条第 1 款第 4 项关于非上市股份公司的异议股东评估权的规定，是一致的。但需要指出的是，第 89 条第 3 款的规定不适用于股份公司。

（二）股份公司被简易并购的，少数股东的回购请求权

前引《公司法》第 219 条的规定也适用于股份公司（包括上市公司），也即公司与其持股 90%以上的股份公司合并的，被合并的子公司须经董事会决议，且应当通知其他股东，其他股东有权请求股份公司按照合理价格回购其股份。

最后要指出的是，依照《公司法》第 161 条第 3 款规定，无论何种原因的股份回购，股份公司都应该在回购股份后 6 个月内转让或者注销，转让包括转让给非股东或者其他股东，注销

要依法走减资程序。由此可见，这与《公司法》第 89 条第 4 款规定有限公司回购股权的处置方法是一样的。另外，依照《公司法》第 219 条规定的简易并购发生了股份回购的，回购后股份最后的处理方式也适用第 161 条第 3 款的规定。

四、股份公司的股份回购

（一）基本原理

股份公司（公众公司）的股份回购除实施职工股份奖励计划和保护异议股东权益的作用外，更重要的功能还在于为公司提供一种可供选择的经营策略：通过主动的股权回购实施减资计划，提高剩余资金利用率，提高股权收益率；减少流通在外的股份数量，提高每股盈余，降低市盈率；在股价过低时回购股份以稳定公司股价，维护公司形象，保护现有股东权益；减少流通在外的股份，抬高收购门槛，用以抵御收购；变相分配股利，规避现金分红的法律负担如税收。另外，股份公司尤其上市公司的股份回购也容易产生更大的危害，诱发违法行为——公司内幕交易和操纵股价行为；通过回购哄抬股价，误导投资者；事实上的减资，损害债权人利益；多数股东操纵股份回购，损害少数股东的利益等。所以，各国公司法对于股份回购的法律政策，一方面比出资回购的法律政策宽松，体现在允可的情形更多；另一方面又更为严厉，体现在对股份回购的规制措施更加严格。

股份回购主要有两种方式：公开市场收购与自己标购（self-tender offer）。前者指公司在公开市场上通过经纪人购买自己的股份，收购价格为市场价格；后者又分为固定价格购买与荷兰式拍卖（Dutch auction）。[①]

固定价格购买，指通过公司向股东发出报价（价格固定）的方式回购股份。该报价通常高于市场价格，因而回购成本高于公开市场购买。股东自由决定是否出售：如果接受报价，则回购发生；如果不接受，则继续持有股份。如果股东愿意出售的股份超过了公司意欲购买的股份，公司应当按比例购买。

荷兰式拍卖，得名于荷兰花卉拍卖所使用的方法，指由公司提出愿意回购的股份数量和价格幅度，然后，股东向公司提出其愿意出售的股份数量，以及在设定的价格范围内能够接受的最低出售价格。在接到股东的报价后，公司将投标价格按照从低到高的顺序进行排列和评估，确定可以接受的最低价，并以该最低价回购。

（二）我国的规定与实践

股份发行后，认购股份的人即为公司股东。《公司法》第 157 条规定，股东转让股份自由，可以向其他股东转让，也可以向股东以外的人转让。此处的“股东以外的人”其实也包括公司自身，如向公司转让，就是股份回购。股份回购导致公司持有自己的股份，造成权利主体与义务主体合一，显然不是股份制度的常态，故受到各国、各地区公司法的限制。我国亦不例外，《公司法》第 162 条使用 512 个字符的巨大篇幅，确立了股份公司股份回购的“原则禁止，例外许可，尽早处置”的基本规则。

1. 允许股份回购的法定事由

《公司法》第 162 条第 1 款首先明确“公司不得收购本公司股份”的基本立场，而后规定若干例外情形，确立了对股份公司股份回购“原则禁止，例外许可”的基本规则。综合第 161～162 条可以总结出，股份公司回购股份的法定例外情形包括：

---

① 施天涛. 公司法论. 2 版. 北京：法律出版社，2006：265.

（1）减少注册资本。依照法定程序进行减资，减资是目的，手段是股份公司回购股份并注销。减资可以是面向所有股东的同比减资，也可以是面向部分股东的不同比减资。

（2）与持有本公司股份的其他公司合并。设B公司持有A公司的股份1 000万股，现A公司兼并B公司，B公司的所有权利义务归于A公司，此时A将自持1 000万股，客观上构成回购。

（3）将股份用于员工持股计划或者股权激励。股份公司要实施员工持股计划、股权激励，需要手中持有本公司股份，股份可以从市场上购买，也即回购。

（4）股东因对股东会作出的公司合并、分立决议持异议，要求公司收购其股份。这一事由，连同《公司法》第161条第1款规定的异议股东回购请求三个事由，以及第219条规定的简易合并情形下的股东回购请求权，可归纳为触发少数股东回购请求权的五个法定事由。

（5）将股份用于转换公司发行的可转换债券。股份公司发行可转换债券，一旦债券持有人主张债转股，股份公司需持有股份用以转换。

（6）上市公司为维护公司价值及股东权益所必需。基于上市公司维护市值的需要，允许上市公司动用资金进行“托市”行为，在股价低于乃至严重低于上市公司净资产时，上市公司可以回购部分股份以抬升股价，避免股价与公司真实价值的严重偏离，维护公司及股东利益。

在以上六种情形中，第四种为被动回购，其他五种皆为主动回购，这五种主动回购的法定情形是股份公司相比有限公司所特有的，是两类公司的公开性不同所致。总结而言，股份公司共存在“1种被动回购（5个事由）＋5种主动回购”。

2. 股份回购的决议程序

《公司法》第162条第2款规定了公司股份回购的分别决议程序，具言之：

（1）第1项、第2项本属于股东会绝对多数决的决议事项，故相应回购也应交付股东会，经与会股东所持表决权的2/3以上多数决通过。

（2）在第3项、第5项、第6项情形下，股份回购的决议程序相对简单，可以在公司章程或股东会的授权下，经2/3以上董事出席的董事会决议即可完成决策程序，可以更加便捷高效地发挥股份回购的市场功能。

（3）在第4项情形下，以异议股东请求权的行使为前提，无须公司决议。

3. 股份回购后的处置

《公司法》第162条第3款规定了公司回购股份的处理及限制，包括回购股份的数额上限和公司对标的股份的持有期限两方面，最终的处置方式仍不脱转让与注销两种，具言之：

（1）第1项，即公司减资时，标的股份应自收购之日起10日内注销。

（2）第2项、第4项，即在公司合并和异议股东评估权情形下，标的股份应转让或者注销，期限为6个月内。注销股份的，要依法走减资程序。

（3）第3项、第5项、第6项，也即在股权激励、可转债转换和维护市值情形下，标的股份总额不得超过本公司已发行股份总额的10%，应转让或注销，期限设置为3年。注销股份的，要依法走减资程序。

（三）上市公司的回购股份特则

《公司法》第162条规定的股份回购也适用于上市公司，但该条第4款设置了上市公司股份回购的特殊规范，要求有二：

1. 信息披露义务。本款第1句属于引致规范，要求上市公司回购股份遵循信息披露义务，具体内容交由《证券法》规范。

2. 集中竞价交易。上市公司在前述第3项、第5项、第6项情形下的股份回购，应通过公开的集中交易方式进行。除此之外，中国证监会《上市公司股份回购规则》等部门规章以及证券交易所的相关规定都对上市公司股份回购事项提出了规范要求。

第五节　股权质押与让与担保

一、股权质押

（一）概念

股权质押，指股东为担保自己、他人的债务履行，以其持有的股权出质，当债务人不履行到期债务时，债权人得就股权变现所得价金优先受偿的物权担保制度。股权具有财产价值，可以转让，所以可以用于债的担保。股权质押的特征如下。

1. 在性质上属于权利质押。股权质押是权利质押的一种（《民法典》第443条），标的是股权，具体包括股份公司的股份与有限公司的出资，故又分为股份（股票）质押与出资质押。

2. 可能涉及股权转让。尽管股权设质后并不意味着一定被变现，但一旦债务人不履行到期债务或者出现当事人约定的实现质权的情形，质押股权就要发生转让，债权人就转让所得价金优先受偿。我国司法实践中，以股份公司的股份出质的，适用《公司法》有关股份转让的规定；以有限公司的股权出质的，适用《公司法》关于股权转让的有关规定。《公司法》第162条第5款关于股份质押的规定安排在第六章第二节“股份转让”之下，也是基于这一道理。

（二）生效与效力

关于股权质权的生效（或称设立），《民法典》第388条规定应当依法订立担保合同。《民法典》第443条规定，以股权出质的，质权自办理出质登记时设立。股权出质后，不得转让，但是出质人与质权人协商同意的除外。出质人转让股权所得的价款，应当向质权人提前清偿债务或者提存。据此，股权质权的设立采债权形式主义，有效的质押合同（债权行为）加上质权登记（物权行为），股权质权生效。其中，公开发行的股份设质，在证券登记结算机构办理出质登记；非公开发行的股份以及有限公司的出资，在市场监管部门办理出质登记。

股权质权的效力，与其他权利质权的效力并无不同，此不赘述。

（三）特则

《公司法》第162条第5款规定：“公司不得接受本公司的股份作为质权的标的。”本款意在防止公司规避法定事由回购股份。本款为禁止性规定，但不属于效力性规定。需要指出的是，本款是在第1款原则上禁止公司回购股权的背景下作出的规定，公司接受以自己的股份为标的设立的质权，将来有可能变现也有可能不变现，并不当然导致公司回购股权。如不发生公司取得自己股份的情形，也就不违反法律、行政法规的强制性规定，只是在变现方式上不得由公司折价取得股份以实现优先受偿权，此时尚有拍卖、变卖两种方式供公司选择。因此，根据最高人民法院《关于适用〈中华人民共和国民法典〉合同编通则若干问题的解释》（以下简称《民法典合同编通则解释》）第18条[①]，本款不属于效力性强制性规定。

---

① 该条规定：法律、行政法规的规定虽然有“应当”“必须”或者“不得”等表述，但是该规定旨在限制或者赋予民事权利，行为人违反该规定将构成无权处分、无权代理、越权代表等，或者导致合同相对人、第三人因此获得撤销权、解除权等民事权利的，人民法院应当依据法律、行政法规规定的关于违反该规定的民事法律后果认定合同效力。

二、股权让与担保

（一）概念

让与担保是我国民商事实践中广泛存在的一种非典型担保形式，股权让与担保属于让与担保之一种，是指债务人或者第三人为担保债务之履行，将股权作为担保财产事先变更登记至债权人名下，并约定若未来债务人在债务履行期届满后无法清偿债务的，债权人有权对股权的折价、拍卖、变卖价款进行优先受偿的一种担保方式。

股权让与担保与股权转让的区别，可以从三个方面认定：一是当事人的真实意思表示。在股权转让情况下，双方的真实意思表示是转让股权；在股权让与担保情况下，双方的真实意思表示是以转让股权的方式为主合同提供担保。二是是否存在被担保的主债权债务关系。在股权转让法律关系中不存在被担保的主债权债务关系；而在股权让与担保情况下，股东将其股权转移至债权人名下的目的是为主债务的履行提供担保。三是股权受让人是否实际享有或行使股东权利。在股权转让情况下，股权受让人实际享有股东权利；而在股权让与担保情况下，股东将其股权转移至债权人名下的目的是为债务履行提供担保，此时债权人虽被登记为股东，但并不实际享有股东权利。

（二）特则

依照最高法《民法典担保解释》第 68 条，债务人或者第三人与债权人约定将其持有的公司股权形式上转移至债权人名下，债务人不履行到期债务，债权人有权对股权折价或者以拍卖、变卖所得价款偿还债务的，该约定有效；当事人已经完成股权变动的公示，债务人不履行到期债务，债权人可以请求参照民法典关于担保物权的有关规定就该财产享有优先受偿权。

债务人或者第三人与债权人约定将公司股权形式上转移至债权人名下，债务人不履行到期债务，股权即归债权人所有的，该约定本身无效，但不影响当事人有关提供担保的意思表示的效力；如当事人已经完成股权变动的公示，债务人不履行到期债务的，债权人不得请求享有股权；债权人有权请求参照民法典关于担保物权的规定对股权折价或者以拍卖、变卖所得价款优先受偿；债务人履行债务后也可以请求返还股权，或者请求对股权折价或者以拍卖、变卖所得的价款清偿债务。

债务人与债权人约定将公司股权转移至债权人名下，在一定期间后再由债务人或者其指定的第三人以交易本金加上溢价款回购，债务人到期不履行回购义务，该股权归债权人所有的，该约定本身无效，但不影响当事人有关提供担保的意思表示的效力；回购对象自始不存在的，依照《民法典》第 146 条第 2 款关于隐藏行为效力的规定，按照其真实的法律关系处理。

又依据《民法典担保解释》第 69 条，股权让与担保的，该股权虽登记在债权人名下，但债权人并非股东，也没有成为股东的真实意思，故公司、公司债权人不得以债务人（股东）出资瑕疵为由请求作为名义股东的债权人与股东承担连带责任。

第六节　对赌协议

一、概念

投资市场中，风险资本的投资方多选择“对赌协议”方式进入投资对象，双方由此成为风险事业的合作伙伴，此可谓投资行业的交易惯例。所谓对赌协议，又称估值调整协议

(valuation adjustment agreement)，是指投资方与融资方在达成股权性融资协议时，为解决交易双方对目标公司未来发展的不确定性、信息不对称以及代理成本等问题，而设计的包含了股权回购、金钱补偿等对未来目标公司的估值进行调整的协议。

可见，对赌是资本市场一种惯常的投资模式，由于其内容涉及股东之间的股权转让或者公司回购股权，在此一并讲解。

近年来我国商事审判中对赌协议纠纷渐多，对此类案件的审理，最高人民法院《九民纪要》强调要立足于商事纠纷解决的特性，充分尊重商人自治，保护交易安全与投资安全，激发经济活力，增强投资创业信心，为此要依法协调好公司债权人、股东、公司等各种利益主体之间的关系，把握好公司外部与内部的关系，平衡好公司自治与司法介入的关系。具体来说，法院审理对赌协议纠纷案件不仅适用合同法规范，还适用公司法规范，既要坚持鼓励投资方对实体企业特别是科技创新企业投资原则，从而在一定程度上缓解企业融资难问题；又要贯彻资本维持原则和保护债权人合法权益原则，依法平衡投资方、公司债权人、公司之间的利益。

二、效力及履行

“对赌协议”主要有三类：一是投资方与目标公司的全体或者部分股东、实际控制人“对赌”，二是投资方与目标公司“对赌”，三是投资方与目标公司及其全体或者部分股东“对赌”。按照不同的签约主体，《九民纪要》第 5 条明确的裁判规则如下。

1. 与股东对赌

对于投资方与目标公司的全体或者部分股东、实际控制人订立的“对赌协议”，如无其他的法定无效事由，认定有效并依法支持依约实际履行。

2. 与目标公司对赌

投资方与目标公司订立的“对赌协议”是否有效以及能否实际履行，存在争议。《九民纪要》认为，此类“对赌协议”在不存在法定无效事由的情况下，目标公司仅以存在股权回购或者金钱补偿约定为由主张“对赌协议”无效的，不予支持；但投资方主张实际履行的，法院要审查是否符合公司法关于“股东不得抽逃出资”及股份回购的强制性规定，来判决是否支持其诉讼请求。

(1) 投资方请求目标公司回购股权的，应当依据《公司法》第 53 条关于“股东不得抽逃出资”或者第 162 条关于股份回购的强制性规定进行审查。经审查，目标公司未完成减资程序，驳回其诉讼请求；如能获得公司债权人同意从而依法完成减资程序，实际上就是对于投资方的定向（不同比）减资。

(2) 投资方请求目标公司承担金钱补偿义务的，要审查有无违反《公司法》第 53 条关于“股东不得抽逃出资”、第 210 条关于利润分配的强制性规定，如经审查目标公司没有利润或者虽有利润但不足以补偿投资方的，应当驳回或者部分支持其诉讼请求，今后目标公司有利润时，投资方还可以依据该事实另行提起诉讼。

重要概念提示

股份回购；异议股东评估权

理论思考

1. “一股再卖”的场合下，股权善意取得发生的情形与要件是什么？

2. 股权强制执行场合下，有限公司的股东优先购买权获得实现的程序如何设计？

3. 比较我国公司法上有限公司与股份公司的股份回购发生的异同。

4. 股东名册记载与商事登记变更程序在有限公司股权变动中扮演着什么角色？

实例研习

1. 甲、乙、丙是某有限公司的股东，各占52%、22%和26%的股份。乙欲对外转让其所拥有的股份，丙表示同意，甲表示反对，但又不愿意购买该股份。乙便与丁签订了一份股份转让协议，约定丁一次性将股权转让款支付给乙。此时甲表示愿以同等价格购买，只是要求分期付款。对此各方发生了争议。下列哪一选项是错误的？(单选)①

A. 甲最初表示不愿意购买即应视为同意转让

B. 甲后来表示愿意购买，则乙只能将股份转让给甲，因为甲享有优先购买权

C. 乙与丁之间的股份转让协议有效

D. 如果甲、丙都行使优先购买权，就购买比例而言，如双方协商不成，则双方应按照 2∶1 的比例行使优先购买权

2. 甲、乙等六位股东各出资 30 万元于 2004 年 2 月设立一有限责任公司，5 年来公司效益一直不错，但为了扩大再生产一直未向股东分配利润。2009 年年末股东会上，乙提议进行利润分配，但股东会仍然作出不分配利润的决议。对此，下列哪些表述是错误的？(多选)②

A. 该股东会决议无效

B. 乙可请求法院撤销该股东会决议

C. 乙有权请求公司以合理价格收购其股权

D. 乙可不经其他股东同意而将其股份转让给第三人

3. 司法解散中的股东异议回购请求权——A 诉 B 公司股份收购请求权纠纷案③

[案情与裁判] 2010 年 5 月，被告 B 公司经营期限届满，是年 8 月召开临时股东会通过修改公司章程第 51 条的规定，将被告的经营期限届满日从 2010 年 5 月 30 日延长至 2029 年 5 月 30 日，原告 A 投了反对票。原告 A 主张依当时《公司法》第 75 条第 3 项的规定，要求被告 B 以合理价格收购其持有的 17.86%的股权。2010 年 10 月 9 日，原告 A 曾发函要求被告以人民币 1 480 万元收购其股权，两天后被告 B 回函拒绝以该价格收购该股权，双方未能达成一致意见。故 A 起诉要求被告以 1 480 万元收购原告持有的被告的 17.86%的股权。

上海市浦东区人民法院认为：公司章程规定的营业期限届满，公司本应解散，股东可以退出经营。但本案被告已经由持有公司多数表决权的其他股东通过股东会决议修改了公司章程，决定了公司的存续，这已与公司设立时原告的意愿发生重大差异，法律规定允许对此决议投反对票的股东退出公司，被告应当按照原告的股权比例收购其股权，法院在审判中委托评估机构进行评估，判决被告支付原告股权回购款金额为 9 950 018.75 元。

[简评] 章程规定的营业期限届满，但股东会通过修改章程使公司存续的，异议股东可直接起诉行使股东异议回购请求权。

① 本题系国家司法考试 2007 年卷三第 30 题，参考答案：B。

② 本题系国家司法考试 2010 年卷三第 71 题，参考答案：ABD。

③ 案例来源：根据上海市浦东区人民法院（2010）浦民二（商）初字第 3338 号民事判决书整理改编，北大法宝引证码：CLI. C999299。收录时有删减。

4. 有限公司的股权变动节点

[假设场景] 6月1日，甲、乙就甲持有的A公司10%股权达成股权转让合约主要条款，约定签约后10日内乙一次性支付1 000万元现金给甲，以取得该股权；

2日，甲一一书面通知其他股东征求意见，后者均当场表示放弃优先购买权；

3日，甲、乙二人签署股权转让协议并生效；

4日，乙支付了股权转让款全款给甲；

5日，甲通知了A公司董事会转让股权事宜，后者未表异议；

6日，A公司变更了股东名册记载；

7日，A公司董事会召集将在本月23日召开股东会会议，通知乙参会；

8日，A公司回收并注销甲的出资证明书，给乙签发新出资证明书；

9日，A公司变更公司章程关于股东姓名条款；

25日，A公司申请市场监管局变更股东登记获批，将乙登记为股东。

[问题] 乙是何时成为A公司股东的?

[答案] 3日。

第五编

公司治理

［题述］在近几十年的公司法发展中，公司治理可能是最激动人心的发展领域了，关于公司治理的研究也在悄然之间成为一门“显学”。现今，公司治理早已超越公司法学、法学而成为多个学科的研究课题，涉及多个学科的基本理论。从某种意义上说，现代各国公司立法的绝大多数制度安排都要归属于公司治理的制度范畴。本书单列“公司治理”为一编，在体例上并非创新，但在内容选择与编排上，笔者通过多方筹划并比较不同方案，最终形成了现在的格局：第十六章集中阐述有关公司治理的抽象理论与制度比较，侧重讲述法律理论；第十七章专门介绍公司组织机构及其成员的法律制度，侧重讲述法律制度构成；第十八章专门阐述公司利益相关者及其利益冲突的治理，侧重讲述法律运行机制。相信这样的安排符合人们接受一项新事物的逻辑，有利于读者学习公司治理法律制度的内容。

第十六章

公司治理概述：理论与模式

提　示

本章的内容集中在公司治理基本理论阐述与各国公司立法制度的概括比较，还介绍了现代经济学的一些理论背景，以深化读者对公司治理认识的理论深度，扩展读者的知识视野，因而本章的内容显得有些抽象。

第一节　公司治理的基本理论

一、概念

公司治理（corporate governance），又称公司治理结构（structure of corporate governance）。作为一个学术名词，公司治理是经济学、管理学、法学等学科的共同研究课题，但到目前为止，尚未形成一个公认的定义。

在法学上，从制度功能的角度看，公司治理的概念有广、狭义之分。狭义的公司治理仅仅解决因“两权”分离而产生的代理问题，也即调整股东与管理层之间的委托—代理问题；广义的公司治理解决公司诸利益相关者之间的利益冲突，调整股东、管理层、债权人、雇员等相互之间的利益关系。

在法学上，从制度构成的角度看，公司治理的概念也有广、狭义之分。广义的公司治理包括内部治理与外部治理，狭义的公司治理仅指前者。内部治理，是关于公司内部组织机构的制度安排，在我国由股东会、董事会、监事会和经理构成，其中，股东会是权力机构，董事会是执行机构，经理是执行辅助机构，监事会是监督机构。这些组织机构以公司股东与管理层的委托—代理关系为基础，分权制衡，共同构成公司内部治理。外部治理，是公司的投资者（股东、债权人等）通过外部市场对管理层进行控制，以确保投资者收益的非正式制度安排。外部市场包括产品/要素市场、经理市场、金融/资本市场、并购/控制权市场等。①

现实状态中的公司治理都是内外部治理的统一。学术研究中的公司治理也是如此，不同的是有的学科强调前者，有的学科强调后者。公司法学重点研究内部治理。下文使用的公司治理一词一般指称内部治理，如果包含或指称外部治理，将特别指明。

---

①　费方域．企业的产权分析．上海：上海三联书店，上海人民出版社，1998：165；梅慎实．现代公司机关权力构造论．修订本．北京：中国政法大学出版社，2000；张维迎．企业理论与中国企业改革．北京：北京大学出版社，1999；吴敬琏．现代公司与企业改革．天津：天津人民出版社，1994：90．

二、制度构成

（一）公司内部治理

1. 内部治理的内涵

内部治理的实质，是在“两权”分离的框架下为保障股东的利益，就公司控制权在股东与管理层之间的分配所达成的制度安排。在公司运营期间，股东是公司的唯一、终极所有者，对公司资产拥有剩余控制权（residual control）与剩余索取权（residual claims）。相应地，股东会作为权力机构掌控重大经营决策权。但由于股权的分散，股东通过股东会行使权力的成本很高，必须不同程度地将经营管理权委托给董事会行使，董事会再转委托给以经理为首的高级管理人员（以下简称高管），股东还委托监事监督董事、高管。这样在内部治理中，股东与董事会之间、股东与监事会之间、董事会与经理之间、经理与其他高管之间存在层层的委托—代理关系。名义上，委托人是委托—代理关系的授权方，处于主动地位，但在实际的权力运行中，越处于委托—代理关系末端，越有机会行使剩余控制权，扩张自己的权力，故以经理为首的高管层实际拥有的权力远大于公司法设定的“纸面上”的权力。所以，还必须依赖外部治理机制发挥对高管的激励与约束功能。

2. 内部治理与公司组织机构

内部治理与公司组织机构密不可分。实际上，组织机构就是公司内部治理的组织形式与器物基础。判断一个公司内部治理是否良好的基本标准，就是组织机构的设置以及各机构之间的关系状况。公司内部治理以分权为前提，以制衡为手段，以效率与公平为目的，这一切都依托于组织机构才得以实现。可以说，组织机构在公司内部治理中处于核心位置。在公司法理论上，有时候直接依据公司组织机构的设置将公司治理区分为不同的模式，正体现了组织机构的核心地位。

现代公司组织机构的设置、权限和职责均由公司法规定，这种规定带有明显的强制性，尽管每一家公司都有一定的自主权，但无论如何不可能回复到完全自由的古典企业状态。从发展的角度看，对于公司组织机构随着社会发展而进行的渐进式演变，公司治理理论在背后起到重要的推动作用。而有关公司内部治理的任何制度创新，均涉及对公司组织机构的改造。

（二）公司外部治理

理论界关于外部治理的外延存在争议，一般认为包括以下市场及其机制。[①]

1. 产品/要素市场。在市场经济条件下存在开放的竞争的产品/要素市场，不同的产品和要素在由各自的稀缺程度决定的市场价格的引导下，在不同的企业之间自由流动，这样，各个企业的利润水平会成为一个能够反映企业经营状况的充分信息。这一信息可以用于判断管理层是否称职和尽职尽责。可见，充分竞争的产品和要素市场的存在，有助于克服“两权”分离下的信息不对称，从而为解决代理成本问题提供可靠的信息支持。

2. 经理市场。竞争的经理市场意味着公司高管能够在不同企业以及同一企业的不同岗位自由流动，并由市场决定其薪酬。在市场竞争中被证明德才兼备者，就会提升其人力资本价值，反之，就会降低其人力资本价值，甚至会被替代乃至失业。高管所经营企业的业绩好坏决定了他们在经理市场上的价值与就业机会，这会促使高管与股东的利益趋于一致，从而使得高管与股东之间激励相容，有利于解决代理成本问题。

---

① 李建伟. 公司制度，公司治理与公司管理. 北京：人民法院出版社，2005：55-56.

3. 资本/金融市场。竞争的资本市场的治理意义在于，通过股价的变动对企业的高管提供一个外部压力，同时使得代理权市场争夺战成为可能。金融市场为公司提供了选择融资结构的机会。如果一个公司选择了负债，由于企业不得不偿还债务，这就对高管的无效率形成了限制；当企业经营不善而进入破产程序时，债权人就会取代股东取得公司剩余控制权与剩余索取权，高管将会失去职位且其人力资本价值贬损。在此意义上，公司所有权只是一种状态依存所有权（state-contingent ownership），股东只不过是“正常状态下的公司所有者”，在其他不同的状态或阶段，债权人、雇员等都要承担公司的风险，都可能是公司剩余控制权与剩余索取权的享有者。也正是所有权的这一依存性才使得投资者（股东、债权人等）都有参与公司治理的动机和能力。

4. 并购/控制权市场。竞争的并购和控制权市场的治理意义在于为敌意接管这种治理机制提供了可能。公司控制权市场是不同的利益主体通过资本市场对公司发起敌意接管行为，以获得对公司的控制权而相互竞争的市场。与其他治理机制相比，敌意接管在理论上说是约束管理层更为有力的机制，因为它允许那些发现公司经营业绩表现不足的人有机会接管公司，并撤换管理层。

（三）内、外部治理的关系

从内部治理的角度看，现代公司的代理问题不能完全依靠内部治理来解决，必须同时依赖通过市场的外部治理。从结构上看，外部治理与内部治理在逻辑层次上是不一样的。外部治理是处于主动地位的，而内部治理是以外部治理为条件的，是外部治理的内生性制度安排。缺少了外部治理所提供的市场压力机制以及充分信息，内部治理的功能发挥会严重受损。从某种意义上说，判断内部治理是否有效，要以其是否适应外部治理为标准，即内部治理只有在适应外部治理的条件下才能有效率。这一关系原理对我国的现实意义在于，公司治理的制度建设，要重视公司外部治理环境的改善，并在此过程中不断探寻与外部治理条件相适应的内部治理结构与机制。

从外部治理的角度看，由于管理层与股东之间权、责、利的不对称，通过市场的外部治理机制对管理层的监督与治理属于一种事后机制，仅有外部治理不足以避免管理层的机会主义行为与道德风险，必须有一个内部治理机制作为基础，来进行事前的监督和治理。

公司治理制度体系包括内部治理和外部治理两个组成部分，其制度构成如图 16－1 所示。

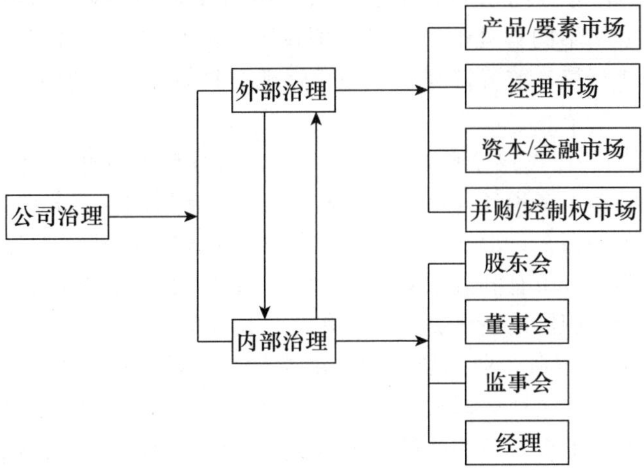

图 16－1　公司治理的制度构成

三、公司治理的产生与代理理论

（一）公司治理的产生

现代公司实现了所有权与控制权的分离，产生了股东与管理层的代理问题，随之就产生了旨在解决代理问题的公司治理。19 世纪末 20 世纪初，主要市场经济国家超大型的股份公司（公众公司）在管理结构上开始奉行“董事会中心主义”，公司股东与管理层之间、股东之间在权力与利益的博弈中纷争频生。出现这一局面的背景是，当时许多大型公众公司的股权已经分散化，职业管理层对公司的控制正在加强，股东对公司经营的控制力越来越小。于此情形，如何使具有独立利益的管理层最大限度地维护股东利益，成为重要的问题。人们开始探讨突破传统企业制度框架去设计一种适当的组织结构，以平衡各方利益并最终维护股东的根本利益，公司治理的理念和制度创新由此开始。1932 年伯利与米恩斯（Berle & Means）的名著《现代公司与私有财产》出版，提出当时美国许多大型公众公司存在的“两权”分离现象，指出公司股东在从“两权”分离中获得巨大利益的同时，又产生了新的问题，即“股东个人利益绝对服从于有控制权的经理团体”①。那么，股东失去了对公司的直接控制权后，如何激励、约束管理层的经营管理行为？这就提出了现代公司的代理问题，也就是公司的治理问题。

作为一个学术概念，“公司治理”一词产生未久，但实践意义上的公司治理与制度意义上的公司治理，自现代公司出现以来一直存在。从企业发展史看，在早期的古典企业（业主企业、合伙企业）中，并不存在类似于公司治理的问题。这是因为，古典企业的所有与经营混为一体，出资人既是企业的所有者又是管理者，不存在所有者与管理层之间的代理问题。具体而言，现代公司与古典企业的根本区别，决定了公司治理问题基本上仅存于现代公司。

1. 经营结构的区别。受制于封闭的融资能力和业主个人的有限财力，古典企业具有规模很小的经营结构，其营业网点、营业品种、营业区域、营业层次都简单、有限。现代公司经营结构的规模是古典企业望尘莫及的。巨型的经营结构必然给企业管理带来革命性的变化，职业化的经理人团队的产生就是一个必然的结果，著名经济学家钱德勒（Chandler）在《看得见的手——美国企业中的经理人革命》一书中将现代公司称为“经理人企业”（managerial enterprise）。

2. 权力结构的区别。古典企业的所有权与经营权都掌握在企业主手中，形成了高度一体化的权力结构。现代公司不同程度地实现了“两权”分离，在公司内部，股东、董事、监事、经理分享了决策权、执行权、监督权等公司经营管理的具体权能，形成了一个多元主体分权、制衡的权利结构。

3. 利益结构的区别。在古典企业，产权、经营、收益与风险都由企业主享有和承担，形成了高度统一的利益结构。在现代公司，由于公司产权的多层次及可分性、经营管理权的可肢解性以及多种利益主体的存在，形成了多个利益主体在产权、经营、收益与风险等方面对立、统一的利益结构。总体上，所有利益主体的利益是一致的，但也存在利益冲突，比如，在公司利润一定的前提下，如管理层的薪酬提高，股东的股利分配就会相应地减少。

4. 层级结构的区别。古典企业的层级结构非常简单，在个体企业，通常是一个业主直接管理几个雇工而已；在合伙企业，通常由全体或者个别合伙人亲自管理。在现代公司，动辄拥有成千上万乃至数十万、上百万名的雇员，必须建立起与此相适应的足够复杂的层级结构，方

① 伯利，米恩斯. 现代公司与私有财产. 甘华鸣，等译. 北京：商务印书馆，2005：130-135.

能保证公司经营管理的正常运行。这一层级结构体现为马克斯·韦伯所说的官僚体系（a hierarchical and bureaucratic system），在董事会—总经理—副总经理—部门（地区、分公司）经理—职员之间存在层层的命令传导关系。公司营业可能再分为若干下属单位（sub units）、“利润中心”（profit centers），每一层级都有相当大的自主权和独立性。

（二）代理理论

公司治理的基础理论是代理理论，由现代经济学提出。代理理论认为，现代公司的“两权”分离，表现为股东与管理层之间的“委托—代理”关系。具体而言，股东以“委托人”的身份将公司的经营管理委托给“代理人”——管理层，这一“委托—代理”机制奠定了公司治理的基础。然而，代理人是自利的经济人，具有不同于委托人的目标函数，具有机会主义的行为倾向，其行为并非是为了委托人的利益最大化，而是为了自己利益的最大化。当二者的利益不一致时，代理人可能会损害委托人的利益。所以代理人的行为并不总是符合委托人利益最大化要求，委托人为了自己的利益须监督代理人，但监督的数量、质量受到监督成本的制约，委托人与代理人之间的信息不对称更加大了监督成本。虽然经理也会向股东保证自己会按照有利于后者的方式行事，否则，股东会预期到经理的偷懒、不负责任，进而降低对经理的报酬；但保证本身亦有成本，保证的效果会受到成本的制约。总之，代理成本难以避免。

代理成本，是指代理人的偷懒、不负责任和以种种手段从公司攫取财富的行为。换言之，代理成本并不是指委托人支付给代理人的约定报酬，而是代理人在约定报酬之外追求其他利益或者因为偷懒、不负责任导致委托人的损失。代理成本的出现，根源在于交易成本的存在，具体来说是因为委托合同的签订与执行都是有成本的，代理成本包含在利益冲突的代理人与委托人之间签订、监督和实施一系列的合同之中。需要明确的是，只要有委托—代理关系存在，就会有代理成本，所以代理成本只能被降低，却无法完全消除。而决定委托—代理关系产生与否的算计，是委托人从委托—代理关系中获得的收益与支付的成本之比，如果前者大于后者，就会产生委托—代理关系。事实上，现代公司的股东从其与管理层之间的委托—代理关系中获取了巨大的经济利益，这使得他们能够忍受代理成本。

降低代理成本的机制有二：一是外部治理的市场压力机制，其可以约束管理层的行为，从而降低代理成本。二是内部治理的内部控制机制。股东保留了选择管理层和作出重大决策的权利，通过股东会选任、监督董事与监事，授权监事会监督董事与高管，董事会选聘和监督高管，高管选聘和监督下级管理人员，下级管理人员选聘和监督雇员的层层传导机制，来降低代理成本。在股权高度分散的公司，股东作为一个整体控制代理成本面临的最大困难就是集体选择问题，众多的少数股东通常会选择搭便车（free ride）。实务中，是更多地依赖外部市场机制还是内部控制机制，很大程度上取决于公司股权结构。在股权非常分散的经济体如美国，集体选择问题使得内部监督机制处于次要地位，对代理成本的控制更多依赖外部市场机制；而在股权结构集中的经济体如我国香港地区，更多依赖内部控制机制；在计划经济体制下，外部市场机制与内部控制机制都低效，所以导致整个经济的低效。①

最后需要指出的是，代理理论认为委托人仅限于股东（stockholders），公司仅仅归股东所有。利益相关者理论对此进行了修正：利益相关者（stakeholders），是指为公司贡献专用性资产且承担经营风险的人。利益相关者理论主张，“凡是能给企业带来损益或其利益受企业行为直接影响的成员均有可能参与或影响企业所有权的分配”，这些成员除股东外，还包括那些为公司增加了专用化技能价值的长期雇员，以及债权人、供应商、用户等提供专用化资产的人。

---

① 郁光华. 股份公司的代理成本和监督机制. 经济研究，1994（3）.

这些成员的利益与企业休戚相关，理应享有所有权，享有剩余索取权与剩余控制权。相应地，管理层是所有的利益相关者的代理人，其职责不仅是最大化股东的利益，还包括最大化其他利益相关者的利益。利益相关者理论作为一种理论思潮，其主张引发了极大争议。不过，现代公司法的制度安排一定程度上体现了对利益相关者的重视，如德国的职工参与制，日本的主银行债权人对公司治理的参与，以及各国对公司社会责任的强调等。

国企的治理困境与代理理论。一个疑问是：国企能否如私企一样建立有效率的治理机制？国企治理的困境在于：其一，从代理理论看，国企存在过长的委托代理链条：从全体人民到国家、到政府（中央、地方）、到国资委等履行出资人职责的机构、到国企董事会、到最后的国企经理人，代理链条越长，代理成本越大，更致命的是这一链条不存在真正的委托人，最终的委托人“全体人民”无法实现法律人格化，从而被虚置。实证来看，要选出具有企业家精神的国企经理人相当困难，有的国企经理人以官员自许，追求仕途升迁而不是让企业更有效地创造价值。其二，从契约理论看，公司治理是从私有制基础上发展出来的一整套有关企业利益相关者之间处理责权利关系的行为准则，是私人契约的产物；国企是政府强力施加的一种制度而非私人契约的产物，国企可模仿私企建立起器具性治理机构（如“三会”），但要建立利益相关者的利益冲突处理机制，面临重重障碍。

四、公司治理的发展趋势

在今天，人们普遍认识到良好的公司治理既是一个公司竞争力的源泉，也是一个国家、地区经济可持续发展的重要基础。有统计数据显示，对于一家治理良好的公司，投资者愿意溢价（premium）投资；对于一个国家、地区而言，良好的公司治理环境，是吸引外部投资的一个重要因素，是衡量国家、地区经济竞争力的重要指标。最近三十多年来，公司治理被当做一个充满原动力的新概念（dynamic concept），受到经济、社会、政治的诸多因素的影响。在各国公司法律制度中，公司治理也是发展最快的制度领域。关于公司治理的最新发展，可以从以下三个方面描述。

（一）立法与司法的发展

最近一段时期以来，主要市场经济国家在公司治理的立法、司法领域的重要发展如下。

1. 不断扩张的信义义务体系。信义义务（fiduciary duty），源于英美判例法原则，原来主要适用于董事、高管与公司的关系，但现今逐渐扩展到董事、监事、高管对股东乃至公司债权人，股东对公司、其他股东及公司债权人的场合。信义义务适用范围的扩张，实质上是法律对公司诸利益主体之间利益冲突介入程度加深的体现。

2. 更积极的股东代表诉讼政策。股东代表诉讼源于英美公司判例法，近十几年来获得很大的发展，表现在：其一，越来越多国家的司法采纳了这一制度；其二，股东提起代表诉讼的限制条件朝宽松方向发展；其三，实务中有更多的股东派生诉讼发生。

3. 更活跃的外部治理机制。并购/控制权市场发展活跃，其中敌意收购、投票争夺战发挥了特殊的作用，管理层处于来自资本市场的必要压力之下，迫使其更好履行信义义务，同时也使得公司内外部治理的联系更加紧密。

4. 不断强化的信息披露机制。近十几年来，各国都通过修改公司法、证券法不同程度地强化了公司信息披露要求，体现在：信息披露指向的对象范围扩大，披露的内容范围逐渐扩大，在程序和时间上要求更为严格，法律责任更加细密与严厉。美国的《萨班斯法案》就是一个很好的例证。

5. 更完善的管理层激励机制。管理层的激励（pro-management），包括薪金、奖金、业绩提成和在职消费等。近十几年来，股票期权（option）在管理层激励机制中愈加重要。现代公司法认为，管理层在管理公司的过程中承担着越来越大的风险，通过股票期权使其与股东的利益连为一体，能够更好地激励其为股东的利益服务，并降低代理成本，完善公司治理。

6. 方兴未艾的利益相关者保护。受公司社会责任理论的影响，公司利益相关者被各国立法、政策安排不同程度地纳入公司治理的范围，尤其是在“软法”规范上，利益相关者参与公司治理的理念受到重视。

以上几点，都有利于加强公众投资者尤其是处于外部人地位的少数股东、债权人的保护，同时也有利于平衡股东与债权人、雇员等其他利益相关者的利益。

（二）“软法”规范的发展

引人注目的是，自20世纪90年代以来，各国在公司治理领域除立法规范以外，还制定出洋洋大观的“软法”（soft law）规范。“软法”规范不以国家正式立法的形式出现，而是以非官方或半官方机构发布的原则（principle）、守则（rule）、声明（statement）、建议（recommendation）、指南（guideline）、报告（report）等形式来规范、引导公司治理行为。“软法”规范的制定者涵盖证券交易所、法学会、律师协会、工业联合会、董事协会、银行、机构投资者、股东协会、公司治理专家委员会等各类非官方或半官方的机构，遍布了欧、美、日、澳等发达国家，韩国、我国香港地区等新兴工业国家、地区，也包括印度、南非、印尼等发展中国家。公司治理具有多样性、实践性和变动性，仅仅依赖正式立法难以应对非常复杂的具体的现实问题，来自民间的丰富、灵活的“软法”规范在各国公司治理实践中发挥了不可替代的作用。[①] 我国在这方面的起步虽晚，但也已获实质性进展。深、沪证券交易所分别推出以《股票上市规则》为核心的大量的“软法”规范文件。

（三）公司治理的趋同与本土化

自20世纪末以来，公司治理被各国列入改革日程表，全球范围内掀起了一股公司治理变革与公司法改革的浪潮，经济全球化背景下不同制度的竞争以及提升公司治理效率是发生这一运动的重要动因。公司治理全球化运动的结果是，代表公司治理模式主流的英美外部控制模式和德日内部控制模式出现了一定程度上的趋同，体现为股权结构分散、股权价值理念凸显、董事会独立性化等共同趋势，虽然这一趋同某种程度上是双向的，但更多体现为后者对于前者的趋同，比如，美国以外的普通法国家、地区以及大陆法系国家、地区纷纷引入根植于美国的独立董事制度。

于是，有人提出了公司治理的发展趋势是趋同还是本土化的问题，被视为对于全球经济一体化将会对各国公司治理制度产生怎样的影响的理论回应。也即，如趋同正在发生，那么可能会趋同于哪种模式？世界上不同的治理模式是否会依然存续？对此，获得多数支持的观点如下。

1. 公司治理变迁包括自愿性的变迁与强制性的变迁，具有路径依赖、制度互补以及受制于政治集团的寻租等特征，这决定了公司治理模式的多样性和持久性，同时也决定了公司治理趋同的漫长性。

2. 不存在单一的最佳公司治理模式，公司治理的效率离不开其所处的环境，各国公司治理模式各有利弊，决定了公司治理不可能也不应该发生趋同的单向性。

3. 由于路径依赖和制度互补性，任何一种公司治理模式的变革都没有完全偏离其原先的路径，公司治理的本土化也是一个不可忽视的发展方向，因此趋同是相对的。

4. 政治因素对公司治理趋同具有重大影响，公司治理趋同的动力和阻力现时并存，在不

① 朱羿锟. 上市公司董事会改革研究//梁慧星. 民商法论丛：第17卷. 北京：法律出版社，2000：115.

同的经济、文化、政治环境下移植公司治理制度具有困难性。所以，不考虑制度的适应性，盲目将他域的治理制度引入本土的法律制度的效果也是值得怀疑的。

公司治理的趋同抑或全球化运动及其带给各国公司立法、政策与实践的影响显而易见，不仅体现在两大法系各国、地区公司立法关于公司治理制度的相互移植、借鉴、融合上，还体现在民间制定的公司治理“软法”规范的相互移植、借鉴、融合上。而资本市场的全球化更是推动各国公司治理走向不断融合的助推器。进一步的公司治理变革与公司法改革，要处理好制度趋同与本土化、移植制度与配套制度建设等方面的关系，注意提升引进制度的适应性，选择对自己的经济、社会、文化和法律传统更具适应性的公司治理模式。

五、我国的公司治理模式

（一）规范意义上的公司治理模式

从形式上的组织机构设置来看，尽管各国（地区）公司组织机构的设置有所不同，但基本上都由不同机关分享三种权力、担负三种职责：股东会作为权力机关享有重大事项决策权，担负选择管理层与重大事项决策职能；董事会作为执行机关，享有经营管理决策权与执行权，担负经营管理决策与监督经理人的职责；至于监督权及监督职责，或者由董事会兼职享有、担当，或者下设审计委员会专职担当，或者由另设的独立机构如监事会享有、担当。实际上，关于股东会、董事会的设置及权力运行，各国（地区）的差别不大，但对于监督机构的设置及权力运行，则存在较大的差异。如果三种权力、职责分别由三个不同的机关享有、担当，公司组织机构的典型架构就是由股东会、董事会和监事会构成。我国公司法在 1993 年至 2023 年间采取的正是这种模式：股东会是权力机构，选举产生董事会/监事会的主要成员；董事会是执行机构，董事会选聘经理，经理辅助董事会执行公司业务，同时，董事会的独立董事担负监督经理的职责；监事会是监督机构，对董事、经理执行业务情况以及公司财务进行监督。这一模式总体上更接近于日本、我国台湾地区模式。2023 年修订案又引入了董事会下设审计委员会专职监督职能的模式，并与前一种模式并行存在，供各家公司选择使用。这种可选择的治理模式的实效尚待进一步的观察，但其为市场主体提供了更多的制度选择空间是无疑的。

（二）公司治理实践的三种模式

从公司治理的制度与理念元素看，历经三十多年的公司立法与治理实践演化，我国公司治理规则与理念的渊源是多元化的。一方面，本土化的作用力强大，国企作为主导型公司形态，对其的特殊规制规则及其衍生的诸多规则，基于独特的所有制优势主导了所有类型的公司治理的内涵与气质，比如行政管制的痕迹明显，规制式的立法规范比重大，公司自治能力被压抑，创新性显得不足，源于所有制分类的产权不平等保护，使得股东平等难以真正落实，司法权介入公司治理不足，等等。另一方面，由制度移植带来的全球化力量影响也很强烈，独立董事、监事会、职工董事、代表诉讼、信义义务、法人格否认等具体规则，以及公司契约、公司自治、任意性规范等理念的引入与制度模仿，源于数个不同的法域，“混搭”色彩较强。① 据此，很难说中国式公司治理属于“某国化”模式，但也没有形成公认的中国公司治理模式。总体上，我国的公司治理实践模式可以分为三类。

1. 普通公司的治理模式

如果说 1993 年公司法文本是以国有公司为假设规范对象的话，2005 年修正案以来的公司法文本关于有限公司、股份公司治理制度的安排，实际上是以普通公司为假设规范对象的。此

---

① 吴志攀. 序：中国式“公司治理”//甘培忠，楼建波. 公司治理专论. 北京：北京大学出版社，2009：1－3.

处的普通公司，就是指下文讲述的国有公司、上市公司之外的其他公司，从存量来看主要指向民营资本或者民营资本占控股地位的公司，且多以中小规模为主。这些公司按照组织形式是有限公司还是股份公司，其公司治理分别受到《公司法》第三章、第五章的规范。

2. 国家出资公司的治理模式

除了公司法的基本规范，国家出资公司的治理还受到《企业国有资产法》、国务院关于国有资产管理的行政法规及其监管部门（国务院国资委、财政部等）颁布的行政规章的特别规范。这些立法或对国家出资公司的国有资产设有特殊监管措施，或对国家出资公司（国有独资公司、国有资本控股公司）的组织机构设有特殊规制。具言之，在人事方面，主要包括董事委派制度、董事兼任经理的批准制、外部董事制度、职工董事制度、职工监事制度等，也即国资委等负责“管人”。资产监管方面，是指关系国有资产出资人权益的重大事项，主要是公司合并、分立、改制、上市，增加或者减少注册资本，发行债券，进行重大投资，为他人提供大额担保，转让重大财产，进行大额捐赠，分配利润，以及解散、申请破产等须经负责监管的国资委等批准，特别重大事项还要报请本级人民政府批准。顶层设计方面，包括党委会（党组）作为领导中心的党建制度、职工大会或者职工代表大会制度、工会制度等。

按照2015年9月中共中央办公厅印发《关于在深化国有企业改革中坚持党的领导加强党的建设的若干意见》，党委会是国家出资公司治理的中心，“三重一大”也即重大事项决策、重要干部任免、重要项目安排、大额资金的使用，必须经过党委会讨论决定，再交付董事会表决。总体上看，基于国有资产监管的特殊制度设计，国家出资公司自治能力不足，“两权分离”不充分，决策与责任承担倾向于独任制（源于厂长经理负责制），委托代理理论机制有所扭曲，代理成本也较高，监督机制叠床架屋，行政干预力量强势。

3. 上市公司的治理模式

上市公司首先是股份公司，所以其公司治理受到《公司法》第五章关于股份公司的规范。但在此基础上，主要还受到中国证监会颁布的行政规章设置的特殊监管规范的调整，以及申请上市的证券交易所颁布的“软法”（soft law）规范的调整。前者如中国证监会颁布的《上市公司治理准则》《上市公司独立董事管理办法》《上市公司章程指引》《上市公司股东大会规则》《上市公司信息披露管理办法》《上市公司收购管理办法》《上市公司重大资产重组管理办法》等，后者如沪深证券交易所发布的《证券发行上市业务指引》《上市公司环境信息披露指引》《股票上市规则》《主板上市公司规范运作指引》《中小企业板上市公司规范运作指引》。以上规范性文件总体上对上市公司治理提出了比普通公司更高的规范要求，公司的组织机构与治理行为受到全面而严厉的监管，指引上市公司治理走向规范化、法治化、国际化与市场化。从内容上看，这些规范性文件所构建的上市公司治理制度架构与具体规则更接近于美国的法律。

第二节 两类公司的治理

一、不同类型公司治理的差异

基于公司性质（公众性或封闭性）与规模（大型、中型、小微型）的实质性差异，不同公司治理之间也呈现出实质性差异。应该说，各国公司立法反映了这一差异。在英美公司法，关于公司治理的规定以公众公司为主要规范对象，同时，另设章节对封闭公司单独规定特殊规则。在大陆法系公司法，无论是对有限公司单独立法，还是将股份公司、有限公司规定在同一法典，都是以股份公司为主要规范对象制定详细的法律规范，并作为公司治理的一般规则。这样，有限公司的治理规则由两部分组成：共同适用于股份公司、有限公司的一般规范，有关有限公司的特殊规范。可见，两大法系公司法关于公司治理规则的规定，都以公众公司（也指股份公司，下同）为中心。但是，这一立法模式普遍存在以下两个突出的问题。

其一，关于公众公司的规定，很大程度上以中型规模的公司为假想对象，缺乏针对大型公众公司特殊性的规定。按照规模的不同，可以将公司区分为小型、中型、大型公司。关于公司治理的理想化立法针对“标准公司”即中间型公司（intermediate corporations）。中间型公司在规模、公众性上都处于“中间状态”（in-between）：既不具有小型公司的典型特征，也不具有大型公司的典型特征，又可以说同时具有这两类公司的特征；既不具有公众公司的典型特征，也不具有封闭公司的典型特征，又可以说同时具有这两类公司的特征。但是，这种理想化的立法规划无论是对大型公众公司还是对小型封闭公司都不能够完全适用。比如，大型公众公司的控制权实际上掌握在经理人手中，既不在股东会，也不在董事会，不能反映这一现实的公司立法就与公司实践存在偏差。

其二，关于小型封闭公司的规定，对其特殊性照顾不够。小型封闭公司的管理类似于合伙，股东直接兼任董事、经理，现代公司立法之根基的“两权”分离根本不存在，其治理与公众公司存在质的差异，现行立法显然对其特殊的制度需求“照顾不周”①。

大型公众公司、小型封闭公司的特殊性使人们反思传统公司法为中间型公司设计的公司治理规则的适用性。人们逐渐认识到，在对公司适用一般规则的同时，有必要对大型公众公司、小型封闭公司制定更有针对性的特殊规则。在这一方面，2005 年日本《公司法典》的改革可谓最为彻底。如前所述，该法典根据公开性程度与规模大小将股份公司分为四类——股份转让限制小公司（相当于小型封闭公司）、股份转让限制大公司（相当于大中型封闭公司）、公开中小公司（相当于中小型公众公司）、公开大公司（相当于大型公众公司），分别选择不同的组织机构设置；而且，同一类型的公司可以在 2～9 种组织机构设置模式中，选择最适合自己的那一种。

二、大型公众公司的治理：两权分离

（一）治理现状

20 世纪 30 年代伯利与米恩斯在《现代公司与私有财产》一书中提出公司“所有权与经营权分离”命题，70 年代钱德勒在《看得见的手——美国企业中的经理人革命》一书中提出“经理人革命”（managerial revolution）命题，80 年代马克·J. 洛在《强管理者，弱所有者》一书中提出“强管理者，弱所有者”命题，这些理论都是针对美国大型公众公司而言的。现代公司走向公众化、大型化的过程，也是股东权力不断流失与下沉的过程，即权力从股东会流向董事会，再进而流向高管。大型公众公司的控制权掌握在高管尤其是 CEO（Chief Executive Officer）手中。某种意义上，公司实际运行中的权力配置与公司法上的权力配置呈逆向关系。形成这一局面的推动力包括②：

1. 股东的集体选择与股东会的形式化

大型公众公司的股权分散，股东是一群毫无组织的群体，要么对投票不感兴趣，要么盲目

① 施天涛. 公司法论. 2 版. 北京：法律出版社，2006：282－283.

② 伯利，米恩斯. 现代公司与私有财产. 北京：商务印书馆，2005；马克·J. 洛. 强管理者，弱所有者. 上海：上海远东出版社，1999；钱德勒. 看得见的手：美国企业中的经理人革命. 北京：商务印书馆，1997.

地投票支持执行董事（高管）或者按照其提议投票，事实上就不能通过选举董事控制公司，最终结果是高管控制了公司，包括控制了选择董事的权力。

2. 董事会的中心化或者边缘化

虽然作为纸面上的法，很多国家的公司法将公司的决策权交给了股东会，股东会也由此被称为公司权力机关、意思机关，成为公司治理的核心，但股东会的权力通常并没有真正地获得行使与实现，董事会很多时候成为公司治理的核心。形成这一局面主要有两个解释：一是考量真正的权力核心，不是看纸面上立法的职权分配，而是模糊地带的剩余控制权的归属，这才是决定谁是权力核心的依据。一般认为，在股东会与董事会之间，剩余控制权属于后者。二是虽然纸面上的公司法规定董事会提出决议形成的方案，最后提交股东会议决，决议才能获得通过[①]；但如果在过去的经由前者的提案无一例外地获得后者的通过，那么到底谁在实质性行使公司的决策权似乎并不难回答。

也有一些大型公众公司的董事会实际上并不直接参与公司经营管理，只起到有限的监管作用，并未切实行使决策权。因为受到有限的时间、信息、专业知识等因素制约，董事很难对一些重大问题深入研究，在决策中被逐步边缘化（marginal）；高管是全职专业人员（professional management），控制公司的日常经营和战略决策，董事会成为“橡皮图章”（rubber-stamp）。如此，公司的决策权将进一步下沉。

剩余控制权（residual control）。由于不确定性的存在，企业合约不可能是完全的，因此，将无法完全的部分称为剩余（residual），而与剩余有关的一些权力，被称为剩余权。剩余权分为剩余索取权与剩余控制权，剩余索取权是针对不确定性产生的利润而言的，指的是在契约中没有特别规定的活动的决策权；而剩余控制权是企业的一些生死攸关的决策权。这两种权力统称为剩余权。可以说谁拥有剩余索取权、剩余控制权，谁就是一个企业的所有者，企业的目标就应该为其所制定。可见，控制权之所以会产生“剩余”，是由于立法与合约的不完全性（incompleteness of legislation and incompleteness of contract）。由于绝对完备的法规和绝对完备的契约是不存在的，毕竟制定法规和契约的人不可能预见到一切可能发生的状况，更不可能针对各种可能发生的情况制定出适合的解决方案，而要用精确的语言写成条文更是不可能的。现代产权理论把剩余控制权看作是产权的本质，它是在契约中事先不能规定的那份控制权的权力。所以，相对于条款列明的或已作规定的特定控制权来说，它们就成了剩余控制权。由于只有所有者才有这种权力，所以它们直接就被用来定义所有权了。关于剩余控制权的归属，理想的状态应该是归属于公司的终极所有者，且与剩余索取权的归属相一致。各国公司立法正是这样规定的。但是，正式的制度安排是一回事，现实状态又是另一回事。现代公司权力运行的现实状态是：股东拥有立法上名义的剩余控制权，但董事会甚或以经理为首的管理层拥有实际的剩余控制权，公司法理论将这一现象总结为名义上的“股东会中心主义”与实际上的“董事会中心主义”“经理人中心主义”。剩余控制权具有普遍性、排他性、可让渡性与可分割性等诸特征。

3. 经理权力的事实上扩张

股东会的形式化与董事会的边缘化，势必造成权力的下沉机制，公司剩余控制权（residual control）最终落入经理之手。在我国的公司治理实践中，常有公司将董事会的职权转授权给董事长个人或者总经理个人，就是权力下沉的体现。经理权事实上的扩张最突出的表现

---

① 比如，我国《公司法》第 59 条、第 67 条、第 112 条规定，公司的利润分配方案和弥补亏损方案，增加或者减少注册资本以及发行公司债券的方案，公司的合并、分立、解散或者变更公司形式的方案都要由董事会制订，交付股东会表决通过。

就是，CEO（通常兼任董事长）事实上控制了董事人选且支配董事会会议及其议程。在法理上本应由董事会选举产生 CEO 及其他高管，但实际上反过来了，因为现任 CEO 无论是在其继任者的提名上还是在选举中均享有很大的发言权，其他董事一般不会反对 CEO 的意见。另外，站在公司官僚体系塔尖的 CEO 还掌控庞大的官僚层级机构的人事权和财务权，并决定公司经营政策，股东会、董事会都无力插足公司的具体经营事务。

（二）治理制度的特殊安排

1. 监督、制约公司高管。让董事会直接管理大型公众公司可能也不现实的，那么，董事会应该做什么呢？董事会对高管的监督职责（monitoring function）应该得到强调，具体举措包括健全财务会计制度以加强财务监督，设立专门委员会以加强业务监督，明确董事会对特定事项的专有决策权，对不称职 CEO 行使解聘权等。

2. 改组董事会。监督者与被监督者必须相互独立，这是有效监督的前提。发挥董事会监督职责就必须改组董事会。在美国大型公众公司董事会中，非执行董事（non-executive directors）占据了绝对多数，其中多数是与高管没有关联关系的独立董事（independent directors）。董事会内部引进独立董事被认为能够起到监督执行董事（executive directors）的作用，事实也是如此。

3. 严格执行信义义务。公司董事、高管对公司承担信义义务，一旦违反，可能导致诉讼，活跃的股东派生诉讼能够保持对公司董事、高管必要的外部压力。①

4. 机构投资者积极参与治理。机构投资者（institutional investor）包括年金与退休基金管理公司、投资基金公司、共同基金公司、保险公司、投资公司等。早期机构投资者对参与公司管理并无兴趣，是消极投资者（passive investors）、公司高管的天然盟友。但这一状态正在发生转变。自 20 世纪 90 年代以来，机构投资者逐渐倾向于成为参与公司治理的积极股东（active shareholders），如采取行动拒绝投票选举或者支持在任董事，向公司提出关于公司治理的非正式建议和意见等。

5. 重视外部治理机制。近年来比较活跃的是公司控制权市场，争夺公司控制权的方式较多，典型者如敌意并购（hostile take-over）、表决权代理（voting proxy）等。通过发挥市场力量（market forces），展开对公司控制权的争夺（contest for control），对经营业绩较差的经理人保持外部威胁。

三、小型封闭公司的治理：股东控制与股东压制

（一）状态描述

1. 管理上的合伙化

小型封闭公司的管理与合伙企业的相似之处，首先表现在强烈的股东控制：几乎所有的股东都参与公司管理，股东自动地兼任董事、经理或其他重要管理职务，就像合伙人一样把自己看作是业主，从而管理公司。如果全体或绝大多数股东（股东数量非常有限，在英国，70%的封闭公司只有 1～2 个股东，90%的封闭公司的股东少于 5 人）都是董事，那么作为大型公众公司治理问题产生之源的股东与管理层之间的代理问题，在小型封闭公司并不存在，因为当委托人与代理人是同一群人（或几乎如此）的时候，就没有二者之间的代理问题。由于股东兼任董事、经理，因此进行公司经营决策时分不清楚他们的身份角色，如果都视为董事行为，股东会就完全形式化了。事实上，由于股东会有更多的形式要求，股东们倾向于在任何时候都将他

① 沈四宝. 西方国家公司法原理. 北京：法律出版社，2006：311－313.

们的行为当作董事行为。严谨地说，代理问题在小型封闭公司中转化为多数股东（也即经营性股东）与少数股东之间的代理成本问题，前者为委托人，后者为受托人，因为公司经营管理权被控制在多数股东手里，所以他们也被称为经营性股东。

其次，管理程序上表现出非规范化特征。由于股东人数较少，加之彼此间存在亲密的人身关系，或者个别股东掌握绝对的控制权，封闭公司的治理行为通常以不合法定程式（fail to follow statutory formalities）的方式作出，绝大多数的公司事务以非正式的私下方式解决，置法律的正式安排（statutory nicety）于不顾。例如，股东会与董事会一起召开，没有会议记录，不召开会议而作出决议等。这些行为方式往往对公司债权人不利。[①]

2. 股东间的争执：控制、压制与僵局

由于封闭公司的多数股东亲自或者通过自己的亲信参与公司经营管理，控制着公司的运营，再加上公司自身的封闭性与对股东人身信任关系的突然依赖，会更容易在股东间发生争执、压制和僵局。此处的争执（dissension），是指股东在公司内部出现的意见争吵与利益争斗，而最终不能达成一致意见。争执可能是对公司经营思路的分歧所致，更可能是多数股东滥用控制权排挤少数股东或者掠夺少数股东所致。争执的最后，要么少数股东被排挤（freeze out）出公司，要么少数股东忍受压制而继续留在公司，要么形成公司僵局。

此处的压制（oppression），泛指股东间一切不公平的交易（unfair dealings），多发生在股东的股权比例相对悬殊的封闭公司之中。对于多数股东而言，是指其从不公平交易中攫取到法律以外的利益；对于少数股东而言，是指不公平交易的发生使其基于在公司中的地位所固有的期待（inherent expectation）落空，并遭受不应有的负担或者粗鲁、错误的对待（burdensome, harsh, or wrongful conduct）。少数股东受到压制或者成为压制的牺牲品（the victim of oppression），是封闭公司常见的公司治理问题。

股东压制的三个关键词。英美封闭公司法的三个重要词汇：oppression、freeze-outs、squeeze-outs。三者的词义稍有差异，都用来形容控股股东限制/排除/剥夺少数股东参与治理、从公司获取投资收益的手段/策略。Freeze-outs，排挤出局、逼迫出局、挤出，描述一种具体情形：控股股东剥夺少数股东参与公司管理权与收益权，并以此劝诱后者以不公平的低价出售股权给自己。Squeeze-outs，挤出、榨出、挤压，描述另一种情形：控股股东利用控制权之便，在新股增资发行时不按持股比例认购，从而稀释少数股东股权的策略。Oppression，作为一般性概念，用来统称控股股东对少数股东的压制、压迫、压榨、排挤出局、逼迫出局、挤出、榨出、挤压等诸情形。

公司僵局（corporate deadlock），指公司的运行机制完全失灵，公司无法对任何事项作出任何决议，公司治理陷于瘫痪的状态，多发生在股东的股权比例相对均衡的封闭公司之中。僵局的典型表现形式是当公司只有两个股东或者所有股东分成两派时，任何一个（派）股东都不能实际控制公司，如果两个（派）股东的股权比例相等，比如各占50%，则发生僵局的概率更大。例如，A、B、C、D四个股东每人持有25%的股权，A、B结为一致行动人，C、D结为一致行动人，双方势不两立，公司不能作出任何决议，僵局由此形成。僵局的持续对所有的股东都不利。

3. 少数股东退出难

相对而言，多数股东的股权总是容易出售，且可获得溢价，因为买受人可以获得公司控制权。然而，少数股东的股权既不容易出售，又很难卖出公平的价钱，即使该公司有着不错的盈

① 施天涛. 公司法论. 2版. 北京：法律出版社，2006：284.

利水平。如少数股东正在遭受欺压，这一信息的外泄还会增加股权转让的难度。所以，少数股权转让市场，要么事实上不存在，有价无市；即使存在，也不过是买方市场（at best a buyer's market）。买方通常限于公司与其他股东，理论上此外的第三人也可以购买，但现实中不常见。封闭公司的少数股东退出公司艰难，成为一个普遍的问题。为此，公司法需要为封闭公司的股东退出设计出多渠道的路径。

（二）治理制度的特殊安排

要之，封闭公司的代理问题，一般就是少数股东与多数股东之间的代理问题，公司治理的核心是保护少数股东利益，此外还涉及对债权人的保护问题。对此，公司法在公司治理一般规则的基础上，须为封闭公司制订特别规则（statutes applicable only to specially defined close corporations），来解决其特殊的代理问题。对此，各国公司法基本的思路如下。

1. 通过股东协议实现最大限度的公司自治。以美国《示范公司法》为例：为放宽公司法的强行性规制，允许封闭公司采用更灵活的股东协议（shareholder agreements，或称控制权协议，control arrangements）。经全体股东一致同意，股东协议可以作为公司章程、公司细则的条款，也可以单独以书面形式存在。协议有效期为 10 年，除非协议另有规定；如转为公众公司，该协议自动终止。协议必须体现在股份凭证上或者反映在规定的股份信息表册中，购买人如未被告知协议的存在，在知道协议后的 90 天内可以撤销交易。股东协议的实质，是承认所有的有关封闭公司治理的股东自治意思都是合法的。据此，股东完全可以按照自己的意愿治理封闭公司，以从根源上减少治理难题：股东间的争执、压制与僵局。

在我国近年来的公司实践，尤其是有限公司实践中，以一致行动人协议（表决权拘束协议）等为代表的形形色色的股东协议大行其道，对于公司重大事务的决策形式大有取代公司治理的正式制度安排——决议——之势。对于全体股东合意形成的股东协议，司法机关不仅普遍认可其效力，且认为其约款如与此前的公司章程规定不一致，视同公司章程的解释文本。[①]

2. 灵活的组织机构设置。在美国，以特拉华州为代表，承认封闭公司是一种“公司型合伙”（incorporated partnership），并将合伙原则有选择地适用于封闭公司，以使其在管理上具有与合伙一样的灵活性。允许公司像合伙那样自由决定公司组织机构设置及制度安排，如允许限制董事会的权力或者完全取消董事会。

3. 课以经营性股东信义义务。直接管理公司的股东，被称为“经营性股东”（managing shareholders），承担与董事、经理相同的信义义务与责任。在当代公司法上，信义义务的主体不仅扩张至封闭公司的经营性股东，而且扩张至所有股东，义务对象也包括公司、其他股东及公司债权人。

4. 对争执、压制和僵局的特殊救济，包括事先预防措施和事后的司法救济。事先预防争执、压制和僵局发生的最典型措施，就是前述股东协议中的买/卖协议（buy/sell agreement）、买断协议（buyout agreement）。据此，股东间出现严重分歧时，公司、其他股东直接依据协议以公平价格购买股东的股份。事前达成协议的好处是：有效防止排挤，因为在此情形下排挤往往是没有意义的；一旦发生争执、压制或者僵局，各方只需执行协议即可。此所谓“先小人，后君子”的解决方式，成本相对较小。如不存在事先协议而事后又不能达成协议的，对争执、压制和僵局的解决只能转而依靠事后的救济手段，法院可以采取的措施包括：撤销、变更公司设立章程或者细则；任命或者更换任何董事或者经理；任命托管人、清算人或者临时董事；命令支付股利；命令对少数股东的损害予以赔偿；异议股东评估权；对封闭公司的强制解散，少

① 参见最高人民法院（2017）最高法民再 172 号民事判决书。

数股东请求司法解散公司等等。①

四、我国两类公司治理的主要问题

（一）关于股份公司

1. 立法规定的适应性仍需提升。从发起设立、定向募集设立到公开募集设立（上市），不同类型的股份公司之间在公众性、规模方面存在巨大差异，从而其制度需求也会有很大不同。但公司法往往忽视这些差异，对股份公司规定同一的治理结构，是谓立法规定缺乏适应性、选择性。公司实践与立法之间的异化现象很大程度上根源于此。2023 年《公司法》修订案大为强化了有限公司与非上市股份公司的同质化制度构造，拉大了非上市股份公司与上市公司之间的实质制度差距，由此“立法规定缺乏适应性”状况有所减缓。

2. 控制股东控制下的“内部人控制”。大多数股份公司都有控制股东，过于集中的股权结构导致一系列严重问题：(1) 控制股东变动频繁，管理层受到拖累，内部关系错综复杂。(2) 控制股东多是国有股东，政府干预多，少数股东“用脚投票”现象严重。(3) 董事会、监事会乃至高管受制于控制股东的特征明显。董事会成员多系控制股东委派，独立性弱，无法独立行权。监事会边缘化，监督职能虚化。高管激励约束机制扭曲：一方面，名义报酬与公司业绩相关度很低；另一方面，管理腐败很少受到约束。以上因素的结合，形成了控制股东控制下的“内部人控制”问题，控制股东、管理层的代理成本纠缠在一起，加剧了少数股东、债权人的痛苦。

3. 组织机构的职权配置不尽合理。公司实践中，股份公司相对规范地设置“三会”，股东会、董事会和监事会（审计委员会）各司其职、各履其责，立法期望借此保持公司权力的分立、平衡和制约。尽管实务中股东会形式化严重，但公司法仍赋予股东会广泛的权力，且股东会与董事会之间的职权界限不清。但实务中则盛行股东会转授权董事会，董事会再转授权董事长、总经理的现象，这与公司法对组织机构的职权配置不当有直接关系。在上市公司，独立董事与监事会的监督职能分工不清，职权界限模糊。

4. 外部治理机制严重缺位。对于公众公司的治理而言，内部治理与外部治理是不可或缺的两个组成部分，宛如车之两轮、鸟之两翼。但是，受制于国有资产管理体制改革滞后与资本市场不发达等因素，外部市场压力机制没有形成，外部治理缺位，影响公司治理的制度实效。

以上诸问题的产生，有立法层面的原因，也有实践层面的原因，深层根源是过于集中的股权结构。现代公司立法的根基——股东与管理层的代理问题，在我国股份公司被取而代之为少数股东与多数股东之间的代理问题，由此导致我国借鉴域外公司法而制订的规则在本土化公司实践中严重异化。所以，唯有真正的股权多元化才能形成平衡的治理结构，消解公司立法与实践之间的重大扭曲。近年来，为实现股权多元化已经采取了多项事关全局的重大改革措施，包括股权分置改革、股权全流通、国有企业整体上市等，取得了不小的成效。但要取得新一轮的改革突破，还需要进一步解放思想，大力推进国有企业与国有资产管理体制的改革。

（二）关于有限公司

应该说，《公司法》关于有限公司治理的规定体现了相当的灵活性，公司自治受到了深刻的尊重。比如，关于股东会（或者一名股东）、董事会（或者一名董事）、监事会（或者一名监事）、审计委员会、经理的设置，现行公司法为有限公司提供了几十种组织机构设置组合，供

---

① 施天涛．公司法论．2 版．北京：法律出版社，2006：288－293．

各家公司根据司情自由选择。更进一步，关于监督机构的设置，也提供了设置监事会、一名监事、董事会下设审计委员会以及不设专门监督机构等四种选择。①

但是，与境外主要市场经济国家、地区公司法关于有限公司、封闭公司的规范进行横向比较，我国公司法对有限公司治理结构的灵活性、特殊性、自治性的制度设计还面临一个亟待解决的深层次问题——有限公司与非上市股份公司实则同为封闭公司，其治理结构的差异性过大；另一方面，非上市股份公司与上市公司同为股份公司，但在封闭性、公众性上具有实质性差异，但二者的治理规则差异不明显。以上两类并存的矛盾状况，在2023年《公司法》修订案上都得到了某种程度的缓解，这是公司立法的一大进步，但其仍未充分反映有限公司、非上市股份公司深层次的特殊制度需求，尤其没有反映出其作为封闭公司的治理特性。从根源而论，这与我国沿袭德国公司法关于有限公司和股份公司的形式化划分不无干系。由于这一划分本身的局限性，我国公司立法在公司类型化、差异化的治理制度安排上具有先天不足。

重要概念提示

公司治理结构；软法规范；内部人控制；代理成本

理论思考

1. 大型公众公司与小型封闭公司作为公司企业形态的两极，其治理结构具有怎样的相异点？

2. 总结美德日中四国的公司治理模式的联系点与区别点。

3. 总结我国现行公司法上关于有限公司、股份公司组织机构设置的组合各有哪些？

① 参见《公司法》第69条、第76条、第83条。

第十七章 公司治理的组织制度：组织机构及其成员

提　示

本章在体例上的创新是：将公司的四个组织机构与其成员的制度内容分开讲述。前五节分别讲述股东会、董事会、经理监事会（包括审计委员会等）作为一个机关自身的制度内容，其中第三节讲述股东会、董事会决议瑕疵之诉，最后一节单独讲述董事、监事、高管作为个体的法律制度内容，包括其共通适用的制度（如任职资格）和各自具有特色的规则。

本章的制度点紧紧围绕公司法典的规定而展开，关于国外公司法的介绍，都是为了更好地理解中国公司法的规定而安排。在内容上，不仅关涉实体制度内容，更有大量程序性制度内容，力图展现一幅完整的、鲜活的公司组织机构体系及其运作图景。

第一节　股东会[①]

一、股东会的法律地位

（一）组成

大陆法系的社团法人的意思机关，由全体成员组成，相应地，对于公司法人而言，股东会是公司的权力机关，也由全体股东组成。《公司法》第 111 条规定，股东会由全体股东组成。据此，持有任何数额与性质股份的股东都是股东会的当然成员，股东主权原则由此得以体现。我国实践中，有的公司在股东会之外另设股东代表大会并在事实上取代股东会，以及提高参加股东会的持股数额门槛。这些做法无疑都违反了公司法的规定与现代公司治理精神，侵犯了部分股东的权利。参加股东会是股东的权利而非义务、职责，股东不论持股多寡，都是股东会的成员，股东会也是股东通过行使表决权来参与公司组织机构的唯一路径，任何非法剥夺、变相非法剥夺股东参加股东会权利的做法都是错误的。

（二）基本定位

股东会是公司治理结构中不可或缺的法人机关（组织机构）。股东会的法律性质可以从以下几方面进行描述。

1. 公司的权力机关。《民法典》第 80 条第 1 款规定：“营利法人应当设权力机构。”公司的权力机关就是股东会。这表明了股东会在公司组织机构中的地位。作为形成公司意思的法人机

① 本节关于股东会的介绍，立足于《公司法》关于股份公司股东会的规定（第五章第二节），但如果没有特别标明，也适用于有限公司的股东会。

关，股东会由公司立法文本赋予对于公司重大事物的决策权，当然这并不意味着股东会独揽公司决策权。各国公司法严格划分股东会与董事会的职权，股东会亦须依法行使职权。公司法、公司章程厘定的股东会、董事会各自的权力清单具有法律效力，除非有合法的转授权情形，股东会与董事会相互之间不得僭越，否则其通过的决议内容将构成对于法律、行政法规、公司章程的违反，属于无效的或者可撤销的决议。

何谓“最高权力机关”？有公司法文献称股东会为公司“最高权力机关”，实务中也有公司章程如此规定。这一称呼的背后，是将股东会视为董事会、监事会的上级，并不符合现代公司法的精神，更与公司法上的组织机构职权法定的基本规则背道而驰。依照现代公司法的理念，股东会、董事会、监事会等法人机关乃是一种分权制衡的关系，分称为权力机关、执行机关与监督机关，各自担负着法律、章程赋予的不同治理职能，分享相应的不同权力，即使存在董事会向股东会汇报工作、董事会制订的某些方案需要提请股东会审议批准的情形，这也是分权制衡机制下的制度安排，而不存在一种官僚层级结构（bureaucratic hierarchy）的上下级关系。公司立法关于股东会与董事会之间权利配置基础结构的规定是股东之间交易合作的基础，也是股东会授权董事会行使职权的自治边界。比如《公司法》第 67 条规定，聘任、解聘经理以及决定其报酬的权力属于董事会，如股东会撇开董事会而作出决议，当属无效，否则董事会即将被架空。

如有股东对于董事会决议不满意或者认为其违法，只能通过起诉方式请求法院否定该决议的效力，而不是越俎代庖，或者再通过股东会决议宣告董事会决议无效。还要指出，那种认为股东会、董事会职权可以双向贯通，或者股东会可以单向对董事会职权采取“拿来主义”的主张，在实践中更是危险的。这是因为，单就某家公司而言，多数股东对于股东会、董事会的控制程度并不完全匹配，这样一来，如股东会与董事会的权力可以双向贯通行使，则更易于让多数股东翻手为云、覆手为雨，少数股东更被置于不利位置。

2. 公司的法定必设机构。在各国公司法上，股东会都是公司的必设机构。我国亦然。虽然一人公司由于只有一个股东故而不设股东会，但是该一人股东行使股东会职权（第 60 条），实为股东会的特殊形式；国有独资公司不存在法律意义上的股东，但由履行出资人职责的机构行使股东会职权（第 172 条），亦可视为股东会的特殊形式。

3. 公司的非常设机构。股东会是否属于常设机关，理论上有所争议，由于股东会行使职权须以会议方式进行，故其不是常设机构。

（三）职权

1. 基本原理

理论上，作为公司的权力机构，股东会可以对公司的一切事项作出决议。但实际上，这样做既不符合股东会作为非常设机构的现实，亦无必要。随着立法上的“股东会中心主义”让位于“董事会中心主义”，现代公司法对股东会的权力都有不同程度的限制。

究竟哪些事项须由股东会决定，理论上认为应该限于“重大事项”（fundamental issues）。这一认识符合股东会作为非常设权力机构的现实。何谓“重大事项”？其立法标准是模糊的。例如，各国公司法都规定章程的修改须经股东会同意，这意味着章程内容的任何变更均要取得股东会的同意，事不分巨细。但无论如何，各国公司法一般为股东会保留了涉及股东利益与公司生存、发展等重大问题的决定权。

在立法技术上，各国公司法关于股东会职权的规定有两种方式：一是列举式，将股东会的职权分项列出，如德国《股份法》第 119 条列举了股东会决议的 8 个事项；二是概括式，规定凡法律、章程没有限制的事项，股东会均可作出决议，如日本《公司法典》第 295 条第 1 款规定，“股东会，可以就本法规定的事项及股份公司的组织、运营、管理及其他有关公司的一切事项作出决议”。

在内容上，股东会的职权分为法定职权与章定职权，公司可以通过章程规定股东会拥有法定职权以外的其他职权。

2. 我国的规定与实践

《民法典》第 80 条第 2 款规定：“权力机构行使修改法人章程，选举或者更换执行机构、监督机构成员，以及法人章程规定的其他职权。”《公司法》第 4 条第 2 款规定，“公司股东依法享有资产收益、参与重大决策和选择管理者等权利”。此处的“重大决策和选择管理者”即属于股东通过股东会行使的权力，由此也在抽象意义上限定了股东会的职权范围。具体职权体现在《公司法》第 59 条、第 112 条规定，包括：(1) 选举和更换董事、监事，决定有关董事、监事的报酬事项；(2) 审议批准董事会的报告；(3) 审议批准监事会的报告；(4) 审议批准公司的利润分配方案和弥补亏损方案；(5) 对公司增加或者减少注册资本作出决议；(6) 对发行公司债券作出决议；(7) 对公司合并、分立、解散、清算或者变更公司形式作出决议；(8) 修改公司章程；(9) 公司章程规定的其他职权。

除专条规定之外，股东会的法定职权还有如下内容：(1) 公司为公司股东或者实际控制人提供担保的（《公司法》第 15 条）。(2) 上市公司在 1 年内购买、出售重大资产或者担保金额超过公司资产总额 30%的（《公司法》第 135 条）。(3) 股份公司因减资、与持有本公司股份的其他公司合并而需要收购本公司股份的（《公司法》第 162 条）。(4) 董事、高管如欲与本公司订立合同、进行交易、利用公司的商业机会、自营或者为他人经营与所任职公司同类的业务的（《公司法》第 182～184 条）。(5) 公司公开发行新股、改变招股说明书所列资金用途、申请股票上市等事项（《公司法》第 151 条，《证券法》第 14 条）。

可见，立法采取了集中规定加分散规定、列举加概括的立法技术。此外，在法定职权之外公司可以通过章程自我赋权，其边界是：不得与公司法规定的法定职权相矛盾；不得违反法律、行政法规的强行性规定；不得违反公司法理，如不当限制、剥夺少数股东的权利。

关于股东会行权的特点，与其说法律赋予股东对特定事项表决并决议的权力，毋宁说法律赋予股东对董事会的提案予以赞同或否决的权力。这就是股东行使表决权的被动性。譬如，股东不能命令董事会进行这样、那样的交易，或者事先告诉董事会如何进行一项交易，股东所能做的就是参加股东会并表决由董事会提出的议案，或赞成或弃权或反对。当然，控制股东的情形有所不同：控制股东能够有效控制公司，如在封闭公司中，股东自任董事、经理，并以董事、经理的身份进行决策与执行；在公众公司中，控制股东也可以通过董事会控制公司，兼任或者派出代言人担任公司董事长、CEO。实证研究表明，股东会实际行使的职权会因公司的规模、股权结构以及控制股东的偏好而有所不同，一般而言，有限公司（封闭公司）的比股份公司（公众公司）的大，股权集中公司的比股权分散公司的大。

3. 股东会职权的转授权

在公司实践中，股东会职权经常被通过章程规定、股东会决议等方式转授权给董事会，甚至进一步转授权给董事长或者总经理个人。此种转授权现象或者说权力的下沉机制存在客观的合理性。一方面，我国公司立法文本奉行股东会中心主义，主要的决策权被赋予股东会；另一方面，由于股东会的非常设性，甚至一个年度仅召开一次会议，公司经营需要经常性的及时决策，所谓商场如战场是也。经营效率的需要就成为股东会职权被转授权的理由与归宿。这就提出一个问题：此种转授权有无合法性基础，或者说哪些股东会的职权是不可以被转授权的？理解这一问题，“应将该权利基础结构维持原则作为判断股东会授权董事会是否合理的底线。股东权利行使方式的变革、董事会中心主义的公司治理发展趋势以及对公司经营效率的追求等均不得成为损害该底线的理由”，“为妥善处理公司自治与中小股东投资预期保护之间的矛盾关系，应在界分股东会内部基础性权利与经营性权利的基础上，构建以正当程序机制和信义义务机制为核心的股东会授权董事会行使职权的授权机制。在评判授权是否正当时应理性对待公司经营效率原则，宜将其定位为辅助标准而非基础标准”①。

《公司法》第59条第1款第6项规定股东会享有“对发行公司债券作出决议”职权，本条第2款及第202条明确规定股东会决议发行公司债券的职权可以转授给董事会。这一规则本身很好理解，也可以进一步理解为董事会职权的强化。但问题在于，该种规定是否意味着第59条第1款规定的其他诸项股东会职权就不能被转授权呢？对此理论界存在两种截然不同的理解。从公司法理上看，股东会的诸项职权除在性质上不能转授权的之外，比如本条第1款第2项、第3项及第1项前半段②规定的职权自然不能转授权，其余皆无不可；何况，第4项规定的职权在域外公司法上通常由董事会享有。但基于第2款唯独明定第6项职权可以转授权给董事会，如此一来，理论界的疑惑在于：本款第4项、第5项、第7项、第8项及第1项后半段规定的职权能否转授权？实务界的更大疑惑是——第5项（“对公司增加或者减少注册资本作出决议”）的权力在过往实操中（尤其在上市公司）是很常见的转授权操作。

问题是，公司治理实践中类似增资扩股等决议转授权给董事会的现象比较普遍，如当年的“华万之争”“国美事件”暴露出来的就是这方面的问题。此外，如果只有发行债券才适用转授权，那么《公司法》第67条第2款第10项关于董事会职权的增补规定“股东会授予的其他职权”，几无适用空间。

二、股东会会议的类型

（一）年会

《公司法》第113条规定，股份公司股东会应当每年召开一次年会。据此，我国股东会的定期会议采取年会形式，至于是采取自然年度还是会计年度，则由公司自己决定，具体召开时间也由公司章程规定。实务中股东年会一般于会计年度终了后6个月内召开。由于股东人数众多，上市公司的决策涉及众多的社会公众投资者，股东会会议应当体现出程式的规范性。

（二）临时股东会

《公司法》第113条规定，有下列情形之一的，股份公司应当在2个月内召开临时股东会：(1) 董事人数不足该法规定人数或者公司章程所定人数的2/3时；(2) 公司未弥补的亏损达实收股本总额1/3时；(3) 单独或者合计持有公司10%以上股份的股东请求时；(4) 董事会认为必要时；(5) 监事会提议召开时；(6) 公司章程规定的其他情形。以上六种情形中，除第四种情形属于任意临时会议外，其余五种情形均属于法定/章定临时会议。难点在于第三种情形，持股10%以上股份的股东向谁请求？以及被请求者不回应又如何处理，对此第114条第3款作了回应：单独或者合计持有10%以上股份的股东请求召开临时股东会会议的，董事会、监事会应当在收到请求之日起10日内作出是否召开临时股东会会议的决定，并书面答复股东。

（三）类别股股东会

《公司法》第146条规定：“发行类别股的公司，有本法第一百一十六条第三款规定的事项

① 曹兴权，黄超颖. 股东会授权董事会的底线：权利配置基础结构维持原则. 财经法学，2017 (3)：92-109.

② 本项后半段的权力转授权给董事会，乃是境内外上市公司实践中的常见操作。

等可能影响类别股股东权利的，除应当依照第一百一十六条第三款的规定经股东会决议外，还应当经出席类别股股东会议的股东所持表决权的三分之二以上通过。公司章程可以对需经类别股股东会议决议的其他事项作出规定。”这一规定包含丰富的含义，择要如下。

1. 必经类别股股东会决议的法定事项

类别股是为满足不同股东对财产权益和公司控制权的偏好而创设的，分类表决是基于照顾不同利益诉求的股东群体，而在股东会一般表决机制基础上衍生出的特别表决机制。类别股股东会议以类别股股东为全体成员，为表决权弱势群体参与公司治理提供了有效通道。

需要说明，在发行类别股的股份公司中，类别股通常是少数派，普通股才是多数派。因此，分类表决实为赋予类别股股东作为少数派的否决权，借此维护类别股股东的利益。① 当然，类别股表决权是一把“双刃剑”，既有助于抑制占据公司控制地位的普通股东滥用多数决侵害类别股股东利益，又因有否决公司决议的实质功能而存在妨害公司行为自由和经营灵活性的可能。② 这两个利益平衡的重要节点就是类别股分类表决的适用范围。

在适用范围上，本条采取“具体列举＋兜底规定”的方式。首先，具体列举事项涉及引致的第 116 条第 3 款，即涉及修改公司章程，增加或者减少注册资本，以及公司合并、分立、解散或者变更公司形式等七项决议。对于这七项决议，股份公司股东会需进行特别决议，此外还需经类别股股东会的特别决议。详言之：

（1）修改公司章程。章程载有类别股权益具体内容（第 145 条），修改其中与类别股相关的内容有必要由类别股股东会议单独决议。

（2）增加或者减少注册资本。注册资本的变动属于公司的重大事项，应由类别股股东会议单独决议。在增资时，存在稀释既有股份而影响控制权的可能，若发行新种类类别股更是会严重影响类别股股东的利益；在允许定向减资的前提下，减资行为有使次级资本不充足的隐患，类别股中的优先股股东被迫承担更多公司经营的风险，却只能收取固定的优先股股息，其风险与收益不匹配，减资存在严重损及优先股股东利益的风险。

（3）公司合并、分立、解散或变更公司形式的决议，涉及公司根本性的结构变化，存在对类别股股东利益产生重大影响的可能，也应当由类别股股东进行分类表决。

（4）可能影响类别股股东权利的其他情形。本款的具体列举并不能囊括实践中出现的各种情形，故通过对“可能影响类别股股东权利”这一实质要件的概括式规定进行兜底，“等”字为“等外等”。

2. 类别股股东会的单独召集

至此，对“可能影响类别股股东权利”的法定事项，本款要求“两次开会、两次表决、两次计票、两个决议”。唯如此，才能确保类别股股东会的独立性。③ 与此相对的另一种分类表决方案是“一次开会、一次表决、两次计票、两个决议”。前一方案强调单独召集类别股股东会，虽减损效率，但在保护类别股股东权益方面具有优势，可以最大限度地避免普通股股东对类别股股东的压制，保证类别股股东可以独立对与自身利益相关的事项进行判断。

3. 类别股股东会决议的多数决

公司法并未就此设计特别的程序规则，一般认为，类别股表决权的行使应以集体行使为基本方式，准用普通股东会的程序规则，但不适用普通股东会关于职权、召集和决议要件的规

---

① 陈景善. 类别股之组织法规范与资本制度衔接. 北京理工大学学报（社会科学版），2022（6）.

② 刘胜军. 类别表决权：类别股股东保护与公司行为自由的衡平. 法学评论，2015（1）.

③ 刘俊海. 建立社会公众股股东单独表决制度的有关问题. 中国金融，2004（23）.

定。关于多数决，类别股股东会决议适用绝对多数决，须经出席类别股股东会议的股东所持表决权的 2/3 以上通过。一般认为，公司章程可以提高该多数决比例，但不得降低。

4. 经类别股股东会决议的章定事项

本条赋权公司章程对在本条第 1 款之外需经类别股股东会决议的其他事项作出自治性规定，这授予了公司通过章程扩大分类表决适用范围的权利，且没有与类别股股东权益直接关联的限制。如此，不仅有助于满足公司和类别股股东的个性化需要，还能覆盖类别股股东权益被间接侵害的情形，实现对类别股股东权益保护的“前端控制”①。

（1）赋权公司章程做加法。公司章程可以将其他事项纳入类别股股东会应决议的范畴，这些事项为公司章程的任意记载事项。立法罗列的事项相对有限，但过多的罗列会影响公司经营的效率。为平衡类别股股东保护与公司运营效率，公司法放弃了过度的强制要求，授权公司章程进行更为弹性的规定。

（2）禁止公司章程做减法。公司章程可以扩大分类表决事项范围，但不得反向为之，这是对当前多数公司治理状态预判后的立法选择。由于类别股股东处于少数派，公司章程由普通股股东控制的可能性较大，类别股股东通过分类表决制度恶意干预公司经营的可能性较低，公司法暂时扩大对类别股股东的保护力度，使分类表决制度呈现一定程度的扩张适用样态。

三、股东会会议的基本程序

（一）召集

1. 召集人

各国公司法一般规定定期会议原则上由董事会召集，临时会议可由董事会主动召集或应股东、监事会请求而被动召集。此外，在法定情形下少数股东、监事会及重整人、清算人亦得召集临时会议。②

1993 年《公司法》规定股东会召集权为董事会专有，结果产生了很多问题，突出表现在董事会、董事长弄权，如董事长恶意不召集董事会、董事会恶意不召集股东会议，则没有任何救济措施。2005 年、2023 年两次修订完善了股东会召集人制度，《公司法》第 114 条规定，“股东会会议由董事会召集”，“董事会不能履行或者不履行召集股东会会议职责的，监事会应当及时召集和主持；监事会不召集和主持的，连续九十日以上单独或者合计持有公司百分之十以上股份的股东可以自行召集和主持”。详言之：

（1）召集权的顺位。董事会处于召集权的第一顺位，监事会、少数股东分别处于第二、第三顺位。只有当前一顺位的召集权人不能履行或者不履行召集职责时，后一顺位的召集权人才得行使召集权，否则，为违法召集。“不能履行”，指召集权人在履行职责过程中遇到客观障碍，即客观不能；“不履行”，指召集权人故意不履行职责，即主观不能。

（2）董事会、监事会的权力与职责。董事会、监事会享有的股东会召集权是固有权，不得通过章程剥夺之。同时，召集股东会也是董事会、监事会的法定职责。如怠于履行职责，负有责任的董事、监事可能承担违反信义义务的违信责任。

在实务中，为了防止董事会、监事会消极履行职责，更为了防止少数股东召集权流于形式，有必要为其确定一个期间。董事会召集股东年会、临时会议的期间分别由章程、《公司法》规定（第 113 条）。但对于监事会，《公司法》原则规定应该“及时”履行召集职责，但没有明

① 王建文. 论我国类别股股东分类表决制度的法律适用. 当代法学，2020（3）.

② 范健，王建文. 公司法. 北京：法律出版社，2006：323.

确期限，实践中许多公司章程也没有规定期限，这导致监事会以正在履行职责为由来否认少数股东召集权合法性的现象。所以，章程有必要明确规定一个期间，由于需要监事会召集时公司已经处于非正常状态，故这一期间不宜过长。

（3）少数股东的召集权。少数股东虽处于召集权人的第三顺位，但对少数股东的保护意义重大，详见本书第十八章。

2. 通知与公告

股东会的通知（notice of meeting），必须采取书面形式，在会议召开前的充分期间内送达给每个在册股东。对于无记名股东，应该公告告知。有的国家公司法规定，只有股东特别会议才需要通知，股东常会无须通知；但大多数公司法规定，所有的股东会议都要通知。我国属于后者。通知和公告的义务人，为会议召集人，即一般为公司董事会；监事会与少数股东为召集人的，负责自行通知、公告。

既然受通知对股东而言是一种权利，那么股东当然可以主动表示放弃受通知（waive of notice）。受通知的放弃须以书面形式进行，可以在会议召开前后。股东一经作出放弃受通知的意思表示，即视为已经受通知。实务中，有此举动的一般是控制股东。

会议通知和公告的对象包括全体股东（公司持有自己股份的除外）。有的公司法著述认为，会议通知应当对有表决权的股东进行，无须通知无表决权的股东。这一观点的错误有三：混淆了股东会议出席人与表决权人的关系；违背了股东会由全体股东组成的立法原则；与《公司法》第 115 条的“各股东”的文义明显不符。

《公司法》第 115 条规定，股东会会议的通知与公告的内容，包括会议召开的时间、地点和审议事项（第 1 款）。如有少数股东提交的临时提案，则归于后续的通知范围之内但不在公告范围之内（第 2 款）。详言之：

（1）召集时间。召开股东会会议，应以书面形式于会议召开的一定期限之前通知全体股东。就通知的期限，各国公司法的规定不尽相同，一般不能迟于会前 20 日，对于无记名股东，还应于会议召开一定期限前公告之。在我国，股东年会按章程规定时间召集，临时会议在法定事由发生后两个月内召集，并分别在会议召开 20 日、15 日前通知各股东；发行无记名股票的，成立大会应当于会议召开 30 日前公告会议召开的时间、地点和审议事项（第 103 条）。之所以强行规定如此长的召集时间，是因为考虑到股份公司股东人数众多，股东住所地与会议召集地的距离远近不一，为保证每个股东参会的权利，必须给予其充分的时间准备与会。所以，这里的通知的有效期间应采“到达主义”，以防止召集人恶意利用规则，比如以极慢的通信形式通知股东，从而侵占股东准备参会的时间安排。通知只要按股东名册上记载的地址送达即可，如果因为股东自身原因而导致没有收到通知的，公司不承担责任；但因为通知义务人的原因而致股东未得到通知的，视为未通知。对于无记名股东的公告应采“发出主义”，一经公告，不论无记名股东是否看到，均发生法律效力。

（2）召集地点。《公司法》没有规定股东会的召集地点。由于股东人数众多，应该对股东会的召集地点作必要限制，以有利于让尽可能多的股东参加会议。实践中，一般在公司住所地召集会议，但也有一些董事会在公司业绩不佳时选择大多数股东与会不便且成本较高的偏僻处召开股东会，以保证会议的“顺利进行”。这一做法不妥，但由于缺乏明确的法律约束，股东徒奈其何。有鉴于此，立法可以考虑规定一个基本原则，即“股东会时间、地点的选择应有利于让尽可能多的股东参加会议”，再由公司章程在此基础上加以具体规定。在英美公司法，如果章程没有规定会议召开地点，则以在公司总部（corporation's principal office）召开为原则。这一做法可资借鉴。

（3）审议事项。有的国家公司法规定，只有特别会议的通知、公告须说明会议目的以及主要内容，如有特别议案，还需载明议案的要点。年会的通知、公告无须说明，因为假定股东对年会的内容是了解的，不需要特别告知。

我国《公司法》第115条第2、3款规定，股东会会议通知、公告的内容包括召集人确定的审议事项，如有股东提交临时议案，则董事会应当在收到提案后2日内通知其他股东。可见所有的股东会会议通知均需载明议案。在这一点上，股东会会议与董事会会议也有不同，董事会会议的通知只需要告知时间和地点即可。这是因为出席董事会会议对于董事而言是一项职责（义务），出席股东会会议对于股东而言是一项权利，股东通常根据会议通知、公告的事项来决定是否参加会议。在此意义上，股东会议的通知具有保障股东在有准备的情况下出席会议、参与公司决策的重要意义。

会议通知、公告审议事项的法律效力在于，对于通知、公告中未载明的议案，虽可临时动议提出，但不应交付表决，否则属于与未履行会议通知一样的程序瑕疵，可能导致决议不成立或者被撤销。

（二）提案

1. 提案

股东会作出决议是根据提案而为的，对议案的控制是掌握主动权的关键一环。因为唯有列入会议议程才能交付股东会表决并获得通过，成为决议，所以，提案权是组织法上的一项重要权利。在我国公司法上，股份公司的提案权人有三类。

（1）董事会。董事会是通常情形下的股东会会议召集人，又是公司执行机关，故股东会的提案一般由董事会提出并列入议程。《公司法》第67条虽未直接使用“提案”字眼，但从其规定的董事会职权看，其中不少内容都表明董事会享有提案权。

（2）监事会。《公司法》第78条第5项、第131条明确规定监事会享有提案权，这有利于发挥监事会的监督职能，具有重要的现实意义。

（3）少数股东。赋予股东提案权的背景是，提案一般由多数股东控制下的董事会、监事会垄断，少数股东只能在会议上被动表决。为了打破这一垄断，法律赋予股东提出临时提案的权利，有利于股东民主的实现。股东提案（shareholder proposal）根源于股东积极主义（shareholder activism），被看作是股东积极参与公司治理的表现。在我国，提案股东有两种情形：一是依据《公司法》第114条第2款，单独或者合计持有公司10%以上股份的股东可以自行召集股东会会议，当然享有提案权。此种场合下召集股东为复数的，提案股东是否有持股比例的限制，无法得知，在公司实务中可以由召集股东之间协商解决。二是《公司法》第115条第2款规定单独或者合计持有公司1%股份的股东可以提出临时提案，没有持股时间的要求，且公司章程不得提高该持股比例要求。关于提案内容，本款但书规定，“但临时提案违反法律、行政法规或者公司章程的规定，或者不属于股东会职权范围的除外”。这是对临时提案的适当性要求。依法理，这一要求实际上也适用于所有的提案。提案的适当性要求的意旨在于防止提案离题千里，或者纯粹为了张扬个性而浪费公司会议资源，增加公司治理成本。

2. 列入议案

关于董事会的提案如何列入议案，《公司法》没有明确规定。根据董事会的法律地位，董事会为召集人的，由自己决定将提案列入会议议案；其他主体为召集人的，董事会一经提出提案，召集人应列入会议议案。

关于监事会的提案如何列入议案，《公司法》也未作规定。根据监事会的法律地位，监事会为召集人的，由自己决定将提案列入会议议案；其他主体为召集人的，监事会一经提出提案，召集人即应将提案列入会议议案。

关于股东的提案如何列入议案，少数股东为自行召集人的，由自己决定将提案列入会议议案；董事会为召集人的，依据《公司法》第115条第2款，少数股东的临时提案应在“股东会会议召开十日前提出临时提案并书面提交董事会。临时提案应当有明确议题和具体决议事项。董事会应当在收到提案后二日内通知其他股东，并将该临时提案提交股东会审议”。

对《公司法》第115条第2款“董事会”用语的纠正。既然股份公司的股东会会议召集人不限于董事会，该款关于股东的临时提案均提交给董事会的规定是很不恰当的。比如，在监事会召集股东会议的场合，还要求股东的临时提案提交给董事会，并由董事会承担通知其他股东并将该提案提交股东会审议的义务，不仅在立法逻辑上不通，也缺乏可操作性。建议下次修法时将该款的“董事会”一概替换为“召集人”。

（三）召开

1. 主持

《公司法》第114条第1款规定，股份公司的董事会召集的股东会会议由董事长主持；董事长不能主持或者不主持的，由副董事长主持；副董事长不能主持或者不主持的，由半数以上董事共同推举一名董事主持。可见，正常情况下股东会的主持是董事长的职责，如其怠于履行主持职责，应承担相应责任。

同条第2款规定，监事会、少数股东召集的股东会会议，分别由监事会、少数股东主持。这一规定的用语尚显粗略，会议主持人应该为个人，监事会作为集体充当主持人缺乏可操作性，应当明确由个人如监事会主席主持。同理，当召集股东为多个股东时，应该明确由该多个股东按照股权比例推选一名代表股东主持。另外，召集股东为法人股东时，应该由其法定代表人或者指定代理人主持。

同条第3款规定，单独或者合计持有公司10%以上股份的股东请求召开临时股东会会议的，董事会、监事会应当在收到请求之日起10日内作出是否召开临时股东会会议的决定，并书面答复股东。此内容有三点贡献：

一是《公司法》第113条第3项仅规定，持股10%以上股份的股东有权请求召开临时股东会会议，却未明确该请求向谁提出？本款揭示了答案——该请求向董事会、监事会提出。

二是本款进一步明确限期决定及书面答复的义务。董事会、监事会接到请求后，应在10日内作出召开抑或不召开的决定并书面答复该股东。公司法明确课以董事会、监事会的限期决定及书面答复义务，意义重大。实务中，很多公司治理不规范，各方当事人的诚信度很低，相互信任感也很低，如少数股东自行召集、主持股东会会议，其背景多是公司发生股东内斗，此时少数股东着急要求董事会、监事会召集股东会会议，去函的“收获”往往是无人接收、查无此人、拒绝接收等，或者接收函件后不答复、不召集、不主持，这使问题更加复杂恶化。董事会、监事会延误前置程序，用心不善。本款至少有助于部分解决后端的问题——仅给董事会、监事会10日的时间作决定并必须书面答复，否则也视为拒绝召集。这样就有助于加快少数股东自行召集、主持股东会会议的进程。

三是董事会、监事会限期召集股东会会议。联系《公司法》第113条可知，如董事会、监事会收到行权股东请求后作出召集股东会会议的决定，不得变相拖延会议的召开，而必须在两个月内召开。该两个月的计算，应该统一从行权股东提出召开临时股东会会议的请求送达董事会之日起计算，对于程序在后的监事会，不应再重新从其收到请求之日计算。如此，考虑到召集临时股东会会议仅需要提前15日通知全体股东的规定（《公司法》第115条第1款），留给监事会的准备召集程序的时间是充裕的，更何况程序在前的董事会。

会议主持人的角色就是会议主席（chairman of meeting），其主要职责是维持会议秩序、指挥会议进程、宣布决议结果。

2. 出席

股东会会议的出席人是全体股东，全体股东都有权出席或委托代理人出席股东会会议，代理人不必具有股东身份（《公司法》第118条）。法人股东指派其代表出席会议。需要指出，无表决权的股东（公司持有自己股份的情况除外）也有权出席股东会会议，无表决权股股东受限制的是其对股东会议案的表决权，但出席权仅基于股东身份而生。在利益关系上，无表决权股股东与股东会会议的有关议案可能具有利害关系，无表决权股股东自身也可以提出议案（第115条第2款），无表决权股股东通过出席会议能够更好地行使知情权、对公司经营行为的监督权、质询权（第187条），以及对股东会决议的诉权（第25～28条）。至于无表决权股股东不出席会议，那是其处分权利的自由。

3. 列席

《公司法》第187条规定，股份公司的股东会要求董事、监事、高管列席会议的，董事、监事、高管应当列席并接受股东的质询。股东会会议一般由董事会召集，且主要议题之一就是听取、审议董事会对公司经营的汇报和报告。因此，虽然立法没有强行规定，但董事会成员原则上应列席股东会会议。按照有关规定，上市公司董事会秘书应列席股东会会议。同理，虽然立法没有强行规定，但在治理良好的公司，监事会成员也通常列席股东会会议，以加强对股东会会议程序和内容的监督；经理作为公司重要负责人，需要就公司重大事务作出说明，并听取股东对公司经营的意见、建议，以出席股东会会议为宜。

（四）议决

议决，包括讨论与表决，也即会议的议程就是股东围绕会议议案进行自由讨论与表决。

1. 讨论

讨论的环节一般表现为，主持人或者提案人就议案作出说明；与会股东为作出表决的正确判断而需要获取更多信息的，可以对说明人进行提问，也可以就相关信息向列席会议的董事、监事、高管提出质询，在问与答中消除或者减少信息不对称；与会股东自由发表意见以及展开讨论，自由发言的权利不应受到剥夺或者实质性限制；如有必要，在讨论阶段议案可能得到某种必要修改。

2. 表决

经过自由讨论后，列入议案可能得到某种修改而形成决议草案，也可能不作修改，主持人将其逐项交付表决，对同一事项有不同提案的应依提交顺序进行表决，以作出决议。选举董事、监事的提案表决，应当对每一个候选人逐个进行；获得通过形成决议之后，新任董事、监事是否立即就任，存在两种观点。有人持肯定说，有人持合同生效说，认为此尚需要以当选董事、监事与公司签订的委托（委任）合同生效才算就任。比如在韩国，此前的司法立场持合同生效说，但新近的韩国最高法院判例支持肯定说。我国公司法学界的通说为肯定说。

每一个审议事项的表决投票，依照法律或者章程规定的方式进行验票、点票，并当场公布表决结果。主持人根据表决结果宣布决议是否通过，形成通过或者不通过的决议，作成会议记录与会股东或者代理人、召集人、董事签名、盖章。如无特别约定，决议一经形成即为生效。

3. 免于开会的决议

我国公司法规定，股份公司的股东会必须召开会议才能形成决议，有限公司的股东会原则上也是如此，唯一的例外是《公司法》第59条第3款规定，“对本条第一款所列事项股东以书面形式一致表示同意的，可以不召开股东会会议，直接作出决定，并由全体股东在决定文件上签名或者盖章”。

（五）会议记录

《公司法》第119条规定，股东会应当将所议事项的决定作成会议记录，主持人、出席会议的董事应当在会议记录上签名。会议记录应当与出席股东的签名册及代理出席的委托书一并保存。股东会会议记录置备于公司，股东有权查阅（《公司法》第110条），股份公司股东还可以复制（《公司法》第57条）。

四、与决议相关的三个实体性问题

（一）出席股东法定足数

1. 基本原理

出席股东法定足数（quorum），指出席会议的股东所代表的表决权满足法定的最低标准，股东会会议才能合法召开，通过的决议也才能有效。出席股东法定足数的法律价值在于保障股东会会议所形成的公司意思能够反映大多数股东的意思，保证通过决议的正当性与公正性基础，防止个别股东操控公司意思，甚至损害其他股东利益。各国公司法对此多有规定。在美国，《示范公司法》第32条规定：“除公司章程另有规定外，有表决权的股份之多数拥有者亲自或由代理人出席会议，应构成股东会议的法定人数。但在任何情况下，法定人数也不应少于在会议上有表决权股份的1/3。会议的法定人数一旦达到，则由出席会议的对该事项有表决权的股份的多数票赞成所决定的事项，应视为全体股东的行动。”但多数州公司法对此作了变通性的规定，多将法定足数定为已发行在外股票的50%以上，在一些特殊情况下才可以降到1/3。可见，虽然全体股东都可以参加股东会会议，但出席股东法定足数的计算基数是有表决权的股东，无表决权的股东不被计算在内。

股东中途退席与法定足数。股东会会议出席股东最初达到法定足数，后来，部分股东为阻止于己不利的决议通过，可能选择退席策略以求打破法定足数。对此现象，美国《示范公司法》第7.25条（b）款规定，一旦形成了法定足数，那么它将持续存在，即使部分股东退出会议，也不影响其余的股东继续开会。我国台湾地区判例认为，“股东会，其出席之股东于中途退席，固不影响已出席股东所代表公司已发行股份之额数。但其表决通过议案，是否已有出席股东表决权（非指表决时在场股东之表决权）过半数之同意，仍应就其表决同意之股东表决权核算，始符法意”。英国《1948年公司法》的附件1第53条也曾有类似规定，但《1985年公司法》的附件1第40条则清楚地规定法定足数必须自始至终，我国香港特别行政区《公司条例》附件1第55条也规定，“在任何大会上，当进行处理任何事务时，除非有构成法定人数的成员出席并继续出席至会议结束，否则不得在会上处理事务”。折中的处理原则是：与会股东中途退场，不影响继续开会；但在计算表决权数时，仍应以最初出席数为基础。这样，中途离场股东被视为投弃权票，以在节约会议成本与维护“资本多数决”原则之间求得平衡。

2. 我国的规定与实践

《公司法》规定，股份公司的股东会决议须经出席会议的股东所持表决权的过半数或2/3以上通过，但没有规定出席股东法定足数。这样，出席股东会的股东所持股份占总股份的比例不影响会议的依法召开和作出决议。对于这一规定的解读如下。

（1）抽象理论上的弊端。假设分别持股比例为6.7%、3.3%的两个股东联合起来可以合法召集股东会会议，只要前一个股东对议案投赞成票，就可以作出普通或特别决议。股东会可能出现被个别股东（甚至是少数股东）操纵的可能性，由此可见一斑。有鉴于此，上述规定引发不少批评，被指易于引诱个别股东操纵，不利于少数股东利益的保护。需要指出的是，这一理论上的弊端非常抽象，上例也非常极端，在我国大多数股份公司股权集中的背景下，现实发生的可能性更是微乎其微。《公司法》这一规定的弊端被非经验性地夸大了。

（2）应对之策。如果公司法强行规定出席股东法定足数，会出现另一种法律风险：由于一些上市公司的股权分散，绝大多数公众股东缺乏参与股东会会议的积极性，以致无法成功召开一次股东会会议。所以，可以坚持现行公司法的规定，同时引导各个股份公司尤其是上市公司通过章程，根据公司自身情况具体规定出席股东法定足数。

（二）股东表决权的行使

股东表决权的行使制度，包括行使原则、限制与方式等内容，其中，股东表决权的行使原则与限制，主要涉及少数股东保护问题，安排在本书第十八章讲述。本节专讲股东表决权的行使方式，也即股东会会议上股东投票方式的技术设计。

各国公司法上设计的股东投票方式，从技术角度可以分为若干类型。

1. 统一行使与不统一行使

所谓表决权的不统一行使，譬如一股东持有股份 10 股，可将 7 股投赞成票，将 2 股投反对票，将 1 股投弃权票。表决权不统一行使与表决权代理行使是两码事。如果代理人代理数个股东行使表决权，因委托人的意思各不相同，代理人自应按委托人的意思分别行使表决权。

一个股东的表决权统一行使，是为股东行权的常态，毋庸置疑。是否允许一个股东的表决权不统一行使？各国规定不一。也有国家的公司法规定，允许表决权不统一行使是有条件的，一般限定于股份信托、托管与股份共有情形，并且在程序上应当事先通知公司，否则，公司可以拒绝表决权的不统一行使（日本《公司法典》第 313 条）。也有人认为，法律限制表决权不统一行使的依据在于，随意的表决权不统一行使容易导致股东会运行的混乱。

一般而言，如公司法没有禁止规定，依据法不禁止皆可为的私法规则，既然表决权属于股东权利之一种，如何行权，自然皆由股东决定；更重要的是，股东的表决权不同于董事的表决权，按照董事会投票一人一票的规则，董事的表决权具有单数性，但股东的表决权具有复数性，也即股东的表决权天然地具有不统一行使的空间。①

我国《公司法》对表决权的不统一行使未作规定。有力说认为，按照法不禁止即为允可的原则，可以理解为允许表决权不统一行使，只要不损害公司、其他股东利益。②《到境外上市公司章程必备条款》第 68 条设有肯定性规定：有两票或者两票以上的表决权的股东（包括股东代理人）不必把所有表决权全部投赞成票或者反对票。

实务中，如果允许股东不统一行使表决权，需要落实两个细节：一则，公司允许股东不统一行使表决权，应该在股东投票书的设计上便利股东实现之；二则，如有股东不统一行使表决权，如何界定《公司法》第 89 条、第 161 条规定的反对股东也是一个难题，宜由公司章程界定之。

2. 本人投票制与委托投票制

股东表决权原则上不得与股份分离而转让，但也有例外情况，即股东委托第三人行使表决权，具体包括表决权代理（voting proxy）与表决权信托（voting trust），主要适用于公众公司。

表决权代理，指股东委托他人（公司除外）代理行使表决权的制度，在各国公司法都有存在。《公司法》第 118 条规定股份公司“股东委托代理人出席股东会会议的，应当明确代理人

---

① 李建伟，林树荣.《公司法》修改背景下股东表决权不统一行使规则. 财经法学，2023（1）。

② 周友苏. 新公司法论. 北京：法律出版社，2006：369.

代理的事项、权限和期限；代理人应当向公司提交股东授权委托书，并在授权范围内行使表决权”。这一规定过于概括，对表决权代理的条件、程序、行使限制等具体内容均不明确。而且，这一规定能否适用于有限公司，尚需要解释，但在有限公司实践中，表决权代理大量存在。

在公众公司，少数股东常放弃表决权，且不主动委托他人代理投票，所以这些零星的表决权散票就成了各派争取的对象，表决权征集由此发生。表决权征集（solicitation of proxies），又称表决权招揽、表决权劝诱，指代理人为控制公司的经营活动而劝诱其他股东授权自己代理行使表决权的行为，是表决权代理的高级形态。

征集表决代理权的人须向受征集的股东提供代理权征集书（proxy statement）。征集书的发送构成委任契约的要约，受征集股东将表明授权的委托书送还征集人是承诺，征集人收到股东承诺的委托书后成立委任契约。征集人取得代理权并对委托股东承担诚信义务。表决代理权征集书如有虚假陈述，因此受到损失的委托人有权提起诉讼，要求征集人承担责任，征集人还可能受到行政处罚。征集人须按委托人的指示行使表决权，如未按授权行使表决权、放弃表决权，甚至以与授权指示相反的意思行使表决权，应当对委托人承担损害赔偿责任，但不影响股东会决议的效力。大多数公司法不允许表决代理权的有偿征集。因为表决权的有偿征集构成对公共政策的违反，可能损害其他股东的利益。征集表决代理权的费用，在非竞争性征集即董事会是唯一征集表决权代理人时，由公司负担，理所当然；但在竞争性征集中应该由谁负担，存在争议，有关法律规定尚不明确。《公司法》没有关于表决权征集的规定，但上市公司实践中早有案例，有关规章对其有所规范。

一个立法经验。《股票发行与交易管理暂行条例》第 65 条规定，股东可以授权他人代理行使投票权。但任何人在征集 25 人以上的投票权时，应当遵守中国证监会有关信息披露和作出报告的规定。这是对表决权委托劝诱的直接规定。《上市公司独立董事管理办法》第 18 条第 1 款第 4 项规定，独立董事可以征集股东权利。由于独立董事独立于多数股东，此举有利于少数股东利益的保护。《上市公司治理准则》第 16 条规定，上市公司董事会、独立董事和符合有关条件的股东可向上市公司股东征集其在股东会会议上的投票权。

表决权信托，指股东在一定期间以不可撤回的方法将表决权转移给受托人，由受托人持有并集中行使，股东只享有股份受益权的制度。据表决权信托协议，受托人享有的只有表决权，而表决权信托上的经济权益（financial rights）包括股利分配与剩余财产分配请求权，都属于该股份的受益所有人享有①，所以可以制作并发行代表受益权益的表决权信托凭证（beneficial certificates），这些凭证可以像股票一样交易，实现证券化。表决权信托为美国首创，盛行于英美公司法实践，不少大陆法系国家也有引进。我国没有规定这一制度。

表决权代理与表决权信托都实现了表决权从股权中分离出来的功能，区别在于：表决权信托中表决权的分离是相对彻底的、长期的、稳定的、不可撤回的，表决权代理中表决权的分离则是短暂的、一次性的、可撤回的。在股权分散的背景下，委托投票制有利于调动少数股东行使表决权的积极性，成为少数股东参与公司决策的重要方式。关于委托投票制对于保护少数股东的积极意义，见本书第十八章。

3. 现场投票制、书面投票制与通信投票制

现场投票，指股东或其代理人到股东会会议现场进行集中投票。

书面投票制（written ballot system），指不召开股东会会议或者不出席股东会会议的，股东将必要事项记载于书面表决票后提交给公司。

---

① 罗伯特·W. 汉密尔顿. 公司法概要. 李存棒，译. 北京：中国社会科学出版社，1999：163.

通信投票，指股东利用现代通信工具投票，为远程非现场投票，运用最多的是网络投票。随着电话、传真、互联网等现代便捷通信工具的普及，为了降低投票成本，提高公众股东参与表决的便捷性、积极性，美国大多数州通过立法或判例承认通信投票的有效性，并在实务中获得普及发展。[①] 通信投票在我国上市公司股东会议实践中已经获得了一定发展。中国证监会2002年发布的《上市公司治理准则》（2018年修订 ）最先肯定了通信投票制，其后的《上市公司股东大会规则》（2022年最新修订）详细规定了上市公司网络投票的有关问题，对非上市公司也有参考价值。《公司法》第24条规定，公司股东会、董事会、监事会召开会议和表决可以采用电子通信方式，公司章程另有规定的除外。

书面投票与通信投票都属于非现场投票制。关于非现场投票对于公众公司少数股东保护的价值，见本书第十八章。

4. 记名投票制和不记名投票制

记名投票制，指投票时必须标明股东身份的投票方式；反之，即为无记名投票制。在公司实务中，记名投票的典型操作方式就是股东在选票上标明自己的姓名或者名称以及所持股份数，会议记录也会记载每个股东的投票情况。这样，统计表决票以及事后核查投票情况时都可以看出参与投票的每个股东在每一个决议事项上的立场，有效避免计票舞弊现象。

如果股东投票规则实行“一人一票”，则采用记名投票或者不记名投票在技术上都是可行的。但股份公司实行“一股一票”，由于出席股东会的股东持有的表决权数不相等，若采取无记名投票方式，则在技术上很难计算出赞成、弃权与反对的情况，也很难得出表决结果；并且，无记名投票也容易诱发表决权不统一行使，何况有的国家公司法不允许表决权不统一行使。所以，无记名投票制应当慎用。《公司法》对此没有强制性规定，但中国证监会《上市公司章程指引》（2023年）第86条规定：“股东大会采取记名方式投票表决。”

我国的实践经验。实践中，如果现场采用举手表决但每个股东的投票情况记载于会议记录的，也视同记名投票。《到境外上市公司章程必备条款》第66条规定，股东会可以采取举手表决方式，会议主席根据举手表决的结果，宣布提议通过情况，并将此记载在会议记录中，作为最终的依据，无须证明该会议通过的决议中支持或者反对的票数或者其比例。但是，如果有人在举手表决前或举手表决刚刚进行后提出以投票方式表决，则应当采取投票方式表决。这些人员为：会议主席；至少两名有表决权的股东（或者代理人）；单独或者合计持有在该会议上有表决权的股份10%以上的一个以上股东（包括代理人）。

5. 直接投票制与累积投票制

直接投票制（straight voting），是股东会通过决议通用的表决方式，指在行使表决权时，针对一项议案，股东只能将其表决票数一次性直接投在该议案上。在直接投票的方式下，只要表决符合法定的人数或者票数，决议就可获得通过。

累积投票制（cumulative voting），是仅适用于选举董事、监事的表决方式，指股东会选举董事或者监事时，每一股份拥有与应选董事或者监事人数相同的表决权，股东拥有的表决权可以集中使用。

这两种投票制均以“同股同权”“一股一权”为基础，但在表决票数的计算和具体投向上存在根本差异：在直接投票制，针对一项决议，股东只能将其表决票数一次性直接投在这项决议上；在累积投票制，股东可以将其在选举每位董事、监事上的表决票数累加，即股东在选举董事、监事时的总票数为其持有股份决定的表决票数乘以须选举的董事、监事的人数，股东可

① 冯震宇. 公司证券重要争议问题研究. 台北：元照出版公司，2005：63及以下.

以选择将总票数集中投在一个或者分散投在数个候选人名下。[①]

举例：设：A股份公司有100股，要选5名董事，选举一名董事一股一票，两个股东甲、乙分持82股、18股。在直接投票制下，选举一个董事需要通过一项决议，获得过半数票的候选人即当选，那么，甲、乙分别推举5个董事候选人，双方不存在合作机制，则选举的结果是：甲推举的5个候选人分别获得82票赞成、18票反对，全部当选；乙推举的5名候选人分别获得18票赞成、82票反对，全部落选。显然，股东只要持有表决权的过半数，就可以决定全部人选。

在累积投票制下，甲、乙可以投出的总票数分别为410票、90票，是将全部投票集中投给推举的某一位候选人或者分散投给若干候选人，由股东自己决定，得票最多的前5位候选人当选。甲的立场是，把自己推选的候选人尽可能多地当选，所以选择分散投票策略；对乙而言，能够确保自己的一个候选人当选，就比直接投票制的结果更优，明智的策略自然是集中投票。如彼此清楚对方的意图且信息处于同等水平，最后的博弈结果是：甲推举的5名候选人分别得票为：91、91、91、91、46；乙推举的5名候选人分别得票为：90、0、0、0、0。结果是甲、乙各有4名、1名候选人当选，乙的愿望成功实现。

如果排除影响股东投票选择的其他复杂因素，仅从概率论来讲，累积投票制中确定选举出一名董事所需的最低股份数（X）的公式是：$X \geqslant S/(D+1)+1$。

其中，S（shares）代表表决权股份总数，D（directors）等于待选董事总数，比如，上例中，选举一名董事所需的股份数就是：$100/(5+1)+1=17.67$（股），所以乙股东（18股）能够确保一个董事席位的秘密就在这里。但如果甲、乙的股份数分别是83、17，即使采用累积投票制，乙也不能确保一个董事席位。或者再假设上例中有3个股东甲、乙、丙，其股份数分别是82、17、1，其他要素不变，则如果乙、丙联手结成一致行动人，可以确保共同推举的一人当选，否则，甲推选的人全部当选。类推，选出N名董事所需股份数（Y）的公式是：$Y \geqslant N \times S/(D+1)+1$。

在这个意义上，在投票不分类别的公司中，掌握多数表决权的股东一般有权决定所有的董事任免，即使公司存在类别股，但如果只采取直接投票的方式，则各类股也只能按每股一票计算。因此，这种投票方式往往造成明显的多数股压倒少数股的现象，少数股权的股东将无法选出一个代言人进入董事会。而累积投票制则可以让少数股东有机会将其代言人选入董事会，防止多数股东利用表决权优势完全控制董事、监事人选。可见，累积投票制在限制多数股东滥用表决权与保护少数股东方面都具有重要制度价值。关于累积投票制保护少数股东的制度价值及局限，见本书第十八章。

《公司法》第117条第1款规定股份公司“股东会选举董事、监事，可以依照公司章程的规定或者股东会的决议，实行累积投票制”。《上市公司治理准则》第17条规定，上市公司股东会在董事、监事选举中应积极推行累积投票制，单一股东及其一致行动人控股比例在30%以上的上市公司，应当采用累积投票制。由此，关于累积投票制，我国的现行政策是：存在持股30%以上控股股东的上市公司强制实行；其他上市公司积极推行（几乎所有的上市公司章程都规定实行累积投票制）；非上市股份公司任意实行；有限公司完全自愿。

6. 分类投票制

分类投票（class voting），是公司存在类别股时，为了既定目的而由各类别股作为独立单位进行投票。采取这种投票方式通过一项决议，必须得到“双重”多数的同意，即出席股东会

① Black's law dictionary. West Publishing Co.，1979：343.

的多数股权的同意和各类别股中各自多数股权的同意，才能通过一项决议。什么事项需要采取分类投票方式，是简单多数通过还是绝对多数通过，一般由公司章程、内部细则规定，一般都是涉及公司重大决策且与股东的利益关系重大的事项。显然，这种投票方式有利于保护少数股东。

7. 偶尔投票制与不按比例投票制

偶尔投票（contingent voting），是当发生章程规定的偶尔事件时，某一类别股具有特别投票权。偶发事件解决后，该类别股又恢复到原有状态。不按比例投票（disproportional voting），是某一类别股具有比其他类别股更多或更少的表决权。如跨国公司占某合营公司 25%的股权，但章程规定在某些事项如董事会选举上可以享有 50%的投票权或者否决权。[①]

（三）决议通过的法定比率

1. 一般原理

股东会决议，是股东会就提请会议审议的提案依法定程序进行表决形成的决议，是股东会形成团体意思的唯一法定形式。如前文所述，股东会决议在性质上属于组织法上的民事法律行为，适用集体决策机制（collective decision）中的“多数决规则”（majority voting rule），即集体中的每一个成员根据自己的意思单独行使表决权（决议的构成要素），依据多数决原则形成集体意思。虽然股东会决议不以全体股东的意思表示一致为成立要件，也不要求全体股东参与表决，但一旦形成，对公司、全体股东（包括反对股东、弃权股东、未参与表决股东等）均具约束力。

理论上，股东会决议分为可决决议和否决决议。前者又称积极决议（positive decisions），即受到多数决赞成而获得通过的决议。反之，即为否决决议，又称消极决议（negative decisions）。

在立法上，根据决议事项通过的多数标准不同，股东会决议分为普通决议和特别决议。特别决议，是就法律、章程专门规定的事项作出的决议，需要全体或者出席股东表决权的绝对（复杂）多数（super majority）通过；除此之外的都属于普通决议，只需要全体或者出席股东表决权的简单多数（simple majority）通过。各国公司法一般都列举特别决议的事项，除此之外的事项都是普通决议的事项。对特别决议，各国公司法都规定了绝对多数的标准，有的是 2/3 以上的表决权（如法国），有的是 3/4 以上的表决权（如德国）。

可见，普通决议和特别决议的区别在于决议通过的法定比率要求不同。决议通过的法定比率（voting requirement），指法律要求决议的形成必须经有表决权股份的多数通过。决议通过的法定比率与出席股东法定足数之间密切相连。法定比率的计算基数，有的国家规定是出席股东所持表决权总数，有的国家规定是公司表决权总数，差异在于对待不参与表决股东的态度不同：在前者，不参与表决股东所持表决权不计入计算基数，在后者恰好相反。在法定比率相同的前提下，显然前者所实质要求的多数决比例更高。此外，表决权回避的股东所持表决权不应计入出席会议有表决权的股份总数。在法律规定之外，不少国家的公司法允许公司章程对法定比率作特别规定，提高或者降低法定比率。

决议通过比率的特别设计。（1）单纯多数。合法的决议须同时满足出席规则和表决规则的要求，但在有时候，满足这两个要求是困难的。因此，有的公司法修正了传统的简单多数规则，规定“支持议案的票数超过反对票数即可”[②]，称为“单纯多数”（plurality vote require-

---

① 沈四宝. 西方国家公司法原理. 北京：法律出版社，2006：260－261.

② 钱玉林. “资本多数决”与瑕疵股东会决议的效力：从计算法则的视角观察. 中国法学，2005（3）.

ments)。这一规则符合多数决原则，且解决了弃权票［包括空白投票、标明“弃权”(abstention) 的投票与不投票］问题。与简单多数规则不同，单纯多数规则将弃权票视为否决票，完全忽略了弃权票。例如，A公司有100表决权股，法定出席股份应为51股。如果60股出席，赞成票为26股、反对票为25股、9股弃权，根据简单多数规则，该议案未获通过；但如果9张弃权票根本没有出席会议，该议案将会得到通过；而根据单纯多数规则，上述两种情形下都可通过议案，因为赞成票数（26股）超过了反对票数（25股)。(2) 超级多数。有的国家公司法不禁止章程提高出席规则和表决规则的要求，甚至可以提高到全体同意（unanimity)。这就是“超级多数”(super majority requirement)。超级多数主要适用于封闭公司，其实质是通过赋予少数股东否决权来保护少数股东。例如，某股东持有20%的出资比例，如果公司章程规定股东出席法定足数是90%的出资比例，决议通过的法定比率是82%，这样他就获得了否决权。超级多数制是一柄“双刃剑”，在增强少数股东保护的同时，也增加了公司僵局发生的概率，有损决议效率。在公众公司，超级多数规则可被用来作为反敌意收购的防御措施。例如，某公众公司章程规定，任何人未经董事会同意而取得公司多数股份的，股东会决议的表决要求提高到67%。这一规定足以吓退敌意收购者。

2. 我国的规定与实践

在我国，依据《公司法》第116条第2、3款，股份公司的股东会普通决议须经出席会议的股东所持表决权过半数（不包括本数）通过，特别决议须经出席会议的股东所持表决权的2/3以上（包括本数）通过，适用特别决议的事项有：修改公司章程，增加或减少注册资本，公司的分立、合并或者变更公司形式，公司的解散。此外，《公司法》第135条规定，上市公司在1年内购买、出售重大资产或者向他人提供担保金额超过公司资产总额30%的，适用特别决议规则。

公司章程能否提高股东会决议通过的法定比率？一般认为，《公司法》关于法定比率的规定属于强制性规范，不能以章程降低之，但对于是否可以提高，认识不同。否定者的主要理由是：(1) 实质赋予了少数股东否决权，对多数股东不公平，且违背股份平等、股份多数决原则；(2) 造成股东会难以形成决议，诱发公司僵局；(3) 最终影响公司效率，损害全体股东的利益。这些理由不无道理，对少数股东的保护不能以过分牺牲公司效率为代价，尤其对于公众公司而言。中肯的看法是，有限公司可以通过章程提高该法定比率；建议更为公众性的股份公司慎用，其章程可以增加特别决议的事项。

股东决议的多数决规则决定了股份持有的多寡与表决权的大小成正比，被认为是股份平等、资本民主的体现。但是，多数决规则的固有缺陷是：在形成股东决议时，少数股份的意思被多数股份的意思吸收，从而导致多数股东的持股效率为100%、少数股东的持股效率等于零的局面，这就是由股份的形式平等导致股东之间的实质不平等。为此，现代公司法采取一系列措施予以预防和纠正，以保护少数股东，详见本书第十八章。

五、有限公司股东会的特殊规定

有限公司股东会的会议规则的基本法理和股份公司股东会的是一致的，但在一些具体问题上存在不同。这些不同，主要缘于公司法赋予有限公司治理更大的自治性，所以在一些程序操作上具有更多的灵活性与简捷性，或者说是对于小型封闭公司（有限公司）的治理运作不具有规范性的迁就与默认。检索《公司法》第三章关于有限公司股东会的规定，主要内容如下。

（一）会议的种类

同股份公司的股东会一样，有限公司的股东会也有定期会议和临时会议。不同的是，就定期会议来看，《公司法》规定股份公司的股东会年会一年一次，但没有规定有限公司的股东会定期会议的召开频率，留给公司章程规定（《公司法》第62条）。实务中，很多有限公司的股东会年会于每个会计年度结束之后即行召开。

至于临时会议，《公司法》第62条第2款规定，临时会议的召集提议人包括：代表1/10以上表决权的股东，1/3以上的董事，监事会、监事但对于在什么时间、以什么样的程序召开临时股东会会议，《公司法》也未作规定，留待公司章程或全体股东自行决定。这些灵活规定是明智的，有限公司的规模和股东人数相差巨大，对于小型有限公司来说，公司治理合伙化，公司事务的决定具有相当的任意性，如果法律关于股东会会议的规定过于一律，不仅与公司的实际运作相悖，而且可能因为得不到遵守而流于形式。

（二）会议的形式

与股份公司相比，有限公司的股东人数少得多，股东之间彼此比较熟悉，故《公司法》灵活规定股东会会议的形式，即在一般情况下，以召开股东会会议的形式来议决事项。同时《公司法》第59条第3款明确规定，有限公司股东以书面形式一致表示同意的，可以不召开股东会会议而直接作出决定，由全体股东在决定文件上签名、盖章即可。这一规定大大简化了股东会的决议程序，节约了成本，迎合了有限公司不按规范程式进行公司治理的实际需求，符合有限公司的治理现实。如前所述，《公司法》对于股份公司的股东会没有这样的规定。

（三）会议的召集人与主持人

有限公司的股东会通常情形下也由董事会、董事召集，由于不存在成立大会，所以《公司法》特别规定首次股东会会议由出资最多的股东召集和主持。按照《公司法》第63条，如果有限公司的董事会不能履行或不履行召集职责的，由监事会、监事召集；监事会、监事不召集和主持的，代表1/10以上表决权的股东可以自行召集和主持股东会。此处与股份公司的股东会稍有不同的有二：一是对自行召集和主持股东会的股东没有持股时间的要求；二是对于该“代表十分之一以上表决权的股东”这一表述是否限于单个股东，存在不同理解。有的认为限于单个股东，有的认为包括合计持有“代表十分之一以上表决权的股东”。对这些观点的取舍涉及利益平衡与价值选择，从保护少数股东的法律政策出发，后一种解释更为妥当。同理，对《公司法》第62条第2款的“代表十分之一以上表决权的股东”也应该作如是解释。

（四）会议的通知

关于有限公司的股东会会议的通知时间，《公司法》没有像对股东会那样强制规定，而是采取了任意性规范，于第64条第1款规定，有限公司“召开股东会会议，应当于会议召开十五日前通知全体股东；但是，公司章程另有规定或者全体股东另有约定的除外”。

关于股东会召集的地点，《公司法》没有规定，应理解为由公司章程规定；没有规定的，由召集人自行决定。

（五）议事方式与表决程序

《公司法》第66条第1款规定，有限公司“股东会的议事方式和表决程序，除本法有规定的外，由公司章程规定”。这表明立法没有一律规定股东会的议事方式、表决程序，留待公司自治。

（六）股东行使表决权的方式

在有限公司，股东行使表决权的规则是任意性的。《公司法》第65条规定，有限公司“股东会会议由股东按照出资比例行使表决权；但是，公司章程另有规定的除外”。这表明，有限公司章程可以任意规定行使表决权的规则，如规定“一人一票”，这与股东会遵守“一股一票”的原则形成鲜明对比。

《公司法》没有规定有限公司股东可否委托投票，在立法上应当作肯定解释。实务中，公司章程一般对委托投票有所限制，比如受托人限于其他股东，这样可以有效防止不具有股东身份的人出席股东会，以保护公司商业秘密。

（七）出席股东法定足数与决议通过的法定比率

与股份公司的股东会决议一样，有限公司的股东会决议也分为普通决议和特别决议。《公司法》第66条第3款规定，有限公司"股东会会议作出修改公司章程、增加或者减少注册资本的决议，以及公司合并、分立、解散或者变更公司形式的决议，必须经代表三分之二以上表决权的股东通过"。对于这一规定需要注意的是，有限公司的股东会特别决议的适用情形及法定比率都与股份公司的股东会相同，差异仅在于，法定比率的计算基数与股份公司的股东会不同：前者以全部表决权数为基数，后者以出席会议的股东代表的表决权数为基数。

关于普通决议通过的法定比率，与股份公司的股东会不同的是，《公司法》对有限公司的股东会没有任何规定，应当解释为有限公司章程可以任意规定普通决议通过的法定比率，比如可以规定比"简单多数"更为宽松或者更为严格的标准。在公司实务中，有限公司往往采用非常灵活的法定比率。比如，关于董事会、监事会成员的选举决议，发起人股东在设立公司时就对董事会、监事会席位的分配达成书面协议或者形成默契，有的还写入公司章程，通过股东会的选举决议无非是执行协议而已。

与股份公司的股东会一样，《公司法》也没有规定有限公司的股东会的股东出席法定足数，但既然特别决议"要求必须经代表三分之二以上表决权的股东通过"，暗含着出席股东所持表决权（包括委托投票权）也不得低于2/3。对于普通决议，则不得低于公司章程规定的普通决议通过的表决权数。

（八）会议记录

与股份公司的股东会一样，有限公司的股东会决议也应当作成会议记录，不同的是，签名人仅限于出席会议的股东，且对会议记录的保存未作要求（《公司法》第64条第2款）。有限公司的股东会会议记录需要置备于公司，股东得有权查阅与复制（《公司法》第57条）。

六、一人公司、国有独资公司的特别规定

（一）一人公司的一个股东

一人公司（有限、股份公司）只有一个股东，故而不设股东会，那么股东会的职权谁来行使呢？依《公司法》第60条、第112条第1款规定，该股东作出其他公司股东会事项的决定时，应当采用书面形式，并由股东签名或者盖章后置备于公司。这一规定的立法价值在于，明确了一人公司的股东行使相当于非一人公司的股东会职权，区别仅在于股东会的意思表示是决议，一人公司的股东是决定。由于此处的决定与决议的性质相当，所以如股东会决议（会议记录）一样也要采书面形式，置备于公司以备查。

文字性修订的科学性。《公司法》第60条规定："只有一个股东的有限责任公司不设股东会。股东作出前条第一款所列事项的决定时，应当采用书面形式，并由股东签名或者盖章后置备于公司。"对应的是旧《公司法》第61条："一人有限责任公司不设股东会。股东作出本法第三十七条第一款所列决定时，应当采用书面形式，并由股东签名后置备于公司。"旧法的"股东签名后"修改为"股东签名或者盖章后"，照顾了法人、非法人组织股东的情形，更加周延，立法科学性提升。

（二）国有独资公司的履行出资人职责的机构

虽然国有独资公司不是一人公司，但基于其股权结构的特性，其也不存在法律意义上的股

东，而由履行出资人职责的机构行使相应职权，所以《公司法》第172条规定："国有独资公司不设股东会，由履行出资人职责的机构行使股东会职权。"具体而言，"履行出资人职责的机构可以授权公司董事会行使股东会的部分职权，但公司章程的制定和修改，公司的合并、分立、解散、申请破产，增加或者减少注册资本，分配利润，应当由履行出资人职责的机构决定"。由此可见，国有独资公司的"股东会"实为二分职权，重要的职权由履行出资人职责的机构专享，其余的职权，部分可由履行出资人职责的机构转授权给董事会行使，其余部分仍然归于履行出资人职责的机构。

公司法人机关的意思表示三形式。在此可以总结，公司组织法上的法人机关的意思形式也即运行机制就是六个字：股东会、董事会、监事会（审计委员会）等集任制法人机关的，为决议；设一名股东、一名董事、一名监事等独任制法人机关，以及国有独资公司的履行出资人职责的机构，为决定；总经理及其部属（副总经理、事业部总监、部门经理、业务人员）组成的经营管理系统（官僚层级结构，hierarchy）是命令。简言之，公司法人的组织运行的意思密码就是六个字：决议、决定、命令。

第二节　董事会

一、董事会的法律地位

（一）基本定位

对董事会下定义是非常困难的，因为在不同的公司法上，董事会的内涵在许多方面都有差异。概括地说，董事会（board of directors），指依照法定程序选举产生，代表公司并行使经营决策权、执行权与监督权的公司常设机关。董事会的法律地位可以作如下描述。

1. 公司业务的执行机关。《民法典》第81条第1款规定，"营利法人应当设执行机构"，公司的执行机构即为董事会；第2款规定，"执行机构行使召集权力机构会议，决定法人的经营计划和投资方案，决定法人内部管理机构的设置，以及法人章程规定的其他职权"。董事会虽被定位为执行机关，但其行使的权力往往还包括一定的经营决策权与监督权，不限定于执行业务。各国公司董事会的职权与职能具有很大的差异性，但大都包括经营决策权、执行权与（或）监督权，即董事会执行股东会决议，负责公司的经营决策，并监督经理层。

2. 公司的对外代表机关。董事会的行为可以产生对外效力，董事会中的董事长、代表董事或者执行董事均可担任公司的代表人。

3. 公司法定的常设机关。董事会通常是必设机构。在我国，只有规模较小或者股东人数较少的公司可以设一名董事，不设董事会。股份公司的首届董事会在公司设立过程中（公司成立大会选举）已经产生，有限公司的首届董事会在公司成立时产生，伴随公司的存续始终，虽然其成员可以更换，但董事会作为一个组织始终存在，不得撤销。董事会的常设性表现在：成员在任期内固定；处理的多为经常性经营事项，会议召开频率远高于非常设的股东会；大型公司董事会一般都设置董事会秘书以及专门工作机构处理日常事务。

4. 成员依法选任的机关。在单边治理模式下，董事会成员全部由股东会选举产生；在共同治理模式下，董事会成员分别由股东会与雇员选举产生（德国公司法中的监事会相当于一般意义上的董事会）。在我国，大部分董事会成员由股东会选举产生，但也有一些公司董事会的部分成员由职工民主选举产生，如《公司法》第68条中规定："董事会中的职工代表由公司职工通过职工代表大会、职工大会或者其他形式民主选举产生。”

5. 合议制的公司机关。区别于一名董事这类独任制法人机关，董事会的权力不分解于董事个人，非有特别授权，单个董事不能以个人名义行使董事会的权力，只有通过合议才能形成表达董事会集体意思的决议，也即依多数决原则形成董事会的意思。

（二）职权

1. 职权法定与意定

各国公司法关于董事会职权的规定主要有三种模式：一是概括式，如美国《示范公司法》第 35 条规定，“除本法或章程另有规定外，公司的一切权力都应由董事会行使或由董事会授权行使。公司的一切业务活动都应在董事会的指示下进行”。二是概括与列举结合式，如日本《公司法典》第 362 条第 2 款规定，董事会的权限为：决定公司的业务执行；监督董事职务的执行；代表董事的选举执行。至于业务执行权的详细内容，没有列举规定。三是列举式，如我国《公司法》。

尽管立法模式存在差异，但有两点是共同的。其一，董事会的主要职权都是法定的，章程的具体规定不得超出法定的范围。其二，董事会的职权都非常广泛，大致包括业务执行、监督经理职务执行和一定的经营决策权，区别主要在于经营决策权的范围大小。比较而言，单层制下的董事会经营决策权要大于其他治理模式下，如在美国，公司股东会和董事会之间的权力分配由公司章程细则决定，股东会仅保留选举董事的权力，公司决策权全部授予董事会。

《公司法》具体列举了董事会的职权，根据其第 67 条、第 120 条，董事会行使下列职权：(1) 召集股东会会议，并向股东会报告工作；(2) 执行股东会的决议；(3) 决定公司的经营计划和投资方案；(4) 制订公司的利润分配方案和弥补亏损方案；(5) 制订公司增加或者减少注册资本以及发行公司债券的方案；(6) 制订公司合并、分立、解散或者变更公司形式的方案；(7) 决定公司内部管理机构的设置；(8) 决定聘任或者解聘公司经理及其报酬事项，并根据经理的提名决定聘任或者解聘公司副经理、财务负责人及其报酬事项；(9) 制定公司的基本管理制度；(10) 公司章程规定或者股东会授予的其他职权。

除了以上专条列举规定董事会职权，《公司法》还有其他条文分散规定董事会的其他法定职权，比如，第 122 条第 1 款规定股份公司董事长、副董事长由董事会选举产生。还有一些条文规定根据公司章程、股东会授权董事会为某些行为，比如第 152 条规定规定公司章程或者股东会可以授权董事会发行股份。根据以上规定，我国公司董事会的职权包括两个部分：一是公司法规定的法定职权，二是公司章程规定、股东会授权的意定职权。

虽然董事个人也享有一些权利，如通过查账、阅读记录获取信息的权利，但董事会行使权力必须以“会”(board) 的形式进行运作，而不是以“个人”(individual) 的身份进行。董事会的权力不能被分解为董事个人的权力。

2. 与股东会职权的关系

关于董事会与股东会的职权划分，主要有两种立法模式：一是分别明确列举股东会、董事会的职权，如我国。二是明确规定股东会的职权限于法律、公司章程的规定，公司的其余一切权力都应由董事会行使，如美国。后一种模式更加凸显“董事会中心主义”，为多数公司立法所采用。如日本《公司法典》第 295 条第 2 款规定，“在设董事会公司，股东会以本法规定事项及公司章程规定事项为限，可作出决议”。法国《商事公司法》第 98 条规定，“董事会拥有在任何情况下以公司名义进行活动的最广泛的权力；董事会在公司宗旨的范围内行使这些权力，法律明确赋予股东大会的权力除外”。两种立法模式的实质区别在于公司剩余控制权的归属问题。从某种意义上说，谁享有剩余控制权，谁就居于公司治理的核心位置。第一种模式事实上将剩余控制权授予了股东会，第二种模式则授予了董事会。

董事会中心主义模式的立法。公司治理的核心问题，是公司权力分配及其责任实现。[①] 域外公司法无论采取哪一种治理模式，董事会都居于公司治理的核心。所以最狭义的公司治理制度安排，“就是公司董事会如何运作，如何设定公司价值，进而以此有别于公司全职执行者们的日常操作性管理”[②]。董事会在公司的权威地位，其与股东会、经理之间的分权关系乃至董事责任的实现，即公司治理的核心问题。2023 年《公司法》修订案有意树立“董事会中心主义模式”，变革原来的“股东会中心主义模式”设计。否则，董事的权责利不匹配的问题将日益突出：公司董事一方面只享有中国式的有限权力，事实上难以对于公司的经营负责；另一方面又受到英美式的责任机制追究（《公司法》第 179～193 条）。2023 年修订案第一稿第 62 条曾经规定：“有限责任公司设董事会。董事会是公司的执行机构，行使本法和公司章程规定属于股东会职权之外的职权。”这就是剩余控制权立法模式。但由于种种原因，这一立法模式仍然被后来的列举式立法模式所取代。

在理论上与立法上搞清楚董事会和股东会职权的关系，是准确界定董事会职权的关键。在我国公司实务中，有三个问题需要廓清。

（1）公司章程、股东会决议可否改变股东会和董事会的法定职权。在我国，通过公司章程、股东会决议将股东会的某些法定职权转授给董事会行使的现象屡有发生。《公司法》列举股东会与董事会的职权时都附加了一个兜底条款，即股东会与董事会享有“公司章程规定的其他职权”（第 59 条、第 67 条）。这一规定为章程对公司法列举之外的“剩余权力”的再划分提供了依据。但是，公司章程、股东会决议可否改变公司法明确规定的股东会与董事会的各自职权？与此问题相连的一个问题是，公司法关于股东会和董事会职权的规定的法律性质如何：如果属于强行性规定，章程自然不得改变公司法规定；反之，则可以改变。[③]

在法理上，公司法关于股东会和董事会职权的规定属于强制性规范与否，固然存在一定争论，但在法政策上，考虑到我国绝大多数公司股权比较集中，公司章程往往只体现多数股东的意志和利益，且多数股东往往又身兼董事身份或者控制了董事会，如果认同公司可以通过章程、股东会决议的方式修改股东会和董事会的法定职权，则会对少数股东的保护不利。比如，将《公司法》第 15 条第 3 款规定的股东会对关联担保事项作出决议的权力转移给董事会行使，则控制股东可以轻松规避关于关联股东表决权回避的规定，置少数股东利益于不利境地。因此，我国公司法不应当允许公司章程、股东会决议改变股东会和董事会的法定职权。

（2）股东会转授权董事会的权力清单。《公司法》第 59 条在于第 1 款罗列股东会的八项法定职权与一项意定职权后，紧接着于第 2 款规定“股东会可以授权董事会对发行公司债券作出决议”，也即第 6 项职权可以转授权给董事会，这与第 202 条的规定相一致。问题是：除本款规定的该项职权可以转授权给董事会以外，其余职权是否可以转授权给董事会？对此存在两种观点：一种观点认为既然公司法明定股东会的第 6 项职权可以转授权，那就意味着其他职权不得转授权给董事会；另一种观点则认为，法无禁止皆自由，第 2 款仅明确第 6 项职权可以转授权，并未禁止其他职权转授权给董事会。对此，应当分别而论。其一，《公司法》第 59 条第 1 款第 1 项前半段以及第 2、3 项罗列的职权依其性质不得转授权给董事会，乃是当然解释；其

---

① 吴敬琏. 现代公司与企业改革. 天津：天津人民出版社，1994：90.

② Financial Reporting Council. The UK Corporate Governance Code. June，2010. [2014 - 02 - 10]. http://www.frc.org.hk/documents/pagemanager/Corporate _ Governance/UK.

③ 赵旭东. 公司法学. 2 版. 北京：高等教育出版社，2006：59 - 60.

二，至于第 1 项后半段、第 4 项规定的职权，域外不少国家、地区公司法规定由董事会享有，可见依其性质自然可以转授权给董事会；其三，至于第 5、7、8 项职权，依其性质，如转授权给董事会，并无法理上的障碍，但究竟能否转授权给董事会，尚取决于公司法的法政策；其四，就立法者对于第 59 条的立法意图来讲，应该解释为除第 6 项职权之外，股东会的其余七项法定职权不得转授权给董事会；其五，当然，这一法政策是否妥适，则是另一个层面的问题。

(3) 股东会能否否决董事会决议。同样的道理，坚守股东会与董事会的法定职权界限，也要坚决反对“股东会领导下的董事会负责制”等类似的提法。尽管董事会的主要成员由股东会选举产生，《公司法》第 67 条也明确规定董事会“向股东会报告工作”，但二者并非领导与被领导的垂直命令关系，而是平行的委托—代理关系。如果股东会认为董事会的决议不当，可通过决议无效或撤销之诉的途径寻求解决，还可以追究违反诚信义务的董事的赔偿责任，但不能以股东会决议的形式直接否决董事会决议。在既定的法律框架下，董事会的权力既然来源于法律、公司章程的直接规定，而非全由股东会自由设定，那么只要法律、公司章程把特定权力授予了董事会，股东会就不得干预其行使独立的权力，董事会不受股东会的直接领导。

3. 与董事长职权的关系

依据《公司法》第 10 条、第 63 条、第 72 条、第 114 条、第 122 条，董事长的职权包括：(1) 股东会的当然主持人；(2) 董事会的当然召集人、主持人；(3) 检查股份公司董事会决议的实施情况；(4) 如果兼任公司法定代表人，则行使法定代表人的相应职权。这些权力同时也是职责，如果违反诚信义务不履行的，将承担相应的法律责任。

可见，董事长的职权主要体现在担任股东会、董事会的会议“主席”，在董事会内部并没有其他的特殊权力，尤其在董事会表决时，董事长与其他董事的表决权完全一样。所谓“董事长领导下的董事会”的提法，既是不确切的，也是误导性的。

在我国公司实务中，一个常见的现象是董事会在闭会期间将其部分职权转授给董事长个人行使。关于这一做法是否合法，存在不同认识。对此不可一概而论，但必须明确某些特定的董事会权力是不得转授给董事长（以及其他董事、经理）个人行使的。比如，公司转投资事项、对外担保事项、将公司资金借贷给他人事项等，即不得转授给董事长个人行使（《公司法》第 15 条）。公司章程可以明确董事会不得转授给董事长个人行使的权力范围。

（三）公司治理机构的核心

可以用两句话概括董事会在当代各国公司治理机构中的法律地位。

1. 立法上的“董事会中心主义”。当代公司立法从权力配置上强化董事会的地位，使之成为拥有最充分权力的公司机关。“董事会中心主义”的权力结构，是将公司经营决策权基本赋予董事会，股东会只对有关公司存续和发展以及直接关系股东利益的根本性事项(fundamental issues) 进行决策，以建立一个灵活、高效的公司经营模式，尽管同时要忍受由董事偷懒、滥用职权等带来的代理成本。反观我国公司法关于董事会权力配置的规定，对于其是否确立了“董事会中心主义模式”，可能见仁见智，但从 1993 年到 2023 年公司法的三十年间的制度演变来看，越来越强化董事会职权，则是一个不争的事实。

2. 事实上的“董事会中心主义”。在大型公众公司，股东会被法律、公司章程授予的权力在行使过程中进一步地“下沉”，立法上的“股东会中心主义”在实践中又演化为事实上的“董事会中心主义”。总括地说，股东会将其部分经营决策权委托给董事会、董事会进一步地将部分业务执行权再委托给董事长、执行董事、经理或者其他代理人。这样，公司管理层事实上掌握了公司经营管理权。在美国大型公众公司，CEO 进而事实上掌握了董事及其继任者候选人的权力。至此，事实上的“董事会中心主义”已经形成。在我国国有公司和股权相对分散的上市公司，也在一定程度上存在事实上的“董事会中心主义”乃至“总经理中心主义”现象，具体表现为“内部人控制”。

在国外，立法上的“股东会中心主义”与事实上的“董事会中心主义”之间，公司立法与公司实践的脱节现象已露端倪。在我国立法坚守形式上的“股东会中心主义”背景下存在的事实上“董事会中心主义”现象，说明立法与实践之间也存在脱节。由于立法对于董事会授予的职权不足，再加上立法与实践之间的脱节，我国董事会到底是定位于怎样的公司机关，存在着权力机关、决策机关与执行机关等争议，其职能定位也有监督、执行、战略管理、决策等多种说法，均难以定论。

二、董事会的基本结构

（一）董事会的规模

1. 基本原理

部分国家的公司法比较弹性地规范董事会的规模，但方式各异。董事会的规模主要体现为董事会人数的多寡？立法者规范董事会规模的出发点，是使董事会更有效地领导公司业务：如果董事太少，容易形成独裁，不利于公司的民主管理，尤其于少数股东不利；如果董事太多，机构臃肿，形成决议的成本提高，效率也大为降低。[1] 因此，各国公司法大都规定一个较大的弹性空间，具体人数由各公司自行决定。有的公司法还允许公司设立“可变规模”（variable-sized）董事会，由公司章程、细则确定最高、最低限额，并授权董事会在其权限内随时根据需要确定自身的实际规模。可变规模董事会使公众公司董事会具有较大的灵活性。

2. 我国的规定与实践

《公司法》第 68 条规定，有限公司董事会由 3 人以上组成；第 75 条规定，规模较小或者股东人数较少的有限公司可以不设董事会，设一名董事，行使董事会的职权，该董事可兼任经理。第 120 条规定，股份公司设董事会，由 3 人以上组成。第 128 条规定，规模较小或者股东人数较少的股份公司也可以不设董事会，设一名董事，行使董事会的职权，该董事可兼任经理。

（二）我国董事会的组成

《公司法》关于董事会组成的规定有四个特点。

1. 组成人数。各个公司只要在下限以上的区间选择即可，不要求董事人数是奇数或者偶数。如果股东会选举的董事人数少于法定下限，应视为董事会未组成。

2. 职工董事。第 68 条、第 120 条规定，职工人数 300 人以上的公司，除依法设监事会并有职工代表的外，其董事会成员中应当有职工代表。

3. 董事长。董事会必设董事长一人，可以设（或不设）一名、多名副董事长。董事长、副董事长的产生办法，在股份公司，由董事会以全体董事的过半数选举产生（第 122 条）；在国有独资公司，由履行出资人职责的机构从董事会成员中指定（第 173 条）；在有限公司，由公司章程规定（第 68 条），这意味着有限公司的董事长可以由董事会、股东会选举产生，也可以采取其他方式，如由第一大股东直接委派等。

4. 独立董事与董事会秘书。第 136 条、第 138 条要求上市公司董事会必设独立董事与董事会秘书，对非上市公司没有强行要求，非上市公司可以自行决定是否设立。

---

[1] 美国标准普尔 1 500 家指数公司在 1997 年的平均董事会人数为 10 人左右，其中 500 家大型公司董事会人数平均值为 11.7。梁能. 公司治理结构：中国的实践与美国的经验. 北京：中国人民大学出版社，2000：262－312.

（三）董事会专门委员会

1. 国外的基本情况

董事会专门委员会，是由董事会设立的，由公司董事组成的行使董事会部分权力或者为董事会行使权力提供帮助的董事会内部常设机构。为了保证决策和管理的科学性，许多大型公众公司董事会下设立若干专门委员会，作为董事会决策管理的参谋、咨询机构，同时也是非执行董事行使职权的主要组织形式。

关于专门委员会的设置及权限，各国公司法没有强行性规定，多由“软法”规范倡导，各公司章程、细则一般规定由董事会决议指定若干董事组成。各委员会由专门的董事负责，定期、不定期地给董事会提供专业知识和咨询意见。所以，专门委员会在董事会决议规定的特定范围内行使职权，是董事会的附属机构而非决策机构，决策权仍在董事会。

在过去的三十多年里，越开越多的公众公司倾向于建立形式多样的专门委员会，其中最普遍者有五：执行委员会（the executive committee）、审计委员会（the audit committee）、薪酬委员会（the compensation committee）、提名委员会（the nominating committee），以及环境、社会与治理委员会（the ESG committee）。其中除执行委员会可由执行董事担任多数成员外，其他四个委员会全部由非执行董事占绝大多数。在公众公司，在评估经理层与董事会权力的平衡时，审计委员会、提名委员会和薪酬委员会具有特别重要的意义。此外还有其他委员会，诸如公共政策委员会（public policy committee）、诉讼委员会（litigation committee）、战略计划委员会（strategic planning committee）、管理发展委员会（management development committee）、技术委员会（technology committee），以及雇员福利委员会（employee benefits committee）等。

2. 我国的规定与实践

2023 年公司法修订大大完善了董事会专门委员会的规定。其中，《公司法》第 69 条、第 121 条与第 176 条分别规定有限公司、股份公司、国有独资公司可以设立审计委员会，《上市公司治理准则（2018）》第 38 条规定上市公司必设审计委员会，《公司法》第 137 条罗列了审计委员会的法定职责。

对于股份公司，《公司法》第 121 条第 6 款规定，除了可以设立审计委员会，还可以按照公司章程的规定在董事会中设置其他委员会。

对于上市公司，中国证监会《上市公司治理准则》对专门委员会的设立作出了具体规定，主要内容包括：专门委员会可以聘请中介机构提供专业意见，有关费用由公司承担；专门委员会对董事会负责，提出的提案应提交董事会审议决定。专门委员会成员全部由董事组成，其中审计委员会、提名委员会、薪酬与考核委员会中独立董事应占多数并担任召集人，审计委员会的召集人应当是会计专业人士。各主要委员会的职责和上述各国的规定与实践基本相同。

三、董事会会议的类型

根据《公司法》第 123 条规定，股份公司董事会有定期会议和临时会议两种形式。前者又称例会、常会，每年度至少召开两次，没有上限。公司章程可据此具体确定例会的会次、会期等。临时会议的召开是不定期的，在出现特殊情况时召开，提议人包括：代表 1/10 以上表决权的股东，1/3 以上董事，监事会。

《公司法》对有限公司的董事会会议类型没有作出规定，应当理解为授权公司章程自行规定。

召开董事会会议的主要目的，是形成董事会决议。董事会决议是董事会就提请会议审议的事项，依法律、章程规定程序表决形成的决议，是董事会集体意思的唯一法定形式。

四、董事会会议的基本程序

（一）召集

1. 召集

董事会由董事长召集。董事长不能履行职务或者不履行职务的，由副董事长召集；副董事长不能履行职务或者不履行职务的，由过半数的董事共同推举一名董事召集（《公司法》第72条、第122条第2款）。对于股份公司的董事会临时会议，董事长应当自接到提议后10日内召集（第123条第2款）。对于董事长选出前的第一次董事会会议，习惯上一般由得票数最多的董事召集。

2. 通知

许多公司法通常规定例会不需要特别的通知，除非章程另有规定。但我国《公司法》规定，凡股份公司董事会会议都需要通知。在股份公司，董事会例会应当于会议召开10日前通知全体董事和监事（第123条第1款），临时会议的通知方式与时限由董事会另定（第123条第3款）。在有限公司，《公司法》没有对其会议通知作出具体规定，应当理解为有限公司可以通过公司章程、股东会或者董事会决议自行确定。

《公司法》未对会议通知内容作出规定，根据《上市公司章程指引》（2023年），董事会会议通知的内容包括：会议日期和地点；会议期限；事由及议题；发出通知的日期。董事会议应有事先拟定的议题，会议通知之所以仅要求载明会议的召开时间、地点及事由的简要说明，乃因为董事会讨论决定的是直接关系公司经营发展的重大事项，为保护公司商业秘密起见，不必注明议题的具体内容。

与股东一样，董事也可以主动放弃对他的通知，主动放弃应以书面为之，并记录在档。由于董事会成员人数有限，会议无须公告。未获通知的董事如出席会议，可视为其放弃对会议通知不适当性的异议，除非他出席会议就是为了反对会议的召开或者阻止某项决议的达成，并不参与该事项的决议。可见董事会会议通知瑕疵是可以治愈的。

（二）提案

1. 提案权

与股东会一样，对议案的控制也是掌握董事会会议主动权的关键一环。因为唯有列入会议的审议事项成为议案，最后交付董事会议决，获得通过后，才能成为决议。董事会的提案权人，如果公司章程没有特别规定，依照当然解释，首先是董事，其次是经理，比如经理向董事会提名副经理、财务负责人等人选及其报酬方案（《公司法》第67条、第74条）。

2. 列入议案

董事、经理的提案如何列入董事会议案，公司法没有规定，依照法理与实务经验，应该由会议召集人、主持人决定，只要属于董事会职权范围内的事项，就应予以列入。

（三）召开

1. 主持

董事会的主持人与前述召集人相同。

2. 出席

在股份公司，《公司法》第125条第1款规定，“董事会会议，应由董事本人出席；董事因故不能出席，可以书面委托其他董事代为出席，委托书中应当载明授权范围”。这一规定的要点有三。

（1）出席会议对董事而言乃是一项职权，内含职责之义，故区别于股东出席股东会会议的单纯权利，董事不得自由决定出席与否。原则上，董事应亲自出席董事会会议，唯在董事因故不能亲自出席者，始得委托其他董事出席。在实务中，公司章程往往限制董事缺席会议的次数，在一定期间内达到一定的缺席次数的，可以构成董事解任的条件。如《上市公司独立董事管理办法》第 20 条第 2 款规定，独立董事连续 2 次未亲自出席董事会会议，也不委托其他独立董事代为出席的，由董事会提请股东会解除职务。

（2）缺席董事可以委托他人代为出席，也可以不委托他人代为出席；在后者，视为其放弃在该次会议上的投票权。

（3）受托人限于本公司的其他董事。这显然不同于股东可以委托任何第三人出席股东会会议。这一规定是出于保守公司商业秘密的需要。在有限公司，《公司法》没有规定董事出席与代理出席问题，应理解为授权公司章程规定。当然，股份公司的上述有关规定对有限公司的参照适用并无法理障碍。

3. 列席

依据《公司法》第 74 条、第 79 条及第 126 条、第 131 条的规定，经理列席董事会会议；监事可以列席董事会会议，并对董事会决议事项提出质询或者建议。可见，《公司法》对于经理列席董事会会议的要求是强制性的，对于监事的要求是任意性的。但鉴于监事的主要职能就是监督董事、经理是否守法合规经营，履行职责是否忠实、勤勉，而参加董事会会议是履行监督职责的一个非常重要的途径，公司可以通过章程将列席董事会会议作为监事的一项强制性义务。与此相适应，为了保障和便利经理、监事列席会议，董事会会议的通知对象也包括经理和监事。

《公司法》第 17 条第 3 款规定，“公司研究决定改制、解散、申请破产以及经营方面的重大问题、制定重要的规章制度时，应当听取公司工会的意见，并通过职工代表大会或者其他形式听取职工的意见和建议”。据此，董事会研究的议题需要听取公司工会意见的，应该通知工会派代表列席会议。

（四）议决

议决，包括讨论与表决，也即会议的议程就是与会董事围绕会议议案进行自由讨论与表决。

1. 讨论

讨论的环节一般表现为，主持人或者提案人就议案作出说明；与会董事为作出合乎公司利益的判断而需要获取更多信息的，可以对说明人进行提问，也可以就相关信息询问列席会议的经理，在问与答中消除或者减少信息不对称；与会董事自由发表意见，展开讨论，交流意见，自由发言的权利不受到剥夺或者实质性限制；如有必要，在讨论阶段议案可能得到某种必要修改。

2. 表决

经过自由讨论后，会议议案可能得到某种修改而形成决议草案，也可能不作修改，主持人将其逐项交付表决，对同一事项有不同提案的应依提交顺序进行表决。

每一个审议事项的表决投票，依照法律、章程规定的方式进行验票、点票，并当场公布表决结果。主持人根据表决结果宣布决议是否通过，形成通过或者不通过的决议，与会董事签字、盖章。如无特别约定，决议一经成立即为生效。

3. 免于会议的决议

董事会可否不召开会议进行书面表决而达成决议，我国公司法对此没有规定。其他国家公司法大多规定，如果董事会成员全体一致对所议事项作出书面同意，可以不召开会议而通过一项决议。这就是所谓的“全体一致书面同意规则”（unanimous written consent rule）。如美国《示范公司法》第 44 条规定：“除公司章程或章程细则另有规定外，本法令规定需要在公司董事会议上采取的任何行动，如果注明将被采取的行动的书面同意书经全体董事签署，则视情况可以在不召开会议时采取上述行动。只要有全体董事签署同意，上述书面同意书应与一致通过具有同等效力。”这一规定的实务价值是，可以提高会议效率、节约会议成本，尤其对于那些董事居住很分散的公司而言，这可以化解召开正式会议的困难。法律允许不召开现场会议，而是采用非现场会议形式如以可视电话会议设备举行会议或者不召开会议，很大程度上可以解决繁忙的职业董事们难聚首的问题。需要强调的是，如果不召开正式会议，一项决议的作出必须经过全体董事书面同意，否则将不能成立。

（五）会议记录

《公司法》第 73 条第 4 款、第 124 条第 3 款规定，董事会应当对所议事项的决定作成会议记录，出席会议的董事应当在会议记录上签名。通常，董事在签字时有权要求在记录上作出某种说明性记载。董事会会议记录的法律意义有三：(1) 判断出席董事的人数是否符合法定人数要求；(2) 股东通过查阅会议记录来了解董事履行职务的情况，确定股东派生诉讼的适格被告；(3) 确定董事是否要对董事会的决议承担责任。董事会的决议违反法律、行政法规或者公司章程、股东会决议，致使公司遭受严重损失的，参与决议的董事对公司负赔偿责任，但经证明在表决时曾表明异议并记载于会议记录的，该董事可以免除责任（第 125 条第 2 款）。这一规定仅针对股份公司，但在法理上也适用于有限公司。

五、与董事会决议相关的两个实体性问题

（一）出席董事的法定足数与决议通过的法定比率

董事会决议必须以会议的形式作出，故其有效成立需要满足两个程式要求（requirement of formality）：一是出席董事法定足数（quorum）；二是决议通过的法定比率，即表决要求（requirement of voting），以保证董事会决议的正当性。

各国公司法上关于出席董事法定足数与表决要求的规定原则上采用简单多数规则，但通常允许公司章程规定一个更高或者更低比例（但不得少于全体董事的 1/3）。与股东会决议一样，董事会决议也可分为普通决议和特别决议。普通决议适用于一般事项，适用简单多数规则即获通过；特别决议适用于特别事项，适用绝对多数规则方能通过。我国《公司法》未规定有限公司的出席人数与表决要求，而是授权公司章程规定（第 73 条第 1 款），留足公司自治的空间；对于股份公司也仅作了原则性规定，于第 124 条第 1 款规定“董事会会议应当有过半数的董事出席方可举行。董事会作出决议，应当经全体董事的过半数通过”，在此基础上公司章程就董事会决议作出特别规定的，优先适用章程规定。如《到境外上市公司章程必备条款》规定，董事会制订以下方案，须经 2/3 以上的董事同意才能通过：公司增、减资本，发行公司债券，合并、分立、解散，修改公司章程。对于第 124 条第 1 款规定，可以解读如下：

1. 此处的“全体董事”是指董事会的全体董事，而非出席会议的全体董事。此处的“出席”是仅指亲自出席还是包括代理出席，立法没有作出限定，需要司法解释加以明确。依法理应该包括代理出席，但这样一来，就会出现一个董事接受多个董事委托出席董事会会议，并可以合法召开董事会会议且作出有效决议，从而使董事会虚置的情况。有鉴于此，公司章程有必要对董事代理出席与表决作出限制。

2. 只有享有合法表决权的董事才能计入法定人数或表决票数。依照法律、章程规定需要回避的董事不能计入上述“全体董事”的数目，相应的法定足数与表决票数也作计算调整。反之，缺席董事、中途退席董事都计入上述“全体董事”的数目。

3. 会议召开之初与决议时，都要求出席董事达到法定足数。如果中途发生董事退席，是否影响董事会决议的合法性？对于董事故意不出席会议或者中途退场的，多数国家、地区的公司法认为这是反对控制权斗争的一种策略，并不认为有何不当。即使将此类行为视为违反董事诚信义务而追究其责任，也得承认中途退场的行为可能会影响董事会会议的合法性。

（二）董事表决权的行使

1. 表决规则

不同于股东表决的“一股一票”原则，董事表决采用“人头主义”即“一人一票”（one person one vote）原则，而不以董事持有或代表的股权作为计算标准（《公司法》第 73 条第 3 款、第 124 条第 2 款）。

董事长再投一票？董事会上，每位董事一人一票的规则，乃是公司法的强制性规范也是效力性规范，不允许公司章程另有相反规定。所以，董事长也是董事，自然遵循一人一票之定制，而不允许享有特权。比如此前的《到境外上市公司章程必备条款》第 93 条第 3 款规定，董事会作出决议，当反对票和赞成票相等时，董事长有权多投一票。笔者认为：该规定有两个严重错误：一则，当反对票与赞成票相等的（如无弃权票），按照常识，该项议案的表决结果已经出来——未获得多数决支持从而未予通过（《公司法》第 124 条第 1 款）；二则，实为赋予董事长以表决特权，不具有法理的正当性。

董事表决方法由公司章程规定，实务中包括现场表决、通信表决、书面表决等。由于董事要对董事会决议承担责任，董事表决不能采取无记名投票方式。

董事可否投弃权票？关于董事能否投弃权票，存在理论争议。一般认为，除非公司章程另有规定，董事可以投弃权票。反对的意见认为，由于董事要对董事会决议承担责任，所以董事不能投弃权票。在法理上，既然允许董事缺席会议，且将缺席董事不委托他人代理投票的视为弃权，那么就可以允许出席董事投弃权票。至于在追究董事决议责任的场合，投弃权票的董事应该免责。因为依据《公司法》第 124 条，董事会决议的通过“必须经全体董事的过半数”赞成，所以不投票（包括不出席、中途退席）、投弃权票与投反对票等，在狙击该决议通过时的作用是一样的。关于弃权票的作用，理论上存在争议。① 只要弃权投票记载于会议记录，该董事即可免责（《公司法》第 125 条第 2 款）。

2. 表决权代理

董事表决权代理（directors voting proxy），指在董事因故不能出席董事会会议时委托其他董事出席会议，代为表决。照此定义，委托人为有表决权的董事，受托人也需要具备董事身份，这是其不同于股东表决权代理之处。代理董事必须向公司出示书面委托授权书，授权书载明授权范围。如果会议有两项以上的待决议事项，则应该明确每一事项的授权范围。由代理董事在授权范围内投票所引发的决议责任，由委托董事承担。

《公司法》第 125 条第 1 款规定：“董事会会议，应当由董事本人出席；董事因故不能出席，可以书面委托其他董事代为出席，委托书中应当载明授权范围。”这一规定针对股份公司，但在解释上，也适用于有限公司，有限公司章程可以自行规定其具体的规则。

---

① 迪特尔·梅迪库斯. 德国民法总论. 邵建东，译. 北京：法律出版社，2000：842；ROBERT W HAMILTON. The law of corporations. 3th ed. West Group，1991：205.

3. 表决权排除

董事表决权的排除，又称表决权的回避，指董事会决议时，与决议事项有关联关系的董事不能行使表决权，以避免将董事利益置于与公司利益相冲突的境地。这是一项商事惯例，也是大多数国家公司法普遍承认的一项制度。《公司法》关于关联董事的表决权排除，分为两类公司分别规定。

(1) 上市公司的普遍性要求

针对上市公司，《公司法》第 139 条规定："上市公司董事与董事会会议决议事项所涉及的企业或者个人有关联关系的，该董事应当及时向董事会书面报告。有关联关系的董事不得对该项决议行使表决权，也不得代理其他董事行使表决权。该董事会会议由过半数的无关联关系董事出席即可举行，董事会会议所作决议须经无关联关系董事过半数通过。出席董事会会议的无关联关系董事人数不足三人的，应当将该事项提交上市公司股东会审议。"该规定有五层要义：

其一，上市公司的关联董事表决权排除的适用情形非常宽泛，只要"上市公司董事与董事会会议决议事项所涉及的企业或者个人有关联关系的"，一概适用之。

其二，关联董事应及时书面报告董事会相关关联关系。

其三，关联董事表决权排除的，也不得代理其他董事行权。

其四，董事会会议由过半数的无关联关系董事出席即可举行，关联董事的表决权不计入表决权总数。

其五，出席董事会会议的无关联关系董事人数不足 3 人的，无法组成合法的董事会会议，故而应将该事项上提给股东会审议。

(2) 非上市公司的个别性要求

对于非上市公司（有限公司、非上市股份公司），《公司法》第 185 条规定："董事会对本法第一百八十二条至第一百八十四条规定的事项决议时，关联董事不得参与表决，其表决权不计入表决权总数。出席董事会会议的无关联关系董事人数不足三人的，应当将该事项提交股东会审议。"结合第 182～184 条的规定，这一规定的要义有四：

其一，非上市公司的关联董事表决权排除的适用情形，仅限于第 182～184 条规定的三类事项，也即关联董事与公司之间的自我交易（self-dealing）（具体范围见本书第十八章的相应内容）；关联董事利用公司商业机会以及关联董事开展竞业业务等。当然，对于非上市公司而言，也可以通过章程规定更为严厉的关联董事表决权排除制度，比如将第 139 条的规定内容引入其公司章程。

其二，关联董事应及时书面报告董事会相关关联关系。

其三，关联董事表决权排除的，其表决权不计入表决权总数。

其四，出席董事会会议的无关联关系董事人数不足 3 人的，无法组成合法的董事会会议，故而应将该事项上提给股东会审议。

六、一名董事

《公司法》第 75 条、第 128 条规定，规模较小或者股东人数较少的公司可以只设一名董事，行使本法规定的董事会的职权。

与董事会相比，一名董事是独任制的执行机关，一人行使董事会的职权，对于董事会作出决议的事项作出相应的决定，比如关于任命公司经理的决定。

第三节　公司决议瑕疵之诉

一、公司决议瑕疵的含义与分类

作为一种民事法律行为，公司决议的成立、生效应当符合民事法律行为的一般要件。已经成立的决议如在内容、程序上存有效力上的瑕疵，自然适用法律行为效力瑕疵的规则。当然，公司决议为组织法上的法律行为，为维护组织法律关系的稳定性和保护交易安全，其成立、生效规则也有其特殊性，相较于契约等交易行为，公司组织法在政策上应尽力维护其效力。

关于公司决议瑕疵的分类，大陆法系国家（地区）有“三分法”与“二分法”之别：前者分为决议不成立（不存在）、决议无效与决议可撤销，后者分为决议无效与决议可撤销。“二分法”仅针对已经成立的决议，“三分法”则将公司决议不成立的情形包含了进去。多数国家和地区采用“二分法”，日、韩采用“三分法”，德国、我国台湾地区则在判例上承认决议不成立之诉。2023 年《公司法》第 25～27 条明确规定了决议无效、可撤销之诉以及决议不成立之诉。至此，我国公司立法确立了决议瑕疵的“三分法”体系，下面分述之。

“三分法”的优势。(1) 从法律行为理论看，“三分法”在逻辑上更周延。大陆法系民法一向严格区分法律行为的成立与生效，“二分法”无法涵盖决议不成立情形。(2) 决议不成立具有独立的制度价值，决议无效与决议可撤销无法予以替代。认定决议不成立是一项事实判断，认定决议无效或者撤销则是一项价值判断。比如，认定决议不成立的，股东会还可以再次作出相同内容的决议；如认定无效，则股东会不可以这样做。(3) 适应我国现实生活的需要。我国公司实践中大量存在决议不成立的情形立法不能假装没看见。

在我国，股东会决议瑕疵之诉与董事会决议瑕疵之诉，并称为公司决议瑕疵之诉，二者虽有技术上的差异，但其基本原理与制度框架是一致的，所以下文除有明确区分之处的，均一并讲述。

两个决议瑕疵的区别。我国《公司法》关于公司决议瑕疵规定的一大特色是，将股东会决议瑕疵与董事会决议瑕疵作一并规定（不包括监事会决议），并规定了完全相同的瑕疵类型和救济手段。其他国家公司法一般仅规定股东会决议的瑕疵及其救济制度，不规定董事会决议的瑕疵制度。因为董事会决议瑕疵可通过股东代表诉讼寻求救济。我国公司法的特色规定倒使得董事会决议瑕疵多了一个救济途径，但如何协调董事会决议瑕疵之诉与股东代表诉讼之关系，尚需进一步研究。

公司决议无效、可撤销之诉的前提是公司已经作出了一份决议，这是由民事法律行为的成立与生效的关系原理所决定的。即便公司决议不成立之诉，也得以有一个具备决议行为外观的法律文件为前提。在此意义上，股东请求召开股东会会议不可诉。对此，《九民纪要》第 29 条指出，公司召开股东会会议本质上属于公司内部治理范围，股东请求判令公司召开股东会会议的，法院告知其按照《公司法》第 63 条或第 114 条规定的程序自行召开。股东坚持起诉的，法院应当裁定不予受理；已经受理的，裁定驳回起诉。

二、决议不成立之诉

（一）公司决议的成立要件

根据民事法律行为理论，所谓公司决议不成立，就是指该决议不具备成立要件，或者说欠缺一个或者数个成立要件。所以，确立了公司决议的成立要件，决议不成立的情形自然显现。一般认为，公司决议的成立要件有三。

1. 有会议召开的事实

按照《罗伯特议事规则》，欲有决议，必先有会议。① 原则上，股东会决议必须以“会议”（meeting）的形式作出，如果没有召开会议而采取行动（action without meeting），决议是无法成立的。这是公司决议的一项成立前提，唯一的例外是如股东书面同意这种决议，可以不召开会议而形成书面决议。这种例外为许多公司法所承认：在封闭公司，须经全体股东书面同意；在公众公司，须经多数同意。《公司法》第 59 条第 3 款规定，对于有限公司股东会审议的事项，股东以书面形式一致表示同意的，可以不召开股东会会议，直接作出决定，并由全体股东在决定文件上签名、盖章。但这一规定不适用于股份公司。

2. 具备会议召集程序

也即由合法的召集权人召集；向全体股东发出召集通知或者发出公告；会议通知或者公告包含会议时间、地点与审议的事项。

3. 具备议决程序

也即决议事项经过表决，且决议事项限于会议通知的事项；符合出席会议股东法定足数（如有法律规定的话）和决议通过的法定比率要求。

唯同时满足上述要件，决议始能成立，符合组织法上的民事法律行为之逻辑；否则，将导致决议不成立。

（二）决议不成立的情形

在法理上，循上述决议的成立要件，相应的决议不成立的情形理应包括：（1）未召开会议而伪造出的“决议”；（2）对未列入会议通知事项而作出的“决议”，这是前一种情形的变种；（3）显然欠缺合法的召集权人召集会议作出的“决议”；（4）未对决议事项进行表决的；（5）由于未获得通知等原因而造成的出席会议人数或者与会股东所持表决权数不足法定足数的；（6）不符合决议通过所需要的法定比率要求的。

在实定法上，日本、韩国公司法将决议不成立的原因界定为：公司股东会会议的召集程序、决议方式存在可视为会议不存在的重大瑕疵。换言之，公司决议成立过程中存在的瑕疵明显重大，以至于连决议本身的存在也无法认可，即属于决议不成立。就此而言，决议不成立的瑕疵事由在性质上与决议可撤销是相同的，都指向决议的程序瑕疵，但存在瑕疵严重程度上的差异，决议不成立的瑕疵事由在性质上与决议无效相异，后者专指决议的内容违法。

长期以来，我国司法实践认定的决议不成立情形存在不一致的情况，影响了判决的统一与公平。《公司法》第 27 条罗列了公司决议不成立的四种情形。

1. 未召开股东会、董事会会议作出决议；

2. 股东会、董事会会议未对决议事项进行表决；

3. 出席会议的人数或者所持表决权数未达到本法或者公司章程规定的人数或者所持表决权数；

4. 同意决议事项的人数或者所持表决权数未达到本法或者公司章程规定的人数或者所持表决权数。

（三）决议不成立之诉的当事人安排

决议不成立之诉的当事人安排，与决议无效之诉相同，详见下文。

---

① 亨利·马丁·罗伯特. 罗伯特议事规则. 11 版. 袁天鹏，孙涤，译. 上海：格致出版社，世纪出版集团，2015.

三、决议无效之诉

（一）决议无效的事由

《公司法》第25条规定，导致决议无效的唯一原因是决议的“内容违法”，也即决议的内容违反法律、行政法规的规定。这一规定符合《民法典》的一般性规定，但要作进一步的限缩解释。《民法典》第143条规定：“具备下列条件的民事法律行为有效：（一）行为人具有相应的民事行为能力；（二）意思表示真实；（三）不违反法律、行政法规的强制性规定，不违背公序良俗。”第153条反向规定：“违反法律、行政法规的强制性规定的民事法律行为无效。但是，该强制性规定不导致该民事法律行为无效的除外。违背公序良俗的民事法律行为无效。”据此，此处的“内容违法”应作狭义解释，也即违反法律、行政法规的效力性强行性规定以及公序良俗。

问题是，内容违法作为公司决议的无效事由，过于抽象化与原则性，给司法裁判带来很大的困难。作为对比，鉴于公司决议的组织法特性，决议的无效应该比契约的无效更为复杂与难以判断，但契约的无效事由早已实现了立法上的类型化①，所以公司决议的无效类型化更显重要。

最高人民法院在制订公司法有关司法解释的过程中，曾经向全社会公布过“公开征求意见稿”，就决议无效的类型化作出过探索性努力。虽然由于尚有斟酌的余地其未获得通过，但仍然不失借鉴意义，而且其部分内容被我国司法实践所支持。该征求意见稿中的相应内容为：“股东会或者股东会、董事会决议内容有下列情形之一的，应当确认无效：（一）违反公司法第二十条规定，损害公司、股东或者公司债权人的利益；（二）违反公司法第三十七条、第四十六条、第九十九条等规定，超越股东会或者股东会、董事会职权；（三）违反公司法第一百六十六条规定向股东分配利润；（四）违反法律、行政法规的强制性规定的其他情形。”本书对此略作论述。

1. 股东滥用股东权利的决议。《民法典》第132条规定了禁止权利滥用规则：“民事主体不得滥用民事权利损害国家利益、社会公共利益或者他人合法权益。”最高人民法院《关于适用〈中华人民共和国民法典〉总则编若干问题的解释》（以下简称《民法典总则编解释》）第3条规定：“对于民法典第一百三十二条所称的滥用民事权利，人民法院可以根据权利行使的对象、目的、时间、方式、造成当事人之间利益失衡的程度等因素作出认定。行为人以损害国家利益、社会公共利益、他人合法权益为主要目的行使民事权利的，人民法院应当认定构成滥用民事权利。构成滥用民事权利的，人民法院应当认定该滥用行为不发生相应的法律效力。滥用民事权利造成损害的，依照民法典第七编等有关规定处理。”《公司法》第21条规定：“公司股东应当遵守法律、行政法规和公司章程，依法行使股东权利，不得滥用股东权利损害公司或者其他股东的利益。公司股东滥用股东权利给公司或者其他股东造成损失的，应当承担赔偿责任。”

根据以上规定，如果由股东滥权侵害公司、其他股东等其他主体的利益，可能承担相应的侵权赔偿责任，由此引发给付之诉。但是，股东滥用股东权利、违反诚信义务的后果能否扩张解释，一直是一个前沿性的公司法理论与实务问题。此处，单就多数股东滥用表决权通过了侵害公司、其他股东、公司债权人利益的股东会决议的，对于被侵害方最有力的救济措施，就是提起决议无效之诉，上引《民法典总则编解释》第3条的规定无疑提供了依据。

① 参见我国《合同法》（已失效）第52～53条的规定。

2. 僭越职权的决议。依照《公司法》第 59 条、第 67 条、第 112 条、第 120 条等规定，股东会与董事会的职权都包含法定职权与章定职权，后者是指第 59 条第 1 款第 9 项规定的“公司章程规定的其他职权”和第 67 条第 2 款第 10 项规定的“公司章程规定或者股东会授予的其他职权”。这两个表述，可以理解为股东会、董事会在前几项的基础上还享有额外的职权，也可以理解为章程可以将部分的股东会职权转授权给董事会，或者反过来。所以，如果不存在章程的特别规定，应该理解为股东会、董事会各自享有公司法规定的法定职权。如此，如某项决议超越了股东会、董事会职权，比如股东会就董事会享有某项法定职权事项作出决议，抑或反过来，其效力如何呢？应理解为因内容违法而归于无效。此处的无效事由，不是诸如合同法等交易法提供的，而是公司组织法提供的。

3. 违反“无盈不分”原则的股利分配决议。依照《公司法》第 210 条，公司分配股利的前提是有可分配的税后利润，否则将违反“无盈不分”原则，侵害公司债权人利益。对违反“无盈不分”原则的股利分配决议，第 211 条规定该决议无效。更进一步，此类决议的无效之诉的原告应该包括公司债权人，公司债权人也有动力提起无效之诉以求得恰当的救济。类似的，《公司法》第 226 条规定违法减资的股东会决议也是无效的。

4. 其他违法情形的决议。此处为兜底规定，指向其他违反法律、行政法规的效力性强制规定的决议。

（二）决议无效、不成立之诉的原告

决议无效、不成立之诉的原告到底是谁，一直是一个公司理论的争议焦点与裁判实务的纠结点。根据司法经验，公司股东、董事、监事等请求确认股东会、董事会决议无效或者不成立的，人民法院应当依法予以受理。此处需要逐个讨论各个原告的适格性。

1. 股东为原告

股东作为公司的成员，是股东会的表意人与利益相关者，也是董事会决议的利害关系人，自然可以提诉，只是作为原告的股东在起诉时应该具有原告身份。

2. 董事、监事为原告

董事、监事是法人机关成员，同时是董事会决议、监事会决议的表意人，也是很多决议的直接利害关系人，比如股东会作出的选举董事、监事并决定其薪酬的决议，自然可以提诉。只是需要指出，董事、监事请求确认决议无效、不成立的，未必与决议具有直接的利害关系。董事、监事作为公司受托人担负公司的经营管理与监督等职能，对公司负有信义义务，肩负守护公司利益之职责，不是为自己利益而是为公司利益而提诉，也是履行职责的体现。此处如何理解《民事诉讼法》第 122 条关于原告具有“直接利害关系”的规则是否适用于董事、监事呢？应该说民事诉讼法是一般法，公司组织法是特别法。在此意义上，如前所述，决议瑕疵之诉制度究竟是为私人利益救济而设，还是定位为团体自治的司法审查机制，抑或兼而有之，值得深思。

3. 关于高管为原告

高管具有原告资格的理由，在于其法律地位相比于董监事无异，作为一个有力的例证，三者在公司法立法文本上经常同时出现。同时，高管也是公司的受托人，与董事、监事一样担负公司的经营管理职能，肩负守护公司利益之职责，同时也是董事会、监事会决议的直接利害关系人，比如董事会作出的关于选聘、解聘高管及决定其薪酬的决议。

除高管之外，公司职工与债权人是否可以提诉，存在更大的争议。否定说的理由主要有二：一是认为，过于扩展决议无效、不成立之诉的原告范围，将会有造成滥诉之忧，影响公司经营管理效率，甚至对公司经营管理造成不应有干扰；二是认为，职工、债权人分别受到劳动

法/劳动合同法、债权法等的保护，通过提起劳动仲裁、违约或侵权之诉等得到救济，不应该得到公司组织法上的决议瑕疵之诉救济。支持者的主要理由有五：一则法律行为的无效之本质含义在于违法性，所以具有自始无效、永远无效、任何人得主张无效诸特性，故无效之诉的原告并无实体上的限制，参照合同无效之诉、婚姻无效之诉即是。二则对于法律行为无效之诉的原告限制是民事诉讼法的职能，在我国只要符合《民事诉讼法》第122条规定的"有直接利害关系"也即具有"诉的利益"即可。三则比较法上的支持，比如日、韩等国公司法上的决议不存在之诉，任何人有诉的利益均得提起；依照德国《民事诉讼法》第256条、《股份公司法》第249～250条等规定，任何与决议有利害关系的第三人均可提起；在美国，与股利分配有关的决议，债权人可以起诉。四则滥诉的担心不必要也不科学，任何诉讼救济机制都存在这一担心；五则我国存在职工、债权人起诉的客观现实需要。关于最后一点，分开进一步论证。

4. 关于职工为原告

常见的例外情形，一是公司通过决议改变设置职工期权的标准，或者已经设置的期权决议改变的，期权法律关系不应该归属于劳动合同解决；二是公司尤其是国有公司等涉及职工基本利益的事项，由股东会更多的是由董事会作出，比如涉及公司改制或者并购的决议损害职工基本利益的，职工对该决议享有诉权。①

5. 关于公司债权人为原告

合同债权人（客户、供应商）、机构债权人（贷款银行）、被动债权人（侵权之债）等一般不可以也不需要寻求公司决议之诉的救济，但也有例外。一是公司违反"无盈不分"原则的股利分配决议（《公司法》第211条），债权人得提起决议无效之诉；二是公司违反保护公司债权人利益的程序、实体规则，通过违法的减资决议（《公司法》第226条）；三是公司债权人也即公司债券持有人，尤其是可转换股票的债券持有人，在公司陷入财务危机的时候与各类优先股持有人一样有议决权，也会受到公司普通股股东通过的决议的侵害；四是现代契约法的最新发展趋势之一，就是债权人通过契约机制进入公司治理，如银行债权人与公司的借款合同约定，未经贷款银行同意，公司不得再举债、不得再对外提供担保、不得再分红，这些约定被公司违反后，固然银行可以提起违约、侵权之诉来解决，但效果明显有限，如允许其对相关决议提起无效之诉，则为最有力的救济措施。实际上，公司债权人基于公司法、公司章程、协议约定而与公司的权力分配联系在一起，即成为依法依约享有参与、监督公司经营管理的权利主体，如决议内容与该权利相关时，其也可以成为适格原告。②

公司债权人为公司决议无效、不成立之诉原告的背后法理。按照公司组织关系领域的内外有别原则，对于内部利害关系主体敞开，外部主体则是有限介入，因为组织关系上的内外关系价值有别：在外部是维护交易安全，在内部是维护公司组织内部关系的稳定和秩序。所以，外部关系引发的纠纷原则上可以通过违约、侵权来解决，法院原则上不受理他们的组织纠纷之诉，但是也有例外。例外主要指向外部人根据法律规定或者合同约定享有一定的介入公司治理的权利，法院应对其诉权有所保护。体现在此前的公司法解释上，此处的"等"字，就是为外部人指向的，包括可转换债券持有人、职工股/期权持有人、根据合同安排可以监督公司治理的金融债权人等。③

（三）决议无效、不成立之诉的其他当事人安排

1. 公司为被告。决议瑕疵之诉的被告都是公司。尽管决议由股东会、董事会作出，但都

① 刘俊海. 打造中小股东友好型司法救济体系. 中国审判，2017（26）.

② 丁俊峰. 公司决议规则的制度解读和亮点呈现. 中国审判，2017（16）.

③ 曾宏伟.《公司法司法解释（四）》若干难点问题的理解与适用. 中国审判，2017（26）.

被视为公司的意思表示，股东会、董事会并不具有诉讼主体地位。按照此前的司法规定，决议无效、不成立与可撤销之诉的被告都是公司。

2. 其他人参加诉讼。按照此前的司法经验，原告请求确认决议不成立、无效的案件，对决议涉及的其他利害关系人，可以依法列为第三人。一审法庭辩论终结前，其他有原告资格的人以相同的诉讼请求申请参加前述诉讼的，可以列为共同原告。

四、决议撤销之诉

决议撤销之诉，属于民事诉讼法上的形成之诉，不仅具有民事诉讼法作为一般法的形成之诉的特征，还具有公司组织法上形成之诉的特性。关于决议撤销之诉规则的理解，需要兼顾民事诉讼法与公司组织法的双重面向。

（一）决议可撤销的事由

总结大陆法系公司法的规定，决议可撤销的事由分为两类。

1. 决议的内容违反章程

关于决议内容违反公司章程属于何种瑕疵，日本、韩国及我国台湾地区都曾将决议内容违反章程作为无效的理由，但之后都修正为决议可撤销的事由。这主要是从决议撤销与无效的不同效力考虑的。决议撤销之诉的起诉期间有严格限制，逾期不得再提起，以维护决议所涉及的法律关系的稳定。决议无效之诉没有起诉期间的限制，决议所涉及的法律关系长期处于不稳定的状态。因此，只有严重的内容瑕疵才作为无效处理，违反公司章程的情形被排除在外。我国《公司法》第 26 条第 1 款也规定，决议内容违反章程的，可被撤销。

日本的独特规定：显失公平的决议。显失公平的决议主要表现为滥用多数决和利用不正当手段形成的决议。如日本《公司法典》第 831 条第 1 款第 3 项规定，股东会表决时，存在特别利害关系的股东行使了表决权，所形成的决议显失公平的，可被诉请撤销。

2. 决议的程序存在瑕疵

公司法规定决议存在程序瑕疵的可被撤销，突出了程序正义的法理念，体现了程序的独立价值。从某种意义上说，公司决议的作出就是一个程序问题，程序正义是公司决议的生命线，有效的决议离不开对法定程式的严格遵守，程序是否正当往往关系着股东尤其是少数股东的权益。因为作为民事法律行为的决议，其依照私法自治规则产生效力的合法性依据即在于正当程序。正当程序具有的程序正义，吸收了对于多数决（表意吸收）的意思表示形成机制的某种“非法性”。因此，未达到法定出席数的股东会会议无决议能力，其作出的决议自然无法成立。

决议作为公司的意思表示，不同于自然人作出某种意思表示的过程可能仅系一个心理权衡过程，公司决议的成立以符合法定、章程约定的表决方式、程序为首要条件。决议严重不符合正当程序价值的决议，以至于不具备决议外壳（成立要件）的，不能被认为是公司的意思表示，故被认定为不成立。其他不符合正当程序价值的决议，即使具备决议外壳而能被认为是公司的意思表示（决议成立），也应该属于公司不真实的意思表示，不能当然发生效力，这就是存在程序瑕疵的决议可被撤销的缘由。

我国公司法规定的决议的程序瑕疵，是指股东会、董事会召集程序和决议方式违反法律、行政法规或公司章程的规定。

（二）轻微程序瑕疵的豁免撤销

一方面，存在程序瑕疵的决议的效力可通过撤销之诉而遭否定；但另一方面，公司决议毕竟属于组织法上的法律行为，形成决议的会议成本巨大，如动辄被轻易否定，会影响到公司经营效率、法律关系的稳定和交易安全，所以并非决议存在任何程序瑕疵都得被撤销。

可撤销决议的瑕疵可经治愈而转换为有效决议的，不被判决撤销。比如，虽然召集程序存在瑕疵，但全体股东参加了股东会议且对召集程序未表示异议，或者虽对会议召集程序表示异议，但对决议事项投票赞成，或者虽投票反对，但又以自己的行为履行决议的，均视为瑕疵已经治愈，事后再请求撤销决议的，法院可以驳回。此外，有关利害关系人超过法定的起诉期间没有提起诉讼的，意味着放弃撤销诉权，也可理解为该瑕疵经过一定期间自动治愈。可撤销决议的瑕疵之所以可以治愈，而不成立、无效决议的瑕疵之所以不可以治愈，根本原因在于前者的违法性通常并不严重。在各国司法实践中，对程序瑕疵效力的裁判都有一定的司法政策作指导。如日本《公司法典》第 831 条第 2 款规定，在股东会决议撤销之诉场合，如法院认为违法事实不重大且不影响决议时，可以裁定驳回撤销诉讼请求。在我国司法实践中，对于决议程序瑕疵情节显著轻微、法院认为不影响决议结果的，一般不判决撤销。

《公司法》第 26 条第 1 款第 2 句规定："但是，股东会、董事会的会议召集程序或者表决方式仅有轻微瑕疵，对决议未产生实质影响的除外。"对于这一规定的解读需要从把握其要件展开。

1. 程序瑕疵的显著轻微要件

域外公司法一般都在规定公司决议可撤销之诉的同时，赋权法官对于轻微的程序瑕疵自由裁量豁免撤销，此为决议撤销的裁量驳回制度，凸显了公司法对于效率的不懈追求。依《公司法》第 26 条第 1 款第 2 句规定，决议撤销之诉的裁量驳回建立在"会议召集程序或者表决方式仅有轻微瑕疵"的基础之上，无疑是精准的，但问题在于，"对决议未产生实质影响的"这一裁判要件，并无比较法经验的普遍支撑，同时从过去多年的各级法院裁判实务经验来看，其导致出现了一种不好的裁判思维导向："看人下菜"式的裁判思维。比如，某个持股 1%的股东被控股股东恶意不通知开会，该股东提起撤销股东会决议之诉，审理法院认定，股东会会议召集程序与通知方式存在瑕疵，但往往又依据该股东 1%的表决权体量认定该瑕疵属于"对决议未产生实质影响的"情形，适用裁量驳回。这种"看人下菜"式的裁判思维，不仅从根本上背离了决议正当程序的制度价值，而且与决议撤销裁量驳回的制度初衷背道而驰，背后更有司法恣意裁决的隐忧。虽然这一裁判导向的原因有多种，但法律对于"对决议未产生实质影响的"因素之强调规定实在难逃干系。

2. 实质影响要件

那么，如何正确理解"对决议未产生实质影响的"之内涵？对此要明确裁量驳回的宏观制度功能，并确立体系化的解释方案，以确保"实质影响"要件解释的客观性与科学性。具言之，从决议撤销之诉的事由就可以看出，决议撤销之诉的主要制度功能在于维护公司决议的正当程序价值，尤其是保护决议参与者对于公司会议的出席权、临时提案权与议决权，如参与者的此类权利都不能得到保障，那么该类程序瑕疵绝对不能归属于"仅有轻微瑕疵，对决议未产生实质影响"。举例言之，如循上述"看人下菜"式的裁判思维，稍加归谬，就会得出一个人们不能接受的结论——少数股东即便被恶意不通知开会，也是可以接受的，反正其较少的投票份额决定了其投票不会对股东会决议产生实质影响；反之，大股东则是万万不能缺席的，其缺席也是法律不能承受之重。如此结论，估计连法官自己都不能接受。需要继续挖掘的是，"看人下菜"式的裁判思维还有一个致命的错误，就是其重视公司会议的"决"环节，而忽略了"议"环节，从而将少数股东与会的所有价值仅仅局限于投票权份额这一静态权重上。实际上，股东会会议与董事会会议的议决包含"议"与"决"两个环节，前者是过程，后者是结果。在"议"的环节，每个与会者的发言，不仅决定自己的投票结果，可能（事实上也是）对于其他与会者（尤其中间派）的投票结果也会产生重大影响（当然也可能没有影响）。如审理法官稍有商业经验能够考虑到这一方面，也即对于会议规则的程序正义作一个常识性的了解与理解，大概也不会再接受“看人下菜”式的裁判思维了。

进一步地，对于“对决议未产生实质影响的”既然不能唯结果论，其精确的含义又是什么呢？其实，“实质影响”的精确含义指向决议程序本身而不是决议的后果，也即，某项公司决议的召集程序或者表决方式存在瑕疵，该瑕疵是否导致股东、董事的出席权、临时提案权、表决权不能正常行使，如是，则构成了实质影响；否则，即为非实质影响。举例来说：

依照《公司法》第 64 条、第 115 条规定，两类公司的股东会需要分别提前 15 日、20 日通知所有股东，会议通知内容包括会议时间、地点与议程，以便于所有有意愿参会的股东能够准时参会。这一规定通常也被纳入公司章程。这就意味着如果会议召集人没有遵守这一要求，就构成了召集程序的违法兼违章。假设某董事会仅仅提前了 3 天通知所有的股东，好在股东都在附近，而且会议议程也较为简单，会议资料也较为简单易懂，总之所有股东尽管有所不满，但都还是来参会了，这即属于“对决议未产生实质影响的”情形。相反，假设某董事会仅仅提前了 13 日通知所有的股东，恰好某股东身在南极旅游，其接到通知后第一时间动身赶至会议地点北京，但怎奈其使出浑身解数也只在第 14 日赶回北京，此时已然错过了前一天的会议；或者该次股东会会议议程有几十项之多，且内容重大，有些议案的决策需要颇费时间调研才能作出正确的投票选项，所以另一位股东虽身在北京城区，也起诉到法院说 13 日而不是 15 日的提前通知不足以让其作出正确的投票决策。这就不属于“对决议未产生实质影响的”情形。①

另外，决议可撤销裁量驳回适用的对象主要是会议参与者之外的其他主体，以防止决议可撤销之诉遭到滥用，因为主张自身受损的主体变得过于宽泛会导致决议被大面积撤销，冲击公司关系的稳定性。既然裁量驳回中的“实质影响”要件旨在预防决议撤销之诉被滥用，那么司法裁判对于裁量驳回的“实质影响”要件进行适用时就不应进行唯结果论的纯粹形式化判断，而应体系性地把握“实质影响”要件的规范功能，将决议撤销之诉的启动严格限制在破坏公司决议组织性和自治性功能两种情形，前者保障公司意思的有效生成，后者则保障决议自治。

3. 程序轻微瑕疵和实质影响的逻辑关系

司法裁判适用决议可撤销时遇到的棘手问题是，裁量驳回的程序轻微瑕疵和实质影响存在何种逻辑关系？有的判决书对瑕疵轻微与实质影响进行一体化论证，有的仅指出决议程序瑕疵轻微，所以对决议没有造成实质影响，还有的反过来认为瑕疵未造成实质性影响，所以属于轻微瑕疵。由此引发的疑问是，这两个要件的关系究竟为何？究公司可撤销决议的裁量驳回制度可知，“轻微瑕疵”和“实质影响”要件应区分认定。具言之，“轻微瑕疵”是对决议程序瑕疵与程序价值（主要是参会者固有权是否受损的评估）背离程度的客观描述，“实质影响”可解释为决议瑕疵对公司决议自治性与组织性功能的影响。这两者分别承载着不同的规范功能，轻微瑕疵要件具有的更多地是控制决议撤销之诉的功能，防止滥诉，而实质影响要件更多地是防止参会者之外的主体借撤销之诉影响公司关系的安定。若两要件合一，或者虚置其中一个要件，显然上述功能分化将无法得以体现，这势必模糊利益衡量的过程。

程序瑕疵的“三分法”。决议程序瑕疵的表现形式多种多样，其严重程度亦有上、中、下之分。综合前述，实际上可按决议瑕疵的严重程度分为三类，并分别适用不同的处理模式：（1）最严重的程序瑕疵，以至于不能认定决议存在的，适用决议不成立之诉；（2）法院认为显著轻微且不影响决议的程序瑕疵，适用裁量驳回制度，豁免被撤销；（3）处于上述两种情形之

① 本书之主张在司法裁判中早有判例的支持，参见马骏诉北京怡合春天科技有限公司公司决议撤销案，北京市朝阳区人民法院（2018）京 0105 民初 15755 号民事判决书。

间的程序瑕疵，适用撤销之诉。这一分类体系表明，原告提诉时需要承担诉讼风险，法官审理程序瑕疵的决议之诉，享有自由裁量权。为了消除其间的不确定，法官应该主动进行释明。最高人民法院《关于民事诉讼证据的若干规定》第53条规定：诉讼过程中，当事人主张的法律关系的性质或者民事行为的效力与人民法院根据案件事实作出的认定不一致的，人民法院应当将法律关系性质或者民事行为效力作为焦点问题进行审理。

（三）决议撤销之诉的原告

决议不成立之诉、决议无效之诉都属于确认之诉，对于起诉期间与原告资格均无限制；但对于撤销诉权的行使，各国（地区）立法大都规定了限制措施。

1. 原告的范围

《公司法》第26条将原告限定为股东。这一做法与英美法系国家的规定一致，被称为“单纯股东主义”立法；但德国、日本、韩国等大陆法系国家大多规定除股东外，董事、监事亦得为原告，被称为“利害关系人主义”立法。

基于股东对公司决议具有诉的利益，赋予股东以撤销诉权，不存争议。学理上主张董事、监事也享有撤销诉权的理由主要有五：其一，决议撤销之诉与决议无效、不成立之诉等其他决议瑕疵之诉一样，不仅为股东利益也（或更）关涉公司利益，董事、监事作为公司受托人担负公司的经营管理与监督等职能，对公司负有信义义务，肩负守护公司利益之职责，不是为自己利益而是为公司利益而提诉，也是履行职责的体现。其二，存在程序瑕疵的决议，与其他决议效力瑕疵一样，董事、监事也与决议的内容有着直接的利害关系。其三，决议对董事、监事具有直接的约束力，董事、监事负有执行决议之义务，如决议有瑕疵，还会引起董事、监事个人赔偿责任承担问题。其四，对于董事会、监事会决议，董事、监事分别就是表意人。其五，董事、监事直接参与公司日常经营管理活动，比股东更了解公司的状况，更容易发现决议的程序瑕疵，也更有能力纠正程序瑕疵。虽然有以上五个理由，但基于形成之诉的利益原则上只有在如下要件下才能获得认可，即：实体法自身按照案件的类型来具体地探讨是否应当通过形成之诉及形成判决来变动法律关系，只有在法律作出明确规定之情形下，才允许提起这种诉。在此意义上，我国公司法明确限定决议撤销之诉的原告为股东，应予遵守。

2. 股东的原告资格

通说认为，缺席会议的股东、无表决权股东、决议后取得股权的股东均可为原告。但出席会议且未对决议瑕疵提出异议的股东是否适格，立法的分歧较大。德国《股份法》第245条第1项规定，原告股东须“以其已对决议表示异议并作成笔录为限”，美国《示范公司法》第7.06条也有类似规定，理论依据在于该类股东的默示行为被推定为放弃撤销权。我国《公司法》对股东的原告资格不设任何限制，此前的司法规定仅要求原告在起诉时具有股东身份，值得肯定，因为这样可以保护那些尽管在表决中同意议案，但当时并不知道召集程序、表决方法有瑕疵的股东，且能督促内部人严格按照程式要求进行会议的召集、主持与表决行为。

（四）除斥期间

鉴于股东的公司决议撤销权属于形成权，故而应有除斥期间，该期间一旦经过，股东的撤销权即归于消灭，可撤销的决议将会因此完全有效。该除斥期间的起算点为何，是一个关键性问题。实践中一些公司被控股股东控制，刻意不通知少数股东参加股东会，或者径直仿冒少数股东在股东会决议上签名、盖章。至于董事会，由于少数股东自己不是其成员或者没有机会选举自己的代言人进入，其对于董事会决议之作出的事实可能一无所知，如除斥期间的计算从决议作出之日起算，等到少数股东知晓该决议的存在，除斥期间可能早已经过，显然既不合理也不公平。《公司法》第26条规定，对于股东会决议可撤销的除斥期间，原则上采客观主义，也即从决议作出之日起算，但“未被通知参加股东会会议的股东自知道或者应当知道股东会决议作出之日起六十日内，可以请求人民法院撤销；自决议作出之日起一年内没有行使撤销权的，撤销权消灭”。这就确立了客观主义与主观主义的两种起算点，但也制造了新的立法漏洞。

一方面，引入主观主义起算模式，避免了不公平现象，同时将股东不知道或者不应当知道股东会决议作出的客观主义起算模式的除斥期间界定为1年，这样，就与《民法典》规定的欺诈、胁迫、重大误解与显失公平等可撤销民事法律行为的客观主义与主观主义的除斥期间组合（1年或者3个月、5年）相匹配。同时这一“60日、1年”的组合相对于《民法典》的“1年或者3个月、5年”的组合，明显较短，形成商法的短期时效主义，突出商法对于效率的追求，以促使商主体尽早行使权利，稳定商事关系。可以说，公司决议可撤销的除斥期间类型化，意味着决议瑕疵效力规则朝着精细化、体系化与科学化的方向迈进。

另一方面，一处明显的立法漏洞是：上述“60日、1年”的除斥期间组合，并不适用于董事会决议。鉴于少数股东很多情形下并无机会参与董事会，对于董事会会议召开与否、作出决议与否、决议为何等信息更一无所知。那么，对于董事会决议提起撤销之诉的除斥期间仍适用“自决议作出之日起六十日内”，难谓公平。

五、决议被否定的法律后果

公司组织法上的裁决生效后的效力，主要是指对哪些主体对象生效以及时间效力，包括是否具有溯及力。具体到决议瑕疵之诉，原告胜诉的，判决的效力体现在四个方面。

（一）对世效力

公司决议一经被生效判决否定，具有对世效力，即判决的效力及于原告股东、被告公司以及任何第三人，任何人不得再主张决议有效。

（二）有无溯及力

公司决议一经被生效判决否定，对将来生效，至于是否具有溯及力，仍需具体而论。

决议被确认不成立的，视为自始不存在，由于不涉及效力评价问题，所以事后公司依照正当程序还可以作出相同内容的决议。

决议被确认无效的，自始不生效力，因为内容的违法性，所以公司不得再作出内容相同的决议。

决议被撤销的，亦溯及决议成立之时自始无效。如果属于程序瑕疵而被撤销，公司还可以依照正当程序作出相同内容的决议；如果属于内容违反章程，在被违反的章程条款修改之前，公司不得再作出相同内容的决议。

决议效力被否定后，既然对公司的将来生效，那么决议尚未执行的，董事会、监事会、经理等不得再执行；已经得到执行的，具有溯及力与否，区分公司内外法律关系而有别，在公司内部具有溯及力也即得被恢复原状，比如基于被否定的公司决议而已经实施的变更登记事项，在判决生效后，公司应当向登记机关申请撤销变更登记（《公司法》第28条第1款）。至于对于外部法律关系是否具有溯及力，详见下文的讨论。

（三）是否影响据此形成的民事法律关系

公司决议效力遭到否定后，是否影响据此已经形成的民事法律关系，是一个极其复杂的问题，涉及组织法（公司法）与行为法（主要是合同法）之间的互动关系。对此，《民法典》第85条规定，营利法人的权力机构、执行机构作出决议的会议召集程序、表决方式违反法律、行政法规、法人章程，或者决议内容违反法人章程的，出资人请求法院撤销该决议后，营利法人依据该决议与善意相对人形成的民事法律关系不受影响。《公司法》第28条第2款更为全面的规定：股东会、董事会决议被人民法院宣告无效、撤销或者确认不成立的，公司根据该决议与善意相对人形成的民事法律关系不受影响。

1. 对于公司参与的交易关系效力的影响机制，采内外关系有别的区分原则。首先，决议效力被否定后，在公司内部生效，包括上述的对将来生效以及具有溯及力，如董事会制定的公司基本管理制度的决议被否定，该基本管理制度文件自然失效，又如依照被否定效力的决议董监高多拿的薪酬、股东领走的股利要返还给公司等，此处的给付之诉可以与决议瑕疵之诉合并审理。其次，决议效力被否定，也即兼及公司内外法律关系或者单纯涉及公司外部法律关系的，再分为善意相对人与恶意相对人，区别而论。

2. 对于外部相对人的影响机制，采善恶区分论。也即公司依据该决议与善意相对人形成的民事法律关系不受影响。此处的“不受影响”，也即公司与善意相对人的合同有效与否，不受决议的效力影响。依照反向解释，公司依据该决议与恶意相对人形成的民事法律关系受到影响，关键是对于恶意相对人的“有影响”效力机制如何。学理上与实务中对此存在绝对无效说、相对无效说、可撤销说、无权代理说（效力待定说）、有效说以及具体而论说等不同主张。

3. 司法裁判实务上的焦点在于外部相对人的善、恶意之区分。关于相对人的恶意证明标准及其举证责任分配，注意义务的边界等，是目前我国学界、实务界的主要争论点，比如公司对外担保的合同效力审查，主要争点在于债权人对于公司决议的审查义务有无及其履行标准的判断（详见本书第四章第五节的有关内容）。

（四）可能的损害赔偿

决议瑕疵之诉的目的是对违法决议的纠正，在性质上分属于确认之诉与形成之诉，所以，如该瑕疵决议已获全部、部分执行并给公司以及股东等原告造成损失，受害人可以另外提起损害赔偿之诉（给付之诉）。对于公司而言，作为被告的公司一旦承担了包括诉讼费在内的不利后果，可以依据《公司法》第 21 条、第 125 条、第 188 条等规定获得相应的救济，即追究违信股东、董事的赔偿责任；公司怠于追究的，适用股东代表诉讼。

被否定效力的公司决议仍然被董事会、监事会、经理执行的，属于董事、监事与经理对公司违反信义义务的行为，将产生违信责任。

第四节　经　理

一、概念

（一）定义

1. 大陆法系的定义

“经理”一词，在大陆法系上的含义相当复杂。在民商分立的国家、地区，由商法典总则对经理作出规定。如我国澳门地区《商法典》第 64 条第 1 款从主体角度对经理下了一个功能式的定义：“经理系指商业企业主委任以经营企业之人，该委任得按商业习惯以任何职务名称为之。”据此，经理可以有多个名称或职务，实质特征在于受企业主委托负责企业的经营。

在民商合一的国家、地区，由民法典从契约角度界定经理的地位。如此，经理与企业乃委任契约关系①，本质在于受托负责企业管理事务，即综理公司事务之人。②

① 柯芳枝. 公司法论. 增订 5 版. 台北：三民书局，2002：62 及以下.

② 陈自强. 代理权与经理权之间：民商合一与民商分立. 台北：元照出版公司，2006：207.

但民商法典关于经理的定义仅属于一般规定，不能完全适用于公司经理。公司经理的具体职权、地位等还需依赖作为组织法的公司法之具体规定。在大陆法系公司法，大多将经理的设置及经理权的授予纳入公司自治的范围，立法不作强行规定，只设立示范性、任意性条款予以引导。

2. 英美法系的定义

英美法系上的“经理”一词在判例法上和在成文法上的含义有别。在判例法上，“经理”（manager）意指一个被选任以经营、指导或管理公司及其分支机构事务的人。按英美判例的见解，“经理”这一称谓本身就隐含着被授予此称号的雇员对雇主公司总的管理权力和合理的干预能力的意思。易言之，被称为经理的雇员有权控制雇主公司的营业和作出通常的管理行为。显然，这一解释与大陆民商法典的规定基本一致。

但在成文法上，“经理”为“高级职员”（officer）的一种。凡具体执行董事会的决策、负责公司日常经营管理的人员统称为“高级职员”，大致包括总裁（president）、副总裁（vice-president）、财务主管（chief financial officer）、董事会秘书（secretary）、首席顾问、重要部门经理等。公司可以在章程中自行定义高级职员的任何职务与称谓。

3. 我国法的定义

我国没有商法典，《民法典》等民事立法没有关于“经理”的定义，有关经理的规定仅见于《公司法》。虽然《公司法》也没有直接定义经理，但从其相关规定中可以总结出经理的基本内涵，即由董事会聘任并对董事会负责、主持公司生产经营管理工作与组织实施董事会决议的自然人（《公司法》第74条）。详细分析见下文关于“经理的法律地位”的讨论。

（二）总经理、总裁与CEO

CEO（chief executive officer），首席执行官，不是一个法律概念，而是公司管理实务上的概念。当前，以美国为代表的国际上的大公司已普遍设立CEO，我国不少公司也仿效设置了CEO。各国公司法中鲜有对CEO作出规定的，但在法理上有必要明确CEO的法律性质与地位。

普遍认识是，CEO由公司董事会聘任或解聘，CEO的权力由公司章程及董事会授权确定，CEO与董事会存在委托—代理关系。总体来看，CEO的法律地位与经理基本相同，二者最大的区别在于职权不同：CEO比作为董事会辅助机构的经理拥有更为主动的地位和更大的职权，其职权包括了经理的业务执行权和董事会的部分决策权。

CEO与董事长。有人比照我国公司法的概念，认为CEO是集董事长和总经理的权力于一身的职位。这是一个不很确切的说法。在国外，CEO与公司董事长是两个不同的职位，享有的职权与担负的职能都有明显区别，故分别设立，也可由一人兼任。在我国公司法上，董事长并不拥有任何经营决策权。如果一定要比照我国公司法上的概念，准确地说，CEO是集董事会的部分经营决策权、董事长的部分权力和总经理的全部权力于一身的职位。CEO的出现，是美国公司立法上的“董事会中心主义”与事实上的“经理中心主义”交互融合的产物，即公司内部权力结构呈现经营决策权和业务执行权的适度统一趋向，这一趋向直接体现为CEO法律地位的突耸和权力的集中——CEO处于公司权力层的中心，集部分经营决策权、业务执行权和对外代表权于一身，是公司名副其实的首脑。在美国公司，CEO的职权一般包括：对公司经营方面的重大事项的决策权；有权提议和任免公司主要管理成员；对公司日常经营的执行权；构造和传播企业文化，推销公司整体形象。

在我国，实践中几乎所有的公司都将《公司法》上的“经理”称为总经理，也有一些公司设置总裁、CEO职位，究其职权而言，并无同一的模式，不同公司基于不同需要赋予其大小不一的权力。总经理对应于《公司法》上的“经理”没有问题；但就总裁、CEO而言，情况要复杂一些，与《公司法》上的“经理”并不十分吻合。这些公司当初设置总裁、CEO大都基于1993年《公司法》上的经理法定职权过小，设置这些新的职位或用来扩大经理的职权，或是表明董事长与总经理合二为一。由于《公司法》没有CEO的概念，所以设立总裁、CEO职位的公司必然在章程中规定其职权。经理的职权是任意性的，公司章程完全可以根据需要对经理规定更多的实质性授权，再加上确定经理为公司的法定代表人，以往设置总裁、CEO的动机已经得到很大的消解。换言之，实践中的总裁、CEO与现行公司法上的“经理”的吻合程度更高了。但目前我国公司设置CEO仍有法律障碍：尽管《公司法》规定了经理享有“公司章程规定的职权和董事会授予的其他职权”，但能否将法定的董事会职权转授给CEO，还需要明确的立法规定或者立法解释。比如，“决定公司的经营计划和投资方案”是董事会的法定职权，“检查董事会决议的实施情况”是董事长的法定职权，但这些职权又是国外CEO的常见职权，但在我国能否转授给CEO，尚无定论。

在当今，与CEO制度相一致发展而逐渐形成了公司管理上的CEO体制，CEO下设多名负责具体业务的执行官，如首席营运官（COO，chief operating officer）、首席财务官（CFO，chief financial officer）、首席技术官（CTO，chief technology officer）、首席信息官（CIO，chief information officer）、首席知识官（CKO，chief knowledge officer）等，他们具体负责各项专门的业务部门，在CEO领导下与CEO一起组成公司高级管理层（top management）。

二、经理权

（一）经理权的授予

经理权，是公司经理在法律、公司章程或契约规定的范围内执行受托事务所需要的一切权利。

经理权与经理职权。《公司法》没有确立经理权概念，只列举了经理职权，其含义与经理权不完全相同。经理权作为一个一般性概念，是基于经理这一职位而取得的所有必需的权利（力），包括在公司外部的代理权和公司内部的经营管理权（权力）。经理职权是一个具体的概念，其内容虽涉及对外关系之调整，但主要是公司对内关系之调整，在内容上主要指权力。

大陆法系各国民商法多明确限定经理权的对外效力范围，同时又明确规定或默认经理权得由公司章程具体规定。这样，经理权的来源包括法律规定、公司章程以及委托契约。[①]

在英美法系，惯例认为经理权与经理的身份紧密相连，获得公司经理身份即当然获得由法律、公司章程、细则确认的经理权，所以公司经理权无须特别授予，在董事会任命经理之时，即意味着授予其相应的经理权。因此，虽然经理权之授予一般应以书面形式为之，但只要有经理职务之任命，则可认为已默示授予经理权，包括获得“表见经理权”。

（二）经理权的内容

1. 基本原理

在大陆法系，公司经理权属于商事代理权的一种，主要表现为两大权能：内部的管理权能和对外的代表权能。大陆法系各国商事立法多侧重于规定对外的代表权能，对内的管理权能则留给公司章程自行规定。

管理权能是指，经理在公司内部享有的处理经营管理事务的权力，主要用于对抗股东、董

① 陈自强. 代理权与经理权之间：民商合一与民商分立. 台北：元照出版公司，2006：161及以下.

事或监事，依据在于公司与经理之间的基础法律关系如雇佣关系、委任关系等。经理的内部管理权能的具体范围，虽然各国公司法的规定以及不同性质、规模的公司之间都存在差异，但从公司实践看，大体包括：执行董事会的经营计划；任免公司其他管理人员及职员；负责公司的日常事务管理等。

代理（代表）权能是指，经理以公司名义对外进行经营活动如与第三人缔约，使公司直接承担该契约法律后果的权利，依据在于公司与第三人发生外部关系时，经理基于其职位而获得的代表权。此处的经理“代表权”不同于公司代表机关的法定代表权。经理代表权虽名为“代表权”，毋宁说是“代理权”，其依据是委任关系或代理关系，经理本身除非经公司章程授予法定代表权，并非公司之代表机关，其作为代理人之行为并不能等同于公司行为。公司经理只不过有权以公司名义实施职务行为，并使该行为后果归于公司而已。为保护交易安全，各国公司法大多规定公司内部对经理权的限制不得对抗善意第三人。但是，法律对于经理权的限制规定得对抗第三人。

在英美法系，经理的内部管理权限范围一般都由公司组织章程（章程细则）或董事会决议规定，具体到经理的内部管理权能，与大陆法系基本一样，包括经理应该拥有授予公司首要管理人员的一切权力，以及董事会随时规定的其他权力。

但在外部代表权能上，英美法系不区分代表与代理的概念，凡经理以公司名义实施的行为即为公司行为，不存在经理“代表权”与公司代表权的混淆问题。但经理之对外代表权由公司法明确规定，即便组织章程（章程细则）有相反规定，亦不得以之对抗第三人。

2. 我国公司法的规定与实践

《公司法》第 74 条、第 126 条规定：“经理对董事会负责，根据公司章程的规定或者董事会的授权行使职权。”这一规定的要点在于。

（1）经理职权来源之一：公司章程的规定

有限公司的初始章程由全体股东基于合意共同制定，其修改需经代表 2/3 以上表决权的股东同意。公司章程规定经理职权，再结合本法第 67 条第 2 款第 10 项规定董事会职权可由公司章程规定或股东会授予，可理解为股东可在公司执行机关与其辅助机关之间进行执行权的划分。

（2）经理职权来源之二：董事会的授权

既然经理由董事会聘任、对董事会负责，且属于董事会的辅助机关，董事会自然可以根据实际情况授予经理相应职权。

（3）经理享有的职权范围划分

第一，公司内部的管理权限。从旧《公司法》第 49 条第 1 款规定的经理 8 项法定职权来看，公司法关注的经理职权仅指向其对内管理职能，但实践中更具意义的是经理的对外代理权。《公司法》对此并未作出特别的规定，是为遗憾。

第二，职务代理权限。我国关于经理代理权的立场与大陆法系基本相同，即认为经理并非公司法定代表机关，不当然享有公司代表权，其能否代表公司取决于是否担任法定代表人（《公司法》第 10 条）。未担任法定代表人的经理，对外以公司名义从事法律行为，视为公司代理人而非代表人，此时适用《民法典》第 170 条而非第 61～62 条。非法定代表人的经理对外为职务代理行为时，其代理权限限于“职权范围内”。有关“职权范围内”的界定，截至目前，法律并未正面回应，这一立法缺陷使经理职务代理行为中，代理权限的判定极为困难。

关于经理外部代理权范围及相应无权代理、表见代理的判断，作出贡献的是最高院《民法典合同编通则解释》第 21 条。[①] 从该条第 2 款来看，其虽未能从正面提供关于经理外部代理权的界定标准，但从反面规定，如经理在订立合同时，合同事项涉及下列四种情形之一，肯定构成无权代理：第一，依法应当由公司股东会决议的事项（《公司法》第 69 条）；第二，依法应当由公司董事会决定的事项；第三，依法应当由法定代表人代表法人实施的事项；第四，不属于通常情形下依其职权可以处理的事项。据此，如果经理订立的合同涉及以上四类事项，即构成无权代理，原则上也不能构成表见代理，因为此时相对人难以符合"善意且无过失"的主观要件。[②] 相比之下，该条第 3 款规定，如果经理订立的合同不涉及以上四类事项，仅仅超越公司对其代理权的限制，善意相对人原则上可主张成立表见代理。

总经理与董事长的分任与兼任。实践中，经理不享有代表权带来的最大问题，就是经理对外开展业务经营的能力受到严重束缚，同时对保护交易安全亦不利。因为对于公司日常经营管理的总负责人而言，经理代表公司对外签约既稀松平常，又是必须之事，但由于没有对外代表权（除非其担任法定代表人），经理时时受到董事长（通常是法定代表人）的掣肘，公司实践中许多董事长与总经理的冲突即由此而发。在现行公司法框架下的解决办法有：由公司章程规定经理担任法定代表人，由经理兼任董事长，公司章程明确规定经理的业务代表权。

3.《民法典》关于经理代理权的规定

《民法典》第 170 条规定："执行法人或者非法人组织工作任务的人员，就其职权范围内的事项，以法人或者非法人组织的名义实施的民事法律行为，对法人或者非法人组织发生效力。法人或者非法人组织对执行其工作任务的人员职权范围的限制，不得对抗善意相对人。"本条确立的商事代理（职务代理）制度，涵盖了境外大陆法系国家商法典中关于经理的代理权、业务负责人的代办权与商业雇员的商业使用权等诸情形，均一体适用该规则。按照本条规定，所谓商事代理，就是法人、非法人组织等单位的工作人员基于职务就其在职权范围内以单位名义所实施的民事法律行为，代理效果归于单位。《民法典》将商事代理规定为一种特殊的委托代理，其不同于民事代理之处在于，商事代理人的代理权，源于职位所享有的职权，只要在该职权范围内以单位名义所实施的民事法律行为即为有权代理，即便单位对其职权范围有特别限制，也不得对抗善意相对人。由此可见，商事代理与民事代理在代理权的授予上有着本质的区别，后者的代理权来自委托人的一次性、个案性授权，但商事代理的代理权源自工作人员的职务（职位），具有概括性、抽象性、长期性等特性。但就其中经理的对外代理权而言，公司经理应该享有经营管理公司所需要的一切必要行为的代理权，在此范围内的代理行为均为有权代

---

① 《民法典合同编通则解释》第 21 条规定："法人、非法人组织的工作人员就超越其职权范围的事项以法人、非法人组织的名义订立合同，相对人主张该合同对法人、非法人组织发生效力并由其承担违约责任的，人民法院不予支持。但是，法人、非法人组织有过错的，人民法院可以参照民法典第一百五十七条的规定判决其承担相应的赔偿责任。前述情形，构成表见代理的，人民法院应当依据民法典第一百七十二条的规定处理。合同所涉事项有下列情形之一的，人民法院应当认定法人、非法人组织的工作人员在订立合同时超越其职权范围：（一）依法应当由法人、非法人组织的权力机构或者决策机构决议的事项；（二）依法应当由法人、非法人组织的执行机构决定的事项；（三）依法应当由法定代表人、负责人代表法人、非法人组织实施的事项；（四）不属于通常情形下依其职权可以处理的事项。合同所涉事项未超越依据前款确定的职权范围，但是超越法人、非法人组织对工作人员职权范围的限制，相对人主张该合同对法人、非法人组织发生效力并由其承担违约责任的，人民法院应予支持。但是，法人、非法人组织举证证明相对人知道或者应当知道该限制的除外。法人、非法人组织承担民事责任后，向故意或者有重大过失的工作人员追偿的，人民法院依法予以支持。"

② 《民法典总则编解释》第 28 条规定："同时符合下列条件的，人民法院可以认定为民法典第一百七十二条规定的相对人有理由相信行为人有代理权：（一）存在代理权的外观；（二）相对人不知道行为人行为时没有代理权，且无过失。因是否构成表见代理发生争议的，相对人应当就无权代理符合前款第一项规定的条件承担举证责任；被代理人应当就相对人不符合前款第二项规定的条件承担举证责任。"

理，即便公司对经理的代理权有所限制，也不得对抗善意相对人。

三、经理的法律地位

（一）国外的基本情况

1. 各国的立法规定

在大陆法系传统民商法，视经理为商业代理人，与公司之间适用委任关系。在大陆法系公司法，多数国家不强制要求设立经理，视其为依公司章程任意设定的业务执行辅助机关，对其职权的授予也不作干预。

在英美公司法，将公司的经营管理权完全委诸董事会，是否设置经理取决于董事会的工作方式，经理仅为公司的高级雇员而已。因此，尽管经理的作用越来越普遍地受到重视，但英美公司法对是否设立经理及其职权内容都不作强制性规定。

总之，在各国公司立法上，经理不被认为是独立的公司机关，多被视为公司代理人，至多承认其为董事会的辅助机构。多数公司法也不认为是必设机关。由此可见，在关于公司治理结构的正式法律安排中，经理不具有独立的法律地位，尽管在这些国家的公司实践中，经理是事实上的公司必设、常设机构，且居于事实上的权力中心。这说明，绝大多数国家公司立法与现实之间存在很大的落差。

2. 学说见解

大陆法系传统商法理论认为，经理以公司名义为营业行为时，系公司的代理人，代理权来自公司章程、董事会的授权，其本身不是独立的公司机关。所以，从对外法律关系角度讲，公司经理权实质就是商事代理权。这种代理权虽以民法上的代理权为基础，但有着自己的特殊性质，所以除了适用民法代理权的一般条款，商法、公司法等民法特别法还需要对公司经理权的授予方式、权限范围、行使等问题作特别规定。

代理人理论存在着委托方和经理间的法律关系不清、经理的雇员地位与其现实的强势职权状况不符等缺陷，受到许多学者的质疑与挑战。有人提出法人机关说，认为从组织法的角度，经理属于章定、任意、常设之业务执行机关。承认经理作为公司机关的法律地位，有三大益处：（1）符合生活的现实，消除立法与现实的落差，有利于立法对经理的规范；（2）有利于经理作用的发挥，符合效率原则；（3）机关行为直接归属于公司本身行为，对保护第三人利益与交易安全具有积极作用。我国理论界目前对于法人机关说尚未取得共识。

（二）我国的规定与实践

可以从以下几方面描述我国公司法上经理的法律地位。

1. 公司任意或者必设机构。依据《公司法》第 74、174、126 条，有限公司可以设经理，国有独资公司与股份公司必设经理。

2. 公司常设的独任制机构。经理负责公司日常经营管理，当然为常设机构。经理为一个自然人，当然为独任制机构。

3. 公司执行辅助机关。经理由董事会聘任与解聘，受董事会之托负责公司日常经营管理事务的执行，故为董事会这一公司执行机关的辅助机关。

4. 公司高管之一。依照《公司法》第 265 条第 1 项规定，尽管各个公司章程可以自行定义高管的范围，但经理为法定的高管之一。

5. 公司的首要高管。依照《公司法》第 265 条第 1 项规定，经理乃公司的首席高管。与股东会、董事会、监事会不同，经理机关并非会议形式的机关，其行为不需要通过会议以多数决形成决议即集体意思，而是以经理层的最高领导者即经理的个人意志为准，虽然公司也设副经理、地区经理、部门经理、分公司经理等，但他们都是在经理的领导下协助其工作的辅助人员。公司的经理层实行垂直命令的官僚层级体制，经理居于这一层级结构的最顶端，是公司日常经营管理事务的总负责人。

6. 公司的受托人。公司经理的产生不同于董事、监事的选举方式，而是由董事会聘任产生。因为经理由董事会聘任，其权力由公司章程、董事会决定，所以经理与董事会之间存在经济学上所说的委托—代理关系，而不是垂直领导关系。有的公司法著述上所谓的“董事会领导下的总经理负责制”的提法，既是不准确的，也是有误导性的。

董事会是代表公司而委托经理负责公司经营管理的，这也就决定了经理与公司内部之间存在委托关系。我国通说认为，公司与经理之间可以适用委托合同的规定。

7. 通常为公司职工之一。在我国，基于国有企业传统历史的原因，很多的国有公司经理公司内部之间通常还存在劳动合同关系，经理享有劳动合同的权利，承担劳动合同的义务，受劳动合同法的保护。需要指出，经理作为公司高管、职业经理人，其法律地位与普通职工具有质的不同，应该与董事、监事一样，与公司之间属于委托（委任）合同关系，不应适用劳动合同法来调整。

（三）中外差异及其根源

现代公司经理的存在与职权膨胀具有必然性，不以立法态度的不同而改变。在“董事会中心主义”立法构造中，法律赋予董事会的业务执行权大量地表现为公司日常具体事务的经营管理，不可能都由董事会依照多数决形成的集体意思来执行，而必须依靠具体的自然人来执行，这就必然出现公司经营决策与业务执行的分离，经营决策由董事会集体作出，业务执行由董事个人担当，于是就有了执行董事与非执行董事之分。所谓执行董事，又称经理（管理）董事，就是除参与董事会的经营决策外，还兼任公司高管职位，代表公司执行业务（《公司法》第10条）。至此，公司经理已经应运而生。随着大型公司的出现，大量日常性、经常性的繁重业务使执行董事难以应付，需要有专业管理技能的高级职员即专业经理（不兼任董事职务的经理）来协助其工作，于是公司经理阶层的规模不断扩张，并日渐控制了公司经营管理的实权。

国外历来不注重对经理地位和内部管理职权的规范，此与我国形成鲜明对比。我国公司立法历来重视对公司经理地位与职权的规制，并赋予其更高的法律地位和更大的职权。形成这一立法传统的缘由，并非立法者刻意迎合国外公司实践中出现的CEO现象，而是对国有企业立法制度演变的路径依赖（path dependence）。曾在我国经济中占据绝对主导地位的国有企业长期实行“厂长（经理）负责制”，在这种企业领导体制下，厂长（经理）本身就具有极大的职权。在《公司法》制定之初，立法者们既要考虑借鉴现代公司的一般规则，又得照顾和迁就国有企业的现实制度，如果完全将经理置于董事会辅助人的地位，客观上存在原厂长（经理）角色的剧烈转换问题。由此，《公司法》对经理地位和职权的规定一开始就具有自觉或不自觉承袭原国有企业领导体制的惯性。

在理想化的法律设计中，公司经理的职权与地位都是非常有限的：只负责执行董事会的政策与决议，自身并非公司政策的制定者和决议的决定者。这种法律规划的基础在于，公司经营决策权属于董事会，经理不得染指。然而，现代公司经理的实际地位和权力远远超出了这一理想的立法设计。在这个意义上，我国注重规范公司经理的地位与职权的立法模式和传统应该受到肯定。这是因为，与国外立法相比，我国的立法规定与现实生活之间的落差很小。基于经理在现代公司中事实上的权力中心地位的考量，立法不可掩耳盗铃，否则，只会使立法与现实之间渐行渐远。所以，公司立法加强对公司经理的设置、地位、职权的享有与行使等方面的适当干预，是更为可取的立法趋势。

第五节　监事会、审计委员会

一、监事会的概念与职权

（一）概念

监事会（board of supervision），指依法产生，对董事、经理层的经营管理行为及公司财务进行监督的法定常设机构。与公司的其他组织机构相比，各国（地区）公司法对监督机构的设置与称谓差异最大，有的不单设监督机构如美国，单设的专门监督机构有的称为监事会，有的称为监察委员会，有的称为监察人，本书通称监事会。

监督机构的设置模式。公司监督机构的设置主要有四种模式：(1) 实行单层制的英美公司法，不单设监督机构，由董事会履行监督职责，具体由外部董事组成的审计委员会负责，英国还设有审计员专司财务审计。(2) 实行双层制的德国，在董事会之上设置监事会，负责对董事会的业务活动监督，同时享有任命董事并决定其报酬、批准公司重大决策等权力。双层制的“监事会”实际上更类似于单层制的董事会，故又译为“监督董事会”，其下的“董事会”又译为管理委员会、管理董事会或理事会。(3) 日本、韩国、我国台湾地区在股东会之下设置平行的董事会和集体制的监事会或者独任制的监事（日本公司法还允许公司选择设置“三委员会”或监事会），负责董事会、经理的业务监督，同时另设对监事（会）汇报工作的会计检查人专司财务监察。(4) 允许自由选择单层制或双层制的法国，公司可以选择设置或不设置监事会。自 1993 年《公司法》以来，我国监督机构设置基本上沿用第三种模式，同时在监事会的组成上吸取了德国的职工参与制，在监事会的职能上更接近于日本的规定。但 2023 年修正案转向了第四种模式。

（二）法律地位

监事会的法律地位可以描述为如下内容。

1. 公司的监督机关。《民法典》第 82 条规定：“营利法人设监事会或者监事等监督机构的，监督机构依法行使检查法人财务，监督执行机构成员、高级管理人员执行法人职务的行为，以及法人章程规定的其他职权。”公司的专门监督机关就是监事会，其监督职能一般包括：对董事、经理的经营行为的业务监督、公司财务监督等。

2. 公司法定的常设机关。《公司法》规定，有限公司可以根据司情选择设立监事会、一名监事、审计委员会；规模较小或者股东人数较少的有限公司经全体股东一致同意，也可以不单设监督机构；股份公司可以根据司情选择设立监事会、一名监事与审计委员会；国有独资公司也可以根据司情选择设立监事会、一名监事或者审计委员会。可见除了个别的有限公司，公司都必设监督机构，选项是监事会、一名监事或者审计委员会。

3. 成员依法选任的机关。在我国，监事会成员分别由股东会与职工代表大会（职工大会、工会）依法选举产生。

4. 专司监督职权的机关。监督者的独立性是监督机制有效的基本前提。为此，各国公司法都很重视对监事会行权的独立性的保障。在我国，监事会与董事会独立并行，监事会行权不受董事会的干涉；董事会下设的审计委员会，也是独立行权的。

5. 独任与合议并行的机关。依监督机关的组织形式不同，可将其分为独任制和集体制。前者如我国台湾地区的监察人，后者以监事会最为典型。日本、法国公司法还允许公司自由选择独任制或集体制。我国公司法则以集体制（监事会）为原则，例外采取独任制（一名监事）。

监事会成员个人可以单独行权吗？与董事会不同，董事会作为决策机构，行使职权只能采取决议的方式，但监事会的职责是尽量发现董事、经理层经营违法、违章或者违背股东利益的行为，故有必要赋予监事个人监督权力。所以法律一方面允许监事会以决议行使职权，另一方面也允许监事个人单独行权，形成监事个人与监事会集体并行行使监督权的格局。在我国，监事会成员个人虽然不能作为公司机关存在（不设监事会的公司的监事除外），故与我国台湾地区的监察人个人是监督机关有所区别，但仍然赋予监事可单独行使的两项职权，即董事会会议列席权和董事会决议事项的质询建议权（《公司法》第79条）。总之，允许监事会成员个人单独行权，有利于提高监督实效。

（三）职权

1. 基本职权

《公司法》第78、79、131条规定监事会、监事享有下列职权：（1）检查公司财务；（2）对董事、高管执行公司职务的行为进行监督，对违反法律、行政法规、公司章程或者股东会决议的董事、高管提出解任的建议；（3）当董事、高管的行为损害公司的利益时，要求董事、高管予以纠正；（4）提议召开临时股东会会议，在董事会不履行《公司法》规定的召集和主持股东会会议职责时召集和主持股东会会议；（5）向股东会会议提出提案；（6）代表公司对董事、高管提起诉讼；（7）发现公司经营情况异常时进行调查；（8）列席董事会会议，并对董事会决议事项提出质询或者建议；（9）公司章程规定的其他职权。

上述职权在理论上可分为实体性职权和程序性职权。实体性职权包括会计监察权和业务监察权。会计监察权是指监事会有权对公司的财务状况、财务报表、会计凭证等实施检查、调查。上述第（1）项职权属之。业务监察权是指监事会有权对董事、高管执行公司职务的行为实施监督。上述第（2）（3）项职权属之。程序性职权的赋予主要为了保障上述实体性职权的实现，上述第（4）（5）（6）（7）项职权属之。上述第（8）项职权属于监事单独行使的权力，第（9）项属于公司章程赋予的任意职权。

2. 行权保障

总结过往经验、教训，现行《公司法》加强了监事会行权的保障措施，主要如下。

其一，监事会调查公司经营情况时，可以聘请会计师事务所等协助其工作，以弥补监事专业知识的不足，由此产生的费用由公司承担（第79条第2款）。

其二，监事会、监事行权所必需的费用，由公司承担（第82条）。

（四）治理功能

在我国，监事会在公司治理结构中的功能可以从三个方面描述。

1. 解决代理问题的制度安排。解决现代公司的股东与管理者之间的委托—代理问题，除了依赖外部市场与股东自身的监督，公司内部的监督机制也必不可少。监事会就是公司内部监督机制的一种典型制度安排，监事会履行职责的过程就是解决“代理问题”的过程，股东通过支付较低的“监督成本”意欲降低较高的“代理成本”。所以，监事会就是股东委托的监督代理人，代表股东监督股东委托的管理代理人——董事与经理。

2. 公司权力制衡机制的一环。在股东会之下设置平行的监事会与董事会，监事会与董事会彼此并无隶属关系，是平行对等的制衡关系。可见，监事会的独立设置既符合权力制衡的要求，又符合效率的原则。

3. 监督机制的主要依托。与德国公司的监事会不同，我国的监事会仅仅是公司的监督机构，不是公司的决策管理机构，不能直接干预公司的业务决策和日常经营管理，除特殊类型的诉讼外，对外也不能代表公司。

（五）我国监事会制度的失效

十几年来，我国监事会一直表现出整体失效、形同虚设的状况，成为最尴尬的组织机构，究其原因，大致有三。

1. 根本的原因。任何监督机制有效的一个基本前提，就是监督者在组织、利益、身份等方面独立于被监督者。但在过于集中的股权结构下，监事会恰恰易于丧失其独立性。多数股东不仅控制了股东会、董事会与经理，也控制了监事会，监事会在组织上不得不依从多数股东及其代言人——董事会、经理层的安排。尽管立法规定董事、高管及财务负责人不得兼任监事，但在多数股东的一手安排下，监事会的独立性在事实上必然难保。集中股权结构下公司治理的主要代理问题存在于少数股东与多数股东之间，而监事会对此代理问题的解决无能为力，形同虚设在所难免。

2. 立法上的原因。1993 年《公司法》关于监事会的规定存在不少缺陷，突出表现在监事会的职权配置缺少实质性内容，行权缺乏机制。在上市公司，独立董事、董事会审计委员会普遍建立后，监事会与二者的监督职能分工不清，更加剧了监事会的职权虚置。从立法角度看，监督者要真正发挥作用，必须拥有足以对抗被监督者的权力，即所谓“以权力制衡权力”，但监事会的职权配置不具备这一条件。现行《公司法》一定程度上加强了监事会的职权配置，改善了行权保障，但仍不足以根本改观现行局面。在立法者看来，监事会毕竟是作为监督机构而存在，如果监督职权过大，可能影响公司经营决策的效率。

3. 监事自身的原因。多数监事不具备基本的财务、经营管理知识，专业素质无法胜任财务、业务监督工作。缺乏必要的激励与约束机制，是监事怠于行权的内在原因。公司立法与实务中普遍缺乏监事业绩评估体系，更无相应的激励措施，监事没有工作积极性。

目前公司监督机制面临的最大困惑，是如何摆正监事会与上市公司的独立董事的关系。监事会是从日本公司法等借鉴而来，上市公司的独立董事从美国公司法移植而来，可以说，我国公司监督制度正在经历理论和实践两方面的检讨，如何改造原有监督体制，创造性地配置监事会和上市公司的独立董事的监督职能，需要进一步的探索。

二、监事会的组成

（一）人数

监事会的人数应视公司类型、规模、业务管理和经营范围而定。各国公司法一般都不对监事人数的上限作硬性规定，而授权公司自行确定。《公司法》第 76 条、第 130 条规定，公司监事会的成员不得少于 3 人。可见，监事会没有法定的人数上限。实践中多数公司的监事会规模不大，上限多在 5～7 人，有奇数，也有偶数。

（二）成员结构

关于监事的组成，传统公司法中监事会成员一般是在有行为能力的股东中选任。进入 20 世纪后，监事会的成员结构因是否实行职工参与制而有所区别：不实行职工参与制的，监事均为股东代表；实行职工参与制的，监事会中有一定比例的职工代表，具体比例多在 1/3～1/2。

我国实行职工监事制。依《公司法》第 76 条、第 130 条，监事会应当包括股东代表和适当比例的公司职工代表，其中后者不得低于 1/3，具体比例由公司章程规定。

监事的选任因其来源不同而有所区别。股东代表监事的选任，由股东会选举产生，其选举的方式与董事的选举相同；职工代表监事必须具有职工身份，通过职工代表大会、职工大会或者其他形式民主选举产生。在职工持股的公司中，许多职工具有股东、职工的双重身份，但由于持股比例很小，职工股东成为监事大都以职工身份当选。

（三）监事会主席

《公司法》第 76 条、第 130 条规定：监事会设主席一人。在股份公司，还可以设立副主席一人（以上）。监事会主席、副主席由全体监事过半数选举产生。

三、监事会会议

（一）会议的概念与种类

监事会主要通过监事会会议来形成集体意思，行使职权。监事会会议分为定期会议和临时会议。《公司法》第 81 条、第 132 条规定：有限公司监事会每年度至少召开一次会议；股份公司监事会每 6 个月至少召开一次会议。监事可以提议召开临时监事会会议，一经提议，召集人即负有法定的召集义务。公司章程可以规定定期会议的召开次数、时间，以及召开临时会议的情形。

（二）召集与主持

监事会主席召集和主持监事会会议；主席不能履行职务或者不履行职务的，由副主席召集和主持监事会会议；副主席不能履行职务或者不履行职务的，由过半数的监事共同推举一名监事召集和主持（第 76 条、第 130 条）。

（三）决议

与董事会一样，监事会作为委员会机构，其决议的有效成立须符合两个程式要求，即出席监事法定足数与决议通过的法定比率。《公司法》第 81 条、第 132 条规定，“监事会决议应当经全体监事的过半数通过”。此处的“监事”应当理解为全体监事而非出席会议的监事。据此可以推出，监事会会议至少须有过半数的监事出席（包括代理出席）方为合法。

（四）会议记录

《公司法》第 81 条、第 132 条规定，“监事会应当对所议事项的决定作成会议记录，出席会议的监事应当在会议记录上签名”。实践中，监事签名时可以要求在记录上对其在会议上的发言作出某种说明性记载，会议记录作为公司档案保存。

（五）参照适用

《公司法》关于监事会的会议程序的规定比较简陋，需要章程对会议通知、议事方式、表决程序、监事表决权的行使等各个环节作出具体规定。在法理上，同为委员会制的公司机构，监事会与董事会的会议程序应该是相通的，所以《公司法》关于董事会会议程序的规定可以准用于监事会。

四、一名监事

《公司法》第 83 条、第 133 条规定，规模较小或者股东人数较少的公司可以只设一名监事，行使本法规定的监事会职权。

与监事会相比，一名监事是独任制的专门监督机关，一人行使监事会的职权，对于监事会作出决议的事项作出相应的决定。

五、董事会下设审计委员会

（一）走向选择制的监督机构体制

鉴于过去30多年间监事会的实效不彰，2023年公司法修订时面临废止监事会制度的议论，最终立法选择了监督机制的选择制（抑或竞争制），引入董事会下设审计委员会制度，并允许各家公司根据司情选择适合自己的监督机制。这是对于过去30年实行的监事会制度的一种修正。

（二）各类公司的审计委员会的设置

1. 有限公司

依照《公司法》第69条、第83条等规定，有限公司有四种选择：(1) 设立三人以上组成的监事会；(2) 设立三人以上组成的审计委员会；(3) 规模较小或者股东人数较少的有限公司，设一名监事；或者 (4) 经全体股东一致同意，不设监督机构。有限公司组织机构的可选模式。总结本章前文的内容，可以看出公司法为有限公司提供了充分的公司自治空间，仅组织机构的可选模式就有数十种之多。如读者有数列的兴趣，不妨可以列举一下，包括：(1) 股东会、董事会、总经理、监事会；(2) 股东会、董事会、总经理、审计委员会；(3) 股东会、董事会 、总经理；(4) 股东会、董事会、一名监事；(5) 股东会、董事会；(6) 股东会、一名董事、总经理、一名监事；(7) 股东会、一名董事兼总经理、一名监事；(8) 股东会、一名董事兼总经理；(9) 股东会、一名董事、一名监事；(10) 股东会、一名董事；(11) 一名股东、董事会、总经理、监事会；……(NN) 一名股东、一名董事。

2. 国有独资公司

依照《公司法》第176条等规定，国有独资公司有三种选择：(1) 设立3人以上组成的监事会；(2) 设立3人以上组成的审计委员会；(3) 规模较小或者股东人数较少的有限公司，设一名监事。

3. 非上市股份公司

依照《公司法》第121条、第130条、第133条等规定，非上市股份公司有三种选择：(1) 设立3人以上组成的监事会；(2) 设立3人以上组成的审计委员会；(3) 规模较小或者股东人数较少的股份公司，设一名监事。

4. 上市公司

依照《公司法》第137条规定，上市公司本来有两种选择，也即：(1) 设立3人以上组成的监事会；(2) 设立3人以上组成的审计委员会。但是，《国务院关于实施〈中华人民共和国公司法〉注册资本登记管理制度的规定》第12条规定："上市公司依照公司法和国务院规定，在公司章程中规定在董事会中设置审计委员会，并载明审计委员会的组成、职权等事项。"这就意味着上市公司只有一种选择，也即设立审计委员会。

（三）审计委员会的职权

依照《公司法》第69条、第133条、第176条等规定，各类公司不设监事会、监事，按照公司章程的规定在董事会中设置由董事组成的审计委员会的，审计委员会行使本法规定的监事会的职权。

对于上市公司，《公司法》第137条规定上市公司董事会对下列事项作出决议前应当经审计委员会全体成员过半数通过：(1) 聘用、解聘承办公司审计业务的会计师事务所；(2) 聘任、解聘财务负责人；(3) 披露财务会计报告；(4) 国务院证券监督管理机构规定的其他事项。上述对于上市公司审计委员会特别职权的规定，并不适用于非上市公司，但后者的章程可以借鉴规定之。

股东代表诉讼中的审计委员会。审计委员会如何行使监事会的职权？这里存在范式的转换问题。举例说明。《公司法》第189条规定，董事、高管如对公司负有赔偿责任、公司不能起诉的，少数股东可以书面请求监事会向法院提诉；监事如对公司负有赔偿责任、公司不能起诉的，少数股东可以书面请求董事会向法院起诉；监事会、董事会收到股东书面请求后拒绝提诉，或者自收到请求之日起30日内未提诉的，或者情况紧急、不立即提起诉讼将会使公司利益受到难以弥补的损害的，少数股东有权为公司利益以自己的名义直接向法院提诉。据此，如公司不设监事会而设审计委员会的，我们可以将上述的监事会、监事转换为审计委员会、审计委员会成员即可。

（四）审计委员会的组成

《公司法》关于股份公司的审计委员会组成的规定更为周详。第121条规定，"审计委员会成员为三名以上，过半数成员不得在公司担任除董事以外的其他职务，且不得与公司存在任何可能影响其独立客观判断的关系。公司董事会成员中的职工代表可以成为审计委员会成员。"据此，可以看出：

1. 审计委员会成员首先必须是董事；

2. 董事会成员中的执行董事、非独立非执行董事合计低于半数（不含）；

3. 职工董事、外部董事、独立董事等合计超过半数，其中职工董事尤其被推荐为审计委员会成员。

对于有限公司的审计委员会的组成，《公司法》没有具体的构成要求，第69条仅明确推荐职工董事可以成为审计委员会成员。对于国有独资公司，则没有进一步的规定。

股份公司的审计委员会组成示例。假设某股份公司的董事会由九人组成：(1) 董事长甲；(2) 副董事长乙；(3) 董事兼总经理丙；(4) 董事兼财务总监丁；(5) 大股东委派的非执行董事戊；(6) 独立（外部）董事A；(7) 独立（外部）董事B；(8) 独立（外部）董事C；(9) 职工董事D。现在要组成一个三人审计委员会，那么，前5人为一组，后4人为一组，则第一组只能出任一个席位，另两个席位来自第二组。

六、上市公司的组织机构特则

综合本章前五节，《公司法》关于上市公司的组织机构有一系列特殊规定，包括董事会秘书、独立董事、关联董事回避表决、股东会绝对多数决的特别适用等，具体规范在《公司法》第五章第五节，就其内容，本书的第二章第三节已有介绍，在此不再展开。

第六节　董事、监事与高级管理人员

一、董事、监事与高级管理人员的资格

（一）概说

董事、监事、高级管理人员，合称董监高，其任职资格也即担任其职务的条件，包括积极资格和消极资格：前者指担任其职务必须具备的某些资质，后者指担任职务不得具备的情形。与股东不同，任何人只要拥有股份即为股东，公司法很少限制股东资格，但董监高属于公司的

受托人、管理者，尤其随着公司管理专业化要求的提高，公司法有必要限制其任职资格。

由于有的国家的公司法没有关于监事、高管的规定，所以各国公司法的共同点仅在于董事资格的规定。我国公司法对董监高的资格限制进行了一体化规定，但为了叙述的方便，下文着重分析董事的资格，对监事、高管的资格的特殊性作个别交代。

（二）积极资格

早期公司法曾对董事的积极资格提出多种强制要求，包括持股、身份、年龄、国籍、住所等，但在现代公司法上，这些要求多被取消或者成为任意要求。

1. 持股。早期公司法普遍要求董事持有一定股份即“资格股”（share qualification）。持股要求遭遇的困境是：如要求过高，既与董事职业化的潮流相悖，也有违平等原则；如要求过低，则因流于形式而了无意义。各国立法对此有三种处理：（1）强制要求董事持股，具体数量由公司章程、细则规定，如英国、法国；（2）法律不作要求，允许公司章程要求董事持股，如德国；（3）法律、公司章程均不得要求董事持股，如美国、日本。另外，随着职工监事的普及以及经理人职业化趋势，各国公司法对于监事、高管人员均无持股要求。这一立法潮流被认为是落实现代公司的“两权”分离原则的需要。①

尽管我国实践中董事持股十分普遍，但《公司法》未要求持股资格。《上市公司章程指引》也未作要求。

2. 身份。董事是否限于自然人（individual），也即法人可否担任董事？对此也有三种处理：（1）多数规定董事限于自然人，法人不能担任董事；（2）少数规定法人可以担任董事，须指定一名自然人为其常任代表，如英国、比利时、我国台湾地区；（3）法国规定，单层制下的董事可由法人担当，但双层制下不可。

从董事行权的实际状态看，法人不宜担任董事。作为公司业务的执行人，应当具有自然人那样的亲力亲为的能力，法人董事履行职务时再委托他人代理，徒增一层法律关系，不利于公司的业务执行。《公司法》关于董事的资格、义务和责任的规定都是针对自然人设定的，因此，董事限于自然人，断无疑义。

关于董事兼任其他公司的董事，多数公司法没有限制，但法国《商事公司法》第 92 条规定，同一自然人不得同时担任 8 个以上住所地在法国的股份公司的董事，否则，在任命后的 3 个月内须辞去其中的一个职务，逾期不辞的，视为辞去新任职务，并归还已领取的报酬，但不影响其已经参加的决议的有效性。董事应保证有足够的时间和精力履行职责，因而不可过多兼职。《公司法》没有限制董事的兼职，中国证监会《上市公司独立董事管理办法》规定，独立董事原则上最多兼任 3 家上市公司（不含境外上市公司）的独立董事。

3. 年龄。各国公司法均禁止未成年人担任董事，也就限定了董事的年龄下限。对年龄上限，多数公司法不作限制，少数公司法对高龄董事附加了一定条件。如英国规定，年逾七旬者出任董事，需由股东会通过决议作特别说明；法国规定，年逾七旬的董事不能超过董事会成员的 1/3，董事长不能超过 65 岁。我国公司法对年龄上限未作规定，但规定无民事行为能力人、限制民事行为能力人不能担任董事，所以董事的年龄下限为 18 周岁。

4. 国籍、住所。除个别公司法外，多数公司法对董事的国籍、住所没有限制。我国亦然。

以上是法律对公司董事积极资格的要求。公司可以通过章程规定更高要求的积极资格，还可以规定董事人选的学历、职业经验、信用记录等其他条件，这一做法在封闭公司中常见。

① 王文宇. 公司法论. 北京：中国政法大学出版社，2004：279.

（三）消极资格

为避免股东所托非人，多数公司法严格限定董事的消极资格，大致集中在无行为能力人、限制行为能力人、破产人、禁治产人、有财产性犯罪前科者、有不良行为记录或个人资信状况较差者等。我国的规定与此大体一致。《公司法》第178条第1款规定，有下列情形之一者不得担任董事：（1）无民事行为能力、限制民事行为能力；（2）因贪污、贿赂、侵占财产、挪用财产或者破坏社会主义市场经济秩序，被判处刑罚，或者因犯罪被剥夺政治权利，执行期满未逾5年，被宣告缓刑的，自缓刑考验期满之日起未逾2年；（3）担任破产清算的公司、企业的董事或者厂长、经理，对该公司、企业的破产负有个人责任的，自该公司、企业破产清算完结之日起未逾3年；（4）担任因违法被吊销营业执照、责令关闭的公司、企业的法定代表人，并负有个人责任的，自该公司、企业被吊销营业执照之日起未逾3年；（5）个人因所负数额较大债务到期未清偿被人民法院列为失信被执行人。

此外，依据其他法律、法规，有下列情形之一者也不得担任董事。

（1）《公司法》第76条、第130条规定，本公司的监事不得担任董事。

（2）《证券法》《商业银行法》《保险法》等商事特别法针对证券公司、商业银行、保险公司的董事资格，分别有特别限制规定。此外，证监会对证券公司、上市公司董事的消极资格也有特别限制。

（3）《公务员法》第59条第16项规定，公务员不得“违反有关规定从事或者参与营利性活动，在企业或者其他营利性组织中兼任职务”。据此，可以认为公务员不得兼任董事。但这一规定从未得到真正的遵守，尤其在国有公司。

（4）《律师法》第50条第1款第3项规定，执业律师不得“从事法律服务以外的经营活动”，据此可否理解为律师不得出任公司董事，尚有疑问。国外立法有的将公证员、律师视为特定社会角色的人，禁止兼任董事。在我国，一个共识是，独立董事并非经营管理职位，故律师可以出任。

关于违反法定的董事资格而选任董事的效力，《公司法》第178条第2款规定，该选举、委派无效；同条第3款规定，董事在任职期间出现违反消极资格的情形的，公司应当解除其职务。对此需明确四点。

（1）第2款的“无效”，对于董事本人的任职而言，应该属于自始无效。所以，已经领取的董事报酬，应该返还给公司。但是，该董事任职的自始无效，不影响其已经作出的职务行为如参加的决议的效力，以维护正常的法律秩序。

（2）如果董事由股东会选举产生，第2款的“无效”可以理解为股东会选举决议的无效，适用股东会决议无效之诉（《公司法》第25条）。

（3）第3款的“公司应当解除其职务”的方式，应当理解为由公司出面解除。董事职务一经解除，其效力应回溯至该董事发生违反消极资格情形之时。同样的道理，该董事被解除职务之前已经作出的职务行为如参加的决议的效力，不受影响。

（4）目前的实务难题是，董事任职期间内一旦出现违反消极资格情形，虽然公司应当解除其职务，但是《公司法》没有强制公司解职的期限，所以实践中公司往往长期不解职，这造成了普遍违法的现象，建议今后的立法明确公司解职的时限。

二、董事

（一）概念

董事（director），指担任公司董事职位的人。这一概念强调的是董事的功能和职责。如英国《1985年公司法》规定，董事包括任何居于董事地位的人，无论其称谓如何。可见，董事是一种职位，任何人居于该职位，即称为董事。广义上的董事不仅包括通过适当程序产生的董事，还包括非经适当程序产生但实际上担当董事职能的人。

（二）分类[①]

1. 代表董事与非代表董事

在日本，只有代表董事才可以对外代表公司为法律行为。日本《公司法典》第349条规定，董事为2人以上时，董事各自代表公司；也可以基于公司章程、基于公司章程规定的董事互选或者股东会决议决定1名以上的代表董事。

我国《公司法》第10条规定，公司的法定代表人按照公司章程的规定，由代表公司执行公司事务的董事或者经理担任。据此，执行董事担任法定代表人的，也可谓为代表董事。

2. 执行董事与非执行董事

执行董事（executive director），指在公司中负责业务执行的董事。执行董事在公司有双重身份：作为一名董事，负有与其他董事相同的职责；作为一名高管，负责公司业务执行。具体又有两种情形：一是专职执行董事，即专门执行董事会的业务工作的董事；二是兼职执行董事，指那些兼任公司高级管理职位如总经理、副总经理、财务总监、上市公司董秘的董事，又称管理董事（managing director）、经理董事。

如果一位董事在任职公司中不同时担任执行职务，就被称作非执行董事（non-executive director）。非执行董事只参与决策，不参与执行，外延上包括四类：（1）外部董事；（2）职工董事；（3）独立非执行董事也即独董；（4）非独立非执行董事。

这种分类流行于英国及英联邦国家，也逐渐为其他国家、地区所接受。值得注意的是，非执行董事通常是其他公司的执行董事、高管。

执行董事与非执行董事在我国公司法上的分类具有重要价值。其一，依照《公司法》第10条规定，董事会成员中唯有执行董事可以担任法定代表人，非执行董事不可以；其二，依照《公司法》第51条、第53条、第211条、第226条等规定，对于不履行催缴义务、协助抽逃出资、违法分红、违法减资等情形下，“负有责任的董事”承担赔偿责任，这就蕴含了担负不同职责的董事在对具体的违法行为承担责任上实际上是不同的。

两种“执行董事”。旧《公司法》曾经规定，规模较小或者股东人数较少的有限责任公司，可以不设董事会，设一名执行董事，行使本法规定的董事会的职权。这一规定，意味着执行董事被界定为不设董事会的一名董事。但是按照现行《公司法》第10条、第180条第3款等规定，执行董事被界定为执行公司事务的董事，其内涵不仅与旧法截然不同，且大为扩展。按其定义，一家上市公司十多人的董事会，可能会有若干名执行董事。有鉴于此，《公司法》第75条、第128条等规定，规模较小或者股东人数较少的两类公司都可以不设董事会，设一名董事（注意不再是执行董事）。那么该一名董事是否为执行董事呢？这需要具体分析，以上两个条款也进一步规定，该董事可以兼任公司经理，这表明，该董事如果兼任经理的，肯定为执行董事；如果不兼任经理，其是否为执行董事，则需要进一步检视其是否“执行公司事务”而界定。

3. 内部董事与外部董事

内部董事（inside director），指同时也是公司全职雇员的董事。内部董事在公司的工作状态属于专职董事（full-time director），外延上包括执行董事与职工董事，也即内部董事可以是

① 李建伟. 独立董事制度研究：从法学和管理学的双重角度. 北京：中国人民大学出版社，2004：30及以下.

公司高管，也可以是中低级的管理人员甚至一般职员。如果以前是公司的高级职员、雇员，但目前因退休或其他原因不再是雇员的董事，即不在内部董事之列。

外部董事（outside director），就是当前不被公司全职雇用的董事。外部董事在公司的工作状态属于兼职董事（part-time director），即除董事身份以外，与公司之间不存在全职雇佣关系，故而属于非执行董事的范围。按照与公司有无雇佣以外的其他利益关联关系，外部董事分为有关联的外部董事（affiliated outside director）与无关联的外部董事（unaffiliated outside director）。有关联的外部董事，指与公司存在实质性利害关系，如公司已退休高管人员、高管人员的近亲属、与公司存在业务关系的公司律师、供应商等外部董事。无关联的外部董事，已经非常接近于独立董事（independent director）的概念。

这种分类原本主要适用于美国公司法，分类标准与英国的执行董事和非执行董事类似，但内部董事与执行董事、外部董事与非执行董事的外延有差别，并不一一对应。这两种分类的共同意义在于，董事会组成中执行董事与非执行董事、内部董事与外部董事的不同比例关系，决定了董事会构成的性质差异，即董事会相对于经理层的独立性程度。董事会构成的上述比例不同，也就决定了其功能、职能以及效率的差异。比如，在非执行董事、外部董事占绝对多数的董事会，公司的决策与执行是分开的，董事会可以发挥较强的监督经理层的功能；反之，执行董事、内部董事占据绝对多数的董事会，董事会与经理层几乎合一，公司的决策与执行不分，很难指望董事会发挥监督职能。当然，最直接体现董事会构成的独立性指标的，是独立董事的比例。

近年来，外部董事在我国的国家出资公司尤其国有独资公司得到了迅猛发展，各级国资委将国有独资公司董事会的外部董事多数制作为推进国有独资公司现代企业制度建设的重要抓手。有的国资委推行外部董事的专职化，在国资委层面招考、构建担任下属国有独资公司的专职（兼职）外部董事队伍，将其委派到各家国有独资公司担任外部董事职务，有的国资委建立外部董事专家库制度，选择、委派一些高校专家学者、行业领域专家充任国有独资公司的董事会。《公司法》第 173 条规定，国有独资公司的董事会成员中应当过半数为外部董事。

4. 独立董事

为了从外延上讲清楚独立董事的范围，我们可以这样排列一个种属概念体系：董事、非执行董事、外部董事、外部非关联董事、独立董事。独立董事外延最小，属于非执行董事、外部董事的范畴。独立董事的定义关键是确立“独立性”的标准。在各国公司立法以及“软法”规范上，不存在关于独立董事的“独立”的统一判断标准，最严谨的定义要求独立董事在身份与利益上独立于三类主体。

（1）独立于公司本身，指除董事职务外，与公司不存在其他任何影响独立判断的重大关系（significant relationship），包括：不是公司及其子公司或关联公司的高管与雇员；不是持股达一定比例以上的股东；与公司不存在重大业务联系以及其他重大利益关系。

（2）独立于公司经理层，指与经理层不存在会影响其独立判断的任何关系如近亲属关系。

（3）独立于公司的主要股东。依照《上市公司独立董事管理办法》第 47 条第 1 项规定，此处的主要股东是指持有上市公司 5%以上股份或者持有股份不足 5%但对上市公司有重大影响的股东。独立于主要股东的含义包括：不参与多数股东的董事会；不因主要股东提名而当选；与主要股东不存在直接或者间接的关联关系。

独立董事的范围。根据以上标准仍然很难列举出独立董事的具体范围，但可以将以下类别的董事排除出独立董事之列：执行董事，职工董事，多数股东委派董事，股东代表董事，非正式董事（事实董事、影子董事等），连锁董事（interlocked director）。此处的“股东代表董事”，在大陆法系公司法上指受某一（类）股东指派出任董事，与此相若的英美公司法概念是“股东提名董事”，即与大股东订有代理合同，为代表、促进其利益而尽责的董事；同时担任两个以上公司董事职务的人士即为连锁董事，若这两个公司为关联公司，则该连锁董事对每一个公司而言，均非独立董事。

20世纪六七十年代，美国大型公众公司治理由“董事会中心主义”向“经理中心主义”转变，到80年代达到高潮，董事会日益沦为一个“橡皮图章”，对以CEO为首的经理层的监督严重缺乏效率。究其原因，人们认为董事会的组成相对于经理层严重缺乏独立性。于是，一场旨在提高董事会独立性的公司治理改革运动由此兴起，这场运动的核心就是倡导大型公众公司引入独立董事，并以独立董事为组成多数。时至今日，独立董事在美国大型公众公司董事会中占据绝对多数。比如，标准普尔500家大公司董事会中独立董事占66.4%的比例（1997年）。在1999年《财富》美国公司100强中，董事会平均人数为11人，独立董事为9人，内部董事仅占2人。

独立董事制度在美国创设后，被许多国家、地区移植，并在20世纪90年代掀起一场风靡全球的独立董事运动。其间，各类非官方、半官方的公司治理“软法”规范起到强有力的推动作用。我国上市公司的独立董事实践始于20世纪90年代中期。2001年8月，中国证监会正式发布《关于在上市公司建立独立董事制度的指导意见》，在上市公司强行推行独立董事制度，要求上市公司董事会成员中至少包括1/3的独立董事。2005年修订的《公司法》第123条规定，“上市公司设立独立董事，具体办法由国务院规定”。2022年中国证监会发布《上市公司独立董事规则》（〔2022〕14号），以行政规章形式规范独立董事制度。2023年7月中国证监会发布《上市公司独立董事管理办法》（〔2022〕220号）以进一步优化上市公司独立董事制度，提升独立董事履职能力，充分发挥独立董事作用，完善独立董事相关配套规则。

5. 影子董事、事实董事

以董事执行职务是否获得公司的正式委任为标准，董事可以分为形式董事和实质董事。形式董事履行职责之前已经获得了公司的正式委任，基于选任获得的身份构成了其履行董事职权、承担董事义务与责任之基本前提。而实质董事是指虽未获得公司正式委任，但实际履行董事职责，承担董事义务与责任的董事，包括影子董事和事实董事。①

影子董事（shadow directors）指，通常置身幕后，指示或操纵台前董事以实现其控制公司目的之人。② 根据《英国2006年公司法》第251条的规定，影子董事指公司董事习惯于根据其指导或指示而行事的人，但这一标准仍有待判例明确。判例法上，英国法院对影子董事之构成有更为具体的界定。在1994年的Re Hydrodam（Corby）Ltd. 案中，法院将影子董事的构成要件界定为：(1）影子董事于幕后操纵形式董事或事实董事，不直接参与公司业务的决策执行；(2）影子董事对公司业务执行决策具有支配和控制的影响力，足以使得董事会遵守其指令；(3）此种支配控制力须达到持续影响程度，使董事习惯于服从影子董事之指令；(4）不必须以支配控制公司的所有行为为限。③

事实董事（de facto directors）是指，没有经过正式程序选举或者推举也没有记载于公司章程，但却实际执行董事职能的主体。具体而言，事实董事虽然未经正式任命，但其公开的行为（例如，经常参加董事会会议并积极参与公司决策等）显示其就像经过正式任命的董事一样。

---

① 赵旭东. 新公司法讲义. 北京：法律出版社. 2024. 334.

② STEPHEN GRIFFIN. Company law：fundamental principles. 4th ed. Pearson Longman，2006：291－292.

③ Re Hydrodam (Corby) Ltd. [1994] B. C. C. 161，at 163.

有人认为影子董事与事实董事实为一回事，有人认为二者还有区别：一是透明度不同，事实董事公然行使董事执行公司事务的权力，对法定董事取而代之；而影子董事躲在幕后操控法定董事；二是行权方式不同，事实董事行使董事权力时不必仰赖董事或高管的协助，而影子董事离不开后者的协助；三是法律后果不同，事实董事因违反诚信义务而担责时并不必然殃及法定董事；影子董事因违反诚信义务而担责时必然株连法定董事。[①]

我国《公司法》第180条第3款规定，公司的控股股东、实际控制人不担任公司董事但实际执行公司事务的，适用本法关于董事对公司诚信义务的规定。这就确立了中国法上的影子董事或曰事实董事制度。在公司实务中，由于我国绝大多数公司的股权较为集中，往往存在双控人（控股股东、实际控制人），双控人实际参与公司事务，也即实际上行使董事权力，但名义上又不担任董事，成为“法外之人”，更易于成为滥权之源头。影子（事实）董事概念的引入，为公司法从董事诚信义务的视角规制双控人提供了可能。

超级监事。朱某是数家公司的主要投资人，在这些公司中都担任监事一职，但各公司章程都有一条规定：董事长、总经理向监事汇报工作。凭此，足以认定朱某为数家公司的影子董事。

（三）选任

1. 选任的方式

我国公司董事的选任方式，具体规定有：

（1）首届董事，在有限公司，由发起人（公司设立时的股东）决定；在股份公司，由成立大会选举。

（2）一人公司的董事，由一人股东决定。

（3）国有独资公司的董事，由履行出资人职责的机构委派。

（4）职工董事，通过公司职工民主形式产生，包括通过职工代表大会、职工大会或者以其他民主形式选举产生等。

（5）其余情形的董事，概由股东会选举产生。在我国，选任董事是股东会的固有权力，董事选任机关的规定乃强制性规定，不得以公司章程、股东会决议将董事选任权委托给公司其他机关或第三人行使，也不得规定选任董事决议之效力取决于第三人同意。

股东会选任董事以普通决议为之，具体选举方式有直接投票制与累积投票制之分，此处不赘述。

2. 就任的时点

（1）选举产生的董事就任时点。常见的股东会选举董事的决议生效后，当选董事何时就任董事职务，是一个有争议的问题，也是关涉董事与公司之间一系列权利义务责任的关键性问题。从我国公司实践来看，大致有三种较为流行的做法。一是选举决议作出，即为董事就任时点，事后公司与董事之间无须签署聘任合同（也称委托合同，日本、我国台湾地区称为委任合同，下文在同一意义上使用这三个合同概念）；二是在决议作出后，公司与当选董事之间尚需签署聘任合同（Director’s Service Contract，简称DSC），聘任合同生效的时间乃是董事就任时点；三是决议作出后，当选董事为公司出具一份单方的就任承诺书，就任承诺书是在董事当选后面对公司出具的、实则面向全社会公开的单方行为，由此区别于股东会选举前的“董事候选人承诺书”，也有别于当选董事与董事签订的聘任合同（双方行为）。

---

① 刘俊海．论实际控制人作为影子董事的民事责任：以新《公司法》第192条的解释为中心．法律适用，2024（7）．

无论采用哪一种做法，皆认为董事于任职生效后，始能行使董事职权，这一点并无分歧。而且，无论采用哪一种做法，董事与公司之间都可被认为存在委托（委任）合同关系，只是合同关系的成立依据有所不同。在第一种做法下，可以认为董事当选后即与公司成立事实上的合同关系。在第二种做法下，是否必须以签订书面聘任合同为董事就任前提，尚需讨论，该合同以明确双方的权利与义务、董事的任期、董事责任以及董事遭提前解职的补偿等内容为要义。在第三种做法下，董事的单方承诺书也可以视为对于公司选举决议这一要约的承诺，此时合同关系也告成立。

我国上市公司推行第二种做法。中国证监会《上市公司治理准则》（2002年版）第32条即规定，“上市公司应和董事签订聘任合同，明确公司和董事之间的权利义务、董事的任期、董事违反法律法规和公司章程的责任以及公司因故提前解除合同的补偿等内容”。最新的2018年版本第20条仍然如是规定。但是这一规定强制要求上市公司推行聘任合同，就其文义解释似乎限于管理性规定，并没有明确董事聘任合同是否为董事任职的前提条件，据有关实证研究表明，上市公司实务中多数并未遵从上述规定，实践中也有不少上市公司推行DSC的简版形式——董事就任承诺书。

他山之石：韩国司法立场的变迁。在韩国，司法判例长期认为，“董事、监事的任职需要签署委任合同，即使通过股东会决议，也得由代表董事代表公司与当选董事、监事签署委任合同，经当选人承诺，才成为董事、监事”。对此立场的批评意见认为，“在股东会上选任特定人为董事、监事，但如果代表董事不与当选者签订合同，有可能出现董事、监事选任不生效的问题”。这一批评无疑是有道理的。2017年3月韩国大法院（最高法院）推翻了原有的判例，采新的立场：“在股东会上选任董事、监事的，只要有选任决议和当选者的承诺，不管是否公司代表董事与当选人另行签约与否，均会取得董事、监事的职务。”二者的界分主要差异是，在公司面临敌意收购时，如采前一种观点，则很可能导致恶意收购者方的当选董事、监事无法就任的窘境，因为维护原管理层利益的代表董事可以选择不与其签订委任合同。

（2）其他方式选任的董事就任时点。理论上，委派、指派方式产生的董事的就任时点，与选举产生的董事面临同样的问题。如无须以被委派/指派人与公司签署委托（委任）合同为准，则委派、指派作出（多表现为红头人事任命文件发布）即为董事就任时点；否则，也得以签署聘任合同生效为准。但在实务中，业界一般理解为，红头人事任命文件发布就是委派、指派董事就任时点。

（四）任期

董事任期由公司章程具体规定，公司法仅规定董事任期的最长期限。各国规定的最长期限不同，短者1年至2年，长者5年至6年，一般是3年。

《公司法》第70、120条规定，董事任期由公司章程规定，每届任期不得超过3年；董事任期届满，连选得连任，不限制连任次数。因此就出现了所谓的终身董事现象。由于我国公司法不限制董事年龄，故终身董事现象不仅可能，而且合法。

首任董事的任期，从公司成立之日起算。其他董事，如果公司章程、股东会决议规定了起讫日期，依其规定；没有规定的，原则上自上任董事任期届满之日起算，如果发生上任董事延期离职的，则自董事当选之日起算。[①] 所谓“董事延期离职”，是指董事任期届满未及时改选，或者董事在任期内辞职导致董事会成员低于法定人数的，在改选出的董事就任前，原董事仍应正常履行董事职务（《公司法》第70条第2款、第120条第2款），以避免公司的混乱和失控。

① 王文宇. 公司法论. 北京：中国政法大学出版社，2004：279.

此类董事在理论上被称为“延期董事”（holdover director）。

如果法律或者公司章程有明文规定，董事任期可以采取交叉制（staggered terms），与此相适应，董事可以交叉改选。例如，董事任期为3年，每年重新选举其中的1/3。在大型公众公司，采用交叉制的表面理由是维持董事会成员的相对稳定性、经营政策的连续性和管理经验的持续性，但真正的原因是：减损累积投票的效果，或者防止敌意收购。我国公司法没有规定这一制度。

（五）去职

1. 辞任

我国公司法通说认为，董事在任期内可以向公司提出辞职，辞职的意思表示通常送达给公司董事会。由此生出的问题是，辞职何时生效。理论上主要有两个观点：一是公司同意说，该说认为董事向董事会提交辞职书后，应当经公司同意（股东会或者董事会批准），方发生辞职的法律效力。主要理由包括：（1）董事须履行公司法、公司章程规定的职责，包括在公司破产或者解散时的清算义务等，故辞职如未经公司批准即为生效，与董事肩负的职责相悖。（2）如辞职书送达公司后，董事辞职即生效，则断无商量或撤回之余地，也过于草率，如有多数的董事同时或者短期内先后辞职，则顿生董事会瘫痪之虞；反之，董事辞职须经公司同意的做法可留有缓冲的余地，避免董事会的空窗期与瘫痪。

二是单方行为说（形成权说）。该说认为，董事向公司提交辞职书后，即产生辞职的法律效力，但法律或者公司章程另有规定的除外。该说的最大法理依据在于，董事与公司之间在内部关系上属于委任关系，在外部关系上属于委托代理关系，均应适用《民法典》第933条关于委托合同可任意解除的规定，董事既然可以随时解除委托合同，那么董事向公司提交辞职书后，即已解除委托合同，产生辞职的法律效力。这一法理的背后，乃是认同董事择业之个人自由属性，故无须征得公司的同意，但须通知公司，该通知原则上以书面为之，公司收到通知之日即为辞职生效之日。如在股东会、董事会会议上口头提出辞职，公司当即接受的，即为生效。公司能够举证董事恶意辞职且给自己造成损失的，依据委托合同规范（《民法典》第933条），有权要求该董事赔偿损失。这一见解，实将董事辞职视为单方行为，如以前述当选董事与公司签订的聘任（委托）合同为其就任前提条件，则可将辞职理解为董事的单方解约行为。为求周延，该说还提出，法律或者公司章程另有规定的除外；同时为作缓和又提出，经公司与辞任董事一致同意由董事撤回辞职书的，亦除外。两个除外情形的主要理由在于，董事辞职何时生效本质上属于公司自治的范畴，因而公司章程可就此作出规定，董事与公司亦可就董事撤回辞职书达成合意；法律、行政法规对董事辞职另有规定的，应当遵从其规定。如《公司法》第70条规定的董事辞职的后合同义务，第232条规定的股份公司解散后的董事清算义务等，董事自应遵守。

后一学说，是我国理论界的有力说，也是公司立法的立场。《公司法》第70条第3款规定，董事辞任的，应当以书面形式通知公司，公司收到通知之日辞任生效。

2. 解任

解任又称董事的更换（removal of directors），就是公司解除在任董事职务，故区别于董事任期届满而发生的更替。董事的更换主要涉及的问题如下。

（1）谁来更换。依公司法理，更换董事的机关与方式，与董事的产生方式相适应。在我国，具体而言，首届董事以及股东会选举的董事，由股东会更换；职工民主方式选举的董事，由同样的职工民主方式更换；委派、指派产生的董事，由委派（指派）方负责更换。

他山之石：法院更换董事。国外公司法有的规定，法院可以欺诈、不诚实行为或者严重滥用权力为由更换董事，称为“裁判解任”，适用情形有：1）公众公司的董事拒绝解任的，法院出面更换董事，其成本小于通过召开股东会更换董事；2）在封闭公司，当董事被指控有错误行为但拒绝辞职且拥有表决权时，法院应少数股东请求以命令为之。法院更换董事后再任命的董事称为法定董事（provisional director)。我国公司法上不存在这一制度。

（2）何时解职。选举产生的董事，在解职的决议一经作出生效时，即丧失董事职务，无须以此前事实上存在或者签署的委托（委任）合同解除为必要，当然学理上也可以，将其视为公司的单方解约行为。委派、指派方式产生的董事，委派方、指派方一经撤销委派、指派的，董事职务即告丧失，也无须以此前事实上存在或者签署的委托（委任）合同解除为必要。

（3）是否需要理由。任期届满前更换董事容易引发争议，且会致讼。尤其在由股东会更换董事的情形下，是否需要说明理由，公司法理论认识不一致，各国立法有两种模式。

第一，需要说明理由（with cause)。此处的“理由”不是指公司内部权力斗争或者政策分歧，一般是指董事有违信行为。在实务中，更换董事需要说明理由通常被作为反敌意收购的防御措施，并经常与董事交叉任期配套适用。

第二，无须说明理由（without cause)。大多数公司法规定，更换董事可以说明理由，也可以不说明理由，实质上意味着无须说明理由。现代公司法理论认为，更换董事无须说明理由作为一种威慑、约束机制，有利于促使董事勤勉工作。但为了保护在职董事的利益，各国公司法同时设定了一定的限制条件和程序：其一，公司章程可以作相反规定。如章程规定需要说明理由，则优先适用；其二，若某董事由少数股东投票产生，如通过累积投票选举的董事、由种类股股东选举的董事，则其更换也需要获得少数股东、种类股股东的同意。

我国1993年《公司法》曾经实行有因解职说，第47条第2款规定，“董事在任期届满前，股东会不得无故解除其职务。”但该款在2005年修订时被删除，意味着由此转采解职无因说。2023年《公司法》更为明确地采解职无因说，第71条规定：“股东会可以决议解任董事，决议作出之日解任生效。无正当理由，在任期届满前解任董事的，该董事可以要求公司予以赔偿。”

（4）无因解职赔偿。通常而言，董事享有任期利益保障，无因解任不得损害董事合法权益，为平衡双方利益，防止公司无故任意解任，《公司法》第71条赋予被无因解任董事请求公司赔偿的权利。因此，正当理由的有无不影响公司解任董事，但关涉董事赔偿请求权。

何谓正当理由？《公司法》第71条第2款所称“正当理由”，在法律上属于不确定的规范性概念，须在个案中依价值判断予以具体化。[①] 对“正当理由”内涵的理解，可借鉴比较法经验。德国《股份法》第84条第3款规定正当理由包括严重违反义务、丧失通常的业务执行能力、股东会宣布不信任，德国学者从反面指出，由于董事会有独立决策权，其与监事会在经营决策方面的分歧不足以构成正当理由[②]；日本学者则将解任的正当理由总结为“董事存在职务懈怠、不正当乃至违法行为”、“经营能力明显欠缺”以及“经营判断失败”等情况[③]；韩国学者将其总结为董事“实施违反相关法令或章程的行为”、“精神与肉体上都难以承担经营者职责的情形”以及“因未能制订公司重要的经营计划或很好地推进业务而丧失对其经营能力的基本信任”等。[④] 为保障董事合法权益，“正当理由”的界定不宜过于宽泛，总体上可以从资格能力和行为义务两方面理解：资格能力对应董事是否符合任职的资格条件，是否具备正常履行职

① 刘连煜. 现代公司法. 17版. 台北：新学林出版股份有限公司，2022：516.

② 托马斯·莱塞尔，吕迪格·法伊尔. 德国资合公司法. 6版. 高旭军，等译. 上海：上海人民出版社，2019：198.

③ 近藤光男. 最新日本公司法. 7版. 梁爽，译. 北京：法律出版社，2016：223.

④ 崔埈璿. 韩国公司法：上. 王延川，崔嫦燕，译. 北京：中国政法大学出版社，2020：377.

务的能力，如《公司法》第 178 条对董事消极资格的规定；行为义务对应董事是否违反了法律、章程规定的忠实、勤勉等义务，如第 181～184 条的规定等。

离职赔偿承担了对被解任董事的救济功能，对公司无因解任董事形成制约，促使公司审慎决定；同时，一定程度上保障了董事依法独立行使职权，有利于防止双控人滥用控制权无理由撤换董事会成员，体现了弘扬企业家精神的立法意图。关于赔偿范围，鉴于董事与公司为委托关系，可依据《民法典》第 933 条委托合同解除规则确定赔偿数额，即委托人因解除合同造成受托人损失的，除不可归责于当事人的事由外，有偿委托合同的解除方应当赔偿受托人的直接损失和可得利益损失。在具体个案中，可结合剩余任期和董事薪酬等因素综合确定赔偿的合理数额。"董事薪酬"通常包括为公司提供劳务所应得的酬金、按月给付的具有固定薪酬性质的交通费、年度利润中可分得的具有红利性质的酬劳等。[①]

3. 更替

董事任期届满，未获连任，自然终止董事职务，董事与公司之间的委托合同关系也因得到全部的履行而自然终止；同时下一届董事就任，完成前后届董事的更替。如果董事任期届满，由于公司原因没有选出下一届董事，则上届董事继续留守，形成留守董事，直至新一届董事就任。

4. 董事会填补空缺

由于特定原因如董事的死亡、辞职等，可能导致董事会职位出现空缺尤其是大面积空缺，填补该空缺属于股东会的固有权力，但是，如只能等待下次股东会年度会议填补空缺，可能严重影响董事会的运转，甚至导致董事会不足法定人数而无法开会。有鉴于此，有的公司法授权董事会选任董事以暂时填补空缺，任期止于下一次股东会会议；如获股东会选任，继续任职，落选则停止职务。

我国公司法没有规定董事会填补空缺的权力。《公司法》第 113 条规定，在股份公司董事人数不足法定人数或者章程所定人数的 2/3 时，应当召开临时股东会会议解决之。

（六）与公司之间的权力、权利、义务与责任

1. 权力

董事会的权力必须集体行使，董事在执行职务时，是以"会"（board）的形式采取行动，故董事个人不享有任何单独的权力（power)，公司的经营管理权授给董事会而非董事个人，董事的行为为董事会的行为所吸收。但是，董事仍然需要对其个人行为承担责任（liability)。

2. 权利

董事个人虽不享有单独的权力，但作为独立的利益主体，与公司处于平等地位，所以董事当然享有权利（right)。董事个人可能享有的权利主要包括如下内容。

（1）知情权。为确保董事正确履行职责，在董事会决议时作出正确的决策，在保护公司、股东利益的同时也保护董事自己——免于承担错误决策的个人责任，赋予董事知情权不仅必要，而且重要。董事的知情权是指，董事可以亲自或者通过代理人在任何合理时间查阅、复制公司及其子公司的账簿、记录和文件，并可以检查公司财产，以保证适当地熟悉公司经营。董事的知情权受到的必要限制包括：1）与董事的职责履行存在合理联系；2）不会导致公司发生不适当的负担或者费用（undue burden or expense)；3）不存在不纯的动机（mixed motives)，比如公司证明董事意欲利用所获取的信息实施违信活动。

（2）报酬请求权。早期公司的董事依惯例是没有报酬的，演变至今，董事可以享有报酬，

---

① 刘连煜．现代公司法．17 版．台北：新学林出版股份有限公司，2022：519.

但须有公司章程或者委托合同的约定。在公众公司实践中，优厚的报酬已经成为鼓励董事为公司服务的重要激励机制。在我国，董事与公司被认为存在委托合同关系，《民法典》第928条规定，“受托人完成委托事务的，委托人应当按照约定向其支付报酬。因不可归责于受托人的事由，委托合同解除或者委托事务不能完成的，委托人应当向受托人支付相应的报酬。当事人另有约定的，按照其约定”。可见，董事从公司取酬是原则，但如果董事单方声明放弃或者双方协议约定不取酬的，从约定。在我国实践中，国有公司高管兼任从属公司董事职务的，多不取酬。董事报酬的形式可以是薪金、奖金或者其他形式。自20世纪90年代以来，董事报酬形式呈现出多样化，报酬多少与公司业绩之间的相关性得到越来越多的强调，股票与股票期权成为越来越重要的报酬形式。这使得公众公司董事的报酬构成与经理的日益接近，即包括现金（cash）、奖励（bonus）、股票（stock）以及股票期权（stock option），常见的形式是购买股份的期权或者以优惠价格购买股份的计划，希望将董事与公司的长期利益捆绑在一起。

在英美公司法，董事报酬被认为是一个经营问题，所以关于报酬的数额确定，如果公司章程没有相反规定，概由董事会而非由股东会确定，因为如由股东会决定，很难顾及每一个董事在公司中的不同作用、地位以及贡献，所以就很难发挥报酬机制的激励作用。在实践中，鲜有公司章程规定由股东会决定董事报酬。依据《公司法》第59、112条，董事可以享受报酬，董事的报酬由股东会决定。

3. 义务与责任

董事是公司的受托人，对公司负有诚信义务，违反义务应承担违信责任，包括赔偿公司的损失。关于董事对公司的义务与责任，详见本书第十八章。

三、高级管理人员

（一）概念

公司高级管理人员（officers），简称高管，指经法律、公司章程规定或者股东会授权，由董事会聘任，对内执行公司经营管理业务，对外代表（代理）公司营业的公司雇员。按照这一定义，高管的特征如下。

1. 一个单一或者群体概念。高管通常是一个群体概念，称为公司经理层（management），包括总经理（general manager）或者总裁（president）、副总经理（副总裁）、财务主管（treasurer）以及董事会秘书（secretary）等。但在小型封闭公司中，只有一个经理的，高管就是一个单一概念。

2. 人员范围法定或者章定。公司需要哪些高管，基本上是一个商业决策问题而非法律问题。由于多数公司法很少干预高管的设置，所以法定高管职位（statutory designated officers）是少数，多数公司高管为非法定职务（non-statutory designated officers）。《公司法》对于高管的设置、职权配置干预较深，法定高管职位包括经理、副经理、财务负责人和上市公司的董事会秘书，但同时允许公司章程自行规定其他高管职位（《公司法》第265条第1项）。

3. 特殊的公司雇员。高管也属于公司雇员，故对公司享有报酬请求权。但与普通雇员相比，其承担不同的义务与责任，任职资格、报酬确定程序及披露要求也有所不同。比如，《公司法》第67、120条规定，经理的报酬由董事会决定；第129条规定，股份公司应当定期向股东披露高管从公司获得报酬的情况。这些规定并不适用于普通雇员。所以，在法理上廓清高管范围的意义之一，就是将高管与普通雇员区分开来，分别适用不同的法律规范。

（二）法定高管

《公司法》第265条第1项规定了四个高管职位：经理（总经理、总裁）、副经理（副总经理、副总裁、高级副总裁、执行副总裁、资深副总裁等)、财务负责人（财务部部长/主任、财务总监、CFO等）以及上市公司的董事会秘书（简称董秘）。这里着重介绍后者。

董事会秘书是英美公司法的特有制度，在公司治理中发挥着重要作用。我国上市公司将其移植过来，成为必设的高管职位。根据《公司法》第138条、第265条以及相关法规，董事会秘书制度的主要内容如下。

（1）法律地位。董事会秘书属于公司高管的范围，对董事会负责，承担法律、公司章程对高管规定的义务与责任。

（2）任职。原则上由专职人员担任，公务员、公司聘任的会计师事务所的会计师、律师事务所的律师及其他中介机构的人员不得兼任，但可由公司董事兼任。如某一行为应由董事、董事会秘书分别作出，兼任者应以后者的身份作出。

（3）选任。董事会秘书由董事长提名，由董事会聘任或者解聘，并向股东会报告和向社会公众披露。

（4）职责。依照《公司法》第138条以及相关法规规定，董秘的主要职责包括：准备和递交公司报告和文件给公共机构；负责信息披露事务；筹备董事会、股东会会议，负责会议的记录、会议文件的记录与保管；为董事会决策提供意见或建议，协助董事会合规行权，在董事会决议涉嫌违法时应及时异议；保管董事会印章，经营性股东名册资料，确保股东及时得到公司披露的资料；协调处理股东关系事务；负责公司公共关系事宜；董事会授予的其他职权。

值得注意者，英国公司董事会秘书享有对外代表权，体现在：作为公司代表与股东以及公共机构进行沟通；就公司行政事务对外代表公司。我国公司法没有授予董事会秘书对外行政事务代表权。

（三）章定高管

公司章程规定的其他高管职位，常见的有公司首席法律顾问、总会计师、总工程师、重要部门的经理以及审计负责人等。对于公司章程所确定的高管职位，任职者到职即自动取得高管资格，所谓对职位而不对人。

（四）董事规则的准用

高管在资格、选任、解任、义务与责任等方面与董事基本没有区别，所以本节所述的董事选任、任职、去职等规则准用于高管，比如高管如遭公司的无因解职，也有权请求相应赔偿。

四、监事

（一）董事规则的准用

监事在资格、选任、解任、义务与责任等方面与董事基本没有区别，所以本节所述的董事选任、任职、去职、更替、补选等规则准用于监事，自无疑问。比如，监事如遭公司的无因解职，也有权请求相应赔偿。

（二）特殊规则

值得关注的特殊性主要有二。

1. 监事资格的特别规定。本公司的董事、高管不得兼任监事（《公司法》第76条、第130条）。

2. 监事任期的特殊设计。各国公司法规定的监事任期一般比董事短，且实践中监事与董事的任期多着意错开，以防止监事与董事协调利益而失去监督功能，甚至相互勾结。《公司法》规定监事的任期与董事相同，每届3年，连选可以连任。对比之下，这一规定需要改进。

重要概念提示

董事会专门委员会；董事长；独立董事；执行董事；高级管理人员；经理权；委托投票者；累积投票制；资本多数决；类别股股东会议；公司决议瑕疵

理论思考

1. 股东会中心主义、董事会中心主义、经理中心主义的立法表达与实践状况，为何出现了极大偏差？

2. 违反高管任职资格的选举效力如何？如何善后处理？

3. 股东会决议不成立之诉有独立的必要性吗？为什么？

实例研习

1. 甲公司于2008年7月依法成立，现有数名推荐的董事人选，依照《公司法》规定，下列哪些人员不能担任公司董事？（多选）①

A. 王某，因担任企业负责人犯重大责任事故罪于2001年6月被判处3年有期徒刑，2004年刑满释放

B. 张某，与他人共同投资设立一家有限责任公司，持股70%，该公司长期经营不善，负债累累，于2006年被宣告破产

C. 徐某，2003年向他人借款100万元，为期2年，但因资金被股市套住至今未清偿

D. 赵某，曾任某音像公司董事长，该公司因未经著作权人许可大量复制音像制品于2006年5月被登记机关吊销营业执照，赵某负有个人责任

2. 华胜股份有限公司于2006年召开董事会临时会议，董事长甲及乙、丙、丁、戊等共5位董事出席，董事会中其余4名成员未出席。董事会表决之前，丁因意见与众人不合，中途退席，但董事会经与会董事一致通过，最后仍作出决议。下列哪些选项是错误的？（多选）②

A. 该决议有效，因其已由出席会议董事的过半数通过

B. 该决议无效，因丁退席使董事的同意票不足全体董事表决票的1/2

C. 该决议是否有效取决于公司股东会的最终意见

D. 该决议是否有效取决于公司监事会的审查意见

3. 董事会召集程序不合法，决议被撤销——陈某诉清缘公司董事会决议撤销纠纷案③

[案情与裁判] 原告陈某为清缘公司董事，且拥有1 000万元的公司股份。2009年2月22日，清缘公司召开董事会会议形成决议，但事前没有通知所有董事。陈某诉称，其在2009年3月初时通过公司办公室才了解到董事会会议的召开及决议情况，该决议严重违反了公司章程及公司法规定：(1) 该次董事会会议的召集者不合法；(2) 召开此次董事会会议没有依法通知；(3) 此次董事会会议的表决方式存在严重瑕疵；(4) 此次董事会会议的决议内容超出了权限范围，故请求法院撤销2009年2月22日作出的董事会决议，诉讼费由清缘公司承担。

---

① 本题系国家司法考试2008年卷三第76题，参考答案：CD。

② 本题系国家司法考试2008年卷三第77题，参考答案：ACD。

③ 案例来源：根据北京市海淀区人民法院（2009）海民初字第1080号民事判决整理改编，北大法宝引证码：CLI. C. 189543，收录时有删减。

法院经审理认定，清缘公司章程中明确约定召开董事会会议应当于会议召开10日前通知全体董事、监事，但公司在事前并未将2009年2月22日召开董事会会议的事项通知全体董事，因此该次董事会会议的召集程序违反了章程规定，陈某作为清缘公司的董事有权自决议作出之日起60日内请求法院予以撤销；陈某向本院提起诉讼的时间是当年3月25日，在法定期限内，故对陈某的诉讼请求予以支持，撤销了上述董事会决议。

[简评] 现实中，往往有公司控股股东突击开董事会会议或不通知其他董事而召开董事会会议，在这种情况下，可以程序违法为由请求撤销决议。

4. 万科—华润的董事会决议效力之争——一道小学数学题

[基本案情] 万科企业股份有限公司（以下称万科）2016年6月17日召开董事会，表决内容是关于增发股份引入深圳地铁有限公司（以下称深地铁）重组预案——通过发行A股股份的方式购买深地铁持有的深圳地铁前海国际公司100%的股权。若重组成功，深地铁将成为万科第一大股东，大股东华润（集团）有限公司（以下称华润）的股权地位严重下降。按照万科公司章程规定，该预案需要董事会2/3以上多数通过。

表决结果：万科共有11名董事，其中一名独立董事张利平申请回避，其余10名董事，王石等代表万科管理层的4名董事及3名独立董事投赞成票，华润派驻的3名非执行董事投反对票。会后当晚，华润宣布：该决议的11名董事中仅7票赞成，3票反对，未获2/3以上多数通过，故重组失败。与此同时，万科则公告：11名董事，1名董事因关联关系回避表决，因此仅10人投票，7票赞成，已超2/3，故提案获得通过，重组预案成功通过。

该项重大争议涉及的条文有：

2013年《公司法》第111条第1款：（股份有限公司）董事会会议应有过半数的董事出席方可举行。董事会作出决议，必须经全体董事的过半数通过。

2013年《公司法》第124条：上市公司董事与董事会会议决议事项所涉及的企业有关联关系的，不得对该项决议行使表决权，也不得代理其他董事行使表决权。该董事会会议由过半数的无关联关系董事出席即可举行，董事会会议所作决议须经无关联关系董事过半数通过。公司董事会决议应当经全体董事的过半数通过。

《万科公司章程》第137条：董事会制订公司增加注册资本方案，或者拟订公司重大收购方案，必须由董事会2/3以上的董事表决同意。

《万科公司章程》第152条：公司董事与董事会会议决议事项所涉及的企业有关联关系的，不得对该项决议行使表决权。该董事会会议由过半数的无关联关系董事出席即可举行，董事会会议所作决议须经无关联关系董事过半数通过。

[问题] 假定独董张利平的回避合法，那么万科与华润关于表决结果的理解，哪一方正确？

[提示] 回避的关联董事席位，是否计入董事会多数决计算的分母？

5. 最高人民法院第10号指导性案例：李建军诉上海佳动力环保科技有限公司决议撤销案

[基本案情] 原告李建军诉称：公司免除其总经理职务所依据的事实与理由不成立，且董事会会议的召集程序、表决方式及决议的内容违反了公司法规定，请求法院撤销该董事会决议。

被告公司辩称：董事会会议的召集程序、表决方式及决议的内容均合乎法律与章程，故董事会决议有效。

法院查明与认定：公司共有3名股东，其中葛永乐持股40%兼任董事长，李建军持股46%兼任董事、总经理，王泰胜持股14%兼任董事。2009年7月18日葛永乐召集并主持董事会会议，三董事出席，会议形成了“鉴于总经理李建军未经董事会同意私自动用公司资金在二级市场炒股，造成巨大损失，现免去其总经理职务，即日生效”等内容的决议，决议由两位董事及监事签名，李建军未签名。

另查明，李建军动用资金炒股，是董事长葛永乐同意并委托其代表公司具体实施的，且相关反映股票交易的资金流转均在公司账上予以记载。对于李炒股的事实，王泰胜也都知情。

上海市黄浦区人民法院的一审裁决：撤销该董事会决议。裁判理由：董事会有权罢免总经理职务，但需要“有故”，该“故”应当是真实的，在该事实基础上形成的董事会决议，如果缺乏事实及法律依据，其决议结果就是失当的。

随即公司上诉。上海市第二中级人民法院二审裁决：撤销一审判决，驳回李建军诉讼请求。裁判理由：会议的召集程序、表决方式未违法；从决议内容看，公司章程规定董事会有权解聘总经理，决议内容中“鉴于……”的陈述，仅仅是董事会解聘李建军总经理职务的原因，而解聘李建军总经理的决议内容本身并不违反公司章程。董事会决议解聘李建军总经理职务的原因如果不存在，并不导致董事会决议撤销。既然《公司法》和公司章程都未规定解聘总经理职务需要理由，公司就可以无故解除总经理职务。既然公司都可以无故解除总经理职务了，那么董事会解除李建军总经理职务的理由是真实还是虚假，也就没什么关系了，不应当影响决议效力。

后，最高人民法院将生效判决列为第 10 号指导性案例，其裁判要点指出：法院审理公司决议撤销纠纷案件中，应该审查会议召集程序、表决方式是否违反法律、行政法规与公司章程，以及决议内容是否违反公司章程；在未违反上述规定的前提下，解聘总经理职务的决议所依据的事实是否属实、理由是否成立，不属于司法审查范围。

[问题] 你赞同一审还是二审的裁决及其理由？为什么？依据现行公司法，李建军还有什么救济途径？

[提示] 本案确立了一项规则：董事会可以无理由地通过决议解聘总经理职务，法院无须审查该理由。上述问题的实质是——你如何看待这一司法裁判立场？

6. 董事辞职何时生效

[基本案情] 甲公司共有三位股东，其中乙公司持股 70%，二位自然人股东共计持股 30%。依据公司章程规定，甲公司股东会选举 A、B、C、D、E、F、G 等七名董事组成董事会，其中 A、B、C、D、E 由乙公司委派，F、G 由两位自然人股东委派，A 担任董事长，F 担任副董事长。2021 年 10 月至 11 月，D、E 分别向 A 提交辞职书请求辞去甲公司董事职务。2022 年，甲公司董事会相继作出两次决议，均记载应参与表决董事 5 名，实际参加表决董事 5 名，A、B、C、F、G 在决议上签字。2023 年 11 月，A 主持召开甲公司股东会会议，两位自然人股东未参加，会议决议将 C、D、E 更换为乙公司委派的另外三名董事。2024 年 3 月，C、D、E、F、G 依据《公司法》第 72 条的规定，推举 F 召集了甲公司董事会会议，C、D、E、F、G 与会，A、B 缺席。该次会议决议免去 A 担任的董事长兼法定代表人职务，选举 F 为董事长兼法定代表人。乙公司认为 C、D、E 已经失去董事资格，该次会议召集程序和表决方式违反公司法和公司章程规定，向一审法院起诉请求撤销该决议。

[问题] 董事向公司董事会提交辞职书后，辞职何时生效？为什么？

第十八章
公司治理的运行机制：利益冲突及其治理

提　示

如果说第十七章是关于公司治理的器物性制度内容的介绍，本章则专门讲述公司治理的精神性制度内容。公司治理的实质是关于公司诸利益相关者之间利益平衡的制度安排。诸利益主体之间存在客观的利益冲突，利益冲突各方所处的法律地位也不均衡，法律的任务就是通过规制强者、救济弱者的机制安排，努力追求各方的利益平衡，实现实质正义。本章基于我国公司治理的现状，提出了最主要的三对利益冲突方，即多数股东与少数股东、股东与管理层、股东与债权人，并就这三对利益冲突的治理措施展开系统化的讲述，内容涵盖我国公司法的所有规定。在内容取舍上，本章努力做到详略得当，凡此前章节已经讲到的制度，本章仅从其对于利益冲突治理意义的角度简要评述，此前章节没有涉及的制度，在此处进行展开分析。

第一节　公司诸利益相关者

一、公司利益相关者理论与公司社会责任

（一）利益相关者理论

利益相关者理论肇始于西方经济学，后在管理学上引申促成了公司组织结构的演变，二者合力推动了公司治理的法律理念变革。利益相关者理论对股东至上理论提出了修正，认为公司是一个由物质资本提供者（股东）、人力资本提供者（管理层、雇员）以及债权人等组成人员(constituents) 组成的契约组织，公司治理就是关于诸利益相关者之间利益平衡及其实现的制度安排。利益相关者理论认为，公司的组成人员不限于股东，还包括债权人、雇员、消费者、供应商以及公司所在的社区等所有提供专用化资产的个人与团体。所以，股东利益最大化并非公司的唯一目标，公司的决策不仅要考虑股东的利益最大化，还需考虑其他利益主体的利益；公司的权力源于所有的利益相关者而非仅仅股东的委托，管理者应对所有的利益相关者而非仅仅对股东负责；股东之外的其他利益相关者应该在公司治理中有一席之地。①

（二）公司社会责任

在现代社会，公司的影响力广泛地深入社会生活的各个领域。因此，人们希望公司担负起与其社会地位相称的社会责任。公司社会责任的概念一经提出，渐获广泛认同，公司必须履行社会责任成为现代社会的一项基本共识。

---

①　布莱尔. 所有权与控制：面向21世纪的公司治理探索. 北京：中国社会科学出版社，1999：导言.

但是，关于公司社会责任的含义，可谓众说纷纭，难以统一。公司社会责任有法律上的社会责任与伦理上的社会责任之分，其中，法律上的社会责任是指公司在依法实现营利目的、增进股东利益的同时，应兼顾其他利益相关者的利益。这一定义可以解读如下。

1. 是义务而非责任。公司社会责任中的“责任”并不具有“法律责任”（responsibility，liability）的含义，而是夹杂着“法律义务”（obligation，duty）与企业（商业）伦理（business ethics）的意思，强调公司应在伦理层次以上（包括法律的要求）普遍尊重诸利益主体的利益。公司社会责任所包含的法律义务和伦理义务的区别在于：前者具有强制性，公司必须履行，否则，承担法律责任；后者不具有强制性，公司自觉履行，可以提升公共形象。

2. 次生性。营利性作为公司的本质特征，在各国公司立法与理念上未发生任何的动摇。公司社会责任必须以公司的营利性本质为基础，任何时候都不得否定公司的营利性本质，如将公司社会责任与公司营利性并举，就有违公司社会责任的正确定位。无论是法律上的还是伦理上的社会责任，都必须限定在一个合理范围之内，任何不切实际的过高期望都会损害公司效率，违背其营利性本质。

3. 核心要求是公司合规经营。“合规经营”，要求公司的经营活动合乎所在国家（地区）的法律法规、行业规范以及风俗习惯。此处的法律法规、行业规范以及风俗习惯涵盖了公司经营的方方面面，如保护职工利益的劳动法，保障消费者利益的产品质量法、消费者保护法，保护公司所在社区的环境保护法等。公司经营合规，也就意味着其他利益主体的利益得到了法律的保护。

4. 实质是平衡各方利益主体的利益。公司社会责任要求公司在谋取自身利益、股东利益最大化的同时，尽可能地兼顾其他利害关系人，不以损害后者的方式为前者谋取利益。为此，公司法应当平衡公司诸利益主体的利益，对以往片面强调股东利益的单边主义做法予以纠正。

公司社会责任的理论基础是利益相关者理论。具体到公司法，关于公司社会责任的争论围绕董事职责这一核心而展开，也即，董事应否对股东之外的其他利益主体承担义务与责任。传统公司法认为董事只对股东承担受托义务，诸如雇员、债权人、供应商、客户等主体的利益由其各自与公司订立的契约所规定，在契约利益之外，对公司不享有其他利益，所以董事会决策时无须考虑股东之外的主体的利益。换言之，其他利益相关者的利益可依其他“外部法律”（external regulation），诸如合同法、劳动法、环境保护法等得到保护。利益相关者理论则认为，雇员、债权人、供应商、客户等应分别由劳动法、侵权法、合同法上的一般请求权人的地位提升为公司法上利益主体的地位，董事会决策时除考虑股东利益外，还要考虑这些主体的利益。

（三）对公司治理立法的影响

1. 概述

利益相关者理论所倡导的价值观如全部付诸立法，对公司治理的影响将显而易见。从各国立法的反应看，以股东利益最大化为公司目标的立法理念迄今并未发生动摇，但也采取了务实的态度，在立法理念、规则上不同程度地体现对利益相关者理论的认同，并对传统的立法规则作出适当的修正。传统公司治理关于公司内部的权力划分和组织机构设置，都以实现股东的控制权为目的，股东被置于公司权力结构之塔尖，通过层层的委托—代理机制来确保股东自上而下的控制。利益相关者理论并不一般地反对股东的控制权，但强调公司作为多种利益冲突及合作的载体，必须权衡不同利益相关者的诉求，所有相关者的利益均应获得尊重。循此逻辑，股东之外的利益相关者应该以恰当的方式参与公司治理。这是公司治理的理念层面的主张。至于股东之外的利益相关者以什么方式参与公司治理，则是公司治理规则的具体设计问题。

董事会作为英美公司治理的核心，处于诸利益相关者的利益冲突与融合的交叉点，利益相关者理论对公司治理的立法影响，直接体现在董事会职责的定位上。在美国公司法上，长期以来不支持董事会在决策时考虑股东之外主体的利益。法院的立场是：公司的目的就是为股东的利益，董事权力的行使得为达到这一目的选择不同的手段，而不能扩展到改变目的本身；如果董事要追求社会目标，就只能用自己的钱，而不能用别人（股东）的钱。

到了 20 世纪 90 年代，在西方各国的“软法”规范领域，公司社会责任的理念得到很充分的体现。如美国大型公众公司组成的考克斯圆桌会议（the Caux Roundtable）制订的“企业准则”，其倡导的 7 项原则中的第一项就是：“不仅对股东，而且要对利益相关者负责。”但迄今为止，没有任何国家的公司法规定董事对股东之外的利益主体负有强制性法律义务。

2. 我国的公司立法规定

（1）总括的宣示性条款。《民法典》第 86 条规定：“营利法人从事经营活动，应当遵守商业道德，维护交易安全，接受政府和社会的监督，承担社会责任。”《公司法》第 20 条规定，“公司从事经营活动，应当充分考虑公司职工、消费者等利益相关者的利益以及生态环境保护等社会公共利益，承担社会责任。国家鼓励公司参与社会公益活动，公布社会责任报告。”这些是关于公司社会责任的宣示性规定，也是公司社会责任的一般性条款，不构成严格意义上的法律规范，表明立法接受公司社会责任的法理念。至于公司如何“承担社会责任”，还需要具体的法律规范予以落实。

（2）关于职工参与公司治理。职工是公司的重要利益主体，《公司法》注重保护职工利益，主要规定有三。

其一，宣示性规定。第 1 条开宗明义地规定公司法的宗旨之一是保护职工的合法权益，第 16 条规定：“公司应当保护职工的合法权益，依法与职工签订劳动合同，参加社会保险，加强劳动保护，实现安全生产。公司应当采用多种形式，加强公司职工的职业教育和岗位培训，提高职工素质。”

其二，职工民主管理。第 17 条规定，公司职工依法“组织工会，开展工会活动，维护职工合法权益。公司应当为本公司工会提供必要的活动条件。公司工会代表职工就职工的劳动报酬、工作时间、休息休假、劳动安全卫生和保险福利等事项依法与公司签订集体合同”，“公司依照宪法和有关法律的规定，建立健全以职工代表大会为基本形式的民主管理制度，通过职工代表大会或者其他形式，实行民主管理”，“公司研究决定改制、解散、申请破产以及经营方面的重大问题、制定重要的规章制度时，应当听取公司工会的意见，并通过职工代表大会或者其他形式听取职工的意见和建议”。

其三，职工参与组织机构。《公司法》对此有一系列的规定：第 76 条、第 130 条规定监事会成员中的职工代表比例不得低于 1/3，具体比例由公司章程规定。第 68 条第 2 款、第 120 条规定，两类公司董事会可以有职工代表。其中职工人数 300 人以上的公司监事会、董事会中必须有职工监事或者职工董事。

（3）保护债权人。第 1 条开宗明义规定公司法的宗旨之一是保护债权人的合法权益。在其他章节的多个条文涉及对债权人利益的保护，如第 23 条关于公司法人格否认的规定。相关的详细内容见本章第四节的讨论。

《公司法》第 20 条的可裁判性。多数说认为，《公司法》第 20 条可以视为公司道德义务、社会责任的一般条款，具备公司法一般条款功能。不能否认，社会责任不仅是公司的道德义务，也是一项法定义务。社会责任条款既然作为一般条款，就具有法律原则的功能，作为行为规范对公司行为具有一般指引作用，同时也具有补充衡平功能，可以作为纠正公司不当行为的补充规则，这是其作为裁判规范的功能。社会责任条款的可裁判性，虽然在司法实务中至今未见实例，但这并不妨碍理论上的探讨，对此可以进行类型化分析。① 其一，基于社会责任的具体内容不同，其可裁判性的强弱程度有别。其二，部分具有可裁判性的内容，具有明确的请求主体与责任内容，可以在个案中获得实现，无须借助公益诉讼的救济渠道，这些内容的绝大部分还可以通过立法明晰化而成为具体法律规则，获得可裁判性。其三，有些社会责任在内容上仅限于道德层次的伦理责任，应该依托私人之间的道德监督与伦理惩罚机制获得实现，不可强求诉诸司法裁判。

二、利益相关者及其利益冲突

（一）利益相关者的范围

公司利益相关者究竟包括哪些主体？对于这一基本问题还远未达成共识。迄今经济学家已提出了近三十种概念，由于不是法学概念，这些概念和经济学上其他概念一样，缺乏严谨的定义。这些主张可分为三类。

1. 最广泛的定义，指凡能影响企业活动或被企业活动所影响的个人、团体均在其中，包括政府、消费者、企业所在社区、环保组织等。

2. 中间的定义，指限于与企业有直接利益关系的个人、团体，排除了政府、社区、社会组织等。

3. 最狭窄的定义，指在企业中投入了专用性资产的个人、团体，大致包括股东、管理层、雇员以及债权人等。这也是本书接受的定义。

最广泛定义的利益相关者的具体范围如图 18－1 所示。

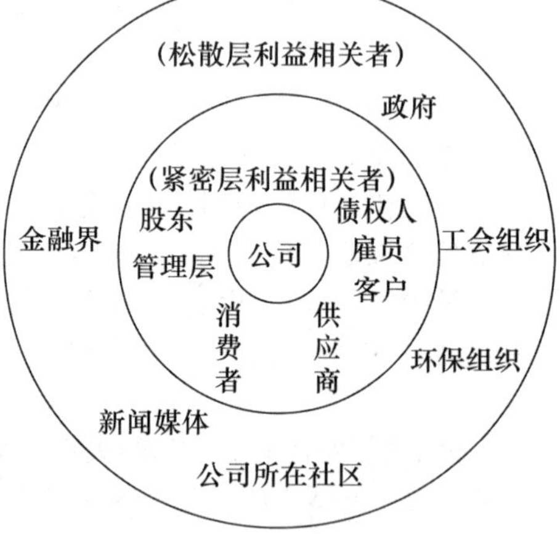

图 18－1　公司诸利益相关者

（二）利益相关者的分类

1. 松散层利益相关者与紧密层利益相关者

广义的利益相关者，按照其与公司之间是否存在直接的利益联系，有松散层与紧密层之分，前者如图 18－1 所示的环保组织、政府、公司所在社区等，后者如图 18－1 所示的股东、雇员等。

① 蒋大兴. 公司法的观念与解释Ⅱ. 北京：法律出版社，2009：116.

2. 法律上的利益相关者与伦理上的利益相关者

广义的利益相关者，按照其与公司之间是否存在法律关系，有法律上的与伦理上的之分。在图 18－1 中，松散层利益相关者中的多数主体与公司之间存在一定的社会关系，属于社会学意义上的利害关系，但不存在法律关系，没有法律权利、义务上的羁束，称为伦理上的利益相关者，公司对他们的社会责任也属于伦理上的社会责任。与此不同，紧密层利益相关者几乎都与公司存在相应的法律关系，故称为法律上的利益相关者。

图 18－1 中的各个主体是经济学上的概念，“债权人”限于借贷债权人，属于法律上的债权人的一种，而所谓供应商、客户、业务伙伴等概念，实际上也属于法律上的债权人范畴。具体而言，供应商、客户、业务伙伴在法律上与公司之间存在合同关系如买卖合同、服务合同等，属于法律上的合同债权人；如消费者受到公司有缺陷产品的损害，则成立侵权之债，消费者由此成为公司的被动债权人；如果公司违反公平竞争法给竞争对手造成损害，也发生债的关系，竞争对手由此成为公司的被动债权人。这样，上述法律上的利益相关者可以被抽象为四类主体：股东、管理层、雇员与债权人。

3. 内部人与外部人

法律上的利益相关者，依据是否掌握公司控制权分为内部人与外部人。内部人（insider），是在公司治理结构中居于控制地位的人，除此之外的就是外部人（outsider）。内部人或者外部人的范围，没有统一标准，因公司而异，其中股权结构是最重要的决定因素。依据不同的股权结构，内部人与外部人的分野大致有两种类型。

其一，在股权集中的公司中，控制股东及其控制下的管理层居于内部人地位，少数股东、债权人是外部人。我国大多数公司属于这一类型。

其二，在股权分散的公司，如不存在控制股东，则管理层居于内部人地位，股东、债权人是外部人。美国的大型公众公司多属于这一类型。在我国部分国有公司中，虽然国有股占有绝对控股地位，但由于国有股股东的虚置，也在一定程度上体现出这一类型的若干特征。

内部人（控制股东、管理层）如滥用控制权，从公司攫取不法利益，则外部人（少数股东、债权人）就成为受害者。在公司治理理论上，把内部人滥用控制权侵害外部人利益的行为称为强制、压迫、压制、掠夺或者挤压等，与此相对应的英文词汇有 coercion，compulsion，oppression，grab，control，freeze，squeeze 等。①

（三）我国公司法上的命题

法律上的公司诸利益相关者之间的利益总体上是一致的，最简单的例子是公司业绩上升，利润增多，则股东的股利增多，管理层的薪酬待遇与雇员的工资水平随之上升，债权人的风险随之降低。但其并非总是一致的，比如在经营业绩与利润一定的前提下，管理层的薪酬、雇员的工资多一些，股东的股利就会少一些，反之亦然；或者股东分配股利多一些，债权人的风险就大一些。正所谓此消彼长。下文探讨股东、管理层与债权人这三个利益主体在公司治理中的利益冲突。

1. 股东间的利益冲突

理论上，只要公司存在两个以上的股东，彼此间必有利益冲突。区别在于，在股权集中的公司，由于多数股东享有控制权，多数股东与少数股东之间的利益冲突，比之股权分散、由管理层控制的公司来得更加直接、突出、激烈。在我国，由于大多数公司的股权相对集中，因而多数股东与少数股东间之利益冲突，是公司的首要利益冲突。这是与英美公司的极大区别

① 邓辉．论公司法中的国家强制．北京：中国政法大学出版社，2004：47.

所在。

股东间的利益冲突，主要表现为多数股东侵害少数股东的利益，公司法为此提供的解决机制主要有二：一是课以股东对公司、其他股东的信义义务，抑制、防止多数股东的表决权滥用；二是赋予少数股东特殊的救济措施以对抗多数股东，实行倾斜式保护。详见下节。

2. 股东与管理层的利益冲突

广义的股东与管理层的利益冲突，包括性质相反的两种情形：一是股东利用终极控制权侵害管理层的利益，比如拒发约定的薪酬；二是管理层利用控制权搞管理腐败（managerial corruption），包括窃取（stealing）、偷懒（shirking）、欺诈（fraud）以及官僚行为等来侵害股东利益，产生代理问题。[①] 这两种情况在实践中都存在，但公司治理研究的是后一种情形。关于股东与管理层的代理问题，本书第十六章已有详析，此不赘述。需要指出，我国公司股东与管理层的利益冲突，与股权分散的英美公司的情形有极大区别，表现如下：

（1）次要的利益冲突。在股权集中的背景下，公司的首要利益冲突发生在多数股东与少数股东之间，股东与管理层的利益冲突居于次要地位。因为，只要多数股东愿意，完全可以控制董事会，进而控制经理，这样，管理层往往就是多数股东本身或其代言人，管理层与股东的利益冲突，要么是多数股东与少数股东利益冲突的另一种表现形式，要么属于股东间利益冲突的附属品。

（2）内部人控制。我国国有公司的股东与管理层的利益冲突，很大程度上表现为“内部人控制”，根本原因在于国有股股东的虚置，无法或者不能很好地履行多数股东对管理层的监督、控制权，酿成管理层的内部人控制。

公司法为股东与管理层的利益冲突提供的解决机制，就是课以管理层对公司、股东的信义义务。详见本章第三节。

3. 股东与债权人的利益冲突

股东与债权人的利益冲突，包括两种情形。

（1）全体股东与债权人的利益冲突。在对外与债权人的利益冲突中，全体股东的利益是一致的。最简单的例子：如公司能够成功逃废一笔债务，则全体股东都是受益者。尤其是封闭公司中，不排除全体股东共谋侵害债权人利益的可能。于此场合，如适用公司法人格否认规则，全体股东将被债权人追究连带责任（《公司法》第 23 条）。

（2）多数股东与债权人的利益冲突。但据我国的公司实践，股东与债权人的利益冲突更多地表现为多数股东与债权人的利益冲突，其间还夹杂着公司管理层与多数股东相勾结共同侵害债权人。[②] 多数股东滥用控制权从公司攫取不法利益的，少数股东与债权人同是受害者。比如，持股达 60%的多数股东通过非公允关联交易从公司转移走 1 000 万元不法利润时，不仅损害了其他合计持股 40%的股东的利益，也减少了公司的责任财产，可能构成对债权人的侵害。于此场合，如适用公司法人格否认规则，被债权人追究连带责任的仅限于多数股东（《公司法》第 23 条）。

公司法为解决股东与债权人的利益冲突提供的法律机制，主要是通过课以股东对债权人的信义义务，来对债权人实行倾斜保护。详见本章第四节。

---

① 项兵. 管理腐败与公司治理//梁能. 公司治理结构：中国的实践与美国的经验. 北京：中国人民大学出版社，2000：58 及以下.

② 王文宇. 公司法论. 北京：中国政法大学出版社，2004：42.

第二节　股东间的利益冲突治理

一、股东间的利益冲突及其治理：中国语境下的含义

少数股东保护，要放在股东间的利益冲突的背景下讨论。少数股东保护问题的产生，各国之间存在共性，但受制于不同的股权结构、公司治理水平、法律环境等因素，不同国家的具体情况有所差异。我国的具体情况如下。

1. 股权结构的不均衡状态。各国公司的股权结构都是不均衡的，但在我国，这种不均衡状态非常突出，典型地表现为“一股独大”的现象。封闭公司（有限公司）存在绝对控制股东在各国并不稀奇，我国亦然。但诸如上市公司这样的大型公众公司也普遍存在“一股独大”现象，则是我国的一大特色。

2. 股东间利益冲突的结构性与普遍性。多数股东与少数股东的利益冲突不拘于一物一事，贯穿于公司的关联交易、资产重组、资金运用、股利分配、董事席位分配等几乎每一个经营管理环节，具有结构性特征；而且几乎存在于每一个公司，具有普遍性。

3. 股东间利益结构与权力结构的不平衡性。如果股权分布均衡，股东间的利益与权力可以实现抗衡，发生冲突时可以彼此抵消，所生纷争也容易通过制衡机制获得解决。但股权分布过于悬殊的，多数股东与少数股东之间不存在相抗衡的利益与权力结构。由“资本多数决”原则所决定，多数股东利用合法的表决权优势而取得绝对优势的权力，并合法享有“控制权收益”。致命的是，由于“资本多数决”的内在缺陷，多数股东可以“合法”地获得超过其持股比例的控制权，将少数股东的意思吸收。在普通决议中，持股比例51%的股东的意思就成为公司的意思，其他股东的意思可能无以体现和不受尊重。这一结局虽然合法，但终究有失实质公平。而且，在公众公司，少数股东人数众多，个人持股比例极低，“搭便车”现象严重，加剧了多数股东与少数股东在利益与权力结构中的不平衡性。由于公司的股权结构普遍集中，比之国外，我国公司股东间利益与权力结构的不平衡性更为突出。

控制权收益。控制权收益，指多数股东利用控制权获取的超出持股比例的收益。比如，多数股东安排自己担任高管职位获取高额薪酬，就可以合法地从公司获取收益；非经多数股东同意，少数股东无法获取此收益。控制权收益的典型形态就是控制权转让的溢价收入。比如，甲公司有多个股东，其中A、B、C三人分别持有股权51%、30%、1%。D欲购之，对A、B、C的出价可能分别为：70万元、33万元、1万元。为何同股不同价？奥妙在于，如购买A的股权，成为控制股东；如购买B的股权，成为战略投资者；如购买C的股权，仅一项普通投资而已。实证研究表明，在美国并购市场，平均控制权溢价为13%，而这一数字在中国是30%。控制权溢价并不是该公司股份本身的价值，而来自收购方对取得被收购公司的控制权所能获得控制权收益的预期。从控制权溢价的大小可以间接了解多数股东对少数股东的侵害度，因为控制权溢价与控制权收益正相关，平均控制权溢价越大，说明该地区公司的少数股东利益受侵害程度越高，公司治理水准越低。

4. 多数股东滥用权力的现象普遍。多数股东可能不满足于合法框架下的权力与利益，为谋求自身利益最大化，完全可能将自己的私利渗入控制权行使之中，以损害公司、其他股东利益为代价来非法牟利。在我国，由于种种原因，多数股东侵害少数股东的情况严重，这种损害来自以下两个方面，且相互交织在一起。

(1) 来自多数股东的侵害。多数股东侵害少数股东的手段多样，大体可分为三类：一是排斥少数股东对公司治理的参与，挤压少数股东；二是通过非公允关联交易侵害公司利益，间接侵害少数股东利益；三是滥用控制权侵害少数股东的合法利益，如实行不分配股利政策，操纵股价迫使少数股东低价售股等。

(2) 来自管理层的侵害。多数股东自己或其代言人充任公司管理层，不会发生管理层侵害多数股东的行为；相反，多数股东可以通过管理层侵害公司、少数股东利益，比如董事会决定高价租用多数股东的房屋。此时，管理层变相成为多数股东的私人工具，成为其侵害少数股东的“马前卒”。这一现象在股权分散的英美公司很罕见，但在股权集中的我国公司中比较普遍，表现为多数股东控制下的“内部人控制”。

多数股东对公司的控制本身是中性的，但滥用控制权，过度控制公司并损害公司、少数股东利益，为法律所不能容忍。尽管如此，并不能否定“资本多数决”原则，在市场经济条件下，“资本多数决”所带来的效率优势既不可动摇，也无可替代。但根据权利救济与保护弱者的基本原则，法律确有必要对少数股东给予特殊的保护，在“资本多数决”原则框架内对被扭曲的公平进行必要的矫正。可以说，如何在贯彻股份平等原则，不违背公平、正义这一法律基本价值的前提下协调股东间的利益关系，实现真正的股东平等，既是各国公司法的基本课题，也是各国公司法吸引投资竞争的核心。

前文指出，我国公司治理的核心命题是“如何有效监督制约控制股东”，但遗憾的是，1993 年《公司法》基本没有涉及少数股东保护的内容，导致其后的公司实践出现了严重的权力与利益失衡现象，少数股东受到多数股东的肆意侵害，由于缺少立法规范，少数股东得到的救济严重不足，影响了我国公司制度的健康发展。其间，中国证监会颁发的一些规章加强了对上市公司少数股东的保护，但真正改观这一立法局面的是 2005 年修订案。2023 年修订案继续强化。现行公司法有关少数股东保护的规范策略有二：其一，限制与规制多数股东权力滥用的法律规范，主要表现为事前防范措施。其二，保护与救济少数股东的法律规范，包括对抗性权利的授予与受到侵害后的事后救济。这两个方面将在下文展开。

二、限制与规制多数股东

（一）课以股东信义义务

1. 股东信义义务的概念

传统公司法认为，股东不以股东个人身份直接参与公司经营管理，当然无须对公司、其他股东承担信义义务。但随着多数股东滥用权力损害公司、少数股东利益的现象日益突出，各国公司法在建构保护少数股东制度的过程中，逐渐形成了控制股东承担特殊义务的理论，随后又有所扩展，所有的股东都对公司、其他股东承担信义义务的理论被逐步接受。英美公司法率先通过判例确立了控制股东的信义义务，其法理依据在于：(1) 凡公司控制权人皆对公司负有信义义务，管理层如此，控制股东亦然。(2) 控制股东通过行使支配权获得了优越的地位，保持优越地位的人依照衡平法原理应负信义义务。英美判例法的理念后为大陆法系许多国家所接受。

股东的信义义务包括注意义务和忠实义务，但主要指后者。注意义务要求股东行使决策权时怀有善意，以适当的方式、应有的谨慎参与公司决策。[①] 忠实义务指股东不得将自己的利益

① 赵旭东. 公司法学. 2 版. 北京：高等教育出版社，2006：309.

凌驾于公司、其他股东利益之上，为谋取自己的私利侵害后者的利益。实际上，公司法上并不存在一般抽象意义上的股东信义义务，这种信义义务源于多数股东控制公司的事实，即仅仅多数持股的事实并不必然导致多数股东承担信义义务，只有其事实上实施了控制公司的行为时，才会承担信义义务。[①] 当然，少数股东也可能承担信义义务，如不得滥用否决权。

2. 不同公司的实践

(1) 封闭公司。在封闭公司，多数股东滥用权力欺压少数股东的现象很突出，后果很严重。公司法承认封闭公司治理的特殊性，赋予股东通过协议来自由设计治理规则的极大空间，但任何协议都是不完全的，需要借助于诚信原则予以解释与执行。于是，信义义务就起着协议中隐含的标准条款的作用。封闭公司的治理类似于合伙，法律也承认封闭公司股东可以像合伙人那样亲自执行业务和管理事务，那么，股东之间的关系就像合伙人之间的关系那样，即一个股东对另一个股东承担像一个合伙人对另一合伙人那样的信义义务。合伙法将合伙人之间的义务标准界定为“最大善意和忠实”(utmost good faith and loyalty)，封闭公司的股东也需遵循这一严格的信义义务标准。所以，公司法规定有限公司股东对公司、其他股东承担信义义务，理所当然。

(2) 公众公司。大型公众公司的多数股东对少数股东的欺压，不像封闭公司那样直接，原因有四：其一，存在严格的“两权”分离，股东一般不亲自参与经营管理；其二，法律对其治理的程式要求严格；其三，存在公开的股票交易市场，受欺压的少数股东可以轻易退出；其四，多数股东多间接通过管理层实施不当控制行为，损害少数股东。

3. 我国的规定与实践

《公司法》第 21 条第 1 款第 23 条规定，公司股东应当遵守法律、行政法规和公司章程，依法行使股东权利，不得滥用股东权利损害公司或者其他股东的利益。这是关于股东信义义务的一般规定。同时第 22 条特别规定，控股股东、实际控制人不得利用其关联关系损害公司利益。对这两个条款的内容解读如下。

(1) 在立法的名义表述上，义务主体是所有股东，义务对象包括公司、其他股东与公司债权人三类主体。

(2) 实质上，无论从立法者的真正旨意看，还是从公司实践经验看，该信义义务的主体主要是多数股东。因为一般而言，只有掌握了公司控制权的股东（还有实际控制人）才更有可能滥用权力侵害公司、其他股东及债权人。

(3) 股东对公司的信义义务，其基本内容是“应当遵守法律、行政法规和公司章程，依法行使股东权利，不得滥用股东权利损害公司”的利益，其中，控股股东、实际控制人的特别信义义务的内容是不得利用关联关系损害公司利益，否则，给公司造成损失的，应该承担赔偿责任。

(4) 股东间的信义义务，存在于彼此之间，但主要指多数股东对少数股东的义务。制度意旨主要在于调整股东间的利益冲突，保护作为公司外部人的少数股东不受作为公司内部人的多数股东的侵害。当然，少数股东对多数股东也负有义务，制度意旨是防范少数股东滥用权利而增大多数股东的成本。股东违反对其他股东的信义义务，造成损失的，承担赔偿责任。

(5) 股东对公司债权人的信义义务，主要体现为“不得滥用公司独立法人地位和股东有限责任，逃避债务”损害公司债权人的利益，否则，严重损害债权人利益的，适用公司法人格否认规则，滥权股东对公司债务承担连带责任。

---

① 何美欢. 公众公司及其股权证券：中册. 北京：北京大学出版社，1997：823.

4. 进一步的发展：股东违反信义义务的责任扩张

股东违反对公司、其他股东与公司债权人的信义义务，给后者造成损失的，除承担相应的赔偿责任之外，是否还有其他法律后果呢？如是，那就意味着股东滥权行为带来的违信责任的扩张。

例证之一：依照我国的司法经验，多数股东滥用股东权利导致公司不分配利润，给其他股东造成损失的，即使原告股东未提交载明具体分配方案的股东会决议而请求公司分配利润的，也得被法院支持。这一规定意味着，（多数）股东滥权可以引发抽象股利分配之诉。

例证之二：如前文已经多次指出的，股东滥用股东权利通过股东会决议来损害公司、股东或者公司债权人的利益的，该决议归于无效。

（二）规制非公允的股东自我交易

1. 公司法的基本立场

股东自我交易属于公司关联交易的一种，也是公司法重点规制的一种关联交易。所谓关联交易，指公司与其关联人之间发生的一切转移资源或者义务的法律行为。其特征是：交易双方中一方是公司，另一方是公司的关联人；交易双方的法律地位名义上平等，但交易实由关联人一方所决定，因为其能够控制公司或者对公司决策能够产生重大影响；交易双方存在利益冲突，关联人可能利用控制权损害公司的利益。①

按照关联人的身份不同，关联交易分为董事（包括董监高）自我交易与股东（主要指向控股股东、实际控制人）自我交易两种：前者指董事、监事、高管本人及其关联人与公司的交易，后者指控股股东、实际控制人及其关联人与公司的交易。

关联交易是把双刃剑：公平的关联交易，可以稳定公司业务，分散经营风险，降低交易成本，有利于公司发展，甚至有的公司的生存离不开关联交易；但非公允的关联交易，严重损害公司、少数股东和债权人利益。法律不禁止、事实上也无法禁止关联交易的发生，但需要规制非公允关联交易，这是公司法、证券法、会计法、税法等多个部门法的共同任务，公司法居于核心。

在股权分散的公司如英美公司中，非公允关联交易主要发生在董事自我交易领域。但我国的情形有所不同，实践中的非公允关联交易，主要是控股股东、实际控制人利用与公司的控制关系，迫使公司与自己及其他关联方从事非公允的交易，以达到挪用公司资金、转移利润的目的。究其原因，是普遍集中的公司股权结构决定了非公允关联交易多发生在股东自我交易领域，非公允的董事自我交易虽存在，但不是主要问题所在。在我国，股东自我交易的形式多样，存在于产品销售、担保、资产收购、资金占用等公司经营的每一个环节。在过去的十几年里，许多上市公司的控股股东、实际控制人通过关联交易将公司的巨额利益“输送”（tunnel）给自己及其关联人，可谓触目惊心，成为上市公司以及资本市场健康发展的一大毒瘤。可以说，控股股东、实际控制人对于公司的忠实义务的主要适用场合就是关联交易，法律加强对股东自我交易的规制，就是对控股股东、实际控制人忠实义务的最好落实。

2. 公司法的实体性规定

《公司法》第 22 条明确了关联方利用关联关系损害公司利益应当承担损失赔偿责任，《民法典》第 84 条将适用范围扩展到全部营利法人。此外，《公司法》第 15 条严格规制了公司关联担保的议决程序，规定公司为股东、实际控制人提供担保的，须经股东会决议，且该股东以及受实际控制人支配的股东回避表决。这一规定排除关联股东的表决权，意在力阻不公允关联

① 李建伟. 关联交易的法律规制. 北京：法律出版社，2007：56 及以下.

担保的发生，值得肯定。还有，对于某些关联交易，法律体现出禁止的立场，比如《公司法》第163条原则上禁止公司为他人取得本公司或者其母公司的股份提供赠与、借款、担保以及其他财务资助，仅公司实施员工持股计划或者为公司或者其母公司利益且经股东会、董事会通过的限额财务资助除外。又如《证券法》第123条第2款规定，证券公司不得为股东及其关联人提供融资或者担保。

3. 关于程序性规范

要确保关联交易的公允，正当程序的事前、事中规制必不可少。依照我国的司法经验，需要强调两点：

（1）关联交易不因有正当程序而自证公允，也不因此而豁免关联人的赔偿责任。司法实践中，面对不公允的股东自我交易指控，关联人往往以已经履行了合法程序，包括关联人的事前信息披露、关联人的依法依章回避表决、股东会或者董事会的合法决议等程序而进行抗辩，但关联交易的核心是交易条件的公允也即，实体公平，尽管交易程序合法，但实体上违反公平原则损害公司利益的，权利人依然可以证明关联交易的非公允性，主张关联人承担损害赔偿责任。

（2）正当程序的价值。如果正当程序不能自证关联交易的合法性，那么其价值何在？依照美国公司法上的安全港规则（the rule of safe harbour），关联人如被指控从事的关联交易不公允，能够举证履行了正当程序的，适用举证责任的转换——由原告来证明关联交易的非公允性，否则，认定该关联交易公平；反之，如关联人不能证明履行了正当程序，则该关联交易被推定为不公允，除非关联人能够证明其在实体上是公平的。我国公司法尚未引入这一规则，但是司法实践的做法与此如出一辙。

4. 追责非公允关联交易的诉讼路径

鉴于实务中关联人多控制公司或者对公司决策能够产生重大影响，公司本身难以主动主张赔偿责任，故明确股东在相应情况下得提起代表诉讼，给少数股东提供了追究关联人责任，保护公司和自身利益的利器。

少数股东还可以提起关联交易合同无效、可撤销的代表诉讼，由此扩展了股东代表诉讼的适用范围——由给付之诉（赔偿责任之诉）扩大到关联交易合同无效、可撤销之诉。依照合同法原理，公司作为合同一方，如合同存在违法而归于无效或者显失公平等可撤销情形，得直接请求确认合同无效或者撤销该合同。问题在于，关联交易合同不同于普通合同之处是关联人通过关联关系促成的交易，关联人往往控制公司或者对公司决策产生重大影响，即使合同存在无效、可撤销情形，公司本身难以主动提出请求。故在关联交易中，有必要启动股东尤其是少数股东的相应救济权利，也即在公司不撤销该交易的情形下，适格股东得依法提起股东代表诉讼，来维护公司利益，进而维护股东自身利益。

（三）限制多数股东的表决权

多数股东的优势地位凭借“资本多数决”原则而取得，如能够对其表决权进行必要的限制，无疑为对症下药。依据各国、地区公司法的经验，限制多数股东表决权行使的设计有很多，可以单独适用，也可以并用。在我国公司法上有的存在，有的不存在。下面逐一介绍之。

1. 表决权排除

股东表决权排除，又称表决回避，指股东会表决时，与决议事项有利害关系的股东应当回避，不得就该决议事项行使表决权，也不得由他人代理或者代理他人行使表决权。法律规定的股东表决权排除的适用应当慎重，否则，有剥夺多数股东的合法控制权之嫌，在另一层意义上违背股东平等原则。从各国公司法的规定看，表决权排除主要适用于股东会决定涉及关联交易的事项，旨在防止多数股东利用表决权优势通过有损其他股东的决议。目前，现代公司法对股东表决权排除制度的合理性仍然存在争议。①

《公司法》对于股东表决权排除的适用似乎“心存忌讳”，仅适用于一种情形，即第15条规定的关联担保。至于其他类似的关联交易事项为何不适用，无法得知。但针对上市公司，中国证监会有关规章扩展了适用对象。如《上市公司股东大会规则》第31条第1款规定：“股东与股东大会拟审议事项有关联关系时，应当回避表决，其所持表决权的股份不计入出席股东大会有表决权的股份总数。”此外，公司通过章程规定了适用股东表决权排除的其他事项的，对全体股东均应有拘束力。

2. 表决权比例限制

一是最高表决权比例限制，即对股东的表决权规定一个最高限额，无论股东持有的表决权股份为多少，均不得超过之。如美国宾夕法尼亚州1989年修正公司法规定，任何股东不论其持有多少股份，最多只能享有20%的投票权。这一规定突破了传统公司法“一股一权”原则，关于其合理性，一直存在争论。我国公司法没有这样的规定。

二是相互投资公司行使表决权之限制。我国《公司法》第141条规定：“上市公司控股子公司不得取得该上市公司的股份。上市公司因公司合并、质权行使等原因持有上市公司股份的，不得行使所持股份对应的表决权，并应当及时处分相关上市公司股份。”

3. 人头决

如果股东会表决不按照资本多数决而是人头决投票，也即每个股东一票制，无疑对于少数股东有利，也构成了对多数股东表决权的变相限制，或者说变相扩大了少数股东的表决权重。我国《公司法》没有人头决的规定，但允许公司章程通过此类的自治条款。

4. 表决权代理限制

一个受托人代理的表决权不得超过总表决权的一定比例，超过部分无效。表决权代理限制是一柄“双刃剑”，可以适用于多数股东，也可以适用于少数股东，此处是就适用于前者而言的。

（四）公司章程规定的自治措施

公司尤其是封闭公司（有限公司）可以通过章程限制多数股东表决权的行使，也可以视为公司设立多层股权结构（类别股），主要措施如下。

1. 表决权规则的自由约定。在封闭公司，除上述法定的情形外，章程还可以规定不按照出资比例行使表决权，而实行其他规则如一人一票。诸如此类的措施实质上构成对多数股东的表决权限制。《公司法》第65条规定：“股东会会议由股东按照出资比例行使表决权；但是，公司章程另有规定的除外。”可见，我国公司法允许有限公司章程规定资本多数决以外的其他表决权规则。

2. 表决权打折。一个股东拥有超过一定比例的股份如25%，其超过部分在计算表决权时打一定折扣，如按八折计算。

3. 提高决议通过的法定比率要求或者扩张特别决议的适用事项。比如在我国，公司解散、合并、分立等特别决议的通过，需要经代表2/3以上表决权的股东通过。公司可以根据其股权结构状况提高该法定比率，比如多数股东持股达到68%的，可以规定特别决议需要70%以上的表决权通过，这就构成了对多数股东表决权的限制。再如，公司章程扩张特别决议的适用事项，也可以限制多数股东表决权。

---

① 李哲松. 韩国公司法. 吴日焕，译. 北京：中国政法大学出版社，2000：369-372.

4. 关于认缴制下未缴纳出资的股东表决权限制。鉴于实践中认缴制下未缴纳出资的股东多为多数股东，那么其表决权是否会受到限制？《九民纪要》第 7 条规定：股东认缴的出资未届履行期限，对未缴纳部分的出资是否享有以及如何行使表决权等问题，应当根据公司章程来确定。公司章程未规定的，按照认缴出资的比例确定。如股东会作出不按认缴出资比例而按实际出资比例或者其他标准确定表决权的决议，股东请求确认决议无效的，法院应当审查该决议是否符合修改公司章程所要求的表决程序，即必须经代表 2/3 以上表决权的股东通过。符合的，不予支持；反之，则依法予以支持。

三、保护与救济少数股东

（一）少数股东表决权的放大

前文介绍了限制多数股东表决权的诸措施，这里对应介绍放大或者变相放大少数股东表决权的诸措施，这两方面是一枚硬币的双面，内容相反，但功能殊途同归，都旨在适当抑制“资本多数决”原则的内在缺陷。依据各国公司法与公司章程规定的经验，放大少数股东表决权的设计有很多，可以单独适用，也可以并用。在我国公司法上，这些措施有的存在有的不存在。下文逐一介绍之。

1. 类别股单独表决

种类股份存在有无表决权之分。就表决权股而言，可能一股一权，也可能一股多权或者多股一权。类别股单独表决，就是提请股东会表决的特定议案须经特定类别股股东同意，方能获得通过；反之，纵使多数表决权同意，只要类别股股东不同意，该议案仍不能通过。可见，类别股单独表决实质上放大了类别股股东（多为少数股东）的表决权，也反向构成了对普通股股东（多为多数股东）的表决权限制，有利于少数股东利益的保护。

2. 累积投票制

关于累积投票制的基本原理，本书第十七章已有详述。这里专讲累积投票制保护少数股东的制度价值及局限。

与直接投票制相比，累积投票的优点是更加民主化，实现了少数股东选进代言董事（watch dog director）的愿望，有利于少数股东利益的保护。其缺点是，增加了董事会的派系和分歧，可能有损董事会的效率。因此，理论界对于累积投票制一直褒贬不一。①

实践经验证明，累积投票制对保护少数股东具有积极作用，但其作用是有限的。在公司实践中，为减弱、抵消累积投票制的效果，多数股东总是可以利用多种“合法”方式，包括以下四种：（1）公司可以通过章程建立累积投票制，同样可以修改章程废除之。（2）更换董事不需要说明理由，多数股东可以直接更换少数股东选出的董事。（3）缩小董事会规模，提高选出董事的持股门槛。（4）实行董事任期交叉制，减少每次待选董事名额，变相提高选出董事的持股门槛。由此，很多人对累积投票制的实效持怀疑态度，并非空穴来风。

多数股东的“秘密”。“秘密”是本书第十七章介绍的公式：累积投票中确定选出一名董事所需的最低股份数（X）的公式是：$X>S/(D+1)+1$。不难看出，通过降低“D”这一变量的数值，就可以提高 X 的数值，也就是提高少数股东选进代言董事的持股数量门槛。具体到我国公司实践，即使没有多数股东处心积虑地采取措施减弱、抵消累积投票制的效果，上述公式说明累积投票制要想取得实效，还取决于两个相关因素：一是股东的股权结构不能过于失衡，

① R W HAMILTON. The law of corporations. West Publishing Co.，1986：187 - 188.

如股东间的持股量过于悬殊，少数股东仍然无法选进代言董事；二是董事会保持一定的规模，过小规模的董事会增高了少数股东选进代言董事的门槛。在多数上市公司，第一大股东的持股量与公众股东的持股量相差悬殊，加之缺乏将分散的公众股东投票权集合起来行使的有效机制（如表决权代理征集与信托），累积投票制的实效有限。一般来说，累积投票制较适合于封闭公司，不大适合于公众公司。原因即在于封闭公司的股东人数有限，彼此间的持股量不致过于悬殊，且彼此相熟的少数股东之间易于达成表决协议以共同行使表决权。由是观之，我国现行法关于累积投票制的规定——有持股30%以上股东的上市公司强制实行；其他上市公司积极实行；非上市股份公司任意实行；有限公司没有要求——颇有些南辕北辙的意味。

3. 非现场投票

前文讲到，非现场投票包括书面投票与通信投票。少数股东通常由于参会成本大、收益小而不愿亲自参与股东会行使表决权，而非现场投票便利了少数股东表决权的行使，降低了行权成本，一定程度上能够激发广大公众股东行使表决权的积极性。毫无疑问，更多的公众公司少数股东积极参与股东会投票，对其利益保护具有积极意义。《公司法》第24条规定，公司股东会、董事会、监事会召开会议和表决可以采用电子通信方式，除非公司章程另有规定。

4. 表决权代理（征集）

表决权代理通常适用于公众公司，因为其股东人数众多，所有股东亲自投票不现实，少数股东也缺乏亲自投票的激励，这使得表决权代理成为少数股东参与公司决策的重要方式。当然在封闭公司，表决权代理也被广泛运用，因为股东不能亲自投票的情形也常见。

代理人可以是自然人或者法人，各国实践中有两种模式：一是英美模式，以公司管理层或其他股东为代理人，通常结合外部市场机制如公司并购，为争夺公司控制权会发生“拉票战”（proxy contest）；二是德国模式，以债权人银行等金融机构为代理人，银行利用债权与股权的双重机制加强对公司的控制。我国公司法没有限制代理人的资格，实践中通常为其他股东。但是，有的公司章程明确限定代理人为股东。这一做法的不妥之处是：在封闭公司，如只有两名股东且意见相反的，实质上导致一方股东无法委托代理人投票；在公众公司，会增加股东选定代理人的负担，因为股东彼此间可能没有任何联络。

在公众公司，表决权代理的高级形态就是表决权代理征集。主动的表决权代理征集中，征集人通常是公司管理层或者反对股东（insurgents），其将表决权代理征集作为一种争夺控制权的工具。这种工具的作用是中性的，反对股东可以借此推翻现任管理层，公司管理层也可以借此维护、巩固自己的地位，并形成表决代理权竞争。但对于少数股东而言，表决权代理征集利弊兼具。

其利：少数股东表决权得以集中行使，形成与多数股东的抗衡，促进公司意思形成的民主性；使股东会易达到法定足数，重要提案得以顺利通过，提高公司的运作效率，防止股东会因不符法定足数而不能召开，久之流于“空壳化”。

其弊：管理层可能利用这一工具来维持、巩固自己的地位，导致股东会虚置；也可能导致分散的股权最后由一人实质行使，甚至出现某一个少数股东低成本阶段性控制公司的局面，其掠夺公司的疯狂可能比多数股东有过之而无不及。与其如此，还不如让多数股东控制公司，基于风险与利益一致原则，后者至少比前者更关注公司的发展前途。

要言之，对少数股东而言，表决权代理（征集）制度是一柄“双刃剑”。适用得当，能加强对公司经营的监督，促进少数股东的利益保护；适用不当，则可能成为多数股东、管理层侵害少数股东的工具。为此，多数公司法规定有相应的限制措施。

（1）限制代理权的期限。要求表决权代理授权必须在每次股东会召开之前分别进行，概括授权无效。如日本《公司法典》第 310 条第 2 款有此规定。

（2）限制代理的表决权总量。

（3）限制出席会议的代理人数量。如日本《公司法典》第 310 条第 5 款授权公司可以作出如此限制。

5. 表决权信托

如前所述，表决权信托是将股权中的表决权长期、不可撤回地分离的制度设计。就长期性而言，美国《示范公司法》规定表决权信托可以长达 10 年；就不可撤回性而言，表决权信托生效后在设定的期间内不能撤回；就分离而言，股东对于受托人如何行使表决权无法控制。表决权信托既有利于不持有股权的第三人实现控制公司经营之目的，也有利于少数股东对公司经营管理的监督，对少数股东的利益保护具有现实意义。

6. 股东表决协议

在前述代理权“拉票战”中，股东表决协议扮演了一个很重要的角色。股东表决协议（shareholder voting agreements），又称“集体协议”（pooling agreement），指两个以上的股东达成的关于董事选举等特定议案表决的联合投票的协议。股东表决协议属于股东协议的一种，当事人被称为一致行动人。

表决协议的意义在于，虽然有了累积投票制，但在公众公司，单个少数股东仍不足以赢得董事会一席，一些持相同观点的少数股东通过表决协议联合起来，可以集中选票投给共同提名的候选人；在封闭公司，持股不到半数的股东也会联合起来通过表决协议取得多数份额，以对某一决策问题施加影响。

依法达成的表决协议有效并可以得到执行，需要受到合同法与公司法的规范。如当事人一方违反协议，可以要求其继续履行；如果协议各方出现纠纷，通常采取协商、谈判或仲裁的方式解决，或者允许持不同意见者退出协议。但考虑到表决协议造成的经济损失很难衡量，法庭可以向违约方下达“强制执行令”（specific performance），以进行衡平补偿（equitable relief），但很多时候很难命令强制执行。是故，为保证表决协议的执行，当事人签订协议时最好再签署一份不可撤销的投票委托书，将协议各方的投票权交给一个第三者代理投票；或者在表决协议中预先注明，如果任何一方违约，协议将由法庭下令强制执行，以此保证协议目的的能够实现。

（二）与表决权相关的程序性权利

股东行使表决权以形成决议的场合是股东会会议，所以除非不召集会议而由全体股东签名同意形成决议的特殊情形，股东会会议的召开是股东行使表决权的前提。围绕在股东会会议上行使表决权这一核心，股东（实际上主要是少数股东）享有一系列相关的程序性权利。

1. 提议召开权

公司有重大情形出现时如不能及时召开股东会会议，可能对少数股东不利，因此有必要赋予其提议召开临时股东会议的权利。《公司法》第 62 条规定，代表 1/10 以上表决权的股东可以提议召开有限公司的临时股东会会议；第 113～114 条规定，单独或者合计持有 10%以上股份的股东可以提议召开股份公司的临时股东会会议，董事会、监事会应当在收到请求之日起 10 日内作出是否召开临时股东会会议的决定，并书面答复股东。

2. 自行召集、主持权

股东会会议的召集、主持权事关股东会议能否正常进行，对于股东权利的维护和公司经营的进行具有现实意义。股东会会议应由董事会召集、董事长主持，在董事会、董事长不履行职责时，监事（会）应当代行；监事（会）也不代行的，将会延误股东会会议及时作出相关决议，也会阻碍股东尤其是少数股东依法行使股权，所以有必要赋予股东召集、主持权，以及时启动股东会会议。《公司法》第 63 条、第 114 条规定，代表 10%以上表决权（股份）的股东享有自行召集、主持股东会会议的权利。

3. 临时提案权

股东会的提案一般由董事会负责，如多数股东控制了董事会，完全可以借此控制股东会议程。有鉴于此，唯有被赋予临时提案权，少数股东才有机会就公司发展和关系自身利益的问题提出议案，使公司的意志能在一定程度上反映少数股东的意志，体现其利益诉求；否则，少数股东只能被动选择对议题同意与否。《公司法》第 115 条规定，持股 1%以上的股东有权向股东会提出临时提案，董事会应当在收到提案后 2 日内通知其他股东，并将该临时提案提交股东会审议，公司章程可以降低该持股 1%比例的法定要求但不能提高。另外，基于我国的司法经验，如公司章程附加行权股东持股期间要求的，也会被法院认定该条款无效。①

董事会对于少数股东的提案有形式审查权与实质审查权，综合为审慎审查权。在某种意义上，董事会对股东提案进行审查既是权利也是义务，或曰是一项职权（power）更为恰当。形式审查是指，临时提案没有明确的议题与具体的决议事项的，不予列入股东会议程；临时提案事项不属于股东会职权的，也不予不列入股东会议程。实质审查是指，临时提案的内容违法违章的，不列入股东会议程。提案股东对于董事会的不予列入股东会的决议不服的，可以提起诉讼，寻求司法救济。

（三）公司决议瑕疵诉权

如本书第十七章第一节所述，虽然名义上任何股东都可以提起公司决议瑕疵之诉，但现实生活中原告一般为少数股东，多数股东不存在起诉之必要，因为股东会决议以及多数股东控制下的董事会决议本来就是多数股东的意思，决议程序也在其直接、间接控制之下。在“资本多数决”原则下，少数股东的表决意思为多数股东所吸收，故只能事后提起决议瑕疵之诉，以期阻挡违背其意愿的公司决议的执行。在此意义上，决议瑕疵之诉的主要制度价值是保护少数股东。

为保护少数股东，无论何种决议瑕疵之诉，一经提起，公司应立即公告，周知利害关系人。就同一决议提起数个决议无效之诉，或者可撤销之诉，或者不成立之诉的，应合并审理。就同一决议分别提起决议无效之诉、可撤销之诉或者不成立之诉的，亦应合并审理。无论何种诉讼，原告或者被告均不得请求和解，因为此类诉讼涉及团体关系，禁止当事人任意处分。

（四）股东知情权及其诉讼救济

1. 股东知情权的概念

股东知情权（information rights，rights of access），概而言之，指股东了解公司信息的权利。在实质内容上，股东知情的对象包括公司经营状况、财务状况等与股东利益存在利害关系的公司信息。股东知情权的法律特征如下。

（1）独立的股东权利。本书第十四章已经指出，知情权具有独立的内容，且其概念具有涵摄性，是一项独立的股东权利。

（2）请求权。知情权实现的途径包括股东自己对公司有关信息的获取和公司主动向股东提供公司信息。无论哪一种途径，都需要相对义务方为一定行为（提供信息或者对信息进行说明），知情权始获实现，因此属于民法上的请求权。

（3）固有权。知情权作为股东的基本权利之一，具有明显的强行法规范的特征，不允许公

---

① 参见上海市奉贤区人民法院（2017）沪 0120 民初 13112 号民事判决书。

司以章程、股东会决议、股东间协议等方式予以剥夺或过分限制（本质是变相实质性剥夺）。

（4）基础性权利。知情权在整个股权体系中具有基础性的作用，是其他股权得以实现的前提。司法实践中，股东行使知情权的目的不是获得信息本身，而是通过所获取的信息采取下一步的行动，如要求股利分配、提起代表诉讼等。在此意义上，知情权经常作为一种手段性权利出现，但其本身亦不乏目的性价值。

（5）相对义务方包括公司及其控制人。股东知情权的权利主体当然是股东，通常是指在册股东（record owner），其义务方主要是公司，有时还包括公司的控制人即管理层、控股股东、实际控制人等。具体而言，查阅权的义务方是公司本身，质询权的对象为公司管理层，就信息披露义务而言，管理层、控股股东与实际控制人也负有连带责任。

2. 股东知情权的主要内容

按照获取公司信息方式的不同，股东知情权可以分为如下内容。[①]

（1）查阅与复制权。表现为股东自己到公司查阅、复制公司一定范围内的文件以获取信息。与查阅权相对应的是公司提供查阅、复制文件便利的义务。《公司法》第57条规定，有限公司股东有权查阅、复制公司及其全资子公司的公司章程、股东名册、股东会会议记录、董事会/监事会会议决议和财务会计报告，还可以要求查阅公司会计账簿、会计凭证。第110条规定，股份公司股东有权查阅、复制公司及其全资子公司的公司章程、股东名册、股东会会议记录、董事会/监事会会议决议和财务会计报告，连续180日以上单独或者合计持有公司3%以上（公司章程可以降低但不得提高该持股比例、持股期间要求）的股份的股东还可以查阅会计账簿、会计凭证。第110条还规定，上市公司股东查阅、复制公司相关资料的，依照《证券法》等法律、行政法规的规定办理。

上述规定区分了不同类型的公司而予以区别立法，且比之于之前的规定，缩小了有限公司与非上市股份公司的差异。至于上市公司由于具有公众性，其股东的知情权满足主要依赖上市公司的强制信息披露，故而适用特别规定。

（2）建议权与质询权。表现为股东向管理层就公司的经营提出建议与质询，要求就涉及的有关问题作出解释或说明，通过被质询人的回答获取公司有关信息。其中，与质询权相对应的是管理层的回答义务。股东行使质询权，可以在表决之前获得有关某一议决事项的充分、真实、有效的信息，免于在不明真相的情况下盲目表决，保证股东表决权行使的意思真实。通过质询权的行使，还能在一定程度上缓解少数股东与多数股东之间的信息不对称状态。《公司法》第110条规定，股份公司股东有权对公司的经营提出建议或者质询。这是关于日常质询权的规定。第187条规定，股东会要求管理层列席会议的，上述人员应当列席并接受股东的质询。这是关于股东在股东会议上行使质询权的规定。

总体上，《公司法》关于质询权的规定还比较抽象、简略，有关其行使与救济的诸多问题有待于进一步明确。比如，如果遭到被质询人的无理拒绝，如何救济；能否提起给付之诉，即能否要求法院判决被质询人履行说明、解释之义务，以及被质询人在股东会会议上不履行义务或者故意告知不充分、虚假信息的，依据此信息表决的股东能否事后以会议程序瑕疵为由提起决议撤销之诉，都存在争议。

（3）信息接收权。表现为股东通过公司提供或公告的文件获取公司相关信息。可见，与信

① 关于股东知情权的内容，多有争议。在国外公司法上，检查人选任请求权亦属于股东知情权范畴。李建伟．股东知情权的层级结构及其展开．暨南学报，2012（8）；李建伟，茅院生．制度建构：两大法系公司检查人选任制度及其借鉴．法商研究，2009（4）；刘俊海．股份有限公司股东权的保护．修订本．北京：法律出版社，2004：371及以下．

息接收权相对应的是公司的信息披露义务。有关信息披露义务的规定见于《公司法》《证券法》等法律规范，这里仅分析《公司法》的规定。《公司法》第109条规定，股份公司应当将公司章程、股东名册、股东会/董事会/监事会会议记录、财务会计报告、债券持有人名册置备于本公司，以备股东随时查阅。第129条规定，股份公司应当定期向股东披露管理层从公司获得报酬的情况。第166条规定，上市公司应当依照法律、行政法规的规定披露相关信息。第209条规定，有限公司应当按照公司章程规定的期限将财务会计报告送交各股东；股份公司的财务会计报告应当在召开股东会年会的20日前置备于本公司，供股东查阅；公开发行股票的股份公司必须公告其财务会计报告。关于信息接收权的行使与救济，主要规定在证券法，本书不予展开。

3. 查阅权之诉

依照前引《公司法》第57条第1款、第110条，股东查阅（复制）公司章程、股东名册、股东会会议记录、董事会/监事会会议决议和财务会计报告等文件的，没有任何限制措施；如果遭到公司无理由拒绝，股东可以直接提起诉讼。但第57条第2款规定：有限公司股东要求查阅公司会计账簿、会计凭证的，要履行书面请求的前置程序，且受到“正当目的”的限制。公司认为股东有不正当目的，可能损害公司合法利益的，可以拒绝提供查阅，并自股东提出书面请求之日起15日内书面答复股东并说明理由。股东收到拒绝答复或者在15日内没有收到公司书面答复的，才可以起诉申请法院强制查阅（court-ordered inspection），由此引发查阅权之诉。

少数股东被压制的一个技术性原因就是严重的信息不对称。正是基于股东知情权的基础性、手段性、固有性权利的特性，如要发生股东压制，侵害乃至于剥夺少数股东的知情权往往是多数股东的第一步也是最基本的手段；又由于有限公司的股东退出渠道单一、艰难，股东内斗由此而生。就有限公司而言，与知情权相关的压制股东手段主要有：怠于置备公司特定文件资料，拒绝少数股东的任何查阅与复制请求，拒绝股东委托的专业人士协助查阅，以股东具有“不正当目的”相抗辩等等。股东知情权遭受侵害而提起的查阅权之诉，既是手段也是目的，作为手段体现为，查阅权之诉往往是提起其他诉讼如分配股利、股份回购、股东代位诉讼等其他公司之诉的前提，但知情本身也可以就是诉讼的目的本身。

与此同时，股东知情权尤其是查阅权的无节制行使也使得公司商业秘密的保护面临挑战，或者干扰了公司的正常运营。所以，维持与实现各方利益的动态平衡，才是股东查阅权之诉规则体系构建的核心。为此，我国司法经验中的一般做法是：

（1）原告股东的资格。原则上股东在起诉时应具备股东身份，否则将被驳回起诉，例外的是，原告有初步证据证明在持股期间其合法权益受到损害而诉请查阅、复制的，应予支持。支持前股东的查阅权之诉权具有特别重要的价值，这体现在做假账者将在相对长的时间内面临诉讼风险，对少数股东知情权进行倾斜保护的司法政策选择，符合当前现实需求。这也是允许前股东提起公司之诉的为数不多的例外规定之一，属于合目的的扩张性解释，体现了诚实信用原则在公司法领域的适用。这一例外规定的背景是，原告丧失股东身份可能并非出于自己的真实意思表示，不少情形下由于多数股东等公司控制人恶意不披露信息、诱使或者逼迫少数股东转让股权，如一概不支持前股东的诉请，无异于助纣为虐，即使前股东能够寻求侵权法上的救济，也往往因为无法通过行使知情权获取有关公司信息证据而遭致败诉的结果。

宽松的司法政策符合中国实际需求。国外公司法有的对股东提出了持股时间与数量的要求，有的规定法院可以要求提供费用担保，这些都增加了股东行使查阅权与提诉的难度。在我国，对于各类文件的查阅，都没有股东资格以外的限制；对于股东提起的诉讼，也没有费用担保的要求，这些都便利了股东查阅权的行使，值得肯定。从2006年起，股东查阅权之诉成为快速增长的公司之诉类型。这既说明实践中股东查阅权之诉的巨大需求，对保护少数股东意义重大，同时也说明现行立法采较宽松的司法政策值得肯定。

（2）不正当目的的界定。审判实践中，作为被告的有限公司常以原告股东具有不正当目的相抗辩，此前的司法解释曾以具体列举加兜底性规定的方式明确了“不正当目的”的四种情形，客观上有利于原告股东的行权，防止公司抗辩权的滥用，减少法官自由裁量的恣意。这四种情形如下。

其一，不正当竞业的，也即“经营与公司主营业务有实质性竞争关系业务的，但公司章程另有规定或者全体股东另有约定的除外”。作为公司法的一项基本原则，股东对公司并不承担竞业禁止义务，但在诉请查阅公司会计账簿的场合下，与公司形成竞业关系的股东的查阅权行使受到严格限制。此处的“主营业务”，乃企业会计的重要会计科目，是指企业为完成其经营目标而从事的主要业务活动，形式上从营业执照的记载即可判断，实质上则借助于该业务在公司营业收入中的比重以及对公司利润的贡献来考察。此处的“实质性竞争关系”，可以参照上市公司监管规则、反不正当竞争法等规定来综合性考虑地域、产品、市场等因素认定。

其二，充当经济间谍的，也即“股东为了向他人通报有关信息查阅公司会计账簿，可能损害公司合法利益的”。

其三，曾有经济间谍前科的，也即“股东在向公司提出查阅请求之日前的三年内，曾通过查阅公司会计账簿，向他人通报有关信息损害公司合法利益的”。

其四，股东有不正当目的的其他情形。

“不正当目的”的判断。股东查阅会计账簿的主要意旨在于保护自身利益，但股东与公司之间可能存在利益冲突，不受约束的会计账簿查阅权不仅可能给公司带来极大的负担，而且可能被用于不当目的，侵害公司的商业秘密。为此，法律平衡利益的主要手段之一就是将股东查阅会计账簿权限定在“正当目的”（proper purpose for inspection）。一般认为，如获取公司会计信息的目的与维护股东利益直接关系，该目的即为正当，即使该行为对管理层不友好甚或构成威胁①，比如，股东为了对管理层的错误行为提起诉讼，或为了主张股利分配等。相反，如其是为了获取公司的商业秘密而意图与公司竞业或者提供给公司的竞争者，或者仅为满足好奇心而单纯希望管理层对其请求予以回应等，则不被认为目的正当。关于“正当目的”的举证责任，《公司法》第57条第2款没有明确规定，实务中有所争议。从立法意旨及“谁主张，谁举证”原则看，应由被告公司举证原告股东的目的不正当。

（3）查阅权不得被实质性剥夺。我国司法经验认为，公司章程、股东间协议等实质性剥夺股东依法享有的查阅、复制权的，公司不得援用该规定拒绝股东的查阅、复制请求。这就划定了保护股东知情权与公司商业秘密这两大法益之间的基本界限。一方面，就股东知情权的保护而言，一是基于该权利的固有权、基础性权之特性，具有不可剥夺性、不可让渡性，不适用民事权利处分的一般规则，所以代表了股东意思自治的公司章程、股东间协议等条款的合法性，仍然要受到司法审查；二是《公司法》关于股东查阅权的规定属强制性规范，也即属于“为避免产生严重的不公平后果或为满足社会要求而对私法自治予以限制的规范”（卡尔·拉伦茨语），股东据此享有的知情权不得被剥夺。另一方面，“实质性剥夺”的表述，一是表明公司有权通过章程、股东间协议对股东知情权进行必要限度的限制，留给公司维护商业秘密的足够自由空间；二是通过故意留白的抽象规定，留给法官自由裁量的空间。

---

① 赵旭东. 公司法学. 2版. 北京：高等教育出版社，2006：314.

“不得实质性剥夺”规则能否扩张适用？股东查阅权不得被公司实质性剥夺的规则，可否扩展适用到其他类型的股东权利，从而成为司法审查公司章程、股东间协议条款效力的一般性规则？例如，实务中常有有限公司章程限制股东转让股权的自由，但个别公司的规定即有对股权转让权“实质性剥夺”之嫌——规定公司成立之日起或者股东取得股权之日起30年内，股东不得转让股权给第三人。这样的约定条款是否有效，亟须相关司法审查效力规则的明确。

（4）支持诉请裁决书的三要素。此前的司法解释曾规定，法院支持股东查阅诉请的判决，应当写明三要素：查阅、复制的时间、地点和对象（也即特定文件材料的名录）。

关于查阅对象能否包括会计凭证（包括原始凭证与记账凭证），长期以来一直是各方争议的焦点问题，2023年《公司法》修订案作出明确回应，第57条、第110条均明确规定可以查阅有限公司、非上市股份公司的会计凭证，对于保护少数股东、落实查阅权之诉的法律价值具有重要意义。

此外，《公司法》第57条、第110条均确立了穿越查阅规则，也即股东可以要求查阅、复制公司全资子公司的相关材料。

（5）适用委托查账制度。《公司法》第57条、第110条均明确规定，股东查阅公司会计账簿、会计凭证的，可以委托会计师事务所、律师事务所等中介机构进行。股东及其委托的会计师事务所、律师事务所等中介机构查阅、复制有关材料，应当遵守有关保护国家秘密、商业秘密、个人隐私、个人信息等法律、行政法规的规定。

允许委托查账的法理依据。股东知情权诉讼的原告股东胜诉后，在执行过程中法院应该允许股东聘用代理人（通常是会计专业人士）查账，理由有三：首先，从该类诉讼的目的来看，如不允许代理，查账行为的专业性决定了原告的诉讼目标难以实现。其次，依据民法上的委托基本法理，凡法不禁止的领域，委托代理皆可适用，查账即属之。最后，实质正义的追求与实现。法人股东、非法人组织股东天然地可以委托其会计部门的职员作为受托人查账，但自然人股东多不具备会计专业知识，如不允许委托查账，事实上等于仅限制了自然人股东，这是不公平的，允许委托查账消除了自然人股东与其他股东在此事项上的不平等。

（6）侵权赔偿责任。一是胜诉股东的侵权赔偿责任。股东行使知情权后泄露公司商业秘密侵害公司利益的，公司有权请求其承担侵权赔偿责任；辅助股东查阅的专业中介机构泄露公司商业秘密侵害公司利益的，公司也有权请求其承担相应的赔偿责任。二是董事、高管的侵权赔偿责任。董事、高管等未依法履行职责，导致公司未依法制作或者保存公司法规定的公司文件材料，给股东造成损失的，直接对股东承担民事赔偿责任。这一责任属于《公司法》第191条规定的故意、重大过失执行职务的董事、高管对于“他人”直接责任的具体适用。

（五）异议股东评估权

“资本多数决”原则决定了公司决议中少数股东须服从多数股东。但在少数股东发现多数股东主导下的商业决策有违自己的投资期待，或者干脆就是一项愚蠢的决定，却无力阻止；或者多数股东滥用权力欺压少数股东，少数股东却无力反抗这些情况下，异议股东有权退出公司吗？或者说异议股东有权在这种交易完成前、股价下跌前诉请法院对其投资的公平价值予以评估吗？评估权就是为特定交易中的异议股东提供的救济措施。[①] 这一救济措施的基本规则是，在公司的特定交易中，异议股东可以要求公司支付其股份的公平价值以退出公司；如公司不予支付，异议股东可以诉请法院决定其股份的公平价值。在国外法律文献中，往往以“评估权”指称异议股东股份回购请求权，即表明这一制度的核心在于公平价值的最终裁判者是法院。

① 施天涛. 公司法论. 2版. 北京：法律出版社，2006：556.

评估权是公司法对特定交易中的异议股东提供的一种保护性措施，核心是对在特定交易中受到不公平对待的少数股东的一种救济方式。对于有限公司的异议股东，《公司法》第89条第1款规定了评估权；对于非上市股份公司的异议股东，第161条第1款及第162条第1款第4项规定了评估权。公司的所有股东都可能成为此处的异议股东，但在制度逻辑和现实生活中，所谓“异议股东”都是不能左右决议的少数股东。所以，评估权的实质，乃在于通过赋予少数股东特殊的退出机制来达到保护其利益之目的。这对于缺少股东退出机制的封闭公司尤为重要。对于我国而言，异议股东评估权更具有特别的现实意义。

鉴于本书第十五章第四节已经对异议股东评估权有详细介绍，此处不再展开。

（六）强制股利分配诉权

股东投资于公司，主要目的是获取投资回报，但在获取回报方式的选择上可能存在差异：有的希望将更多的利润留在公司，将公司做大做强，从而获得更长远的利益；有的希望即时分得更多利润，不愿冒公司长期经营的风险；还有的希望实现其他非经济目的，如担任大公司领导人职务所带来的社会声誉。多数股东还可能通过左右股利分配政策来利己损人（少数股东）。所以，股利分配中存在着股东间的利益冲突，法律应该关注对少数股东的保护。

关于股利分配事项上股东间的利益冲突及少数股东提起的具体股利分配之诉、抽象股利分配之诉等救济措施，本书第十二章已有详述，此处不拟展开。

（七）股东代表诉权

公司利益受到侵害而不能获得救济的，会间接损害股东利益。公司之所以不能获得救济，很可能因为侵害人就是控股股东、实际控制人、管理层及其关联人，因为他们违背对公司的忠实义务，作出不予起诉自己的决定。有鉴于此，赋予少数股东代表诉权不仅必要，而且重要。

《公司法》第189条规定的股东代表诉讼指向的对象是公司管理层与“他人”，此处的“他人”实质是指控股股东、实际控制人及其关联人、管理层的关联人，以及解散清算组成员等。可见，股东代表诉讼的制度功能，是调整股东与管理层的利益冲突，以及股东间的利益冲突。该条规定的代表诉讼的原告在有限公司是任何股东，在股份公司是持股时间达到180天以上的合计或者单独持股1%以上的股东，实践中提起代表诉讼的基本上也都是少数股东。这充分说明代表诉讼是保护少数股东的一项重要制度安排。关于股东代表诉讼的详细内容，见下节。

（八）强制解散公司诉权

关于股东强制解散请求权制度的内容，本书第八章已有详述，这里再次强调其对少数股东保护的意义。对于股东之间发生纷争、欺压或者僵局的，现代公司法提供了若干解决方案，其中最具破坏性，也最具终局意义的就是股东行使强制解散公司请求权，由法院判令公司解散清算。《公司法》第231条名义上规定任何合计或者单独持有10%以上表决权的股东都可以提起解散公司请求，但实践中提起人主要还是少数股东。在此意义上，强制解散公司诉权是保护少数股东的一项重要制度安排。

（九）特别清算请求权

《公司法》第233条规定，公司自愿解散后应当清算，清算义务人逾期不成立清算组进行清算或者成立清算组后不清算的，利害关系人可以申请法院指定有关人员组成清算组进行清算，法院应当受理该申请，并及时组织清算组进行清算；公司因行政处罚等被解散的，如清算义务人不组织清算或者成立清算组后不清算，作出吊销营业执照、责令关闭或者撤销决定的部门或者公司登记机关可以申请法院指定有关人员组成清算组进行清算。此处的“利害关系人”，实务中指向的正是公司债权人、不能掌控清算事务的少数股东等。这一规定对于保护少数股东的意义在于：多数股东、管理层由于控制着公司财产而拒绝解散清算，由此受损害的不限于债权人，少数股东也可能是受害人，因为公司不清算，不仅其剩余财产分配权无以实现，甚至自身还有承担法律责任的风险。

第三节　股东与管理层的利益冲突治理

一、管理层的信义义务概述

（一）概说

以董事为例，大陆法系一般认为董事与公司之间存在委任关系，董事对公司负有民法上善良管理人的注意义务。英美法系认为董事是公司的代理人或信托受托人，董事对公司负有受托义务。由此，两大法系规定的董事义务大致类似，也存在差异。共识是：董事应当忠实、诚信、谨慎地办理受托事务，不能从事有违公司利益的行为。差别在于：大陆法系公司法没有像英美公司法那样形成关于董事义务的完整理论体系。我国公司立法更多借鉴了英美法系的经验。

在英美法系，董事基于与公司间的信托关系而承担的“受托义务”（fiduciary duties），又称受信义务、信义义务、诚信义务，具体包括忠实义务和勤勉义务，根据其内容还可分为作为义务和不作为义务。一般而言，忠实义务属于不作为义务，勤勉义务属于作为义务。忠实义务与勤勉义务的一个显著差别是：管理层任期届满后在一定期限内可能还承担忠实义务，如对公司的保密义务、竞业禁止义务等，该期限长短取决于义务本身与公司关系的密切程度，根据法律、契约的规定以及公平原则确定；但勤勉义务随任职结束而自然结束，所谓“不在其位，不谋其政”。

我国《公司法》的立法特色在于，它将董监高，也即整个管理层的信义义务一并作了规定。

（二）我国的规定与实践

《公司法》第180条规定，董事、监事、高级管理人员对公司负有忠实义务，应当采取措施避免自身利益与公司利益冲突，不得利用职权牟取不正当利益。董事、监事、高级管理人员对公司负有勤勉义务，执行职务应当为公司的最大利益尽到管理者通常应有的合理注意。公司的控股股东、实际控制人不担任公司董事但实际执行公司事务的，适用前两款规定。这是关于管理层信义义务的基本规定，回答了两个主要问题。

1. 谁是义务人

（1）董事。在“委托—代理”的经济理论框架下，董事是股东的代理人，是公司的管理者，在履行经营管理过程中负有信义义务。此处的董事包括影子（事实）董事。需要指出的是，不同类型的董事担负的管理职责有所不同，所以其信义义务的内容可能也有所差异，比如执行董事与非执行董事的信义义务的适用可能不同。

（2）高管。高管负责公司的具体经营活动，须与董事一样承担信义义务。高管兼任董事的，其双重身份都担负信义义务。

（3）监事。监事与董事、高管的信义义务在程度和范围上都有所不同。由于监事只是公司的监督者而非直接管理者，其注意义务主要体现为是否尽职尽责地履行了监督职责；当然，就履行监督职责而言，监事对公司也承担忠实义务。

2. 对谁负有义务

（1）公司。管理层对公司负有信义义务，在各国公司法上毫无争议。在传统公司法上，公司的利益最大化就是股东的利益最大化，因此，管理层对公司的义务（法律意义上的）也就是对股东的义务（实质意义上的），此处的“股东”是指全体股东，而非某一个（类）股东，更不是某个董事背后的委派股东。

（2）股东。作为例外，在特定情况下，管理层也可能对股东直接承担法律意义上的信义义务。如董事、高管的职务行为侵害了某一个（类）特定股东的权益，可能对后者承担违信责任。《公司法》第190条规定的股东直接诉讼就建立在这一责任之上。

（3）关于第三人。管理层是否对公司、股东之外的利益主体负有信义义务？早期公司法矢口否认，但各国、地区公司法的新近发展，有承认之趋势。其中利益相关者理论主张最为竭力。关键是，如果法理上承认管理层对其他利益相关者承担法律意义上的信义义务，如何避免司法上的不可执行性（legally not enforceable）。对此，我国《公司法》第191条作出了大胆的探索，正式确立董事、高管对公司之外的“他人”也即第三人的直接责任规则。

董事对第三人的责任。为防止董事滥用职权，各国通过判例、立法确立了董事对第三人责任，即董事履行职务有重大过错致第三人（主要指债权人）受损害的，董事与公司对第三人承担连带责任。关于该责任的性质，英美法系定位于过错侵权责任，大陆法系认为是由公司法规定的特别责任。在某种意义上，董事对第三人责任与公司法人格否认的功能异曲同工：（控制）股东滥用权力侵害债权人利益的，公司法人格否认规则的适用将追究该股东的连带责任；董事滥用职权侵害第三人利益的，无法适用公司法人格否认规则，但董事对第三人责任的适用，将同样追究该董事的连带责任。

《公司法》第191条规定：“董事、高级管理人员执行职务，给他人造成损害的，公司应当承担赔偿责任；董事、高级管理人员存在故意或者重大过失的，也应当承担赔偿责任。”对于此条款的理解需要把握五个方面的要点：

第一，直接责任人范围。仅包括董事、高管，不包括同样承担信义义务的监事，这是基于董事、高管与监事的不同职权而设计的。

第二，直接责任人的主观过错。过错形态限于故意、重大过失，而不包括一般过失、抽象轻过失，这就将直接责任限于不能容忍的重大过错场合。

第三，“他人”所指。“他人”是公司以外的任何受害人，没有争议的是，他人首先包括公司债权人；进一步地，还包括公司股东尤其是少数股东（证券市场的中小投资者），《证券法》第85条可为例证。

第四，责任性质。本条规定的董事、高管对第三人的责任是一种特别法定责任，如其故意、重大过失行为也构成侵权责任，则可能与《民法典》第1191条规定的职务侵权责任重合。直接侵权行为适用《民法典》的规定，间接侵权行为适用本条规定，因本条乃特别法规范。

第五，董事、高管与公司的责任关系。“公司应当承担赔偿责任”，有故意、重大过失的董事、高管“也应当承担赔偿责任”，这两句表述了公司与董事、高管的责任关系。究竟应当如何理解，目前学理上有以下学说：按份责任说、平行连带责任说、补充连带责任说、补充责任说、不真正连带责任说等，补充连带责任说更为合理。

二、忠实义务

（一）概说

忠实义务（duty of loyalty），指管理层竭尽忠诚地履行职务，为公司的最佳利益和适当的目的行事，当自身利益与公司利益存在冲突时，不得将自身利益置于公司利益之上的义务。在英美法系，忠实义务理论源于英国信托法的古老原则，即受托人不得从委托人处牟利，他只能为受益人的利益行事。这一原则就是衡平法上的“不冲突原则”，如有违反，受托人承担违信责任。在大陆法系民法上，规定受托人对委任人负有善良管理人的注意义务，但未规定受托人的忠实义务，所以日本等大陆法系国家的公司法先后引进了英美法系的忠实义务。

实质上，忠实义务是为管理层设置的一条入法的“道德准则”，也是民法的诚信原则在公司领域的具体表现。如果说勤勉义务是为了克服管理层的偷懒和无责任心，那么忠实义务主要是为了克服管理层的贪婪和自私。违反忠实义务主要表现在两个方面：一是管理层将自己利益置于公司、股东利益之上，二是利用职权为自己谋取私利。

（二）我国公司法的基本规定

《公司法》第179条规定：“董事、监事、高级管理人员应当遵守法律、行政法规和公司章程。”第180条第1款规定：“董事、监事、高级管理人员对公司负有忠实义务，应当采取措施避免自身利益与公司利益冲突，不得利用职权牟取不正当利益。”《上市公司治理准则》第21条规定，董事应当遵守法律法规及公司章程有关规定，忠实、勤勉、谨慎履职，并履行其作出的承诺。《上市公司章程指引》第97条对忠实义务有进一步的阐释。由此，可以将董事忠实义务定义为，董事执行公司业务时应为公司的最大利益努力工作，尽力避免自身利益与公司利益的冲突发生；自身利益与公司利益发生冲突时，不得应以追求公司利益为先而非相反。由此可知，违反忠实义务的本质是，董监高为自己的私利滥用权利以谋求不法利益，简称“为私益而滥权”。“滥权行为”（abusing of rights），特指知悉该职务的职责、权力和权限以及理性人会认为不法者违反了与其处于同样地位的人应具备的行为准则，所以不仅限于狭义上的权力滥用，还包括董事知道或应该知道他无权执行的行为。当董事为“滥权行为”时，其内心意思很关键，因为不法者是在知情或对具体情况了解的背景下行使权力，也即行使权力的目的或意图是判断权力是否被滥用的重要因素。

由是观之，忠实义务属于消极义务，违反忠实义务的行为构成可以包括：（1）董事的利益与公司利益处于冲突之中（conflicting of interest）；（2）滥用了职权的便利；（3）为自己谋取不正当利益（tunneling）。一般认为，违反忠实义务的最典型行为就是不当自我交易行为（unfair self-dealing），与此相对应，公司法并不禁止董事的自我交易，而是要求关联董事在处理自我交易时的合规操作，包括如实向股东会、董事会报告利害关系；提交董事会、股东会议决而不是自己决定，而后回避表决等，均在避免“为私益而滥权”行为的发生。

（三）忠实义务的类型化

按照《公司法》第181～184条等规定，董监高违反忠实义务的行为可以分为两类：一是绝对不可为，也即不得触碰的法律红线；二是相对不可为，也即原则上不可为，但在符合正当程序的前提下，例外也可为的行为。下文逐一分析之。

1. 绝对不可为

《公司法》第181条规定，董监高不得有下列行为：（1）侵占公司财产、挪用公司资金；（2）将公司资金以其个人名义或者以其他个人名义开立账户存储；（3）利用职权贿赂或者收受其他非法收入；（4）接受他人与公司交易的佣金归为己有；（5）擅自披露公司秘密；（6）违反对公司忠实义务的其他行为。

此外，《公司法》第51条、第53条、第211条、第226条等规定，违法不对瑕疵出资股东催缴出资的、协助股东抽逃出资的、违法分配利润的、违法减资，给公司造成损失的，负有责任的董监高要承担对于公司的赔偿责任。此处的几类行为实际上也是绝对禁止的行为，违反者，可能构成忠实义务的违反。

2. 相对不可为

(1) 关于董事自我交易

1) 概述

董事自我交易 (self-dealing)，指董事及其关联人与公司之间的交易。董事自我交易属于关联交易的一种，包括两种基本形式：一是直接自我交易 (direct self-dealing)，即董事本人与公司的交易，如将公司财产出售给董事，或者反过来；二是间接自我交易 (indirect self-dealing)，即董事的关联人与公司的交易，此处的关联人 (related person) 包括董事的一定范围内的近亲属如配偶、子女，以及董事任职或者投资的其他企业等。

董事自我交易的“交易”与前述控制股东自我交易的“交易”范围和类型基本相同，不同的交易类型就是董事薪酬 (executive compensation)，即公司与董事的合同中公司向董事支付的服务对价。如前所述，在封闭公司，出于规避双重征税或者排挤少数股东的意图，董事薪酬通常成为股利分配的替代方式；在公众公司，董事薪酬通常表现为工资、股票期权和其他激励的组合。

与前述控制股东自我交易一样，董事自我交易也是一柄“双刃剑”：一方面，可以增加公司交易机会、节约交易成本、提高交易效率；另一方面，由于交易双方存在利益冲突和交易实由董事一方所决定，董事一旦违反忠实义务就会使公司利益受损。所以，公司法有必要规制董事自我交易。

2) 我国的规定与实践

我国《公司法》关于董事自我交易的规范可以分为两个层次。

一是一般规定，第 22 条规定，公司的控股股东、实际控制人、董事、监事、高管不得利用其关联关系损害公司利益，否则，给公司造成损失的，应当承担赔偿责任。这是公司法关于关联交易的一般条款，适用于董事自我交易。

二是基本规定。第 182 条规定，“董事、监事、高级管理人员，直接或者间接与本公司订立合同或者进行交易，应当就与订立合同或者进行交易有关的事项向董事会或者股东会报告，并按照公司章程的规定经董事会或者股东会决议通过。董事、监事、高级管理人员的近亲属，董事、监事、高级管理人员或者其近亲属直接或者间接控制的企业，以及与董事、监事、高级管理人员有其他关联关系的关联人，与公司订立合同或者进行交易，适用前款规定。”第 185 条规定，董事会对于董事自我交易事项决议时，“关联董事不得参与表决，其表决权不计入表决权总数。出席董事会会议的无关联关系董事人数不足三人的，应当将该事项提交股东会审议”。理解以上规定，需要从自我交易的正当程序和非公允自我交易的救济两个方面考察。

第一，关于自我交易的正当程序。

正当程序有三。其一，信息披露，即要求关联董监高应将与订立合同或者进行交易有关的事项向董事会或股东会报告。其二，交付股东会、董事会表决，即按照公司章程的规定经董事会或股东会决议通过。“按照公司章程的规定”指公司章程应对某类自我交易的议决机关在股东会与董事会之间作出选择，如章程没有规定或者规定不明，关联董监高可以要求两个法人机关的任一机关作出决议，但不能自己决定。否则，司法实践倾向于认定这一行为违反公司法的规定。其三，回避表决，如董事会决议，则关联董事回避表决，由非关联董事的多数决通过；如出席董事会会议的无关联关系董事人数不足 3 人，应将该事项提交股东会审议，股东会决议的，公司法上不存在关联董监高回避问题，至于关联股东是否回避应视法律、章程规定而定。

董监高的自我交易履行了正当程序，依照我国司法实践经验，也并不当然代表该自我交易为公允交易，也即正当程序并不排除实体不公正。但是，借鉴美国公司法上的安全港规则，我国法院的做法是：公司起诉或由股东提起代位诉讼要求确认某项董事自我交易无效以及要求关联董监高赔偿的，如关联人举证其履行了正当程序，则应由原告来证明该交易非公允；反之，如关联人不能证明其履行了正当程序，则由其负责举证交易的公允性。

第二，对于非公允的自我交易的救济。

首先，包括董监高自我交易在内的关联交易合同的效力认定，适用《民法典》有关合同效力的一般规定，公司法并未从组织法的视角提供关联交易合同的特殊效力规则。其次，在救济上，公司可以提起关联交易合同的效力瑕疵之诉，如公司因其意思被董监高控制而无法起诉，股东可依法提起股东代位诉讼要求确认自我交易合同无效、不生效力或选择撤销之。再次，因非公允自我交易导致公司利益受损的，公司可请求关联董监高承担赔偿责任，同时可以对获益的董监高行使归入权。针对前述请求，公司可提起给付之诉，如公司因为其意思被关联董监高控制而无法提起诉讼，股东可依法提起股东代位诉讼。最后，关于非公允自我交易的法律责任，依据《公司法》第22条第2款及第186条、第188条可知，从事非公允自我交易的董监高根据具体情况，可能需要承担损害赔偿与不当利益归入公司等法律责任。

（2）关于利用公司机会

1）各国的基本经验

公司机会理论（corporate opportunity doctrine），是英美普通法上的一个重要理论，指限制或者禁止董事把属于公司的商业机会转归自己利用而从中谋利。在现代市场经济下，商业机会就是财富，篡夺公司机会就是变相侵占公司财产，构成忠实义务的违反。

关于公司机会的判断是困难的。在各国实践中，评估一项机会是否属于公司机会的考量因素包括：是否与公司能力（capacity）相关，是否属于公司经营范围，公司是否具有利益或者期待利益，是否与公司构成竞争，是否与董事职务履行相关，等等。对以上问题作出肯定回答的，则属于公司机会，但在上述因素互相冲突时就难以判断了。

他山之石。美国判例法上有三种标准据以判定是否属于公司机会：（1）利益或者期待利益标准（interests and expectancy test）。如公司对该机会具有利益或者期待利益，则属于公司机会。但利益、期待利益标准的运用须以现存的法律利益为基础，因此这一标准过窄，于公司不利。（2）经营范围标准（line of business test）。只要是在公司经营范围内的机会都属于公司机会。在公司单一商业目标的早期年代，这一标准尚属公允，但在公司可以从事任何合法商业活动的今天，这一标准过于宽泛了。（3）公平标准（fairness test）。如董事取得并利用该机会对公司是不公平的，该机会就属于公司机会。公平标准具有保护实质正义的优势，但在司法适用中需要考虑多种因素，具有不确定性。上述标准各有优缺点，有人试图将其中的经营范围标准和公平标准结合起来，提出“两步法”（two-step analysis）：先确定是否属于公司机会，如是，再决定个人利用该机会对公司是否公平。

董事可否利用公司机会？各国公司一般并不绝对禁止董事利用公司机会，董事可以在特殊情形下合法利用公司机会，包括：

——经过股东会或董事会同意或者追认的。

——公司拒绝的（corporate rejection）。公司拒绝的决定须经过正当程序：利用机会的董事应当向公司履行披露义务；取得非利害关系董事或者股东会的同意，或者采用公平标准确定。

——公司不能利用的（corporate inability）。此处的“不能”（inability）主要指“财务不能”（financial incapacity）。在实践中，获得公司机会的人应先将该机会提交公司，公司作出拒绝决定后，如有人异议，允许董事以公司财务不能作为抗辩事由，举证公司的拒绝决定符合经营判断规则，或者对公司是公平的。

——相对人不愿意与公司交易的（third party unwillingly to do business with the corporation）。于此情形，获得该机会的董事应向公司说明，使公司有机会说服相对人；如说服无效，则董事可以利用该机会。

2）我国的规定与实践

我国《公司法》第183条规定："董事、监事、高级管理人员，不得利用职务便利为自己或者他人谋取属于公司的商业机会。但是，有下列情形之一的除外：（一）向董事会或者股东会报告，并按照公司章程的规定经董事会或者股东会决议通过；（二）根据法律、行政法规或者公司章程的规定，公司不能利用该商业机会。"这一规定表明；我国公司法并不绝对禁止而仅是限制董监高利用属于公司的商业机会，且明确了董监高可以利用公司机会的例外规则。关于例外可以利用公司机会的情形包括：

第一，履行正当程序的。董监高已经向董事会或股东会报告，且按照公司章程规定经董事会或股东会决议通过的，可以利用公司机会。需要明确，董事会或股东会决议"放弃公司机会"时应明确放弃的范围或类型，不能概括性放弃商业机会，这意味着原则上股东会、董事会决议应根据董监高的信息披露一事一议，而不是概括性放弃。反之，若允许公司概括性放弃公司机会，将严重损害公司的独立人格，也架空了忠实义务的规定。

第二，公司不能利用的。如何解读《公司法》第183条规定的"根据法律、行政法规或者公司章程的规定，公司不能利用该商业机会"？其一，所谓"根据法律、行政法规或者公司章程的规定"，主要指公司章程另有规定的情形，因为法律、行政法规少有此类规定。其二，"公司不能"既包括事实上的不能，又包括法律上的不能。前者如公司不具备实施某一交易机会的财力或人力，如某餐厅总经理接到某公司年会50桌晚宴的订单要约，但当晚该餐厅的大宴会厅已被预订而无法接单。事实上不能的常见情形是"财务不能"（financial incapacity），如公司不能凑足参加某招投标的保证金。法律上的不能如公司利用该机会将违法、越权等。以财务不能为例，在实践中，获得公司机会的人应先将该机会报告并提交公司，公司作出拒绝决定后，如有人提出异议，法院应允许董监高以公司财务不能作为抗辩事由，由其举证公司的拒绝决定符合经营判断规则，或者对公司是公平的。故董监高不能简单以公司财务不能为由而利用职务便利为自己或他人谋取属于公司的商业机会，而是应当论证公司财务不能且在穷尽方法后仍未能帮助公司解决财务不能障碍，该种判断符合经营判断规则，或者对公司是公平的。

如果董事要利用公司机会，也要遵循如上述自我交易一样的正当程序（第185条）。如构成该项义务的违反，为对忠实义务的违反，法律责任与上述非正当的自我交易相同，此不赘述。

（3）关于竞业

1）定义

竞业，即竞争营业，指对特定营业有竞争性的活动。我国《公司法》第184条规定："董事、监事、高级管理人员未向董事会或者股东会报告，并按照公司章程的规定经董事会或者股东会决议通过，不得自营或者为他人经营与其任职公司同类的业务。"所谓"自营或者为他人经营"，是指为自己或者第三人利益而实施竞争营业行为，至于以何人名义进行，在所不问。所谓"与其任职公司同类的业务"，既可为完全相同的商品或者服务，亦可为同种或者类似的商品或者服务，彼此之间应具有竞争关系，比如哈尔滨市与海口市的两家本地化经营的西餐饭店，虽然业务完全相同，但显然不具有竞争关系。

竞业的时间既可发生于公司营业阶段，亦可发生于公司准备营业、试营业阶段，还可发生于公司暂时中止营业阶段。

公司立法规定的竞业期间以董事的任职期间为限，不包括已经离职的董事。但在实践中，公司往往与董事以及其他雇员约定离职后一定期间的竞业限制义务。这样的限制必须合理，且公司负有相应补偿的义务，否则会被认为显失公平或者违反社会公共政策，不具有法律效力(unenforceable)。

竞业的方式，既包括董事自己投资设立公司、合伙、独资等其他企业，与公司展开商品、服务的竞争，也包括担任与公司有竞争关系的企业的管理职务，如总经理或者合伙企业执行人。因此，许多公司法将担任与公司有竞争关系的企业的管理职务也列入竞业行为。

竞业行为与篡夺公司机会行为有时有交叉，但并不完全一致。因为董事的竞业活动未必都必须通过篡夺公司机会来进行，反过来，董事篡夺公司机会也未必都用于与公司开展竞争营业。因此，公司法将竞业限制与篡夺公司机会限制作为并列的忠实义务加以规定。

2）立法政策

关于董事的竞业义务，多数国家公司法的政策立场是：未经公司同意而与公司竞业被视为一种不忠实的行为，故完全放任之不利于维护公司利益，但完全禁止之则属于对市场竞争的过度限制，有违营业自由的公共政策，所以，立法普遍采用竞业限制的立法政策——经过公司同意的竞业被认为具有合法性。有的公司法还规定，即便违反了竞业限制义务，如事后取得了股东会的追认，董事对公司的法律责任亦可被免除；公司知悉非法竞业行为后的法定期限内不行使归入权的，视为同意。

我国 1993 年《公司法》第 61 条第 1 款绝对禁止董事、经理的竞业行为，2023 年《公司法》修订后改采限制立法政策。这一立法变化更切合社会经济生活的现实，减少了立法与现实的落差，降低了立法预设的制度运行成本。

限制主义的立法规定，意味着合法的竞业行为需要经过合法程序。各国公司法多规定，欲从事竞业的董事须向公司说明情况并取得批准，批准机关有董事会、股东会等。我国《公司法》规定批准机关是股东会，但考虑到董事、高管可能兼有股东身份，因此，公司章程有必要规定利害关系股东回避表决。

如果董事要开展竞业，也要遵循如上述自我交易一样的正当程序（第 185 条）。如果构成该项义务的违法，为对忠实义务的违反，法律责任与上述非正当的自我交易相同，此不赘述。

三、勤勉义务

（一）概说

勤勉义务（duty of care），或称注意义务（英美法系）、善管义务（大陆法系），即董事（包括监事、高管，下同）遵守诚信原则，以一个合理的谨慎的人在相似情形下所应表现的谨慎、勤勉和技能，为实现公司利益最大化而努力工作。

将勤勉义务与忠实义务相比较，忠实义务的判断标准明确，客观性强，立法可以采取集中列举方式规定；而勤勉义务的注意程度因公司的经营范围、经营状况及董事个人情况不同而有所差异，判断标准具有不确定性[1]，立法上往往采取抽象概括与分散规定相结合的方式加以规定。在各国、地区的司法实践中，如何界定勤勉义务是一个普遍的难题：若界定得过宽，会致

① L C B GOWER. Gower's principles of modern company law. 5th ed. Sweet & Maxwell，1992：587.

该义务虚化而失去意义，于公司、股东不利；如过于苛刻，则会挫伤董事开展经营的积极性，甚至导致没有人担任董事，也不符合市场经济的风险性特征，损害企业家精神。在这一领域，两大法系的经验各有特色。

（二）英美法系的经验

1. 一般标准

美国《示范公司法》第 8.30 条规定了注意义务的三个标准。

（1）善意。董事的行为必须是善意的（in good faith）。善意是对董事诚实状态的一种主观道德评价，针对的是董事对经营事务的认知能力。如果董事在内心对经营决策及其后果尽到了适当的注意，即为善意。反之，如果董事明知其行为将会对公司产生不利后果而故意放任，或者因为疏忽没有引起足够注意而使其后果发生，则为恶意（bad faith）。

（2）注意。注意（care），是关于董事对其行为及后果的注意程度的带有一定客观化倾向的主观评判。对注意的正面评价就是勤勉尽责，即董事在实施经营行为时恪尽职守，尽到适当的勤勉、注意和技能。关键是，判断董事的注意程度采用何种标准。美国法的标准就是“理性人标准”（test of reasonable person），即尽到“处于相似位置的合理谨慎的人在类似情况下所应尽到的注意”。这一标准好像与侵权法上的原则并无二致，也是过失原则的客观化体现。在许多情况下的确如此，董事的注意义务与侵权法上的注意义务并无根本区别。但是，董事的注意义务自有其特别之处：作为一种管理义务，一个董事具有或者应当具有相关专业方面的知识、能力而没有运用这种知识、能力的，则不能认为其尽到了注意义务。例如，有一名民法教授董事，他知道某项交易将导致违反物权法定原则，但却没有反对，就属于违反了注意义务，但其他董事在相同情况下不会被作同样的认定。可见，董事的注意义务衡量与其个人素质相关联。这样，董事的注意义务类似于侵权法上专业人士的注意义务，而不是普通人的注意义务，就像律师对当事人、医生对病人、司机对乘客承担的注意义务一样。这样的表述与大陆法系侵权法上“善良管理人的注意义务”非常地接近。

如果董事不作为，即根本不履行职责（failure to direct，inattention），放任公司错误行为发生，也违反注意义务。理由是，一个人一旦担任董事，就意味着承诺了法定的义务和责任，徒挂虚名者，不为法律所容忍。美国、中国的两个经典案例都说明了这一点。

Francis v. United Jersey Bank 案。普里查德（Pritchard）太太和她的两个儿子是一家再保险经纪公司的股东、董事。普里查德太太在丈夫过世后接任董事长，她年迈且酗酒，在接到的财务报告表明儿子们正在挪用公司、客户的资金时，她没有阻止这些行为，也从不过问公司业务。她被裁定违反了对公司的注意义务。

郑百文·陆家豪案。中国证监会于 2001 年 9 月针对上市公司郑百文违法经营作出处罚决定，对其董事会成员予以重罚。作为独立董事的陆家豪当即喊冤，称自己当时接受邀请出任董事时，只把自己定位于一个顾问性质的荣誉角色，且公司领导也明确承诺他不参与公司的经营管理。事实是：由于事务繁忙，陆家豪在任董事期间根本没时间去公司，连董事会会议也多次缺席，也未领取任何薪水，有“花瓶董事”之称。中国证监会称：陆家豪作为董事，应当对董事会决议通过的有关上市申报材料、年度报告的真实性、完整性负责，不能以担任独立董事、不在公司任职、不参加公司日常经营管理、不领取报酬或津贴等理由主张减免处罚。

（3）合理相信。董事管理的是他人的财产和事务，所以他必须根据自己的判断以自己合理相信最符合公司利益的方式进行决策。合理相信这一标准要求董事在商业决策时应当对相关事务进行必要的了解和调查。法律的灵活性在于：在缺乏其他信息的条件下，董事（尤其是非执行董事）有理由相信内部人提供的信息是真实、充分的。

在英国，衡平法上的“合理的注意义务”采用三类判断标准：（1）对于不具有某种专业资格、经验的非执行董事，采主观标准，看其是否尽了最大努力。（2）对于具有所涉事务专业资格、经验的非执行董事，采客观标准，即只有达到了具有同类专业水平、经验的专业人员应达到的注意程度的，才被视为尽到了合理的注意。（3）对于具有专业资格才能并受聘的执行董事，适用更严格的推定知悉原则，即推定聘用合同中存在某种默示条款：不论执行董事是否具有所受聘职务所应有的技能、知识，只有其运用了专业人员应运用的技能和知识的，才被视为合理履行了注意义务。

与董事的注意义务密切联系的另一项规则，是美国法院在长期司法实践中发展起来的经营判断规则，这一规则确立了董事的商业决定不受司法干涉的原则，其实质是为法官提供了较具体的注意义务判断标准。

2. 经营判断规则

经营判断规则（business judgment rule，BJR），指董事在善意且充分了解相关信息的情况下，为公司最大利益作出了商业决策，即使事后看来这一决策是错误的或给公司带来了损害，法院也拒绝追究董事责任。[①] 美国法律研究院（ALI）的《公司治理原则：分析与建议》第4.01条（c）的界定被认为是BJR的经典描述。按其界定，凡符合下列三个条件的，即使决策失误导致公司损失，董事也不被追究责任。

（1）与决策事项无利害关系。这是适用BJR的基本前提。如果董事与某项交易存在利害关系，则属于忠实义务的适用问题，不受BJR的保护。唯有无利害关系董事作出的商业决策才受到BJR的保护。如所有的董事均存在利害关系，应该寻求替代的决策办法，如提交股东会决议。

（2）对有关决策事项了解的程度达到在当时情况下其有理由相信为适当的程度。这是对程序审查的要求，要求董事作为一个谨慎的理性人在最低限度上对公司业务有一个基本了解。当然，董事依赖公司其他内部人提供的信息的，只要其所依赖的信息源可信赖、靠得住，他就会受到BJR的保护。

（3）理性地相信（rationally believe）此项决策符合公司最佳利益。这是对实质审查的要求，要求董事决策时运用本身所具有的知识、经验和技能进行判断，并理性地相信其决定符合公司最佳利益。

BJR的适用特点有二：

（1）适用于经营决策已经作出且失败之后。首先，BJR仅适用于积极作出商业决策的情形。如果董事消极地不履行职责，不参加商业决策，自然无适用BJR之余地，而只能按照一般的注意义务标准来认定。其次，也正是因为其不作为，如果该决策涉及忠实义务之违反，也不适用BJR，而应采用公平标准。再次，如果该项商业决策是非法的，亦不适用BJR。最后，如果该项商业决策是成功的，公司、股东利益没有遭受损失，自然无人异议，也不适用BJR。

（2）采用的是低于一般过失（ordinary negligence）要求的重大过失（gross negligence）标准，即“意味着粗心大意或者故意忽视股东的利益……或者所采取的行动缺乏合理理由”。唯有构成重大过失才须承担责任，从归责的角度看，BJR的适用当然意味着对董事的保护。

（三）大陆法系的规定

大陆法系的善管义务，即其许多民法典规定的“善良管理人的注意义务”，滥觞于罗马法的“善良家父”义务。董事的善管义务作为委任合同中受托人的义务，要求董事进行经营决策

---

① Black's law dictionary：181.

时须以公司的利益为出发点，以适当的方式并尽合理的注意履行职责，其实质是对董事称职（competence）的要求，因而属于一种管理义务（management duty）。管理义务的含义是，那些从事可能给他人带来损害风险行为的人应当承担一种像一个理性的谨慎人在同等情况下的行为一样的义务，以避免这种损害发生。

董事违反善管义务所承担的责任，可能是违约责任，也可能是侵权责任，但均以公司遭受董事行为之损害和董事有过错为要件。董事是否有过错，应参考公司的商事性质、管理的通常程序，以及董事的个人素质如经历、知识和经验等决定。

（四）我国的规定与实践

1. 勤勉义务的定义

我国《公司法》第 180 条第 2 款的界定是："董事、监事、高级管理人员对公司负有勤勉义务，执行职务应当为公司的最大利益尽到管理者通常应有的合理注意。"由此，董事的勤勉义务要求董事不仅具备执行公司受托事务的职业能力，而且需要积极运用该项职业能力完成受托事务，以实现公司的最大利益，因而这属于积极义务。忠实义务的职业性标准（professional standard）是基于现代商业组织的职业性要求管理者尽到通常应有的合理注意。"合理注意"履行与否的最终判断标准是商业判断规则（BJR），这需要法院在个案中具体判断。商业判断规则是实现公司法立法主旨中"弘扬企业家精神"的主要保障制度。

2. 勤勉义务的分散规定

与忠实义务一样，勤勉义务同样存在立法类型化的必要，《公司法》第八章未如忠实义务那样将违反勤勉义务的行为集中类型化，关于勤勉义务违反的行为散见于《公司法》其他章节的多个条文。举其要者如下：

（1）在督促公司股东出资事务上，《公司法》第 51～52 条规定董事会负有催缴义务，对瑕疵出资股东应发出书面催缴书，如在催缴期限内未获回应，需要催交到底抑或决议发出失权通知，此即属于勤勉义务的要求。如有违反前述催缴义务并造成公司损失的，负有责任的董事对公司承担赔偿责任（第 51 条），此即属于违反勤勉义务引发的违信责任。

（2）在公司利润分配事务上，《公司法》第 211 条规定了董事违法分配利润的违信责任，这也表明其负有督促公司合法合规分配利润的勤勉义务。尽管分配利润决议并非由董事会作出，但是按照股东会、董事会、经理的职权规定，分配利润的一般流程是：形成决议环节——先由经理为首的管理层提出分配方案，交付董事会讨论完善，而后董事会形成议案提交股东会议决；决议执行环节——股东会决议形成后，交付董事会执行，董事会安排经理具体落实；决议形成与执行监督环节——在以上过程中，监事会（监事）负有监督职责。不难看出，对于违法分配利润决议的形成及其执行，定有部分董监高难逃干系，所以公司法规定给公司造成损失的，"负有责任的董事、监事、高级管理人员应当承担赔偿责任"，此之谓也。

（3）在公司减资事务上，《公司法》第 226 条规定了董监高违法协助减资的违信责任，这也表明其负有督促公司合法合规减资的勤勉义务。按照股东会、董事会、经理的职权规定，减资通常由经理为首的管理层提出减资方案，而后交付董事会讨论完善形成议案，之后再提交股东会绝对多数决通过决议，最后交付管理层执行。在这一过程中，董监高均可能失职，违反勤勉义务。

（4）在公司清算的启动与执行事务上，《公司法》第 238 条规定了清算义务人与清算人（清算组成员）对于公司的勤勉义务，而清算义务人、清算人原则上由董事组成（第 232 条第 2 款）。清算人是清算事务的执行人，具体的"清算职责"是对内执行清算事务，对外代表清算中的公司（清算法人）。清算人事实上在清算阶段充当了运营中公司的董事会的角色，与公司

（以及股东、债权人等各利益方）形成了信义关系。清算人作为受信人，要对公司勤勉尽责，否则承担违信责任。

四、管理层的违信责任

（一）责任构成

管理层违反信义义务对公司造成损害的，应负的法律责任即为违信责任。管理层的信义义务属于法定义务，违信责任实际上是侵权责任在公司法上的特殊体现。所以，违信责任的构成与一般侵权责任并无根本不同，但有细节上的差异。

1. 违法行为。表现为管理层对忠实义务、勤勉义务的违反，本质上属于侵权行为。

2. 主观过错。违反忠实义务的，主观上只能是故意。至于违反勤勉义务的主观过错，各国的标准并不一致，一般采用职业人士的一般过错标准，我国《公司法》第 180 条第 2 款的规定体现了这一点。借用契约法规则，我国《民法典》第 929 条规定："有偿的委托合同，因受托人的过错造成委托人损失的，委托人可以请求赔偿损失。无偿的委托合同，因受托人的故意或者重大过失造成委托人损失的，委托人可以请求赔偿损失。受托人超越权限造成委托人损失的，应当赔偿损失。"需要指出，该条关于受托人过错责任的一般规定，也适用于董事，但公司法关于董事责任有特别规定的，优先适用；该条关于无偿的受托人仅在故意、重大过失情形下才承担责任的规定，并不适用于不取酬的董事，这是公司组织法的特殊之处。

3. 损害。管理层违反信义义务对公司造成的损害主要表现为财产损失，而不会产生人身损害，因为该信义义务属于公司财产的管理义务。

4. 因果关系。这种因果关系与侵权法上的因果关系没有区别。

（二）责任形式

1. 确认行为无效。对于管理层违反信义义务作出的决议或行为，公司、股东有权请求法院确认（美国公司法称为"宣告"，declaration）该行为无效。《公司法》第 25～26 条也规定，董事会决议违反法律、行政法规或者公司章程的，股东可以诉请法院确认无效或者撤销之。

2. 停止侵害。管理层进行或拟进行违信行为的，法院根据公司、股东申请责令其停止行为（即英美法系的"禁令"，injunction）。我国 1993 年《公司法》第 111 条曾规定，股份公司股东大会、董事会的决议违反法律、行政法规，侵犯股东合法权益的，股东有权向法院提起要求停止该违法行为和侵害行为的诉讼。现行法删除了这一规定。

3. 损害赔偿。这是最基本的责任形式。《公司法》第 188 条规定，董事、监事、高管执行公司职务违反法律、行政法规或者公司章程的规定，给公司造成损失的，应当承担赔偿责任。第 22 条规定，董事、监事、高管利用关联关系损害公司利益，给公司造成损失的，应当承担赔偿责任。

4. 归入责任。为保护善意第三人、维护交易安全，各国公司法一般规定，涉及相对人的违信行为并非当然无效。在此背景下，救济公司利益的主要措施是赋予公司归入权、赔偿请求权。《公司法》第 186 条规定，董事、监事、高管违反忠实义务所得的收入归公司所有。

上述责任形式可以并用。如董事长篡夺公司机会的，应将其所得收入归公司所有，同时赔偿由此造成的公司损失。

（三）责任限制与免除

1. 英美法系的经验

为了减轻董事的责任负担，解除其后顾之忧，使有才人士愿意出任董事，英美公司法以及部分大陆法系国家公司法允许董事责任除适用侵权法的一般免责事由外，还适用公司法上的特殊规定而进行限制或者免除。

（1）立法授权公司章程限制或免除（exoneration by charter provision）。这是董事责任限制或免除的主要渠道，这种立法被称为“保护性法律”（protective statutes）。由于董事的收入与损害赔偿数额不成比例，章程可以规定董事赔偿的上限，如规定董事赔偿额不应超过其12个月薪酬的总和。

（2）立法直接规定。法律直接出面规定免责条件，如直接将董事责任的归责标准限定于重大过失，意味着董事的一般过失行为将自动免责，故被称为“自动免责法”（self-executing statutes）。美国的BJR实质上即属此类。

（3）公司个别追认。在英美公司法，有些董事的违信行为可以经股东会、董事会追认而得以免除责任。

2. 我国的规定与实践

《公司法》欠缺关于董事责任限制与免除的特别规定，仅在第125条第2款规定，股份公司“董事会的决议违反法律、行政法规或者公司章程、股东会决议，给公司造成严重损失的，参与决议的董事对公司负赔偿责任；经证明在表决时曾表明异议并记载于会议记录的，该董事可以免除责任”。按其立法本意，这一规定也可以适用于有限公司。

五、股东代表诉讼

（一）相关概念

1. 公司直接诉讼

管理层违反对于公司的信义义务而对公司承担违信责任的，公司可以通过诉讼的手段追究该责任。但由于作为被告的管理层事实上决定、代表着公司的诉讼行为，故需要对此类诉讼的公司代表作出特别的规定。比如，公司起诉第三人的，法定代表人自然代表公司为诉讼行为；但是公司起诉法定代表人的，不能由后者同时兼任原告代表人与被告的双重角色。对此，此前的司法解释曾规定，监事会、不设监事会的有限公司的监事针对承担违信责任的董事、高管提起诉讼的，列公司为原告，依法由监事会主席或者不设监事会的有限公司的监事代表公司进行诉讼。可见，监事会或者监事都有权代表公司为诉讼行为。相应地，该解释又规定，董事会或者不设董事会的有限公司的执行董事针对承担违信责任的监事提起诉讼的，或者针对承担赔偿责任的他人（控股股东、实际控制人及其关联人等）提起诉讼的，列公司为原告，依法由董事长或者执行董事代表公司进行诉讼。

2. 股东代表诉讼

股东代表诉讼（shareholder representative litigation），又称股东代位诉讼、派生诉讼或衍生诉讼（shareholder derivative litigation），指公司的利益受到侵害而公司不能或怠于起诉时，股东为了公司的利益以自己的名义代表公司提起的诉讼。

管理层对公司的违信责任，以及控股股东、实际控制人及其关联人与管理层等人对于公司的赔偿责任的追究，往往会出现难以实现的问题。这是因为，追究这一责任的权利属于公司。然而，由于作为责任人或者责任人的关联人，控股股东、实际控制人、管理层，往往控制了公司起诉与否的意思，由他们来决定公司起诉自己及其关联人，无异于与虎谋皮。所以，公司不能或者怠于追究其责任，完全可能出于他们的意志。为了解决这一问题，公司法发展出一种替代救济措施，这就是股东代表诉讼。

由上可见，股东代表诉讼的基本前提是公司丧失了起诉能力，且这种能力的丧失是由责任人控制公司的意思所致。反过来，如某重要供应商、客户对公司欠款，公司管理层出于维护商业合作关系的考虑而决定不起诉甚至长期不起诉对方的，该决定可能是一种符合公司利益的商业判断，公司也没有失去起诉对方的能力，所以自不能适用股东代表诉讼。认为管理层不起诉的决定伤害公司利益的，属于管理层是否尽到对公司的勤勉义务的问题，应该适用商业判断规则（BJR），公司就此可以针对管理层提起直接诉讼；如就此诉讼公司丧失了对管理层的起诉能力，再适用股东代表诉讼。

股东代表诉讼的最基本特征，是股东基于股东身份而产生的诉讼。这一诉讼可能由单个或者多个股东提起，无论如何，原告一方肯定是公司股东。因此，股东代表诉讼是一种民事诉讼，要遵循民事诉讼的一般原则，但各国民事诉讼法并不直接规定之，而是由公司法、证券法直接规定。

股东代表诉讼的本质，是为被滥用控制权的控股股东、实际控制人、管理层所控制的公司主持公道而设计的司法救济措施，救济对象是公司及其少数股东。因此，股东代表诉讼对公司的各类控制人具有威慑作用，并有利于保护公司及少数股东的利益，同时也是使包括管理层在内的控制人对公司的违信责任得以执行的法律设计。

股东代表诉讼的制度价值可以归结为两个方面：(1) 对于公司、少数股东、债权人的事后救济功能。通过赋予少数股东为公司利益而对侵害人提起诉讼的权利，保护公司、少数股东免受控制人（控股股东、实际控制人、管理层）的侵害。由于代表诉讼的结果直接归于公司，所以对公司债权人也有间接救济功能。(2) 对于控股股东、实际控制人、管理层的事前监督功能。理论上，股东代表诉讼无异于悬挂在公司控制人头上的一柄利剑，增加了其从公司谋取不当利益的风险成本，起到了一定的防御、阻吓作用。

但是，股东代表诉讼权如遭滥用，也会给公司带来负面影响。从美国的实践看，当提起股东代表诉讼的目的只在于有利于原告及其律师获利而不是纠正对公司的错误行为时，股东代表诉讼就容易招致滥用。因此，对代表诉讼如果不予以适当的限制，将会危及公司治理的核心——公司决策（包括起诉与否的决策）应当由股东会、董事会决定。现代公司法主要出于司法政策的考虑，对股东代表诉讼的提起与进行设置必要的程序和实体限制。立法或者司法限制股东代表诉讼的目的有二：(1) 防止股东滥诉。以此确保原告股东真正地为了维护公司利益，而不是临时购买股票取得原告资格或者以和解为目的而提起“恶意诉讼”(strike suits)。(2) 限制措施的严厉抑或宽松的差别，也反映了立法对于股东代表诉讼的立场：是抑制还是鼓励少数股东提起代表诉讼。这一立场往往与该国的公司治理现状有关。基于我国的公司治理现状考虑，应该采用适当鼓励、便利少数股东提起代表诉讼的立法价值取向与司法政策。

3. 双重股东代表诉讼

在肯定股东代表诉讼的基础上，进一步的问题是：在公司集团的治理中，母公司的股东尤其是少数股东是否可以代表子公司乃至孙公司、重孙公司提起代表诉讼？如是，此即双（多）重股东代表诉讼，其中，至少允许母公司的股东代表子公司提起代表诉讼的，为双重股东代表诉讼。从股东代表诉讼的立法目的可以合理地引申出双（多）重股东代表诉讼的概念及存在的空间。在子公司利益受损的情况下，有权提起直接诉讼的应该是子公司本身；有权提起股东代表诉讼的，应是包括母公司在内的所有的子公司的股东。此时，如子公司的重要股东如母公司不愿提起股东代表诉讼，则基于股东代表诉讼的立法目的，母公司的股东即有权提起第二层次的股东代表诉讼——因为启动股东代表诉讼的前提就是公司不行使诉权，至此，股东双重代表诉讼也就证成了。双重股东代表诉讼可以形象地比喻为股东的股东提出的代表诉讼，这是企业集团法的重要制度设计之一，美国等都明确支持双重股东代表诉讼①，甚至日本等一些国家的公司法还有条件地允许提出更多层次的股东代表诉讼，称为多重股东代表诉讼。②

我国《公司法》第 189 条第 4 款规定了双重股东代表诉讼，即公司全资子公司的董事、监事、高管违反法律、行政法规或者公司章程的规定造成损失的，或者他人侵犯公司全资子公司合法权益造成损失的，有限公司的股东、股份公司连续 180 日以上单独或者合计持有公司 1% 以上股份的股东，可以依照前三款规定书面请求全资子公司的监事会、董事会向法院提起诉讼或者以自己的名义直接向法院提起诉讼。这一规定具有两个鲜明特色：

（1）子公司仅限于全资子公司。双重股东代表诉讼由普通股东代表诉讼衍生而来，但由于其适用于更加复杂的公司集团，需要对其适用要件进行必要的调整。关于母子公司的范围，各国规定不尽一致。有的国家公司法将双重股东代表诉讼限制在母公司与控股子公司之间，强调母子公司形成直接持股关系，排除以协议、人事安排等方式对另一公司事实控制的情形，但不进一步限于重要子公司；有的国家如日本公司法则限于重要子公司，也即只有股权的账面价值占母公司账面价值总值 1/5 以上的子公司才得以提起双重股东代表诉讼。我国公司法的限制最为严格，仅限于全资子公司。

（2）前置程序的单层设计。股东代表诉讼恪守穷尽公司内部救济的原则，在双重股东代表诉讼中引发了内部救济是否限于子公司内部的问题，比较法上存在不同的处理方案。依法理，穷尽内部救济在双重股东代表诉讼中应具体理解为穷尽母子公司的双重内部救济，即母公司的股东应分别向全资子公司和母公司管理层、监督机构提起书面请求。我国《公司法》第 189 条第 4 款则仅要求母公司股东书面向全资子公司董事会、监事会提出请求，这与日本法的处理方案一致。这一简化的程序设置，可视为对母公司的股东提起双重股东代表诉讼的程序激励。

蔻薇尔公司案。③ 媚若诗公司是在香港设立的股份有限公司，股东为原告江某和被告吴某，各自持股 50%。蔻薇尔公司是媚若诗公司在上海设立的外商独资公司，吴某任蔻薇尔公司董事长。自 2002 年起，吴某独自控制蔻薇尔公司。原告诉称，2007 年 4 月吴某未经审批机关批准和蔻薇尔公司、媚若诗公司及原告同意，擅自将蔻薇尔公司的一处厂房贱卖给被告嘉慈公司，且该款使用情况不明。原告向媚若诗公司发函，提出根据以上事实，媚若诗公司作为蔻薇尔公司的股东，应要求蔻薇尔公司监事会或监事对被告吴某提起相关诉讼，或自己提起股东代位诉讼，以维护合法权益。2008 年 1 月，因媚若诗公司未予回应，原告再向蔻薇尔公司监事会或监事发函，要求其提起相关诉讼，但仍未得到回应。原告遂诉至法院，认为被告吴某担任蔻薇尔公司董事长期间，违反法律、法规及公司章程规定，侵占公司财产，给公司造成严重损失，同时侵害了原告权益，被告嘉慈公司以明显低价收购蔻薇尔公司厂房，存有主观恶意，是

① 美国法律研究院（ALI）发布的《公司治理原则：分析与建议》一书指出："在判例法下，单个原告不仅可以代表自己直接拥有股份的公司提起代表诉讼，而且可以代表该公司拥有重大投资股份的子公司提起代表诉讼……对于上述规则是否仅适用于两个公司之间构成实质上的子公司与母公司的关系的情况，还是只要有投资即已足够，判例之间存在分歧。法院通常要求原告股东的公司至少持有受损害的公司事实上的股权，这是比较合理的做法……根据判决，即使母公司对子公司的控制是通过一家中间公司的子公司实现的，母公司的股东仍可代表子公司诉讼，这样实质上构成了'三重代表诉讼'"。

② 多重股东代表诉讼规定在日本《公司法典》第 847 条之 3："由最终完全控股母公司等的股东所提起的特定责任追究之诉"。据此，当子公司董事的义务违反行为对母公司产生损害时，母公司的股东可以直接追究子公司董事责任。日本公司法理论认为，如果不确立多重（双重）股东代表诉讼，能够提起诉讼追究子公司董事责任的只限于母公司，这不足以完成股东代表诉讼的价值目标。所谓"最终完全控股母公司"是指，母公司与子公司之间必须存在 100% 支配从属关系；子公司还必须占母公司价值的大部分比例。

③ 参见上海市第二中级人民法院（2008）沪二中民五（商）初字第 21 号民事判决书。

共同侵权人，应承担连带赔偿责任。上海市第二中级人民法院经审理后认为，本案中第三人蔻薇尔公司是原告江某诉称的利益受到损害的公司，该公司的唯一股东是媚若诗公司，原告江某只是媚若诗公司的现任股东，并非第三人蔻薇尔公司的股东，故依据上述法律规定，本院认为，只有媚若诗公司才具有原告的诉讼主体资格，本案原告江某无权行使股东代位诉讼的权利。

（二）股东代表诉讼的当事人

1. 原告

股东代表诉讼的原告肯定是股东，包括各类别股的股东。但并非所有的股东都有权提起代表诉讼。为了防止股东滥诉，各国公司法对股东的原告资格设置了限制。这些限制可归结为以下三个方面。

（1）持股数量。在英美法系公司法，代表诉讼权被规定为单独股东权，股东只要持有1股即可。一些大陆法系公司法规定为少数股东权。

（2）持股期限。大陆法系公司法一般要求持股期限在6个月或1年以上，最严格的持股期限是美国公司法要求的“同期持有股权”原则（contemporary ownership rule），即原告股东必须从被告对该公司实施侵害行为时起至诉讼判决之时都持续拥有股权，意在防止“购买诉讼”（buying of a lawsuit），即有人在获知公司遭受侵害之后故意买入股票以通过诉讼牟利的投机行为。但是，如此严格的规则有抑制股东代表诉讼之嫌。

（3）主观善意。原告股东必须“公正且充分地”（fairly and adequately）代表公司、其他股东的利益，而不是想通过诉讼牟取私利。至于如何衡量股东“公正且充分地”代表公司利益，则由法官根据相关因素自由裁量。比如，原告股东曾参加、批准或者默许所诉称的错误行为，根据“禁反言”原则，则不得否认自己的行为，所以法官会倾向于认定其非善意。

在我国，依《公司法》第189条、《证券法》第94条等规定，原告分为三类：（1）在有限公司，为任一股东；（2）在股份公司，为持股时间连续180日以上、单独或合计持股1%以上的股东；（3）针对上市公司，投资者保护机构提起特殊代表诉讼的，只要持有该公司股份即可，持股比例和持股期限不受公司法规定的限制。另外，根据《证券法》第44条规定，针对上市公司“短线交易”归入权的代表诉讼，原告为任一股东。

在我国司法实践中，“180日以上连续持股时间”，应为股东向法院提起诉讼时已期满的持股时间；规定的“合计持有公司1%以上股份”，是指两个以上股东持股份额的合计。《九民纪要》第24条规定，股东提起股东代表诉讼，被告不得以行为发生时原告尚未成为公司股东为由抗辩该股东不是适格原告。对股份公司的股东资格严格限制的理由，在于其股份转让比有限公司股东的出资转让自由，如不对股东资格作出限制，更容易发生代表诉讼权的滥用。我国《公司法》关于股份公司的原告股东需要持股1%以上的要求，尽管从比较法的角度看属于较为宽松之列，比较便利少数股东的起诉，但从上市公司的实务来看，该持股数量仍然属于较高的要求，这也是多年来我国的股东代表诉讼不活跃的重要缘由。

2. 被告

股东代表诉讼肇始于董事对公司的违信责任之追究，故而董事一直是被告。但在现代公司法上，股东代表诉讼的被告范围扩大了，相应地被追究的法律责任类型也被扩展了。在美国，任何危害公司利益者都可以作为股东代表诉讼的被告。

在我国，依《证券法》第44条，上市公司“短线交易”引发的股东代表诉讼的被告是：董事、监事、高管以及持股5%以上的股东。《公司法》第189条规定的被告是：董事、监事、高管与他人。此处的董事、监事、高管被追究的责任类型，依照第189条字面意思仍然限于违信责任；但此处的“他人”，在逻辑上是指原告股东、董事、监事、高管以外的任何人，但从股东代表诉讼产生的背景以及制度目的看，主要指：控股股东、实际控制人，以及控股股东、实际控制人、管理层的关联人，被追究的责任类型也不限于违信责任，而是指向损害公司利益故而对公司负有的任何民事责任。另外，清算组成员从事清算事务时，违反法律、行政法规或者公司章程规定给公司造成损失的，也可以成为股东代表诉讼的被告。

3. 公司的诉讼地位

公司在股东代表诉讼中的地位非常微妙。域外公司法将此间公司的诉讼地位划为三种：原告、被告、第三人。我国公司法未予明确，需要从法理上进行解释。

首先，公司是股东代表诉讼的实质利益关系者及胜诉利益享有者，应当肯定公司是必要的当事人，缺少公司，诉讼将难以进行。

其次，公司不能做原告。因为公司没有起诉的意愿，法院不能强行将其列为原告；如果此时公司愿意作为原告参加诉讼，则诉讼演变为公司自身的直接诉讼，股东代表诉讼失去存在价值。

再次，公司不应成为被告。美国公司法将公司列为被告，乃因为在程序上股东提起代表诉讼的前提是请求公司起诉而遭到拒绝，法院须对公司的拒绝决定进行审查，由于审查的对象是公司，所以列其为被告。[①] 但就股东代表诉讼本身而言，原告股东对公司并无诉讼请求，且胜诉利益归于公司，因此按照民事诉讼法原理，公司作为被告并不妥当。

最后，在我国民事诉讼法框架下，公司更接近于无独立请求权的第三人。此前的司法解释曾规定，公司受理股东代表诉讼后，应当列公司为第三人参加诉讼。具体程序是：由法院通知公司参加诉讼，公司大体保持中立立场，可以不主张任何实体权利，可以提供证据协助法院查清案件事实，并承受诉讼结果。

4. 其他股东的诉讼地位

在股东提起代表诉讼之后，后来的股东（作为被告的股东除外）可以参加该诉讼而成为共同原告。在美国，股东代表诉讼通常表现为集团诉讼（class action）。在我国的司法实践中，一审法庭辩论终结前，符合原告资格的其他股东以相同的诉讼请求申请参加诉讼的，应当列为共同原告。此外，清算组成员从事清算事务时须对公司承担违信责任、赔偿损失的，在公司已经清算完毕并注销的情形下，股东直接以清算组成员为被告提起股东代表诉讼的，其他股东可以为第三人。

（三）诉讼请求范围

股东代表诉讼本源于公司管理层违反对公司的信义义务的违信责任追究，这决定了其为给付之诉的本质。有人认为，股东代表诉讼仅适用于追究管理层的违信赔偿责任（实为一种侵权赔偿责任），有人认为可以扩及所有的侵权赔偿责任，有人认为扩及所有的给付之诉。需要看到，现代公司法在不断地拓展股东代表诉讼的救济范围，比如前文指出的在适用被告主体范围上的扩张，同时在适用的救济情形上也有扩展，我国《证券法》第 44 条将股东代表诉讼适用于上市公司对由“短线交易”引发的对于管理层、多数股东的归入权的救济。此外，我国司法实践早已将关联交易合同确认无效、撤销之诉列为股东代表诉讼的范畴，这就大大扩展了股东代表诉讼的适用范围，将之由赔偿责任之诉扩大到关联交易合同确认无效、撤销之诉。关联交易中公司名为一方当事人，但因关联人控制公司或者对公司决策产生重大影响，公司难以对不公允关联交易合同提出无效、撤销之诉的，有必要赋予少数股东代表诉讼权，以强化股东压制

① ROBERT CHARLES CLARK. Corporate law. Aspen Publishers，Inc.，1986：639－640.

中的少数股东保护。

（四）诉讼前置程序

原告应先向公司提出请求，要求就其所诉称的受侵害行为提起诉讼。公司无正当理由不起诉的，股东始得提起代表诉讼。这就是先诉请求（pre-suit demand），为启动代表诉讼的前置程序，其实质是对代表诉讼设置的限制措施。关于先诉请求的对象，美国大多数州公司法规定为公司董事会，也有部分州公司法规定为股东会；在设立单独监督机构的大陆法系公司法如日本公司法中规定为监事会（监察人）。另外，在特定情形下可以豁免先诉请求（demand excused），以减轻原告的负担。

依据《公司法》第189条、《证券法》第44条等规定，我国股东代表诉讼的前置程序的主要内容如下。

1. 董事会与监事会的交叉请求机制。一般情形下：以董事、高管为被告的，由股东向监事会（或者不设监事会的一名监事）提出书面请求，请求其起诉；以监事、他人为被告的，则书面请求董事会（或者不设董事会的一名董事）起诉。上述法人机关收到股东书面请求后拒绝起诉或者自收到请求之日30日内未起诉的，都视为公司拒绝股东的先诉请求，股东可以提起代表诉讼。

交叉请求的新课题。公司法关于董事会、监事会的交叉请求机制，在不设一名监事、监事会而设审计委员会的公司，按照审计委员会行使监事会职权的设计，则存在董事会、审计委员会的交叉请求机制。那么，针对审计委员会成员的诉讼，股东需要请求董事会提诉；反之，针对审计委员会成员以外的董事、高管的诉讼，股东需要请求审计委员会提诉。又依照《公司法》第83条规定，部分有限公司不设一名监事、监事会、审计委员会的，交叉请求机制如何落实？还是应适用前置程序的豁免？对此还需要进一步讨论。

2. 法定情形下的豁免。公司参与可能影响公司利益，包括情况紧急情形下公司参与程序直接影响公司利益或公司治理安排"失效"时公司参与无意义如何处理，这些是前置程序在例外情形下需要豁免的根本原因。《公司法》第189条规定"情况紧急、不立即提起诉讼将会使公司利益受到难以弥补的损害的"，股东可直接提起代表诉讼，此即先诉请求的豁免制度。何为"情况紧急"？这一概念比较抽象与概括，需要进一步的类型化，并由法院根据实际情况认定。此外，《九民纪要》第25条指出，公司法规定的前置程序针对的是公司治理的一般情况，即在股东向公司有关机关提出书面申请之时存在公司有关机关提诉的可能性。如查明的相关事实表明根本不存在该种可能性，法院不应以原告未履行前置程序为由驳回起诉。

3. 特殊的前置程序。《证券法》第44条规定，上市公司"短线交易"归入权的代表诉讼特定的前置程序为：要求董事会在30日内执行归入权。

股东代表诉讼前置程序的改革话题。已有的实证研究和理论分析表明前置程序存在三个问题：(1) 公司参与机关的选择。对于董事会与监事会的交叉请求机制，肯定者认为是一种创新[①]，质疑者提出存在由被监督者审查监督者的混乱等问题。[②] (2) 公司参与的效力。依现行规定，即使审查机关经过恰当的调查而没有支持股东的请求，后者仍可自寻司法救济。这意味着忠心耿耿且深谋远虑的审查机关亦无法阻止不利于公司的诉讼，同时可能浪费司法资源。(3) 前置程序的豁免。公司法仅规定紧急情况这一种豁免事由，过于狭窄与概括性，《九民纪要》增加

① 王建文. 我国股东代表诉讼制度评判与适用：兼评《公司法司法解释二（征求意见稿）》的相关规定. 北方法学，2007（4）：67；陈南男. 派生诉讼制度研究. 北京：知识产权出版社，2013：179.

② 沈贵明. 股东代表诉讼前置程序的适格主体. 法学研究，2008（2）：61.

了公司治理失灵情形。① 问题（1）、（2）的处理不当将导致公司参与积极性和效力荡然无存，问题（3）归根到底是将前置程序当作程序性事项而忽略公司参与实际效用的当然结果。如何更有效激励公司参与、发挥其制度价值是股东代表诉讼前置程序革新的重点。

（五）反诉

《九民纪要》第26条规定，有股东提起股东代表诉讼后，被告以原告股东恶意起诉侵犯其合法权益为由提起反诉的，应予受理；被告以公司在案涉纠纷中应当承担侵权或者违约等责任为由对公司提出的反诉，因不符合反诉的要件，裁定不予受理，已受理的，裁定驳回起诉。

（六）调解

《九民纪要》第27条规定，公司是股东代表诉讼的最终受益人，为避免因原告股东与被告通过调解损害公司利益，人民法院应当审查调解协议是否为公司的意思。只有在调解协议经公司股东会、董事会决议通过后，人民法院才能出具调解书予以确认。至于具体决议机关，取决于公司章程的规定。公司章程没有规定的，法院应当认定公司股东会为决议机关。

（七）费用担保

费用担保（securities for expenses），指股东代表诉讼的原告股东向法院提供一定的担保，以有利于其可能对公司、被告承担的赔偿责任的执行。费用担保的产生依据是：一旦原告败诉且法院认为诉讼缺乏合理的理由，可能会允许公司、被告要求原告赔偿，而费用担保有利于原告直接承担赔偿责任。

费用担保的目的在于阻吓"恶讼"，但如果数额巨大，原告往往不能或者不愿意提供担保，足以构成股东提起代表诉讼的重大阻碍。在各国实践中，原告也很少实际承担被告的费用。因而，现代公司法有废除费用担保要求的倾向。我国公司法没有规定费用担保，适应了现代公司法的发展趋势，切合了便利股东代表诉讼的立法价值取向，值得肯定。今后的司法解释无权突破这一规定而提出费用担保的要求。

（八）诉讼后果

1. 诉益归属

此前的司法解释曾规定，股东代表诉讼的胜诉利益归属于公司，股东请求被告直接向其承担民事责任的，不予支持。

2. 诉讼费用承担

对于股东为提起代表诉讼而垫支的费用承担，《公司法》没有规定，我国的司法经验性做法是：股东代表诉讼的诉请部分、全部得到支持的，公司应当承担股东因参加诉讼支付的合理费用。申言之：

（1）原告股东请求公司承担的合理费用，为垫支的诉讼费、律师费等，但不包括判决由败诉的被告承担的诉讼费部分；

（2）公司承担的仅仅是"合理费用"部分，以控制公司的合理风险负担；

（3）依照反向解释，股东代表诉讼的诉请部分、全部未获支持，不得请求公司承担因其参加诉讼支付的相应费用。

律师费承担的特则。在我国民事诉讼实践中，一直实行由各方当事人支付自己及其律师费用的规则。但这一规则适用于代表诉讼，于理不合。因为股东是为公司利益起诉，且胜诉利益归于公司，原告股东自己不能得到任何直接的好处，如果还要自付费用，其他股东反而得到实

① 最高人民法院民事审判第二庭.《全国法院民商事审判工作会议纪要》理解与适用. 北京：人民法院出版社，2019：209－216.

质的“意外好处”（windfall），将导致无人愿意提起代表诉讼。因此，在代表诉讼中必须建立新的诉讼费用规则：原告股东获胜的，将从公司获得律师费的补偿。

3. 原告股东的赔偿责任

法理上，对于原告恶意提起代表诉讼导致被告、公司受损的，似有必要规定原告对被告、公司的相应责任，以抑制恶意诉讼的发生。但在我国需要指出，根据权利、义务对等原则（股东毕竟为公司利益而起诉）和便利少数股东提起诉讼的司法政策（基于我国公司治理现状考虑），应该严格限制原告股东的赔偿责任。

（九）其他诉讼规则

1. 诉讼管辖

在我国现行法上，股东代表诉讼适用民事诉讼法的“原告就被告”的普通管辖规则。但在股东代表诉讼中，由于被告为多数人且住所不一，“原告就被告”的地域管辖不符合便利诉讼原则，可以考虑借鉴日本专属管辖的做法，由公司所在地法院管辖。

2. 既判力

如原告胜诉，判决效力及于原、被告和公司，胜诉利益归于公司，原告获得补偿，被告承担赔偿责任；若原告股东败诉，则判决的效力不仅及于原、被告与公司，还及于其他股东，即其他股东不得就同一理由再次提起代表诉讼。

3. 诉讼时效

在我国，股东代表诉讼应该适用普通诉讼时效，没有争议，但从何时起算，存在争议。主要有两种观点：一是自股东知道或者应当知道公司权利被侵害之日起算，二是自公司知道或者应当知道其权利被侵害之日起算。后一种观点更符合代表诉讼的法理。

（十）董事责任保险

董事、高管责任保险（D&O liability insurance），指就其错误行为所产生的责任与费用，如果没有从公司获得补偿，也不在保险单的除外责任之内，就可以从保险人处获得保险赔偿。可见，责任保险具有减轻董事责任风险之功能①，也是鼓励企业家积极创新、冒险奋进以及弘扬企业家精神的一项重要制度安排。

董事责任保险的保险费（premium）一般由公司支付，或者由公司支付其中的大部分，被保险人支付余额；保险期间贯穿被保险人任期。在美国，如果没有责任保险的保护，人们不愿出任董事，大多数公众公司同时为其董事提供补偿和责任保险，公司章程细则通常具体规定责任保险事项。

《公司法》第193条规定：“公司可以在董事任职期间为董事因执行公司职务承担的赔偿责任投保责任保险。公司为董事投保责任保险或者续保后，董事会应当向股东会报告责任保险的投保金额、承保范围及保险费率等内容。”这一规定适用于所有的公司。目前，面向董事、高管的责任保险在我国上市公司已有多年的实践，管理层责任保险市场已经有了初步的发展。

六、股东直接诉讼

（一）概念

股东直接诉讼（shareholder direct suits），存在广狭义之分，广义上是指股东在自身权利受到公司、其他股东、实际控制人、管理层侵害时，以自己名义对侵害者提起的诉讼，狭义上的

---

① 黄来纪. 公司董事制度构成论. 上海：上海社会科学出版社，2000：216.

仅指向股东对于公司管理层的诉讼，以与上文的股东代表诉讼相对应（英美法上的股东代表诉讼的被告原本仅限于管理层）。直接诉讼是公司法、民事诉讼法赋予股东的权利。

股东诉公司与诉董事、高管之区分。设某公司经营业绩尚好，某年6月作出了上个会计年度的分红决议并规定自决议作出之日起3个月内分红完毕，责成公司财务总监兼董事张三负责落实决议的执行。小股东李四与张三有隙，张三很快落实了对于所有股东的分红款，但故意不打款给李四。对此，可能会有两种故事发展逻辑：(1) 三个月后，李四直接起诉公司要求依照决议给付分红款300万元及其延迟利息，该诉即为具体股利分配之诉，被告应该是公司，诉请是分红款及其延迟利息。(2) 李四数年后才知道公司分红决议，此时公司经营已日落西山，债主盈门，破产在即，请求公司支付分红款无望。此时李四可以针对张三提起股东直接诉讼，寻求损害赔偿救济。

我国《公司法》第190条规定，董事、高管违反法律、行政法规或者公司章程的规定，损害股东利益的，股东可以向法院提起诉讼。这一规定正是狭义上的股东直接诉讼。纵观公司法，与本条相衔接的还有以下几个重要条文，实际上扩大了股东直接诉讼的对象范围：

1.《公司法》第21条规定，股东应当遵守法律、行政法规和公司章程，依法行使股东权利，不得滥用股东权利损害其他股东的利益，否则，给其他股东造成损失的，应当承担赔偿责任。这是关于起诉其他股东的股东直接诉讼的直接依据。

2.《公司法》第191条规定，董事、高管执行职务，给他人造成损害的，公司应当承担赔偿责任；董事、高管存在故意或者重大过失的，也应当承担赔偿责任。此处的“他人”，包含股东在内。又根据第192条规定，公司的控股股东、实际控制人指示董事、高管从事损害公司或者股东利益的行为的，与该董事、高管承担连带责任。由此，股东针对故意、重大过失的董事、高管提起的直接诉讼，控股股东、实际控制人可能被列为共同被告。这就扩大了股东直接诉讼的对象范围。

3.《证券法》第85条、第163条规定，发生证券市场虚假陈述的，信息披露义务人应当承担赔偿责任；发行人的控股股东、实际控制人、董监高和其他直接责任人员以及保荐人、承销的证券公司及其直接责任人员应当与发行人承担连带赔偿责任；证券服务机构为证券的发行、上市、交易等证券业务活动制作、出具审计报告及其他鉴证报告、资产评估报告、财务顾问报告、资信评级报告或者法律意见书等文件，如有虚假记载、误导性陈述或者重大遗漏，给他人造成损失的，应当与委托人承担连带赔偿责任。

（二）与股东代表诉讼的区别

基于股东身份产生的诉讼分为股东直接诉讼和股东代表诉讼，二者均基于股东地位而产生，且以自己名义提起，但毕竟是不同的法律设计，其区别十分明显。

1. 诉权归属。代表诉讼的诉权本属于公司，唯在公司拒绝行使时，才派生代表诉权。这就解释了为何股东在代表诉讼中能够行使的权利和享有的救济不能大于公司的权利及救济，以及公司可以阻止代表诉讼的发生。而在直接诉讼中，诉权属于股东本身，与他人无涉。

2. 适用情形。区分标准是：所诉错误行为侵害公司利益、间接侵害原告股东的个人利益的，适用代表诉讼；所诉错误行为直接侵害股东的个人利益的，适用直接诉讼。

3. 诉讼目的与结果归属。直接诉讼是股东为了自身利益而提起，若股东胜诉，所得利益归于股东，故直接诉权属于自益权。代表诉讼是为公司利益而提起，胜诉利益亦归于公司，原告股东以及其他股东（被告股东除外）间接受益，故代表诉权属于共益权。

4. 程序差异。代表诉讼面临着不同于直接诉讼的一系列特别程序障碍，如前置程序、费用担保等，目的在于维护公司正常的治理秩序。

5. 当事人。直接诉讼只适用于公司及其内部人侵害股东利益的情况，被告限于公司、控股股东、实际控制人、管理层。之外的主体侵害股东利益的，与公司法无关，应依民事诉讼法提起诉讼，追究其责任。代表诉讼的被告在理论上更广泛一些。另外，对直接诉讼的原告股东没有任何限制，但代表诉讼的原告股东可能受到持股时间、数量等方面的限制。

第四节　股东与债权人的利益冲突治理

一、保护公司债权人的公司法体系性制度安排

债权人在公司资本结构中具有重要的法律地位。在现代公司尤其是股份公司中，债权人的投资已如股东一样必不可少，债权人为优化公司资本结构作出了重要贡献，为公司提供了大量的资源甚至远超股东，债权人承担的风险甚至与股东相比有过之而无不及。债权人构成了现代公司的主要参与者、一个重要的利益相关者，这是现代公司发展中的不争事实。

债权人利益保护的一般制度规则，在大陆法系主要由以债法为代表的交易法规范提供，包括债的成立与生效、债的履行、债的移转、债的消灭、债的保全、债的担保、债的不履行责任制度等。除此之外，以公司法为代表的组织法也提供了特殊保护规则。《公司法》第 1 条提出的公司法立法宗旨规定，“规范公司的组织和行为”，“保护公司、股东、职工和债权人的合法权益”，将债权人的合法利益保护与“公司、股东”的合法利益保护并立。

公司组织法为公司债权人提供的特殊保护规则贯穿公司设立、营运直至清算的全过程。依据我国公司法的主要经验，概要介绍如下：

1. 公司设立制度中的债权人保护。包括公司设立行为的责任承担，公司设立失败后的责任承担等。

2. 公司资本与股东出资制度中的债权人保护。资本三原则，严格的法定资本制，限期认缴制与实缴制，以及严格的股东的出资责任（包括瑕疵出资股东的法律责任，未届期股东出资义务的加速到期，虚假出资中的中介机构责任，抽逃出资中的负有责任的董监高责任等），都是主要为保护公司债权人利益而设的。

3. 公司减资、分立、合并、重大资产重组中的债权人保护。公司减资、合并都需要通知、公告公司全体债权人且需经过其同意，非法减资决议无效等制度设置，都具有保护公司债权人之功效。

4. 公司财务会计制度中的债权人保护。包括公司公积金制度、非法分红决议无效制度等，都具有保护公司债权人利益的价值考量。

5. 公司债债权人保护特则。《公司法》第九章专章规范之。

6. 公司治理机制的债权人保护特则。比如，公司组织机构设置的审计委员会、监事会、监事等监督机构，以及依赖其上的监督运行机制，都具有保护公司债权人利益之功效。又如《公司法》第 191 条规定，董事、高管执行公司职务导致“他人”利益损失的，他人可以直接请求存在故意、重大过失的董事、高管承担赔偿责任，此处的“他人”首指公司债权人。再如，对于公司决议无效、不成立之诉的原告安排，我国司法实践并不排斥公司债权人，也是为保护公司债权人利益的一项重要制度安排。

7. 解散清算程序中的债权人保护。突出体现在清算义务人、清算人对于公司及其债权人的赔偿责任。如公司依法解散后，清算义务人应及时成立清算组进行清算，及时组织清产核资

与偿还债务。这对于债权人保护自然息息相关。因为解散清算是建立在公司“资足以抵债”的假设之上的，否则应该转向破产清算程序。所以，清算义务人违反前述义务侵害公司债权人利益的，自然应该承担对于后者的赔偿责任（第232条）。清算组成立后，清算组成员也即清算人履行清算职责，对于公司、股东及债权人都负有忠实义务和勤勉义务。所以，第238条规定清算组成员怠于履行清算职责，给公司造成损失的，应当承担赔偿责任；因故意或者重大过失给债权人造成损失的，应当承担赔偿责任。关于此点，本书第八章也有详述，此处不赘。

当然，公司法并无企图对“公司—债权人”的关系以及公司债权人保护供给一个完整的规则体系，这一立法任务要由多个部门法尤其民商法共同完成，以债法为代表的交易法是其中的核心，公司法主要提供组织法上的特有债权人保护规则，少量涉及交易法上的债权人保护规则。公司组织法之所以对公司债权人进行特殊保护，乃根源于公司独立人格和股东有限责任制度的内在缺陷。作为公司内部人的股东如恶意滥用公司独立人格和股东有限责任制度，会给公司债权人带来严重的损失。针对这一问题，公司法的上述特殊规则都能够在事前防范或者事后补救中发挥一定的作用。但比较而言，最具有针对性救济作用的，莫过于三项制度：债权人参与公司治理、公司法人格否认和次级债权制。本节重点介绍前两项制度。

二、股东与债权人的利益冲突治理特则之一：债权人参与公司治理机制

从制度安排的角度看，交易法上保护债权人的制度与组织法上债权人参与公司治理机制相辅相成，联系密切但又有所区别，前者主要作为一种事后保障机制而存在，在债权人利益受损后由债权人依法提出请求权而启动，具有被动性的特征；后者作为一种事前、事中保障机制而存在，具有主动性的特点。

关于债权人参与公司治理，传统公司法理论与立法将债权人局限为一个消极投资人，相对于股东而言，债权人处于弱势，公司的经营控制在（多数）股东监督和控制下的经营者手中。但在现代公司法上，债权治理机制正处于快速的发展与变化之中。

（一）理论学说

债权治理的理论渊源是资本结构理论中的代理成本说及其分支——企业控制权理论，二者将公司治理引入资本结构理论的研究，突破了以往资本结构理论中仅有对负债的财务杠杆效应、税盾效应的研究，提出了负债的治理效应：适度负债，有助于缓解公司内部各利益相关者的利益冲突，激励、约束管理层人员，克服代理成本问题，并且实现控制权的重新安排；同时，债权人以“相机治理”（contingent governance）的方式，在公司治理中担任重要的角色。

与公司的债务构成相对应，债权人的种类有很多，其中最重要者是以商业银行等为代表的金融机构，所以以商业银行在公司治理中的作用为支点可以解释债权人参与公司治理机制的原理。[①] 德瓦特里波特和泰勒尔（Dewatripont & Tirole）具体探讨了其在公司治理中的作用：

1. 由于契约不完全性的存在，仅基于企业业绩的货币激励并不能有效约束管理层，应让债权人或股东作为外部人拥有企业的控制权，让其根据企业业绩的好坏采取相应对策。

2. 必须让外部人拥有企业的证券以激励并适度干预企业。

3. 企业业绩优良时外部人应少干预企业事务以作为对管理层的激励；业绩欠佳时，外部

① HART，OLIVER，JOHN MOORE. A theory of corporate financial structure based on the seniority of claims. Department of Economics Working Paper No. 560，MIT；ALCHIAN ARMER & DEMSETZ HAROLD. Production，information costs and economic organization. American economic review. Vol（62），1972：277－295.

人应加强干预以作为对管理层的惩罚。

4. 通常条件下，当企业业绩优良时，股东拥有企业的控制权；企业处境艰难时，债权人应当拥有对企业的控制权，因为此时在干预企业方面股东比债权人更消极被动。[①]

又依信息经济学的观点，作为公司债权人的金融机构可利用自身的信息优势积极干预公司的经营管理活动甚至裁换公司高层领导人，直至在公司久病不愈时直接申请其破产清算，而这种参与公司治理的方式只要是理性的决策主体都会这样做。[②] 依波斯纳定理（Posner，1997），在权利和责任的安排上，要体现“比较优势原理”。不同利益相关者在风险偏好、信息拥有量、财产拥有规模和决策能力等方面是有差别的，这些差别作为约束条件影响着权利的运作成本。对于金融机构而言，其拥有的信息生产的净成本优势使之更有能力评估企业的风险。比之个人股东，金融机构评估企业经营风险的成本更低，而且个人股东可能比金融机构更厌恶风险。因为金融机构的身份主要是代理人，而个人股东在任何时候都是委托人。此外，金融机构比个人股东有更大的激励来获取它们所投资企业的经营与财务状况的信息。总之，金融机构比个人股东更愿意花费资源去监督企业，参与公司治理。

（二）实定法的规定

各国公司法、破产法在股东和债权人的权利规范上一般规定：股东是公司的所有者，不仅拥有投票权、剩余收益权，还拥有公司控制权以控制公司日常运作；而债权人只能按合同规定取得固定收入，一般不享有表决权，唯在公司破产时，才能取得公司剩余资产的优先索取权和对公司的控制权。

但在实际经济生活中，公司治理机制的运作远比法律规定复杂，比如“股东是公司所有者”的提法过于简单化，公司所有权更多地表现为一种状态依存所有权（state-contingent ownership），股东只不过是“正常状态下的企业所有者”，在其他不同的状态或阶段，债权人、雇员、管理层都要承担公司的风险，都可能是公司的剩余收益索取者。就债权人负担的风险而言，公司财务越困难，越要大量举债；投资项目的风险越大，公司越愿意通过举债筹措资金；举债经营有利于股东利益的最大化，却增加了债权人的投资风险。从世界各国近年来的公司实践看，债权人越来越多地通过契约条款渗入公司治理，比如商业银行尤其主办银行的贷款合同常含有一些条款，要求对公司的日常运营决策享有一定的发言权：公司进行重大资产重组时须征求银行的意见，公司再行举债、分红或者提供担保的须经银行同意等。债权人通过契约方式部分参与到公司治理，也是广义上的现代契约法的组织法功能体现。[③] 债权治理机制的实践包括以下几个方面。

1. 负债本身的激励约束机制。管理层的剩余索取权随举债增加而增加，这在一方面激发了管理层的积极性，同时负债还可以减少管理层用于享受个人私利的自由现金。[④] 此外，负债

① DEWATRIPONT MATHIAS，J TIROLE. A theory of debt and equity diversity of security and manager-shareholder congruence. Quarterly journal of economics，1994（109）：1027 - 1054.

② 与此形成对比的是金融机构作为公司的股东时的情形。作为股东的金融机构相对缺乏积极性参与公司治理而让管理者高层在其权力帝国任意享受效用最大化。格罗斯曼和哈特证明，若股权过于分散，就没有股东愿意密切监视管理层行为，因为监控费用大大高于监控对个人的回报。当然，这一情形在股权相对集中的公司中并不存在（Shleifer & Vishny，1986）。GROSSMAN，HART. Takeover bids：The free rider problem and the theory of the corporations. Bell journal of economics，1980（11）：42 - 64；SHLEIFER ANDREI，ROBERT VISHNV. Large shareholders and corporate control. Journal of political economy，1986（94）：461 - 488.

③ 王利明. 论合同法组织经济的功能. 中外法学，2017（1）.

④ JENSEN M C，W MECKLING. Theory of the firm：managerial，behavior，agency，costs，and capital structure. Journal of financial economics，1976（3）：305 - 360.

的还本付息压力，可以减少可支配的自由现金流量，借此抑制有利于营造管理层、不利于企业价值增长的过度投资（Stulz，1990）。

2. 相机控制和破产程序。相机控制是指当企业无力偿债时，剩余控制权和剩余索取权便由股东转移至债权人，债权人的控制是通过受法律保护的破产程序进行的，具体包括两种处理方式：一是清算，清算的后果之一是经营者丢了饭碗；二是重组，同股东、债权人、经营者协调提出方案，若重组的价值大于清算，则破产企业可能被重组，重组后往往会撤换经营者。因而在“破产威胁”下，债务成为一种担保机制，对经营者形成“硬约束”（Grossman & Hart，1982）。

3. 银行债权人的监控。作为主要债权人的银行与公司独特的关系——拥有公司充分的信息、在公司中的重大利益、有监控能力——使得它便于在公司治理中发挥作用。在主办银行体制下，主办银行还具备有别于其他外部控制源的优势：（1）主办银行在联合监督的事前、事中和事后利用信息优势能以较低成本有效约束管理层；（2）大、小银行组成的银行团中，各大银行分别承担自己关系公司的监控公司职责，以节约稀缺的监督资源；（3）以银行贷款为基础的相机机制，导致公司经营不佳时其控制权自动由经营者转向主办银行。当然，主办银行的债权治理效应，往往同时以其股东身份为支撑。

（三）各国模式

由于法律、历史和文化的不同，各国形成了多种银企关系模式，其中最典型的是英美模式和日德模式。

1. 英美模式

以美国为例。美国的商业银行与投资银行各自为营，业务交叉少。商业银行被禁止直接持有非金融公司的股份，与企业的联系主要体现在贷款债务关系和作为信托财产的个人股份管理这两个方面。由于银行不能持有公司股份，当然也就无法控制公司，只有在公司破产时银行才会临时接受股票以受偿贷款。银行对企业的资金业务以短期为主，少有长期贷款。在这种模式下，银行对企业的监督是间断性的，即只有企业违约时才进行，目的仅在于保证贷款的安全性。银行获得的公司信息仅限于公司外部公开的信息。可以说，美国商业银行对企业的融资是一种保持距离型融资而不是一种控制导向型融资。其在理论上被称作“距离性”银行，其重要的特征就是通过外部市场而不是通过参与公司治理来实现银行对公司的控制。

2. 日德模式

日本、德国的银企关系模式以“社团”“法人”市场经济为运行基础，银企间产权制约较强。企业以间接融资为主，银行在公司经营中发挥重要作用，外部资本市场作用相对较小。日、德都允许公司之间相互持股，商业银行可以直接持有公司股份。日本银行往往身兼两职，既是主要的股东又是主要的长期、短期放贷人，每家公司都有一家主办银行，最强的主办银行关系是在大银行与大公司集团之间，或者同一公司集团内部的银行与非金融公司通过相互持股形成了一种比较稳定的所有权关系，银企间的债务关系比较稳定，人事交流也就成为必然。银行通过贷款合同、持股、人事结合及代理小股东的表决权等方式实现债权治理，并借此获得公司的内部信息，随时监督公司的经营管理。

日、德的主办银行机制包括：通畅、准确的信息传导机制，有效的风险规避机制，银行间、银企间的有效约束、协调机制，相机治理机制。其中，日本主办银行对企业的相机治理机制主要通过主办银行的事前治理、事中治理和事后治理来进行。企业财务状况较好时，主办银行向企业提供日常金融服务，听任经营者自主经营，几乎不直接干预、控制。当企业出现严重财务危机时，主办银行即拥有决定企业命运的强大的商业和法律地位，除提供紧急贷款等紧急措施外，还可根据实际需要采取更换管理层、直接派遣高管，乃至企业重组等综合性措施，由此形成了对公司经营管理者的有效约束。

模式区分相对论。两大模式的上述区分不是绝对的。随着全球化、信息技术与资本市场的发展，市场的流动性大增，金融产品推陈出新，市场参与者的角色性质出现大规模集合，债权和股权性质越来越模糊不清[①]，金融机构持股的出现、机构投资者的崛起及关联投资的盛行、期权激励以及虚拟公司股权的流行等，无不昭示着公司治理的变化趋势：公司的债权人并不是传统的单纯债权人，而是有着复杂的复合性质，有着强烈的参与公司治理的意识和要求。在此背景下，美国商业银行通过银行信托部和银行持股公司间接地向企业投资、持有公司股份的趋势加强。尤其最近二十多年来，美国金融管制的改革及金融法规的修改与调整，商业银行出现经营业务综合化，分业经营向混业经营方向发展，这种发展变化趋势促进了银行角色性质的复杂化，银企的关系也更为趋于密切。

3. 我国的债权治理机制

截至目前，银行贷款这种间接融资形式在我国各类公司的融资结构中占据压倒性优势；其中，国有银行又在银行业中占有压倒性优势。整体上国有商业银行在公司治理中的角色是消极和不明确的，这表现在如下几个方面。

（1）国有银企的债务“软约束”机制。一方面，银行的放贷行为仍有较大程度的非市场化、非商业化成分；另一方面，银行与国企的产权不明，债权人与债务人相同的“国有”身份会造成债权预算的“软约束”，未形成真正意义上的单纯靠法律来规范和调整的债权债务关系，契约的严肃性易受破坏，银行难有利益激励和责任约束去关心企业经营，银行参与公司治理的积极性不高。

（2）银企关系的立法未有效地激励银行参与公司治理。我国银企关系的制度设计以防范金融风险为首要目的，并不能鼓励银行积极参与公司治理，所以银行仅仅以一种消极心态参与公司治理。

（3）破产退出机制和相机治理机制失灵。理论上，当企业经营不善致“资不抵债”时，通过破产机制，企业剩余控制权与剩余索取权就会由股东转移给债权人，但现行立法就企业破产时如何发挥债权人的“相机控制”作用未作明确规定，债权人根本无法接管企业，企业的清算和重组最终由国家股东行政安排，因此债权人相机控制无法实现。

（4）银行自身的原因。主办银行制度未发挥应有作用，银企之间的长期合作没有建立；现行立法禁止商业银行持有其他公司的股票[②]，造成银行作为主要债权人与股东身份的分离，削弱了银行参与公司治理的作用。

综上，债权治理机制在我国表现出“软约束”的特征，为此需要的法治建设包括：大力推进国有商业银行的市场化、商业化改革，完善主办银行制度；强化包括债券市场化在内的资本市场治理机制；修改公司法等部门法，落实债权人参与公司治理的渠道，完善破产退出和相机治理机制，加强公司债权人知情权制度建设。

---

① 高尔（Gower，1992）对此写道：在股权过于分散的公司里，这时候的股东更像是一位希望获得回报而对公司事务却没有控制权的资本贷款者。转引自唐建新，李青原．从金融中介透视公司治理．证券市场导报，2001（8）．

② 参见《商业银行法》第43条，《证券法》第6条。

三、股东与债权人的利益冲突治理特则之二：公司法人格否认规则

（一）公司法人格否认规则与债权人保护

1. 有限责任之弊

公司法人人格独立和股东有限责任原则是构建公司制度大厦的两块基石，在公司制度发展历史上发挥了根本性的促进作用。有限责任的优势在本书第一章第二节已有展开分析，此不赘述。然而，有限责任制度也有其内在缺陷，具体体现如下。

（1）公司股东和债权人的利益失衡。股东对公司投入股权资本，同时享有对公司的控制权。这样，一方面，有限责任制度的引入将股东的投资风险限制在出资额之内；另一方面，作为公司内部人的股东利用控制权可将风险经营的损失限定在可预见、可接受的范围之内。相反，债权人对公司投入了债权资本，但作为公司外部人在破产清算以外的场合无权介入公司治理，缺乏自我保护的有效手段。一旦公司因经营管理不善等原因而破产时，债权人必将被动蒙受巨大损失。经营风险作为一种客观存在，不会因有限责任的创立而出现量的增减，有限责任本身并不能消除、化解经营风险，而仅仅是一种转移风险的机制：公司经营失败时，有限责任实际上是将一部分风险转嫁给了公司债权人。

（2）为股东滥用公司人格提供了机会。股东控制与有限责任的结合给公司债权人的利益带来了威胁。[①] 控股股东可以利用控制权为一己之私牺牲公司自身利益，进而危害债权人利益。公司独立人格和股东有限责任的存在，阻碍了债权人直接追究股东责任。尤其在现代工业社会，产品责任、高度危险作业等特别侵权行为普遍发生，公司成为主要的侵权者，其受害对象扩大到不特定的第三人，即被动债权人。有限责任制度常常使被动债权人难以得到足够赔偿，从而被迫承担了公司风险经营的损失。

2. 公司法人格否认规则的衡平价值

从性质上看，公司法人格否认规则是相对于公司人格独立和股东有限责任的衡平性规范，体现了法官适用公司法律的灵活性，保证了有限责任制度在特殊场合合目的性的贯彻。

衡平法。衡平性规范源自衡平法（equity）理念。衡平法是在英国判例基础上形成的与普通法相对应的一种法律渊源，其本意就是“公平”的意思，当适用普通法无法完全救济受害者时，大法官根据“公平”原则处理特殊问题，伸张社会正义，使判决结果既照顾到一般性，又考虑到特殊性。是故，衡平法在特殊正义领域往往发挥特有的功能，弥补了普通法僵硬、苛刻和形式主义的不足。

公司法人格否认规则在衡平公司股东与债权人利益方面具有如下重要特点。

（1）实现“矫正的正义”。当股东投资公司不是为了依法经营，而是为了规避法律、逃避债务、欺诈债权人时，显然违反了公司法确立股东有限责任的目的，也违背了公平、正义的法律精神。公平、正义是法律的最高价值，公司法人格否认规则是对失衡的公司利益关系事后的矫正。公司独立人格和股东有限责任体现了法律对公平、正义的一般配置，属于分配正义；但当公司法人格遭到滥用，法律分配的利益格局失衡时，公司法人格否认正是通过对失衡的利益关系进行调整来恢复均衡，体现了矫正正义。

（2）只追究滥用公司法人格的股东的民事责任。首先，公司法人格否认的结果是将公司的债务责任追溯到股东身上，即责任主体仅限于股东。其次，并不是所有的股东都承担责任，只

① PAUL L DAVIES. Introduction to company law. New York：Oxford University Press Inc.，2002：61.

限于滥用公司法人格的股东。在实践中，滥用公司法人格的股东可能是参与共谋的全体股东，也可能是部分股东如控制股东。最后，被追究的责任仅限于民事责任，而不包括刑事责任、行政责任等公法责任。

(3) 唯公司债权人可以主张适用。向法院请求适用公司法人格否认规则而追究股东责任的，仅限于公司债权人，此外别无他人。这表明公司法人格否认规则就是专为保护公司债权人利益而存在的法律制度。

何谓“为公共利益”？在有的公司法著述中，公司法人格否认经常被表述为“为保护社会公共（众）利益”，那么，此处的“社会公共利益”何所指呢？论者通常会提及环保法、竞争法等领域，认为公司造成的工业污染一旦发生，就会侵害到不特定第三人的利益。论者的逻辑是，环境污染牵涉到不特定社会公众的利益，于此场合适用否认公司法人格规则，就是“为保护社会公共利益”。实际上，这种提法既过于泛泛，也是不准确的。即使在发生重大环境污染的场合，如果要追究公司责任或其背后的股东责任，请求权人也仅限于环境污染侵权责任的受害者，这些受害者在民法上就是侵权之债的债权人，所以债权人的概念在每一个具体场合可以涵盖所谓的“社会公众”，“社会公众”也必须体现为具体场合的债权人。至于有的公司法著述讲道，“为保护社会公共利益”，可以通过公司法人格否认来追究股东的公法责任，那就大错特错了。因为公司法人格否认规则追究的只能是民事责任。总之，公司法人格否认只具有衡平公司股东与债权人之间利益的功能，不涉及其他任何主体的利益关系。《公司法》第 23 条规定“严重损害公司债权人利益”的情形为公司法人格否认适用要件，而未提及“损害社会公共利益”，是完全正确的。

(4) 作为一种例外的判决。对于此类案件，法院要求原告债权人承担严格的举证责任。债权人要提供充分的、令人信服的事实来证明否认公司法人格的必要性。这是因为，公司法人格否认规则是公司法人人格独立原则的例外和补充，因而法院在援引公司法人格否认规则时应遵循的指导思想是，维护公司法人制度的本来目标，不轻易否认公司法人格。因此，在存疑的场合，法院应拒绝否认公司法人格，恪守审慎适用的谦抑性司法立场。

(5) 作为一种个案的规则。即便法院在个案中裁判公司的某些（个）股东对公司的某个债务承担连带责任，这一裁判也仅适用于本案，而不扩张于公司的其余债务承担，并不是宣告对股东的有限责任的完全否定。个案之后，股东的连带责任利益制度安排立即恢复如常。

总之，公司法人格否认规则所直接保护的主体，乃公司债权人；其所追索的责任对象，乃公司股东；其直接效果，乃排除股东有限责任的适用；其本质目的，乃在于通过对股东有限责任的必要修正和维护，来平衡公司股东与债权人的风险与利益，实现“矫正的正义”。

（二）公司法人格否认规则适用情形的各国经验

总结而言，各国都通过判例形式适用公司法人格否认规则，成文法没有规范之。各国判例适用公司法人格否认规则的情形，有两大特点。

其一，适用标准的抽象性和模糊性。由于缺少成文法的规定，在具体的案件中是否应该适用公司法人格否认规则，需要借助法官的自由裁量权，因而不存在具体适用标准的精确描述。

其二，适用范围和事由的开放性。公司法人格否认规则作为衡平性规范，直接以公平、正义为依据，故其适用不限于固定的场合和事由。公司法人格否认规则适用范围和事由的开放性，可以避免司法适用的形式化、僵硬化的倾向，否则，难免挂一漏万，以致限制其制度功能的发挥。当然，公司法人格否认规则适用范围和事由的开放性，并不排斥理论上的类型化研究。

总括各国实践，公司法人格否认规则的适用情形包括（但不限于）以下三类。

1. 资本显著不足

公司财产独立是公司人格的要素之一，与债权人的利益密切相关，资本显著不足可以导致公司法人格否认规则的适用。资本显著不足，是指公司成立时股东实际投入公司的资本额与公司经营所隐含的风险相比明显不足，其判断依据是与其经营的事业规模和隐含的风险相比较，而非法律的具体规定。由于各国公司法基本上不对最低注册资本额有要求，因而难以用法定最低资本额作为标准。资本显著不足，表明股东缺少从事公司经营的诚意，而意欲利用较少资本从事力所不及的经营，利用公司法人人格独立和有限责任把投资风险转嫁给债权人。但是，由于公司资本显著不足的判断标准有较大模糊性，在适用时需相当谨慎，否则，会产生新的不公平。法院很少单独因为公司资本显著不足而否认公司法人格，而是与其他因素结合起来考虑。如股东通过不合理分红、工资等方式抽走资本导致资本不足的，可以作为否认公司法人格的根据。

2. 过度控制

过度控制，也称滥用控制行为，主要包括公司的独立人格被作为道具肆意支配（行为要件），以及支配者有违法或不当的目的（目的要件）两方面，具体表现为两种情况。

一是间接影响债权人利益的情形，在股东与公司的内部之间，股东对公司进行过度控制，施行不公正管理，使公司丧失独立的意志和利益，公司成为股东谋取法外利益的工具，如子公司向母公司及其其他子公司输送利益；母子公司的交易收益归前者，损失由后者承担。

二是直接影响到债权人利益的情形，股东违法或者不当地逃避合同义务，大致又分为三种情形：(1）为逃避契约上的特定义务，如竞业禁止义务、商业保密义务等，设立新公司从事相关活动；(2)“脱壳经营”，即抽逃公司资金或解散公司或宣告公司破产，再以原设备、场所、人员及相同经营目的另设新公司，从而逃避原公司债务；(3）利用公司名义转移财产进行诈欺以逃避合同义务。

3. 人格混同

公司与股东人格混同，又称公司法人格的形骸化、公司与股东的关系不清（inter-mingling parent-subsidiary cases)，意指公司成为股东的另一自我、工具、同一体，因而失去独立存在的价值，在一人公司、母子公司中最为常见。

(1）财产混同。财产混同是对公司与股东财产独立原则的背离，此时公司缺乏独立的财产，也就丧失了独立人格的存在基础。财产混同可以表现为公司与股东财产的同一或不分，如公司与股东使用同一办公设施，公司账簿与股东账簿不分的现象；也可以表现为公司与股东利益的一体化，如公司与股东的收益不作区别，公司盈利随意转化为股东的个人财产的现象。

(2）业务混同。主要表现在公司与股东从事同一业务，且业务的进行不加区分，没有真实、连续的交易记录，大量交易活动形式上的交易主体与实际主体不符或无法辨认，如母子公司的业务具有不可分割性，实为业务上的同一体。

(3）组织机构混同。组织机构的混同势必导致公司独立意思无法形成，从而丧失公司法人格的意思要素，表现在公司与股东在组织机构上存在严重的交叉、重叠，如母子公司之间董事会成员和高管完全相同或相互兼任；母公司把子公司当作其组成部分如办事处、分支部门等进行业务管理。

(4）未履行正式程序。公司在设立和存续期间均未履行正式程序（failure to follow requisite corporate formalities)，尤其常见于封闭型、家族型公司。如小型封闭公司股东往往全职经营业务，出于行为便捷、节省成本的考虑，一些程式如召开股东会会议常被省略。公司经常性不履行必要的正式程序，很可能成为股东的“另一个自我”或“工具”，也往往导致与公司交易的第三人误以为是与股东个人而非与公司交易。常见的情形包括：1）当公司开始经营时，公司尚未具备完整的组织结构；2）不召开股东会、董事会会议，或者没有形成有关决议；3）股东决策方式类似于合伙；4）没有完整、持续的公司交易记录和会计账簿。

（三）我国的立法与司法政策

1. 立法演变

自 20 世纪 90 年代以来，我国出现了公司法人格和股东有限责任被股东滥用的普遍现象，一些司法解释为此确立了一些类似于公司法人格否认的规则。如 2003 年最高人民法院公布的《关于审理与企业改制相关的民事纠纷案件若干问题的规定》第 35 条（2020 年修正后为第 34 条）规定，因控股企业抽逃资金、逃避债务，致使被控股企业无力偿还债务的，其债务由控股企业承担。《公司法》第 20 条规定："公司股东应当遵守法律、行政法规和公司章程，依法行使股东权利……不得滥用公司法人独立地位和股东有限责任损害公司债权人的利益"，"公司股东滥用公司法人独立地位和股东有限责任，逃避债务，严重损害公司债权人利益的，应当对公司债务承担连带责任"。《民法典》第 83 条将这一规则扩及所有的营利法人。《公司法》第 64 条规定："一人有限责任公司的股东不能证明公司财产独立于股东自己的财产的，应当对公司债务承担连带责任。"由此，形成了我国公司法人格否认规则的成文法规范。2020 年，最高人民法院通过（2020）最高法民申 2158 号案将公司法人格否认规则的适用范围再扩展到逆向人格否认，即子公司对母公司债务承担连带责任。2023 年《公司法》修订，前述法律规范与裁判规则被整合与优化为新第 23 条。详言之，一审稿吸纳旧法第 20 条第 3 款作为第 1 款，同时新增第 2 款"公司股东利用其控制的两个以上公司实施前款规定行为的，各公司应当对任何一个公司的债务承担连带责任"，形成第 21 条。二审稿第 23 条第 2 款将一审稿第 21 条第 2 款的"任何一个"修改为"任一"，同时吸纳旧法第 63 条规定，形成第 23 条第 3 款"只有一个股东的公司，股东不能证明公司财产独立于股东自己的财产的，应当对公司债务承担连带责任"。三审稿第 23 条第 2 款将"公司股东"精简为"股东"。最终颁布的新《公司法》再无修订。

2. 司法政策

公司法人人格独立和股东有限责任始终是现代公司法的基本原则与制度基石。否认公司独立人格，由滥用公司法人独立地位和股东有限责任的股东对公司债务承担连带责任，仅是股东有限责任的例外情形，旨在矫正有限责任制度在特定法律事实发生时对债权人保护的失衡现象。根据我国审判实践经验，适用公司人格否认的，需要根据查明的案件事实进行综合判断，既审慎适用，又当用则用。当前裁判实践中存在两种需要纠正的现象：一是标准把握不严而滥用这一例外制度，二是因法律规定较为原则抽象、适用难度大而导致的不当适用、当用不用。为此，《九民纪要》提出适用公司人格否认的四个基本原则。

（1）恪守例外慎用准则。只有在股东实施了滥用公司法人独立地位及股东有限责任的行为，且该行为严重损害了公司债权人利益的情况下，才能适用。所谓"严重损害债权人利益"，主要是指股东滥用权利使公司财产不足以清偿公司债权人的债权的情况。

（2）仅限于个案否定。公司法人格否认不是全面、彻底、永久地否定公司的法人资格，而只是在具体案件中依据特定的法律事实、法律关系，突破股东对公司债务不承担责任的一般规则，例外地判令其承担连带责任。法院在个案中否认公司法人格的判决的既判力仅仅约束该诉讼的各方当事人，不当然适用于涉及该公司的其他诉讼，不影响公司独立法人资格的存续。如其他债权人提起公司法人格否认诉讼，已生效判决认定的事实可以作为证据使用。

（3）仅指向滥权股东。只有实施了滥用公司法人独立地位和股东有限责任行为的股东才对公司债务承担连带清偿责任，而其他股东不应承担此责任。

（4）仅指向《公司法》第23条规定的滥权行为。该问题将于下文详述。

（四）我国公司法人格否认之诉的适用

1.（纵向）法人格否认的适用要件

公司法人格否认，在学理上有纵向、横向、逆向之分①，我国《公司法》规定了其中前二者。其中，纵向法人格否认是实务中最常见的情形，也是本来意义上的法人格否认，也即由滥权的股东对于公司债务承担连带责任。

根据《公司法》第23条规定以及法人格否认的基本法理，公司法人格否认的要件包括：

（1）主体要件。公司法人格否认基于个案而适用，因此，适用对象必须是具体的双方当事人，即承担责任者限于滥用公司法人格的股东。其一，滥用公司法人格的行为人是股东，其责任承担者也只能是股东。股东滥用公司法人格的行为如是由不具有股东身份的董事、高管具体执行的，对其责任的追究只能适用公司法关于董事、高管的责任的规定。其二，此处的“股东”仅仅指滥用公司法人格的股东，即滥用股东权利并获得不法利益的股东，可能是全体股东，但多数情形下是多数股东。

权利人限于因公司法人格被滥用而受到损害的公司债权人，包括主动债权人和被动债权人，除此之外的任何主体不得援用。公司法人格否认应根据受害债权人的请求而适用，人民法院不得主动援用。

（2）行为要件。关于滥用公司法人格的行为方式，考虑到实践中的复杂多样性，立法难以穷尽列举的实际情况，《公司法》第23条采取了概括式立法表述，即：滥用公司法人独立地位和股东有限责任来逃避债务的行为。此处的“债务”是指公司对外所负债务，“逃避”就是通过欺诈手段意图达到不履行债务的行为。实践中公司逃避债务的形式有多种，如果行为人采取了滥用公司法人格以外的方式，那就应当适用其他相关法律如《民法典》第三编第五章关于债的保全的规定，而不适用公司法人格否认规则。需要指出的是，此处的“逃避债务”的行为，属于客观行为要件，而非股东的主观要件。虽然理论上有人主张公司法人格否认应以股东具有逃避债务的主观恶意作为构成要件，但究《公司法》第23条的立法本意，并没有将主观意图作为认定股东滥用公司法人格的行为标准。实践中，《九民纪要》将常见的“滥权行为”的主要情形规定为以下三个方面。

1）人格混同。《九民纪要》第10条规定，公司人格与股东人格是否存在混同的最根本的判断标准，是公司是否具有独立意思和独立财产，最主要的表现是公司的财产与股东的财产是否混同且无法区分。在认定是否构成人格混同时，综合考虑以下因素：其一，股东无偿使用公司资金或者财产，不作财务记载的；其二，股东用公司的资金偿还股东的债务，或者将公司的资金供关联公司无偿使用，不作财务记载的；其三，公司账簿与股东账簿不分，致使公司财产与股东财产无法区分的；其四，社会股东自身收益与公司盈利不加区分，致使双方利益不清的；其五，公司的财产记载于股东名下，由股东占有、使用的；其六，人格混同的其他情形。在出现人格混同的情况下，往往同时出现以下混同：公司业务和股东业务混同；公司员工与股东员工混同，特别是财务人员混同；公司住所与股东住所混同。人民法院在审理案件时，关键要审查是否构成人格混同，而不要求同时具备其他方面的混同，其他方面的混同往往只是人格混同的补强。

2）过度控制。《九民纪要》第11条规定，公司股东对公司过度支配与控制，操纵公司的决策过程，使公司完全丧失独立性，沦为股东的工具或躯壳，严重损害公司债权人利益，应当

① 李建伟.公司诉讼类型化专题24讲（一）：公司大数据实证分析与裁判规则评述.北京：法律出版社，2021：2.

否认公司人格，由滥用控制权的股东对公司债务承担连带责任。实践中常见的情形包括：其一，母子公司之间或者子公司之间进行利益输送的；其二，母子公司或者子公司之间进行交易，收益归一方，损失却由另一方承担的；其三，先从原公司抽走资金，然后再成立经营目的相同或者类似的公司，逃避原公司债务的；其四，先解散公司，再以原公司场所、设备、人员及相同或者相似的经营目的另设公司，逃避原公司债务的；其五，过度支配与控制的其他情形。控制股东或实际控制人控制多个子公司或者关联公司，滥用控制权使多个子公司或者关联公司财产边界不清、财务混同，利益相互输送，丧失人格独立性，沦为控制股东逃避债务、非法经营，甚至违法犯罪工具的，可以综合案件事实，否认子公司或者关联公司法人人格，判令承担连带责任。

3）资本显著不足。《九民纪要》第 12 条规定，资本显著不足指的是公司设立后在经营过程中，股东实际投入公司的资本数额与公司经营所隐含的风险相比明显不匹配。股东利用较少资本从事力所不及的经营，表明其没有从事公司经营的诚意，实质是恶意利用公司独立人格和股东有限责任把投资风险转嫁给债权人。资本显著不足的判断标准有很大的模糊性，尤其要与公司采取“以小博大”的正常经营方式相区分，所以需要审慎适用，注意与其他因素结合起来综合判断。

（3）主观要件。既然被追究连带责任的股东实施了“滥用行为”，其主观上只能是故意，也即股东具有滥用公司法人独立地位和股东有限责任来逃避债务的主观恶意，积极实施或者放任滥用行为的发生。

（4）结果要件。股东滥用公司法人格的行为必须导致债权人损害事实的存在。“无损害，无救济”。如果虽有股东滥用公司法人格之行为，但并无损害结果发生，债权人也就没有援用公司法人格否认规则的必要。对此，《公司法》第 23 条第 1 款规定的“严重损害债权人利益”，就是对结果要件的判断认定标准。此处“严重”的表述，显然是一个没有量化的概括性标准，其立法意旨是将公司法人格否认规则的适用限定在一个严格范围之内，以求得保护债权人利益与维护有限责任原则之间的平衡。据此，“严重损害债权人利益”的认定，意义有二：

第一，追究股东的责任须以公司丧失偿债能力为前提。如果公司具有偿债能力，债权人追究公司责任即可获得债权清偿，就无所谓损失问题，也不存在追究公司背后股东个人责任的必要。

第二，原告债权人就其债权遭受“严重损害”负举证责任。债权人的受损情况，是权衡股东滥用公司法人格的行为是否已经达到“严重损害债权人利益”标准的最重要因素。债权人的受损情况多数可以量化，如公司不能偿还的债务就是一个确定的数额。

（5）因果关系。滥用公司法人格的行为与结果要件之间应当有因果关系，也就是说“严重损害公司债权人利益”的后果是由“公司股东滥用公司法人独立地位和股东有限责任”的行为造成的。如果债权人的损失由其他原因引起，就不应适用公司法人格否认规则。因果关系的证明责任由债权人负担。

2. 横向法人格否认的特殊构造

《公司法》第 23 条第 2 款确立了横向法人格否认制度。横向法人格否认是指，在控制股东、实际控制人控制多家关联公司，滥用控制权使多个关联公司财产边界不清、财务混同，利益相互输送，彼此丧失法人格独立性，沦为控制者逃避债务、非法经营甚至违法犯罪的工具的情形下，否认关联公司的法人人格，判令彼此承担连带责任。在公司集团的运作实务中，姐妹公司之间、母子公司之间发生侵害债权人的复合型不当行为较频繁。过去十多年中，我国法院几乎在“无法可依”的背景下作出横向乃至逆向法人格否认的判决，实为事出有因。2013 年，最高人民法院发布15号指导案例——徐工集团工程机械股份有限公司诉成都川交工贸有限公司等买卖合同纠纷案①，本案的裁判要点是：（1）关联公司的人员、业务、财务等方面交叉或混同，导致各自财产无法区分，丧失独立人格的，构成人格混同；（2）关联公司人格混同，严重损害债权人利益的，关联公司相互之间对外部债务承担连带责任。可以说，《公司法》第23条第2款正是基于此司法裁判规则衍生而出的立法规范。特别注意的是，本款使用的是“控制”而非“控股”，所以足以扩展到所有的关联企业，包括但不限于姐妹公司、叔侄公司、爷孙公司等，形成了对于今后公司集团在业务、资产与人员等方面合规管理的外部规制基础。

3. 一人公司人格否认的举证责任倒置

《公司法》第23条第3款规定，一人公司的人格否认适用股东举证责任倒置，也即一旦债权人诉请一人公司的股东对公司债务承担连带责任，原告债权人并不承担举证被告一人股东存在财产混同等情形、因而应适用法人格否认的举证责任，反过来由被告一人股东证明公司财产独立于股东自己的财产，如不能尽到该举证责任，则对公司债务承担连带责任。

这一规定体现出公司法对于一人公司的一人股东的极度不信任，背景是由于只有一个股东，如其滥用股东有限责任与公司独立人格，在公司内部不会受到其他股东的牵制，因而滥权风险极度加大。这也提示一人公司的股东经营风险加大，如无特别必要，投资人（无论是自然人还是法人组织）设置一人公司尤要谨慎，尤其是自然人一人公司。

一人公司的股东如何“渡劫”？司法实践中常见的一个疑问是：一人公司的股东如何证明自己与一人公司的财产不混同？众所周知，证明一个消极事实无疑难度巨大，有效的证据有三种：一是日常经营管理行为的规范性，比如一名股东、一名董事、一名监事作出的决定书的规范性与置备齐整，关联交易合同的程序性合规留痕；二是经过注册会计师审计的历年财务会计报告的置备齐整；三是专项审计报告能够证明一个股东与一人公司的财务不混同、资产不混同等。

需要指出，对于股东为夫妻二人的公司，因其有两个独立人格的股东，因而并不属于一人公司，故不适用本款规定。还要指出，国有独资公司并非一人公司，故也不适用本款规定。

4. 当事人的诉讼地位

《九民纪要》第13条规定，公司人格否认纠纷案件的当事人的诉讼地位安排为：

（1）债权人对债务人公司享有的债权已经由生效裁判确认，其另行提起公司人格否认诉讼，请求股东对公司债务承担连带责任的，列股东为被告，公司为第三人。

（2）债权人在对债务人公司享有的债权提起诉讼的同时，一并提起公司人格否认诉讼，请求股东对公司债务承担连带责任的，列公司和股东为共同被告。

（3）债权人对债务人公司享有的债权尚未经生效裁判确认，直接提起公司人格否认诉讼，请求公司股东对公司债务承担连带责任的，法院向债权人释明，告知其追加公司为共同被告，如拒绝追加，法院裁定驳回起诉。

5. 适用效果

关于公司法人格否认规则一经适用，股东应承担何种类型的责任，学理上存在分歧。意见一认为，股东应承担直接的无限责任；意见二认为，股东承担第二次资本充实责任；意见三认为，公司法人格否认无视公司的人格，将公司与股东的人格视为一体，因而应追究公司与股东的共同责任。从公司法人格否认规则的本意和《公司法》第22条看，意见三相对更可取。既然

① 参见江苏省徐州市中级人民法院（2009）徐民二初字第0065号民事判决书，江苏省高级人民法院（2011）苏商终字第0107号民事判决书。

公司法人格否认的前提是公司法人格被滥用，在此场合就应当无视公司法人格，而将其与股东视为一体。而且，追究公司与股东的共同责任，有利于切实维护债权人利益。《公司法》第 23 条规定股东应当对公司债务承担的“连带责任”，就是一种共同责任。但此处的“连带责任”不是平行性连带责任，而是补充性连带责任，即只有在公司没有清偿能力的前提下，股东才被追究责任。

四、股东与债权人的利益冲突治理特则之三：次级债权理论

（一）概念

次级债权理论，又称债权居次，指在从属公司的清算、和解或重整等程序中，控制公司对从属公司的债权，不论其有无别除权、优先权，在法定条件下或者自动次于其他债权人受清偿。[①]

次级债权理论分为自动居次与衡平居次。自动居次（automatic subordination），或称绝对居次（absolute subordination），主张控制公司对从属公司之债权受清偿应一律次于从属公司其他债权人，不论控制公司对从属公司存在过度控制的行为与否。衡平居次（equitable subordination），又称“深石原则”（deep rock doctrine），主张根据控制公司是否有不公平行为，而决定其对从属公司的债权受清偿是否劣后于其他债权人或者优先股股东。

深石原则。源于 1938 年美国法院审理的 Taylor v. Standard Gas & Electric Co. 一案。本案中控股公司为被告，深石公司（Deep Rock Oil Corp）为其从属公司，法院在裁定深石公司重整债权计划时发现，被告系深石公司之巨额债权人，且这些债权皆因与深石公司业务往来而生。虽然被告对深石公司之重整计划作出了让步，但该计划仍对深石公司之优先股股东极为不利，故而招致后者的反对。该计划经地方法院、上诉法院裁定成立，但最高法院认为若批准该计划，对优先股股东极为不利，与公平、合理之原则有违，于是将该计划予以撤销。理由是：深石公司在成立之初即资本不足，且业务经营完全受被告控制，并完全为被告利益而经营。例如被告指示深石公司与被告另一家子公司签订对深石公司极不利的租赁契约，而后者再把获得的租赁费转给被告；被告指示深石公司与被告另一家子公司签订管理合同，为此，深石公司付出极不合理的管理费；被告通过与深石公司的往来账户索取高额利率；被告在深石公司不具有支付能力时仍要求获得股利等。因此判决：被告对深石公司之债权，次于深石公司之优先股股东。这一判例即确立了在美国破产法上影响深远的“深石原则”。

自动居次理论。1948 年美国法官弗兰克（J. N. Frank）在 Loewers Gambrinus Brewery Co. 案中讲道，在任何情况下，控制公司对于从属公司的债权求偿都应置后。后兰德斯（Landers）教授提出“自动居次理论”，主张控制公司对从属公司之债权应一律次于其他债权人，理由是：控制公司控制的从属公司通常是为了整个关联企业利益而经营的，控制公司贷款给从属公司，也是以发展整个关联企业之利益为目的，因而，该贷款具有投资性质。既然如此，当从属公司破产时，控制公司当然不能与其他债权人一样平等分配，而应次于其他债权人。自动居次理论因其矫枉过正而始终未获得美国法院和立法的支持。

次级债权理论产生的原因，是在控制公司与从属公司之间，控制公司可能利用其控制权滥用公司独立人格与股东有限责任，损害其他债权人的利益。其制度主旨是限制控制公司对从属公司的债权行使，以免对从属公司的其他债权人过于不公平，故被学者视为公司法人格否认规

① 江平. 公司法与次级债权理论//赵旭东. 公司法评论：第 1 辑. 北京：人民法院出版社，2005.

则的姊妹原则。但是，自动居次理论一律要求控制股东之债权次于其他债权人受清偿，可能导致控制股东受到的惩罚大大超过其依控制地位所得，从而使控制股东不愿意贷款给从属公司，其结果将增加从属公司的破产风险，从而危及从属公司债权人，故为大多数公司立法和司法实践所摒弃。而衡平居次原则由于既保护从属公司的其他债权人的利益，也兼顾控制公司的债权利益，已成为美国法院处置控制公司对从属公司之债权的一般原则。

（二）适用原理

衡平居次的制度贡献在于，法院在具体个案中衡酌各种因素，将保护从属公司其他债权人的判决建立在对公司的资本要求和控制股东的信义义务要求之上，且其适用标准是客观的。具体而言，其适用标准就是审查是否存在以下情形之一：资本不足、行使控制权有违信义义务、从属公司独立人格被滥用、资产混同等。可见，衡平居次在性质上属于一种用简易的规范方式（a simplification scheme）来制约控制股东的规则，其适用务必以控制股东对从属公司有不正当控制为前提。这一标准具有高度的抽象性。在美国，之所以将其视为衡平法规则，与公司法人格否认规则的道理是一样的。

次级债权的适用涉及合同法。《民法典》第 538、539 条规定的债权人撤销权也可以适用于控制、从属公司之间。如果控制公司利用控制关系强令从属公司放弃对控制公司的债权，或无偿、低价取得从属公司的财产，损害了从属公司的债权人利益，从属公司的债权人可以要求法院撤销这些不正当交易行为。次级债权与债权人撤销权的区别在于：当控制股东滥用控制权从从属公司优先获取债权利益时，按次级债权规则应视为无效，故应返还给从属公司以保障其他债权人利益；而按债权人撤销权规则，债权人只有先撤销从属公司对控制公司的放弃债权、无偿或低价转让财产的行为，而后才能获得债权的清偿。

次级债权的适用也涉及破产法。在我国台湾地区，次级债权的适用限于从属公司破产清算的场合。显然，如果从属公司有足够的财产清偿所有的债权人，也就无所谓孰先孰后的问题。所以，次级债权理论对债权人四种权利（抵销权、别除权、优先权、求偿权）的限制中，除抵销权外，其他三种都与破产法有关，都以从属公司破产为前提。事实上，公司法或者破产法都可以规定关于次级债权的规则。

（三）我国的立法建议

在我国，公司集团内部之间往往存在复杂的业务联系，由此形成错综复杂的债权债务关系，控制公司通过过度控制从属公司经营而损害从属公司其他债权人的现象，比其他国家有过之而无不及。在此背景下，我国公司法很有必要引进次级债权理论。在现行公司法没有明确规定次级债权的前提下，由最高人民法院根据《公司法》第 21、23 条规定的基本原则来制定司法解释，是比较恰当的，因为衡平居次本来就属于法官根据公平原则确立的衡平法规则。

重要概念提示

公司社会责任；公司利益相关者；信义义务；忠实义务；勤勉义务；违信责任；关联交易；公司法人格否认；股东代表诉讼；次级债

理论思考

1. 如何理解《公司法》第 5 条作为裁判性规范？
2. 控股股东的信义义务的对象主体有哪些？
3. 现行公司法上保护少数股东的体系性制度措施包括哪些具体规则？

4. 总结股东代表诉讼的当事人安排及其胜诉、败诉的法律效果。

实例研习

1. 关联企业人格混同的法人人格否认——信达公司成都办事处与装饰公司、房屋公司、娱乐公司借款合同纠纷案①

［案情与裁判］装饰公司系1993年由沈氏公司投资成立的港商独资企业，注册资本1 032万元，2004年经登记变更为中外合资经营企业，股东为娱乐公司和沈氏公司；房屋公司1992年由沈氏公司投资成立，企业类别为港商独资企业，注册资本300万元；娱乐公司1995年设立，股东为房屋公司和装饰公司，注册资本50万元。上述三公司的法定代表人均为沈某，三公司地址、电话号码相同，财务管理人员在同一时期内存在相同的情况，对外统称为泰来集团。

1999年11月，装饰公司与中国银行蜀都支行签订借款合同，约定：借款金额为2 200万元，合同项下全部债务由房屋公司和娱乐公司承担保证责任。签订后，蜀都支行依约履行了贷款发放义务。2004年6月蜀都支行将涉案债权全部转让给信达公司成都办事处。事实表明：装饰公司借款大部分投向其他公司，有少部分不属公司自身经营活动需要，而是代集团内其他公司筹款。沈某利用对三家公司的控制权，将装饰公司贷款大量投入娱乐公司的中国酒城项目；在未办理工商变更登记的情况下，将娱乐公司对装饰公司欠款7 392万元和对房屋公司欠款1 086万元转为两公司对娱乐公司的投资款，且2003年以后装饰公司对娱乐公司的投资只有2 795万元，装饰公司的3 597万元投资款去向不明；并将中国酒城项目的经营收益用于支付所谓泰来集团名下所有公司的房租、水电费、员工工资；将沈氏公司对房屋公司的投资用于支付中国酒城项目设计费；装饰公司、房屋公司、娱乐公司还共同为装饰公司贷款还本付息，装饰公司、房屋公司、娱乐公司均认为对“流金岁月”及“茵梦湖”两个投资项目的资产享有处分权，以并不存在的泰来集团名义向贷款人出具函件，致使贷款人也无法区分三者间的人员及财产。由于房屋公司和娱乐公司的保证责任已经超过诉讼时效，故原告要求法院确认被告构成人格混同而共同承担连带责任。

二审中，最高人民法院认为：装饰公司、房屋公司、娱乐公司表面上是彼此独立的公司，但各公司之间已实际构成了人格混同，其行为违背了法人制度设立的宗旨，违反了诚实信用和公平原则，损害了债权人利益，因此四川省高级人民法院判令装饰公司的债务应由娱乐公司和房屋公司承担连带清偿责任并无不当，予以维持。

［简评］装饰公司是沈某专门设立的一个壳公司，用以对外借款为集团其他公司进行融资，这是司法实践中常见的滥用公司法人格的情形。

2. 高管违反忠实义务，承担赔偿责任——某材料（湘潭）有限公司诉刘某损害公司利益纠纷案②

［案情与裁判］原告前身为2004年成立的湘潭某创业投资有限公司（下称创业公司），董事长为被告刘某。2006年11月9日，高新区管委会、深圳雷地公司与创业公司共同签订入园协议，后湘潭市国土资源局根据与高新园区公司签订的土地转让合同，向创业公司核发了国土

① 参见最高人民法院（2008）民二终字第55号民事判决书（收录时有删减）。案例来源：国务院法制办公室网.（2012-11-24）. http://www.chinalaw.gov.cn/article/fgkd/xfg/aljx/200905/20090500132977.shtml.

② 案例来源：根据湖南省湘潭市中级人民法院（2011）潭中民三初字第15号民事判决书整理改编，北大法宝引证码：CLI.C.887700，收录时有删减。

使用权证。2007年12月3日，创业公司变更为某材料（湘潭）有限公司（即原告）。自2007年10月25日至2008年12月19日，原告的董事长（法定代表人）是刘某；在此期间，刘也是深圳雷地公司的法定代表人。原告名下合法拥有的土地使用权依法被收回后获得相应的土地补偿款，被告刘某在公司董事会作出决议要求其负责为原告收回土地补偿款、本人签字确认的情况下，仍利用担任原告法定代表人的身份便利擅自将土地补偿款直接转付至本案第三人深圳雷地公司及案外人湘潭变压器有限公司。被告的这一行为，被法院认为显已违背高管履行职务时应有的忠实义务，且已对原告利益造成了实际损害，应承担相应的赔偿责任。

［简评］公司董事、高管应履行对公司负有的忠实义务，否则给公司造成损失的，承担赔偿责任。

3. 股东直接诉讼，要有股东的直接损失——刘某、陈某等损害股东利益纠纷上诉案①

［案情与裁判］2009年2月，原告刘某、被告周某拟共同出资成立重庆市吉朗商贸有限公司。2月16日，公司召开首届股东会通过章程，章程载明周某出资450万元，占出资比例的90%，刘某出资50万元，占比10%，会议决定陈某为执行董事（法定代表人）、周某担任监事、刘某担任总经理。2009年9月21日，被告、执行董事陈某向股东刘某邮寄“召开股东会议通知”，载明2009年10月7日召开股东会，议题为商讨公司的现状及解决措施。股东会如期召开，周某、刘某与会，未达成一致意见，在仅有周某签字的股东会决议上载明罢免刘某总经理职务、解散公司、成立清算组等，刘某拒绝签字。由于当事人无法就公司的经营发展达成共识，刘某以高管侵害股东权益为由向一审法院起诉，要求两被告承担损害赔偿责任。

法院认为，根据《公司法》第153条②规定，股东可直接向公司董事、高管主张损害赔偿，但条件有二：一是董事、高管的行为违法或违反章程，二是股东利益因此而受到损失。对上诉人刘某要求二被上诉人赔偿损失的诉讼请求，因其未举示证据表明二被上诉人的行为违法或违反公司章程，且其诉称的所谓损失属于公司损失，而非股东的直接损失，故上诉人刘某请求二被上诉人赔偿前述损失的诉讼请求不能成立，不予支持。

［简评］无论现行《公司法》第152条规定的“损害股东利益”文义本身，还是结合该法第150～151条进行体系解释，都是指直接损害股东利益。公司利益对股东的利益有重大的影响，但并不等同。在公司利益受损时应依公司意思（或股东代表公司起诉）主张权利，且在公司利益得以弥补的情况下也应依公司的意思进行处分。所以，股东以公司利益受损从而造成自己权益受到侵害为由，直接向董事、高管主张权利的，缺乏事实及法律依据。

4. 经典案例：上海源程置业公司诉上海同鑫房地产开发有限公司查阅权执行案

上海同鑫房地产开发有限公司（下称同鑫公司）日常经营管理一直由多数股东同济房地产有限公司（下称同济公司）全面负责。持股30%的上海源程置业有限公司根据审计报告，认为同鑫公司存在账目不清、财务混乱的情况，并据此认为同济公司有利用其特殊地位损害原告股东权益的行为，请求查阅财务会计资料遭到拒绝，故向上海市黄浦区人民法院提起诉讼，获支持。在执行过程中，承办法官依法向被执行人送达执行通知书，并组织双方当事人当面协商本案的执行方式。经协商，双方一致同意在被执行人附近的宾馆开设房间作为查阅地点，由此产生的相关费用由申请人自愿承担。

执行首日上午，双方代表依约到场，承办法官检查贴有法院封条的保险柜完好无损后开

① 案例来源：根据重庆市高级人民法院（2011）渝高法民终字第00101号判决书整理改编，北大法宝引证码：CLI.C.874907，收录时有删减。

② 即现行《公司法》第152条。

封，双方清点判决书确定的相关会计报告、账簿，列明清单后另存箱贴上封条，运至约定房间，承办法官开封供申请执行人查阅。下午4点半，承办人准时将所有财会资料存入箱中贴上封条，存入宾馆保险柜，领取凭单由承办法官保管。次日上午，承办法官再亲自取回至房间供申请执行人查阅。如是者，查阅共持续9天。查阅结束后，承办法官将所有会计报告、账簿存封后，与双方当事人一道交还被执行人的财务人员。

执行中的一个花絮：申请执行人提出要对存在疑问的账目查看相关会计凭证，被执行人以判决书主文没有判明予以拒绝。申请人依据判决理由部分所述“原告如在查阅会计账簿时发生对账簿登载的内容存有重大疑问，被告则应出示相关的会计凭证供原告核对，以充分维护股东的知情权”，查阅了相关会计凭证。

5. 案例分析

［案情］李、张、王、刘、陈、周等六人在2014年3月注册成立A有限公司。六人的出资协议以及其后一致通过的A公司章程约定：（1）公司经营期限50年，注册资本5 000万元，股东的前五人各自认缴400万元，各占8%的股权，余额由周认缴，占据60%的股权；（2）李在公司成立时缴足1万元，李的余额以及张、王、刘、陈的全部认缴额在公司成立半年后缴足，周的出资在公司成立3年后到位；（3）在公司存续期间内，担任公司首任总经理的李享有20%的分红权，其余股东按照各自比例相应缩减应有的分红比例；（4）周担任首任董事长兼法定代表人。

2015年3月，A公司由于经营不善，拖欠供应商B公司3 000万元货款。后者将A公司诉至法院要求支付货款，获法院支持。在执行过程中，B公司发现A公司无力清偿债务，前五个股东只有周的出资没有到位，周的出资期限还有2年的时间尚需等待。法院告知B公司只能等待周的出资到位后才有机会获得完全的清偿。

2017年4月初，出资义务到期的周某在其主持的某次股东会会议上，提出两项涉及修改公司章程的议案：（1）将周的出资期限再延长10年，尽管其他股东一致反对，但仍获得了60%的多数决通过；（2）将李的分红权回归与其出资比例相对应的8%，取消其分红“特权”，尽管李极力表示反对，但其他股东意见一致，该议案也获得了80%的多数决的通过。

B公司闻知上述第一项决议，怒不可遏，欲咨询律师寻求救济。

［问题］根据以上案情，依据现行公司法与司法解释的有关规定，请回答以下问题：

（1）六人的出资协议以及其后一致通过的A公司章程的诸项约定，是否有效，分别为什么？

（2）股东会通过的修改公司章程的两项决议，其效力分别如何？涉及的利害关系股东当事人有何救济手段？

（3）在A公司的股东会决议之前，B公司有何手段获得债务清偿？在决议通过之后，B公司有何救济手段？

6. 一则指导案例的废止

最高人民法院第9号指导性案例“上海存亮贸易有限公司诉蒋志东、王卫明等买卖合同纠纷案”（以下简称第9号指导性案例）

［案情］本案的法院生效裁判认为：原告上海存亮贸易有限公司（下称存亮公司）按约供货后，被告常州拓恒机械设备有限公司（下称拓恒公司）未能按约付清货款，应承担相应的付款责任及违约责任。拓恒公司三股东房恒福、蒋志东和王卫明应在公司被吊销营业执照后及时组织清算，因三人怠于履行清算义务，导致公司的主要财产、账册等均已灭失，无法进行清算，三人怠于履行清算义务的行为，违反了公司法及其司法解释的相关规定，应当对拓恒公司

的债务承担连带清偿责任。拓恒公司作为有限公司，其全体股东在法律上应一体成为公司的清算义务人。公司法及其相关司法解释并未规定蒋志东、王卫明所辩称的例外条款，因此无论蒋、王在拓恒公司中所占的股份为多少，是否实际参与了公司的经营管理，两人在公司被吊销营业执照后都有义务在法定期限内依法进行清算。关于蒋、王辩称拓恒公司在被吊销营业执照前已背负大量债务，即使其怠于履行清算义务，也与公司财产灭失之间没有关联性。根据查明的事实，拓恒公司在其他案件中因无财产可供执行被中止执行的情况，只能证明法院在执行中未查找到公司的财产，不能证明公司的财产在被吊销营业执照前已全部灭失，三股东怠于履行清算义务与公司的财产、账册灭失之间具有因果联系，蒋、王的该项抗辩理由不成立。蒋、王委托律师进行清算的委托代理合同及律师的证明仅能证明二人欲对公司进行清算，但事实上清算并未进行。据此，不能认定蒋、王依法履行了清算义务，故对其该项抗辩理由不予采纳。

《九民纪要》颁布后，该指导案例已经不适应目前法治实践中，关于清算义务人怠于履行清算义务赔偿责任的规定，故不再具有指导作用。

［问题］（1）对照曾经的最高人民法院《关于适用〈中华人民共和国公司法〉若干问题的规定（二）》、第18条与《九民纪要》的相关规定，请讨论《九民纪要》颁布后，本指导案例为何被废止？

（2）本案放在2024年7月1日之后，又应当如何处理？

参考文献

一、重点参考文献

1. 李建伟. 公司法评注. 北京：法律出版社. 2024.
2. 赵旭东. 新公司法讲义. 4版. 北京：法律出版社，2024.
3. 赵旭东. 新公司法条文释解. 北京：法律出版社，2024.
4. 赵旭东. 公司法学. 4版. 北京：高等教育出版社，2015.
5. 赵旭东. 商法学. 4版. 北京：高等教育出版社，2011.
6. 王保树，崔勤之. 中国公司法原理. 3版. 北京：社会科学文献出版社，2006.
7. 施天涛. 公司法论. 4版. 北京：法律出版社，2018.
8. 王文宇. 公司法论. 3版. 台北：元照出版公司，2006.
9. 范健，王建文. 公司法. 5版. 北京：法律出版社，2018.
10. 周友苏. 新公司法论. 北京：法律出版社，2006.
11. 沈四宝. 西方国家公司法原理. 北京：法律出版社，2006.
12. 刘俊海. 现代公司法. 北京：法律出版社，2011.
13. 柯芳枝. 公司法论：增订5版. 北京：中国政法大学出版社，2004.
14. 何美欢. 公众公司及其股权证券：上，中，下册. 北京：北京大学出版社，1999.
15. 郁光华. 公司法的本质：从代理理论的角度观察. 北京：法律出版社，2006.
16. 刘斌. 新公司法注释全书. 北京：中国法制出版社，2024.
17. 王毓莹. 新公司法二十讲：审判原理与疑难问题深度释解，北京：法律出版社，2024.
18. 周游. 新公司法条文解读与适用指引：案例·规则·文献. 北京：法律出版社，2024.
19. 李哲松. 韩国公司法. 吴日焕，译. 北京：中国政法大学出版社，2000.
20. 维尔纳·弗卢梅. 法律行为论. 迟颖，译. 北京：法律出版社，2013.
21. 近藤光男. 商法总则·商行为法. 5版. 东京：有斐阁，2008.
22. ROBERT A G MONKS，NELL MINOW. Corporate governance. 2nd ed. Blackwell Publishing Ltd.，2001.
23. Committee on Corporate Laws. Corporate director's guidebook. 3rd ed. American Bar Association，2001.
24. PAUL L DAVIES. Introduction to company law. New York：Oxford University Press Inc.，2002.
25. ROBERT W HAMILTON. The law of corporations. 3rd ed. West Publishing Co.，1991.

二、一般参考文献

（一）民法类

1. 王利明. 法学方法论. 北京：中国人民大学出版社，2012.

2. 王利明. 民法总则研究. 北京：中国人民大学出版社，2003.

3. 王利明. 中华人民共和国民法总则详解：上册. 北京：中国法制出版社，2017.

4. 梁慧星. 民法解释学. 北京：法律出版社，2009.

5. 梁慧星. 民法学说判例与立法研究（二）. 北京：国家行政学院出版社，1999.

6. 梁慧星. 裁判的方法. 北京：法律出版社，2007.

7. 王泽鉴. 民法思维请求权理论体系. 北京：北京大学出版社，2009.

8. 韩世远. 合同法总论. 4 版. 北京：法律出版社，2018.

9. 何美欢. 香港代理法：上，下册. 北京：北京大学出版社，1996.

10. 董安生. 民事法律行为. 北京：中国人民大学出版社，1994.

11. 杨仁寿. 法学方法论. 北京：中国政法大学出版社，1999.

12. 陈自强. 代理权与经理权之间：民商合一与民商分立. 台北：元照出版公司，2006.

13. 赵万一. 中国民法典争鸣. 厦门：厦门大学出版社，2018.

14. 房绍坤，王洪平. 民事立法理念与制度构建. 北京：法律出版社，2016.

15. 朱庆育. 民法总论. 北京：北京大学出版社，2013.

16. 张新宝. 中华人民共和国民法总则释义. 北京：中国人民大学出版社，2017.

17.《民法总则立法背景与观点全集》编写组. 民法总则立法背景与观点全集. 北京：法律出版社，2017.

18. 谢鸿飞，朱广新. 民法典评注：合同编典型合同与准合同. 北京：中国法制出版社，2020.

19. 王泽鉴. 不当得利. 北京：北京大学出版社，2015.

20. 崔建远. 合同法. 北京：法律出版社，2021.

21. 迪特尔・梅迪库斯. 德国民法总论. 邵建东，译. 北京：法律出版社，2000.

22. 汉斯・布洛克斯，沃尔夫・迪特里希・瓦尔克. 德国民法总论：第 33 版. 张艳，译. 北京：中国人民大学出版社，2014.

23. 卡拉・拉伦茨. 德国民法通论：上册. 王晓晔，译. 北京：法律出版社，2013.

24. 卡尔・拉伦茨. 法学方法论. 北京：商务印书馆，2003.

25. 迪尔克・罗歇尔德斯. 德国债法总论：第 7 版. 沈小军，张金海，译. 北京：中国人民大学出版社，2014.

26. 齐佩利乌斯. 法学方法论. 金振豹，译. 北京：法律出版社，2009.

27. 我妻荣. 债券在近代法中的优越地位. 北京：中国大百科全书出版社，1999.

（二）商法类

1. 王保树. 中国商法. 北京：人民法院出版社，2010.

2. 赵旭东. 改革开放 40 年法律制度变迁・商法卷. 厦门：厦门大学出版社. 2020.

3. 张民安. 商法总则制度研究. 北京：法律出版社，2007.

4. 张家镇，汤一鹗，等. 中国商事习惯与商事立法理由书. 北京：中国政法大学出版社，2003.

5. 何勤华，魏琼. 西方商法史. 北京：北京大学出版社，2007.

6. 陈醇. 商法原理重述. 北京：法律出版社，2010.

7. 叶林，黎建飞. 商法学原理与案例教程. 北京：中国人民大学出版社，2006.
8. 范健. 德国商法. 北京：法律出版社，2003.
9. 吴日焕. 韩国商法. 北京：中国政法大学出版社，1999.
10. 任先行，周林彬. 比较商法导论. 北京：北京大学出版社，2000.
11. 王志华. 中国商事习惯与商事立法理由书. 北京：中国政法大学出版社，2003.
12. 王建文. 中国商法立法体系批判与建构. 北京：法律出版社，2009.
13. 童列春. 商法学基础理论建构. 北京：法律出版社，2008.
14. 王煜宇. 中国社会转型期商人法律制度研究. 北京：法律出版社，2008.
15. 姜朋. 官商关系：中国商业法制的一个前置话题. 北京：法律出版社，2008.
16. 李长兵. 商法理念研究. 北京：法律出版社，2015.
17. 梁上上. 民商法的转向：以利益衡量为中心展开. 北京：法律出版社，2015.
18. 许中缘. 商法的独特品格与我国民法典编撰. 北京：人民出版社，2017.
19. 刘连煜. 现代公司法. 17 版. 台北：新学林出版股份有限公司，2022.
20. 罗伯特·N. 科科，威廉·J. 罗伯特. 美国商法中的商事组织. 西南政法学院民法教研室，1984.
21. 罗杰，勒鲁瓦·米勒，盖勒德·A. 詹提兹. 汤姆森商法教程：第 5 版. 阎中坚，邓思谦，等译. 北京：中国时代经济出版社，2003.
22. 罗纳德·A. 安德森，等. 商法与法律环境：第 17 版. 韩健，等译. 北京：机械工业出版社，2003.
23. C. W. 卡纳里斯. 德国商法. 杨继，译. 北京：法律出版社，2006.
24. 罗伯特·霍恩，海因·科茨，汉斯·G. 莱塞. 德国民商法导论. 楚建，译. 北京：中国大百科全书出版社，1996.
25. 鲁道夫·希法亭. 金融资本：资本主义最新发展的研究. 福民，等译. 北京：商务印书馆，1994.
26. 托马斯·莱塞尔，吕迪格·法伊尔. 德国资合公司法：第 6 版. 高旭军，等译. 上海：上海人民出版社，2019.
27. 近藤光男. 新日本公司法：第 7 版. 梁爽，译. 北京：法律出版社，2016.
28. 崔埈璿. 韩国公司法. 王延川，崔嫦燕，译. 北京：中国政法大学出版社，2020.

（三）公司证券类之中文著作

1. 吴敬琏. 现代公司与企业改革. 天津：天津人民出版社，1994.
2. 吴敬琏. 当代中国经济改革教程. 上海：上海远东出版社，2010.
3. 吴敬琏. 呼唤法治的市场经济. 北京：生活·读书·新知三联书店，2007.
4. 邓荣霖. 现代企业制度概论. 北京：中国人民大学出版社，1995.
5. 邓荣霖. 论公司. 北京：中国人民大学出版社，2002.
6. 邓荣霖. 企业论. 北京：商务印书馆，2010.
7. 邓荣霖，陈东. 现代企业组织制度. 北京：中国人民大学出版社，1998.
8. 张维迎. 理解公司：产权、激励与治理. 上海：上海人民出版社，2014.
9. 张维迎. 企业理论与中国企业改革. 北京：北京大学出版社，1999.
10. 张维迎，盛斌. 企业家：经济增长的国王. 上海：上海人民出版社，2014.
11. 周其仁. 中国做对了什么. 北京：北京大学出版社，2010.
12. 杨瑞龙，周业安. 企业的利益相关者理论及其应用. 北京：经济科学出版社，2000.

13. 江平. 新编公司法教程. 北京：法律出版社，1994.
14. 江平. 法人制度论. 北京：中国政法大学出版社，1994.
15. 王保树. 实践中的公司法. 北京：社会科学文献出版社，2008.
16. 王保树. 全球竞争体制下的公司法改革. 北京：社会科学文献出版社，2003.
17. 赵旭东. 企业法律形态论. 北京：中国方正出版社，1996.
18. 朱慈蕴. 公司法人人格否认法理研究. 北京：法律出版社，1998.
19. 范健，蒋大兴. 公司法论. 南京：南京大学出版社，1997.
20. 刘俊海. 股份有限公司股东权的保护. 北京：法律出版社，2005.
21. 刘俊海. 新公司法的制度创新：立法争点与解释难点. 北京：法律出版社，2006.
22. 施天涛. 关联企业法律问题研究. 北京：法律出版社，1998.
23. 雷兴虎. 公司法学. 北京：北京大学出版社，2006.
24. 周友苏. 公司法学学理与判例研究. 北京：法律出版社，2008.
25. 黄辉. 现代公司法比较研究. 北京：清华大学出版社，2011.
26. 孔祥俊. 公司法要论. 北京：人民法院出版社，1997.
27. 朱炎生. 公司法. 厦门：厦门大学出版社，2006.
28. 黄速建. 公司论. 北京：中国人民大学出版社，1989.
29. 叶林. 中国公司法. 北京：中国审计出版社，1997.
30. 甘培忠. 企业法新论. 北京：北京大学出版社，2000.
31. 蒋大兴. 公司法的观念与解释：Ⅰ，Ⅱ，Ⅲ. 北京：法律出版社，2009.
32. 邓江源. 有限责任公司股东压制的困境与出路. 北京：人民法院出版社，2015.
33. 王毓莹. 公司章程自治研究. 北京：法律出版社，2013.
34. 廖理. 公司治理与独立董事案例. 北京：清华大学出版社，2003.
35. 廖理. 公司治理与独立董事最新案例. 北京：中国计划出版社，2002.
36. 滨田道代，吴志攀. 公司治理与资本市场监管. 北京：北京大学出版社，2003.
37. 宁向东. 公司治理理论. 北京：中国发展出版社，2005.
38. 黄铭杰. 公司治理与企业金融法制之挑战与变革. 台北：元照出版有限公司，2006.
39. 黄来纪. 公司董事制度构成论. 上海：上海社会科学院出版社，2000.
40. 汪青松. 股份公司股东异质化法律问题研究. 北京：光明日报出版社，2011.
41. 梅慎实. 现代公司机关权力构造论. 北京：中国政法大学出版社，2000.
42. 钱玉林. 股东大会决议瑕疵研究. 北京：法律出版社，2005.
43. 梁上上. 论股东表决权：以公司控制权争夺为中心展开. 北京：法律出版社，2005.
44. 赵万一. 公司治理法治化的国际经验与中国实践. 北京：法律出版社，2014.
45. 赵万一. 合同视野下公司法与金融法的适用. 北京：法律出版社，2017.
46. 肖海军. 国有股权代表人制度研究. 北京：中国检察出版社，2015.
47. 豆建民. 中国公司制思想研究. 上海：上海财经大学出版社，1999.
48. 邓辉. 论公司法中的国家强制. 北京：中国政法大学出版社，2004.
49. 李孝猛. 公司登记审查的裁量. 北京：法律出版社，2011.
50. 虞政平. 股东有限责任：现代公司法律之基石. 北京：法律出版社，2001.
51. 傅穹. 重思公司资本制原理. 北京：法律出版社，2004.
52. 吴越. 企业集团法理研究. 北京：法律出版社，2004.
53. 柳经纬，黄伟，鄢青. 上市公司关联交易的法律问题研究. 厦门：厦门大学出版社，2001.
54. 葛伟军. 公司资本制度和债权人保护的相关法律问题. 北京：法律出版社，2007.
55. 肖海军. 营业准入制度研究. 北京：法律出版社，2008.
56. 邱海洋. 公司利润分配法律制度研究. 北京：中国政法大学出版社，2004.
57. 吴晓波. 激荡三十年：中国企业 1978—2008：上，下. 北京：中信出版社，杭州：浙江人民出版社，2007—2008.
58. 姜朋. 官商关系. 北京：法律出版社，2016.
59. 苗壮. 美国公司法制度与判例. 北京：法律出版社，2007.
60. 胡田野. 公司法任意性与强行性规范研究. 北京：法律出版社，2012.
61. 鲁桐. 公司治理改革：中国与世界. 北京：经济管理出版社，2002.
62. 殷召良. 公司控制权法律问题研究. 北京：法律出版社，2001.
63. 高程德. 现代公司理论. 北京：北京大学出版社，2002.
64. 王效文. 中国公司法论. 北京：中国方正出版社，2004.
65. 梁能. 公司治理结构：中国的实践和美国的经验. 北京：中国人民大学出版社，2000.
66. 李维安，武立东. 公司治理教程. 上海：上海人民出版社，2002.
67. 吴建斌. 最新日本公司法. 北京：中国人民大学出版社，2003.
68. 胡果威. 美国公司法. 北京：法律出版社，1999.
69. 崔文玉. 日本公司法精要. 北京：法律出版社，2014.
70. 葛伟军. 英国公司法要义. 北京：法律出版社，2014.
71. 张开平. 英美公司董事法律制度研究. 北京：法律出版社，1998.
72. 朱伟一. 美国公司法判例解析. 北京：中国法制出版社，2000.
73. 张民安. 现代英美董事法律地位研究. 北京：法律出版社，2000.
74. 张民安. 公司法上的利益平衡. 北京：北京大学出版社，2003.
75. 林少伟. 英国现代公司法. 北京：中国法制出版社，2015.
76. 许倬云. 从组织看历史. 上海：上海人民出版社，2006.
77. 赖英照. 股市游戏规则：最新证券交易法解析. 北京：中国政法大学出版社，2006.
78. 刘连煜. 现代公司法. 台北：新学林出版股份有限公司，2006.
79. 刘连煜. 公司法原理. 北京：中国政法大学出版社，2002.
80. 刘连煜. 公司法理论与判决研究. 北京：法律出版社，2002.
81. 刘连煜. 公司监控与公司社会责任. 台北：五南图书出版有限公司，1995.
82. 王文宇. 公司法论. 北京：中国政法大学出版社，2004.
83. 王文宇. 控股公司与金融控股公司法. 北京：中国政法大学出版社，2003.
84. 王文宇. 公司与企业法制（二）. 台北：元照出版公司，2007.
85. 邵庆平. 公司法：组织与契约之间. 台北：翰芦图书出版公司，2008.
86. 黄铭杰. 公司治理与企业金融法制之挑战与兴革. 台北：元照出版有限公司，2006.
87. 王泰铨. 比较关系企业法之研究. 台北：翰芦图书出版公司，2004.
88. 刘渝生. 公司法制之再造. 台北：新学林出版股份有限公司，2005.
89. 江眺. 公司法：政府权力与商人利益的博弈. 北京：中国政法大学出版社，2006.
90. 廖大颖. 契约型商业组织之人合公司论. 台北：正典出版文化有限公司，2009.
91. 曾宛如. 公司管理与资本市场法制专论. 台北：元照出版有限公司，2007.
92. 曾宛如. 公司之经营者、股东与债权人. 台北：元照出版有限公司，2008.

93. 曾宛如. 公司法制基础理论之再建构. 台北：承法出版文化有限公司，2011.

94. 李建伟. 国有独资公司前沿问题研究. 北京：法律出版社，2002.

95. 李建伟. 独立董事制度研究——从法学和管理学的双重角度. 北京：中国人民大学出版社，2004.

96. 李建伟. 公司资本制度的新发展. 北京：中国政法大学出版社，2015.

97. 李建伟. 关联交易的法律规制. 北京：法律出版社，2007.

98. 李建伟. 公司制度、公司治理与公司管理：法律在公司管理中的地位与作用. 北京：人民法院出版社，2005.

99. 李建伟. 公司诉讼专题研究. 北京：中国政法大学出版社，2008.

100. 李建伟. 中国企业立法体系改革：历史、反思与重构. 北京：法律出版社，2012.

101. 李建伟. 公司诉讼类型化专题 24 讲（一）. 北京. 法律出版社，2021.

102. 李建伟. 公司诉讼类型化专题 24 讲（二）. 北京. 法律出版社，2022.

103. 李建伟. 公司诉讼类型化专题 24 讲（三）. 北京. 法律出版社，2023.

104. 李建伟. 股东知情权研究：理论体系与裁判经验. 北京：法律出版社，2018.

（四）公司证券类之译著、外文文献

1. 落合诚一. 公司法概论. 北京：法律出版社，2011.

2. 森田章. 公开公司法论. 黄晓林，译. 北京：中国政法大学出版社，2012.

3. 神田秀树. 公司法. 东京：弘文堂株式会社，2016.

4. 神田秀树. 公司法的理念. 朱大明，译. 北京：法律出版社，2013.

5. 志村治美. 商事法现物出资研究. 于敏，译. 北京：法律出版社，2001.

6. 青木昌彦. 比较制度分析. 周黎安，译. 上海：上海远东出版社，2001.

7. 大塚久雄. 股份公司发展史论. 胡企林，等译. 北京：中国人民大学出版社，2002.

8. 末永敏和. 现代日本公司法. 金洪玉，译. 北京：人民法院出版社，2000.

9. 前田庸. 公司法入门. 王作权，译. 北京：北京大学出版社，2012.

10. 山本为三郎. 日本公司法精解. 朱大明，等译. 北京：法律出版社，2015.

11. 理查德·H. 霍尔. 组织：结构、过程与结果. 张友星，等译. 上海：上海财经大学出版社，2003.

12. 彼得·德鲁克. 卓有成效的管理者. 许是祥，译. 北京：机械工业出版社，2019.

13. 彼得·德鲁克. 管理的实践. 齐若兰，译. 北京：机械工业出版社，2009.

14. 彼得·杜拉克. 杜拉克论管理. 孙忠，译. 海口：海南出版社，2000.

15. 阿尔文 托夫勒. 权力的转移. 黄锦桂，译. 北京：中信出版社，2018.

16. 斯蒂芬·M. 班布里奇. 金融危机后的公司治理. 罗培新，等译. 上海：上海人民出版社. 2021.

17. 罗伯塔·罗曼诺. 公司法基础：第 2 版. 罗培新，译. 北京：北京大学出版社，2013.

18. 莱纳·克拉克曼，亨利·汉斯曼，等. 公司法剖析：比较与功能的视角. 罗培新，译. 北京：法律出版社，2012.

19. 沃尔特·J. 萨蒙，等. 公司治理. 北京：中国人民大学出版社，哈佛商学院出版社，2001.

20. 克里斯多夫·M. 布鲁纳. 普通法世界的公司治理：股东权力的政治基础. 林少伟，译. 北京：法律出版社，2016.

21. 乔纳森·R. 梅西. 信守承诺是公司治理的基石. 戴欣，等译. 北京：法律出版社，

2017.

22. 亨利・汉斯曼. 企业所有权论. 于静，译. 北京：中国政法大学出版社，2001.

23. 柯提斯・J. 米尔霍普，卡塔琳娜・皮斯托. 法律与资本主义. 罗培新，译. 北京：北京大学出版社，2010.

24. 大卫・P. 艾勒曼. 民主的公司制. 李大光，译. 北京：新华出版社，2008.

25. 弗兰克・H. 伊斯特布鲁克，等. 公司法的逻辑. 黄辉，编译. 北京：法律出版社，2016.

26. 约翰・C. 科菲. 看门人机制：市场中介与公司治理. 黄辉，王长河，等译. 北京：北京大学出版社，2011.

27. 弗兰克・伊斯特布鲁克，丹尼尔・费希尔. 公司法的经济结构. 张建伟，罗培新，译. 北京：北京大学出版社，2005.

28. 阿道夫・A. 伯利，加德纳・C. 米恩斯. 现代公司与私有财产. 甘华鸣，等译. 北京：商务印书馆，2005.

29. 玛格丽特・M. 布莱尔. 所有权与控制：面向 21 世纪的公司治理探索. 张荣刚，译. 北京：中国社会科学出版社，1999.

30. 罗伯特・C. 克拉克. 公司法则. 胡平，等译. 北京：工商出版社，1999.

31. 乔治・斯蒂纳，约翰・斯蒂纳. 企业、政府与社会. 张志强，王春香，译. 北京：华夏出版社，2002.

32. 德隆・阿西莫格鲁，詹姆斯・A. 罗宾逊. 国家为什么会失败. 李增刚，译. 长沙：湖南科学技术出版社，2015.

33. 卞历南. 制度变迁的逻辑：中国现代国营企业制度之形成. 杭州：浙江大学出版社，2011.

34. 斯道延・坦尼夫，张春霖，路・白瑞福特. 中国的公司治理与企业改革. 北京：中国财政经济出版社，2002.

35. 路易斯・罗思，乔尔・赛里格曼. 美国证券监管法基础. 张路，等译. 北京：法律出版社，2008.

36. 罗伯特・W. 汉密尔顿. 美国法精要：公司法. 齐东祥，译. 北京：法律出版社，1999.

37. 肯特・格林菲尔德. 公司法的失败：基础缺陷与进步可能. 李诗鸿，译. 北京：法律出版社，2019.

38. 德拉瓦州最高法院法官. 美国公司法：德拉瓦州公司法经典案例选辑. 陈春山，译. 台北：新学林出版股份有限公司，2011.

39. 布莱恩・R. 柴芬斯. 公司法：理论、结构和运作. 林华伟，魏旻，译. 北京：法律出版社，2001.

40. 乔纳森・巴伦・巴斯金，保罗・J. 小米兰蒂. 公司财政史. 薛伯英，译. 北京：中国经济出版社，2002.

41. 丹尼斯・吉南. 公司法. 北京：法律出版社，2005.

42. 大卫・威勒，玛利亚・西兰琶. 利益相关者公司. 张丽华，译. 北京：经济管理出版社，2002.

43. 珍妮特・丹恩. 公司集团的治理. 黄庭煜，译. 北京：北京大学出版社，2008.

44. 罗纳德・拉尔夫・费尔摩里. 现代公司法之历史渊源. 虞正平，译. 北京：法律出版社，2007.

45. S. 泰森，T. 杰克逊. 组织行为学精要. 虞正平，译. 北京：中信出版社，2003.

46. 保罗·戴维斯. 英国公司法精要. 樊云慧，译. 北京：法律出版社，2007.

47. 乔纳森·查卡姆. 公司常青：英美法日德公司治理的比较. 郑江淮，李鹏飞，等译. 北京：中国人民大学出版社，2006.

48. 米可斯维特，伍尔得礼奇. 公司的历史. 夏荷立，译. 台北：左岸文化出版社，2005.

49. 哈乌·费德罗维奇，鲁特·V. 阿吉莱拉. 转型经济和政治环境下的公司治理：制度变革的路径. 罗培新，译. 北京：北京大学出版社，2007.

50. 马德斯·安登斯，弗兰克·伍尔德里奇. 欧洲比较公司法. 汪丽丽，汪晨，胡曦彦，译. 北京：法律出版社，2014.

51. 格茨·怀克，克里斯蒂娜·温德比西勒. 德国公司法. 殷盛，译. 北京：法律出版社，2010.

52. 斯蒂芬·波特姆利. 公司宪治论. 李建伟，译. 北京：法律出版社. 2019.

53. 经济合作与发展组织编. OECD 国家的监管政策. 陈伟，译. 北京：法律出版社，2006.

54. JANET DINE. The governance of corporate groups. Cambridge University Press. 2000.

55. ROBERT A G MONKS，NELL MINOW. Corporate governance. 2nd ed. Blackwell Publishing Ltd.，2001.

56. JOHN FARRAR. Corporate governance，theories，principles and practice. Oxford University Press，2008.

57. ROBERT W HAMILTON. The law of corporations. 3rd ed. West Publishing Co.，1991.

58. ROBERT W HAMILTON. The law of corporations. 5th ed. West Publishing Company. 2000.

59. MONTIMER D SCHWARTZ，RICHARD C WYDICK. Problems in legal ethics. 2nd ed. West Publishing Co.，1988.

60. WILLIAM A KLEIN，J MARK RAMSEYER，STEPHEN M BAINBRIDGE. Business associations：Agency，partnerships，and corporations. 4th ed. Foundation Press，2000.

61. WILL HUTTON，ANTHONY GIDDENS. Global capitalism. New York：the New Press，2000.

62. CHRIS SHEPHERD. Company law. 3rd edition. Old Bailey Press，2004.

63. DEREK FRENCH，STEPHEN W MAYSON，CHRISTOPHER L RYAN. Company law. Oxford University Press，2007.

64. JEAN JACQUES DU PLESSIS，JAMES MCCONVILL，MIRKO BAGARIC. Principles of contemporary corporate governance. Cambridge University Press. 2005.

65. Committee on Corporate Laws. Corporate director's guidebook. 3rd ed. American Bar Association，2001.

66. HARRY G HENN & JOHN R ALEXANDER. Laws of corporations. West Publishing Co.，1983.

67. STEPHEN BOTTOMLEY. The constitutional corporation. MPG books Ltd.，2007.

（五）法规类

1. 当代外国公司法. 北京：法律出版社，1995.

2. 特拉华州普通公司法. 左羽，译. 北京：法律出版社，2001.

3. 法国公司法规范. 李萍，译. 北京：法律出版社，1999.

4. 最新日本民法. 渠涛，编译. 北京：法律出版社，2006.

5. 澳门商法典. 北京：中国人民大学出版社，1999.

6. 德国民法典. 杜景林，卢谌，译. 北京：中国政法大学出版社，2014.

7. 德国股份法·德国有限责任公司法·德国公司改组法·德国参与决定法. 杜景林，卢谌，译. 北京：中国政法大学出版社，2000.

8. 荷兰民法典. 王卫国，主译. 北京：中国政法大学出版社，2006.

9. 日本公司法典. 吴建斌，刘惠明，李涛，合译. 北京：中国法制出版社，2006.

10. 法国商法典（上中下）. 罗结珍，译. 北京：北京大学出版社，2015.

11. 韩国公司法. 吴日焕，译. 北京：北京大学出版社，2000.

12. 英国 2006 年公司法. 3 版. 葛伟军，译. 北京：法律出版社，2017.

13. 俄罗斯公司法. 王志华，译. 北京：法律出版社，2010.

14. 俄罗斯联邦公司法. 王志华，译. 北京：北京大学出版社，2008.

15. 美国公司法规精选. 虞政平，译. 北京：商务印书馆，2004.

16. 最新美国标准公司法. 沈四宝，编译. 北京：法律出版社，2006.

17. 最新日本公司法. 吴建斌，译. 北京：中国人民大学出版社，2003.

18. 日本公司法法典. 崔延花，译. 北京：中国政法大学出版社，2006.

19. 特拉华州普通公司法. 徐文彬，等译. 北京：中国法制出版社，2010.

20. 欧盟公司法指令全译. 刘俊海，译. 北京：法制出版社，2000.

21. 德国商事公司法. 胡晓静，杨代雄，译. 北京：法制出版社，2014.

《　　　　　　》※任课教师调查问卷

为了能更好地为您提供优秀的教材及良好的服务，也为了进一步提高我社法学教材出版的质量，希望您能协助我们完成本次小问卷，完成后您可以在我社网站中选择与您教学相关的1本教材作为今后的备选教材，我们会及时为您邮寄送达！如果您不方便邮寄，也可以申请加入我社的**法学教师QQ群：436438859（申请时请注明法学教师）**，然后下载本问卷填写，并发往我们指定的邮箱（cruplaw@163.com）。

邮寄地址：北京市海淀区中关村大街59号文化大厦中国人民大学出版社1202室收

邮　　编：100872

再次感谢您在百忙中抽出时间为我们填写这份调查问卷，您的举手之劳，将使我们获益匪浅！

基本信息及联系方式：※

姓名：__________ 性别：__________ 课程：____________________

任教学校：____________________ 院系（所）：________________

邮寄地址：____________________ 邮编：____________________

电话（办公）：__________ 手机：__________ 电子邮件：______________

调查问卷：※

1. 您认为图书的哪类特性对您选用教材最有影响力？（　　）（可多选，按重要性排序）

   A. 各级规划教材、获奖教材　　B. 知名作者教材

   C. 完善的配套资源　　D. 自编教材

   E. 行政命令

2. 在教材配套资源中，您最需要哪些？（　　）（可多选，按重要性排序）

   A. 电子教案　　B. 教学案例

   C. 教学视频　　D. 配套习题、模拟试卷

3. 您对于本书的评价如何？（　　）

   A. 该书目前仍符合教学要求，表现不错将继续采用

   B. 该书的配套资源需要改进，才会继续使用

   C. 该书需要在内容或实例更新再版后才能满足我的教学，才会继续使用

   D. 该书与同类教材差距很大，不准备继续采用了

4. 从您的教学出发，谈谈对本书的改进建议：____________________

____

____

选题征集：如果您有好的选题或出版需求，欢迎您联系我们：

联系人：黄　强　联系电话：010-62515955

索取样书：书名：______________________________

书号：______________________________

备注：※ 为必填项。